# 夏族发展史研究

張肇麟 著

科学出版社
北京

## 内 容 简 介

本书分为五个部分，主要研究五帝与三代时期夏族的形成和发展过程。其中，第一部分利用庄子的历史学观点，论述古人类的演化，以及渔猎、农耕等技术的历史进程。第二部分阐明夏族的基本情况，基本结论是在距今七八千年以前，夏族在甘陇地区形成，具有姓氏和宗社制度，并发展了农耕和彩陶等技术。第三部分探讨夏族在五帝时期逐步移殖扩充的历史过程。第四部分剖析戎族、胡族融入夏族的过程，以及夏族之兴起与商族、周族之演变。第五部分研究三代以后夏族继续扩张形成秦族、楚族及越族之演变过程。

本书适合中国古代史领域的学者、学生及对中国先秦史感兴趣的读者阅读与参考。

---

图书在版编目（CIP）数据

夏族发展史研究 / 张肇麟著. -- 北京：科学出版社，2025.3.
ISBN 978-7-03-080217-0

Ⅰ.K289

中国国家版本馆 CIP 数据核字第 2024T26537 号

责任编辑：任晓刚 / 责任校对：张亚丹
责任印制：肖 兴 / 封面设计：楠竹文化

科 学 出 版 社 出版
北京东黄城根北街16号
邮政编码：100717
http://www.sciencep.com

三河市春园印刷有限公司印刷
科学出版社发行 各地新华书店经销

\*

2025 年 3 月第 一 版　开本：787×1092　1/16
2025 年 3 月第一次印刷　印张：40 1/2
字数：850 000

**定价：288.00 元**
（如有印装质量问题，我社负责调换）

# 作者简介

张肇麟先生（1892—1956年），浙江温州人。清光绪三十年（1904年）考取秀才。科举制度废除后，就读于新式师范学堂。毕业后创办永嘉县立第二高等小学，任校长。

张肇麟先生出身书香门第，其曾祖父张振夔先生有《介轩集》行世。其父为晚清秀才，去世时，张肇麟先生仅十三岁。作为长子，张肇麟先生承担了大家庭的责任。这段时期对于他来说，是极为困难的。他除从事教育工作外，还曾从事工商业及其他工作，使得三个弟弟以及他的子女都受到良好的教育，在学术上都有了一定的成就。其弟张肇骞先生是生物学家（中国科学院院士）。

张肇麟先生从不放弃自己的学术追求，从青年时代起就利用业余时间进行上古史方面的研究。由于他具有深厚的古典文献功底，又努力掌握了金文与甲骨文，故而在现代考古学的基础上，在几十年的时间里，逐步形成了自己有关上古史的系统观点。因条件限制，他的著述在生前从未出版。他的第一部著作《姓氏与宗社考证》于2015年出版，第二部著作《夏商周起源考证》于2018年出版，本书是他的第三部著作，其他遗稿也将陆续出版。

# 前　言

本书是张肇麟先生（1892—1956年）研究夏族①发展史的遗著。

在距今七八千年以前，夏族在甘陇地区形成，然后逐步向黄河中下游移殖，再往南进入长江流域，最后到达五岭与南海。因此，夏族从甘陇地区逐步发展到如此广阔的地域，而其人口也达到几千万。本书的目的就是研究夏族的整个发展过程。

我国古代有三个基本族群，即夏族、戎族与胡族（见张肇麟《夏商周起源考证》）。夏族在整个发展过程中，是由许多不同的族群融合而成的，因此在各个时期都会出现新的族群。这些新族群就标志夏族进入了新的发展时期。本书根据新族群的形成，将夏族的发展分为以下四个阶段：

首先，从地质学来看人类的历史年代，有旧石器时代、新石器时代和金属时代。从文献对历史的记载来看，有经书和纬书之分，经书（后专指儒家著作）一般从五帝时期（黄帝、颛顼、帝喾、尧、舜）开始，纬书则对远古时代（甚至几百万年前）发生的事情加以叙述；纬书虽然有许多怪异的成分，但是也有一些具有参考价值的内容。本书将利用庄子之圣人历史学的观点，来描述三皇及夏族的形成、发展的历史进程。

其次，在五帝时期前段，夏族在山西、陕西、河南的汾水与洛水流域形成的四个基本族系，可以称之为（黄帝）轩辕系、（黄帝）昌意系、（炎帝）共工系、（炎帝）大隗系。因此，这四个族系可以称之为夏族的原始族系。这些炎黄子孙最早向黄河中游和淮河上游发展。

再次，在五帝时期后段，夏族进一步向黄河下游和淮河中游发展，夏族与戎族接触，大量戎族部族融入夏族的原始族系，先后形成了两个基本族系，即少昊系与祝融系。到五帝时期结束时，夏族形成了六个重要的族系，即轩辕系、昌意系、共工系、大隗系、少昊系、祝融系。

最后，在夏、商、周时期，夏族与戎族、胡族的融合关系进一步发展，在黄河中下游与淮河中上游基本形成了统一的夏族。因此，三代时期，华夏大地形成了夏、商、周三个王朝。同时夏族向长江流域及南方继续扩张，形成了秦族、楚族与越族。夏族的活动范围最后扩充为北至长城、南至南海、西至陇东、东至黄海。

本书就是研究人类初始时期、五帝时期与三代时期夏族发展的历史过程。

---

① 本书所言"夏族""戎族""胡族""夷族""异族"等只是对古代部族的族群划分，无任何歧视含义。

# 一、人类之初始时期

根据近代地质学的研究，现代人类是在地质学年代的全新世出现的，距今约有 3.37 万年。距今 300 万—1 万年，为旧石器时代；距今 1 万年到距今 4000 年，为新石器时代；而距今 4000 年以后人类则进入金属时代。

中国传统文献对上古史的分析极其简单。《尚书》只讲述尧、舜，《史记》除记载尧、舜外，还有黄帝、颛顼、帝喾等，司马迁说："而百家言黄帝，其文不雅驯，荐绅先生难言之。"[1] 纬书中讲述的年代与经书不同，纬书讲了几百万年的往事，从"开天辟地"到"哀公获麟"大致是二三百万年。

根据庄子对人类社会历史的分析，本书提出圣人历史学的观点，即认为一位圣人出现，意味着一个新时代开始，庄子提到的圣人有混沌氏、有燧氏、伏羲氏、神农氏、黄帝、尧、舜、汤、武王等。

一是混沌氏时代。纬书《春秋元命苞》说，中国人曾经进行了"开天辟地"的活动。而且记载了"开天辟地"之日期如下："自开辟至获麟二百七十六万岁，每纪为一十七万六千年。"[2] 因此，从"开天辟地"到"哀公获麟"，总共二百七十六万年。也就是说，从开天辟地到鲁哀公，总共已有二三百万年历史。

这个时期，属于旧石器时代晚期，他们的工具只有石器，没有火。家庭之间没有社会联系，没有社会组织。但是他们能制造石器，可能会制造饰物，会相互指导，有初步的智慧，此即他们有圣人之榜样。要之，历史记载之混沌氏大约是从距今 300 万年到距今 140 万年。

二是有燧氏时代。考古学家研究发现，大约在距今 140 万年以前，有燧氏发明钻木取火，古人类开始了用火的时代。1929 年在北京周口店，裴文中发现了第一个完整的直立人头盖骨化石，而且在 1931 年确定了他们有用火的能力。[3] 裴文中的发现说明中国猿人在混沌时期之后，进入了用火的时代，产生了极其重要的结果。

因此，用火使得人类社会生活有了根本性的变化。这是用火的圣人有燧氏带来的新的社会变化，于是一个不存在社会组织的社会开始具有现代社会组织的雏形。总之，人类用火的年代大约从距今 50 万年到距今 20 万年。

三是伏羲氏、神农氏时代。从考古学文化来看，伏羲氏与神农氏之间有明显的区别与联系。本书对伏羲与神农时期的特点有两点说明：第一，伏羲氏发明了八卦和罔罟捕

---

[1] 《史记·五帝本纪》，第 46 页。
[2] （清）黄奭：《春秋纬·春秋元命苞》，上海：上海古籍出版社，1993 年，第 45 页。《春秋元命苞》说每纪"一十七万六千年"，当参照《春秋命历序》改为"二十七万六千年"。
[3] 北京猿人的年代：第一阶段距今 70 万—40 万年，第二阶段距今 40 万—30 万年，第三阶段距今 30 万—20 万年。周口店的纪录把人类用火的历史提前了数十万年。

鱼；第二，神农氏发明耒耨农耕和日中为市的商业。因此，伏羲氏、神农氏时代的特点有八卦、卜筮、罔罟捕鱼、耒耨农耕、日中为市。①

根据纬书的记载，中国历史最早的时期为三皇。三皇时期可能是从伏羲氏到神农氏，学术界对三皇有不同的称呼，其事迹亦没有可靠的证据，而且往往互相抵牾。

从纬书和地质学的年代来看，三皇时期是从第九纪（禅通纪）之末到第十纪（流讫纪）之初，共约6000年，正好是从猿人到现代人的过渡时期。另外，从考古学和历史记载来看，是在山顶洞文化与仰韶文化之间，为伏羲氏与神农氏的时期，大约从距今15000年到距今8000年，总共约7000年。②

## 二、夏族的族系与演变

### （一）夏族的特征与移殖

#### 1. 夏族的特征

东亚大陆当时有不同的族群生存，其中夏族与其他族群有些不同。夏族具备下述三个特征：

其一，夏族已经有姓氏，并且有宗社组织，这是夏族社会组织的特征。夏族最初出现的姓首先有两个，即姬姓与姜姓，这两个姓的部族首领分别为黄帝与炎帝。因此可以认为夏族的首领为黄帝与炎帝，这就成为夏族的第一个特征。

其二，夏族已经有了彩陶和农业，考古学家发现，同周围相邻的族群比较起来，彩陶业成为夏族产业的第二个特征。

其三，夏族的语言就是今天汉语的源头，这是夏族社会的第三个特征。

#### 2. 夏族的移殖

（1）夏族移殖的年代

夏族的整个移殖活动大致从距今9000年到距今2000年。可以分为两个时期，即五帝时期与三代时期。

五帝时期大致是距今9000年至距今4000年，也是所谓的新石器时代。在五帝时期，夏族活动的地域从陇山地区向东扩充到黄河中下游以及淮河上游（也就是陕西南部、山西南部，以及河南的北部及中部）。据记载，在五帝时期之末，当时夏族的人口可能已扩充到1300万人。

三代时期大致是距今4000年至距今2000年。三代时期，夏族从黄河中下游及淮河

---

① 张肇麟：《夏商周起源考证》，北京：科学出版社，2018年，第313页。
② 张肇麟：《夏商周起源考证》，第329、330页。

中下游向南扩充到长江流域,再进一步向南扩充到五岭以南,直到南海。

(2) 夏族移殖的终止

从五帝时期至三代时期之末,夏族的移殖范围已经很大。在距今2000年左右,夏族活动范围之北边在长城一带,而南边到南海,西边在甘肃黄河一带,而东边到黄海、东海。

夏族的移殖到距今2000年左右终止。秦汉以后,夏族改称为汉族。因此,夏族的发展史到此为止,此后就是汉族的发展史了。

## (二)夏族移殖的地理背景

### 1. 山川水道

移殖通常是依傍水道进行的。陇山地区除了渭水、汉水之外,还有嘉陵江、岷江等水道同外部交流。因此,这些水道就造就了各种移殖团体,还形成了一些如武都、宝鸡、熊耳山等集中地。这种形势也形成了夏族初期的族系,即共工系(陕西洛水流域)、轩辕系(山西汾水流域)、大隗系(河南洛水流域)、昌意系(河南汝水流域)等。

### 2. 洪水

夏族有一个普遍流行的洪水传说,同时又有大禹治水的种种故事。所谓洪水,是很长时间夏族区域内各地接递而出现的自然现象。

地理环境对夏族历史有重大影响。盖当陇山时期,其最初定居于天然形成之崖岸。其后由于崖岸逐渐被垂直侵蚀所破坏,不可居住,便必须改变为丘居(从六盘山的栈道可以证实其曾丘居)。因此,按其住居类型,夏族历史可以划分为崖居期、丘居期。

而迁到熊山、骊山之后,夏族为避免洪水灾害,又不得不继续丘居。到了治水有了办法之后,才能降在平原而构成邑居,因而夏族的历史进入了邑居期。但是洪水使夏族之发展受到了很大的阻碍,谷永曰:"尧遭洪水之灾,天下分绝为十二州,制远之道微。"[①]

## (三)移殖与社会演变

### 1. 社会的演变

在移殖的过程中,社会也在演变。实际上,禹启的社会与尧舜的社会有根本的区别。《帝王世纪》说:"及禹平水土……民口千三百五十五万三千九百二十三人。至于涂山之会诸侯,承唐虞之盛,执玉帛亦有万国。"[②] 因此,在禹的时候,夏族的人口可能

---

[①] 《汉书·谷永传》,第3448页。
[②] 徐宗元:《帝王世纪辑存》,北京:中华书局,1964年,第118、119页。

已经到达上千万。到禹"平水土"的时候，社会情况已经发生很大变化。例如在舜的朝廷上，禹表扬自己的功绩为"以决九川致四海……众民乃定，万国为治"，皋陶就对禹说："然，此而美也。"禹又说自己的功绩有"辅成五服，至于五千里，州十二师，外薄四海，咸建五长，各道有功"。舜对禹的功绩大肆夸奖："道吾德，乃女功序之也。""皋陶于是敬禹之德，令民皆则禹。不如言，刑从之。舜德大明。……于是天下皆宗禹之明度数声乐，为山川神主。"① 因此舜在位的时候，就说禹建立了"舜之德"，而且明令禹为"山川神主"，全民以禹为榜样，"不如言，刑从之"。那么，在禹的时候，社会发生了何种变化？

2. 从夏族的五帝时期到三代时期

（1）五帝时期

夏族是有姓氏与宗社的社会组织，因此有血缘关系而同姓的宗构成宗族，有血缘关系或婚姻关系的宗构成亲族。因此，在夏族的形成时期，已经出现宗族与亲族。

当夏族从陇山地区向黄河中下游移殖时，可能若干个姓、若干个地域的居民一起行动。他们往往由兄弟与姻亲部族组成，是夏族发展史中出现的新的社会组织，它们并不是正式的社会组织，没有明确的说明，因此大家往往也没有注意，但是在文献记载中是明显存在的。

在从陇山地区向东移殖的过程中，夏族形成了以炎黄子孙为核心的四个族系。因此在五帝前期阶段，夏族的发展就表现为这些族系的形成。尤其是少昊系与祝融系的出现，其中包含已被同化的戎族。于是禹族得到了重大扩张，这个扩张既与禹族的自然增殖有关，又与外族的融入有关。

（2）三代时期

司马迁在《史记·夏本纪》的最后，有一个简短的结束语，他说："禹为姒姓，其后分封，用国为姓（应是氏）。故有夏后氏、有扈氏、有男氏、斟寻氏、彤城氏、褒氏、费氏、杞氏、缯氏、辛氏、冥氏、斟戈氏。"② 这里所说的十二个氏应该就是夏后氏最亲近的部族，它们组成一个部族联盟，禹是他们的共同祖先。此亲族联盟为夏后氏统治的基础。结束语约有九十个字，司马迁用了一半的篇幅列举了十二个氏。可见他了解亲族联盟的重要性。

《史记·殷本纪》的结束语只有六十个字，司马迁又用了其中的四五十个字讲述"其后分封，以国为姓"的情况，列举了殷氏、来氏、宋氏、空桐氏、稚氏、北殷氏、目夷氏七个氏，除此之外，结束语只有一句话，他说："孔子曰，殷路车为善，而色尚白。"③ 此亲族联盟当为商朝统治的基础，可见司马迁对亲属联盟的重视程度。

---

① 《史记·夏本纪》，第79—82页。
② 《史记·夏本纪》，第89页。
③ 《史记·殷本纪》，第109页。

v

亲属联盟的重要性是不难理解的，当时各种政治活动以及不断的战争都是围绕亲族联盟展开的，各个朝代的兴亡都与亲族联盟的巩固与崩溃有关。亲族联盟可以说是当时整个社会的政治核心，司马迁最重视的是讲述这些朝代的核心结构而不是对这些朝代做出政治评价，因此这个时期夏族的发展就表现为亲族联盟的形成与变化。此外，由于族系的边界已经被打破了，亲族联盟对族系有巨大的控制力。

# 三、夏族向黄河中下游移殖

（一）黄帝后裔的移殖地域

黄帝后裔的初期移殖分为两部分：第一是山西汾水流域和黄河中游北岸；第二是河南汝水流域。本书分别说明如下：

1. 苍林系

（1）苍林系之姓氏

晋国司空季子曾对公子重耳讲述黄帝之子的情况，他说："黄帝之子二十五人，其同姓者二人而已，唯青阳与夷彭皆为纪姓。青阳，方雷氏之甥也。夷彭，肜鱼氏之甥也。其同生而异姓者，四母之子，别为十二姓。凡黄帝之子二十五宗，其得姓者十四人，为十二姓，姬、酉、祁、纪、滕、箴、任、苟、僖、姞、儇、衣（依）是也。唯青阳与苍林氏同于黄帝，故皆为姬姓。"[1] 这段话意思很模糊，而且他所说的并非全部黄帝子孙，而仅仅是生活在晋国的黄帝后裔，因此司空季子所说黄帝之子，实际上当为轩辕系，亦谓苍林系。

把这段话与《路史》中类似的记载进行对照之后，我们可以发现黄帝后裔共二十五支，别姓者十二。其中两支同为姬姓，有两支同为纪姓，其余十支各为一姓，共为十姓。包括祁、酉、滕、箴、任、苟、僖、姞、儇、依。[2] 所以这十二姓并非黄帝的全部后裔，而是晋国黄帝后裔的全部体系，故称之为苍林系。

（2）苍林系之婚姻

历史上还有一些世为婚姻的记载，特别是姓氏制度形成之初，出现了"一氏两姓"，故同一个氏的两姓就世为婚姻，这种现象在上古时期曾长期存在。历史上一个最著名的例子就是长期互相通婚的朱、陈两姓，后世因此用"朱陈之好"来表示婚姻，故《左传·宣公三年》有"姬、姞耦，其子孙必蕃"[3] 的记载。

---

[1] 徐元诰撰，王树民、沈长云点校：《国语集解·晋语四》，北京：中华书局，2002年，第333—335页。此处青阳前述为纪姓，后述为姬姓，有误。
[2] （宋）罗泌：《路史·黄帝》，上海：中华书局，1936年，第88页。
[3] 《春秋左传正义·宣公三年》，（清）阮元校刻：《十三经注疏》，第1869页。

本书认为汾水流域的六个姓是在远古时代分为三组后移殖到汾水流域来的，其中姬、姞是一组，两姓互相通婚或者说世为婚姻，两姓一起移殖到汾水中上游；酉、祁也是一组，两姓互相通婚，一起移殖到汾水中下游；而荀、纪也是一组，两姓也是互相通婚的，同时移殖到涑水流域。此外，其他六个姓分成三个组移殖到黄河的北岸。

这说明苍林系是比较原始的状况，"一氏两姓"还是普遍存在的。

2. 昌意系

原始传说认为舜与禹是同一个昌意的后裔，后来分为三个部分。传说舜生于妫墟，故后裔为妫姓；又传说舜生于姚墟，故后裔为姚姓；又传说舜从姚墟迁到顿丘，故后裔为姒姓。

（1）妫姓

《汉书·地理志》汉中郡西城，颜师古引应劭曰："《世本》妫虚在西北，舜之居。"[①]《后汉书·郡国志》汉中郡成固，刘昭注："妫墟在西北。"又注："《前书》云在西城。"[②] 那么西城与成固的位置相差不远，当是妫族原始地。传说把妫姓作为舜的出生地，因此把舜的出生地定为汉中郡西城。故舜的后裔为妫姓，起源于汉中。

（2）姚姓

《帝王世纪》说："握（握）登见大虹意感，而生舜于姚墟，故姓姚。"[③] 姚墟位于何处？《史记·五帝本纪》谓"虞舜者"所生之地为姚墟，正义曰："《会稽旧记》云，舜上虞人，去虞三十里有姚丘，即舜所生也。……《括地志》又云：'姚墟在濮州雷泽县东十三里。《孝经援神契》云舜生于姚墟。'案：二所未详也。"[④] 所谓舜生于浙江上虞或河南濮州，是很难确考的。但是《帝王世纪》说："（汉中郡成固）姚墟在西北，有舜祠。"又说："安康谓之妫墟，或谓之姚墟。"[⑤] 那么姚墟与妫墟可能是汉中的两个地方，甚至二者实际上是同一个地方。

舜从姚墟出来以后，又迁于顿丘，冀州百姓归之。

（3）姒姓

《史记·夏本纪》曰："帝舜荐禹于天，为嗣。十七年而帝舜崩。三年丧毕……禹于是遂即天子位，南面朝天下，国号曰夏后，姓姒氏。"[⑥] 当是舜赐以姒姓。

（二）炎帝后裔的移殖

炎帝子孙的移殖开始似乎在渭水以北，后来向陕北洛水流域移殖，这个族群不妨称

---

① 《汉书·地理志上》，第1596页。
② 《后汉书·郡国志五》，第3506页。
③ 徐宗元：《帝王世纪辑存》，第39页。
④ 《史记·五帝本纪》，第31页。
⑤ 徐宗元：《帝王世纪辑存》，第45页。
⑥ 《史记·夏本纪》，第82页。

为共工系；另一部分则沿渭水以南往东，最终到达熊耳山，然后移殖于洛水流域，又进一步北上进入太行山西麓的丹河及浊漳河流域，这个部分的族群可称之为大隗系。

1. 共工系

共工系分布于陕西北部，其著名的姓氏有申、吕，其最著名的首领为共工。

（1）共工

传说中有各种共工，例如管仲说："燧人以来，未有不以轻重为天下也。共工之王（尹知章注'帝共工氏，继女娲有天下'），水处什之七，陆处什之三，乘天势以隘制天下。"①《礼记·祭法》讲到"共工氏之霸九州也"，郑玄注："共工氏无录而王，谓之霸，在大昊、炎帝之间。"②《淮南子》曰："共工，景风之所生也。"高诱注："共工，天神也。"③ 又《淮南子》云："黄帝尝与炎帝战矣，颛顼尝与共工争矣。"④ 种种说法不能统一。

但是在古代有各种族系存在，他们有其首领，还有姓氏系统，因此他们是代表某个夏族的族系。共工系就是这种族系。由于"共工"有不同的身份与面貌，只能认定其中之一作为其现实世界的代表，从历史记载来看，这样处理还是比较合理的。

（2）姓

共工系应该代表夏族的一个族系。《潜夫论》云："炎帝苗胄，四岳伯夷，为尧典礼……以封申、吕。裔生尚，为文王师，克殷而封之齐，或封许、向，或封于纪，或封于申。……姜戎居伊洛之间，晋惠公徙置陆浑，州、薄、甘、戏、露、怡。"⑤ 故从《潜夫论》可以看到炎帝后裔有申、吕；在西周时有齐、许、向、纪、申；而在春秋时有州、薄、甘、戏、露、怡。若不计时代先后，则此处所列之炎帝后裔共有十二国，即申、吕、齐、许、向、纪、州、薄、甘、戏、露、怡，这些姓氏分布于陕西北部。

在平王东迁时，申、吕迁于南阳地区，如《史记·齐太公世家》之集解引徐广曰："吕在南阳宛县西。"索隐也说："《地理志》申在南阳宛县，申伯国也。吕亦在宛县之西也。"⑥

后来吕之后裔迁徙山东，为东吕。《路史》云："太公乃出东吕。吕，莒也。"罗苹注："《博物志》：'曲海城有东吕乡，东吕里，太公望所出也。'《寰宇记》：'密之莒县东百六十，汉曲海城。'"⑦

因此在古代有一个炎帝后裔分布于陕北，不妨称之为共工系。

---

① （清）戴望：《管子校正·揆度》，《诸子集成》第五册，第384页。
② 《礼记正义·祭法》，（清）阮元校刻：《十三经注疏》，第1590页。
③ （汉）高诱注：《淮南子·墬形训》，《诸子集成》第七册，第65页。
④ （汉）高诱注：《淮南子·兵略训》，《诸子集成》第七册，第251页。
⑤ （汉）王符：《潜夫论·志氏姓》，《诸子集成》第八册，第170页。
⑥ 《史记·齐太公世家》，第1477页。
⑦ （宋）罗泌：《路史·国名纪甲》，第318页。

2. 大隗系

（1）大隗系的地域在陕西骊山至河南黄河北岸

炎帝的后裔最初在陇山。《礼记·祭法》郑玄注："厉山氏，炎帝也，起于厉山。或曰有烈山氏。"①《帝王世纪》云："（炎帝）故号神农，一号魁隗氏。……魁隗氏又曰连山氏，又曰列山氏。"②则魁隗氏实即大隗氏。

炎帝在河南、山西等地的后裔中，最初的聚集点可能是河南洛水流域，后来扩充到山西浊漳水及清漳水流域。史书将河南北部及山西东南部的部族称为赤狄，除此以外，还将从陕西北部进入山西中部的部族称为白狄。因此，在炎帝后裔中占主要的是赤狄，然后是白狄。

（2）大隗氏的姓

《世本·氏姓》云："路氏，炎帝之后，黄帝封其支子于路。春秋时路子婴儿是也。"③《元和姓纂》曰："（路氏）炎帝之后，黄帝封其支子于路，春秋时路子婴儿是也。"④《通志》记："隗氏。姓也。赤狄姓隗，潞子婴儿是也，廧咎如、东山皋落氏，皆其别种，而亦姓隗。"⑤

（三）戎族、胡族融入夏族

当夏族发展到黄河下游的时候，与当地的戎族发生了接触与冲突，尤其在太行山东麓、豫北与鲁西地区，矛盾极其突出。《史记》开头就描述黄帝与蚩尤的最后一战，于是夏族控制了整个黄河下游，这是夏族在五帝时代最后的扩充。

1. 戎族融入少昊系

少昊系与祝融系的特点是大量的戎族融入了夏族，这一点明显地表现在少昊系与祝融系的产生过程中。

《国语·楚语》记载观射父的谈话说："及少暤之衰也，九黎乱德，民神杂糅，不可方物。夫人作享，家为巫史，无有要质。……颛顼受之，乃命南正重司天以属神，命火正黎司地以属民，使复旧常，无相侵渎，是谓绝地天通。"⑥何谓"民神杂糅"，何谓"绝地天通"？其实所谓"民神杂糅"，即用神道的名义来统治民事，也就是政教合一，亦即神权政治。所谓"绝地天通"就是天地分开，天不要管地，地不要管天，也就是"民神异业"，政教分离。因此，《逸周书·史记解》说："昔者玄都贤鬼道，废人事

---

① 《礼记正义·祭法》，（清）阮元校刻：《十三经注疏》，第1590页。
② （晋）皇甫谧撰，（清）宋翔凤、钱宝塘辑：《帝王世纪》，沈阳：辽宁教育出版社，1997年，第3、4页。
③ （清）秦嘉谟：《世本·氏姓》，（汉）宋衷注，（清）秦嘉谟等辑：《世本八种》，北京：中华书局，2008年，第310页。
④ （唐）林宝撰，岑仲勉校记：《元和姓纂（附四校记）》，北京：中华书局，1994年，第1213页。
⑤ （宋）郑樵撰，王树民点校：《通志二十略·氏族略第三》，北京：中华书局，1995年，第105页。
⑥ 徐元诰撰，王树民、沈长云点校：《国语集解·楚语下》，第514页。

天，谋臣不用，龟策是从，神巫用国，哲士在外，玄都以亡。"① 此为其败国亡家之道，故九黎反映了神权政治的特点。这也从另一个角度说明九黎也与商族一样，属于戎族而不属于夏族。因此，九黎"乱德"正反映了九黎与夏族的对立。

2. 少昊系的姓氏

黄帝的后裔有三个主要分支：昌意系、苍林系和少昊系（也称青阳系），其中苍林系和少昊系是黄帝之子玄嚣的后裔。少昊系作为黄帝后裔的三个主要分支之一，文献记载青阳系有以下三姓，都分布于济水及淮水流域：

纪姓　《路史》："小昊青阳氏，纪姓。"②
嬴姓　嬴姓分支为伯翳之后裔，为济水及淮水流域之各嬴姓国，包括徐戎、淮夷。
偃姓　偃姓分支为皋陶之后裔，为济水及淮水流域之各偃姓国。

但是少昊系与昌意系、苍林系不同，其构成很复杂。由于其分布地域处于东部边境，夏族与戎族相邻，因此由于戎族融入夏族，少昊系的成员包含大量夏族与戎族的混合部族。实际上，嬴姓、偃姓的成员虽然都有夏族的姓，但是其中很大一部分并非夏族。

3. 戎族融入祝融系

祝融系的情况，也与少昊系类似。祝融系也与商族有相同的特点，此即少昊系、祝融系与夏族的区别（见本书 [14]、[15]）。

（1）祝融系的传说

文献中祝融出现得很多，显然不是表示同一个人，应当表示三个不同的时代。

第一个祝融可以说是神话时代，如《遁甲开山图》给出一个古帝系列：女娲氏、大庭氏、柏皇氏、中央氏、栗陆氏、骊连氏、赫胥氏、尊卢氏、祝融氏、混沌氏、昊英氏、有巢氏、葛天氏、阴康氏、朱襄氏、无怀氏。③ 其中祝融氏位于有巢氏、无怀氏之前。

第二个祝融是三皇的传说时代。如《白虎通》云："三皇者，何谓也？谓伏羲、神农、燧人也。或曰：伏羲、神农、祝融也。"④ 这是将祝融列为三皇之一。

现在要讨论的第三个祝融，就是五帝时代之祝融。据文献记载，祝融为火正的称号，而黄帝之后裔曾在帝喾时代任火正，因此黄帝之后裔曾任祝融，《史记·楚世家》说：

帝颛顼高阳。……高阳生称，称生卷章，卷章生重黎。重黎为帝喾高辛居火正，甚有功，能光融天下，帝喾命曰祝融。共工氏作乱，帝喾使重黎诛之而不尽。

---

① 黄怀信、张懋镕、田旭东：《逸周书汇校集注·史记解》，上海：上海古籍出版社，1995年，第1032页。
② （宋）罗泌：《路史·小昊》，第95页。
③ （宋）李昉等：《太平御览·皇王部三》，北京：中华书局，1960年，第365页。
④ （清）陈立撰，吴则虞校点：《白虎通疏证·号》，北京：中华书局，1994年，第49页。

帝乃以庚寅日诛重黎，而以其弟吴回为重黎后，复居火正，为祝融。①

故祝融为颛顼之后裔，这里表明卷章的两个儿子（重黎、吴回）俱任祝融。

（2）祝融系的姓

文献中有"祝融八姓"之说，《国语·郑语》记八姓为己、董、彭、秃、妘、曹、斟、芈。②《潜夫论·志氏姓》中八姓为己、秃、彭、姜、妘、曹、斯、芊。③文献中还有"陆终六子"的记载，这就说明了祝融氏所包含的基本姓氏。《世本》给出六子如下："陆终娶于鬼方氏之妹，谓之女嬇，是生六子。……其一曰樊，是为昆吾；二曰惠连，是为参胡；三曰籛铿，是为彭祖……四曰求言，是为会人；其五曰安，是为曹姓；六曰季连，是为芈姓。"④《大戴礼记》也有同样的记载。

## 四、夏族的兴起与商、周各族融入夏族

### （一）禹启时期

1. 禹启时期的政治变迁

（1）出现了强大势力集团

在禹启时期，夏族出现了一些强大的亲属联盟，特别是禹的亲属联盟。由于禹建立了巨大的"水土功"，其地域超过了禹的族系范围，《史记·殷本纪》记载汤说："古禹、皋陶久劳于外，其有功乎民，民乃有安。东为江，北为济，西为河，南为淮，四渎已修，万民乃有居。"⑤在舜所主持的一场辩论中，舜曾要禹"昌言"自己的功绩。禹说："予何言！予思日孳孳。"于是引起了一场辩论：

> 皋陶难禹曰："何谓孳孳？"禹曰："鸿水滔天……下民皆服于水。予陆行乘车，水行乘舟，泥行乘橇，山行乘檋，行山刊木。与益予众庶稻鲜食。……与稷予众庶难得之食。食少，调有余补不足，徙居。众民乃定，万国为治。"皋陶曰："然，此而美也。"⑥

接着又说：

---

① 《史记·楚世家》，第 1689 页。
② 徐元诰撰，王树民、沈长云点校：《国语集解·郑语》，第 467、468 页。
③ （汉）王符：《潜夫论·志氏姓》，《诸子集成》第八册，第 173 页。
④ （清）雷学淇：《世本·帝系》，（汉）宋衷注，（清）秦嘉谟等辑：《世本八种》，第 5、6 页。
⑤ 《史记·殷本纪》，第 97 页。
⑥ 《史记·夏本纪》，第 79 页。

禹曰："予娶涂山，癸甲，生启予不子，以故能成水土功。辅成五服，至于五千里，州十二师，外薄四海，咸建五长，各道有功。苗顽不即功，帝其念哉。"帝曰："道吾德，乃女功序之也。"①

这是将帝舜时期的成就归结为禹的功绩。最后"皋陶于是敬禹之德，令民皆则禹。不如言，刑从之。舜德大明"。于是皋陶为歌曰："元首明哉，股肱良哉，庶事康哉！"于是在"天下皆宗禹之明度数声乐，为山川神主"②。因此在帝舜时期，禹已对全国产生了巨大的影响，禹突破了亲族联盟的范围，他也说自己是"成水土功，辅成五服，至于五千里，州十二师，外薄四海，咸建五长"，他就得到了"山川神主"的声名。

尧舜时期超越族系范围的社会发展，使得禹的强大集团出现了。

（2）出现了强大的亲属联盟

虽然当时每一个族系都有自己的亲属联盟，但是范围是有所不同的，夏后氏有一个最强大的联盟，《史记·夏本纪》"太史公曰"记载的内容如下：

禹为姒姓，其后分封，用国为姓（应是用国为氏）。故有夏后氏、有扈氏、有男氏、斟寻氏、彤城氏、褒氏、费氏、杞氏、缯氏、辛氏、冥氏、斟戈氏。孔子正夏时，学者多传《夏小正》云。自虞、夏时，贡赋备矣。或言禹会诸侯江南，计功而崩，因葬焉，命曰会稽。会稽者，会计也。③

这就清楚地叙述了禹的联盟有十二个氏，但这个联盟的范围并非限于小宗与大宗。

在《史记·夏本纪》之后，《史记·殷本纪》也有类似的"太史公曰"，其内容如下：

余以《颂》次契之事，自成汤以来，采于《书》《诗》。契为子姓，其后分封，以国为姓；有殷氏、来氏、宋氏、空桐氏、稚氏、北殷氏、目夷氏。孔子曰，殷路车为善，而色尚白。④

《史记·殷本纪》的"太史公曰"实际上除了七个氏以外，没有其他内容，只有"殷路车为善，而色尚白"。《史记·秦本纪》的"太史公曰"比《史记·殷本纪》更简单，除列举了嬴姓分封的十三个氏，此外只有一句话："然秦以其先造父封赵城，为赵氏。"⑤ 等于再补充了第十四个氏，那么，《史记·秦本纪》的结束语完全是讲述"其后分封，用国为姓"的情况，没有任何其他内容。由此可见，司马迁对亲族联盟的重

---

① 《史记·夏本纪》，第80页。
② 《史记·夏本纪》，第81、82页。
③ 《史记·夏本纪》，第89页。
④ 《史记·殷本纪》，第109页。
⑤ 《史记·秦本纪》，第221页。

视程度。不过,《史记·周本纪》结束语完全没有提到亲族联盟的情况,这是因为周代之封建结构十分明显,且《史记》在有关的世家中说明了周朝亲属联盟的情况。

因此,亲属联盟是三代以来夏族发展史中出现的一种基本的社会组织,不是大宗或小宗(见张肇麟《姓氏与宗社考证》),本书称之为亲属联盟。

亲属联盟的重要性是不难理解的。当时各种政治活动和不断的战争风云都是围绕亲属联盟展开的,各个朝代的兴亡都与亲属联盟的巩固或崩溃有关。亲属联盟可以说是当时整个社会的政治核心,因此《史记》的"太史公曰"就清楚地说明了夏朝、商朝、秦朝这几个朝代的亲属联盟。所以,司马迁对夏、商、周、秦的历史记载,并不是对这些朝代给出其政治评价,而是说明其政治结构的核心。

(3) 夏后氏与异族联盟

在夏族与异姓族群的对峙中,通常与其之间的交流是比较少的。但到了夏后氏的时代,与异姓族群的联盟就比较显著了,如有穷氏。据记载,有穷氏在帝喾时期"世掌射正",但当启去世的时候,太康"即位,居斟鄩",同时"羿入居斟鄩"。太康四年去世,仲康又"即位,居斟鄩",而羿又居斟鄩(见《竹书纪年》)。因此,在夏朝建国时,后羿已成了夏后氏的重要支持力量。在夏朝初年时,有穷氏当属于夏后氏的联盟力量。这表明夏后氏已经削弱了其本身的血缘界线,因而有利于族群之间的融合。

2. 禹启时期夏族的发展

(1) 夏后氏具有新的机构

禹以夏后氏作为他在全国"平水土功"的国家机器,故他必须使用来自更大的范围的部族成员,因而削弱了血缘的限制。因此,他提高了夏后氏的社会功能。此外,禹实际上已经把政治中心放在阳翟,虽然他在"平水土功"时在全国奔走,但仍将阳翟作为其首邑。因此《汉书·地理志》颍川郡阳翟,班固自注:"夏禹国。"① 因此禹的根据地在阳翟。如舜去世时,商均在舜之处所,而禹则回到阳翟(即阳城):"三年丧毕,禹辞辟舜之子商均于阳城。"②

《竹书纪年》说,启继位时,首先在夏后氏的"夏邑"接待了一些诸侯,然后在"冀都"接待了其他诸侯,故《左传·昭公四年》说:"夏启有钧台之享",杜注:"河南阳翟县南有钧台陂,盖启享诸侯于此。"③ 那么,阳翟在禹的时候就已经是一个强大的都城。虽然后来启仍去"冀都"继位,仍然以冀州作为联盟的首都,但实际上启是以阳翟作为首都的。

(2) 由禅让到传子

禹去世之后,国家的职责禅让给益,但是益无法控制政局,于是启取得了政权。这是中国历史上第一次将禅让转变为传子,而夏启在中国历史上第一次把国家政权收到自

---

① 《汉书·地理志上》,第 1560 页。
② 《史记·夏本纪》,第 82 页。
③ 《春秋左传正义·昭公四年》,(清)阮元校刻:《十三经注疏》,第 2035 页。

己的家族,于是开辟了几千年王朝的统治体制。由益转到启是我国历史上的一件大事,几千年来被不断地加以讨论。

孟子就参与了这一场讨论,孟子说:"周公之不有天下,犹益之于夏、伊尹之于殷也。孔子曰:'唐虞禅,夏后殷周继,其义一也。'"① 孔子的话说明了:中国从唐、虞发展到夏、商、周,是一脉相通的。孟子说得更清楚一点,孟子认为益、伊尹、周公不是天子,这是对的。如果用孔子、孟子的观点来看,从唐虞的"禅"发展到夏、商、周的"继",是社会的自然趋势,是一种历史的进步。

以往对启与益的矛盾之处,往往未尝深究。如《韩非子》说:"古者禹死,将传天下于益,启之人因相与攻益而立启。"② 实际上,禹将"天下"传给了益,而把这个国家的核心(亲属联盟)传给了启。因此,禹的创造是将他的"家"(强大的亲属联盟)留在夏后氏。禹实际上把阳翟作为他的首都,是把夏后氏的亲属联盟作为国家的中心。此即禹的活动关键之所在。禹所开创的道路就是把国家的政治中心放在阳翟而不放在"冀都",这实质上就是"家天下"。因此,禹的口号是"禅让",但其行动是"家天下"。

因此,启反对"禅让"而运用禹的"亲属联盟",而夏后氏的一些部族如有扈氏、武观等则是遵循"禅让"主张,而反对禹的"亲属联盟"。实际上,当时对"禅让"有不同的认识。正如前面提到的,尧舜的"禅让"并没有收到良好的效果,尧最后被舜所囚禁。尤其是舜在最后已经失去政权,当时"令民皆则禹。不如言,刑从之",而且舜宣布由禹安排政务:"帝(舜)拜曰:'然,往钦哉!'于是天下皆宗禹之明度数声乐,为山川神主。"③ 此外,尧、舜之子最后都被流放于南方,很可能"禅让"比传子更为血腥。因此,孔子、孟子可能认为接受传子比较符合实际情况。

## (二)三代时期夏族的发展

### 1. 其他部族的融入过程

三代时期,黄河中下游的戎族已大多融入夏族,因此黄河中下游大约已经成了夏族的领地,如九黎、三苗等部族,都已融入夏族。但是这些部族没有完全融入夏族,他们往往保留了较多的戎族特性。

### (1)商族的融入

其他部族融入夏族以后,在初期往往会做出某些改变。商族在最初融入夏族的时候也做了某些改变,实际上,殷墟商王族社会与周围的夏族社会是隔离的,商王族是单一商族社会,周围的夏族是夏族社会,二者之间存在一些与戎族混合的夏族部族。如商王

---

① (清)焦循:《孟子正义·万章上》,《诸子集成》第一册,第385页。
② (清)王先慎:《韩非子集解·外储说右下》,《诸子集成》第五册,第256页。
③ 《史记·夏本纪》,第81、82页。

畿基本上是戎族单一部族，王畿东方有夏族单一部族"奄"，而在王畿与"奄"之间则是"商奄"。"奄"与"商奄"都是夏族部族，前者为单一部族的夏族，而后者为混有戎族之夏族。因此，商族在商王畿实际上没有完全融入夏族。

（2）周族的融入

周族在上古时期，原来并没有姓氏制度。在他们与夏族混合之后，才建立了姓氏，并自称姬姓。

周族早期的姓也是使用商族的方式取得的。商族的融合方式是在形成新的混合部族时，同时仍保存一支夏族的单一部族。因此周族的融入，就形成了新的部族，或者名称不变，如"刘"。不管有没有周族融入，部族名称仍然称为"刘"。虽然他们之间可以互相缔结婚姻，但是不含周族与含周族的两种"刘"还是有区别的。

周族到了后期（古公亶父以后）改变了与夏族的融合方式，他们没有对混合部族加以区别。当一个夏族部族有周族族员加入后，仍然保持夏族的名称，不加区别。因此，周族取得夏族的姓以后，就与夏族没有区别了，这就是周族后期融入夏族的方式。但周族的王族或公族通常冒称姬姓，其剩余族员可能取得其他的姓，并不冒称姬姓。

2. 统一体

三代时期，大量的戎族与胡族融入了夏族，而戎族与胡族都没有姓氏，因此，在他们融入夏族以后，戎族与胡族的社会要发生变化，不仅仅是姓氏一个方面，戎族与胡族在各种社会制度方面都会逐步与夏族靠近。

到了三代后期，黄河中下游就形成了一个庞大的部族混合。因此随着夏族的发展，东亚大陆形成了史无前例的一个巨大的文化统一体。《中庸》说："今天下车同轨，书同文，行同伦。"郑玄注："今，孔子谓其时。"① 这就是说，这个文化统一体在春秋战国时期就形成了。

# 五、秦、楚、越之形成

## （一）秦之形成

### 1. 秦之原始

《史记·秦本纪》认为大费佐舜调训鸟兽，是为柏翳，舜赐姓嬴氏，是秦族的原始。大费生子二人：一曰大廉，实鸟俗氏；二曰若木，实费氏。大廉玄孙曰孟戏、中衍，中衍之后，遂世有功，其玄孙曰中潏，生蜚廉。蜚廉生子三人：恶来革、恶来、季

---

① 《礼记正义·中庸》，（清）阮元校刻：《十三经注疏》，第1634页。

胜。其后世为周孝王息马，邑之秦，使复续嬴氏祀，号曰秦嬴。①

2. 秦之系谱

《史记·秦本纪》给出秦族之系谱颇详，再结合《史记·赵世家》，秦族的系谱可以分为五个阶段：

> 第一阶段：为"女修—大业—大费"，处于尧舜时代。
> 第二阶段：为从大费之子（大廉）到孟戏，处于夏代。
> 第三阶段：为从孟戏到蜚廉之子（恶来革、恶来、季胜），处于商代。
> 第四阶段：为从恶来革到襄公，处于西周。
> 第五阶段：由恶来革与季胜之后裔形成秦族与赵族，处于东周。

到战国时期，秦氏、赵氏分别建立了秦国与赵国。最后秦国控制了整个中原，建立了秦王朝，因此秦族之历史具有了特殊的重要意义。

（二）楚之形成

楚族的历史源自颛顼，如《史记·楚世家》给出楚族的始祖为颛顼。颛顼生称，称生卷章，卷章生重黎（重黎生活在帝喾时期，称号为祝融）。从重黎到陆终，然后到熊绎（在周成王时，封于楚以子男之田），就结束了楚族之初期历史。从颛顼到熊绎，可分为六个阶段：

> 颛顼—称—卷章（老童）—
> 重黎（祝融）—吴回—
> 陆终（娶鬼方氏）—季连—附沮—
> 穴熊—（或在中国，或在其他地区）—
> 鬻熊（子事周文王）—熊丽—熊狂—
> 熊绎（封于丹阳）

熊绎以后可以认为是楚族的后期历史。《史记·楚世家》云："熊绎当周成王之时，举文、武勤劳之后嗣，而封熊绎于楚蛮，封以子男之田，姓芈氏，居丹阳。"②《春秋大事表》说："楚在春秋吞并诸国凡四十有二。"③ 楚是完全由此而发展起来的，这个事实具有重大的意义。

---

① 《史记·秦本纪》，第173—177页。
② 《史记·楚世家》，第1691页。
③ （清）顾栋高辑，吴树平、李解民点校：《春秋大事表·春秋列国疆域表》，北京：中华书局，1993年，第524页。

## （三）越族的形成

在夏族从甘陇地区扩充到黄河中下游以后，当地的戎族一部分已逐步融入了夏族，其余的则逐步迁徙到长江流域以南。到了尧舜时期，黄河中下游的夏族逐步扩充到长江以南，这些迁徙到南方的夏族就形成新的部族，越族就是其中之一。

越族刚形成的时候，当然不会取得正式的名称，"越族"也不会出现。因此，虽然越族在尧舜时期已经大量进入长江以南，但是"越族"名称是逐步形成的。

按《竹书纪年》，一直到周景王时，未提到越。第一次提到越是战国时期周元王四年（前473年）"于越灭吴"。徐文靖统笺："按，《地理通释》曰，越见春秋凡六，其三称越，皆在昭公之时；其三称于越，二在定公、一在哀公之时。"①

从山西迁徙到浙江，路途遥远，推想越族不会由晋南直达浙东，中间必有数次转折。值得注意的是，越族从陇山向东、向南迁徙到浙江的时候，地名也带到了浙江。因此，从地名中还可能找到越族南迁的遗迹。

## 六、遗稿的整理

本书由张肇麟先生的遗稿整理而成，包括二十三篇论文，分为五个部分：第一部分研究人类"开天辟地"以来的庄子的圣人历史学；第二部分研究夏族的基本情况；第三部分研究夏族向黄河中下游之移殖；第四部分研究夏族之兴起及商、周部族融入夏族；第五部分研究秦族、楚族及越族的形成。此后，夏族改称为汉族，中华民族的发展史进入新的阶段。

遗稿是在20世纪50年代中期之前完成的。近几十年来，许多与本书内容有关的论著和文章陆续出版、发表，我对这些学术研究成果进行了适当吸收，在脚注中添加了和本书内容有关的现代文献，并在本书的正文之后加上一些"补注"。

参考文献也是我添加的，为了读者方便，我采用比较常见的版本，作为各页的脚注。"二十四史"采用中华书局1997年缩印本，而"诸子集成"采用中华书局1954年影印本，"十三经注疏"采用中华书局1980年影印本，这些在脚注中不再一一说明。引用到其他历史文献时，此文献在第一次出现时注明作者朝代及姓名、书名、出版地点、出版社、出版时间，后重复出现时，一般只注明作者朝代及姓名、书名、页码。

如果遗稿整理工作中存在缺点与问题，热切期望读者批评指正。

张鸣华

2021年1月于清华大学

---

① （清）徐文靖：《竹书纪年统笺》，《二十二子》，上海：上海古籍出版社，1986年，第1092页。

# 目　　录

## 第一部分　中国人之初始时期

[01] 人类的历史 …… 3
[02] 混沌氏时期 …… 16
[03] 有燧氏与火的时代 …… 26
[04] 伏羲氏、神农氏与古人之文化系统 …… 34
[05] 渭水上游社会之特点 …… 73

## 第二部分　夏族之初始时期

[06] 夏族的起源 …… 93
[07] 夏族之炎黄结构 …… 137
[08] 夏族初期移殖之地理背景 …… 169
[09] 黄帝与颛顼、帝喾之东迁 …… 188

## 第三部分　夏族向河水中下游之移殖

[10] 黄帝苍林系（汾水） …… 203
[11] 黄帝昌意系（汝水） …… 235
[12] 炎帝共工系（洛水） …… 255
[13] 炎帝之大隗系 …… 269
[14] 少昊系 …… 286
[15] 祝融系 …… 314
[16] 五帝时期之都畿 …… 356

## 第四部分　夏族之兴起与商族、周族之演变

[17] 夏后氏 ································································· 389
[18] 有穷氏与夏后氏 ····················································· 436
[19] 商族融入夏族 ························································ 458
[20] 周族融入夏族 ························································ 502

## 第五部分　秦族、楚族及越族之建立

[21] 秦族之原始 ···························································· 543
[22] 楚族之建立与南迁 ·················································· 567
[23] 越族之建立与南迁 ·················································· 602

# 第一部分　中国人之初始时期

# [01] 人类的历史

## 一、人类之历史

（一）人类的地质学年代

1. 地质学年代

根据近代地质学的研究，地球历史可以分为五个"代"：太古代、元古代、古生代、中生代、新生代，其距今之年代、生命起源和进化情况如下[①]：

  太古代（距今46亿—25亿年）：一开始没有生命，距今33亿年出现生命。
  元古代（距今25亿—5.42亿年）：前期出现真核细胞菌类，晚期产生腔肠动物。
  古生代（距今5.42亿—2.52亿年）：鱼类、两栖动物。
  中生代（距今2.52亿—0.66亿年）：爬行动物、鸟类。
  新生代（距今0.66亿年—现在）：哺乳动物，尤其是人类出现。

此外，除太古代外，每个"代"划分为若干"纪"。例如，新生代划分为以下三个"纪"[②]：

  古近纪
  新近纪
  第四纪

每个"纪"又划分为若干"世"，例如最后一个纪（第四纪）始于距今258万年前，划分为以下两个"世"[③]：

  更新世（距今258万年—约1万年）：直立人。

---

[①] 宋兆麟、黎家芳、杜耀西：《中国原始社会史》，北京：文物出版社，1983年，第2页。
[②] 宋兆麟、黎家芳、杜耀西：《中国原始社会史》，第2页；林耀华：《原始社会史》，北京：中华书局，1984年，第20页。
[③] 宋兆麟、黎家芳、杜耀西：《中国原始社会史》，第2页；林耀华：《原始社会史》，第20页。

全新世（距今约 1 万年—现在）：现代人。

这是地质学家确定的历史年代序列。从这些地质学年代来看，人类是在第四纪才出现的。也就是说，人类是在距今二三百万年以后才出现的。

2. 洪水时期

在人类出现之时，第四纪时期，地质学家证明欧美大陆上有冰川存在。冰川存在之时，是为冰川期。两个冰川期中间的时期，谓之间冰期。间冰期时气候温暖，适于生物（包括人类）之生存。在"大洪水"之后（间冰期时），在距今三百万年左右（上新世晚期），出现了猿人。①

3. 从地质学来看人类的历史年代

根据近代地质学的研究来看，人类在第四纪才出现，因此史前人类的研究应该紧密地联系地质学第四纪的发展来看。人类在进入第四纪以后，有下列发展时代②：

旧石器时代
新石器时代
金属时代

人类的发展时代有上述三个时代，因此人类有不同的称呼③：

一是距今一二百万年到距今二三十万年出现的猿人，称为旧石器时代的猿人。

二是距今二三十万年到距今四五万年出现的猿人，称为早期智人（Early *Homo Sapiens*），又称古人（*Paleoanthropus*）。而在距今四五万年出现的猿人称为晚期智人（Late *Homo Sapiens*），又称新人（*Neoanthropus*）。④

三是距今 25000 年的人类称为新石器时代的现代人。

四是距今 4000 年的人类称为金属时代的现代人。

（二）人类的考古学年代

考古学家根据地下出土的文物和地质学材料，可以对一些遗留文物的历史时代进行分析。近代考古学发现，人类的历史是在距今约为二三百万年（即地质学年代第四纪）才出现的，因此中国年代史需要重新分析。

---

① 《裴文中史前考古学论文集》，北京：文物出版社，1987 年，第 54—56 页。
② 裴文中：《中国史前时期之研究》，上海：商务印书馆，1948 年，第 66 页注。
③ 裴文中：《中国史前时期之研究》，第 66 页；林耀华：《原始社会史》，第 102 页。
④ 林耀华：《原始社会史》，第 102、113 页。

考古学家根据地下出土的文物，将我国上古时期分为不同的文化期。裴文中说，由于鸟居龙藏、安特生（J. G. Andersson）、德日进（P. T. de Chardin）、桑志华（P. E. Licent）、滨田耕作、李济以及梁思永等人的研究工作，考古学家将中国史前时期的文化分为下列文化期（其中前三个文化期属于猿人时代，而后两个文化期属于现代人时代）[①]：

中国猿人文化期：旧石器时代初期（1927年发现）。
河套文化期：旧石器时代中期（1923年发现）。
山顶洞文化期：旧石器时代晚期（1933年发现）。
仰韶文化期：新石器时代晚期（1921年发现）。
龙山文化期：新石器时代末期（1928年发现）。

在山顶洞文化期与仰韶文化期之间有相当长的时期，许多学者将之称为旧石器时代向新石器时代的过渡期。

问题是，这种文化期的划分对中国的历史有没有现实意义？"山顶洞文化期"代表中国历史的什么时期？"仰韶文化期"又代表中国历史的什么时期？这些都是要进一步分析的。

## 二、中国文献中的记载

中国的文献对中国的历史有大量的记载，但是都没有进一步分析，更没有从人类的全部历史进行全面的分析。现在本书对诸子百家的记载进行初步分析。

### （一）儒家著作

儒家对中国上古历史的分析极其简单。《尚书》只讲述尧、舜。《史记》除尧舜之外，还有黄帝、颛顼、帝喾等，但是所有的"五帝"都是黄帝之子孙。因此儒家对中国过去的历史追述只限于五帝以后，其实儒家连五帝也是闪烁其词。因此，司马迁说："学者多称五帝，尚矣。然《尚书》独载尧以来，而百家言黄帝，其文不雅驯，荐绅先生难言之。"[②] 也就是说，儒家认为五帝的年代太久远了，大家都说不清。《大戴礼记》说：

宰我问于孔子曰："昔者予闻诸荣伊令，黄帝三百年。请问黄帝者人邪？抑非人邪？何以至于三百年乎？"孔子曰："予！禹汤文武成王周公可胜观也。夫黄帝尚矣，女何以为？先生难言之。"[③]

---

[①] 裴文中：《中国史前时期之研究》，第12、8、20、24、35页。
[②] 《史记·五帝本纪》，第46页。
[③] （清）王聘珍撰，王文锦点校：《大戴礼记解诂·五帝德》，北京：中华书局，1989年，第117页。

孔子说，黄帝是不是人，很难说。他最后说："（黄帝）生而民得其利百年，死而民畏其神百年，亡而民用其教百年，故曰三百年。"因此正如宰予说的，儒家对中国上古史的解说是"卒业之辨，暗昏忽之意，非君子之道也"①。

道家称儒学"其明而在数度者，旧法世传之史，尚多有之。……判天地之美，析万物之理。察古人之全，寡能备于天地之美，称神明之容。是故内圣外王之道，暗而不明，郁而不发。……后世之学者，不幸不见天地之纯，古人之大体。"②庄子认为，儒家不认识"察古人之全，寡能备于天地之美"，"不见天地之纯，古人之大体"。

## （二）纬书

### 1. 纬书对于远古历史之说明

纬书对中国远古之历史，有若干重要的说明。纬书包含若干历史和传说，与近代考古学之研究有些符合，正是"礼失而求诸野"。

纬书中讲述的年代，与其他诸子百家很不相同。纬书讲述了伏羲氏之前的历史，讲述了前后几百万年的往事，如《春秋元命苞》说："自开辟至获麟二百七十六万岁，每纪为一十七万六千年。"③因此从"开天辟地"到"哀公获麟"，总共276万年。也就是说，从开天辟地到孔子，总共已有二三百万年之历史。又如另一本纬书《春秋命历序》则有下列说明：

> 自开辟至获麟二百二十七万六千岁，分为十纪。每纪为二十六万七千年……一曰九头纪，二曰五龙纪，三曰摄提纪，四曰合洛纪，五曰连通纪，六曰序命纪，七曰修飞纪，八曰回提纪，九曰禅通纪，十曰流讫纪。④

按《春秋命历序》，则从开天辟地到孔子的时候，总共2 276 000年，也大致是二三百万年，而且划分为十纪。

因此，从开天辟地到孔子的时代，刚才已经提到两个数字：276万年与2 276 000年。虽然两个数字不符，但大体上是二三百万年。这个数字即使不准确，但已经使人惊奇了。照纬书所说，"开天辟地"并不是遥远的过去，而是二三百万年。因此二三百万年当是一个十分重要的数字，应该代表某个重要的历史时刻。所谓"开天辟地"当然不是指夏族的开始。夏族是在何时起始？《春秋命历序》谓流讫纪当黄帝之时，因此黄帝是在"开天辟地"之后的第十纪，而流讫纪又是一个十分重要的历史数字。⑤

---

① （清）王聘珍撰，王文锦点校：《大戴礼记解诂·五帝德》，第119、117页。
② （清）郭庆藩：《庄子集释·天下》，《诸子集成》第三册，第462、463页。
③ （清）黄奭：《春秋纬·春秋元命苞》，第45页。
④ （清）黄奭：《春秋纬·春秋命历序》，第200页。
⑤ （清）黄奭：《春秋纬·春秋命历序》，第206页。

两千年来，许多人研究了"开天辟地"以及"流讫纪"的意义，但是一直没有搞清楚它们的年代含义。不过，在近代地质学与考古学的支持下，大家发现了中国的这些古书，的确代表了很重要的历史资料：二三百万年是猿人出现的时代，而流讫纪实际上是五帝出现的年代。因此，我们在纬书的基础上可以得到一个完整的夏族年历表。这一点下边就要来说明。

2. 纬书中很少提到伏羲氏之前的历史

但是，纬书很少提到伏羲氏之前的具体历史。至于伏羲氏之后的历史，如《春秋演孔图》罗列"伏羲大目""黄帝龙颜""帝喾骈齿""皋陶鸟喙""后稷植谷""文王四乳""武王望羊""周公偻背""孔子反宇"[①]。

但是提到仓帝，《春秋元命苞》云："仓帝史皇氏……龙颜侈哆，四目灵光。……于是穷天地之变……指掌而创文字。天为雨粟，鬼为夜哭。龙乃潜藏……都于阳武，终葬衙之利乡亭。杨应阶曰：史皇有两说。崔瑗、曹植、蔡邕、索靖皆云，古之王也。慎到谓在伏羲前。张揖谓生于禅通之纪。其王充、韦诞、傅元、皇甫谧以为黄帝史臣。……《吕览》《管子》《韩非子》《淮南子》俱云，史皇作书，未有史官之说。应阶考《通卦验》，遂人在伏羲前，已有刻记苍牙之文。……仓帝当在遂人氏之先。"[②]

# 三、历史中的问题

1. 过渡时期

旧石器最后阶段到新石器最初阶段之间的时间，许多人称之为过渡时期，也称为中石器时期。为什么在各种"时代"之外又加上一个过渡时期？为何从旧石器时代到新石器时代的转换时期称为过渡时期？它与新石器时代在时间上有些重合，且时间比较短，一般不作为单独的一个分期与旧石器时代进行对接，但是它有自己独特的意义。

这是从"晚期智人"转变为"现代人"的历史时期。裴文中说，由于鸟居龙藏、安特生、德日进、桑志华、滨田耕作、李济以及梁思永等人的研究工作，可以将中国史前时期的文化分为中国"北京人"文化、河套文化、山顶洞文化、仰韶文化、龙山文化等。在山顶洞文化与仰韶文化之间有相当长的时期，许多学者将之称为过渡时期[③]。

虽然现在对这一时期有不同的理解，但大家都认为这一时期是人类从晚期智人到现代人的转变时期，因此这是一个极为重要的历史时期。

---

[①] （清）黄奭：《春秋纬·春秋演孔图》，第35—36页。
[②] （清）黄奭：《春秋纬·春秋元命苞》，第60—61页。
[③] 裴文中：《中国史前时期之研究》，第8、12、9、20、24、35页；林耀华：《原始社会史》，第195页。

## 2. 过渡时期的特点

最为重要的问题是这些文化与中国的历史记载如何联系。中国的周口店北京人文化、河套文化、山顶洞文化，是不是代表过渡时期？中国历史记载中哪些是代表过渡时期？显然，它们都不能代表过渡时期文化，那么中国的何种文化代表过渡时期？

旧石器时代、新石器时代、金属时代都没有比较明确之时代观念，无论山顶洞文化还是河套文化等也都没有明确之时代观念。因此作为历史观念过于含糊。但是过渡时期却具有具体的历史观念，也就是它具体表现了明确的历史年代，即一种社会年代。这一时期不但有明确的年代，而且有一个明确的社会。所谓一个社会不仅有政府组织、生产组织，还有各种关系，例如各自的家属关系、婚姻关系、邻里关系、宗教信仰与财产关系等方面，各个社会都有自己的社会制度。所谓历史观念就是社会的观念，也就是现在一些作者所谓的"人文类型"[①]。

因此，现有的旧石器时代、新石器时代、金属时代或山顶洞文化、河套文化等观念都不如这一时期合适，其有明确的时代观念。那么，是否可以不用过渡时期的思想来表达历史过程呢？

此外，不同的时代会出现新的历史问题。正好在庄子的时代里，中国的历史学建立了。所以诸子百家中就出现了庄子的学派。为什么在庄子的社会里会出现如此重要的发展，倒是值得我们进一步展开研究。

# 四、庄子之历史学

《庄子》有"内篇"（1—7）、"外篇"（8—22）、"杂篇"（23—33），一共33篇。同其他诸子百家一样，大家也认为《庄子》是一本没有系统的杂集。其实《庄子》与其他诸子百家不同，是一本有系统的著作。《庄子》是围绕人类历史来进行论述的，其中"内篇"包含对人类历史的分析，而"外篇"则包含人类历史的具体划分。

### （一）庄子的分析

#### 1. 他对人类历史的分析

《春秋元命苞》云："元者，端也。气泉无形以起，有形以分。窥之不见，听之不闻。注：元为炁之始，如水之有泉。泉流之原，造起天地，天地之始也。无形以起，在天成象；有形以分，在地成形也。"[②]

《庄子》曰："子独不知至德之世乎？昔者容成氏、大庭氏、伯皇氏、中央氏、栗陆

---

[①]〔英〕雷蒙德·弗思著，费孝通译：《人文类型》，北京：商务印书馆，1991年。
[②]（清）黄奭：《春秋纬·春秋元命苞》，第37页。

氏、骊畜氏、轩辕氏、赫胥氏、尊卢氏、祝融氏、伏牺氏、神农氏，当是时也，民结绳而用之，甘其食，美其服，乐其俗，安其居。邻国相望，鸡狗之音相闻，民至老死而不相往来。若此之时，则至治已。"①

《庄子》以治国为目的。例如，《庄子》说："夫徇耳目内通，而外于心知，鬼神将来舍，而况人乎？是万物之化也。禹、舜之所纽也，伏戏（羲）、几蘧之所行终。"②《庄子》又云："天下有道，圣人成焉。天下无道，圣人生焉。"③

2. 他对人类事物之分析

《列子》云："阳朱曰：太古之事灭矣，孰志之哉。三皇之事，若存若亡。五帝之事，若觉若梦。三王之事，或隐或显，亿不识一。当身之事，或闻或见，万不识一。目前之事，或存或废，千不识一。太古至于今日，年数固不可胜纪，但伏羲已来，三十余万岁，贤愚好丑，成败是非，无不消灭。"④

但是庄子不这样看。《庄子》云："夫尊古而卑今，学者之流也。且以狶韦氏之流，观今之世，夫孰能不波。唯至人乃能游于世而不僻。"⑤

《庄子》曰："先天地生，而不为久。长于上古，而不为老。狶韦氏得之，以挈天地。伏戏氏得之，以袭气母。维斗得之，终古不忒。日月得之，终古不息。堪坏得之，以袭昆仑。冯夷得之，以游大川。肩吾得之，以处大山。黄帝得之，以登云天。"⑥

因此，人类的出现是一种特殊的现象，《列子》曰："阳朱曰：人肖天地之类，怀五常之性。有生之最灵者人也。……性任智而不恃力。"⑦

## （二）庄子之历史学内容

### 1. 庄子之圣人历史学

《庄子》的历史学从"外篇"第十六《缮性》开始，庄子在《缮性》中依次集中说明了以下圣人：

（1）混沌氏

庄子说："古之人在混芒之中，与一世而得澹漠焉。当是时也，阴阳和静，鬼神不扰，四时……万物不伤，群生不夭。人虽有知，无所用之。此之谓至一。当是时也，莫

---

① （清）郭庆藩：《庄子集释·胠箧》，《诸子集成》第三册，第162页。
② （清）郭庆藩：《庄子集释·人间世》，《诸子集成》第三册，第69页。
③ （清）郭庆藩：《庄子集释·人间世》，《诸子集成》第三册，第83页。
④ （晋）张湛注：《列子·阳朱》，《诸子集成》第三册，第85页。
⑤ （清）郭庆藩：《庄子集释·外物》，《诸子集成》第三册，第404页。
⑥ （清）郭庆藩：《庄子集释·大宗师》，《诸子集成》第三册，第112—113页。
⑦ （晋）张湛注：《列子·阳朱》，《诸子集成》第三册，第85页。

之为而常自然。"①

所以混沌氏之天下，就是在"混芒之中"，只有"圣治"与"德人"。所谓"圣治"是"官施而不失其宜，拔举而不失其能。毕见其情事而行其所为。行言自为而天下化"。庄子说："玄古之君，天下无为也，天德而已矣。"②

人类社会与禽兽之情况类似，当时禽兽"居则有群，行则有列。小者居内，壮者居外。饮则相携，食则鸣群。太古之时，则与人同处，与人并行"。

《列子》载："禽兽之智有自然与人童者，其齐欲摄生，亦不假智于人也。牝牡相偶，母子相亲，避平依险，违寒就温。居则有群，行则有列。小者居内，壮者居外。饮则相携，食则鸣群。太古之时，则与人同处，与人并行。帝王之时，始惊骇散乱矣……隐伏逃窜，以避患害。"③

因此，当人类脱离了禽兽之时，就进入了混沌氏之社会。因此，从考古方面来看，混沌氏相当于第四纪更新世初期。在考古学家来看，所谓混沌时期在考古中还可以看到实物，即在北京人之最初时期，也就是距今七十万年以前。

裴文中说："现中国之旧石器时代文化，已知有三代表者：最古者为周口店之猿人文化期；最新者为周口店之山顶洞文化期；介乎二者之间者，即此河套文化期。"他认为，桑志华及德日进在1923年首次发现中国境内有旧石器时代之文化，因此学术价值甚大。他们发现的重要地点有二：一为水洞沟，在今宁夏境内；二为萨拉乌苏河两岸古人类遗址。此外，还有宁夏之中卫、三圣宫。④要之，所有这些旧石器时代遗址当是对应庄子所谓混沌氏之时代。

大家必须注意一点，《庄子·缮性》中没有有巢氏。《庄子》说："且吾闻之，古者禽兽多而人少，于是民皆巢居以避之。昼拾橡栗，暮栖木上，故命之曰有巢氏之民。古者民不知衣服，夏多积薪，冬则炀之，故命之曰知生之民。"⑤所以"知生之民"在庄子之名单之中不代表一个时代。实际上，《庄子》每一个名单是代表一个时代、一个新的社会群体。在庄子看来，一位圣人代表一个新的社会群体，因此历史就是圣人与相应的社会群体的延续。

在混沌氏之后，圣人是有燧氏，而其社会群体则是用火之群体，这是中国历史上第二位圣人及其社会群体。

（2）有燧氏

有燧氏进入了用火之时代。这是一个与混沌时期不同的社会群体，这是用火的群体。从考古学来看，这一群体大约从距今五十万年至距今四十万年前开始用火。《墨子》云："古之民未知为饮食时，素食而分处。故圣人作诲男耕稼树艺，以为民食。其为

---

① （清）郭庆藩：《庄子集释·缮性》，《诸子集成》第三册，第243页。
② （清）郭庆藩：《庄子集释·天地》，《诸子集成》第三册，第197、181页。
③ （晋）张湛注：《列子·黄帝》，《诸子集成》第三册，第27页。
④ 裴文中：《中国史前时期之研究》，第92、96、97页。
⑤ （清）郭庆藩：《庄子集释·盗跖》，《诸子集成》第三册，第429页。

食也，足以增气充虚，强体适腹而已矣。"①

从有燧氏开始发明人工用火以后，一个新的社会群体出现了。由于可以用火，这个社会群体就与以前完全不同了。用火不仅可食用熟食、避寒、抵御野兽，而且发明了陶器、发展了农业。陶器、农业和有关的社会发展就将整个社会变成一种新的面貌。《易纬·通卦验》卷上云："遂皇始出，握机矩，表计宜。其刻白苍牙通灵。昌之成，孔演命，明道经。燧人之皇没，伏羲生本，尚芒芒。"②

（3）伏羲氏

《庄子·缮性》记载有燧氏之后为伏羲氏。《庄子·缮性》说："及燧人、伏羲始为天下，是故顺而不一，德又下衰。"③故伏羲氏显然代表新的社会群体，其时代大约从距今二十万年到距今一万五千年。

在伏羲氏之时，中国之猿人可以分为"海洋"与"西北"两个系统。裴文中将这两个系统分别称为"南方"与"北方"系统，因此他说：

> 当旧石器时代之晚期，欧亚大陆之北部（大部为西伯利亚），曾有一相同系统之文化存在；反之，在太平洋沿岸（由马来至我国东北辽东半岛），则另有一文化系统。山顶洞之文化，即属于南方（或太平洋沿岸）文化系统中者，独立发展演变而成，与北方之文化系统则无关也。然南北二种文化系统，不免接触，而互受影响。④

那么，在伏羲氏时期，中国之猿人分为两个系统，一个位于欧亚大陆之西北部（包括西伯利亚），而另一个位于太平洋沿岸（包括从辽东半岛至河北、山东、江苏、浙江一直到东南亚）。裴文中指出，两个文化系统之间是存在着界线的。⑤

伏羲氏与神农氏之间有明显的区别与联系。《周易·系辞》有一段文字可以说明伏羲氏、神农氏以及五帝之间的关系：

> 古者包牺氏之王天下也……始作八卦以通神明之德，以类万物之情。作结绳而为网罟，以佃以渔。……包牺氏没，神农氏作。斫木为耜，揉木为耒。耒耨之利，以教天下。……日中为市，致天下之民，聚天下之货，交易而退，各得其所。……神农氏没，黄帝尧舜氏作。通其变，使民不倦。⑥

---

① （清）孙诒让：《墨子间诂·辞过》，《诸子集成》第四册，第20页。
② 常秉义：《易纬》，乌鲁木齐：新疆人民出版社，2000年，第142—143页。
③ （清）郭庆藩：《庄子集释·缮性》，《诸子集成》第三册，第243页。
④ 裴文中：《中国史前时期之研究》，第121页。
⑤ 贾兰坡通过对峙峪遗址的研究，认为南、北文化系统存在巨大区别。他认为北方文化系统是从南方向北方传播的，观点有待商榷。
⑥ 《周易正义·系辞下》，（清）阮元校刻：《十三经注疏》，第86页。

此处做出了两个说明：第一，伏羲氏发明了八卦和罔罟捕鱼；第二，神农氏发明了耒耜农耕和日中为市的商业。这就给伏羲氏与神农氏时代提供了初步的说明与区别。①

（4）神农氏

《庄子·缮性》说："及神农、黄帝始为天下，是故安而不顺，德又下衰。"②《周易·系辞》说明了神农氏所代表的是一种新的社会群体。这种群体发明了水稻种植、日中为市的商业。这种新的群体大约出现在距今一万五千年到距今八千年前。

但是《庄子·盗跖》说："神农之世，卧则居居，起则于于。民知其母，不知其父。与麋鹿共处。耕而食，织而衣，无有相害之心，此至德之隆也。"③ 所谓"民知其母，不知其父"，与《庄子·缮性》不同。

（5）黄帝

《庄子·缮性》说：神农之后，黄帝始为天下，"德又下衰"。

《庄子·盗跖》则说："黄帝不能致德，与蚩尤战于涿鹿之野，流血百里。"④

（6）尧、舜

《庄子·缮性》说："及唐虞始为天下，兴治化之流，浇淳散朴，离道以善，险德以行。然后去性而从于心。心与心识。知，而不足以定天下。然后附之以文，益之以博。文灭质，博溺心，然后民始惑乱。无以反其性情而复其初。由是观之，世丧道矣，道丧世矣，世与道交相丧也。"⑤

《庄子·盗跖》则说："尧舜作，立群臣。汤放其主，武王杀纣。"⑥

（7）汤

《庄子·缮性》没有对汤、武做出明确的解释，但是《庄子·缮性》却说："丧己于物，失性于俗者，谓之'倒置之民'"⑦。

何谓倒置之民？商汤是一位圣人，但商汤之社会群体实际上是夏族而不是商族，商汤之社会群体是由商族改变为夏族。商汤"失性于俗"，因此商族就成了"倒置之民"。

（8）武王

《庄子·缮性》也没有解释周武王。其实周武王和商汤是同样的情况。周武王"失性于俗"，因此周族也成为"倒置之民"。周武王也是一位圣人，但周族也成了"倒置之民"。

---

① 张肇麟：《夏商周起源考证》，第313页。
② （清）郭庆藩：《庄子集释·缮性》，《诸子集成》第三册，第244页。
③ （清）郭庆藩：《庄子集释·盗跖》，《诸子集成》第三册，第429页。
④ （清）郭庆藩：《庄子集释·盗跖》，《诸子集成》第三册，第429页。
⑤ （清）郭庆藩：《庄子集释·缮性》，《诸子集成》第三册，第244页。
⑥ （清）郭庆藩：《庄子集释·盗跖》，《诸子集成》第三册，第429页。
⑦ （清）郭庆藩：《庄子集释·缮性》，《诸子集成》第三册，第247页。

2. 圣人与历史学

每一个历史阶段都是由圣人创造的，同时也是圣人创造了一个相应的新社会。

（三）庄子之社会历史学

1. 庄子社会历史学的构成

圣人代表一个时代，不同的圣人代表了不同之社会。中国之历史本来就是如此，二十四史实际上就是中国的社会历史书。

《汉书》是社会历史书，它明确地论述了汉朝的历史，记载了汉朝时期的人物，又记载了汉朝社会的结构，特别是其中的《律历志》《刑法志》《食货志》《郊祀志》《天文志》《五行志》《地理志》《沟洫志》《艺文志》等反映的就是汉朝社会的结构。不管其对汉朝的社会结构的记载是否完备，《汉书》的确对汉朝的社会结构进行了总结。如果汉朝代表一种新的社会组织，那么按照庄子理论，汉朝就是一个历史阶段。

因此，庄子的历史学是由八个历史阶段构成的，这八个阶段就是由混沌氏到周武王等圣人所创造的。

2. 中国历史表

根据庄子的理论，中国的先秦历史应该由以下八个历史阶段构成：混沌氏、有燧氏、伏羲氏、神农氏、黄帝、尧舜、商汤、周武王。每个阶段占有一段时间，互相连续而构成整个中国的历史。

（1）混沌氏"开天辟地"阶段

　　离开猿人进入社会组织之社会。

（2）有燧氏阶段

　　开始进入用火的社会，开始食用熟食、使用陶器、发展农业。

（3）伏羲氏阶段

　　开始宗教活动、狩猎活动、发明八卦。

（4）神农氏阶段

　　出现日中为市的商业活动、种植水稻。

（5）黄帝阶段

　　开始在陇西建立夏族，并向黄河流域东进。

（6）尧舜阶段

　　始为天下，兴治化之流。

（7）商汤阶段

　　开始建立商朝。

（8）周武王阶段

　　开始建立周朝。

在这个历史表中，每个阶段占据一个时间段落。

3. 中国其他历史表

中国其他历史表，都存在一个与历史发展不匹配的问题。在庄子学说的指导下，历史表不会与历史事件发生不匹配的问题。因为《庄子》说："少知问于大公调曰：何谓丘里之言？大公调曰：丘里者，合十姓百名，而以为风俗也。……百材皆度。观于大山，木石同坛，此之谓丘里之言。"① 庄子所记载的是"丘里之言"，是百姓以为之风俗，也是社会之基础。

所以在历史研究中，不仅应该在过去地质学、考古学的基础上建立历史学，还要以旧石器文化、新石器文化，或周口店文化、河套文化等作为历史基础，结合庄子历史学观点进行历史研究。

（四）人口的演变和发展

人口学家认为，人口的均衡增长和分布很重要。人口是重要的因素，但是难以控制，实质上各种社会都难以控制人口。距今80万—40万年，"这一时期的人类属于直立人，他们……懂得用火、会制造工具、性关系只限于同辈之间的血缘家族公社"。一个血缘家族"一般均在十几人到几十人（据推测，北京周口店人类群体规模为50—60人）。人口史专家认为，100万年前世界总人口大约为1万—2万，10万年前为10万—20万，而中国的人口通常占世界几分之一，由此可以约略推知几十万年前生活在现代中国这块土地上的人口在几千人到一两万人之间。"②

在中国历史上，有几个年份的全国总人口数是得到公认且没有争议的。其中一个是西汉元始二年（2年）的6000多万人，另一个是清道光二十年（1840年）的4.1亿人。

原始社会人口发展非常缓慢，"据联合国人口部门的数据，公元前7000—前6000年世界总人口为500万—1000万，公元前3000年为2500万—4000万人。由此可以约略推知中国当时的人口在100多万至几百万之间。与几十万年前的一两万人相比，平均每1000年的增长率还不到1%"③。

那样就会面临一个根本无法解释的尴尬问题：为什么历史向前推进了一两千年，中国的人口分布范围和耕地面积显著扩大，生产技术有很大进步，人口增长率却反而大大低于夏、商、周时期？

根据以上所述，"把夏初时期中国的总人口估计为1000万人左右，或稍多一点，是较为合理的……从距今1万年前原始农业出现到夏初时期，中国人口每1000年的增长

---

① （清）郭庆藩：《庄子集释·则阳》，《诸子集成》第三册，第392、393页。
② 张善余：《中国人口地理》，北京：科学出版社，2003年，第1页。
③ 张善余：《中国人口地理》，第2页。

率为40%，比旧石器时代的不到1%加快了许多倍"[1]。

1. 伏羲—神农时代的人口

迄今为止，在中国发现的最早的古人类化石——元谋人，距今170万年以上。继元谋人之后，在中国的辽阔土地上，始终有人类生息繁衍。如距今80万年前的蓝田人，70万—40万年前的北京人等。旧石器时代早期的古人类化石和遗址主要发现于陕西蓝田、北京周口店等，其年代距今80万—40万年。伏羲—神农时代，属于旧石器时代中晚期，人类进化到智人阶段。

"第四纪冰期结束后，气候转暖，原始农业开始萌发，距今六七千年时，中国进入了母系氏族公社的鼎盛时期，社会生产力有了显著的发展，出现了原始的畜牧业和农业，中国古代神话中著名的伏羲氏和神农氏就是这种新型生产方式的生动代表。从此人类有了较可靠的食物来源，人口也随之加速增殖，结果从一个母亲氏族逐渐衍生出若干女儿氏族和外孙女氏族，进而扩大为胞族、部落和部落集团。如传说中的黄帝和炎帝本是同出于少典氏的两个部落，前者原有25个氏族……此后不断繁殖，又产生出更多的部落。……这一点从新石器文化遗址数量之多和分布之广上可以看得很清楚。中国已发现的这类遗址多达六七千处……黄河中游地区尤其密集。"[2]

"距今6000年前，陕西省中部沣水一段长20公里的河岸旁，共建立了十几处村落，面积为几万至十几万平方米，一个氏族的人口多达到四五百人。距今五六千年前后，母系氏族公社和对偶家庭逐渐向父系氏族公社和一夫一妻家庭演化，人口由此加速增殖……如沣水一段长7公里的河岸旁，村落有8个；河南省中西部洹水一段长7公里的范围内，村落多达19个，几乎和现代村落密度相同。"[3]

2. 三代的人口

夏朝的建立，标志着中国早期国家的产生。皇甫谧在《帝王世纪》中对夏、商、周三代的人口数量及其演变过程做了概述："及禹平水土，还为九州，今《禹贡》是也。……民口千三百五十五万三千九百二十三人"[4]"及周公相成王……民千三百七十一万四千九百二十三人"[5]"公元前684年为11 847 000人。……中国人口在西周末年下降之后应有一个明显的恢复发展时期，估计春秋时期中、后期人口可达2500万左右，即比夏初时期的1000万人大约增长1倍半；以此推算，夏、商、周三代中国人口的年均递增率约为0.57‰，与新石器时代相比有一定程度的提高，但总的说来仍然是十分缓慢的。"[6]

---

[1] 张善余：《中国人口地理》，第3页。
[2] 张善余：《中国人口地理》，第1、2页。
[3] 张善余：《中国人口地理》，第2页。
[4] （晋）皇甫谧撰，（清）宋翔凤、钱宝塘辑：《帝王世纪》，第51页。
[5] （晋）皇甫谧撰，（清）宋翔凤、钱宝塘辑：《帝王世纪》，第52页。
[6] 张善余：《中国人口地理》，第4、5页。

# [02] 混沌氏时期

## 一、混沌时期之起始

中国之古籍，时间越早内容越广泛。如《汉书·艺文志》就包括大量的阴阳家学说。虽然《汉书》称之为"舍人事而任鬼神"，但是在战国到秦汉之间，阴阳家所宣扬的一批古籍，现在称之为纬书。其包含之大量材料恰好是中国古代历史的内容。如《尚书考灵曜》云："天地开辟，曜满舒光，元历纪名，日月首甲子。"①

1. "开天辟地"

纬书中有关上古史的年代内容，尤其是人类起始的年代。在传统史籍中，有关人类起始的问题，就是"开天辟地"的年代。

据纬书《春秋元命苞》说："自开辟至（孔子）获麟二百七十六万岁。"② 就是从开天辟地到孔子的相距年代是276万年。但是，另一本纬书《春秋命历序》则说："从开天辟地至获麟是二百二十七万六千岁。"③ 这就是说，从开天辟地到孔子的时间，总共2 276 000年。

因此从开天辟地到孔子的时代，刚才已经提到两个数字：276万年与2 276 000年。虽然两个数字不一致，但大体上是二三百万年。这个数字即使不准确，但已经令人惊讶了。照纬书所说，"开天辟地"并不是遥远的过去，而是二三百万年。因此，所谓"开天辟地"并不是指夏族的开始，而是指人类起始的开始，故二三百万年在历史上是一个十分重要的数字。④

> 自开辟至获麟二百二十七万六千岁，分为十纪。每纪为二十六万七千年，凡世七万六百年。一曰九头纪，二曰五龙纪，三曰摄提纪，四曰合洛纪，五曰连通纪，

---

① （清）赵在翰辑，钟肇鹏、萧文郁点校：《七纬·尚书纬·尚书考灵曜》，北京：中华书局，2012年，第201页。
② （清）黄奭：《春秋纬·春秋元命苞》，第45页。
③ （清）黄奭：《春秋纬·春秋命历序》，第200页。
④ 几千年来，许多人研究了"开天辟地"以及从"开天辟地"到孔子的相距年代。首先是律历家（见《汉书·律历志》），其次就是古史研究人员，他们都推出了开天辟地的时间（见《路史》）。因此纬书中关于"开天辟地"二三百万年的记载，并不是偶然得来的，也不是荒诞的传说。可参看徐旭生：《中国古史的传说时代》增订本，北京：文物出版社，1985年。

六曰序命纪，七曰修飞纪，八曰回提纪，九曰禅通纪，十曰流讫纪。①

2. "十纪"

中国的猿人应该都发生在这长达二三百万年的"十纪"之中。究竟应该怎样将这二三百万年划分为"十纪"？在中国的传统书籍中，没有可靠的记载。

（1）混沌氏时代

首先，混沌氏的历史是从距今 300 万年开始的。其次，看中国古代帝王的历史。例如，《尚书璇玑铃》云："《河图》，命纪也。图天地帝王终始存亡之期，录代之矩。"② 因此，《庄子·缮性》的帝王存亡之期，是根据古籍得到的。

但是，《庄子》记载的帝王终始存亡之期，并不是针对每一个帝王存亡来说的，而是针对圣人来说的。因此，《庄子·缮性》的第一个帝王就是混沌氏。"开天辟地"的圣人就是混沌氏。因此"开天辟地"的时间就是从混沌氏开始计算的，最后到孔子。

（2）有燧氏时代

考古学家认为，人类用火是从距今 50 万—40 万年以后开始的，故有燧氏是从距今 50 万—40 万年开始的，而混沌氏的时期就是从距今二三百万年延续到距今 50 万—40 万年。混沌时期可能延续了 160 万—260 万年。

第二位圣人有燧氏是从距今 50 万—40 万年开始活动的，但是有燧氏时代比较短。为什么在有燧氏只维持了几十万年？其实这个是很自然的，有燧氏时代，人类社会发展得比较快。

在有燧氏时代，人类可以使用火，出现了陶器和农业，整个社会的交往与运作范围扩大，形成了列国的建立与交往。因此，在有燧氏的社会与混沌氏的社会有极大区别。在混沌氏时代，人类聚集的数量太少。例如，在北京人的时代，只能出现几十个人聚集的社会。因此，从几十个人的社会发展到列国的建立，是可能要经历混沌时期的。

在混沌时期，很多人群已经聚集。考古学家已经发现大量人群生活在上百万年之前，他们应该经历过混沌时期。因此，混沌时期的活动可以从当时的人群来理解。那么，当时的人群是如何活动的？

---

① （清）黄奭：《春秋纬·春秋命历序》，第 200 页。
② （清）赵在翰辑，钟肇鹏、萧文郁点校：《七纬·尚书纬·尚书璇玑铃》，第 192 页。

# 二、混沌时期之历史

## （一）历史记载之混沌氏

### 1. 混沌时期

混沌时期的人类社会处于比较原始的社会状态，衡量混沌时期的一个基本指标是人口的数量与寿命。从考古材料来看，当时的人寿命很短，从北京猿人来看，浑沌时期人的寿命不会超过三四十岁，一个家庭不过几个人。

他们的工具只有石器，没有火，也没有陶器，更没有什么农业，家庭之间没有社会联系和社会组织。但是他们的脑容量超过 1400 毫升。因此，他们会制造石器，可能还会制造装饰物。他们会相互指导，有初步的智慧，此即他们圣人之榜样，也就是他们的社会状态。值得注意的是，他们与其他社会还可能发生各种联系，因为许多社会都处于相同之状态。

### 2. 何为"开天辟地"？

《春秋元命苞》说明了中国人曾经进行了"开天辟地"的活动。而且说明了"开天辟地"之日期如下："自开辟至获麟二百七十六万岁，分为十纪，每纪为一十七万六千年。"① 另一本纬书《春秋命历序》则有下列说明："自开辟至获麟二百二十七万六千岁，分为十纪，每纪为二十六万七千年。"② 因此从"开天辟地"到"哀公获麟"，总共 2 276 000 年，或者 276 万年。

那么所谓"开天辟地"就是中国人进行了一次重要的活动。《春秋元命苞》说："天人同度，正法相受。天垂文，象人行，其事谓之教。教，效也，言上为而下效也。"又说："地者易也，言养物怀任，交易变化，含吐应节，故其大字土力于乙者为地。"③

## （二）开天辟地与混沌时期

### 1. 开天辟地与考古发掘

从考古学来看，纬书记载中国人开天辟地的事迹发生在旧石器时代的早期。因此，纬书的"开天辟地"正是旧石器时代早期，开天辟地的意义就是考古学中人类（猿人）进入旧石器时代早期的活动。

---

① （清）黄奭：《春秋纬·春秋元命苞》，第 45 页。
② （清）黄奭：《春秋纬·春秋命历序》，第 200 页。
③ （清）黄奭：《春秋纬·春秋元命苞》，第 45、46 页。

## 2. 混沌时期与考古发掘

关于混沌时期，20世纪的考古发掘有许多发现与结果。首先，1918—1921年，安特生等人在北京周口店发现中国猿人化石地点，1926年发现了牙齿化石，后来又相继采集到一些猿人头骨和体骨，以及中国猿人所用的石器等。1932年，考古学材料可以证明中国猿人能使用火，考古学家才知中国猿人文化的大概，并将其定名为"中国猿人文化期"，相当于旧石器时期初期。[①]

在这一发掘基础上，中外考古学家相继又在中国境内其他地方发现和发掘混沌时期的各种主要文化遗产如下：

河套文化期（在1923年、1927年发现）——旧石器时代中期。[②]

山顶洞文化期（在1933年发现）——旧石器时代晚期等。[③]

---

[①] 裴文中：《中国史前时期之研究》，第8、9，12页。
[②] 裴文中：《中国史前时期之研究》，第7、8、12页。
[③] 裴文中：《中国史前时期之研究》，第20、12页。

# ［补注］混沌时期之考古

## 一、河北、山西

### （一）阳原县遗址

1. 泥河湾

泥河湾遗址位于河北省阳原县的桑干河畔。泥河湾早在20世纪20年代就引起地质学家的注意，但是到70年代考古学家才在泥河湾盆地对早期人类进行考古发掘。

泥河湾盆地有小长梁遗址，小长梁遗址东侧不到1000米有东谷坨遗址，而在东谷坨遗址以北约700米处为岑家湾遗址。小长梁遗址与东谷坨遗址所在的层位相近，接近于泥河湾组的顶部，古地磁地层法测定之年代为距今100万年左右。① 岑家湾遗址距今97万—90万年，稍微晚于前两者。②

2. 小长梁

小长梁遗址位于河北省阳原县大田洼乡官厅村。遗址最上面是浅棕黄色的黄土，厚度8—15米。遗址下面为含文化遗物之泥河湾层，厚度72米，可分为14层。石制品与文化遗物出自靠下部的、厚度仅0.5—0.8米的砂层中，与石制品共生的化石有鬣狗、三趾马、羚羊、鹿、腔齿犀等，化石十分破碎。③

根据古地磁学研究的结果，小长梁文化层的时代应为早更新世，距今约100万年或稍多于100万年。④

3. 东谷坨

东谷坨遗址位于河北省阳原县东谷坨西北的许家坡，隔桑干河与泥河湾村相望，是一处湖滨露天遗址。从遗物的水平分布及其不同类别（石制品及动物碎骨）共存的现象看，该地应是原始人类的居住遗址。石制品在不同区域内疏密不同是不同活动的结果。该地既有石器的第一步加工，也有第二步修理工作。大部分石片又薄又小，石器小型而

---

① 王幼平：《旧石器时代考古》，北京：文物出版社，2000年，第127、131页。
② 王幼平：《旧石器时代考古》，第127、131页。
③ 王幼平：《旧石器时代考古》，第78页。
④ 王幼平：《旧石器时代考古》，第79页。

加工精细。古地磁研究结果发现其文化层距今约 100 万年。①

4. 岑家湾

岑家湾遗址位于东谷坨遗址北约 700 米处的岑家湾村南。岑家湾石制品与东谷坨非常相似，这可能与两者的时代、地理位置及环境相近相关。根据古地磁学研究的结果，岑家湾遗址距今 97 万—90 万年。②

### （二）许家窑遗址

许家窑遗址位于山西省阳高县与河北省阳原县交界处。从地层堆积情况看，许家窑人生活在泥河湾盆地的古湖滨。许家窑遗址发现的动物化石有 20 种，包括鸟类 1 种、哺乳类 19 种。有鸵鸟、狼、虎、黄羊、原始牛、野猪等。铀系法测定的年代为距今 12.5 万—10 万年。许家窑人的头骨壁相当厚，超过了尼安德特人的最大值，达到了北京人的平均值而小于其最大值。上颌骨粗壮，外壁不平，上颌骨吻部前倾的程度属中等，与尼安德特人相近。而牙齿巨大，齿冠嚼面纹理复杂，又接近北京人。这些都说明许家窑人当属于早期智人类型。许家窑人的石器工业以小石器为主体，是继承北京猿人文化发展而来的。③

### （三）峙峪遗址

峙峪遗址位于山西省朔州市朔城区西北的峙峪村附近，在桑干河上游支流峙峪河的二级阶地上。其北、西、南三面环山，东临平原。

由于峙峪河与另一条小冲沟的侵蚀，遗址所在地已成为约 1000 平方米的小孤丘。堆积最上一层为 18 米厚的灰黄色粉砂层；其下为 9 米厚的灰至灰白色砂层，为粗细砂的交替层；第三层即文化层，厚 0.9—1.5 米，为沙土与灰烬；文化层之下为砂砾石层，厚约 1 米；再下面为砂岩。峙峪人以马类为主要捕猎对象，因此有人称之为猎马人。④

## 二、陕西

### （一）蓝田人

1. 公王岭

公王岭遗址位于陕西省蓝田县城东约 16 千米的公王岭。古地磁年代为距今 115 万—

---

① 王幼平：《旧石器时代考古》，第 128、130 页。
② 王幼平：《旧石器时代考古》，第 130、131 页。
③ 王幼平：《旧石器时代考古》，第 81—83、85 页。
④ 王幼平：《旧石器时代考古》，第 86、88 页。

110万年。古地磁年代及人类化石的原始性状都说明公王岭直立人的年代要早于北京猿人。

公王岭动物群与华南地区比较接近，说明蓝田的气候与华南地区比较接近，属于温暖湿润的亚热带森林气候。

公王岭发现的头骨形态与北京猿人有相似之处，但比北京猿人更为原始。头骨高度小，比北京猿人小；复原后的头骨脑容量小，脑容量仅约780毫升；头骨壁极厚；眶后缩较北京猿人更多；牙齿硕大。但发现的材料不多。不过，从考古的情况来看，形体粗大的石器应是早期人类适应当地自然环境进行生产活动的产物。①

2. 陈家窝

陈家窝遗址位于陕西省蓝田县洩湖镇，古地磁年代为距今65万年。

20世纪60年代中期以后，华北与西北地区时代最早、发现也较早的古人类化石是蓝田猿人。蓝田猿人一般是指公王岭的直立人头盖骨与陈家窝的下颌骨化石。因两地相距较近，研究者将其放在一起复原并研究，即我们一般所称的蓝田猿人。②

### （二）大荔人

大荔人遗址位于陕西省大荔县解放村附近的甜水沟口。大荔人位于黄土塬与渭河谷地的交接地带，洛河将其附近地区冲成三级阶地。考古学家找到的头骨化石比较完整，是不到30岁的男性。头骨相当低矮，眉脊粗大，脑容量为1120毫升，稍大于北京猿人的平均值。

其石制品和猿人化石发现于砂砾石层。大荔人典型的小石器组合独具特色，与隔黄河相望的丁村大石器工业有较明显的区别。③

## 三、山西

### （一）西侯度

西侯度遗址位于山西芮城县，西距黄河仅3千米。古地磁测定年代为距今180万年。

1959年，中国科学院古脊椎动物研究所在继续调查匼河遗址时，"在匼河村东北3.5公里、黄河以东3公里的西侯度村背后的一座土山……下的交错砂砾层中，发现了一件时代为早更新世的轴鹿角化石"④。

---

① 王幼平：《旧石器时代考古》，第74—77页。
② 王幼平：《旧石器时代考古》，第75页。
③ 王幼平：《旧石器时代考古》，第79—81页。
④ 贾兰坡、王建：《西侯度：山西更新世早期古文化遗址》，北京：文物出版社，1978年，第1页。

文化遗物集中分布在垂直幅度约 1 米厚的交错砂层中，砂层时代应为早更新世。砂层上是中更新世红色土，再上为晚更新世之黄土层。"所有的哺乳动物化石、石器、带有切痕的鹿角和烧骨都发现于底部和中上部砂砾薄层中和砂砾层之间的交错砂层中……我们所称之文化层。"[①] "在西侯度的文化层中，还发现了一批颜色特殊的化石标本，颜色有黑、灰和灰绿，大部分为哺乳动物的肋骨、鹿角和马的下颊齿。这种不同颜色的骨非矿物所染，因为从新的断面上看，已达到骨的深处。我们取了颜色不同的骨块样品，交化验室进行化验，一种是呈深灰色的骨，估计是被火燃烧过的；一种是未燃烧过的土黄色的骨。"化验结果为："原估计燃烧过的样品所反映出来的颜色为土灰色，而未燃烧过的骨变成了铜绿色。"这种现象"是由于骨中的有机质经过原来的燃烧，大量碳素生成二氧化碳消失，保存在样品中很少而引起的结果"。西侯度有经火烧过的骨是可以肯定的，"根据我们所查阅到的资料，西侯度的烧骨在世界上还是最早的，至少说在目前是如此。这就把人类用火的历史更往远古的时代推移了"[②]。

但文化遗物经过较为严重的磨蚀，人工痕迹比较模糊。

## （二）匼河

### 1. 匼河遗址

匼河遗址位于山西芮城县匼河村，在中条山南麓的黄河左岸，南北延伸约 13 千米的范围内有 11 个旧石器地点。匼河地点最下部是上新世的泥灰岩，泥灰岩之上即为砾石层，厚约 1 米；再往上为红色土，厚约 21 米；最顶部为砾石、砂质黄土，厚约 2 米。[③]

### 2. 匼河涧

匼河涧是一条很大的冲沟，涧水由北流来向西南转入黄河，在出口处将匼河村分成南北两部分，即上匼河和下匼河。此涧最宽处可达 200 米左右，枯水期即成小溪，到七八月间，洪水凶猛，致使涧的两侧形成了悬崖陡壁。虽然陡壁常坍塌，将下部地层掩盖，但由露头上仍然可追溯这一时期地层的面貌。

从匼河涧的剖面图来看，最底层为黄色砾石层，上边为浅褐色交错细砂层，再上边为褐色古土壤层（约 30—50 厘米）；再往上边依次是微红色含粉砂土壤层、砂砾层、灰黄色粉砂层、砂质黄土层。总共 30 米。一般说来，都可以见到红色土中夹有古土壤层。[④]

匼河遗址没有发现陶片。

---

[①] 贾兰坡、王建：《西侯度：山西更新世早期古文化遗址》，第 5 页。
[②] 贾兰坡、王建：《西侯度：山西更新世早期古文化遗址》，第 68 页。
[③] 王幼平：《旧石器时代考古》，第 58、59 页。
[④] 贾兰坡、王择义、王建：《匼河：山西西南部旧石器时代初期文化遗址》，北京：科学出版社，1962 年，第 6、7、8 页。

## （三）丁村

丁村遗址位于山西襄汾县城南约 5 千米处的汾河东岸。考古学家在丁村及其附近地区约 15 千米的范围内发现 14 个化石地点，1954 年发掘时在当时是除周口店遗址以外规模最大的。大家认为丁村遗址是华北旧石器文化两大系统中大石器系统的典型代表，即匼河—丁村系。

丁村旧石器地点堆积情况大致相近。一般最上层为土状堆积，上部黄色，下部稍发红，约 3 米厚；接下去第二层为细砂土层，约 1 米厚；以上两层没有发现化石和石制品。第三层为砂砾层，其上部与下部都有一层砾石层，中间为 2 米左右交错砂层并夹有泥灰层。在交错砂层和上、下砾石层中都发现有哺乳动物化石及石制品，厚约 4.5 米。最下层为细砂，未挖掘到底，厚度不清。①

丁村遗址的发掘情况还有很多的缺失，尤其是最下层根本没有挖掘到底，可能"最下层"还有更下层，因此对于大家那么重视的丁村人，却失去了他们在"开天辟地"的那一刻。

## （四）下川

下川位于山西沁水县的下川盆地。在下川周围的沁水、阳城、垣曲 3 个县交界处的 20—30 千米的范围内，发现文化性质相近的地点十多处。

下川的石器工业以细小石器为主体，细小石器占 95% 以上。下川发现的石制品非常丰富，绝大多数都是用燧石等优质原料加工的细石器。如此丰富多彩的细石器工业，在已发现的中国旧石器时代文化遗址中尚不多见。雕刻器的数量也较多，且修理得很精致。另外，还可以见到石锯等。

下川的细石器是指上文化层的发现。在上文化层的上、中部，细石器极为丰富。在上文化层的下部，粗大的石器多。上、中部与下部的差别，可能反映文化时代的不同。

根据 $^{14}C$ 年代测定数据，下川文化的时代大致在距今 2.3 万—1.6 万年。② 下川本身的历史还不清楚，不知道下川与混沌时期有没有联系。

# 四、河套文化（宁夏、内蒙古）

20 世纪 40 年代，裴文中称之河套文化。现在新的意见认为应分为两个不同的文化，分别命名为水洞沟文化和萨拉乌苏文化（也称大沟湾文化）。根据 $^{14}C$ 和铀系法对年代的测定，两个遗址所处年代相近，距今 5 万—3.7 万年，属于旧石器时代。③

---

① 王幼平：《旧石器时代考古》，第 53、54 页。
② 王幼平：《旧石器时代考古》，第 90、91、89 页。
③ 中国社会科学院考古研究所：《新中国的考古发现和研究》，北京：文物出版社，1984 年，第 20 页，发现过石镞"说明弓箭的最初使用，可以追溯到旧石器时晚期"。

## （一）水洞沟

水洞沟没有发现过人类化石，动物化石始终很少，但含石器甚多。与萨拉乌苏河一带形成鲜明的对比。根据 $^{14}C$ 年代测定，距今 2 万年。①

## （二）萨拉乌苏

萨拉乌苏河两岸之河湖堆积，有 20—35 米之阶梯。桑志华及德日进在 35 米之阶梯下部发现富有化石之层甚多，并发现有古人类之门齿，唯石器较少。萨拉乌苏文化距今 4 万年左右，亦当归入旧石器时代晚期。②

---

① 王幼平：《旧石器时代考古》，第 13、14、15 页。
② 裴文中：《中国史前时期之研究》，第 92、93、94、12 页。

# [03] 有燧氏与火的时代

## 一、用火的开始

在旧石器时代晚期，人工取火是肯定无疑的。[①]"神农时民方食谷，释米加烧石上而食之。"[②]《礼记》云："炮，取豚若将……涂之以谨涂，炮之。"郑注："炮者，以涂烧之为名也，将当为牂，牂牡羊也。"[③] 但是没有关于用火的历史，也没有各地开始用火的记录。

1. 北京人开始用火

（1）北京人（周口店第一地点）

裴文中说："中国猿人发见于房山县周口店之山洞内……属于旧石器时代初期之初世。……距今约有四十至五十万年。"[④]

1929年，周口店发现了第一个完整的直立人头盖骨化石。1931年，考古学家确定了他们有用火的能力。因此，这些发现说明中国猿人在混沌时期之后，进入了用火的时代，离开了混沌时期。

裴文中在周口店第一个地点发现，北京猿人在距今四五十万年前会用火。周口店北京猿人的年代：第一阶段距今50万—40万年，第二阶段距今40万—30万年，第三阶段距今30万—20万年。周口店的用火纪录把人类用火的历史提前了数十万年。[⑤]

（2）周口店第十五地点

周口店第十五地点的地质年代比北京猿人晚。"据我们推测，此种人类或者仍为中国猿人，其形态上之演变……但其文化则已有进步。"[⑥]

---

[①] 林耀华：《原始社会史》，第157页。
[②] （三国·魏）谯周撰，（清）章宗源辑：《古史考》，《丛书集成新编》第一百十一册，台北：新文丰出版公司，1985年，第468页。
[③] 《礼记正义·内则》，（清）阮元校刻：《十三经注疏》，第1468页。
[④] 裴文中：《中国史前时期之研究》，第66页。
[⑤] 裴文中：《中国史前时期之研究》，第80、81页；王幼平：《旧石器时代考古》，第31页。
[⑥] 裴文中：《中国史前时期之研究》，第19页。

## 2. 山顶洞人开始用火

山顶洞位于周口店之顶部，文化遗物可命名为山顶洞文化。裴文中总结山顶洞文化有以下内容：山顶洞当时可能有埋葬死人之习惯，埋葬之时，将其生前之衣饰及用器一并殉葬，并于尸之周围，散饰赤铁矿细末。魏敦瑞（F. Weidenreich）认为："老父为一种民族中之人，其妻妾均为由异族中掠夺而来之妇女"；山顶洞人有渔猎生活；而且还有与远方的商业联系（如海蚶当产于周口店东南之海中，距人类居住之山洞约有二百千米）；曾有简单的衣服（曾发现一骨针，当为缝纫之用）；曾磨制石珠及将小砾石钻孔（均用之为饰物）等。①

山顶洞人的生产活动中已出现艺术活动，在旧石器时代晚期，"（石器）制造技术则更进步，同时感觉到石器已不敷应用，于是利用兽骨、兽角等，制造各式各样的用具。……有时尚有精力渐渐发展到艺术方面，例如雕刻、洞壁壁画等"②。

尤其是山顶洞人已使用陶器，并从事简单的农业生产，这些活动推动了社会组织的发展："制造石器的技术，较前更为进步，其方法是在大石上磨制，具有一定而极有规则的形状。除此以外，人类渐渐学会……陶器。……因此人类即迁居到平原上……这就是农业生活的开始。再由猎狩野兽而渐渐学会怎样豢养牲畜。许多家族聚在一起居住，人和人关系渐多，于是雏型（形）的社会组织便出现了。"③

因此，用火使得山顶洞人的社会生活有了根本性的变化。这是用火的圣人有燧氏带来的新的社会变化，有燧氏将混沌社会改变为用火的新社会和一个具有雏形社会组织的新社会，其用火年代约为距今 50 万—20 万年。

## 3. 河套人开始用火

（1）鄂尔多斯

"河套"，又称鄂尔多斯④。河套地区所发现之旧石器时代的重要地点有二：一为水洞沟；二为萨拉乌苏河之两岸。⑤

（2）宁夏灵武水洞沟

水洞沟遗址位于宁夏灵武水洞沟。水洞沟遗址从上到下共分八层。在第八层，即水洞沟遗址的文化层，发现"少量用火遗迹"⑥。

1923 年，桑志华与德日进在水洞沟采集了大量的旧石器和哺乳动物化石，其位置于红山堡及清水营二地之间区域，正好在长城之南。其地有小河，河之两旁有 20 米及 50

---

① 裴文中：《中国史前时期之研究》，第 72—75 页。
② 裴文中：《中国史前时期之研究》，第 56 页。
③ 裴文中：《中国史前时期之研究》，第 56 页。
④ 裴文中：《中国史前时期之研究》，第 87 页。
⑤ 裴文中：《中国史前时期之研究》，第 92 页。
⑥ 田广金、郭素新：《北方文化与匈奴文明》，南京：江苏教育出版社，2005 年，第 39 页。

米之阶梯。20 米之阶梯为黄土堆积所成，而黄土中人类寄居地均为薄层，或一层，或两层。发现之地层均在黄土底部砾石层之上。但化石很少。①

（3）萨拉乌苏文化

"萨拉乌苏文化主要以萨拉乌苏遗址为代表，位于内蒙古乌审旗境内的萨拉乌苏河沿岸，时代距今 5 万至 3.7 万年。1922—1923 年……桑志华与德日进发现并发掘了这个遗址，采集品包括动物和人类化石、石器、用火遗迹。"在随后的室内研究中，发现了 1 枚儿童上门齿。经过步达生（D. Black）研究后，定名为"鄂尔多斯牙齿"。后来裴文中称之为"河套人"，就是以此为代表的。

## 二、对用火的研究

（一）考古学家对用火时代的研究

由于考古学的发展，我们可以开始看到有燧氏的一些发明，同时也可以看到有燧氏所带来的社会改变，即社会由混沌社会改变为新的用火社会。这就是圣人有燧氏带来的新社会。

裴文中说，周口店之石器工具，"皆具有'个性'，即每件工具有不同的式样，而无多数同样工具，可属于某一种式样者。……中国猿人之石器，具有'个性'，并无彼此相同者"②。因此，周口店之石器与其他地区之石器不是相同的石器。这就反映出当时人类的社会关系是相对隔绝的。但是用火使得人类社会出现有组织的社会关系。

裴文中说："人为万物之灵，与其他的动物最主要的区别，是人类的智慧高，具有文化。……最早的文化，相当于地质上之第三纪人类起源的时代，那时人与禽兽相差无几，有人称之为古石器时代；但直到现在，我们还不能确实证明它的存在。"③ 现在我们就来研究裴文中所谓的"古石器时代"，实际上就是人类开始用火的时代。

一般考古学家根据地下找到遗物的时代，将地下遗物归纳为三个时代，即旧石器时代、新石器时代、金属时代。

（1）旧石器时代

根据人类利用石器的情况，考古学家将距今 300 万年至距今 1 万年称为旧石器时代。并将 300 万年至距今 1 万年出现的人类分别称为猿人、古人或新人。

旧石器时代划分为三个时期：

早期：距今 300 万年至距今 20 万年，这个时期的人类称为猿人。

中期：距今 20 万年至距今 5 万年，这个时期的猿人称为早期智人或古人。

---

① 裴文中：《中国史前时期之研究》，第 91、92 页。
② 裴文中：《中国史前时期之研究》，第 86 页。
③ 裴文中：《中国史前时期之研究》，第 55 页。

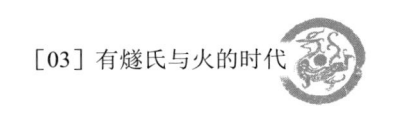

晚期：距今 5 万年至距今 1 万年，这个时期的猿人称为晚期智人或新人。
（2）新石器时代
距今 10 000 年至距今 4000 年称为新石器时代。就是现代人。
（3）金属时代
距今 4000 年以后人类进入金属时代。
考古学家对人类用火并不特别加以研究，这反映出历史研究存在一些缺陷。

## （二）考古学家对历史的研究

考古学家用石器、铜器来划分历史时期。问题是石器、铜器是否能够承担划分历史时期的重任？

实际上，能够负担一个历史时期的是整个社会的全体，包括文化、政治、经济、宗教、民族、风俗等，所以应该用一个社会的整体面貌来划分这个社会。也就是应该用社会的整个面貌来划分一个历史阶段。实际上，"旧石器""新石器"都不能用来代表某一种社会。

我们应该对"开天辟地"以来的社会进行研究，研究社会发生了什么变迁与矛盾。有的社会可能发生了宗教改变，例如印度；有的社会可能发生了帝王继承制度的改变，例如三代时的夏王朝等。所以如何划分一个历史阶段，是一个非常复杂的问题。

# [补注] 火的历史

## 一、火的历史

### (一) 陕西

1. 公王岭

考古学家在陕西蓝田县公王岭蓝田人化石堆积中发现一些黑色物质，经化验，为炭质，这种炭很可能是蓝田猿人用火时所造成的某种结果。[①]

2. 大荔人

大荔人的头骨脑容量为1120毫升，稍大于北京猿人的平均值[②]，没有看到其用火的记载。

### (二) 山西

1. 西侯度

西侯度遗址位于山西芮城县，考古学家发现了颜色特殊的化石标本，"大部分为哺乳动物的肋骨、鹿角及马的下颊齿。……西侯度有燃烧过的骨是可以肯定的，因为当我们在周口店北京人遗址发掘时，把与此相同的骨也都作了烧骨看待。……根据我们所查阅到的资料，西侯度的烧骨在世界上还是最早的，至少说在目前是如此。这就把人类用火的历史更往远古的时代推移了"[③]。

2. 匼河—丁村系

丁村遗址位于山西汾河东岸，属于大石器系统中匼河—丁村系，是很著名的遗址。匼河村遗址就与西侯度遗址同处于山西芮城县，在匼河村附近还有西阳村，在西阳村靠近黄河边缘可以见到下更新统地层。下更新统的地层在西侯度、匼河、西阳等附近的遗址都可以见到。在西阳遗址的砾石层中发现了一小块与石器共存的被火烧过的哺乳动物

---

[①] 戴尔俭、许春华：《蓝田旧石器的新材料和蓝田猿人文化》，《考古学报》1973年第2期，第2页；贾兰坡、王建：《西侯度：山西更新世早期古文化遗址》，第69页。
[②] 王幼平：《旧石器时代考古》，第80页。
[③] 贾兰坡、王建：《西侯度：山西更新世早期古文化遗址》，第68页。

骨片。这样的烧骨，在周口店猿人化石产地发现过很多。西阳这件烧骨，目前尚不能判明它是被人控制的火抑或是自然的火所燃烧。① 有待于进一步发掘和研究。

## （三）河北

许家窑人

许家窑人接近北京人，许家窑人的头骨壁相当厚，达到了北京人的平均值而小于其最大值②，但是没有看到许家窑人用火的记载。

## （四）东北

### 1. 辽宁庙后山

庙后山遗址，位于辽宁本溪小市镇山城子村东的庙后山南坡的一个天然洞穴里。1978年发现，2012年再次进行发掘。庙后山前为汤河谷地，汤河汇入太子河（古称衍水）。太子河横贯本溪，最后进入辽河。庙后山人距今50万—20万年。③

庙后山有两类石器工艺：用锤击方法打制小石片以及用交互打击法生产重型石器，这种技术在东北只有庙后山一处。大型的砍砸器见于周口店十五地点和山西匼河、丁村等遗址。另外，在朝鲜半岛的全谷里遗址中也发现过相似的器形。④

"在庙后山的旧石器层位中，发现了薄层的灰烬、零星炭屑以及被火烧过的碎骨。位于第6层中的灰烬层厚约5—10厘米，由粉末状的黑褐色物质组成，中间夹有灰白色的物质。第7层中也曾发现一块厚10—25、长120、宽约50厘米的灰烬层，也由粉末状的黑褐色物质构成，中间同样夹有灰白色的物质。炭屑在地层中分布零散，但以第6层较多。最大的炭屑直径约2厘米。"⑤

"烧骨主要是一些动物的肢骨。烧的程度不一，表面是黑褐色或灰绿色，均出自灰烬层附近，而且个别骨头上有裂纹。"

"用火遗迹的发现，表明庙后山文化的主人已经具有用火的本领。这是东北地区继营口金牛山遗址之后发现的又一处较早的人类用火遗迹。"⑥

### 2. 辽宁金牛山人

金牛山人，出自辽宁大石桥市金牛山，1984年考古挖掘发现金牛山人化石，"金牛

---

① 贾兰坡、王择义、王建：《匼河：山西西南部旧石器时代初期文化遗址》，第4、6、33页。
② 王幼平：《旧石器时代考古》，第82页。
③ 黄力强：《庙后山：东北第一人的故乡》，沈阳：辽宁民族出版社，2013年，第12—17页；辽宁省博物馆、本溪市博物馆：《庙后山：辽宁省本溪市旧石器文化遗址》，北京：文物出版社，1986年，第3、94页。
④ 辽宁省博物馆、本溪市博物馆：《庙后山：辽宁省本溪市旧石器文化遗址》，第31、32、33页。
⑤ 辽宁省博物馆、本溪市博物馆：《庙后山：辽宁省本溪市旧石器文化遗址》，第30、31页。
⑥ 辽宁省博物馆、本溪市博物馆：《庙后山：辽宁省本溪市旧石器文化遗址》，第31页。

山人头骨具有原始的特点，如头骨低矮，眉脊粗大，眶后缩窄显著。面骨的高、宽与北京猿人相近，牙齿硕大等。但也有比北京猿人进步之处，如颅盖增高，颅宽的位置上移，颅骨厚度减薄，吻部后缩，脑量明显增大等。……共生的哺乳动物群显示其时代应与北京人的中、晚期相当。……发现两处灰堆，其中一处，是由3个直径为50—60厘米的圆形灰堆连在一起的。灰堆中是烧过的动物骨骼、炭屑及烧土"①。还曾发现灰烬层，灰堆应是原地埋藏的人类用火遗迹。

（五）内蒙古

大窑村

大窑遗址，位于内蒙古呼和浩特市新城区保合少镇大窑村。1976年，考古学家发现了这个旧石器时代石器制造场。在第4层底部发现有肿骨鹿烧骨化石，其年代有可能距今约50万年。从发现的哺乳动物化石看，其和萨拉乌苏文化动物群及水洞沟文化动物群相比没有多大变化。从出土的石器组合所反映的经济形态是以狩猎为主。

大窑村石器制造场使用时间长达几十万年，大体上属于匼河—丁村系大型石器系统。②

（六）甘肃

1. 镇原：姜家湾、寺沟口

姜家湾遗址位于甘肃镇原县太平镇。
寺沟口遗址位于甘肃镇原县太平镇柳咀村，与姜家湾遗址相距约10千米。③
没有看到两个地方用火的记载。

2. 环县

（1）刘家岔

刘家岔遗址位于甘肃环县城西虎洞镇。传说虎洞镇出产"龙骨"已有多年。其文化遗物比较集中，地层剖面比较清楚，是甘肃境内比较重要的旧石器时代遗址，也是华北旧石器时代比较重要的遗址之一。与内蒙古萨拉乌苏及山西峙峪遗址的时代大致相当。据铀系法测定，刘家岔遗址距今4万多年。④ 不过没有看到刘家岔遗址用火的记载。

（2）楼房子

楼房子遗址位于甘肃环县曲子镇楼房子村。"下部文化层底部，有烧过的木炭屑；

---

① 王幼平：《旧石器时代考古》，第182—183页。
② 田广金、郭素新：《北方文化与匈奴文明》，第34、36页。
③ 李怀顺、黄兆宏：《甘肃考古概论》，兰州：甘肃人民出版社，1998年，第4、5页。
④ 李怀顺、黄兆宏：《甘肃考古概论》，第7、9、10页。

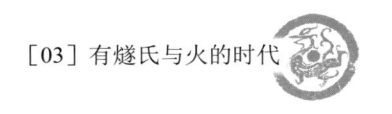

一部分化石呈深黑色，松脆，可能是人类活动遗留下的烧骨。"①

（七）新疆

新疆的文化遗址可以分为四个部分：其一为最南部的昆仑山；其二为塔里木盆地北沿；其三为天山沿线之北沿；其四为北部准噶尔盆地。

"中外科学家，曾屡至新疆考查（察），故该地区之考古工作，已略有所知。"②但在考古报告中没有用火的记载。

## 二、没有用火的历史

### （一）用火的记载

考古学家在许多地方都发现用火的记载，裴文中最初是在周口店发现北京猿人用火，但是在讨论人类文化的演变时，他总结如下：旧石器时代分早期、中期、晚期，其分期实际上是根据对石器的改造，也发展到艺术方面。新石器时代"制造石器的技术，较前更为进步……除此以外，人类渐渐学会怎样利用泥土，在火里烧成各样的器皿，是谓之为陶器。陶器发明以后，人类生活发生了重大的变化。……这就是农业生活的开始。……许多家族聚在一起居住，人和人关系渐多，于是雏型（形）的社会组织便出现了"。③裴文中的结论很好，但是他对用火的详情却未提及。

这里着重讨论裴文中关于用火的问题，他说："民国十九年以后，在发现北京人化石的洞穴里，还发现了很多的石器，同时并发现了'北京人'用'火'的证据。……从人类发现了火，而能使用它之后，在人类的进化史上，发生了一个划时代的变化。……北京人已经能够用火，这点也说明了最早的人类的智慧，已经超乎其他兽类之上。"④

因此，裴文中清楚用火的作用，但是他还是没有重视火的根本作用。

### （二）历史的步伐

历史有自己的步伐，它的步伐是随社会前进的。当社会发生巨大变化时，历史就前进一步。例如，"火"是带领人类社会前进的一项重大变革，因此应该注意"火"的起源。实际上大家对"火"的起源的确是十分注意的，大家都把这种变革归之于一位圣人，他们都把这位圣人称为有燧氏。

许多人正是在历史上被称为黄帝或者尧、舜，他们既代表一位圣人，也代表一个时代。实际上中国的历史就是由一代又一代的圣人连同他们所代表的时代所构成。

---

① 李怀顺、黄兆宏：《甘肃考古概论》，第7页。
② 裴文中：《中国史前时期之研究》，第187页。
③ 裴文中：《中国史前时期之研究》，第56页。
④ 裴文中：《中国史前时期之研究》，第81页。

# ［04］伏羲氏、神农氏与古人之文化系统

## 一、伏羲氏与神农氏

《周易》提到伏羲氏、神农氏，它说："古者包牺氏之王天下也……包牺氏没，神农氏作。……神农氏没，黄帝、尧、舜氏作。"因此根据《周易》的记载，历史上应该有三皇时期。

中国有大量的历史资料，有的还有关于长达几万年的历史记载。现在有三种数据：一为中国史传的记载；二为中国纬书的记载；三为考古学的记载。这三种记载的历史数据往往互相矛盾而且混乱，这是必须注意的现象。

（一）中国文献记载之历史

（1）史传之记载

中国有大量的历史记载，极为重要的史书之一是《史记》。根据《史记》的记载，中国的历史起于五帝时期，然后是三代时期。三代时期之后就是秦朝、汉朝。因此，中国先秦时期历史就是五帝时期与三代时期。《史记》中最早只记载到黄帝，《尚书》中最早只记载到尧。因此，中国儒家文献对上古历史的分析极其简单。

但是，即便是对于五帝，史籍也是闪烁其词。因此司马迁说："学者多称五帝，尚矣。然《尚书》独载尧以来，而百家言黄帝，其文不雅驯，荐绅先生难言之。"[1]也就是说，五帝的年代太久远了，说不清楚。《大戴礼记》甚至说：

> 宰我问于孔子曰："昔者予闻诸荣伊令，黄帝三百年。请问黄帝者人邪？抑非人邪？何以至于三百年乎？"孔子曰："予！禹汤文武成王周公可胜观也。夫黄帝尚矣，女何以为？先生难言之。"[2]

孔子说，黄帝是不是人，很难说。他最后说："（黄帝）生而民得其利百年，死而民畏其神百年，亡而民用其教百年，故曰三百年。"因此正如宰予说的，儒家对中国上古史的

---

[1]《史记·五帝本纪》，第46页。
[2]（清）王聘珍撰，王文锦点校：《大戴礼记解诂·五帝德》，第117页。

解说是"卒业之辨,暗昏忽之意,非君子之道也"①。

(2) 纬书之记载

纬书讲述的年代,与经书很不相同。纬书讲述了几百万年的往事,还记载三皇、五帝、三代以及其他往事,如《春秋元命苞》说:"自开辟至获麟二百七十六万岁,每纪为一十七万六千年。"另一本纬书《春秋命历序》则说总共有二百二十七万六千年。② 也大致是二三百万年。

纬书中把这二三百万年分为"十纪",这纬书的"十纪"最早为"九头纪",其次是"五龙纪",再次为"摄提纪",以后依次为"合洛纪""连通纪""序命纪""修飞纪""回提纪""禅通纪",而最后为"流讫纪"。《春秋命历序》谓流讫纪当黄帝之时。③ 故黄帝是出现在"开天辟地"之后的第十纪,即"流讫纪"。因此"流讫纪"是中国历史上一个十分重要的历史时期,它实际上是神农氏退位的日子,也是黄帝即位的日子。

(3) 庄子的记载

照庄子所说,"开天辟地"在二三百万年之前。因此,二三百万年前的"开天辟地"当是一个十分重要的数字。

"开天辟地"是第一位圣人混沌氏即位的日子。

第二位圣人是有燧氏,他创建火之社会,就是历史上第二个新的社会。

第三位圣人是伏羲氏,他创建的新社会是两个系统共存的社会。

第四位圣人则是神农氏,神农氏创建的社会是种植稻米与日中为市的社会。

第五位圣人则是黄帝轩辕氏。

## (二)近代考古学所提供的中国历史

中国的历史记载很不完善,至于年代表,就更是荒疏了。例如中国历史之"黄帝三百年",孔子也为其辩解。有人经过计算,根据书传、纬书记载,三皇484年,五帝385年。因此三皇五帝总共869年。但根据现代考古学,三皇大约五六千年,五帝大约五千年,因此与中国史书根本无法比对。

考古学家为历史提供大量数据,在其为历史提供的数据中,最重要的就是文物,尤其是古墓逝者提供的文物实物(虽然贵族的随葬品十分丰厚,但一般不过几个陶器和枯骨),这些资料是真实的,可以得到文献无法提供的信息。以下是旧石器时代最重要的考古数据:

---

① (清)王聘珍撰,王文锦点校:《大戴礼记解诂·五帝德》,第119、117页。
② (清)黄奭:《春秋纬·春秋元命苞》,第45页;(清)黄奭:《春秋纬·春秋命历序》,第200页。
③ (清)黄奭:《春秋纬·春秋命历序》,第200、206页。

1. 华北地区

北京周口店，北京猿人，位于北京房山周口店龙骨山。

第十五地点是周口店另一个发现中国猿人之地点，还有多个地点皆有化石发现，其中第十五地点发现化石及石器甚多，但都比中国猿人更晚。

山顶洞人位于周口店高处的山顶洞，比第十五地点更晚。

2. 河套地区

河套分布于内蒙古、宁夏与陕西北部、山西北部。

1923年，桑志华和德日进在河套地区发现中国旧石器时代的遗迹，后经多次发掘，获得标本极多，除发现一颗人类门齿化石之外，还有多种动物的化石，以及各种石器和骨制品。重要的遗址分布于两个地带：一个是萨拉乌苏河一带；另一个则是宁夏的水洞沟。[①]

3. 甘肃、青海、新疆

1920年6月，桑志华在今甘肃华池县辛家沟发现了1件人工的岩石核；1920年8月，他又在今甘肃华池县赵家岔发现了2件石英岩石片。

1923—1924年，安特生在甘肃与青海发现了大量遗址。安特生在1943年出版了《中国史前人类之研究》，是他在中国考古之总报告。他在书中第一次提及渭河上游（如清水、礼县）之遗址。

安特生将甘肃各地之遗址划分为六期：齐家期、仰韶期、马厂期、辛店期、寺洼期、沙井期。他认为前三期为新石器时代晚期，后三期为金属时代。

但安特生对各个遗址的分期与时代之划分，受到许多人之否定，主要的问题在于遗址的时代。在以后的考古研究中，大家对遗址的年代一般主要是利用 $^{14}C$ 或铀系法测定。

## 二、两个文化系统的分布

### （一）中国猿人的两个文化系统

1. 两个文化系统

当代考古学研究了中国猿人的情况，认为在中国旧石器时代晚期，猿人当分为南北两个系统。裴文中说：

---

[①] 裴文中：《中国史前时期之研究》，第4、7页。

[04] 伏羲氏、神农氏与古人之文化系统

当旧石器时代之晚期，欧亚大陆之北部（大部为西伯利亚），曾有一相同系统之文化存在；反之，在太平洋沿岸（由马来至我国东北辽东半岛），则另有一文化系统。山顶洞之文化，即属于南方（或太平洋沿岸）文化系统中者，独立发展演变而成，与北方之文化系统则无关也。然南北二种文化系统，不免接触，而互受影响。①

既然"北京人""山顶洞人"属于南方（海洋）文化系统，从地理分析来看，在西北一带的猿人当属于北方文化系统。北方文化系统位于长城以北以及长城以南的河南、山西、陕西、甘肃、宁夏、青海、新疆等地。而南方文化系统则分布于上述区域之东部，即位于长城以北的东部以及长城以南的河北、山东、江苏等地。西北文化系统主要依赖畜牧经济；而海洋文化系统则主要依赖渔猎经济。② 因此，南方文化系统与北方文化系统的界限还是很分明的。

裴文中指出："在中国中原及沿海一带，是一个东方的大平原，是东方汉民族发达繁盛的区域。在西方，有新疆、中亚、西藏及青海，甚至于欧洲，均有不同的民族生存。东西两方的交通，无疑的是以渭河河谷为孔道。"③ 由于北方文化系统还包括西伯利亚，因此东西两方除渭河河谷之外必定有更多的孔道。

2. 两个系统的相互关系

裴文中对南方文化系统的来源做了说明，他说："据我个人的推测，大约细石器文化，发源于西伯利亚贝加尔湖附近。……大概因为气候变化的关系，这种人类向南迁移，又因为戈壁的阻碍，遂转向东南而进入黑龙江境内。首先在呼伦湖的周围繁衍起来，大约已至中石器时代。这就是所谓之札赉期，由呼伦湖附近的札赉诺尔而得名。"④ "或即我国境内之最古者，属于中石器时代……约距现在为一二万年。"⑤

裴文中又说北方文化系统也起源于西伯利亚，他说："文化之传播，并非只寻一路线前进……贝加尔湖之旧石器时代晚期之人类，或亦曾由东蒙，沿戈壁边缘而至内蒙（古）北部，如阴山（及阿尔泰东端）北麓。……是即具有沙巴拉克文化之人类。……亦发达为细石器工业，其时代或与札赉期相当，但为另一支派，与札赉文化稍有不同。具有沙巴拉克文化之人类，或于戈壁之南边，专营狩猎生活，与呼伦湖旁之营渔猎生活

---

① 裴文中：《中国史前时期之研究》，第121页。
② "在（二十世纪）七十年代初，贾兰坡等根据华北地区发现的旧石器时代文化遗址的特征，划分出以大石片砍砸器——三棱大尖状器为特点的'匼河—丁村系'和以船底形刮削器—雕刻器为特点的'周口店1地点—峙峪系'两个大的文化传统（贾兰坡、盖培、尤玉柱：《山西峙峪旧石器时代遗址发掘报告》，《考古学报》1972年第1期；贾兰坡、卫奇：《阳高许家窑旧石器时代文化遗址》，《考古学报》1976年第2期）。"参见王建、陶富海、王益人：《丁村遗址群研究简述》，中国考古学会、山西省考古学会、山西省考古研究所：《汾河湾：丁村文化与晋文化考古学术研讨会文集》，太原：山西高校联合出版社，1996年，第19页。也就是说，周口店1地点—峙峪系属于海洋文化系统，而匼河—丁村系属于西北文化系统。
③ 裴文中：《中国史前时期之研究》，第208页。
④ 裴文中：《中国史前时期之研究》，第128页。
⑤ 裴文中：《中国史前时期之研究》，第146页。

者不相似。"① 裴文中认为南方与北方两个文化系统都是来自贝加尔湖。南方文化系统来自贝加尔湖，应该是可靠的，但是北方文化系统当不是来自北方之贝加尔湖。

因此，南北两个文化系统之间的区分还是很明显的，但是二者之间的关系要进一步分析。②

两种文化系统之间是相互隔离的，但存在交通要道，裴文中说："在中国中原及沿海一带，是一个东方的大平原，是东方汉民族发达繁盛的区域。在西方，有新疆、中亚、西藏及青海，甚至于欧洲，均有不同的民族生存。东西两方的交通，无疑的是以渭河河谷为孔道。"由于西北文化系统还包括西伯利亚，因此东西两方之交通除渭河河谷之外，在山西西部必定还有其他孔道。③

## （二）海洋文化系统

两个文化系统各包括若干个部分，其中海洋（东部）文化系统的代表当属伏羲氏与神农氏两个部分。

### 1. 伏羲氏地域在北

伏羲氏地域在渤海、黄海之沿海地带。"伏羲氏仰观象于天，俯观法于地……造书契以代结绳之政，画八卦以通神明之德，以类万物之情。……百病之理，得以有类。乃尝味百药而制九针，以极夭枉焉。"④

### 2. 神农氏地域在南

神农氏地域在长江中下游。"有圣德，以火承木，位在南方，主夏……都于陈，作五弦之琴。""作耒耜，始教民耕农。尝别草木，令人食谷以代牺牲之命，故号神农。"⑤

## （三）西北文化系统

两个文化系统之西北文化分为三个部分。

---

① 裴文中：《中国史前时期之研究》，第138页。
② 有些作者认为从丁村往北经过内蒙古到西伯利亚也是一条孔道（从丁村到呼和浩特东郊大窑可能就是孔道）。因此在河套以西，其人类可能大致属于北方文化系统。贾兰坡根据古人出土的遗址，认为裴文中的南方文化系统与北方文化系统的划分有一个根本的欠缺。贾兰坡认为，南方文化是从北方向南方传播，而北方文化是从南方向北方传播的。
③ 裴文中：《中国史前时期之研究》，第208页。贾兰坡对裴文中的改正是正确的，但是贾兰坡还是有一个欠缺，他没有注意到北方文化是从甘肃、青海的西北方向传播到北方文化系统的。有些作者认为从丁村往北经过内蒙古到西伯利亚也是西北、海洋文化系统之间的一条孔道（从丁村到呼和浩特东郊大窑就可能是孔道）。因此在河套以西，其猿人可能属于西北文化系统，而在河套以东则可能属于海洋文化系统。
④（晋）皇甫谧撰，（清）宋翔凤、钱宝塘辑：《帝王世纪》，第2页。
⑤（晋）皇甫谧撰，（清）宋翔凤、钱宝塘辑：《帝王世纪》，第3页。

### 1. 匈奴（北狄）

匈奴位于长城以北，其位置不断变化。冒顿时，匈奴与汉朝在长城与朔方刺史、并州刺史为界，《史记·匈奴列传》云："诸左方王将居东方，直上谷以往者，东接秽貉、朝鲜；右方王将居西方，直上郡以西，接月氏、氐、羌；而单于之庭直代、云中：各有分地。"[①] 因此，匈奴之大致位置从西方上郡（汉时上郡在长城之西端，在肤施，即榆林河进入无定河之处）以东到上谷（汉时上谷郡在沮阳，即今怀来），中心在代（汉时代郡在代县，即今山西代县）、云中（汉时云中郡即在云中，即今呼和浩特以南），也就是匈奴在冒顿时，其地域至西到榆林、东到上谷的长城沿线。

### 2. 西域

《汉书·西域传》云："西域以孝武时始通，本三十六国，其后稍分至五十余，皆在匈奴之西，乌孙之南。南、北有大山，中央有河，东西六千余里，南北千余里。东则接汉，阸以玉门（当为玉门关，与玉门不同）、阳关（在龙勒附近），西则限以葱岭。其南山，东出金城，与汉南山属焉。"[②] 西域的概念是很清楚的，西域之东为今甘肃敦煌以西之玉门关及阳关，而西域之西为葱岭。

在玉门关、阳关以东，则为甘肃走廊，本是匈奴、氐羌所有。故《汉书·地理志》云："自武威以西，本匈奴昆邪王、休屠王地，武帝时攘之，初置四郡，以通西域，鬲绝南羌、匈奴。"[③]

### 3. 氐羌

《汉书·地理志》氐羌所在之县道集中于今甘肃陇西（有氐道、羌道）和金城（有破羌县、临羌县），以及今四川之广汉（有甸氐道、刚氐道）和蜀郡（有湔氐道）。则从北而南之陇西、广汉、蜀郡，为氐之聚居地。而从东而西之陇西、金城，则为羌之聚居地。[④] 因此氐羌位于匈奴的西南方。

## 三、海洋文化系统的考古

### （一）海洋文化系统代表

#### 1. 扎赉诺尔

扎赉诺尔在黑龙江北部，满洲里附近。

---

① 《史记·匈奴列传》，第 2891 页。
② 《汉书·西域传上》，第 3871 页。
③ 《汉书·地理志下》，第 1644 页。
④ 《汉书·地理志下》，第 1610、1611 页；《汉书·地理志上》，第 1597、1598 页。

根据裴文中之报告，海洋文化系统可能来自西伯利亚之贝加尔湖附近，也就是说，海洋文化系统是从西伯利亚南下，到我国的沿海地区。

20世纪初，煤矿的采煤工人就发现许多动物化石，后又发现石器和骨器。1933年，考古学家发现了一个完整的人类头骨化石。此后，又陆续发现人类头骨、体骨及石器等。其发现化石之地层，至少是属于旧石器时代至新石器时代之间的过渡时期，头骨属于什么时代，难以确定。其石器代表细石器文化，约距今一两万年。①

### 2. 北京人、山顶洞人

北京人位于北京房山周口店。1921年，考古学家发现了一个牙齿，步达生研究后，认为是介于人与猿之间的一种化石。但大部分人不相信他的说法。1929年，考古学家发现了一个完整的头骨，证明了步达生意见之正确。这种人类生存于距今50万—40万年。②

考古学家还发现了很多石器，更发现了北京人用火的证据。人类可以用火，这在人类进化史上具有划时代的意义。这说明了早期人类的智慧，已超过兽类。③

1921年，周口店发现了北京猿人。1933年，周口店又发现了山顶洞人。根据考古学研究，周口店的山顶洞人属于旧石器时代晚期。

考古学家发现山顶洞人"似颇适合于旧石器时代晚期，如有打击之石器，无陶器，装饰品甚多等"④。当时可能有渔猎生活，而且还有与远方的商业联系，因此"吾人可推测当时人类之生活状况如下：有衣饰，营渔猎生活，与远方交通（有商业），且有埋葬死者之习惯"⑤。

考古学者魏敦瑞曾粗略推测，山顶洞人中可能有百分之十四的人能活到六十岁，因此他们的家庭包括祖父母，可能有家族与亲族。⑥但对旧石器时代晚期之人类研究表明，寿命至六十岁以上者，约为百分之一。⑦

在旧石器时代晚期，山顶洞人的"（石器）制造技术则更进步，同时感觉到石器已不敷应用，于是利用兽骨、兽角等，制造各式各样的用具。……有时尚有精力渐渐发展到艺术方面，例如雕刻、洞壁壁画等"⑧。

### 3. 长阳人

长阳人位于湖北长阳县城西45千米的龙洞内。洞口离耕地地表10米左右，洞穴内的堆积，大部分是动物化石。虽然有动物化石，但并无文化遗物发现。从堆积的情况

---

① 裴文中：《中国史前时期之研究》，第145、146页。
② 裴文中：《中国史前时期之研究》，第78—80页。
③ 裴文中：《中国史前时期之研究》，第81页。
④ 裴文中：《中国史前时期之研究》，第120、121页。
⑤ 裴文中：《中国史前时期之研究》，第119页。
⑥ 裴文中：《中国史前时期之研究》，第71页。
⑦ 裴文中：《中国史前时期之研究》，第66页。
⑧ 裴文中：《中国史前时期之研究》，第56页。

看，化石可能是被流水带入的。①

长阳人的化石包括一件带有两颗牙齿的上颌骨和下臼齿。明显比北京猿人进步，可能属于早期智人类型。

## （二）纬书的记载与现代考古学

### 1. 三皇时期

根据纬书的记载，中国历史最早的时期为三皇。对于三皇有不同的称呼，最常见的如《春秋元命苞》所说："伏羲、神农、女娲为三皇。"《春秋运斗枢》则说："伏羲、女娲、神农是三皇也。"② 但是有关三皇的具体记载很少。《孝经援神契》说："三皇无文，五帝画象，三王明刑"③，就是说三皇没有文明，五帝才进入文明时代。但是纬书中对三皇就有不同的称呼，其事迹亦没有可靠的证据，而且往往互相抵牾。《春秋文耀钩》说："女娲以下至神农七十二姓。"④ 又《帝王世纪》说："（太昊）子孙五十九姓，传世五万余岁。"⑤ 但是《春秋命历序》说："羲皇燧人始名物虫鸟兽之名……号皇神农，始立地形，甄度四海。东西九十万里，南北八十一万里。（其教如神农，植树木使民粒食，故天下号曰皇神农也。）炎帝号曰大庭氏，传八世，合五百二十岁。"⑥ 各种说法相差很大。

那么根据纬书记载，三皇时期可能是从伏羲氏到神农氏，从地质学年代来看，是从第九纪之末到第十纪之初，共一千多年。

我们利用纬书以及现代考古学数据，可知伏羲氏、神农氏处于旧石器时代之末至新石器时代之初，与"十纪"对比，则三皇时期包括从第九纪（禅通纪）之末到第十纪（流讫纪）之初⑦，正好是从猿人到现代人的过渡时期。

因此从历史记载来看，在山顶洞文化期与仰韶文化期之间，伏羲氏与神农氏的时期大约总共六七千年，大约从距今一万五千年到距今八千年。⑧

### 2. 伏羲氏和神农氏

#### （1）纬书的记载

《春秋命历序》说："有人……戴玉理，始立地形，甄度四海。玉理犹王英也，谓神

---

① 贾兰坡：《长阳人化石及其共生的哺乳动物群》，《古脊椎动物学报》1957年第3期。
② （清）黄奭：《春秋纬·春秋元命苞》，第39页。《春秋纬·春秋运斗枢》，第108页；（汉）应劭著，王利器校注：《风俗通义校注·皇霸》，北京：中华书局，1981年，第2页。
③ （清）黄奭：《孝经纬·孝经援神契》，上海：上海古籍出版社，1993年，第21页。
④ （清）黄奭：《春秋纬·春秋文耀钩》，第97页。
⑤ 徐宗元：《帝王世纪辑存》，第5页。
⑥ （清）黄奭：《春秋纬·春秋命历序》，第202、203页。
⑦ 三皇时期的年代约为距今15 000—8000年。可以见到下列关于陶器的记载：距今10 000年左右的原始陶器：河北徐水南庄头（距今11 000年）；而在距今10 000年左右有关稻作的遗存：江西万年仙人洞（距今12 000—9000年）、吊桶环（同前），湖南道县玉蟾岩（同前）。参见张肇麟：《夏商周起源考证》，第329、330页。
⑧ 张肇麟：《夏商周起源考证》，第329、330页。

农也。治五百三十年，而流纥（讫）纪作（流讫纪当黄帝之时）。"[①] 因此在伏羲氏、神农氏之后为流讫纪（第十纪）。那么神农氏的结束时期当处于第九纪之末或第十纪之初。因此伏羲氏与神农氏正是处于旧石器时代向新石器时代的过渡时期。

（2）书传记述

从《周易·系辞》来看，伏羲氏在前而神农氏在后。二者之地域有别：伏羲氏的中心地区在今河北东部以南到山东半岛，而神农氏的中心地区在长江中游以北到山东半岛。二者的共同地域在河南东部，故通常都说他们在陈（淮阳）建都（见张肇麟《夏商周起源考证》[09]）。因此，伏羲氏、神农氏都属于海洋文化系统。

"八卦"是伏羲时期之思想意识，但是对这一点，《周易·系辞》中没有仔细解释。《周易·系辞》只解释"后世圣人"在"八卦"基础上有所发展："上古结绳而治，后世圣人易之以书契。百官以治，万民以察。"[②] 所谓"后世圣人"就是指从黄帝至尧舜时期的圣人。

书传认为伏羲氏"罔罟"捕鱼、神农氏"耒耨"农耕，故渔猎与农耕可以分别作为伏羲氏与神农氏之考古学年代之特征。[③]

由此看来，伏羲氏时代已达到山顶洞人的水平，另外，神农氏时代已见农耕，故也超过山顶洞人的水平。

既然北京猿人和山顶洞人属于海洋文化系统，则伏羲氏、神农氏文化属于海洋文化系统之代表。例如裴文中说，在山顶洞内，可以找到附近其他人"以物易物"交换而来的物品。其中有海蚶，"当产于周口店东南之海中距人类居住之山洞约有二百公里"。还有厚壳蚌，"产于黄河之南，在周口店之南，约有三百公里"。还有鱼卵状赤铁矿，"产于宣龙之区，距周口店约有山路百五十公里"[④]。因此，与周口店互相交易之居民均在周口店之东南，这当可以说明与周口店相同之文化系统在周口店的东方。因此，当时周口店之猿人属于中国海洋文化系统之猿人。

# 四、西北文化系统的考古

西北文化系统分为三个部分：匈奴、西域、氐羌。

（一）匈奴的历史

1. 匈奴

《史记·匈奴列传》对匈奴做了系统说明，最早到唐虞之前，但没有谈到黄帝之

---

① （清）黄奭：《春秋纬·春秋命历序》，第206页。
② 《周易正义·系辞下》，（清）阮元校刻：《十三经注疏》，第87页。
③ 《周易正义·系辞下》，（清）阮元校刻：《十三经注疏》，第86页。
④ 裴文中：《中国史前时期之研究》，第73页。

前，全文如下：

> 唐虞以上有山戎、猃狁、荤粥，居于北蛮，随畜牧而转移。其畜之所多则马、牛、羊，其奇畜则橐驼、驴、骡、駃騠、駒騟、驒騱。逐水草迁徙，毋城郭常处耕田之业，然亦各有分地。毋文书，以言语为约束。儿能骑羊，引弓射鸟鼠；少长则射狐兔；用为食。……其俗，宽则随畜，因射猎禽兽为生业，急则人习战功以侵伐，其天性也。……利则进，不利则退，不羞遁走。苟利所在，不知礼义。自君王以下，咸食畜肉，衣其皮革。……贵壮健，贱老弱。父死，妻其后母，兄弟死，皆取其妻妻之。其俗有名不讳，而无姓字。①

《史记·匈奴列传》的这一个段落对匈奴人之描写十分深刻。但匈奴人是什么时候成为一个部族？

到头曼时期，匈奴以鄂尔多斯高原为中心，强大起来，自称单于。后头曼为其子冒顿所杀。冒顿时，"匈奴最强大，尽服从北夷，而南与中国为敌国，其世传国官号乃可得而记云"。据说："凡二十四长，立号曰'万骑'。诸大臣皆世官。呼衍氏、兰氏，其后有须卜氏，此三姓其贵种也。诸左方王将居东方，直上谷以往者，东接秽貉、朝鲜；右方王将居西方，直上郡以西，接月氏、氐、羌；而单于之庭直代、云中。各有分地，逐水草移徙。……诸二十四长亦各自置千长……之属。"②

"其送死，有棺椁金银衣裳，而无封树丧服；近幸臣妾从死者，多至数千百人。……其攻战……得人以为奴婢。"③

后来汉文帝时，遣使遗匈奴书云："先帝制：长城以北，引弓之国，受命单于；长城以内，冠带之室，朕亦制之。"④ 刚才说过，匈奴位于长城以北，东至河北上谷，西至上郡，而单于王庭在代郡、云中。

因此，汉朝时，匈奴势力强大，位于上谷与上郡之间。

胡族往往称夏族为秦人。顾炎武说："'卫律为单于谋穿井筑城治楼以藏谷，与秦人守之。'师古曰：'秦时有人亡入匈奴者，今其子孙尚号秦人。'非也。彼时匈奴谓中国人为秦人，犹今言汉人耳。《西域传》：'匈奴缚马前后足，置城下，驰言："秦人，我丐若马！"'师古曰：'谓中国人为秦人，习故言也。'是矣。……《大宛传》：'闻宛城中新得秦人，知穿井。'亦谓中国人。"原注："《后汉书·邓训传》：'发湟中秦胡。'《袁绍传》：'许赏赐秦胡。'秦者，中国人。胡者，胡人。犹后人之言蕃汉也。"⑤

---

① 《史记·匈奴列传》，第 2879 页。
② 《史记·匈奴列传》，第 2890、2891 页。
③ 《史记·匈奴列传》，第 2892 页。
④ 《史记·匈奴列传》，第 2902 页。
⑤ （清）顾炎武著，（清）黄汝成集释，秦克诚点校：《日知录集释·汉书注》，长沙：岳麓书社，1994 年，第 966 页。

## 2. 大月氏、小月氏

《汉书》云："大月氏本行国也，随畜移徙，与匈奴同俗。……本居敦煌、祁连间，至冒顿单于攻破月氏……月氏乃远去，过大宛……其余小众不能去者，保南山羌，号小月氏。"①

《后汉书》又说："湟中月氏胡，其先大月氏之别也，旧在张掖、酒泉地。月氏王为匈奴冒顿所杀，余种分散，西逾葱岭。其羸弱者南入山阻，依诸羌居止，遂与共婚姻。……被服饮食言语略与羌同，亦以父名母姓为种。"②则小月氏由胡转为羌。

## 3. 有关之考古学

"河套"又称鄂尔多斯。1923 年，桑志华、德日进在河套发现了很多旧石器时代的文化遗存，主要位于宁夏东南之水洞沟以及萨拉乌苏河之两岸。但是"二史前遗址……人类化石甚少"③。在旧石器时代中期，丁村为"稍早于河套人的文化"，河套人"是继承了中国猿人和丁村人的技术"，而河套人"已能适应不同的要求，制作各式各样的工具"④。

## （二）西域

北方文化系统可以分为三个部分，第一个可以用"胡族"来概括，王国维认为"匈奴"二字急读为"胡"。但不能将胡族与匈奴合并在一起。实际上，胡族除匈奴之外还包括西域、西戎，其中范围最大的是西域。因此，我们先讨论西域。

《汉书·西域传》云："西域……皆在匈奴之西，乌孙之南。南北有大山，中央有河，东西六千余里，南北千余里。东则接汉，阸以玉门、阳关，西则限以葱岭。其南山，东出金城，与汉南山属焉。其河有两原：一出葱岭山；一出于阗。于阗在南山下，其河北流，与葱岭河合，东注蒲昌海。蒲昌海，一名盐泽者也。去玉门、阳关三百余里，广袤三百里。其水亭居，冬夏不增减，皆以为潜行地下，南出于积石，为中国河云。"⑤

《汉书·西域传》说："自玉门、阳关出西域有两道。从鄯善傍南山北。波河西行至莎车，为南道；南道西逾葱岭，则出大月氏、安息。自'车师前王庭'随北山，波河西行至疏勒，为北道；北道西逾葱岭，则出大宛、康居、奄蔡焉。"⑥ 其实在新疆范围

---

① 《汉书·西域传上》，第 3890 页。
② 《后汉书·西羌传》，第 2899 页。
③ 裴文中：《中国史前时期之研究》，第 87、91、92、94 页。
④ 《裴文中史前考古学论文集》，第 166、169 页。
⑤ 《汉书·西域传上》，第 3871 页。
⑥ 《汉书·西域传上》，第 3872 页。此处所谓"波河"不是河道之名称，《后汉书·西域传》谓，自鄯善出西有两道，一条是"傍南山北，陂河西行至莎车，为南道。……自车师前王庭随北山，陂河西行至疏勒，为北道。"注曰："循河曰陂……《史记》曰'陂山通道'。"因此所谓"陂河"是沿循河道的意思，不是一道河水之名称。参见《后汉书·西域传》，第 2914 页。

内，有一条南方大道，还有三条北方大道。

三条北方大道，都是北方东西方向的大道，连同南方东西方向的大道，总共是四条分布于新疆的东西大道。这其实就是分布于新疆的四个平行的地区，这也是本书为新疆所作的地域划分。

首先，考虑鄯善。《汉书·西域传》说："鄯善国，本名楼兰……去阳关千六百里，去长安六千一百里。"①《后汉书·西域传》云："自敦煌西出玉门、阳关，涉鄯善，北通伊吾千余里……此其西域之门户也，故戊己校尉更互屯焉。伊吾地宜五谷、桑麻、蒲萄。其北又有柳中，皆膏腴之地。"②

其次，所谓"伊吾""柳中"，就是北道的起点。

### 1. 新疆之南大道

这里先看新疆的南大道。从玉门关、阳关往西，为若羌（从此走上从玉门关、阳关到达葱岭的南大道）；

现在来看一下南大道之诸国：

若羌→再往西，为且末；
　　→再往西，为民丰（尼雅）；
　　→再往西，为策勒；
　　→再往西，为洛浦；
　　→再往西，为和阗，去长安九千六百七十里；
　　→再往西，为墨玉；
　　→再往西，为皮山，去长安万五千里；
　　→再往西，为叶城；
　　→再往北，为泽普；
　　→再往北，为莎车（叶尔羌）。去长安九千九百五十里。

这是新疆之南大道，其南为昆仑山，而其北为塔克拉玛干沙漠，因此，南大道是从玉门关、阳关直达葱岭的东西大道，而南大道之南边与北边包围塔里木盆地。

昆仑山从新疆南部向东进入青海，到达青海的格尔木，再从格尔木向东进入青海湖，然后由青海湖进入西宁、兰州。实际上，从昆仑山到达西宁、兰州，可以进入大西北。

另外，在南道附近还有以下五个国家：

（1）莎车

《汉书·西域传》云："宣帝时，乌孙公主小子万年，莎车王爱之。莎车王无子死，死时万年在汉。莎车国人……即上书请万年为莎车王。汉许之……万年初立，暴恶，国

---

① 《汉书·西域传上》，第3875页。
② 《后汉书·西域传》，第2914页。

人不说。莎车王弟呼屠征杀万年,并杀汉使者,自立为王,约诸国背汉。"①

(2) 罽宾

《汉书·西域传》曰:"罽宾国……去长安万二千二百里。不属都护。户口胜兵多,大国也。……西北与大月氏、西南与乌弋山离接。昔匈奴破大月氏,大月氏西君大夏,而塞王南君罽宾。塞种分散……自疏勒以西北,休循、捐毒之属,皆故塞种也。罽宾地平,温和……种五谷、蒲陶诸果。……其民巧,雕文刻镂,治宫室……有金银铜锡,以为器。市列。"②

(3) 乌弋山离

《汉书·西域传》载:"乌弋山离国,去长安万二千二百里。不属都护。户口胜兵。大国也。"③东与罽宾、西与条支接。其草木、畜产、宫室、市列皆与罽宾同,"自玉门、阳关出南道,历鄯善而南行,至乌弋山离,南道极矣。转北而东得安息"④。

(4) 安息

安息去长安一万一千六百里。不属都护。北与康居、东与乌弋山离、西与条支接。土地、风气、民俗与乌弋、罽宾同。"其属小大数百城,地方数千里,最大国也。临妫水,商贾车船行旁国。书革,旁行为书记。"⑤

(5) 大月氏

《汉书·西域传》说:"大月氏国……去长安万一千六百里。不属都护。……西至安息四十九日行,南与罽宾接。土地风气……与安息同。大月氏本行国也,随畜移徙,与匈奴同俗。……本居敦煌、祁连间,至冒顿单于攻破月氏,而老上单于杀月氏,以其头为饮器,月氏乃远去,过大宛,西击大夏而臣之,都妫水北为王庭。其余小众不能去者,保南山羌,号小月氏。大夏本无大君长,城邑往往置小长,民弱畏战,故月氏徙来,皆臣畜之,共禀汉使者。有五翎侯……皆属大月氏。"⑥

张骞出使西域,欲招大月氏返回河西。张骞被匈奴扣留十多年,脱逃到大月氏居住地阿姆河流域(今阿富汗)。

2. 新疆之北大道

(1) 婼羌

《汉书·西域传》云:"出阳关,自近者始,曰婼羌。……去阳关千八百里,去长安六千三百里……不当孔道。……西与且末接。随畜逐水草,不田作,仰鄯善、且末谷。……西北至鄯善,乃当道云。……武帝感张骞之言,甘心欲通大宛诸国……楼兰、

---

① 《汉书·西域传上》,第 3897 页。
② 《汉书·西域传上》,第 3884—3885 页。
③ 《汉书·西域传上》,第 3888 页。
④ 《汉书·西域传上》,第 3889 页。
⑤ 《汉书·西域传上》,第 3890—3891 页。
⑥ 《汉书·西域传上》,第 3890—3891 页。

姑师……又数为匈奴耳目，令其兵遮汉使。"①

（2）疏勒

《汉书·西域传》曰："疏勒国……去长安九千三百五十里。……南至莎车五百六十里。有市列，西当大月氏、大宛、康居道也。"②

莎车"西至疏勒五百六十里，西南至蒲犁七百四十里"③。实际上，疏勒在第二条北方大道上。

（3）车师前国、车师后国

《汉书·西域传》云："车师前国，王治交河城。河水分流绕城下，故号交河。去长安八千一百五十里。……西南至都护治所千八百七里。……车师后国，王治务涂谷，去长安八千九百五十里。……西南至都护治所千二百三十七里。"④

第二条北方大道在东方开始的地方，就在车师。与第一条南方大道之东方开始的地方是相近的。因此，第一条南方大道与第二条北方大道都是离开玉门关及阳关出塞的开始地段。

（4）大宛

《汉书·西域传》云："大宛国……去长安万二千五百五十里。……西南至大月氏六百九十里，北与康居、南与大月氏接。土地风气物类民俗与大月氏、安息同。大宛左右以蒲陶为酒。……宛别邑七十余城，多善马。马汗血，言其先天马子也。张骞始为武帝言之……以请宛善马。宛王以汉绝远……宝马不肯与。……于是天子遣贰师将军李广利将兵前后十余万人伐宛，连四年。"⑤

《史记·大宛列传》云："（武帝）拜李广利为贰师将军……期至贰师城取善马，故号贰师将军。"⑥

（5）康居

《汉书·西域传》云："去长安万二千三百里。不属都护。……与大月氏同俗。……至成帝时，康居迁子侍汉，贡献，然自以绝远，独骄嫚，不肯与诸国相望。……讫不肯拜使者。"⑦

（6）乌孙

《汉书·西域传》曰："乌孙国……去长安八千九百里。……东与匈奴、西北与康居、西与大宛、南与城郭诸国相接。本塞地也。"⑧

---

① 《汉书·西域传上》，第 3875—3876 页。
② 《汉书·西域传上》，第 3898 页。
③ 《汉书·西域传上》，第 3897 页。
④ 《汉书·西域传下》，第 3921 页。
⑤ 《汉书·西域传上》，第 3894 页。
⑥ 《史记·大宛列传》，第 3174 页。
⑦ 《汉书·西域传上》，第 3891、3892 页。
⑧ 《汉书·西域传下》，第 3901 页。

3. 西域范围之扩大

由于认识的变化，西域的范围往往扩大到葱岭以西的地方，但是这种扩大不会引起西域观念的混淆。

（1）渠搜

《汉书·武帝纪》颜师古注引应劭说："《禹贡》析支、渠搜属雍州，在金城河关之西，西戎也。"① 汉时金城郡河关县为今甘肃省临夏县，属于大夏河流域，其地古当为析支族所居之地。大夏河发源于青海循化东南，东北流入甘肃临夏，然后入黄河，即古漓水。

《竹书纪年》记载，帝尧时，"渠搜氏来宾"。帝舜时，"西王母来朝"，"息慎氏（即肃慎）来朝贡弓矢"②。渠搜、西王母当来自西北，而肃慎则来自东北。这可以说明在尧舜时期，胡族、戎族已经南下与夏族发生接触，他们与夏族的接触当然不只是朝贡，必然还有战争。

（2）析支

《大戴礼记·五帝德》谓舜时北方其他部族为"鲜支、渠廋、氐羌"，而《史记·五帝本纪》作"析枝、渠廋、氐、羌"，故鲜支即析支，《禹贡》亦作析支。③ 王聘珍说："鲜读曰析。马注《禹贡》云：'析支在河关西。'《通典》云：'党项羌在古析支之地。'"④

《后汉书·西羌传》谓该处即《禹贡》之析支，"地少五谷，以产牧为业。其俗氏族无定，或以父名母姓为种号。……父没则妻后母，兄亡则纳厘嫂……不立君臣，无相长一。……杀人偿死，无它禁令"⑤。

然河套一带亦有析支之名，《水经》云："（河水）过敦煌、酒泉、张掖郡南"，《水经注》云："《禹贡》所谓导河自积石也。山在西羌之中，烧当所居也。……司马彪曰：西羌者，自析支以西滨于河首，左右居也。河水屈而东北流，径析支（即鲜支）之地，是为河曲矣。应劭曰：《禹贡》析支，属雍州，在河关之西，东去河关千余里，羌人所居，谓之河曲羌也。"⑥ 所谓河水屈而东北流，当指黄河从积石山（在甘肃临夏西北）东北经兰州、银川流至河套，则"河曲"当即磴口一带，故析支当在宁夏黄河沿岸。赐支即析支，谭其骧认为积石山与兰州之间的黄河东侧为析支地。而田继周说："析支或

---

① 《汉书·武帝纪》，第 161 页。
② （清）徐文靖：《竹书纪年统笺》，《二十二子》，第 1051、1053 页。
③ 《史记·五帝本纪》，第 43 页；《尚书正义·禹贡》，（清）阮元校刻：《十三经注疏》，第 150 页。
④ （清）王聘珍撰，王文锦点校：《大戴礼记解诂·五帝德》，第 123 页。
⑤ 《后汉书·西羌传》，第 2869 页。
⑥ （后魏）郦道元注，（清）杨守敬、熊会贞疏，段熙仲点校：《水经注疏·河水二》，南京：江苏古籍出版社，1989 年，第 122—125 页。

赐支，指青海湖至扎陵湖、鄂陵湖一带地区和居于这一地区的民族。"① 而析支在上述黄河之西侧，即黄河之河源地区，当即所谓"河首"。历史上"河曲"有二，一为今山西河曲，在黄河自河套南下之处；二为今山西永济，在黄河折而东去之处。《春秋·文公十二年》云："晋人、秦人战于河曲。"杜注："河曲在河东蒲坂县南。"② 其地多山，则鲜支居在阴山西麓河套一带。

## （三）西戎

### 1. 历史上的记载

北方文化系统除胡族外，还包括西戎。

《史记》《汉书》《后汉书》都没有《西戎传》，但是《禹贡》讲到了西戎，因此西戎是古代部族。《禹贡》谓："厥贡惟球、琳、琅玕。浮于积石，至于龙门西河，会于渭汭。织皮昆仑、析支、渠搜，西戎即叙。"③

《后汉书·西羌传》提到西戎，并具体列出了商周时期大量的戎，他们分布在陕西、山西的北部，以及相邻的河南、甘肃。《后汉书》之西戎并不包括氐羌，如《后汉书·西羌传》引《诗·商颂·殷武》谓："昔有成汤，自彼氐羌，莫敢不来享，莫敢不来王，曰商是常。"诗句只讲到氐羌，没有提到鬼方，也没有提到西戎。但《后汉书》却引用《诗·商颂·殷武》来讨论鬼方与西戎。《后汉书·西羌传》将西戎与鬼方、氐羌混合在一起：

> 及殷室中衰，诸夷皆叛。至于武丁，征西戎、鬼方，三年乃克。故其诗曰："自彼氐羌，莫敢不来王。"及武乙暴虐，犬戎寇边……及子季历，遂伐西落鬼戎。太丁之时，季历复伐燕京之戎。……后二年，周人克余无之戎。……自是之后，更伐始呼、翳徒之戎，皆克之。……后九年，陆浑戎自瓜州迁于伊川，允姓戎迁于渭汭，东及轘辕。在河南山北者号曰阴戎，阴戎之种，遂以滋广。……秦穆公得戎人由余，遂霸西戎，开地千里。及晋悼公，又使魏绛和诸戎，复修霸业。……是时义渠、大荔最强，筑城数十，皆自称王。④

此处提到犬戎、西落鬼戎、燕京之戎、余无之戎、始呼之戎、翳徒之戎、陆浑戎、允姓戎、阴戎，还有义渠戎、大荔戎，这些当即西戎。他们有的也称王，但互不统属，与鬼方没有关系。

---

① 谭其骧：《中国历史地图集》第一册，北京：地图出版社，1982 年；田继周：《秦汉民族史》，成都：四川民族出版社，1996 年，第 266 页。
② 《春秋左传正义·文公十二年》，（清）阮元校刻：《十三经注疏》，第 1851 页。
③ 《尚书正义·禹贡》，（清）阮元校刻：《十三经注疏》，第 150 页。
④ 《后汉书·西羌传》，第 2870、2873 页。

《后汉书》仅记载有使匈奴中郎将，但《晋书》记载如下："案武帝（指晋武帝）置南蛮校尉于襄阳，西戎校尉于长安，南夷校尉于宁州（在益州）。元康中，护羌校尉为凉州刺史，西戎校尉为雍州刺史，南蛮校尉为荆州刺史。"[1] 那么，有西戎校尉、护羌校尉、南夷校尉、南蛮校尉四个校尉，则西戎与护羌等不同。此外，还有护乌桓校尉（在幽州）[2]。那么，在东汉时期，也有西戎校尉、护羌校尉。因此，西戎与氐羌不是一回事，在禹之前就不是一回事。

2. 西戎附属中国

学界通常将西戎看作中国之一部分，这些西戎部族各有自己的领地与社会组织，有的甚至称王，互不统属，因此力量都不大，但受到夏族的有效控制。

顾栋高将他们列入春秋列国之中，其中一部分还有姓，更有中国之爵位，如骊戎为男爵，姜戎、陆浑之戎为子爵等，但是更大部分既没有姓，也没有爵位。[3]

## （四）氐羌

### 1. 氐羌族源辨析

（1）氐羌之族源

关于氐羌之族源，历史中未有明确的说明。再加上它们有十分纷乱之接界，更是难以区分。吕思勉说："匈奴、鲜卑、丁令、貊、肃慎为北系；羌、藏、苗、越、濮为南系。"他又说："（羌族）其分支东出，受汉族文化之熏陶最早者曰氐。"吕氏将羌与藏族、苗族、越族归在一起，与匈奴、鲜卑、肃慎对立。至于氐，他认同孔晁之解释，谓"汉时之氐，即古所谓氐羌"，他又根据《后汉书·西羌传》认为"氐羌即鬼方"[4]。然而吕氏这种分析存在许多问题。

《后汉书·西羌传》第一次对西羌做了系统介绍，故在最早的羌族研究中，一些往往把羌族的起源定在秦献公时西迁的无弋爰剑之后[5]。

（2）羌与姜

《说文》曰："羌，西戎，羊穜也。从羊儿，羊亦声。南方蛮闽从虫，北方狄从犬，东方貊从豸，西方羌从羊，此六穜也（以上仅列出其中四种）。"对于"羊穜也"，段玉裁做了一个长注："各本作'从羊人也'，《广韵》《韵会》《史记》索隐作'牧羊人也'。

---

[1] 《晋书·职官志》，第 747 页。
[2] （唐）杜佑撰，王文锦等点校：《通典》，北京：中华书局，1983 年，第 942 页。
[3] （清）顾栋高辑，吴树平、李解民点校：《春秋大事表》，第 598、600、601 页。
[4] 吕思勉：《中国民族史》，上海：东方出版中心，1987 年，第 3、5、208 页。
[5] 后来出现了许多不同的意见：第一种意见认为西北的羌族是由南方迁徙而来的（徐中舒等）；第二种意见认为羌族是由更远的西北方迁徙而来的，是冉駹的后裔（冯汉骥等）；第三种意见认为现在的羌人是宋代党项羌的后裔，不是古代羌人的后裔（蒙文通）。参见雍继荣：《羌族族源研究回顾与展望》，《中国史研究动态》1989 年第 10 期；李健胜等：《早期羌史研究》，北京：人民出版社，2014 年，第 3 页。

学者多言'牧羊人'为是,其实非也。……许谓为羊穜,与蛇穜、犬穜、豸穜一例。各本作'牧羊人',似取《风俗通》窜改。《御览》引《风俗通》曰:'羌本西戎卑贱者也,主牧羊,故羌字从羊人,因以为号。'按应氏《风俗通》,其语有袭用《说文》者,有窜改《说文》者,其说貉不从豸穜之说,亦见《御览》,则说羌不从羊穜正同。今正。"①

氐羌二族具有许多胡族之习俗,如荀子说:"氐羌之虏也,不忧其系垒也,而忧其不焚也。"王先谦注:"垒读为累。氐羌之俗,死则焚其尸。今不忧虏获而忧不焚,是愚也。"②《吕氏春秋》云:"氐、羌之民,其虏也,不忧其系累,而忧其死不焚也。"③

(3) 氐与羌

关于氐与羌的关系,学界存在两种观点:一种认为氐与羌为同源异流。持这种观点的学者认为,商周之际,氐族尚未从羌人中分化出来。春秋战国时,虽有以氐作为族称的记载,但都是氐、羌并提,仍未从羌人中独立出来。而另一种观点则认为氐、羌自古是两个不同的民族。④ 综合各种研究,学界认为氐、羌自古即属不同的两个民族的观点较为客观。氐和羌虽属两个不同的民族,但关系密切。两者起源时即居地相近,甚至错居杂处,导致其考古学文化有时不易分辨。⑤

## 2. 氐羌是古老族群

氐羌在古时即已存在,如《诗·商颂·殷武》云:"昔有成汤,自彼氐羌,莫敢不来享,莫敢不来王,曰商是常。"郑笺:"氐羌,夷狄国在西方者也。享,献也。世见曰王。……成汤之时,乃氐羌远夷之国来献来见。"孔疏:"氐羌之种,汉世仍存,其居在秦陇之西。"⑥ 这首诗不仅说明成汤的王者地位,也说明氐羌是重要的臣服部族。《北史》云:"是岁,东夷、西域、氐、羌等十一国并遣使朝贡。"⑦

《盐铁论》说:"孝武皇帝平百越以为园圃,却羌、胡以为苑囿。"又说:"秦既并天下,东绝沛水,并灭朝鲜,南取陆梁,北却胡、狄,西略氐、羌。"⑧ 因此,胡、狄在北,而氐羌在西。

《盐铁论》还提到氐羌与匈奴的关系:"胡西役大宛、康居之属,南与群羌通。先帝……建张掖以西,隔绝羌、胡,瓜分其援。是以西域之国,皆内拒匈奴,断其右

---

① (汉)许慎撰,(清)段玉裁注:《说文解字注·羊部》,上海:上海古籍出版社,1988年,第146页。
② (清)王先谦:《荀子集解·大略篇》,《诸子集成》第二册,第330页。
③ (汉)高诱注:《吕氏春秋·孝行览·义赏》,《诸子集成》第六册,第146页。
④ 马长寿:《氐与羌》,上海:上海人民出版社,1984年,第9页;段丽波:《中国西南氐羌民族源流史》,北京:人民出版社,2011年,第54、55页。
⑤ 段丽波:《中国西南氐羌民族源流史》,第55—57页。
⑥ 《毛诗正义·商颂·殷武》,(清)阮元校刻:《十三经注疏》,第627页。
⑦ 《北史·魏本纪四》,第146页。
⑧ (汉)桓宽著,王利器校注:《盐铁论校注》,北京:中华书局,1992年,第190、488页。

臂。"① 大抵氐羌北接匈奴，南联巴蜀、西南夷，因此成为匈奴之右臂。这可算氐羌属于胡族的一个旁证。此外，氐羌与胡族中的东胡有比较密切的联系。

3. 氐羌各不同族群之兴衰

西羌之后，在南北朝时有党项族，故亦称党项羌。党项羌之一部分亦称拓跋羌，唐太宗时归顺，赐姓李，其地域在夏州（今榆林横山）、灵州（今宁夏灵武）、庆州（今甘肃庆城）及其以西地带，不过那些地方后来陷于吐蕃。《旧唐书》对党项羌有下列记载：

> 党项羌，在古析支之地，汉西羌之别种也。魏、晋之后，西羌微弱，或臣中国，或窜山野。自周氏灭宕昌、邓至之后，党项始强。其界东至松州，西接叶护，南杂春桑、迷桑等羌，北连吐谷浑，亘三千里。其种每姓别自为部落……有细封氏、费听氏、往利氏、颇超氏、野辞氏、房当氏、米擒氏、拓跋氏，而拓跋最为强族。
> 
> 有羌酋拓跋赤辞者，初臣属吐谷浑……太宗又令岷州都督李道彦说谕之……拜赤辞为西戎州都督，赐姓李氏，自此职贡不绝。其后吐蕃强盛，拓跋氏渐为所逼，遂请内徙，始移其部落于庆州，置静边等州以处之。其故地陷于吐蕃，其处者为其役属。
> 
> 又有黑党项，在于赤水之西。……又有雪山党项，姓破丑氏，居于雪山之下，及白狗、春桑、白兰等诸羌，自龙朔已后，并为吐蕃所破而臣属焉。其在西北边者，天授三年内附，凡二十万口，分其地置朝、吴、浮、归等十州，仍散居灵、夏等界内。②

此外，《辽史》云："西夏，本魏拓跋氏后，其地则赫连国也。"③ 贾捐之对汉元帝说："武丁、成王，殷、周之大仁也，然地东不过江、黄，西不过氐、羌，南不过蛮荆，北不过朔方。"④ 故从尧舜以来，匈奴当分布于朔方，氐羌当分布于甘肃之东部。

至于羌，"炖煌西域之南山中，从婼羌西至葱领数千里，有月氏余种葱茈羌、白马、黄牛羌，各有酋豪，北与诸国接，不知其道里广狭"⑤。

兰州一带为西戎与西羌的分界线，《读史方舆纪要》临洮府兰州："古西羌地，秦陇西郡地，汉属金城郡。……州控河为险，隔阂羌、戎。自汉以来河西雄郡，金城为最。

---

① （汉）桓宽著，王利器校注：《盐铁论校注》，第499页。
② 《旧唐书·党项羌列传》，第5290—5292页。
③ 《辽史·西夏外记》，第1523页。
④ 《汉书·贾捐之传下》，第2831页。
⑤ 《三国志·乌丸鲜卑东夷传》裴松之注，第859页。

岂非以介戎、夏之间……河西、陇右安危之机，常以金城为消息哉？"①

《后汉书·西羌传》说："西羌之本……河关之西南羌地是也。滨于赐支，至乎河首，绵地千里。"因此羌位于"河关之西南"，所谓"河关"当即汉之河关县，即今甘肃临夏与青海同仁之间。因此羌之具体地域则是"滨于赐支，至乎河首"②。羌族早就"滨于赐支，至乎河首"。

《逸周书·王会解》记："西申以凤鸟……氐羌鸾鸟（氐又作丘），巴人以比翼鸟。"③因此在周朝，氐羌之地域大体上仍在陕北至陇东，还可能包括晋北与川西的一部分地方。

《史记·周本纪》正义引《括地志》云："益州及巴、利等州，皆古蜀国。陇右岷、洮、丛等州以西，羌也。"④故在西周初，羌族之地域在今甘肃、四川、青海交界附近。《史记·秦始皇本纪》云："地东至海暨朝鲜，西至临洮、羌中。"正义说："《括地志》云：'临洮郡即今洮州，亦古西羌之地……从临洮西南芳州扶松府以西，并古诸羌地也。'"⑤故其情况与尧舜时期仍然大体相同。因此自尧舜时期至周朝初年，氐羌都位于西方。

4. 氐羌与鬼方、西南夷

（1）氐羌与鬼方

至于氐羌之具体位置，《竹书纪年》记载，武丁三十二年"伐鬼方，次于荆"。又三十四年，"王师克鬼方，氐羌来宾"⑥。因此氐羌位于鬼方之外，商朝只有在控制鬼方之后，才得以与氐羌发生接触。此处之"荆"并非江汉之楚国，当指渭北之荆山，《禹贡》所谓"导岍及岐，至于荆山"或"荆岐既旅"之荆，故鬼方在商朝之西北，氐羌又在其西北。所以商朝的时候，氐羌在秦陇之西，但在山西、陕西北部最深入我国内地。因此，氐羌就在该处与商朝战争不断，羌及羌人在卜辞中出现得很多，其中许多是与商朝对羌作战或对付羌人俘虏有关。

（2）氐羌与西南夷

《史记·西南夷列传》载："西南夷君长以什数，夜郎最大；其西靡莫之属以什数，滇最大。自滇以北君长以什数，邛都最大。……其外西自同师以东，北至楪榆，名为嶲、昆明……自嶲以东北，君长以什数，徙、筰都最大。自筰以东北，君长以什数，冉駹最大。……自冉駹以东北，君长以什数，白马最大，皆氐类也。此皆巴蜀西南外蛮夷

---

① （清）顾祖禹撰，贺次君、施和金点校：《读史方舆纪要·陕西九》，北京：中华书局，2005年，第2871页。
② 《后汉书·西羌传》，第2869页。
③ 黄怀信、张懋镕、田旭东：《逸周书汇校集注·王会解》，第915—918页。
④ 《史记·周本纪》，第122、123页。
⑤ 《史记·秦始皇本纪》，第239、240页。
⑥ （清）徐文靖：《竹书纪年统笺》，《二十二子》，第1066页。

也。"① 这里所叙述之西南夷为西南地区自南而北之民族分布。

《汉书·地理志》曰:"陇西郡氐道,《禹贡》养水所出。"②《说文》云:"漾水出陇西獂道。"③《水经注》谓:吕忱《字林》、阚骃《十三州志》并同。但獂道当为氐道之误。④《山海经·西山经》言:"嶓冢山,今在武都氐道县南。"⑤ 汉时武都在今成县,西北百里有仇池城,城东即故城。则氐道当在今成县境,秦汉时的氐在此。

河套文化期当处于周口店之北京猿人文化与山顶洞人文化之间。⑥

5. "羌胡""羌戎""羌氐"

在史传中常见"羌胡""羌戎",往往引起误会,以为这一类是指称另一种部族,其实他们只是简单地缺少一个标点。

(1) 羌胡

"羌胡""胡羌"当是"羌、胡"与"胡、羌",是相同的意思,因此"羌胡"表示由羌或胡所构成之族群。如东汉永和六年(141年),"使匈奴中郎将张耽大破乌桓、羌胡于天山"。又建康元年(144年),"使匈奴中郎将马寔击南匈奴左部,破之,于是胡羌、乌桓悉诣实降"⑦。又例如:

> 先是小月氏胡分居塞内,胜兵者二三千骑,皆勇健富强,每与羌战,常以少制多。虽首施两端,汉亦时收其用。时迷吾子迷唐,别与武威种羌合兵万骑,来至塞下……议者咸以羌胡相攻,县官之利,以夷伐夷,不宜禁护。训曰不然……遂令开城及所居园门,悉驱群胡妻子内之,严兵守卫。羌掠无所得。……由是湟中诸胡……皆欢喜叩头……训遂抚养其中少年勇者数百人,以为义从。⑧

因此,"尚上书求救,诏懂将河西四郡羌胡五千骑驰赴之"⑨,其中羌胡是指四郡内部之羌骑或胡骑。而"河西斗绝在羌胡中"⑩之羌胡则是指包围河西四郡之羌胡,即四郡北边之胡以及四郡南边之羌。

---

① 《史记·西南夷列传》,第 2991 页。
② 《汉书·地理志下》,第 1610 页。
③ (清) 段玉裁:《说文解字注·水部》,第 521 页。
④ (后魏) 郦道元注, (清) 杨守敬、熊会贞疏, 段熙仲点校:《水经注疏·漾水》, 第 1681、1682 页。
⑤ (清) 郝懿行撰, 栾保群点校:《山海经笺疏·西山经》, 北京: 中华书局, 2019 年, 第 34 页。
⑥ 裴文中:《中国史前时期之研究》, 第 96 页。裴文中说:"河套人以前的中国猿人和丁村人, 都过着'原始群'的生活, 到了河套人时期, '原始民族社会'大体已经萌芽。这个群体的成员……已开始与外族通婚, 选举……'首领'组织生产 (狩猎)。"吴汝康认为, 河套人"比欧洲的尼安德特人更接近于现代人"。参见《裴文中史前考古学论文集》, 第 169、168 页。因此丁村人早于河套人。
⑦ 《后汉书·孝顺帝纪》, 第 271、274 页。
⑧ 《后汉书·邓禹传》, 第 609 页。
⑨ 《后汉书·梁懂传》, 第 1591 页。
⑩ 《后汉书·窦融传》, 第 797 页。

（2）羌戎

同样，"羌戎"则指羌或戎（西戎），如永和五年（140年），"夏，南匈奴左部句龙王吾斯、车纽等背畔……乌桓校尉王元发缘边兵及乌桓、鲜卑、羌胡合二万余人，掩击破之。……秋，句龙吾斯等立句龙王车纽为单于。东引乌桓，西收羌戎及诸胡等数万人，攻破京兆虎牙营……遂寇掠并、凉、幽、冀四州"①。

《后汉书·西羌传》云："羌无弋爰剑者，秦厉公时为秦所拘执，以为奴隶。不知爰剑何戎之别也。"又说："至爰剑曾孙忍时，秦献公初立……兵临渭首，灭狄䝠戎。忍季父卬畏秦之威，将其种人附落而南，出赐支河曲西数千里，与众羌绝远，不复交通。……及忍子研立，时秦孝公雄强，威服羌戎。"秦孝公威服羌与戎，因此称之为"羌戎"，故《后汉书·西羌传》又谓："羌戎之患，自三代尚矣。汉世方之匈奴，颇为衰寡，而中兴以后，边难渐大。……（觳）马扬埃，陆梁于三辅；建号称制，恣睢于北地。"②

（3）羌氐

氐羌是经常用语，但"氐羌"亦称为"羌氐"，如"秦人恃险，率多粗暴，或拒课输，或害吏长。自前守宰，皆遥领，不入郡县。藻开示恩信，诛戮豪横，羌、氐惮之"③。此处之"羌氐"实即"氐羌"。

但《逸周书》说："氐羌鸾鸟"，孔晁注："氐地之羌不同，故谓之氐羌，今谓之氐矣。"④ 其实"氐羌"即氐与羌，孔晁将"氐羌"理解为"氐地之羌"，此说并无根据。

---

① 《后汉书·南匈奴列传》，第2960、2961页。
② 《后汉书·西羌传》，第2875、2876、2899、2900页。
③ 《北史·刘藻传》，第1666页。
④ 黄怀信、张懋镕、田旭东：《逸周书汇校集注·王会解》，第917页。

# ［补注一］西北文化系统之第一段文化

在最近几十年里，本书发现了下列西北文化系统第一段之文化：

一是蓝田人。其位于陕西蓝田县公王岭。考古学家在公王岭发现的蓝田猿人距今115万—110万年，脑容量约780毫升。公王岭直立人的年代早于北京猿人。考古学家在陈家窝发现的猿人距今65万年，有人称之为陈家窝人。[1]

二是大荔人。它位于陕西大荔县甜水沟，大约距今20万年，脑容量为1120毫升。[2]

三是丁村人。它位于山西襄汾县丁村一带，吴汝康认为丁村人的门齿"与河套人颇为相似"[3]。

四是峙峪人。其位于山西朔州市朔城区西北峙峪村，化石年代距今约2.9万年。[4]

五是匼河人。它位于山西风陵渡西北约7千米的黄河东岸的匼河村。[5]

六是沙苑人。它位于陕西大荔县的沙苑地区，考古学家发现了距今1.4万年左右的沙苑文化遗存。[6]

七是许家窑人。它位于山西阳高县许家窑，许家窑处于山西阳高县许家窑与河北阳原县侯家窑之间。铀系法测定的年代距今超过10万年。[7]

八是南召猿人。位于河南南召县，考古学家发现了一颗猿人臼齿化石，南召猿人化石的时代大约与北京猿人的时代相当。[8]

---

[1] 戴尔俭、许春华：《蓝田旧石器的新材料和蓝田猿人文化》，《考古学报》1973年第2期。
[2] 王幼平：《旧石器时代考古》，第74—76、79、80页。
[3] 裴文中：《山西襄汾县丁村旧石器时代遗址发掘报告》，北京：科学出版社，1958年，第16页。
[4] 王幼平：《旧石器时代考古》，第86、87页。
[5] 贾兰坡、王择义、王建：《匼河：山西西南部旧石器时代初期文化遗址》，第3页。
[6] 文物编辑委员会：《文物考古工作三十年》，北京：文物出版社，1979年，第124页；安志敏、吴汝祚：《陕西朝邑大荔沙苑地区的石器时代遗存》，《考古学报》1957年第3期。
[7] 王幼平：《旧石器时代考古》，第81、82页。
[8] 文物编辑委员会：《文物考古工作三十年》，第272页。

# [补注二] 西戎及东夷的考古

## 一、西戎与北狄的考古

### (一) 西戎

#### 1. 山西

(1) 匼河

匼河遗址位于山西芮城县匼河村，匼河村位于风陵渡西北约 7 千米的黄河东岸。在匼河东北 30 千米附近，中条山海拔达 1920 米。各种沟壑沿中条山山麓以棱状缓坡伸向黄河边缘。① 匼河石器和丁村石器相比，虽然丁村比匼河更加进步，但丁村文化是由匼河文化逐渐发展而来的。

"由于匼河文化遗址中存在着采集用的三棱大尖状器和狩猎用的石球，证明当时的人进行着既采集又狩猎的经济生活。……我们可以说，这一时期的人模拟中国猿人时代更加艰苦。因为他们使用的工具比中国猿人者还要原始。"②

(2) 西侯度

西侯度遗址位于山西芮城县，古地磁测定年代为距今 180 万年。③

考古学家在山西芮城县西侯度遗址发现了经火烧过的哺乳动物肋骨、鹿角及马的下颊齿。西侯度遗址有燃烧过的骨是可以肯定的，"根据我们所查阅到的资料，西侯度的烧骨在世界上还是最早的，至少说在目前是如此，这就把人类用火的历史更往远古的时代推移了"④。人类用火的历史应当很早，绝不会是从北京猿人才开始的。不仅是比北京猿人稍早的周口店第 13 地点和山西芮城的匼河遗址都发现有用火的证据（烧骨），甚至在陕西蓝田县公王岭含蓝田人化石堆积中，也发现有黑色物质，经化验，为炭质。考古学家认为："这种炭可能是原始人类使用火时，树干或树枝等未充分燃烧，后被流水搬运至适当的距离而形成。"⑤

这些比北京人更早的遗址中火的遗迹的存在，用自然界的野火燃烧来解释，比人类

---

① 贾兰坡、王择义、王建:《匼河：山西西南部旧石器时代初期文化遗址》，第1、3页。
② 贾兰坡、王择义、王建:《匼河：山西西南部旧石器时代初期文化遗址》，第35页。
③ 贾兰坡、王建:《西侯度：山西更新世早期古文化遗址》，第1、73页。
④ 贾兰坡、王建:《西侯度：山西更新世早期古文化遗址》，第68页。
⑤ 贾兰坡、王建:《西侯度：山西更新世早期古文化遗址》，第69页；贾兰坡、王择义、王建:《匼河：山西西南部旧石器时代初期文化遗址》，第33页。

使用火去解释更缺乏说服力，因所发现的火的遗迹都是在有人类活动过的遗址里。自然界的野火也不是那么容易发生，但这里所发现的文化遗物经过比较严重的磨蚀，人工痕迹比较模糊。

（3）丁村

丁村遗址位于山西襄汾县城南约 5 千米的汾河东岸。① 考古学家对丁村的一些标准化石产地进行采样和古地磁测定，确定丁村人化石产出层即文化层的年龄约为 12 万年，倾向以距今 12 万—10 万年较为可取。②

有人认为丁村遗址的发现应分为两组，第一组的石制品大多数为中小型，与许家窑、大荔人等均为小石制品工业，应属于同一文化传统，即为中国北方主工业的成员。而第二组的石制品则以大型者为多，属主工业之外的另一文化传统。在丁村遗址中同一层位相距仅 500 余米，不可能存在两种不同性质的石器组合。它们之间的差异，很可能是搬运埋藏过程中水流分选的结果。③

（4）下川

下川遗址位于山西沁水县的下川盆地。石制品绝大多数为优质原料加工的细石器。如此丰富多彩的细石器工业，尚不多见。下川的细石器是指灰褐色亚黏土层，即上文化层的发现。下川文化以细石器为主，细小石器占 95% 以上，粗大石器仅占 5%。根据 $^{14}C$ 测定，其时代距今 2.3 万—1.6 万年。④

2. 陕西

（1）蓝田人

蓝田猿人遗址位于陕西蓝田县城东 16 千米的公王岭村，后来又在洩湖镇陈家窝村附近发掘。最近测定的古地磁年代，公王岭为距今 115 万—110 万年，陈家窝为距今 65 万年。

公王岭直立人头骨高度小，低于北京猿人，脑容量小，仅为 780 毫升，头骨壁极厚，平均厚度为 12.4 毫米。眶上圆枕极为粗壮，左右两侧眉脊在眉间部互相连接。眶后缩较北京猿人大，并且牙齿硕大。公王岭头骨所代表的个体可能是女性，年龄约在 30 岁。⑤

公王岭蓝田猿人的年代要早于北京猿人，但公王岭遗址发现的材料不多。从年代来看，公王岭遗址应该是混沌时期的重要遗址。

（2）大荔人

大荔人遗址位于陕西大荔县甜水沟口，洛水冲成三级阶地。研究者倾向将其归入旧

---

① 王幼平：《旧石器时代考古》，第 53 页。
② 中国考古学会、山西省考古学会、山西省考古研究所：《汾河湾：丁村文化与晋文化考古学术研讨会文集》，第 15 页。
③ 中国考古学会、山西省考古学会、山西省考古研究所：《汾河湾：丁村文化与晋文化考古学术研讨会文集》，第 19 页。
④ 王幼平：《旧石器时代考古》，第 89—91 页。
⑤ 王幼平：《旧石器时代考古》，第 74—76 页。

石器中期，但铀系法年代测定为距今 20 万年左右。

其头骨化石是一个不到 30 岁的男性个体，脑容量为 1120 毫升，稍大于北京猿人的平均值。石器多为小型者，这与附近以大尖状器为主的石器工业，以及隔黄河相望的丁村大石器工业都有较明显的区别。[1]

## （二）北狄

（1）许家窑

许家窑遗址位于山西省阳高县东南部的许家窑村南，隔一条梨益沟与河北省阳原县侯家窑村相邻。通过"三次发掘，获得 2 万余件石制品、17 件人类化石、大量哺乳动物化石以及一批骨角器。采用铀系法测定许家窑遗址 6 个动物牙齿化石样品，年代为距今 10 万年左右（8.8 万±0.5 万—11.4 万±1.7 万年）。"[2]

许家窑遗址出土的人类化石，分属十多个不同的个体，从 7 岁的幼儿到年过半百的老人，平均年龄 30 岁。专家对其体质特征进行了深入分析并与北京人做了比对：脑壳骨壁较厚；顶骨内面脑膜中动脉分支不像北京人那样粗大和分叉简单；颅顶尖，位置比较靠上；枕骨圆枕远不及北京人宽突；下颌支低而宽，前鼻棘清楚，吻部不太突出，没有北京人向前突出得那样显著；牙齿粗大，齿冠嚼面比较复杂，且患有氟牙症。总的来看，"许家窑人既具备一定的原始性，又有接近于现代人的特征，是介于北京猿人与现代人之间的古人类。有专家断言他们是北京猿人的后裔，是北京猿人向西迁徙，遇到火山爆发后尚未消退的大同湖的阻隔，因而在此定居的"[3]。许家窑人长期在大同火山群的东侧，其饮水中氟含量较高，导致他们患上氟牙症。

许家窑遗址石器特点："一是数量多，仅石球就达上千枚；二是细小形状石器多，粗大形状石器较少；三是类型复杂，加工细致，如石球制作滚圆，是精心之作，并且开始追求形状完美，如出现短身圆头刮削器和尖状器等；四是石器和骨角器并用，反映在工器具原料选择上的多样化和技术工艺的显著进步。"[4]

（2）峙峪

峙峪遗址位于山西省朔州市朔城区西北峙峪村附近，在桑干河上游支流峙峪河的二级阶地上。

堆积最上一层 18 米，下一层 9 米。第三层即文化层，含大量石器及动物化石。文化层之下为砂砾石层，厚约 1 米。绝对年代的 $^{14}C$ 数据为距今 2.9 万年左右。[5]

---

[1] 王幼平：《旧石器时代考古》，第 79—81 页。
[2] 赵忠格：《史前时代的桑干河流域》，北京：商务印书馆，2016 年，第 45 页。
[3] 赵忠格：《史前时代的桑干河流域》，第 46、47 页。
[4] 赵忠格：《史前时代的桑干河流域》，第 49 页。
[5] 王幼平：《旧石器时代考古》，第 86、87 页。

## （三）西戎、北狄的考古

"在（二十世纪）七十年代初，贾兰坡等根据华北地区发现的旧石器时代文化遗址的特征，划分出以大石片砍砸器—三棱大尖状器为特点的'匼河—丁村系'和以船底形刮削器—雕刻器为特点的'周口店1地点—峙峪系'两个大的文化传统。……我们认为这是两个不同区域所产生的不同风貌的文化类群。其差异，除去技术传统因素外，一个很重要的原因就是生存环境不同，而打制石器的原料很可能是导致它们之间文化差异的重要原因。"①

因此，周口店1地点—峙峪系属于北狄系统，而匼河—丁村系应属于西戎系统。

# 二、东夷的考古

## （一）东夷

《说文》曰："夷，东方之人也，从大，从弓。"段注："惟东夷从大。大，人也。"② 夷，是用大弓的部落之名称，又位于中国的东方，而被称为东夷。山东及其周围地区是东夷族的聚居地，是中国古文明的重要发祥地之一。

### 1."沂源猿人"

山东地区目前已发现的最早居民是"沂源猿人"。"1965年，在临沂地区沂源县骑子鞍山的千人洞里发现了打制的石器和动物化石。……1972年在距千人洞不远处又发现了两个洞穴。……又发现了一部分动物化石。……1981年9月在骑子鞍山的一处裂隙堆积中发现了一件人类头盖骨残片……先后采集和发掘出的人类化石标本，经专家们修复和鉴定，共有一块头盖骨……七枚牙齿、一块肱骨、一块股骨、一块肋骨、两块眉骨。……这些化石可能是两个成年猿人遗存的骨骼。从眉骨的粗壮程度和牙齿的原始性质来看，与北京猿人相似。……还发现了大量的哺乳动物化石，而其中的肿骨鹿、李氏野猪和巨河狸等动物化石，是北京猿人动物群中的重要成员。其年代属旧石器时代早期，大约与北京猿人的年代相当，距今约有40万至50万年。"③

### 2. 大汶口文化、龙山文化和岳石文化

大约在距今八千四百年前，山东居民就进入了新石器时代，其文化类型主要有大汶口文化、龙山文化和岳石文化。

---

① 王建、陶富海、王益人：《丁村遗址群研究简述》，中国考古学会、山西省考古学会、山西省考古研究所：《汾河湾：丁村文化与晋文化考古学术研讨会文集》，第19页。
② （清）段玉裁：《说文解字注·大部》，第493页。
③ 逄振镐：《东夷文化研究》，济南：齐鲁书社，2007年，第76、77页。

（1）大汶口文化、龙山文化

大汶口遗址位于山东泰安和宁阳交界的地方，在大汶河两条支流交汇之处，跨大汶河南北两岸，北距东岳泰山30千米。遗迹十分丰富，有房址、灰坑、陶窑和墓葬等。① 大汶口文化距今6100—4600年，晚期出现了刻在大口尊上的图像文字，共约十数个文字，这是目前山东境内发现最早的原始文字。②

龙山文化距今4600—4000年，分布范围广，远远超出了山东省，遍及整个海岱地区。③ 龙山文化的陶器制作技术则大大超过了大汶口文化时期的水平，薄如纸、黑如漆的蛋壳陶制作技术已达到了史前制陶业的最高峰。④ 龙山文化时期还发现了卜骨，铜器的出现是肯定无疑。东夷人的社会何时出现了铜器，至今还是个谜。

（2）岳石文化

岳石文化，最早是在平度东岳石村发现的。1960年中国科学院考古研究所山东队发掘了此遗址，出土了"具有独特风格"的丰富而单纯的文化遗物，与龙山文化器物不同，但认为从总的特征上观察，应属于龙山文化。1979年，考古学家发掘牟平照格庄遗址，发现这里的文化面貌和之前发掘的平度东岳石遗址的文化面貌基本相同。发掘报告称："照格庄遗址的发掘，大大丰富了东岳石一类遗存的文化内涵，使它的面貌变得清晰起来，从而使我们有可能从整体上对这一类遗存的文化面貌及其特征重新加以认识。看清它与典型龙山文化的面貌特征迥然不同，二者之间存在着质的区别，从而有可能将前者从典型龙山文化中分离出来，另命名为'岳石文化'。"岳石文化"其绝对年代，据 $^{14}C$ 的测定，大体是在距今4000—3600年前后。"岳石文化的特点是发现了"青铜工具铜锥"，出土"刻字卜骨2块。……比安阳殷墟出土商代晚期甲骨文提前近300年"。还有陶器、石斧，以及作锄、铲用的多种石器等。⑤

岳石文化的年代相当于中原地区的夏王朝时期。夏朝的史籍又有关于东夷人的记载。如《竹书纪年》云："（帝相）元年……征淮夷"，"三年，征风及黄夷，七年，于夷来宾"，"（帝少康）二年，方夷来宾"，"（帝芬）三年，九夷来御"⑥。《后汉书·东夷列传》云："东方曰夷……夷有九种，曰畎夷，于夷，方夷，黄夷，白夷，赤夷，玄夷，风夷，阳夷。"⑦《大戴礼记解诂·千乘》云："东辟之民曰夷。"⑧《国语·鲁语》说："昔武王克商，通道于九夷、百蛮。"韦昭注："九夷，东夷九国也。"⑨《后汉书·东夷列

---

① 栾丰实：《东夷考古》，济南：山东大学出版社，1996年，第106页。
② 逢振镐：《东夷文化研究》，第61、62页。
③ 逢振镐：《东夷文化研究》，第66—70页。
④ 裴文中：《中国史前时期之研究》，第169—170页。
⑤ 逢振镐：《东夷文化研究》，第70—73页。
⑥ （清）徐文靖：《竹书纪年统笺》，《二十二子》，第1056、1058页。
⑦ 《后汉书·东夷列传》，第2807页。
⑧ （清）王聘珍撰，王文锦点校：《大戴礼记解诂·千乘》，第162页。
⑨ 徐元诰撰，王树民、沈长云点校：《国语集解·鲁语下》，第204页。

传》又云:"东夷率皆土著。"① 这是说,夏代的东夷族人指聚居在山东及其周围地区的原始居民。而夏朝时期的山东及其周围地区正是岳石文化时期,所以"岳石文化的居民,就是夏朝时的东夷族人"②。也是山东新石器时代的原始居民。除了东夷族人以外,至今的考古资料未发现有其他族的原始居民。从新石器时代资料来看,东夷族人的文化"自东向西发展的趋势非常明显"。那是"由于山东西部的东夷人在发达的中原文化影响下,逐渐融合到中原华夏族中去的结果,是中原文化逐渐吸收和同化东方夷人文化"的趋势。③

### 3. 东夷人的氏族部落

据文献记载,传说中的东夷古部落很多,主要有以下两类:

(1) 九夷诸部落

《竹书纪年》和《后汉书·东夷列传》都说:"夷有九种。"《后汉书·东夷列传》云:"夷有九种,曰畎夷,于夷,方夷,黄夷,白夷,赤夷,玄夷,风夷,阳夷。"黄、白、赤、玄,以服色而别。"于夷"即《尚书·尧典》"宅嵎夷曰旸谷"的"嵎夷",注云:"宅,居也。东夷之地称嵎夷。旸,明也,日出于谷而天下明,故称旸谷。旸谷,嵎夷一也。马曰:嵎,海嵎也,夷,莱夷也。旸谷,海嵎夷之地名,日出于谷,本或作日出于阳谷。"④ 这也即《尚书·禹贡》"嵎夷既略,潍淄其道"的"嵎夷"。又《禹贡》云:"莱夷作牧。"⑤ 嵎夷后来称莱夷。夏朝时,莱夷还处在畜牧业的阶段。

(2) 鸟夷诸部落

《竹书纪年》提到"淮夷","淮",《说文》云:"从水,隹声。""隹",《说文》曰:"鸟之短尾总名也。"段注:"短尾名隹,别于长尾名鸟。"⑥ 淮夷应是鸟夷的一支。《史记·夏本纪》云:"淮夷蠙珠暨鱼。"集解引孔安国曰:"淮、夷二水,出蠙珠及美鱼。"郑玄曰:"淮夷,淮水之上夷民也。"⑦ 所以东夷应包括淮夷。

《尚书·禹贡》云:"岛夷皮服。"《史记·夏本纪》改"岛"为"鸟",称"鸟夷皮服。"集解引郑玄曰:"鸟夷,东方之民,搏食鸟兽者。"正义引《括地志》云:"靺鞨国,古肃慎也,在京东北万里已下,东及北各抵大海。其国南有白山,鸟兽草木皆白。其人……养豕,食肉,衣其皮……多勇力,善射。弓长四尺,如弩,矢用楛,长一尺八

---

① 《后汉书·东夷列传》,第 2810 页。
② 逄振镐:《东夷及其史前文化试论》,刘敦愿、逄振镐主编:《东夷古国史研究》第一辑,西安:三秦出版社,1988 年,第 14 页。
③ 逄振镐:《东夷及其史前文化试论》,刘敦愿、逄振镐主编:《东夷古国史研究》第一辑,第 16 页。
④ 《尚书正义·尧典》,(清)阮元校刻:《十三经注疏》,第 119 页。
⑤ 《尚书正义·禹贡》,(清)阮元校刻:《十三经注疏》,第 148 页。
⑥ (汉)许慎撰,(清)段玉裁注:《说文解字注·水部》,第 532 页;(汉)许慎撰,(清)段玉裁注:《说文解字注·隹部》,第 141 页。
⑦ 《史记·夏本纪》,第 56、58 页。

寸，青石为椁。葬则交木作椁，杀猪积椁上。"[①] 靺鞨国与山东原始居民，同属东夷人。

山东地区"沂源猿人"的发掘，说明在旧石器时代早期，东夷文化大约与北京猿人的年代相当。从新石器时代的"岳石文化"中发现的青铜工具铜锥和刻字卜骨等，我们可以看到东夷人对中国古文明的重要性。

---

[①] 《尚书正义·禹贡》，（清）阮元校刻：《十三经注疏》，第147页；《史记·夏本纪》，第52、54页。

# [补注三] 农牧业的起源

## 一、畜牧业之起源

在人类获取食物的方法中,最初是采集,而狩猎当然是紧随着采集而很早就发生的。依据古籍上记载的传说,更可推断与狩猎同时存在的还有其他生活方式,首先是种植,其次是畜牧。所谓畜牧也不是游牧,而是家庭饲畜业,后来随着狩猎的发展就出现了畜牧业。

（一）《说文》对"畜""叀"二字的误释

（1）畜

首先要问饲畜业是怎样发明的,这里却有些特异之处。今日人类学家的见解大多以为最初畜牧是以驯服牛马一类事为中心,但在中国古代传说上却并不如此。

今体畜字从玄从田,考《说文》引《淮南子》曰："玄田为畜。"又引《鲁郊礼》曰："畜,从田从兹。兹,益也。"因此,段玉裁注："古文本从兹,小篆乃省其半,而淮南王乃认为玄字矣,此小篆省改之失也。"① 这表明许氏已不得其解,段氏亦未得其解。

畜字并非从玄,亦非从兹。玄字小篆作𤣩,兹字小篆作𢆶。② 这两字意义不同,字形各异,显然都是后人讹传所致。畜字实当从幺从田,幺为古幼字,不过古字玄字常假幺字为之,如《师奎父鼎》玄衣作幺衣之类。此外还有《颂鼎》,《吴方彝》玄衮衣、《邾公华钟》,玄都作幺,可为明证。③ 后人因误以畜字所从之幺亦改为从玄。又因有别体之兹（二玄）,与兹字相近,再误为从兹。许氏乃释为从兹。

故畜与幼有关,证以郑玄《周礼·庖人》注："始养之曰畜,将用之曰牲。"④ 则长成者称牲,而畜为幼小之兽可知。

（2）叀

与畜有关者尚有叀字。首先,有叀字,《说文》："叀,小谨也。从幺省（段注:小意）,从中。中,财见也（段注:亦小意）。⊕ 象谨形。"其实叀为牵之初字,其字从

---

① （汉）许慎撰,（清）段玉裁注:《说文解字注·田部》,第697页。
② （汉）许慎撰,（清）段玉裁注:《说文解字注·玄部》,第159页;（汉）许慎撰,（清）段玉裁注:《说文解字注·丝部》,第39页。
③ 容庚:《金文编》,北京:中华书局,1985年,第268页。
④ 《周礼注疏·天官上·庖人》,（清）阮元校刻:《十三经注疏》,第661页。

64

田、从中，即象牵系形，段注小意不确。从厶即从幺、幼小之意，殆牵系幼畜以归之谓
叀。其次，叀即"专"之本字。叀当为主权的标识，为有主之物，与野生之兽区别。

《说文》弜字曰："弜，碍不行也。从叀……叀者如叀马之鼻（段注：马当作牛），
从门，此与牵同意。"① 又猎场牵归之幼畜，本不为牛。

### （二）畜牧的起源

畜字从幺、从田，故可以推证幼畜是在猎场上获得的。当然幼畜获得并不实时射
杀，其初意尚仅存以待用，后来发觉其驯伏，遂正式加以饲养，这即为饲养之发明。所
以畜之字义引申为积蓄。《说文》云："蓄，积也。从艸，畜声。"② 存以待用之义。古
字积蓄之蓄即作畜。畜又引申为孝，《礼记·祭统》云："孝者畜也。顺于道，不逆于
伦，是之谓畜。"③《释名》引《孝经说》亦说："孝，畜也，畜养也。"④ 以畜字释孝，
显然是幼小驯顺之义。

### （三）畜牧所养为鸡豚，非牛马

畜牧所养之畜似乎最初为鸡豚之类，不是牛马。总观动物名称从肉之字只有一个豚
字，则肥育以豚为主体可知。参以卜辞牧、物、牝、牡等字都有从羊旁，不一定从牛
旁。再则氏字下部为橧巢，而豚即饲养于橧巢之下的。《方言》云："猪，南楚谓之豨，
其子或谓之豚，或谓之豯。吴扬之间谓之猪子。其槛及蓐曰橧。"⑤《尔雅》亦说："豕
子、猪。……所寝，橧。"⑥ 橧盖由古代橧巢相沿之称而来，而豚为幼畜无疑。可证古
代肉食实以豕肉为主。《礼记·曲礼》云："问庶人之富，数畜以对"，孔疏："（畜）谓
鸡豚之属。"⑦ 而最可注意者即是家字，也从豕。家为女子已结婚的代名词，如《周
礼·小司徒》郑注："夫家，犹言男女也。"⑧ 可见家畜为家族的主要财产，而属于妻所
有，男性殆没有饲养牲畜的工作。

据此实足证家庭饲养为一事，驯伏牛马为另一事。驯伏牛马是后起，其后可能发展
为游牧业，而家庭饲养则始终在游牧业之外。这种习惯一直流沿到后世，没有改变。于
此可以说这种家庭饲养方式，当与狩猎同时存在，而且也是与定居阶段相适应的。

与其他民族之畜牧业以饲养畜群为专业者有别。其他民族畜牧业之畜群如驯服牛马

---

① （汉）许慎撰，（清）段玉裁注：《说文解字注·叀部》，第159页。
② （汉）许慎撰，（清）段玉裁注：《说文解字注·艸部》，第47页。
③ 《礼记正义·祭统》，（清）阮元校刻：《十三经注疏》，第1602页。
④ （东汉）刘熙撰，（清）毕沅疏证，（清）王先谦补，祝敏彻、孙玉文点校：《释名疏证补》卷四《释言语》，北京：中华书局，2008年，第110页。
⑤ 周祖谟：《方言校笺》，北京：中华书局，2004年，第51页。
⑥ 《尔雅注疏·释兽》，（清）阮元校刻：《十三经注疏》，第2650页。
⑦ 《礼记正义·曲礼下》，（清）阮元校刻：《十三经注疏》，第1268页。
⑧ 《周礼注疏·小司徒》，（清）阮元校刻：《十三经注疏》，第710页。

之类，大都为男子工作，而中国之所谓畜，书籍上大都指家畜。《礼记》认为所谓畜为鸡豚之属。所以虞人驱除野兽者，当如孟子所说："益烈山泽而焚之，禽兽逃匿"①，野兽去，而畜自然会蕃息。畜为家庭饲养之牲畜，人类学家推求畜牧之发明，是人类知道畜产能繁殖。但中国文字畜字的显影却不如此。前边说过，畜字本从幺，而讹为玄，殆生获幼畜而牵以归而形成畜牧业。

## 二、农业②之起源

夏族的高度技术表现在农业里，而夏族农业发展过程则与其他民族不同。首先，农业在发明时即已显示其特殊。关于世界各民族之农业发明，前人依据以色列祖先在一个叫苟森的地方畜牧牛羊，追到了迦南后才进入农业，因谓农业当在经过畜牧阶段之后。例如，摩尔根说："在幼发拉底河谷平原，在印度平原，在亚洲草原上由于饲养动物而逐渐出现了一种新的生活方式，那就是畜牧生活。……当他们一旦习惯于畜牧生活以后，势必要先学会种植谷物，以便在远离草原的地方维持其大群牛羊的饲料。……谷物的种植看来很可能是出自牲畜的需要。"③ 其次，人类学家从白种人初到美洲的史实得知，那里绝大多数的土人都是由狩猎直接过渡到农业，中间没有经过畜牧。他们不但认为农业是由家庭园艺伸展出来的，而且揣想是堆存果核之类自然发芽，诱导农业产生。今从夏族史实看则又不同，在农业发明之前，它不但没有经过畜牧，而且也不是从家庭园艺伸展出来，更不是由于果核发芽的诱导，它实由采拾技术直接伸展出来。这个史实如下：

（一）最早的农作物为稷

中国古代的农业最初是由稷的种植发展起来的，所谓稷是指蔬或一般根果，并非谷类。

（1）稷与农业

夏族的农业是由采拾技术直接伸展出来的。《左传·昭公二十九年》《国语·鲁语》《礼记·祭法》诸书，大致都说烈山氏之子曰柱，能殖百谷百蔬，祀以为稷，周弃亦祀以为稷。④ 考古代称农业发明之人为稷，数千年来无异词。稷与社并重，一贯地非常受到崇拜，可证上述古说为可信。但何以称农业发明者为稷，稷与农业的发展有何种联系？

---

① （清）焦循：《孟子正义·滕文公上》，《诸子集成》第一册，第220页。
② 狭义的农业指种植业，为了行文方便，我们在这里描述种植业时仍使用农业这个词。
③ （美）刘易斯·亨利·摩尔根著，杨东莼、马雍、马巨译：《古代社会》，北京：商务印书馆，1983年，第23页。
④ 《春秋左传正义·昭公二十九年》，（清）阮元校刻：《十三经注疏》，第2124页云："稷，田正也。有烈山氏之子曰柱，为稷，自夏以上祀之。周弃亦为稷，自商以来祀之。"徐元诰撰，王树民、沈长云点校：《国语集解·鲁语上》，第155页；《礼记正义·祭法》，（清）阮元校刻：《十三经注疏》，第1590页。

古书只说稷为百谷之长，然稷为何物则竟没有定说。一是有人谓稷即粟，如《齐民要术》引孙炎曰："稷，粟也。"①《尔雅·释草》云："粢，稷。"郭璞注："今江东人呼粟为粢。"邢昺疏："然则粢也、稷也、粟也，正是一物。而《本草》稷米在下品，别有粟米在中品，又似二物，故先儒共疑焉。"② 二是有人谓稷与黍相似，如《本草纲目》有稷米，集解引陶弘景曰："稷米人亦不识，书记多云黍与稷相似。"三是有人谓稷即穄，《本草纲目》稷米，释名："南人承北音，呼稷为穄。"③ 四是有人谓稷乃高粱，如段玉裁《说文解字注》引程瑶田《通艺录·九谷考》谓稷即高粱，段并认为程说至为精析。④ 孙诒让《周礼正义·大宰》"生九谷"疏，对稷也有仔细分析，结论是"唯程瑶田辨黍稷，最为精析，今依用之"⑤。

其实上述各说都是迷惑于这字从禾旁，因而在谷类中猜拟，不知禾旁是后人所加，不足为据（有一些从禾旁的物名如稨等都非禾类可证）。

（2）稷为本字，疏为假借字，蔬则俗字

细按起来，稷实为蔬而非谷。盖古籍凡言蔬食即稷食，前人都如此说，但不知他们何以忘了。《礼记·月令》说："取蔬食"，郑注："草木之实为蔬食。"⑥《墨子·辞过》云："古之民未知为饮食时，素食而分处。"孙诒让说："素，疏之假字。……俗作蔬。"⑦ 所以蔬食本为疏食，而所谓"草木之实"，所谓"未知为饮食"的素食，都指蔬而非谷，甚为明显。

《说文》曰："稷，古文畟。"实当作畟，而畟、稷诸字都从畟取声。朱骏声谓畟"字亦作谡，音转读如宿"⑧。《唐韵正》谓："《诗·生民》稷与夙、育谓韵，古当读为畟音。"⑨

其实稷即是读疏音，即疏之本字，疏为假借字，蔬则俗字。而且谷类中如菽、粟，可能也是由这个语源演变出来的。

（3）稷为一般根果

然则稷为今日哪一种蔬呢？我认为是一般根果的通称。按 畟 字所从之田并非田亩之田，乃果实之果的本字。《说文通训定声》说：由字即抽之本字，其字之中一直画上出，即象征果上发芽形。"由，按古甹字，从果省，木萌芽于果实中也。上出者，芽蘖初抽之象。"并引《尚书·盘庚》"若颠木之有由蘖"之由为发芽作证。故由中之田为

---

① （北魏）贾思勰：《齐民要术译注·种谷第三》，上海：上海古籍出版社，2009年，第48页。
② 《尔雅注疏·释草》，（清）阮元校刻：《十三经注疏》，第2626页。
③ （明）李时珍：《本草纲目·谷部》卷二十三，北京：中国医药科技出版社，2011年，第764页。
④ （汉）许慎撰，（清）段玉裁注：《说文解字注·禾部》，第321页。
⑤ （清）孙诒让撰，王文锦、陈玉霞点校：《周礼正义·天官·大宰》，北京：中华书局，1987年，第82页。
⑥ 《礼记正义·月令》，（清）阮元校刻：《十三经注疏》，第1383页。
⑦ （清）孙诒让：《墨子间诂·辞过》，《诸子集成》第四册，第20页。
⑧ （汉）许慎撰，（清）段玉裁注：《说文解字注·禾部》，第322页；（汉）许慎撰，（清）段玉裁注：《说文解字注·夂部》，第233页；（清）朱骏声：《说文通训定声·颐部》，北京：中华书局，1984年，第221页。
⑨ （清）顾炎武：《唐韵正》，《音学五书》，北京：中华书局，1982年。

果。① 畀字，《说文》曰 "畀 从 丌，⊕声" 段注：⊕，"鬼头也"。甲骨文有 ⦾、⦾，王国维曰："此殆畀字。"② 《名原》说："金文果字未见，而有稞字，异体甚多。" ⊕即果字。故稞字往往即假 ⊕ 为之，亦有从两 ⊕，则为 ⊕⊕，左右并立两果字，抑或写成上下两个果字，上为 ⊕，下为 ⊕（《父丁彝》）。注意其中之 ⊕，孙诒让谓其中之点象征果实中含子仁形，"亦即小篆从⊕之滥觞"③。这里所从之果都作田。

推考古文田亩之田、果实之田、甲乙之田，每致误混，而实有别。田亩字外圈作方形，果实字外圈作圆形，甲乙字外圈虽圆形、而中之十字与外圈不相连。果实之田本自成一个部首，大概隶书把外圈变作方形，失其本义，致混入他部。

卜辞果字常仅作圆圈。金文《陈侯因𰴫錞》"诸侯祼荐"，祼作 ⊕，其字从果从皿从臼，即为两手掬果盛皿以献④。《周礼·大宗伯》云："大宾客则摄而载果"⑤，又《周礼·小宗伯》云："以待果将"，郑注："果读为祼。"⑥ 又《周礼·大行人》云："上公之礼……再祼而酢……诸侯之礼……一祼而酢……诸子……一祼不酢"，郑注："故书祼作果。"⑦ 而果则 ⊕，盖即 ⊕字，并非果树之果。《说文》"果，木实也。从木，象果形在木之上。"⑧ 果字专指木上之果，因此才从木旁，而 ⊕字下作 /\，则象征根果之须根形。

祼祭当即郁祭，郁祭是以郁金。《周礼·郁人》郑注认为郁金为香草叶，孙诒让疏引李时珍《本草纲目》，谓郁金有二，郁金香用叶，此用根，其苗似姜。⑨ 郁祭之郁金非必草叶，当为根果之一种。所以金文即以 ⊕字为之，这是 ⊕ 为根果通称之又一证据。

（4）农业最先种稷

不过最初农业何以必先种稷呢？推想人类虽然有了狩猎的技术，但由于工具的钝拙与原始森林的障碍，究竟难敌鸷鸟、猛兽之争食。而古籍所载焚烧林木的方法可以驱逐猛兽，但林木一经延烧，则木上之果当然一同化为灰烬。因此古人类的食物，凡为鸟兽所易争夺的必很难得，唯有地下根果为鸷鸟、猛兽所不及发觉，而挖掘已有熟练的技术，似乎当时食料的大宗来源即取于地底根果。

摩尔根《古代社会》便以人类最初期的食物为在受有局限的原生地上，仅以果实及

---

① （清）朱骏声：《说文通训定声》，第239页。
② （汉）许慎撰，（清）段玉裁注：《说文解字注·丌部》，第200页；徐中舒：《甲骨文字典》，成都：四川辞书出版社，1989年，第237页。
③ （清）孙诒让著，戴家祥校点：《名原》上卷，济南：齐鲁书社，1986年，第16页。
④ 容庚：《金文编》，第992页。
⑤ 《周礼注疏·春官·大宗伯》，（清）阮元校刻：《十三经注疏》，第763页；（清）孙诒让撰，王文锦、陈玉霞点校：《周礼正义·大宗伯》，第1409页。
⑥ 《周礼注疏·春官·小宗伯》，（清）阮元校刻：《十三经注疏》，第766页；（清）孙诒让撰，王文锦、陈玉霞点校：《周礼正义·小宗伯》，第1441页。
⑦ 《周礼注疏·秋官·大行人》，（清）阮元校刻：《十三经注疏》，第890页；（清）孙诒让撰，王文锦、陈玉霞点校：《周礼正义·大行人》，第2952、2953页。
⑧ （汉）许慎撰，（清）段玉裁注：《说文解字注·木部》，第249页。
⑨ （清）孙诒让撰，王文锦、陈玉霞点校：《周礼正义·春官·郁人》，第1490、1491页。

草根为食物，并说："人类很可能从极早的时代起就把动物列入其食物项目之内。从生理结构上看，人类是一种杂食动物，但在很古的时代，他们实际上以果实为主要食物；在那个时代，他们是否积极地找寻动物作为食物，这一点只有付诸猜测了。"①事实上中国古人类主要食物恐怕还不是果实而是地底的根果，动物性食物与木上之果皆非主要生活资料，只有地底根果所受动物的伤害较少，当列为首要。《淮南子·主术训》说："食者，民之本也。……五谷蕃殖，教民养育六畜……（古人类）夏取果蓏，秋畜疏食。"②疏食即稷食。所以最先种稷，乃出于食物需要迫切的关系。

而且尚有种植上便利的关系。据人类学家推论，人类最初大抵只限于种植块茎植物，其原因有二：其一，种植比较容易，需要较少的劳力，而且对土地的要求亦较少；其二，可以在丛林间、树根间、或伐倒了而横卧地上的树身间种植。如果刚出土的嫩茎长在树荫里，不直接受烈日炙灼，反而相宜。这都可作为说明必先种稷的原因。③

## （二）农的起源是挖掘

（1）农是用辰挖取

于此乃可推求种稷是怎样发明的，这可以"农"字为研究数据。"农"的字义即是用辰挖取。

按金文农字，《农卣》作𦫳，《史农觯》作𦫳，《諆田鼎》作𦫳，《令鼎》作𦫳，《都公鼎》作𦫳，《散盘》作𦫳，其上都从果作⊕或⊗。如《散盘》果上加一，一即地，其为根果更明显。是知农字小篆作𦫳，所从之⊗即为田之变。④

而所从之臼即掬字。《唐韵》臼字注说："两手捧物（曰臼）。《诗》'终朝采绿，不盈一匊'，本此字，后人以其形近井臼之臼，改而为匊（掬之本字）。"⑤掬即挖取之意，但都从辰，辰为蚌壳，是原始田器。

据人类学家在太平洋发现密克罗尼西亚人亦用蚌壳代替石斧，但他们是因找不到石器之故。然中国古代并非没有石器，何以使用蚌壳？这是因中国远古时代有一段盛行鱼

---

① 〔美〕刘易斯·亨利·摩尔根著，杨东莼、马雍、马巨译：《古代社会》，第19页。
② （汉）高诱注：《淮南子·主术训》，《诸子集成》第七册，第147页。
③ 现在考古研究也表明，中国最初所栽培的作物应该不是谷类，而是蔬菜和薯类。例如李根蟠、卢勋和黄仲岳根据对南方少数民族的具体考察，得到这个结论。他们说云南怒族最早种植的是芋，是由野生芋驯化得来的。景颇族、阿昌族、独龙族最早也是种芋。海南岛黎族最早种植的是薯芋。台湾高山族也以种植芋薯为主。但是不能从这些少数民族的情况来推证其他民族，河姆渡的先民也是从种植芋类开始的吗？他们的结论是否适用于夏族，还是不清楚的。即使对于南方民族，童恩正也只能说："在栽培稻米之前，有一个栽培无性繁殖作物的时代……这是十分可能的事。"参见李根蟠、黄崇岳、卢熊：《试论我国原始农业的产生和发展》，山西省社会科学研究所：《中国社会经济史论丛》第一辑，太原：山西人民出版社，1981年；李根蟠、卢勋、黄仲岳：《再论我国原始农业的起源》，《中国农业》1981年第1期；童恩正：《中国南方农业的起源及其特征》，《农业考古》1989年第2期等。现在的研究表明人类最初所栽培的作物的确不是谷类，而是蔬菜和薯类。孔令平：《关于农业起源的几个问题》，《农业考古》1986年第1期。
④ 容庚：《金文编》，第168页；张日升、徐芷仪、林洁明：《金文诂林》卷三，香港：香港中文大学出版社，1975年，第1489、1491页；（汉）许慎撰，（清）段玉裁注：《说文解字注·晨部》，第106页。
⑤ （清）顾炎武：《唐韵正》，《音学五书》，第406页。

食时期，而且鱼类食物依摩尔根《古代社会》是紧接草根为食物的，这可推见使用蚌壳之时期是何其早也。①

（2）农之语源为耨而非耕

《淮南子·泛论训》云："剡耜而耕，摩蜃而耨。"②耨本作辱，耒旁为后加，是从手（寸即古手字）持辰，音读为耨，即农之语源。可知最初所发明之农业，本专为耨而还没有耕。后人以耨为锄草之称，而在语源上则即挖掘根果之谓。

所以凡植物根果之品名，其语源都为表情语音。如《说文》曰："芋，大叶实根骇人，故谓之芋也。"段注："凡于声字多训大。芋之为物，叶大根实，二者皆堪骇人，故谓之芋，其字从艸于声也。"③又《尔雅·释草》曰："葵，芦萉。"（古名葵，即后代所名为芦萉者。芦萉即莱菔。）"荷，芙渠。"④段玉裁谓："按实根骇人，故呼突，或加艸耳。""盖大叶骇人，故谓之荷。"⑤葵字从突，荷字从何，亦表示骇异。又郁金之郁，亦当为表情语音。其实这种语音不是骇异，乃是挖掘时非常欣悦，彼此互相表情的一种音调。但当时还未作为品种专名，所以都没有象形文，而只有一个稷的公名。到了文字进入形声加注阶段方才为之细分，才造芋、葵、荷、郁等字。

而从这些原始表情音调入手，可以推知挖掘时即已非常注意（其他植物品名都没有用表情语音）。因为非常注意，所以自然而然地会诱导出种植的技术来。故只要注意观察一下，可知茎、叶是由根上生长出来的，又从茎、叶或长或短或仅为幼芽，便知道它的发育顺序，而根在土壤中的位置与展开形态，便是播种覆土的自然教程，所以它的种植和挖掘两个阶段几乎分不清，而挖掘即称作农业，农业发明即称为稷。

### （三）农田的产生

（1）田为猎场的象形字

古代称狩猎为田。由于狩猎称之为田，我们可以推断田即为猎场。

田字当然是猎场的象形字。甲骨文有囲字，从口、从艸、或从森，金文《御尊》有囲字，从中在田从口。⑥《殷虚书契考释》谓："（卜辞）曰囲，▨，▨，《说文解字》囲籀文作▨，石鼓文囲字亦作▨，与卜辞同，或从艸与森同意。曰囲，凷，《御尊》有囲字……释囲，此作凷，象田中有蔬，乃囲之最初字。后又加口，形已复矣。"⑦从这囲与囲字以及上面说过的畜与叀字，都足证明田所象征实为猎场形，与农田无涉。

田实为猎场之专称。而且依字形，田字内外都有界，还可说是有固定的猎场。故

---

① 〔美〕刘易斯·亨利·摩尔根著，杨东莼、马雍、马巨译：《古代社会》，第19页。
② （汉）高诱注：《淮南子·泛论训》，《诸子集成》第七册，第211页。
③ （汉）许慎撰，（清）段玉裁注：《说文解字注·艸部》，第24页。
④ 《尔雅注疏·释草》，（清）阮元校刻：《十三经注疏》，第2626、2627页。
⑤ （汉）许慎撰，（清）段玉裁注：《说文解字注·艸部》，第25、34页。
⑥ 徐中舒：《甲骨文字典》，第695页；容庚：《金文编》，第426页。
⑦ 罗振玉：《殷虚书契考释三种》，北京：中华书局，2006年，第140页。

《说文》曰:"田,陈也。树谷曰田。象形。"段注:"今人谓为从口从十,非许意也。此象甫田之形。"无论许书、段注,完全以农田为说,没有顾及毛传"田,取禽也"之类的解释。①《说文》曰:"猎,从犬,鼠声。"段注引《白虎通》云:"四时之田,总名为猎。"② 由于农业发生在狩猎之后,以田作为农地,应该是后起的。

与猎场有关的还有一个畕字。《说文》云:"畕,界也。从畕。三其介画也。"③ 猎场之畕字以三为界,而界内为田。因而推知古代猎场自有其界划,而畕字即可视为猎场的图像。

在人类获取食物的方法中,狩猎当然是紧随着采集而很早就发生。而狩猎有固定的猎场,则其社会生活必已达到定居阶段无疑。在这以前固然还有一度游猎的时期,与无定居阶段相适应,但那种是没有社会组织以前的生活方式。正如姓氏尚未出现之前,原始人群一切活动的遗迹都已消失,那种生活方式同样无可考证。所可考证者,则是姓氏一经出现,则猎场的事实也即相应而发生,这还可从原始的狩猎技术得到证明。

前边说过,原始民族的田即狩猎,并不完全依仗弓矢等工具,他们往往倚仗族员集合来围猎,即徒。然彻底地说起来,则田实即姓氏制度下之社。《周礼·大司徒》载:"设其社稷之壝而树之田主。"郑玄注:"社稷,后土及田正之神。……诗人谓之田祖。"④《诗·小雅·甫田》云:"以社以方……以御田祖。"⑤ 盖古代社固即土,而表现于实体上,田当然为土的主要部分之一。其后田垦辟为耕地,而社遂与稷连称为社稷。后来社稷蒙上神格化了,社神也成了田主、田祖了。《说文》曰:"社,地主也。"⑥ 地主实即田主之讹,而田之为社尤可证明其为姓氏制度下相应发生的猎场。古人在狩猎的同时,发展出了以采集、种植根果为主的农业,于是猎场就逐步转变为农地了。

(2) 最早的农田为圃

由于这种采拾直接发展出农业,古人乃舍弃狩猎生活而转入农业生活,而猎场乃很早便垦辟为农地。推想最初种植根果的土地为圃,《论语·子路》云:"樊迟请学稼。子曰:'吾不如老农。'请学为圃,子曰:'吾不如老圃。'"⑦ 可知圃与稼的技术截然有别。《说文》云:"穜菜曰圃。"⑧ 古人所谓菜即指蔬。然据《说文古籀补》载,《御尊》盖圃作圃,古圃字从中在田从口象圃穜菜形。《亚形辛字敦》作圃。⑨ 则从甫为后人之

---

① (汉) 许慎撰,(清) 段玉裁注:《说文解字注·田部》,第 694 页。
② (汉) 许慎撰,(清) 段玉裁注:《说文解字注·犬部》,第 476 页;《毛诗正义·魏风·伐檀》,(清) 阮元校刻:《十三经注疏》,第 359 页疏:"李巡曰冬围守而取禽。"
③ (汉) 许慎撰,(清) 段玉裁注:《说文解字注·畕部》,第 698 页。
④ 《周礼注疏·地官上·大司徒》,(清) 阮元校刻:《十三经注疏》,第 702 页。
⑤ 《毛诗正义·小雅·甫田》,(清) 阮元校刻:《十三经注疏》,第 474 页。
⑥ (汉) 许慎撰,(清) 段玉裁注:《说文解字注·示部》,第 8 页。
⑦ (清) 刘宝楠:《论语正义·子路》,《诸子集成》第一册,第 284 页。
⑧ (汉) 许慎撰,(清) 段玉裁注:《说文解字注·口部》,第 278 页。
⑨ (清) 吴大澂:《说文古籀补·弟六》,北京:中华书局,2011 年,第 32 页;容庚:《金文编》,第 426 页。所录《御尊》《召卣》《解子鼎》中所有圃字也都"从中在田"。

讹。而田则猎场，中即菜、根果，又可知猎场之垦为农地是先经过圃之阶段。然则种植根果最初即是农地，不是家庭隙地。以上已可证实，夏族农业是直接从采拾技术发展起来的，不但没有经过畜牧，而且不是家庭园艺之发展与由于果核发芽之诱导才从事农业。

田之从猎场名称变为耕地名称，可以知道农田即由猎场垦辟而成，与国野之野古作埜，表明野即由原始森林垦辟而成同一意义。《说文》曰：野"郊外也。从里，予声。𡐗古文野从里省，从林。"段注："亦作埜。"① 这些文字似乎暗示中国农业是直接由狩猎发展出来，没有经过畜牧的阶段。似乎由园艺发明种植后，男性即将种植推行于猎场而垦辟为耕地，所以中国农业出现很早。

再据人类学家说，采集块茎植物在居住地种植，可算是从前采拾活动之继续。这则承认种植为采拾之继续，但指出一个要点为要有居住地。他们申说，狩猎民族必须首先获得一定的居留地，必须先得到积蓄生活数据之后，才能过渡到农业。但农业与定居又是互相依存，亦唯有进入农业生活才能定居。

在距今一万年以前，姓氏制度当已形成，同时也已经进入定居状态，综合前边的分析，可知在那个时期中国的黄河流域以及内蒙古地区当已开始从采集狩猎经济过渡到农业种植。②

本文的基本内容曾经在大众文艺出版社的《千年沉淀》（2009年2月）中发表。

---

① （汉）许慎撰，（清）段玉裁注：《说文解字注·里部》，第694页。
② 本文是张肇麟先生研究农牧业的起源问题，研究工作是在20世纪50年代初完成的。本文是其中的一个片段，其标题、脚注及文献出处都是张鸣华添加的。对于农业的起源，许多人认为是从种植禾本植物开始，而且农业的操作就是原始的耕作。本文论证农业是从种稷开始的，而且农的原始含义是用辰（即蚌壳）挖掘，是耨，而不是耕。稷与农业有紧密的联系，古代农神就称为稷，所以稷应该与最初的农作物有关联。可是什么叫稷，却一直没有定论，有人说是粟，有人说是穄，有人说是黍，有人说是高粱，莫衷一是，但都是某种禾本植物。张肇麟先生认为这些都是误释，他认为稷是带有块根的蔬果，如现代的土豆、白薯之类。稷读疏音，即疏之本字，故疏为假借字，蔬则为俗字。他认为最初的农业即块根植物的种植及挖掘，农的字形即反映用辰（即蚌壳）挖掘。所以原始农业是耨而不是耕。田字本来是猎场的象形字，与农业无关。但是猎场后来转变为农田，而最初的农田当为圃。

# [05] 渭水上游社会之特点

## 一、渭水上游地区

（一）古代之陇山地区

1. 彩陶

考古学家曾研究过远古时期之陇山地区。裴文中在 1947 年曾去甘肃做史前考古，他认为渭水上游（包括甘谷、武山、陇西等地）所见到的最古老的文化为"彩陶文化的仰韶期"，他说：

> 此期在渭河上游分布极广，现在有人居住的地方，从前就有此期文化的存在，面积比现在的村落还大，换言之，即史前时代渭河上游所居住的人类，比现在还要多。渭河上游的文化，可以分为三期，最早的是仰韶期，其他两期到现在还没有定名……到中期的时候，仰韶文化开始衰落。所使用的彩陶较少，花纹退化，技术也比较粗糙。到晚期时候，渭河上游的彩陶文化，已经极端地衰落，陶器中的彩陶非常少……眼看快要绝灭了。①

裴文中认为渭河上游文化最早是"仰韶期"，其他两期还没有定名。但是"仰韶期"这个名称不妥，还是应该使用发掘的名称。

裴文中又说，西汉水流域（包括成县、礼县、西和县等）的情况与渭河上游大体相同。洮河流域（包括临洮、洮沙、宁定等）最早的文化与渭河上游"几乎完全相同"②。

2. 安特生与彩陶

安特生最早发现了周口店北京猿人遗址。后来安特生在 1921 年发现了河南渑池县仰韶村的彩陶文化遗址。他认为"仰韶文化人种应为现代汉族之远祖。"③

1923 年，安特生抵达兰州以后，就发现甘肃有大量彩陶：

---

① 裴文中：《中国史前时期之研究》，第 209、210 页。
② 裴文中：《中国史前时期之研究》，第 210 页。
③ 王国林：《彩陶，人类走向文明的曙光》，《中国西北地区彩陶学术研讨会论文集》，内部资料，2014 年，第 97 页。

首先，沿湟水河先在青海民和县马场垣发现了马厂文化；

其次，在甘肃临洮县马家窑村发现了马家窑文化；

再次，在甘肃广河半山村发现了半山文化；

然后，在甘肃齐家坪发现了齐家文化；

最后，在甘肃临洮县辛店村发现了辛店文化。

安特生把这一类文化归纳为六个时代，称之为齐家、仰韶、马厂、辛店、寺洼、沙井六期。①

安特生认为辛店最早一期应该是距今7000年左右的情况，所以历史上陇山地区在距今7000年左右是非常繁荣的地区。因此裴文中所观察到的文化可能就接近黄帝生活的时代。

（二）彩陶代表一个社会

裴文中发现，渭河上游、西汉水流域、洮河流域就可以组成一个文化区域，其特点是彩陶。但是这个文化区域是一个社会组织，它可以代表一种新社会。这个新社会有各种现象，如社会组织、经济、文化、信仰等。

每一个社会都有其特点，这种特点表现在社会组织、社会习俗、生产活动、语言、文化意识、宗教信仰等方面。因此每一个社会都有自己的特点，这些特点为各个社会成员所信从。

每一个社会特点都会不断发生变化，但往往是长期保持的，往往一直保持到这个社会崩溃的时候为止。因此每一个社会的生命受到其基本特点所影响，一个部族的成败与其基本特点有密切的关系。

现在就来研究夏族建立时期所具有的特点，以下分为社会组织、经济、文字三个方面来说明。

## 二、渭水上游地区之社会组织

（一）姓氏制度

1. 新社会之姓氏制度

新社会在陇山地区建立自己之部族时，当已经具有姓氏及宗社制度。

根据考古学研究，"氏"当产生于距今1万年以前，而"姓"即"生"字，将生字加女旁成为姓，表示血缘关系，表示母系之遗制。②

---

① 裴文中：《中国史前时期之研究》，第147页。
② 张肇麟：《姓氏与宗社考证》，北京：社会科学文献出版社，2015年，第10、11页。

当渭水上游地区在初始时，正是姓氏制度已经建立的时期，因此渭水上游就有了社与宗两种组织，特别是坚强的宗组织，这是许多部族所不存在的。由于初始即具有完备的姓氏制度，于是渭水上游地区的居民具有强大的生命力，特别是在他们从陇山地区移殖到河水中下游的过程中，发挥了强大的作用。

在陆续离开陇山地区时，这些居民沿各水道向河水中下游散开，但是各条道路的姓氏却是互不相同的。从整体情况来看，这些居民基本上是按照姓氏而互相联系在一起的。例如，东迁于山西汾水流域的有姬、姞、酉、祁、纪、荀六姓；在豫北河水与太行山之间的有任、滕、箴、僖四姓；在河南东部汝水流域中上游，有昌意后裔妫、姚、妘之族系。根据《史记·陈杞世家》记载，妫、姚、妘姓的地域相距不远。

姓氏制度是渭水上游社会的基本组织，在迁徙过程中可以维持各个部分的安全，也可以让各个部分之间相互支持。当渭水上游居民大量分散移殖于今陕西、河南、山西等地域时，他们按姓氏分散活动。因此，夏族在整个河水中下游如同一个部族那样有组织地迁徙，将整个河水中下游囊括在内。但是经过长期迁徙之后，尤其在整个五帝时期之后，渭水上游地区的居民能够在河水中下游维持了一个统一体，后来就称其为"夏族"。

如果没有姓氏制度的约束，各个部族往往会改变名称，在迁徙之后，相互之间很快就失去了关联。但对夏族来说，姓氏制度的影响在以后几千年中仍然存在。

试以西南地区的彝族为例。他们没有姓氏制度，但有父子连名制，可以确认宗族关系。因此彝人经常需要背诵父祖的名字，才得以确认两个人的宗族关系。一位彝族学者曲木约质讲，他曾遇到一件婚姻纠纷，双方在结婚之前才发现在二十代之前两家有血缘关系，因此这一场婚姻只好取消，于是由部分成员募集800元替双方举办了退婚仪式。① 如果有姓氏制度，就不会出现这种情况。例如两个孔姓之人，从他们的名字中第一个字是"孔"字，就表示二人是同姓。而且在姓氏制度下，一个人名字的第二个字，往往也可能表示他的辈分。因此一个人名的第二个字，可能表示他的辈分。例如，许多同辈的孔姓，他们名字的第二个字往往都是相同的。许多孟姓的人也是如此。清朝在乾隆以后，满族皇室近支后裔，也效法汉族那样，用永、绵、奕、载、溥、毓、恒等汉字排辈。

## 2. 伏羲氏与姓氏制度

当夏族起初采用姓氏制度的时候，其他部族是否也采用姓氏制度？这些问题现在很难确认，但是伏羲氏当时不会采用姓氏制度。

《帝王世纪》说："太皞帝包牺氏，风姓也。……在位一百一十年。包牺氏没，女娲氏代立为女皇，亦风姓也。女娲氏没，次有大庭氏、柏黄氏、中央氏……阴康氏、无怀

---

① 曲木约质：《凉山白彝曲木氏族世家》，昆明：云南人民出版社，1993年，第55、94页。

氏，凡十五世，皆习包牺氏之号也。"又说："（太昊）子孙五十九姓，传世五万余岁。"①《春秋文耀钩》说："女娲以下至神农七十二姓。"② 这是说伏羲氏、女娲都是"风姓"，又说大庭氏等都"习包牺氏之号"，可是除"风"之外，除了"五十九姓""七十二姓"之类的空话外，史书中也没有提到其他的姓。实际上伏羲氏大概根本没有什么姓，"风"也不是姓。

因此，夏族与伏羲氏在姓氏制度上具有不同特点。当夏族来到渤海沿岸的地带以后，就出现了两种社会制度之间的矛盾与冲突。

## （二）宗社制度与对天地、祖先的崇拜

### 1. 宗社制度下对祖先与天地的崇拜

宗社制度维护了宗与社两种祭祀制度：一种为宗的祭祀，即对祖先的祭祀；另一种为社的祭祀，即对地域的崇拜，也就是对天地、日月、山川等大自然的祭祀。因此，夏族的宗社制度同时在夏族社会中建立了对祖先与天地之崇拜。

在原始时代，许多部族都用天地作为最高准则，并且用大自然作为天地宇宙的象征，用最高的礼仪来对天地进行祭祀。如《史记·封禅书》云："（舜）类于上帝，禋于六宗，望山川，遍群神。"③ 夏族的最高准则是遵循天地之道。孔子说：黄帝是"顺天地之纪"，颛顼是"养材以任地，履时以象天"，帝喾是"顺天之义……取地之财而节用之"。他对尧本身就用天地来赞扬，"其仁如天，其知如神，就之如日，望之如云"，舜则"畏天而爱民"④。因此，从原始时代起，夏族就尊祖而敬宗，以祖先与大自然作为社会的准则。

所谓"国之大事，在祀与戎"，所谓祀是指祭祀，戎就是战争。可见祭祀之重要作用。《礼记》说："子曰：'明乎郊社之义、尝禘之礼。治国其如指诸掌而已乎。'"⑤ 郊社是祭天地、山川，而尝禘则是祭宗庙，那么祭天地、宗庙就是治国。因此在宗社制度下，祭祀的对象就是大自然与祖宗。

古代这两种祭祀是有区别的：负责对祖宗祭祀的是宗，而负责对大自然祭祀的是社。祭祀祖宗的地方称为庙，而对大自然进行祭祀地方称为坛。庙是室内祭祀，而坛是室外祭祀。庙内的祭祀对象是祖先的神主，坛上的祭祀对象是大自然。那么，祭祀中如何能够以大自然为对象呢？实际上作为大自然的祭祀对象就是大自然自己，具体就是山川、树木等。

现在许多学者研究了少数民族的祭祀习俗，如汪宁生说："他鲁人固有宗教信仰是

---

① 徐宗元：《帝王世纪辑存》，第2, 5页。
② （清）黄奭：《春秋纬·春秋文耀钩》，第97页。
③ 《史记·封禅书》，第1355页。
④ （清）王聘珍撰，王文锦点校：《大戴礼记解诂·五帝德》，第119—122页。
⑤ 《礼记正义·仲尼燕居》，（清）阮元校刻：《十三经注疏》，第1613页。

自然崇拜和祖先崇拜。自然崇拜主要活动是祭'着恶'（每年正月、六月）和祭'米鲁'（每年九月）。"代表"着恶"的是一个山坡，而代表"米鲁"是一个"公山"。他们的祖先崇拜主要在过年与"尝新"时进行，每户在墙上插柞树枝一束代表祖先，对之进行崇拜。苑杰记载一位萨满说："在二十世纪三四十年代，吉林乌拉街富察氏的祭天活动仍是在村外一棵老榆树下进行的，富氏家族世代视此树为神树。"① 清朝皇宫的坤宁宫有两个祭祀地点：一个在室内西炕上边的祖宗匣子；另一个在院内的神杆（是石座支撑的高杆子），有人解释这神杆为长白山的化身。因此这两种祭祀应该就是满族两种祭祀的遗俗。因此对大自然的祭祀就是所谓的"望祭""柴祭"等。②

2. 对鬼神崇拜

宗社制度建立了对祖先与大自然的崇拜，因此也建立了对鬼神的崇拜。对祖先与大自然的崇拜慢慢就演变为对鬼神的崇拜。

（1）鬼神

从夏族来看，鬼神就是祖先，实际上就是人，《礼记·祭义》说："宰我曰：'吾闻鬼神之名，不知其所谓。'子曰：'气也者，神之盛也；魄也者，鬼之盛也。合鬼与神，教之至也。'"郑玄注："气，谓嘘吸出入者也，耳目之聪明为魄。合鬼神而祭之，圣人之教致之也。"③《论语》说："子曰：'务民之义，敬鬼神而远之。'"④《大戴礼记》说帝喾"明鬼神而敬事之"⑤。

孔子又说："大罪有五，而杀人为下，逆天地者罪及五世。诬文武者，罪及四世。逆人伦者，罪及三世。谋鬼神者，罪及二世。手杀人者，罪及其身。"⑥ 因此夏族对于鬼神，不过是"敬事之"而已。

又如墨子就强调鬼神是有的，但是他最后总起来说，如果进行祭祀，即使没有鬼神，也可以促进宗族乡里和睦，他说："内者宗族，外者乡里，皆得如具饮食之，虽使鬼神请亡，此犹可以合欢聚众，取亲于乡里。"⑦

因此在宗社制度下，鬼神实际上是类同于祖先的位置，或者是大自然的一部分。名山大川或者大树怪石，也不过是"社"的象征。因此祭祀的对象是现实的。

（2）宗教神灵

但是在不同的原始社会中，除了祖先之外，没有社，但往往有其他神灵，有的具有

---

① 汪宁生：《文化人类学专题研究——关于母系社会及其他》，兰州：敦煌文艺出版社，2007年，第124页；苑杰：《满族穆昆与萨满教》，北京：民族出版社，2012年，第16页。
② 张筝麟：《姓氏与宗社考证》，第378页。
③ 《礼记正义·祭义》，（清）阮元校刻：《十三经注疏》，第1595页。
④ （清）刘宝楠：《论语正义·雍也》，《诸子集成》第一册，第126页。
⑤ （清）王聘珍撰，王文锦点校：《大戴礼记解诂·五帝德》，第121页。
⑥ 薛安勤、靳明春：《孔子家语今注今译·五刑解》，大连：大连海运学院出版社，1993年，第196页。
⑦ （清）孙诒让：《墨子间诂·明鬼下》，《诸子集成》第四册，第154页。"请亡"，"请"毕本作"诚"，"若神有"，毕云："若神当云若鬼神"，诒让案："以上文校之，疑当云若鬼神诚有。"

超自然的巨大力量，就逐步成了人间的保护神。大家希望依靠保护神得到幸福、避免灾祸，社会就产生了宗教与神灵。

因此每一个古代部族都有鬼神信仰，但是各种社会对鬼神有不同的态度。例如《表记》："子曰：'夏道尊命，事鬼敬神而远之，近人而忠焉。……殷人尊神率民以事神，先鬼而后礼。……周人尊礼尚施，事鬼敬神而远之，近人而忠焉。'"[1] 因此夏族之人与殷人不同。殷人是"尊神率民以事神，先鬼而后礼"，而夏族是"尊命，事鬼敬神而远之，近人而忠焉"。周人与夏族一样，只是将"尊命"改为"尊礼尚施"。因此夏族与殷人有很大的不同。一般来说，在宗社制度下，夏族有鬼有神灵，但他们的神灵不过是社，不同于其他部族的那种主宰人间的宗教神灵。

## （三）占卜情况

### 1. 卜筮

在原始时代，由于对天神的崇拜，往往产生卜筮。由于夏族不对天地、鬼神祈求，因此夏族对于卜筮不是很重视，这一点也反映了夏族的特征。

如《尚书·大禹谟》记载舜对禹说："禹，官占，惟先蔽志，昆命于元龟。"孔安国传："帝王立卜占之官，故曰官占。蔽，断；昆，后也。官占之法，先断人志，后命于元龟，言志定，然后卜。"[2] 意思是首先断定人意，其次命于元龟。因此，《左传·哀公十八年》云："《夏书》曰：'官占，唯能蔽志，昆命于元龟。'其是之谓乎！《志》曰：'圣人不烦卜筮。'惠王其有焉！"[3]

《易》是很重要的典籍，过去往往将《易》置于五经之首。夏族也有卜筮，但是与戎族比较起来，二者就有天壤之别。商朝甲骨文的发现就显示了这一点。

《尚书·洪范》也显示了这一点。《尚书·洪范》说，在卜筮中，龟、筮最重要，它们比王、卿士、庶民更为重要[4]：

> 如"龟从、筮从"，"王、卿士、庶人都从"，则"大同"。
> 如"龟从、筮从"，"王、卿士、庶人中有一个从"，则"吉"。
> 如"龟从、筮不从"，"王从，卿士、庶人不从"，则"作内吉，作外凶"。
> 如"龟、筮都不从"，"王、卿士、庶人都从"，则"用静吉，用作凶"。

当"龟从、筮从"，如果"王、卿士、庶人都从"，结果是"大同"；如果王、卿士、庶民之中有一方"从"，结果为"吉"。因此如果"龟从、筮从"，即使在王、卿士、庶人

---

[1]《礼记正义·表记》，（清）阮元校刻：《十三经注疏》，第1641页。
[2]《尚书正义·大禹谟》，（清）阮元校刻：《十三经注疏》，第136页。
[3]《春秋左传正义·哀公十八年》，（清）阮元校刻：《十三经注疏》，第2180页。
[4]《尚书正义·洪范》，（清）阮元校刻：《十三经注疏》，第191页。

之中只有一个从，则仍为吉。如果"龟不从、筮不从"，那么即使王、卿士、庶人都从，也是不能行动的。《尚书·洪范》反映的是伏羲氏的观点。

因此《周易》重视卜筮，这是伏羲氏的观点，但没有受到夏族的重视。

1973年，长沙马王堆汉墓中发现帛书《周易》，其中包含了《要》。在《要》中有一段孔子与子贡的对话，是子贡看到孔子老年时经常在研究《周易》，子贡问："夫子它日教此弟子曰：'德行亡者，神灵之趋；知谋远者，卜筮之繁。'……夫子何以老而好之乎？"子贡进一步又问："夫子亦信亓筮乎？"孔子说："我观亓德义耳也。"最后孔子回答说："史巫之筮，乡之而未也，好之而非也。后世之士疑丘者，或以《易》乎？吾求亓德而已，吾与史巫同涂而殊归者也。君子德行焉求福，故祭祀而寡也；仁义焉求吉，故卜筮而希也。祝巫卜筮其后乎？"所以孔子认为君子应该"祭祀而寡也……卜筮而希也。"①

## 2. 伏羲氏

关于伏羲氏的传统，《周易·系辞》说："古者包牺氏之王天下也……于是始作八卦，以通神明之德，以类万物之情。"② 八卦的问题就很复杂了，如《周易·系辞》云："天数五，地数五，五位相得而各有合。天数二十有五，地数三十，凡天地之数五十有五，此所以成变化而行鬼神也。"③

因此从伏羲氏与夏族之对比中可以知道，南方文化系统与北方文化系统之间存在一些根本区别。南方文化系统有八卦"以通神明之德"，又"教民食谷"；北方文化系统有姓氏宗社，教民食黍。二者是有区别的。即使夏族也有某种卜筮，但从考古结果来看，夏族与伏羲氏的卜筮制度是有区别的。

考古学家发现了夏族的占骨。王克林说："经发掘表明卜骨尚未出现于陶寺龙山文化的早、中期文化遗存中，而仅出现于晚期。其形制特征……骨质为猪肩胛骨，骨臼和脊处均未加工，也无钻无凿，仅有灼，反映了卜骨的原始形态。"他又说："东下冯类型前期夏文化的卜骨共有106（块）件，不单数量多，而且种类也不少。……还使用羊、牛、鹿等兽骨。……这些现象表现了夏人敬鬼神、重祭祀的精神面貌。"但王克林又说："它（指卜骨）首先发现在我国黄河流域的晚期仰韶文化中，发展兴盛于龙山文化和夏、商、周三代，为长江流域同时期的良渚文化所不备。"④ 王克林在讨论中似乎将夏、商、周一视同仁，忽视了夏族与戎族的区别，这一点也可以从夏、商之间的区别中看得很清楚。

---

① 邓球柏：《帛书周易校释》修订本，长沙：湖南人民出版社，2002年，第572—573页。
② 《周易正义·系辞下》，（清）阮元校刻：《十三经注疏》，第86页。
③ 《周易正义·系辞上》，（清）阮元校刻：《十三经注疏》，第80页。
④ 王克林：《华夏文明论集》，太原：山西人民出版社，2006年，第50、55页。

# 三、渭水上游地区之经济

## （一）彩陶

### 1. 彩陶之地域

安特生于1921年在锦西沙锅屯发现了彩陶，同一年又在河南渑池仰韶村发现了彩陶，他认为这是一种特殊文化，此文化以彩陶为代表，因名之曰仰韶文化或"彩陶文化"。1923年，安特生又在甘肃、青海发现大量彩陶。

裴文中总结了安特生和其他诸人的发现，除了若干边陲地区外，我国彩陶遗址主要有中原地区、渭河上游、黄河上游等中心。

（1）中原地区

中原地区之彩陶文化可分为豫西、豫北、晋南三个分区：豫西即河南渑池县仰韶村；豫北有河南安阳县小屯村、侯家庄、后岗，浚县大赉店等；晋南有山西夏县之西阴村、万荣县之荆村。

（2）渭河上游

裴文中将他考察的地方归纳为以下四个地区[①]：

一是渭河上游，包括甘肃甘谷、武山、陇西等地。"现在有人居住的地方，从前就有此期文化的存在，面积比现在的村落还大。"[②]

二是西汉水流域，包括甘肃成县、礼县、西和县等。此区域的史前文化，大体与渭河上游相同。

三是洮河流域，包括甘肃临洮、洮沙（今并入临洮）、宁定（今广河）等县。彩陶文化特别发达。此区域内有安特生所谓的齐家、仰韶、寺洼及辛店四期之遗址。"齐家坪之古人类遗址为代表齐家期者，为彩陶文化之最初期。……吾人认为：齐家坪之遗址，为最初之彩陶与细石器之混合文化，与其他长城附近混合文化之遗址相同。……则吾人或可推论：细石器文化达到洮河流域之时（或之后），彩陶文化亦传播而至，是为齐家期。其后细石器文化渐衰，而彩陶文化则特别发达，是为甘肃之仰韶期。""制作半山一带陶器之时，彩陶文化发达甚盛，与河南之仰韶时期相当。"[③]

四是大夏河流域，包括甘肃临夏等县。安特生称之为齐家文化，是最早的一期文化，但裴文中认为齐家为另一种文化，大部分没有彩陶，因此与彩陶文化没有多大关系。在彩陶文化衰落之后，齐家文化才发达起来。

（3）黄河上游

黄河上游之彩陶文化，安特生发现之遗址甚多，他将其分为洮河流域、西宁附近

---

[①] 裴文中：《中国史前时期之研究》，第209—211页。
[②] 裴文中：《中国史前时期之研究》，第209页。
[③] 裴文中：《中国史前时期之研究》，第153、154页。

（湟水流域）及民勤（镇番）附近等。①

一是洮河流域。见上述之洮河流域。

二是西宁附近（湟水流域）。青海西宁附近有马厂沿、朱家寨、罗汉堂等遗址。"马厂沿为安氏马厂期之标准地点……为彩陶技术发达至最盛之时期。较前述之半山所代表之时期稍晚。"②

三是镇番附近。镇番县（今甘肃民勤县）在甘肃武威（古凉州府）以北，其彩陶文化主要在沙井附近。

（4）其他地区

除河南、山西以及甘肃、青海以外。裴文中说："沿海各地如鲁、冀二省境内，则迄今无彩陶遗址之发见。"③

张朋川在《中国彩陶图谱》中对各地之彩陶有比较全面的反映。他认为，大汶口文化早期仅偶见彩陶片。江苏邳州大墩子下层之 $^{14}C$ 测定年代为距今 6444±200 年，但彩陶比例较少。山东泰安大汶口遗址，早期之中，只偶见彩陶片，到中期，是彩陶的兴盛期。大汶口文化早、中、晚期的年代，与仰韶文化早、中、晚期大致相当。④

在南京、镇江与淮南一带，有江苏淮安市青莲岗遗址，以及并行的南京北阴阳营遗址。北阴阳营遗址一期遗存较少，出彩陶的主要为二期遗存。北阴阳营二期之年代推测为距今五千多年。⑤

在太湖地区，浙江嘉兴马家浜遗址彩陶很少，吴县草鞋山下层和常州邙墩一期的测定年代分别为距今 6275±205 年和 6210±180 年。上海青浦崧泽文化的年代与仰韶和大汶口文化中期稍晚的彩陶相当，距今五千多年。⑥

在宁波，浙江余姚河姆渡遗址一期遗址的测定年代为距今 6960—6725±100—140 年。河姆渡一期发现了三片彩陶，是一个小口罐的残片。但河姆渡遗址一期以后的各期遗址都没有发现彩陶。⑦

在湖北，主要以京山屈家岭为代表，但屈家岭文化早期资料不多，屈家岭文化中期遗存以下层遗址为代表，主要以朱绘黑陶为特征，其胎壁薄如蛋壳。屈家岭文化晚期的彩陶以胎壁薄如蛋壳为特点，还出现了太极式的阴阳纹，这是屈家岭最有特色的图案。⑧

---

① 裴文中：《中国史前时期之研究》，第 153 页。
② 裴文中：《中国史前时期之研究》，第 155 页。
③ 裴文中：《中国史前时期之研究》，第 149 页。
④ 张朋川：《中国彩陶图谱》，北京：文物出版社，2005 年，第 113、117 页。
⑤ 张朋川：《中国彩陶图谱》，第 118 页。
⑥ 张朋川：《中国彩陶图谱》，第 119 页。
⑦ 张朋川：《中国彩陶图谱》，第 119、120 页。
⑧ 张朋川：《中国彩陶图谱》，第 127—131 页。

## 2. 彩陶之年代

裴文中说:"我们从各专家的研究和报告看来,可以知道:彩陶文化发达的中心,无疑问地是在黄河流域,西起青海,东迄河南,中间包括陕、甘二省。"他又进一步分析道:

> 我们先就河南西部及北部来说,至少彩陶存在的时间,计由仰韶时期(狭义的,即仰韶村所代表之时期),至于小屯时期(即我国历史上之商殷时代)。彩陶的制作,最发达于仰韶时期;从此而后,陶器工业转变向他种陶器(如黑陶及白陶),彩陶遂渐衰落,而至于绝灭。……再以甘青地区而论,半山及马厂时期的彩陶,是何等的精致,制作是何等地繁难,我们一看可知。……因此彩陶多而精,就是彩陶文化发达到鼎盛时期。至辛店、寺洼时期,所发见之彩陶,概皆粗糙,纹饰简陋。……我们总观甘青地区的彩陶工业,可以说鼎盛于半山和马厂时期(约相当于河南之仰韶时期),至辛店、寺洼时期则成了"尾声"。①

那么,我国彩陶最早在何处?

对于我国彩陶的发源地,大家有不同之主张。安特生最初认为彩陶起源于中央亚细亚,然后通过新疆、河西走廊往东传播到甘肃,再传播到河南。后来安特生认为彩陶文化可能起源于甘肃。而李济、梁思永的观点是彩陶起源于豫北,然后往西传播到甘肃、新疆。

裴文中认为新疆彩陶文化"实较黄河流域为晚","豫北之彩陶文化,吾人亦认为晚期者,且有退化之象征"。因此,裴文中认为彩陶不会起源于中亚细亚或起源于豫北,至于会不会起源于甘肃或豫西,尚待研究。②

其实关于我国彩陶的发源地应该是比较容易解决的。由于夏族是从陇山地区逐步迁徙到河水中下游的,因此夏族的彩陶只能来自秦陇地区而不会来自豫北。

当夏族处于陇山地区时,他们的西北方向有大量彩陶社会,而当夏族从陇山地区向河水中下游移殖的时候,他们离开了彩陶的环境。豫北在河水中下游的东境,处于夏族与伏羲氏之交界。因此,夏族不大可能离开大西北的彩陶文化而来到河水中下游接受豫北的彩陶文化。不仅豫北是这样的情况,豫西也是一样。

从夏族来自陇山地区的背景来看,夏族的彩陶不会来自河南与山西,而是陇山地区的一部分。最早的彩陶距今八千多年。张朋川说:"老官台文化的秦安大地湾一期遗址的 $^{14}C$ 测定年代为约距今 8170—7350 年(自 1950 年起算,下同)……这和世界目前发现最早含有彩陶的两河流域的耶莫有陶文化(距今 8080—7586 年)和哈孙纳文化(距

---

① 裴文中:《中国史前时期之研究》,第 125、126 页。
② 裴文中:《中国史前时期之研究》,第 166 页。

今 7980—7281 年）的年代大致相当。"① 因此陶器当出现于三皇时期，而彩陶则出现在神农氏之末期。

3. 彩陶与陇山地区的发展

裴文中在考古活动中看到的陇山地区，可能是距今 7000 年前的历史，是历史上一个社会迅速发展的时代。

《周易·系辞》说："神农氏没，黄帝尧舜氏作。通其变，使民不倦。"何谓使民不倦？韩康伯注："通物之变，故乐其器用不解倦也。"孔颖达疏："量时制器，使民用之。"《周易·系辞》对此给出了后世圣人（即黄帝、尧、舜等）之"量时制器"，具体有"刳木为舟，剡木为楫"，"服牛乘马，引重致远，以利天下"，"弦木为弧，剡木为矢。弧矢之利，以威天下"。还有"上古穴居而野处，后世圣人易之以宫室"，"上古结绳而治，后世圣人易之以书契。百官以治，万民以察"②。因此，在五帝时期，生产在发展，建筑在发展，文字也出现了。特别要指出，正如许多学者指出的那样，陇山地区之夏族有了彩陶，也出现了原始农业。

（二）夏族与农业

夏族在秦陇地带已经有农业，但是秦陇地带的农业当不如中原，因此夏族在东迁中，他们的农业当有较大的发展，而农业后来就成了夏族的经济特点。相对来说，胡族的特点是畜牧，而戎族之特点为渔猎。因此在五帝时期，在夏、戎、胡三族中，夏族之特点为农业。

夏族在各地发展农业与兴修水利，到尧舜时期，他们在河水中游贫困的百姓已经得到了救助：

> 禹乃遂与益、后稷奉帝命，命诸侯百姓兴人徒以傅土，行山表木，定高山大川。……左准绳，右规矩，载四时，以开九州。……令益予众庶稻……命后稷予众庶难得之食。食少，调有余相给，以均诸侯。③

后来禹本人也在朝廷上说，他与益、稷将九川归于四海，将畎浍会于大川，将居民迁于富庶的土地：

> 鸿水滔天，浩浩怀山襄陵，下民皆服于水。予陆行乘车，水行乘舟，泥行乘橇，山行乘檋，行山刊木。与益予众庶稻鲜食。以决九川致四海，浚畎浍致之川。

---

① 张朋川：《中国彩陶图谱》，第 44 页。
② 《周易正义·系辞下》，（清）阮元校刻：《十三经注疏》，第 86、87 页。
③ 《史记·夏本纪》，第 51 页。

与稷予众庶难得之食。食少，调有余补不足，徙居。众民乃定，万国为治。①

所以禹说尧舜时期，夏族已经是一个繁荣的农业社会，"至于五千里，州十二师，外薄四海，咸建五长，各道有功"②。因此，夏族从陇山地区向河水中下游的移殖完成之后，它就成为历史上从未有过的强大富庶的国家：

于是九州攸同，四奥（四方之宅）既居，九山刊旅，九川涤原，九泽既陂，四海会同。六府（六府：金、木、水、火、土、谷）甚修，众土交正，致慎财赋，咸则三壤成赋（郑玄曰："众土美恶及高下得其正矣。亦致其贡篚，慎奉其财物之税，皆法定制而入之也。"）。③

从此夏族往往被称为"中国"。

夏族在秦陇地区的时候，就大力发展农业，不过夏族的农业与神农氏不同。神农氏是水稻，而夏族是种植小麦。因此河水中游成为黄河流域中最繁荣的中心地区。胡族、戎族不可能转而以农业为主，他们的经济得不到快速发展，故夏族就有了地理上的优势。

在黄帝、颛顼、帝喾时代，夏族打败了戎族，使得长江以北的戎族逐步向长江以南的地区转移。于是在尧舜时期，夏族建立了一个强大的统治中心，也就是晋南汾水流域，此处为我国第一个都畿。

## 四、渭水上游地区之文字

### （一）渭水地区与教化

#### 1. 渭水上游地区与教化

渭水地区社会的宗教意识比较淡漠，不强调天神的旨意与保护。

传说黄帝为了研究"治道"而师大填、学封巨、见岐伯，而不是祈求天神。墨子也说，国家之强弱就看用仁义之人还是用不义之人，如"舜染于许由、伯阳，禹染于皋陶、伯益，汤染于伊尹、仲虺，武王染于太公、周公……故王天下，立为天子，功名蔽天地"。另外，"夏桀染于干辛，殷纣染于崇侯、恶来……故国残身死，为天下僇"④。功名蔽天地还是国残身死，就看能否用仁义之人，而不是祈求天神保佑。

《史记·历书》曾记载黄帝以来，有天地神祇之官，"民神异业，敬而不渎……灾祸

---

① 《史记·夏本纪》，第79页。
② 《史记·夏本纪》，第80页。
③ 《史记·夏本纪》，第75页。
④ （清）孙诒让：《墨子间诂·所染》，《诸子集成》第四册，第7页。

不生"。可是在少暤氏之世，由于九黎乱德，因此"民神杂扰，不可放物，祸菑荐至"。其实所谓"民神杂扰"，即用神道的名义来统治民事，也就是政教合一，亦即神权政治。《逸周书·史记解》记载古来君主亡国之教训："昔者玄都贤鬼道，废人事天，谋臣不用，龟策是从，神巫用国，哲士在外，玄都以亡。"① 此为其败国亡家之道。

### 2. 严刑峻法

伏羲氏推行暴力统治，这在历史上有明确的记载。首先，严刑峻法。古人一讲到严刑峻法，即联系蚩尤。如《论衡》云："前世用刑者，蚩尤、亡秦甚矣。蚩尤之民，湎湎纷纷；亡秦之路，赤衣比肩。"② 其次，战争暴行。蚩尤成为大规模杀人的代表，如《史记·天官书》云："秦始皇之时……死人如乱麻……自蚩尤以来，未尝若斯也。"③

因此夏族与戎族的对抗，有其基本的根源。

### 3. 戎族融入夏族

《帝王世纪》谓伏羲氏"画八卦以通神明之德，以类万物之情"④。伏羲氏属于戎族，可见八卦是戎族文化。

从五帝时期起，夏族就向河水中下游和淮河中下游移殖，在太行山以东地区，黄帝与蚩尤发生激烈的战争。到颛顼、帝喾时期，夏族又与九黎有长期的冲突，最后夏族打败了戎族。一部分戎族仍留在原地，他们基本上融入了夏族，而其他戎族则向南方迁徙。

五帝时期之后，戎族离开黄河下游而向淮河流域迁徙，于是夏族也进一步向南推进。在夏、商两代，戎族最后逐步迁徙到长江流域，而夏族则控制了黄河流域、淮河流域。故中原地区的戎族逐步融入夏族，源自伏羲氏的神权模式就失去了根基。因此，夏、商两代是中原地区的戎族完全融入夏族的标志。这种融入不是由战争胜负所决定的，而是由夏、戎两族的社会所决定的，也是由夏族的特点所决定的。⑤

## （二）夏族已有文字

### 1. 传统经典

在儒书中，有许多"夏书"，如《五子之歌》记载太康之昆弟五人作"五子之歌"，其四曰："明明我祖，万邦之君。有典有则，贻厥子孙。"孔安国传："典谓经籍。则，

---

① 《史记·历书》，第1256、1257页；黄怀信、张懋镕、田旭东：《逸周书汇校集注·史记解》，第1032页。
② （汉）王充：《论衡·寒温篇》，《诸子集成》第七册，第141页。
③ 《史记·天官书》，第1348页。
④ 徐宗元：《帝王世纪辑存》，第5页。
⑤ 李伯谦提出"中国古代文明演进的两种模式"，即突出王权与神权的两种模式。参见李伯谦：《中国古代文明演进的两种模式——红山、良渚、仰韶大墓随葬玉器观察随想》，《文物》2009年第3期。红山文化与良渚文化正是戎族文化的代表，这是很有道理的，实际上夏族与戎族就代表了这两种模式。因此，夏族发展史就是王权模式的发展史，也是王朝模式战胜神权模式的历史，或中国神权模式衰落的历史。

法。贻，遗也。"孔颖达疏："我祖，大禹也。……典谓先王旧典。"①《左传》记载魏绛对晋侯说："《夏训》有之曰：'有穷后羿。'"杜预注："《夏训》，夏书。有穷，国名。后，君也。羿，有穷君之号。"孔颖达谓"夏书"指《五子之歌》。②

《左传》又引《夏书》批评楚共王："《诗》曰：'周道挺挺，我心扃扃，讲事不令，集人来定。'己则无信，而杀人以逞，不亦难乎？《夏书》曰：'成允成功。'"③

《墨子》也多处讲到《夏书》，同时也讲到《商书》《周书》等，如"故夏书曰'禹七年水'，殷书曰'汤五年旱'。此其离凶饿甚矣"④。又如《墨子》讲到古书中有鬼神之说，他历数周代以前之记载如下："周书《大雅》有之。……且周书独鬼而商书不鬼，则未足以为法也。然则姑尝上观乎商书。……且商书独鬼而夏书不鬼，则未足以为法也。然则姑尝上观乎夏书。《禹誓》曰：……此吾所以知夏书之鬼也，故尚者夏书，其次商、周之书，语数鬼神之有也。"⑤

《墨子》说："吾非与之并世同时，亲闻其声见其色也，以其所书于竹帛、镂于金石、琢于盘盂，传遗后世子孙者知之。《泰誓》曰……虽《禹誓》即亦犹是也，禹曰……且不唯禹誓为然。汤说即亦犹是也，汤曰……"⑥

值得注意的是，《墨子》引用的书包括《夏书》《商书》《周书》，限于"禹汤文武"。但《尚书·序》云："讨论坟典，断自唐虞以下讫于周"，孔颖达疏："《书纬》以为帝喾以上朴略难传，唐虞以来焕炳可法。"⑦可见，《尚书》中也有唐虞的历史。《史记·三代世表》之正义云："五帝久古，传记少见，夏殷以来，乃有《尚书》略有年月，比于五帝事迹易明。"⑧所以经典的出现（包括五帝时期那些疏略年月、事迹不明的经典），当追溯到五帝时期。

## 2. 夏族能够在五帝时期产生文字

许多文字学家否定商代之前可能产生文字，他们往往将文字与甲骨文联系在一起，但甲骨文不能代表商代的文化水平。

汉字在商朝已经成熟，不仅《尚书》中有商书，而且《尚书·多士》记载周公说："惟殷先人有册有典"⑨，就充分证明了这一点。因此在商代，除了内容简单的卜辞以外，肯定还有成熟的典籍。

孔子也说："夏礼吾能言之，杞不足征也；殷礼吾能言之，宋不足征也。文献不足

---

① 《尚书正义·五子之歌》，（清）阮元校刻：《十三经注疏》，第157页。
② 《春秋左传正义·襄公四年》，（清）阮元校刻：《十三经注疏》，第1933页。
③ 《春秋左传正义·襄公五年》，（清）阮元校刻：《十三经注疏》，第1936页。
④ （清）孙诒让：《墨子间诂·七患》，《诸子集成》第四册，第16页。
⑤ （清）孙诒让：《墨子间诂·明鬼下》，《诸子集成》第四册，第147、148、150页。
⑥ （清）孙诒让：《墨子间诂·兼爱下》，《诸子集成》第四册，第75、76页。
⑦ 《尚书正义·尚书序》，（清）阮元校刻：《十三经注疏》，第114页。
⑧ 《史记·三代世表》，第487页。
⑨ 《尚书正义·多士》，（清）阮元校刻：《十三经注疏》，第220页。

故也。足，则吾能征之矣。"① 夏礼、殷礼是有文献的。礼有文献，法也当有文献，因此当郑人铸刑书时，叔向对子产说："夏有乱政，而作《禹刑》；商有乱政，而作《汤刑》；周有乱政，而作《九刑》。三辟之典，皆叔世也。"② 如《淮南子》说："汤入夏而用其法，武王入殷而行其礼。"③ 汤打败夏桀的时候，已经能用夏法，那时的夏朝文字至少已经有甲骨文那样的表达能力，也不仅记载几个数字或一堆账目而已。

对于文字的出现，最值得注意的是仓颉造字的传说。《尚书·序》云："古者伏牺氏之王天下也，始画八卦，造书契以代结绳之政，由是文籍生焉。"孔颖达疏："《尚书纬》及《孝经纬》皆云三皇无文字，又班固、马融、郑玄、王肃诸儒皆以为文籍初自五帝，亦云三皇未有文字。"但孔颖达又说："《世本》云：仓颉作书。司马迁、班固、韦诞、宋忠、傅玄皆云：仓颉，黄帝之史官也。崔瑗、曹植、蔡邕、索靖皆直云：古之王也。徐整云：在神农、黄帝之间。谯周云：在炎帝之世。卫氏云：当在庖牺、苍帝之世。慎到云：在庖牺之前。张揖云：仓颉为帝王，生于禅通之纪。"④ 故按照传说，仓颉造字之年代，最晚为黄帝时，最早为伏羲时，甚至说禅通纪。但至今实际见到之文字（甲骨文）距今不过三四千年。因此，文字的产生年代，至今仍是众说纷纭，莫衷一是。

考古学家裴文中说："至于甲骨文，我们从考古学上观察，甲骨文绝不是最原始的文字。在它以前也应当有文字，但是我们不能知道它是否发源于原始的中国文化。我们更知道原始中国文化，乃由龙山、仰韶、铜器和原始文字方面荟集而来，在河南、山西、陕西发达而成。"⑤ 将甲骨文以前的文字说成是由龙山、仰韶、铜器、原始文字方面荟集而来的结论是不成立的。

夏族的文字是怎么形成的？我认为其主要原因是夏族社会发展的需要。夏族的宗社组织需要加强部族之间的联系，夏族的特点是维持氏族与宗社的联系。同时在发展中教民从事农业、历法、礼乐、法制等，所谓禹敷土、后稷播种、益辟山莱、羲和掌历、夔主乐、皋陶作士、契作司徒，教民孝友。"与益予众庶稻鲜食。以决九川致四海，浚畎浍致之川。与稷予众庶难得之食。食少，调有余补不足，徙居。众民乃定，万国为治"。⑥ 因此文字成了夏族发展所必需的东西。许多人往往把贸易的需要作为产生文字的根源。其实，从夏族的整个发展来看，文字是发展经济等所必需的条件。《尧典》《舜典》就是重要的政治文诰，其重要性不是贸易可比的。

"在今甘肃庆阳境内孟桥遗址，就出土了许多有刻划符号的陶器。……所谓'书出洛，赤文篆字以授轩辕'，只是一个假托而已。当然赤文篆字，也不是真正意义上的篆

---

① （清）刘宝楠：《论语正义·八佾》，《诸子集成》第一册，第49页。
② 《春秋左传正义·昭公六年》，（清）阮元校刻：《十三经注疏》，第2044页。
③ （汉）高诱注：《淮南子·齐俗训》，《诸子集成》第七册，第179页。
④ 《尚书正义·尚书序》，（清）阮元校刻：《十三经注疏》，第113页。
⑤ 裴文中：《中国史前时期之研究》，第212—213页。
⑥ 《史记·夏本纪》，第79页。

字，应该是一种象形文字。这是符合文字发展规律的。"①

关于中国文字的产生问题，将另外进行研究。

3. 夏族政治伦理的特点

从五帝时代起，人类就开始对师道与学问的强调。如《路史》说："（黄帝）师于大填，学于封巨、赤诵，复岐下见岐伯，引载而归，访于治道。"②

夏族对万民实行教化。孔子谓颛顼"治气以教民"，王聘珍注："气，谓五行之气。教民，谓播五行于四时，使民知布种百谷也。"帝喾"知民之急。……抚教万民而利诲之"。孔子谓帝舜"好学孝友，闻于四海"，"睿明通知，为天下工"③，整个段落如下：

好学孝友，闻于四海；陶家事亲，宽裕温良，敦敏而知时，畏天而爱民，恤远而亲亲。承受大命，依于倪皇。睿明通知，为天下工。使禹敷土，主名山川，以利于民；使后稷播种，务勤嘉谷，以作饮食；羲和掌历，敬授民时；使益行火，以辟山莱；伯夷主礼，以节天下；夔作乐，以歌钥舞，和以钟鼓；皋陶作士，忠信疏通，知民之情；契作司徒，教民孝友，敬政率经。其言不惑，其德不愿，举贤而天下平。④

这是教民从事农业、历法、礼乐、法制等国家大事。例如，帝舜与皋陶的一段对话说：

帝曰："皋陶……汝作士，明于五刑，以弼五教。期于予治。刑期于无刑，民协于中，时乃功，懋哉。"皋陶曰："帝德罔愆，临下以简，御众以宽。罚弗及嗣，赏延于世。宥过无大，刑故无小。罪疑惟轻，功疑惟重。与其杀不辜。宁失不经。好生之德，洽于民心，兹用不犯于有司。"⑤

通过上述舜的实例，我们可以看到五帝时期的"教民"以到达"天下平"的伦理，包括经济生产、政治法律、社会道德等方面。

# 五、夏族史成为中国史

由于《史记》以《五帝本纪》为首，因此讲古史者，往往以五帝为中国历史的开篇。因此，夏族史成为中国史。中国历史即以黄帝为源，不复顾及黄帝之前的中国史事。

---

① 刘治立主编：《庆阳通史》上卷，北京：商务印书馆，2011年，第97页。
② （宋）罗泌：《路史·黄帝》，第84页。
③ （清）王聘珍撰，王文锦点校：《大戴礼记解诂·五帝德》，第120—122页。
④ （清）王聘珍撰，王文锦点校：《大戴礼记解诂·五帝德》，第122—123页。
⑤ 《尚书正义·大禹谟》，（清）阮元校刻：《十三经注疏》，第135页。

两千年来，不少学者希图改变这种情况，他们认为"三皇五帝"为中国历史的起源，而所谓的"三皇"为伏羲氏、神农氏以及黄帝。但是这个做法是把三皇与五帝混淆不分，是不合理的。伏羲氏、神农氏属于戎族，黄帝属于夏族，因此"三皇"与"五帝"是戎族与夏族之间两个并行的帝王系列。因此"三皇"是东方的帝王系列，"三皇"没有后继，"三皇"的后裔大部分留在原地，他们是亡国了，其他后裔则南迁到长江流域。"五帝"本是西方的帝王系列，但这个帝王系列以后控制了东方，因此这个帝王系列后来称之为"中国"。

因此，司马迁以《五帝本纪》为中国史之开端，这是正确理解了三皇与五帝的本质。孔安国、皇甫谧等人正是误解了这一点，因而他们以伏羲、神农、黄帝为"三皇"，另以少昊、颛顼、帝喾、尧、舜为"五帝"。《史记·五帝本纪》之正义云："太史公依《世本》《大戴礼》，以黄帝、颛顼、帝喾、唐尧、虞舜为五帝。谯周、应劭、宋均皆同。而孔安国《尚书序》、皇甫谧《帝王世纪》，孙氏注《世本》，并以伏羲、神农、黄帝为三皇，少昊、颛顼、高辛、唐、虞为五帝。"① 孔安国、皇甫谧没有搞清楚"三皇"与"五帝"是不能混而为一的。

此外，一些史书亦以"三皇"为中国历史之首，如司马光说："伏羲之前，如天皇、地皇、人皇、有巢之类，虽于传记有之，语多迂怪，事不经见，臣不敢引。独据《周易》自伏羲以来叙之。"② 以伏羲氏为中国历史之起点不甚符合中国历史的本质。又如《路史》第一、二卷为《太昊伏羲氏》，第三、四卷为《炎帝神农氏》。而一些作者要修改《史记》，如司马贞就著《三皇本纪》以补充《史记》之缺，而徐文靖则著《竹书纪年前编》以补《竹书纪年》之缺。

徐文靖解释说："《纪年》始于黄帝，盖黄帝使大挠作甲子，自是而后始得以甲子纪年故也。《周礼·外史》掌三皇五帝之书，《易大传》黄帝之前有神农、伏羲，孔安国《书序》伏羲、神农、黄帝为三皇……故特仿司马承祯《三皇补纪》之例，列之于前，非好为蛇足也。"③ 徐文靖认为"五帝"是中国历史的开始，其理由是黄帝时代才有了"甲子"纪年。这个理由是说不通的。既然有了"甲子"纪年，那就有了"甲子"之前的纪年，实际上，在古史中有许多关于黄帝之前的记载。因此史书以黄帝为始，绝非由于"甲子"之故。孔安国将黄帝归之"三皇"，其原因在于以伏羲氏作为历史之起点，就改变了黄帝的历史地位。

---

① 《史记·五帝本纪》，第1页。
② （宋）司马光：《稽古录》，《二十二子》，第1040页。
③ （清）徐文靖：《竹书纪年统笺》，《二十二子》，第1040页。

# [补注]《凉山罗彝考察报告》

马长寿说:"我在凉山中部八千罗遇到一位阿禄族的老彝,他能指陈阿禄族中尼区家古今内外的全部系谱。……该老彝的记忆中居然能有一个五百个人名以上的系谱。……但记载系谱的经典除巫谱及一二家土司世系外,可云绝无仅有。……凡亲历过罗彝背诵家谱的情态,那种滔滔不竭、娴熟无滞的能力,无人不惊叹其记忆力之坚强。""到凉山,在日光下,田野中,道途上,以及炉火旁边,到处可以听到此类攀谈。由始祖说起。"根据马长寿所说,彝民尽管有了文字,但他们仍然用背诵来记忆家谱。若是为了背家谱这样重要的数据,也不值得使用文字。因此一个社会如果没有大量的需要,就不一定需要文字。即使有了文字,不过留给少数的专门人士,一般人也不用。

凉山彝民在民国初年时曾有"私塾"出现,但不久即解体。马长寿说:"在罗彝原始文制中并无固定的处所,如学校私塾之类、为教习机关。……然则罗彝文化岂无传授之机关耶?曰:……即在日常生活之中。"例如:"其父又特将醻俎之仪、宾客之礼、奠祭之法,陈述于子弟,即家乘家谱,以及先民的荣誉战争与劳苦徙殖等故事,亦在此酒酣耳热之际,背诵出来,滔滔不绝。子弟……须庄严地听,听而后作。……贵族教育,尚有一特点,即养成尊贵黑彝之滔滔不绝的辩才。"[1]

---

[1] 马长寿:《凉山罗彝考察报告》,成都:巴蜀书社,2006年,第204、205、379、381页。

# 第二部分　夏族之初始时期

# [06] 夏族的起源

## 一、夏族起源于甘肃

夏族是我国的著名民族。现代著名的考古人员都认为，夏族的起源当位于甘肃。为什么考虑到甘肃？我们认为这与近代的考古发现有关。

首先，夏族的考古与渭水上游密切相关，也就是渭水上游与中国古代有紧密联系。特别是渭水上游与中国古史有直接的联系。渭水上游的天水地区有大量文化遗址，例如甘肃秦安大地湾遗址，天水西山坪、师赵村、王家阴洼等遗址的发现，显示渭水上游与中国古史有直接联系。

裴文中在1947年曾去甘肃做史前考古。裴文中看到的渭河上游文化，其最早一期应该是仰韶文化的早期，也就是距今7000年左右的情况，因此在历史中，陇山地区在距今7000年左右是非常繁荣的地区，但是它的彩陶文化后来逐步衰落。因此裴文中所观察到的可能就接近黄帝生活的时代，因此夏族正是在陇山地区的繁荣时期形成的。

裴文中那时考察了四个区域①，即：

渭河上游（从渭水上游之天水，沿渭水往西北到达渭水之源头）；
西汉水流域（从天水南进入西汉水之源头，再往东南方沿西汉水到达礼县、西和、成县）；
洮河流域（洮河从碌曲发源向东，到岷县转而向北。再向北到兰州入黄河）；
大夏河流域（大夏河在洮河以西，在甘肃边界发源，北上至兰州附近入黄河）。

渭河上游与西汉水可以说是紧密联系的两个部分，而洮河与大夏河则是紧密联系的两个部分。

1. 渭水上游

渭水上游包括甘谷、武山、陇西等县。裴文中当时所见到的渭水上游最古的文化为"彩陶文化的仰韶期"，他认为，渭河上游史前所居住的人比现在还要多。他说：

---

① 裴文中：《中国史前时期的研究》，第200页。

此期在渭河上游分布极广，现在有人居住的地方，从前就有此期文化的存在，面积比现在的村落还大，换言之，即史前时代渭河上游所居住的人类，比现在还要多。渭河上游的文化，可以分为三期，最早的是仰韶期，其他两期到现在还没有定名……到中期的时候，仰韶文化开始衰落。所使用的彩陶较少，花纹退化，技术也比较粗糙。到晚期时候，渭河上游的彩陶文化，已经极端的（地）衰落，陶器中的彩陶非常少，花纹也非常简单，眼看快要绝灭了。[1]

为了考察渭水上游的历史，最好是研究渭水上游的文化遗址。考古学家对渭水上游的考古只是考察考古点上的情况，只是对考古遗址的探索。那么，渭水上游有哪些考古遗址？考古学家发现的渭水上游最重要的考古遗址有大地湾、西山坪、师赵村、王家阴洼，现在就进一步考察各个遗址的大致情况。

（1）大地湾

大地湾位于甘肃秦安县五营镇邵店村东南，面积约110万平方米。大地湾遗址处于陇山西侧的清水河和阎家沟交汇的台地上。

大地湾一期遗存的分布达4000多平方米。木炭标本测定为公元前5200±90年（半衰期5730年，未经树轮校正），与磁山、裴李岗等遗址的年代比较接近，比仰韶文化早期半坡类型要早1000年左右。居民既从事狩猎与捕捞，也从事农业与畜养。

大地湾一期的墓葬全是长方形竖穴土坑墓，没有发现葬具痕迹。墓向大致分为南北向和东西向两种。墓葬能辨别葬式的6座，都是单人仰身直肢葬。[2]

大地湾一期距今7800—7300年，二期距今6500—5900年，三期距今5900—5500年，四期距今5500—4900年，五期距今4900—4800年。[3] 四期发现有巨大的建筑F901。

（2）西山坪

西山坪遗址位于甘肃省天水市西15千米处太京镇，总面积为20多万平方米。[4]

西山坪的早期遗存有大地湾一期文化遗存（西山坪一期），在甘肃境内目前已发现的只有秦安大地湾与天水西山坪两处。目前校正年代距今7800—7300年。[5] 又有北首岭下层遗存（西山坪二期），校正年代为距今7100年左右。

西山坪一期陶器均为手制，陶器中有少量彩陶。在少数陶器的外表，还可见到简单的刻画符号，可能是具有特定意义的符号。[6]

---

[1] 裴文中：《中国史前时期之研究》，第209、210页。
[2] 程晓钟：《大地湾考古研究文集》，兰州：甘肃文化出版社，2002年，第205、58、42页。
[3] 甘肃省文物考古研究所：《秦安大地湾——新石器时代遗址发掘报告》，北京：文物出版社，2006年，第861页。
[4] 中国社会科学院考古研究所：《师赵村与西山坪》，北京：中国大百科全书出版社，1999年，第222页。
[5] 中国社会科学院考古研究所：《师赵村与西山坪》，第230页；甘肃省文物考古研究所：《秦安大地湾——新石器时代遗址发掘报告》，第706页。
[6] 中国社会科学院考古研究所：《师赵村与西山坪》，第233页。

（3）师赵村

师赵村位于甘肃天水市太京镇。师赵村遗址东西约 1000 米，南北约 200 米，总面积共约 20 万平方米。①

师赵村一期文化遗存，并在西山坪遗址发现，有大地湾一期文化在下，师赵村一期文化在上的地层叠压关系。因此大地湾一期文化早于师赵村一期文化。② 而西山坪文化遗存从早到晚为大地湾一期、师赵村一期、西山坪二期、西山坪三期等。可见师赵村"第一期文化"与西山坪"第二期文化"十分接近。③

（4）王家阴洼

王家阴洼位于甘肃秦安县五营镇袁庄，王家阴洼遗址在清水河支流鱼尾沟的两支上游交汇处东岸的第二台地上。居住区集中于遗址的西南部，墓葬集中于东部与北部。④

王家阴洼第一类型年代距今 5800—5500 年，第二类型年代距今 5700—5000 年。在王家阴洼中，随葬品最多的墓是女性的。可见，此处有对妇女实行厚葬的习俗。

第一类型墓葬中，有刻划符号的彩陶钵共 10 件，分 5 种，出土于 5 座墓中。其中在 M62、M63 各出土两件刻有同一种符号的彩陶钵，值得注意。

2. 西汉水流域

西汉水流域包括甘肃成县、礼县、西和县，裴文中说西汉水流域中的史前文化与渭河上游大体相同，"仅有地理上性质的不同，像陶器的边缘特别宽等"⑤。但是汉水上游与渭水上游在文化面貌有显著的差异，大地湾一期的遗存应属于"西部类型"。

3. 洮河流域

洮河流域包括"临洮、洮沙及宁定一带"，最早的文化与渭河上游"几乎完全相同"⑥。

4. 大夏河流域

有甘肃临夏县等地。齐家文化分布在大夏河流域，裴文中认为："齐家期好像代表另一种文化，大部分没有彩陶……更发见打击成之石器及长城以北之细石器。……此文化与彩陶文化或仰韶文化，并无多大关系。"⑦

---

① 中国社会科学院考古研究所：《师赵村与西山坪》，第 11 页。
② 中国社会科学院考古研究所：《师赵村与西山坪》，第 307 页。
③ 中国社会科学院考古研究所：《师赵村与西山坪》，第 222 页。
④ 甘肃省博物馆大地湾发掘小组：《甘肃秦安王家阴洼仰韶文化遗址的发掘》，《考古与文物》1984 年第 2 期。
⑤ 裴文中：《中国史前时期之研究》，第 210 页。
⑥ 裴文中：《中国史前时期之研究》，第 210 页。
⑦ 裴文中：《中国史前时期之研究》，第 211 页。

## 二、甘肃兰州周围

### （一）甘肃兰州周围之考古

1. 渭水之上游

1923—1924年，安特生在甘肃、青海之湟河流域、洮河流域及武威以北之民勤县（即镇番）附近发现了大量的考古遗物。他将这些遗物分为六期，大体上按时间排列：齐家期、仰韶期、马厂期、辛店期、寺洼期和沙井期。[①] 安特生在1924年回国后，这个工作就停止了。

后来许多人对安特生的分类提出不同的想法。但是没有人对安特生的六期看法有反对意见。

对于我国彩陶的发源地，笔者有不同之看法。关于中国彩陶起源地参见本书［05］。

2. 兰州周围

后来，考古学家在兰州周围发现大量马家窑文化遗址。

裴文中发现了渭水上游的河谷是史前人类居住的地方。这个史前文化最早是彩陶文化鼎盛的时期，就是安特生所说的"仰韶期"。安特生所说的"仰韶"是他以"仰韶"作为整个彩陶时期，但是后来在渭水上游表现出来的实际上是马家窑文化。所以，安特生与裴文中所谓"仰韶期"的文化，应该是马家窑文化。

### （二）马家窑文化

后来的考古发掘说明，马家窑早、中期文化分布广泛，以兰州、洮河、大夏河为中心，西出湟水，东北出黄河，往东通过祖厉河、清水河。因此马家窑文化以兰州、洮河、大夏河为中心，往西通过湟水，往北通过黄河及其支流东出宁夏南部以及甘肃东部，更重要的是往南经过大夏河、洮河而到渭水源头而直达渭水上游。

因此，马家窑文化以兰州、临夏永靖境内黄河两岸为分布中心，分布于甘肃兰州一带，又分布于湟水流域、渭水上游、甘肃东部。

马家窑文化的范围西至青海同德，北入宁夏中卫，东起甘肃泾川，南抵四川汶川。因此整个马家窑文化可以分为马家窑文化的中部（兰州境内黄河上游以及其支流洮河、大夏河流域）、西部（湟水流域）、东部（渭河上游）。

马家窑文化西至武威的年代为公元前3300—前2900年。

因此，马家窑文化的一些重要遗址可以分为以下几个重要部分加以说明。

---

[①]〔瑞典〕安特生著，乐森珥译：《甘肃考古记》，北京：文物出版社，2011年，第21页。

1. 马家窑文化中部

所谓马家窑文化中部指的是兰州境内黄河上游及其支流洮河、大夏河流域。裴文中说："这个时代的彩陶制作之完美及应用之广，颇足令人惊异。"[①]

马家窑文化中部，有很重要的考古遗址：

（1）朱家寨

1923年，安特生从西宁出发，向青海湖进发，他沿西宁河北岸西行，发现了朱家寨遗址。朱家寨遗址位于西宁河北岸，距西宁17千米。[②]

安特生针对朱家寨遗址提取的一种原始文字说："在殉葬诸器物中，尚有数址（如西宁县朱家寨之遗址等）之小件……即长方之小骨板是也。……有时此种骨板，结成小群，边边相依……著者因思及上刻之纹，或即一种原始之文字。"[③]

（2）马家窑

马家窑遗址位于甘肃临洮县。夏鼐曾到临洮调查史前遗址，又赴寺洼山调查发掘，以明确寺洼期墓葬与马家窑期遗址的关系。从地层上或从遗物而论，发现寺洼期墓葬显然较马家窑文化期为晚。并从地层上证实了甘肃仰韶文化早于齐家文化，提出将临洮的马家窑遗址另定一名称。从20世纪50年代开始，考古学界普遍主张以马厂遗址为代表的另一类史前遗存，与马家窑、半山的遗存合在一起，统称为马家窑文化。[④]

"马家窑文化渊源于仰韶文化系统晚期、自具特征的大地湾仰韶晚期的陇西类型"的观点，很快为学术界所接受。大地湾仰韶晚期遗存分布的范围恰是马家窑类型先民活动的文化区，这一文化区的南、北、西三面不见早于马家窑类型的任何古文化遗存。而两者在经济结构、生产力发展水平、社会性质上均以农业经济为主，栽培品种扩大，家畜饲养种类和数量增多，农业收获稳定；对偶婚个体家庭和父权制确立；房址、葬俗、生产工具种类和器形、彩陶的风格等一致表现出演化趋势。马家窑类型的生产力水平较大地湾仰韶晚期遗存有明显提高。两者在时代上早晚衔接较紧，且两者有多处地层叠压关系。马家窑类型不可能是异地迁徙而来，只能是从陇山以西被它叠压的大地湾仰韶晚期遗存发展而来。[⑤]

马家窑是彩陶文化的中期或晚期，是马家窑文化最有代表而又最常见的文化遗存。其主要分布于河湟地区，以兰州、临夏永靖境内为其中心区，包括兰州，临洮县马家窑、东乡县林家、永靖县马家湾、永登县蒋家坪等。

（3）东乡林家

林家位于甘肃东乡县。在林家遗址和蒋家坪遗址共发现房屋30余座，有圆形和方

---

① 裴文中：《中国史前时期之研究》，第202页。
② 〔瑞典〕安特生著，刘竞文译：《西宁—朱家寨遗址》前言，西宁：青海人民出版社，1992年，第1页。
③ 〔瑞典〕安特生著，乐森珣译：《甘肃考古记》，第12页。
④ 段小强：《马家窑文化》，北京：文物出版社，2011年，第3、4页。
⑤ 段小强：《马家窑文化》，第12页。

形两种。林家遗址早期和中期的房屋大多为方形或长方形半地穴式建筑，中期房屋建筑在夯土层中。林家遗址上层房屋大都是地面建筑，出现了挖基打墙的技术，有的房屋出现隔间和连间。窖穴有袋状、长方形弧壁、大口直壁筒状等几种。在一个袋状窖穴中发现碳化的粟，穴底有侧身屈肢人骨1具。

林家遗址有一定规模的纺织业，发现石、陶纺轮共58件，骨针共236件，制作均精细。林家遗址出土了大麻籽，推测当时已有大麻的种植，它的纤维可以纺织麻布、制衣。从林家……遗址采集马家窑文化层的木炭标本，经 $^{14}C$ 年代测定，其绝对年代为公元前3369—前2882年。

林家遗址中发现完整的铜刀一件。它是我国最早的青铜刀，还发现3块铜渣。$^{14}C$ 测定为公元前3000年。而在永登蒋家坪出土的残铜刀1件是最早发现的，$^{14}C$ 测定约为公元前2300年。[①]

2. 马家窑西部（主要指湟水流域）

20世纪40年代，裴文中调查了兰州附近以及河西走廊和湟水流域，发现了马厂类型遗址多处。已发掘的遗址有甘肃省永靖县马家湾、永登县蒋家坪，青海省乐都县（今海东市乐都区，下同）柳湾等。马家窑西部包括永靖（马家湾）、永登（蒋家坪）、乐都（柳湾）等。

（1）永登蒋家坪

蒋家坪位于甘肃省永登县。1974—1975年，考古学家在发掘永登县蒋家坪遗址中，发现马厂类型墓葬打破马家窑类型的地层关系，证实了两者的早晚关系。[②]

"马厂类型的房屋在永靖马家湾遗址和永登蒋家坪遗址共发现14座。蒋家坪发现平地起建的房屋，有方形和长方形单间的，也有双套间和多间的，还发现'吕'字形双室和多元套间房屋。屋内普遍设有袋状窖穴，最大窖穴的容积达3立方米。房屋有门道，屋内中央有圆形灶坑。马家湾发现的房屋均为地穴式建筑……遗址附近还有制陶窑址。""蒋家坪遗址的一座大墓，墓主人骨架下挖一个长方形的深坑，坑内分层埋猪、狗各1只，人骨1具，人头1个。1具人骨为一老年女性，左臂缺手，头骨一侧被打破。一个人头骨为十几岁的少年，头骨被打得粉碎，放置在1个彩陶豆中。据研究，老年女性应属奴隶殉葬，少年的头骨仍是人祭的遗存。"[③]

（2）乐都柳湾

柳湾位于青海乐都。"1974—1980年发掘的乐都柳湾墓地，这是黄河上游迄今已知规模最大的一处氏族公共墓地，发掘墓葬1700多座，包括半山类型、马厂类型、齐家

---

[①] 段小强：《马家窑文化》，第22、24、207页。
[②] 段小强：《马家窑文化》，第27页。
[③] 段小强：《马家窑文化》，第29页。

文化和辛店文化等不同时期的墓葬，但以马厂类型为主。出土随葬器物3万多件。"①
"柳湾遗址发现的人像彩陶壶，（器表有彩绘和雕塑相结合）是我国原始艺术中罕见的珍品。在彩陶中还发现部分彩陶的下腹部绘有符号花纹，一般是'+''－''0''卍''1'等。它们可能代表陶器制造者的记号，也可能代表氏族家族的一种徽号，或者是文字产生前的记事符号。"②

柳湾值得注意的是随葬粮食，用"大粗陶瓮，摆在墓室的最前面，内装满粮食，标本经中国科学院植物研究所鉴定为粟。……有的粟保存犹新"③。

柳湾的"马厂类型墓葬共872座，形制有长方形竖穴土坑墓和凸字形墓两种，而以前者为主。"一般长方形竖穴土坑墓较小，凸字形墓较大。"有人骨架的813座"。随葬品一般埋葬陶器40—60件，还有用海贝和石贝随葬的。"在随葬品种类上也明显体现了男女有别的观念，男性多石斧、锛、凿，女性多为纺轮。"在"柳湾马厂类型中，发现数座殉奴隶的墓。"这种安排是"认为死者灵魂不灭，因此让死者在冥世中能和生前一样从事生产劳动和生活"④。

在洮河流域一带的区域中，最早的仰韶文化和渭河上游几乎完全相同。但此期以后就是安特生所说的辛店期，"并受有中国文化相当的影响，像花纹中的雷纹、云纹，都是代表中国文化的式样，等到汉代文化侵入以后，此期的彩陶文化，才完全绝灭"⑤。

## 三、夏族之历史传说

### （一）夏族的原始地域

1. 纬书记载"天地开辟"

《春秋命历序》有一个极为重要之文字，讲到"天地开辟"，并讲到天皇、地皇、人皇。其有关"天地开辟"之内容如下：

> 天地开辟，万物浑浑。无知无识……天体始于北极之野，地形起于昆仑之墟。宋均注：北极为天之枢，昆仑为地之柄。日月五纬，俱起牵牛，四万五千年。……天皇出焉。……兄弟十三人继相治……共治一万八千岁。天皇被迹在柱州昆仑山下……次后地皇出……兄弟十一人……兴于龙门熊耳诸山，共治一万九千

---
① 段小强：《马家窑文化》，第27页。
② 段小强：《马家窑文化》，第30页。
③ 青海省文物管理处考古队、中国社会科学院考古研究所：《青海柳湾——乐都柳湾原始社会墓地》，北京：文物出版社，1984年，第66页。
④ 段小强：《马家窑文化》，第203—205页。
⑤ 裴文中：《中国史前时期之研究》，第210页。

岁。次后人皇出焉。……兄弟九人，相象以别，分治九州。……共治四万一千六百岁。①

这个段落很长，首先谈到天体，然后讲到地形，最后出现天皇、地皇、人皇，并讲述天皇、地皇、人皇的统治地域与年代。值得特别注意的是纬书所讲到的地域，全是大家所熟悉的，即"北极""昆仑之墟""柱州昆仑山下""龙门熊耳山""九州"。"天地开辟"的内容可以归纳为以下五条：

第一，"天体"始于北极；
第二，"地形"起于昆仑之墟，历时 45000 年；
第三，天皇 18000 年，"被迹在柱州昆仑山下"；
第四，地皇 19000 年，"兴于龙门熊耳诸山"；
第五，人皇 41600 年，"分治九州"。

因此天皇、地皇、人皇实指各个时期的首领，其中天皇之地域为"柱州昆仑山下"，地皇则是"兴于龙门熊耳诸山"，而人皇则"分治九州"。因此《春秋命历序》的"天地开辟"可能就是对夏族历史的回忆，其中的昆仑山、龙门、熊耳山与九州就是现在的地名。

因此所谓"天地开辟"不是指整个宇宙，而是指一个"天体"，也就是夏族。而和夏族有关的原始传说有四个：第一，夏族之祖先在"北极"；第二，夏族在天皇统治下迁往"柱州昆仑山下"（即指陇山地区）；第三，夏族在地皇时向龙门熊耳山移殖（亦即向河水中下游移殖）；第四，夏族最后在人皇统治下控制了九州。

因此根据《春秋命历序》，所谓天皇可能就是指黄帝（他在陇山地区建成夏族，并开始向东方移殖），地皇则可能是指颛顼与帝喾（控制了黄河中下游），而人皇则可能是指尧、舜、禹（他们统治了九州）。实际上天皇、地皇、人皇就是夏族初期之首领。不过所记载的活动年代 18000 年、19000 年、41600 年，可能都是流传下来的数字。由于"天地开辟"都来自早期的传说，当时还没有历法，因此《春秋命历序》记载的年代不过是说明年代久远之意，但《春秋命历序》所记载的地名是真实的，年代也有具体背景。

2. 天地初立

《春秋命历序》还有第二个重要段落，它说明了"天地初立"，也涉及了天皇、地皇、人皇，并指出他们的地域、世系、年数，整个段落如下：

天地初立，有天皇氏，十二头……木德王，岁起摄提。兄弟十二人，立各一万八千岁。地皇十一头，火德王，姓十一人，兴于熊耳、龙门等山，亦各万八千岁。人皇九头，乘云车，驾六羽，出谷口。分长九州，各立城邑，凡一百五十世，合四万

---

① （清）黄奭：《春秋纬·春秋命历序》，第 204—205 页；又见《广雅》《礼记正义》《路史》等。

五千六百年。①

"天地初立"与"天地开辟"是差不多的。都是对夏族的整个起始做了总结。这里强调"兄弟"关系,则天皇、地皇、人皇还具有强烈部族结构的血缘社会。

无论"天地开辟"还是"天地初立",整个段落是描述夏族从"北极"迁徙到陇山地区建立夏族,然后他们离开陇山地区,向黄河中下游移殖,最后控制了九州。也就是说,在"五帝"时期,他们在黄河中下游建立了一个统一的部族,即夏族。这个夏族以后就称为"中国"。

由于夏族的建立,三皇时期的南北文化系统就变成了五帝时期的三个文化系统,可以称之为夏族、戎族与胡族。

夏族是五帝时期从北方文化系统中分裂出来的,夏族开始分布于陇山地区,后来夏族东迁于河水中下游地区,其地域分布于今陕西、山西、河南、河北、山东西部、江苏北部、安徽北部。

由于夏族的东迁,南方文化系统则被迫陆续向东南方迁徙。因此在五帝时期,以前的南方文化系统就集中于黄海、东海沿岸以及长江沿岸,他们还来到鄱阳湖、洞庭湖地区,有的来到南海沿岸以及西南地区。这些南方文化系统就称之为"戎族"。

由于夏族的发展,北方文化系统则向西北方迁徙,集中于甘陇以西与今长城以北地区,这些北方系统往往称之为"胡族"。

因此,三皇时期的两个南北文化系统,就演化为五帝时期的夏、戎、胡三个文化系统。

不过"天地开辟"与"天地初立"有一个重大区别,"天地开辟"最初是一个"天体始于北极,地形起于昆仑之墟……45 000年",然后才是"天地初立"。因此"天地开辟"是夏族在成立之前的史前阶段,也就是夏族在产生之前的原始阶段。这个问题下边再讨论。

以下先考虑夏族的祖先首先从"北极"迁徙南下到陇山地区的情况,再东迁到熊耳、河水中下游的情况,亦即夏族之祖先从"北极"南下"中国"的过程。

# 四、"北极"

(一)何为"北极"

纬书没有解释"北极"。

《穆天子传》:"曰'柏夭既致河典',乃乘黄之乘,为天子先,以极西土。"② 何谓

---

① (清)黄奭:《春秋纬·春秋命历序》,第200—201页。
② 顾实:《穆天子传西征讲疏》,北京:中国书店,1990年,第40页。

"以极西土"？是否是以西土为极？

《穆天子传》云："壬午，天子北征，东还。甲申，至于黑水，西膜之所谓鸿鹭。"顾实曰："黑水，即今新疆莎车府之泽普勒善河，其下流……为叶尔羌河。……穆王自洋水而至黑水，即自喀什噶尔河而至叶尔羌河，其行程极为分明也。"[1]

## （二）昆仑之由来

### 1. 昆仑山及新疆南北通道

昆仑山位于新疆之南道，从帕米尔高原进入新疆及西藏之边界即为"喀喇昆仑山"，从"喀喇昆仑山"即可进入新疆之南道。所谓新疆之南道即沿"昆仑山"北麓，从西喀拉喀什河到东方的且末境内。接着从新疆、西藏边境的喀拉米兰山口沿"昆仑山"到青海的"昆仑山口"。昆仑山口在青海格尔木市西南。因此从帕米尔高原由新疆之南道直达青海之格尔木。这一新疆之南道，其北边是塔克拉玛干沙漠，沙漠以北就是塔里木盆地。塔里木盆地北边是塔里木河，利用塔里木河可以进入新疆西部。

在塔里木河以北，还有新疆之北道。即从新疆东部哈密，往西经过鄯善，到吐鲁番。从吐鲁番向西路分两条，一条往西穿过天山到达乌鲁木齐，又到呼图壁，再分为两路：其一从玛纳斯到乌苏，又到精和再从霍城出关；其二从呼图壁到伊犁出关。另一条从乌鲁木齐往西南到达库尔勒市经轮台到疏勒，再到塔什库尔干出关。

在现代地理上，天山以北为新疆北部。

### 2. 昆仑

学术界对于古代的昆仑有不同的说法。顾实有一种非常正确的说法，他说："若夫昆仑一名词，与言'混沦'，言'囫囵'，声近则义通。"[2] 庄子历史的第一个阶段就是混沌。但是大家对昆仑有不同的说法，顾实说，昆仑在黄河之源。他还说："河水之阿，当在山黛湖之西北，当黄河东南流之屈曲处。"[3]

《穆天子传》说："天子已饮而行，遂宿于昆仑之阿，赤水之阳。"顾实说："水北曰阳，故赤水之阳，即赤水之北也。《庄子·天地》曰：'黄帝游乎赤水之北，登乎昆仑之丘。'是必经行乎赤水之北，而后克登于昆仑之丘。……董佑诚曰'金沙江上源三，曰那木齐图乌兰木伦河，曰托克托乃乌兰木伦河，曰喀齐乌兰木伦河。蒙古语谓赤色曰乌兰，盖即赤水'，是也。然经行此三乌兰木伦河之北，于理宜在其最北一源。……流沙即今蒙古大戈壁，通入甘肃、青海境内。此亦足证古人西行之路程，必当在今金沙江上游，最北一源之北岸也。"《穆天子传》说，几天之后，"天子升于昆仑之丘，以观黄帝

---

[1] 顾实：《穆天子传西征讲疏》，第104页。
[2] 顾实：《穆天子传西征讲疏》，第67页。
[3] 顾实：《穆天子传西征讲疏》，第19页。

之宫"①。

也有人认为河水之阳当即积石之南河北岸，迤西北至柴达木河北岸一带，《穆天子传》说："天子西济于河。爰有温谷乐都，河宗氏之所游居。"②

3. 西王母之邦

《穆天子传》实际上是讲述周穆王周游西王母之邦，《周穆王传》记载周穆王从甘肃出发，经青海，再由新疆之南道到帕米尔高原，到达西王母之邦后又到达容成氏转一圈，再从北道回到哈密进入"流沙之滨"的内蒙古。

《穆天子传》说："乃遂西征。癸亥，至于西王母之邦。"顾实说："西王母之邦，当在今波斯之第希兰（Teheran，今译德黑兰）附近。郭注引《竹书》云：'穆王西征至昆仑丘，见西王母。'于文甚略，不如穆传之详也。……然考西王母旧居，当在今中国新疆不与穆传同也。……《大戴礼·少闲篇》曰：'西王母来献其白玉管。'《汉书·律历志》《风俗通·声音篇》……亦均言'西王母献白玉管'之事。"顾实认为西王母之旧居当在新疆。③ 张星烺说："是西王母之邦，当在今'俄'领土土耳基思坦，撒马尔罕附近也。"夏德则以为周穆王最远似未出今长城关。柏林大学福尔克（A. Forke）谓："周穆王所至之西王母之邦即今阿拉伯也。"④

## 五、夏族的建立

当夏族从陇山地区向东方迁徙的时候，就逐步从北方文化系统进入南方文化系统。夏族向东方迁徙，就是争夺南方文化系统的领地。黄帝向东方的最后一战就是与蚩尤的涿鹿之战。《史记·五帝本纪》说："黄帝乃征师诸侯，与蚩尤战于涿鹿之野，遂禽杀蚩尤。而诸侯咸尊轩辕为天子。"⑤

蚩尤之失败，就表示南方文化系统的失败，夏族控制了渤海沿岸。因此南方文化系统只能向南迁移。在颛顼、帝喾时代，夏族继续南下，最后南方文化系统（就是戎族）控制的地域仅有东海海岸和长江以南，因此戎族留在长江以南地区。

从纬书可以看到，夏族虽然来自北方文化系统，其最初地域在陇山地区，但夏族东迁之后，其地域逐步从今山西、河南扩展到今河北西部、山东西部，因此夏族东迁就是建立了河水中下游的一个地域辽阔的部族，就称为"中国"。所以北方文化系统与南方文化系统的分裂从此消失。

---

① 顾实：《穆天子传西征讲疏》，第59—60，63、68页。
② 顾实：《穆天子传西征讲疏》，第42页。
③ 顾实：《穆天子传西征讲疏》，第130页。
④ （晋）郭璞：《穆天子传汇校集释》，北京：中华书局，2019年，第141页。
⑤ 《史记·五帝本纪》，第3页。

以下讨论五帝时期的年代。

（一）五帝之年代

（1）纬书关于五帝年代的记载

《春秋命历序》有一个重要的段落，记载了黄帝、少昊、颛顼、帝喾的年代，但是记载有点混乱，内容如下：

> 黄帝一曰帝轩辕，传十世，二千五百二十岁（或一千五百二十岁）。次曰帝宣，曰少昊，一曰金天氏，则穷桑氏，传八世，五百岁。次曰颛顼，则高阳氏，传二十世，三百五十岁。次是帝喾，即高辛氏，传十世，四百岁。[①]

其中黄帝十世（2520 年或 1520 年）；少昊八世（500 年）；颛顼传二十世（350 年）；帝喾传十世（400 年）。这些数字似乎不相称，难以令人信服，颛顼二十世，只有 350 年，而黄帝十世，竟有 2520 年或 1520 年，令人难以置信。

但是上述《春秋命历序》的段落只讲到黄帝、少昊、颛顼、帝喾，他们四个人总共约四千年。如果讲述"五帝"，那么"五帝"包括黄帝、颛顼、帝喾、尧、舜，再假定尧、舜为一千年，则五帝时期总共约为五千年。

"五帝"的年代五千年，这是否讲得通？注意，《春秋命历序》所说的黄帝、少昊、颛顼、帝喾是四个帝系（黄帝十世，少昊八世，颛顼二十世，帝喾十世，总共是四十八世），因此《春秋命历序》是将四帝（四十八世）设为"四千年"，如果加上尧、舜、禹，那么将"五帝"设为五千年。但是这个估计与传统文献是完全矛盾的。

（2）中国传统史书中关于五帝的年代

前边引述过《大戴礼记》记载孔子与其弟子宰予的一段谈话，他们讨论了黄帝的年代，孔子说"先生难言之"，孔子的意思是说黄帝的年代太远了，不好回答，他要宰予好好学习三代以后的历史。但是宰予一再继续询问"古昔之说"，于是孔子就回答了黄帝、帝颛顼、帝喾、帝尧、帝舜的历史，这就是《大戴礼记·五帝德》的内容。孔子把黄帝、帝颛顼、帝喾、帝尧、帝舜称为"五帝"。

其实在传统书传中，经常能看到"五帝"，也有五帝的年代。例如，《帝王世纪》记载黄帝"在位百年而崩，年百一十岁矣"，也就是说黄帝十岁即位，在位一百年，在一百一十岁去世。颛顼"在位七十八年，年九十一岁"，帝喾"在位七十年，年一百五岁而崩"，帝尧"即位九十八年，年一百一十八岁"，帝舜"年八十一即真……九十五而使禹摄政，摄五年，有苗氏叛，南征，崩于鸣条，年百岁"[②]。按照以上所说，五帝的这

---

[①] （清）黄奭：《春秋纬·春秋命历序》，第 203 页；《礼记正义·祭法》，（清）阮元校刻：《十三经注疏》，第 1587 页。
[②] 徐宗元：《帝王世纪辑存》，第 15、27、30、35、40 页。

些年龄显然都偏大，黄帝在位百年，去世时已经一百一十岁。尧去世时一百一十八岁。舜甚至在百岁之年，还率兵南征，在鸣条去世时一百岁。五帝年龄实在太大了，五帝合在一起总共约五百年，这些记载当然不可信的。但是将《帝王世纪》同《春秋命历序》的记载比较一下，《帝王世纪》的五帝年代只有五百岁，虽然各帝年龄偏大，但总共只有五百岁，而《春秋命历序》说黄帝、颛顼、帝喾、尧、舜合在一起总共是五千年，这个数字符合事实吗？尽管说是各帝还有十世、二十世，但是从秦汉到清朝，总共二十几个朝代才两千年，那么"五帝"这一个历史时期就能够到达五千年，这个合理吗？

## （二）从考古学看三代和五帝之年代

### 1. 三代之年代

（1）三代之开始

夏、商、周三代之历史年代比较清楚。由于夏朝历时 400 多年，商朝历时 554 年，周朝历时 790 年，因此三代总共 1700 多年。由于三代结束距今 2300 多年，而三代总共 1700 多年，故夏朝兴起距今 4000 多年。因此夏、商、周三代时期是从距今 4000 多年开始，而在距今 2300 多年结束。

（2）三代之结束

三代为夏、商、周三代。由于东周亡国时为周赧王五十九年（前 256 年），因此东周亡国距今 2300 多年。因此三代之结束距今 2300 多年。

### 2. 五帝年代

在三代之前为五帝，那么可以在三代的基础上，逆推五帝之年代。五帝是黄帝、颛顼、帝喾、尧、舜。

（1）五帝之开始

从纬书来看，黄帝就在流讫纪之时，因此五帝时期就在纬书的第十纪。此外，所有历史书都将神农氏置于黄帝之前，那么神农处在什么年代？

现代考古学也将伏羲氏、神农氏的时期定为总共大约 6000 年，大约从距今 15 000 年到距今 9000 年。因此黄帝之起始年代约为距今 9000 年。因此五帝的年代是从距今 9000 年开始到距今 4000 多年结束，大约是 5000 年。

（2）五帝之结束

由于三代时期是从距今 2300 多年逆推到距今 4000 多年。故五帝的时期当从距今 4000 多年往前逆推。由于五帝的结束时间距今 4000 多年，那么只能推求五帝时期之开始。

（3）五帝是五个王朝

从近代考古学来看，五帝时期长达五千年，因此五帝应该是五个王朝。传统儒书认

为五帝是五个帝王，那是错误的。不论是三百年还是五百年，都是错误的。

3. 五帝时期之历史划分

五帝时代为距今九千年到距今四千多年，大约五千年。这五千年的过程如何划分？

首先，《春秋命历序》称黄帝传十世，"二千五百二十岁或一千五百二十岁"，因此不妨估计黄帝占 2500 年。

其次，少昊八世，"五百岁"；颛顼二十世，"三百五十岁"；帝喾十世，"四百岁"，总共接近 1500 年。

最后，尧、舜、禹时代，是中国历史上最强盛发达的时期，已经是近代的文明社会了，可以估计为 1000 年。

因此根据纬书，五帝时期可以分为三个阶段：

第一阶段：黄帝阶段（大约从距今 9000 年到距今 6500 年）。
第二阶段：颛顼、帝喾阶段（大约从距今 6500 年到距今 5000 年）。
第三阶段：尧、舜、禹阶段（大约从距今 5000 年到距今 4000 年）。

这种划分是否合理？最根本的是对黄帝阶段的理解。黄帝阶段长达 2500 年。《帝王世纪》说黄帝去世时 110 岁，年龄超过 100 岁，已经没有人相信了。后来《大戴礼记》说到黄帝产生的影响是 300 年，也没有人相信。可是现在说黄帝阶段，或者也可以说黄帝的影响达到 2500 年，应该怎样理解？

2500 年是很长的时间，从汉朝到清朝总共一二十个朝代，合在一起也不过 2500 年，那么所谓黄帝，究竟代表什么年代？传说中黄帝 300 年，已与实际生活不符，那么黄帝怎么会长达 2500 年？①

## 六、夏族之演变与发展

（一）中国"现代人"的文化系统

1. 中国现代人的三个文化系统

中国旧石器时代的猿人有两个文化系统，就是南方文化系统与北方文化系统。但是

---

① 近代考古学最早也是最重要的发现，是安特生对彩陶文化的发现。彩陶文化是中国古代史中最重要的文化时期，可以认为是中国第一个文化时期。几十年来的考古发掘表明，仰韶文明是在距今 7000 年到距今 5000 年左右。中国古代史可以逆推为龙山文化（从距今 5000 年到距今 4000 年）、仰韶文化（从距今 7000 年到距今 5000 年）、前仰韶文化（距今 9000 年到距今 7000 年）。那么五帝时期正好包括下列三个文化时期，即前仰韶文化、仰韶文化、龙山文化。因此五帝时期的年代与考古学的研究比较一致。

到了新石器时代，却形成了三个文化系统。许多学者研究中国古代的文化传统时，往往忽视了存在三个文化传统的事实。三个文化系统的事实，在纬书《春秋命历序》中有清楚的说明，也就是"天地开辟"的事实。①

《春秋命历序》的"天地开辟"实际上就是对夏族整个开始过程的回忆，其中的昆仑山、龙门、熊耳山与九州就是现在的地名。

《春秋命历序》还有第二个重要段落，它说明了"天地初立"②。其中天皇"兄弟十二人"，地皇"姓十一人"，而人皇九头与"天地开辟"是差不多的。都对夏族的整个起始做了回忆。不过又讲到"兄弟"，则说明这一些部族还是血缘社会。

无论"天地开辟"还是"天地初立"，整个段落是描述夏族从"北极"迁徙到陇山地区建立夏族的过程，然后他们离开陇山地区，向黄河中下游移殖，最后控制了九州。也就是说，在五帝时期，在黄河中下游建立了一个统一的部族，即夏族。这个夏族所在的区域以后就称为"中国"。

由于夏族的建立和发展，三皇时期的两个南北文化系统就演化为五帝时期的夏、戎、胡三个文化系统。

2. 夏、戎、胡之融合

（1）夏族之扩充

夏族的建立是一个不断扩充的过程。黄帝是夏族之始祖，《史记·五帝本纪》说："（黄帝）生而神灵，弱而能言，幼而徇齐，长而敦敏，成而聪明。"③ 司马迁用这几句概括的描述来表示黄帝之青壮年时期，但没有谈到黄帝在青壮年时期的事迹。《国语》中司空季子说："昔少典娶于有蟜氏，生黄帝、炎帝。黄帝以姬水成，炎帝以姜水成。成而异德，故黄帝为姬，炎帝为姜。二帝用师以相济也，异德之故也。"④ 因此黄帝、炎帝青年时出自少典氏，在姬水、姜水建立了夏族。

黄帝是夏族之始祖，但同时夏族还建立了姬姓、姜姓的部族。姬水、姜水都位于陇山地区（见张肇麟《夏商周起源考证》）。姬姓、姜姓都发展壮大，"成而异德"，"用师以相济"。因此黄帝在陇山地区建成了强大之夏族，其中有黄帝与炎帝的两个"异德"而"相济"之部族。此即《史记·五帝本纪》用二十个概括的文字所表述的黄帝之主要事迹。

当夏族成为一个强大的部族以后，它包括姬姓、姜姓以及其他各姓，于是他们开始向东方移殖。当夏族沿着渭水、汉水向东移殖到河水中下游，一路上与当地居民发生冲突与激战，终于控制了今陕西、山西、河南以及河北西部。最后黄帝战胜了蚩尤，《史

---

① （清）黄奭：《春秋纬·春秋命历序》，第204页。
② （清）黄奭：《春秋纬·春秋命历序》，第200页。
③ 《史记·五帝本纪》，第1页。
④ 徐元诰撰，王树民、沈长云点校：《国语集解·晋语四》，第336—337页。

记·五帝本纪》说："黄帝乃征师诸侯，与蚩尤战于涿鹿之野，遂禽杀蚩尤。而诸侯咸尊轩辕为天子，代神农氏，是为黄帝。"又说："天下有不顺者，黄帝从而征之，平者去之，披山通道，未尝宁居。……迁徙往来无常处，以师兵为营卫。"① 因此黄帝在陇山地区建立了夏族，又使得它成为一个强大的部族。然后从陇山地区，经过了河水中游移殖到今河北，一路上征服了陕西、河南、山西各地的诸侯，最后黄帝在河北西部"禽杀"东方霸主蚩尤。

因此黄帝从陇山地区之一个"诸侯"，然后征服了河水中下游的全部大小诸侯，最后成为全国之"天子"。这就是《春秋命历序》中所谓黄帝长达两千五百年的事迹。实际上黄帝将三皇时期的南北两个文化系统转变成为五帝时期的夏、戎、胡三个文化系统：戎族在东南方，胡族在西北方，而夏族在戎族和胡族之间。夏族就称为"中国"。因此黄帝创立了"中国"，这个名称一直沿用到现在。此即《大戴礼记》所谓长达300年的黄帝影响。

（2）戎族融入夏族

当黄帝控制了河水中下游以后，一部分戎族迁徙到其他地区，但是其中大部分仍在原来的地区居住，而且在黄帝、颛顼、帝喾的时代，他们都陆陆续续融入了夏族。因此黄帝不只是建成夏族，而且最后将河水中下游以及其他许多部族，都融入了夏族，使得夏族得到巨大的发展。夏族从北方文化系统中分裂出来之后，其余的北方文化系统就成为西北各地诸族。从五帝以来，西北邻近各地诸族也陆陆续续融入了夏族。

三代之后，夏族继续从长江向南方发展，从长江到南海之间，戎族除了向西南与东南亚迁徙外，基本上全部都融入了夏族。因此，"三代"之后，夏族地域东至黄海、东海，南至南海，北至长城，西则兰州一线，整个成为夏族的领地。因此经过五帝及三王时期，夏戎胡的三个文化系统崩溃了，在长城以南、兰州以东的范围内，都成了夏族的领地。戎族、胡族只保留长城以北、兰州以西的地域。

到了汉朝以后，夏族的扩张停止了，而"夏族"的称呼改为"汉族"，这个称呼一直用到现在。在汉朝之前，大家讨论"夏族发展史"，而在汉朝之后，大家就讨论"汉族发展史"了。

3. 三皇、五帝、三王的历史序列

古史中一直将三皇时期看作是中国最早的历史时期，其次为五帝，再次为三王，因此《白虎通》解释"三皇五帝三王"之称号如下：

第一，三皇时"古之时，未有三纲六纪，民人但知其母，不知其父……于是伏羲仰观象于天，俯察法于地，因夫妇，正五行，始定人道"。"古之人民，皆食禽兽肉，至于神农……制耒耜，教民农作。"

---

① 《史记·五帝本纪》，第3、6页。

第二，至于五帝，则"黄帝始作制度，得其中和。……谓之颛顼何？颛者，专也。顼者，正也。能专正天人之道。……谓之帝喾者何也？喾者，极也。言其能施行穷极道德也。……谓之尧者何？……谓之舜者何？……言能推信尧道而行之"。

第三，至于三王，"三王者，何谓也？夏、殷、周也"①。因此，"三皇五帝三王"是中国古代依次出现的三个历史时期，其文化发展由三皇、五帝、三王组成。

《帝王世纪》则解释中国古代依次出现的历史时期如下："伏羲都陈，神农亦都陈，又营曲阜。黄帝都涿鹿，或曰都有熊。少昊都穷桑。颛顼都高阳。帝喾都亳，一曰都高辛。尧始封于唐，后徙晋阳，即帝位，都平阳。舜都蒲坂。禹本封于夏，为夏伯。及舜禅，都平阳或在安邑。汤都亳，至仲丁迁嚣。"②因此，伏羲、神农、黄帝、少昊、颛顼、帝喾、尧、舜、禹、汤、仲丁等，它们分布于今河南、山东、河北、山西等地。

由于种种记载，许多历史都将三皇、五帝、三王看成一个历史序列，其次序为伏羲、神农、黄帝、颛顼、帝喾、尧、舜、禹、汤、武。

根据上述讨论，三皇（伏羲氏、神农氏）属于南方文化系统，而五帝之猿人祖先当属于北方文化系统，因此三皇与五帝分属于不同的年代与地域。三皇形成于距今一万五千年左右，伏羲氏位于河北、山东沿海一带。五帝形成于距今九千年左右，位于陇山地区；而五帝之猿人祖先可能形成于一万五千年之前，出于"北极"。因此，三皇与夏族的猿人祖先，二者之间当没有历史关联。

"三皇"应该属于戎族的队列，而"五帝"则应属于夏族的队列，戎族的队列与夏族的队列是两个互相并行的队列。由于《史记》是以夏族为中心，故《史记》以《五帝本纪》为首，而后人在《史记》中添加《三皇本纪》是队列错位。《三皇本纪》应该属于戎族的历史，而不是夏族的历史。同样，《竹书纪年》卷一为黄帝、少昊、颛顼等，但徐文靖又加上太昊庖羲氏、炎帝神农氏形成《竹书纪年前篇》。因此《竹书纪年》加上《前篇》也是队列错位。

## （二）夏族之年历简表

在现代考古学的基础上，我们可以利用纬书提供一份夏族从起源到夏商周三代的"夏族之年历简表"。

### 1. 夏族之祖先

《春秋命历序》言："天体始于北极之野，地形起于昆仑之墟。……天皇被迹在柱州昆仑山下……地皇出……兴于龙门、熊耳诸山。……次后人皇出焉。……分治九州。"③根据此项记载，可以得到下列结论：

---

① （清）陈立撰，吴则虞校点：《白虎通疏证·号》，第 50、51、53、54、55 页。
② 徐宗元：《帝王世纪辑存》，第 6 页。
③ （清）黄奭：《春秋纬·春秋命历序》，第 204 页。

第一，在旧石器文化之晚期，北方文化系统之夏族祖先出现于"北极""昆仑之墟"，而夏族之始祖黄帝起源于"柱州昆仑山下"（当即陇山地区）。因此夏族之远祖来自"北极"。

第二，在旧石器文化之晚期，南方文化系统之伏羲氏出现于河北、山东渤海沿海；神农氏出现于河南东部与山东西部。伏羲氏、神农氏与夏族没有联系。

2. 黄帝前期

黄帝前期（距今9000—7000年）当即"前仰韶时期"，夏族出现于"柱州昆仑山下"（当即陇山地区。在同一时期，秦安大地湾文化繁荣，见本书［06］的［补注一］）。

3. 黄帝后期

黄帝后期（距今7000—6500年），即"仰韶时期"前期，夏族在"龙门熊耳山"（当即从陇山地区向东移殖到河水中下游）。历史记载认为黄帝在今河南新郑建都，此当为夏族最早之都城。

4. 颛顼、帝喾

颛顼、帝喾时期（距今6500—5000年），亦即"仰韶时期"后期，夏族控制了河水下游。历史记载，颛顼、帝喾在今河南濮阳建都，称为"帝丘"，相传颛顼、帝喾葬于今河南清丰。

5. 尧、舜

尧、舜时期（距今5000—4000年），即"龙山时期"，一方面，夏族在今山西南部建立了都畿。都畿是天子领地，但是重要的诸侯也在都畿内有其宅邸。另一方面，天子即位之后，其原先的诸侯领地仍然存在。

天子都畿当是尧舜时期出现的，但是这种制度维持到夏、商、周三代，而其在周代的情况尤其复杂。一些诸侯与蛮夷之族在王畿中拥有武装，可以发动政变。

6. 夏、商、周

夏朝（大约距今4000—3600年）。
商朝（大约距今3600—3050年）。
西周（大约距今3050—2750年）。
东周（大约距今2750—2250年）。

# [补注一] 大地湾

大地湾遗址位于甘肃秦安县五营镇邵店村，遗存在清水河南岸的二三级阶地及缓坡山地上。清水河又名五营河，是葫芦河的第一大支流，葫芦河是渭河的最大支流。遗址在清水河与阎家沟的两水交汇处。[①] 大地湾是渭水上游著名的考古遗址。

遗址距今7800—4800年，前后共约3000年。在这3000年中，大地湾遗址由十多万平方米扩大到1 000 000平方米左右。

考古学家将大地湾前后的3000年历史一共分为五期：第一期（是大地湾的起始文化）是迄今在渭河流域发现最早的新石器文化，是我国新石器考古的重大发现。[②] 更重要的是大地湾第四期文化（是大地湾最高峰时期的文化）。

大地湾四期遗址地位更重要。大地湾F901遗址，位于大地湾河岸阶地上聚落遗址的中部，现状地势高出河床80米，是中国古代最伟大的礼仪性建筑（主室堂的长宽比为2∶1，主室南向开三门，主室前部连接开放的前轩）。四周为居住区。聚落主体在山上，面水背山，两侧为陡峭的冲沟。在层层断崖上几乎都有文化层暴露，仅仅在靠近山顶的20万平方米内较为稀少。[③]

## 一、大地湾一期

1978年，考古学家在清水河南岸第一台地进行发掘，第二年就确定这里正是大地湾一期。

此处第一层为耕土，第二层称为"仰韶文化层"，厚1—2米，最厚处达4米多。第三层为"一期"文化层，一般厚0.5—0.7米。第三层以下为黄色生土。[④]

第一期大地湾文化，已测定的年代为距今7800—7350年（经树轮校正）。[⑤]

1. 房址

大地湾一期"所清理的4座房址均为圆形半地穴房基，穴口直径2.5—2.6米，穴底

---

[①] 甘肃省文物考古研究所：《秦安大地湾——新石器时代遗址发掘报告》，第1页；程晓钟：《大地湾考古研究文集》，第205页。
[②] 程晓钟：《大地湾考古研究文集》，第2页。
[③] 程晓钟：《大地湾考古研究文集》，第38、334页。
[④] 程晓钟：《大地湾考古研究文集》，第40、41页。
[⑤] 程晓钟：《大地湾考古研究文集》，第2页。

径略大于穴口……房屋结构简单，营建方法也较简陋，均是先在原地挖一地穴，居住面和墙壁略经修整而成。墙壁（穴壁）为土质紧密且较硬的灰黄色黏土，在房基一侧有一斜坡状旋转式门道，一般门向朝北。在房址内未发现灶坑，但在穴壁上端都有红烧土痕迹，当为生火所致。"

半地穴内有一层厚 0.2—0.35 米的黄褐色堆积，土质较疏松，内含较多的红烧土颗粒、炭屑，出土有较多的夹细砂交错绳纹陶片。[1]

### 2. 墓葬

发现大地湾一期的墓葬 11 座，灰坑两个。[2]

（1）墓葬情况

11 座墓葬都是长方形竖穴土坑，绝大多数都挖于生土层中。能辨别葬式的有六座，均为单人仰身直肢葬。没有发现葬具痕迹。墓向大致可以分南北向和东西向两种。随葬器物多的十几件，少的一两件。随葬的器物中生活用具和生产工具基本上相等。装饰品很少。

（2）灰坑情况

两个灰坑，其一残破，其一尚存。出土遗物较多。经北京大学 $^{14}C$ 测定，年代为距今 $7355±165$ 年（经树轮校正）。[3]

### 3. 陶器、农业、家禽

（1）陶器

在大地湾一期 II 段的一灰坑中，所出的内白彩绘深腹罐残片，"器形原为绳纹深腹罐，罐外壁为绳纹，内壁磨光，然后再用白色颜料描绘图案，图纹明显高于器表，颜料白度较高。经 X 射线衍射分析为方解石"。"确定此残陶片乃中国最早的彩绘陶实物之一，白色颜料也是较早的烧石灰或方解石产物"[4]。

在大地湾一期文化中，在早期彩绘陶基础之上，发展形成的制陶工艺技术已超越原始阶段。

大地湾一期文化的彩陶是我国彩陶的最早阶段。彩陶约占陶器总数的三分之一。[5]

（2）农业

主要发现黍、粟类农作物。

大地湾一期文化的样品碎炭块中检出黍，时间为距今 7000 多年。"是我国黍中距今最早的，与世界上较早的希腊阿尔基萨发现的黍年代相近"，而古希腊的标本是国外最早的发现。大地湾遗存中还发现粟（又称小米），"大地湾遗址的粟在甘肃省是最早

---

[1] 甘肃省文物考古研究所：《秦安大地湾——新石器时代遗址发掘报告》，第 21、22 页。
[2] 程晓钟：《大地湾考古研究文集》，第 42 页。
[3] 程晓钟：《大地湾考古研究文集》，第 43、54 页。
[4] 甘肃省文物考古研究所：《秦安大地湾——新石器时代遗址发掘报告》，第 922 页。
[5] 甘肃省文物考古研究所：《秦安大地湾——新石器时代遗址发掘报告》，第 42 页。

的"。"黍的种植和使用较粟为早，但后来由黍占优势渐变为由粟占优势。"与仰韶文化的演变一致，与现代西北地区粟多黍少的种植状况相一致。①

"大地湾有近 8000 年前的窖穴与粮食，内有一窖穴，圆形直壁，底部存有碳化的粮食颗粒，经鉴定分别是黍和油菜籽。"②

（3）家禽

我国家畜最早是猪、狗，在各遗址普遍发现。大地湾文化主要的家畜是猪，在第一期已开始养猪，另外还发现黄牛、鸡、绵羊及狗。③

"大地湾一期羊骨有具体的出土坑位，大体准确的断代，一定的数量。""在我国新石器考古中，大地湾羊骨是最早发现的。……距今 7000 年—8000 年的羊骨资料，大地湾目前是惟一的。"大地湾的羊还尚未鉴定出是驯化的家羊还是野羊。④

## 二、大地湾二期

### （一）大地湾二期房址的分布

大地湾第二期即仰韶文化早期，距今 6500—5900 年。"大地湾一期与二期的文化面貌有较大的差异，可以看出它们之间并不直接相承。"⑤

"二期房址主要分布于山下河边第Ⅱ、Ⅲ级阶地上。"⑥有一条东西向断崖，把遗址的整个北部损毁了，断崖北边可能占有村落总面积的五分之二至二分之一。⑦

第二期可能基本上废弃了第一期。可能是另一个迁徙到大地湾的新生部落。"第二期文化面貌基本接近于陕西半坡、姜寨、史家等文化遗存。是渭河上游葫芦河流域发现和发掘面积最大的一处。……密集之处……最多的可见有五层房屋相叠压现象，这在同期文化遗址中实属罕见。……经整理研究，将本期遗存划分为Ⅰ、Ⅱ、Ⅲ三段。"⑧

### （二）村落布局

1. 水渠

村落有排水小渠 2 段，均较小。而二者相距不过 20 米，对整个村落的布局似乎不

---

① 甘肃省文物考古研究所：《秦安大地湾——新石器时代遗址发掘报告》，第 914—916 页。
② 程晓钟：《大地湾考古研究文集》，第 390 页。
③ 甘肃省文物考古研究所：《秦安大地湾——新石器时代遗址发掘报告》，第 705 页。
④ 程晓钟：《大地湾考古研究文集》，第 300、301 页。
⑤ 甘肃省文物考古研究所：《秦安大地湾——新石器时代遗址发掘报告》，第 861 页；程晓钟：《大地湾考古研究文集》，第 2、49 页。
⑥ 甘肃省文物考古研究所：《秦安大地湾——新石器时代遗址发掘报告》，第 284 页。
⑦ 甘肃省文物考古研究所：《秦安大地湾——新石器时代遗址发掘报告》，第 78 页。
⑧ 甘肃省文物考古研究所：《秦安大地湾——新石器时代遗址发掘报告》，第 77 页。

会有什么影响。

2. 房址的分段

（1）Ⅰ段

大型房子只有一座（F229），东向。有些房子已接近断崖，在断崖外的房子都可能为南向。由于断崖正好通过大型房址附近，北部、东北部房址的情况完全不清楚。

（2）Ⅱ段

"Ⅱ段的大围沟除西部以外其他各段已被填平，居住区也开始向外扩展，此时的大型房屋也仅见一座，还位于西北部；从中、小型房屋的门向来看，村落分裂为多个集中点。烧陶窑址也主要分布于西北部的大型房屋与中、小型房屋之间。"①

（3）Ⅲ段

Ⅲ段的"布局基本同于Ⅱ段。至少也有4个集中点，即西北部、东北部、西南部、东南部……大型房屋遗迹见有在西南部的。"西北部的破坏十分严重，但还是一个集中点。②

（三）房址类型

1. 方形房址

"方形房址是这一时期房屋建筑中所占比例最大的一种，占较完整房址总数的68.49%左右。可分为大、中、小三型，居住面积超过56平方米为大型，在25—56平方米之间为中型，小于25平方米为小型。"③

（1）大型房址

共4座。建筑结构各具特色。

有一个方形圆角半地穴式房址（F246），"室穴东西长8.38、南北宽8.3米；沟状斜坡门道长1.4、宽0.5—0.7、残深0.5—0.6米。居住面上对称分布有4个直径为0.3—0.35、深0.2—0.3米的中间力柱，呈方形分布。中间力柱前正对门道处有一圆桶状灶坑，灶坑直径1、深1米，底部烧成青灰色硬面，灶壁呈红烧土硬面、灶坑底部均有深度不同的红烧土层。灶坑内无藏火种设备，也无通风孔道。""在房基穴壁外围设有一周建墙立柱，按对应等距离分析，原应为27个……墙角处均未设柱洞。除东壁因有门道而设6个柱洞外，其余三壁似均设有7个柱洞，相互间距在0.4—1.2米。所有柱基都无特殊设施，均为立柱后夯实而成，洞壁较光洁，底部呈圆锥形。"④

另有一个房址"在清理过程中，室内和穴壁上堆积着高低不平的红烧土块……室内

---

① 甘肃省文物考古研究所：《秦安大地湾——新石器时代遗址发掘报告》，第284页。
② 甘肃省文物考古研究所：《秦安大地湾——新石器时代遗址发掘报告》，第284页。
③ 甘肃省文物考古研究所：《秦安大地湾——新石器时代遗址发掘报告》，第82页。
④ 甘肃省文物考古研究所：《秦安大地湾——新石器时代遗址发掘报告》，第82页。

西侧居住面上发现两具儿童尸骨……可能是房屋倒塌致死"①。

（2）中型房址

较完整的共 27 座。居住面积在 25—56 平方米，结构大同小异。

一座方形圆角半地穴套穴式房址（F310）。"穴室为前后室相叠错，前穴室近方形，南北长 6.1、东西宽 5.6、残深 0.4—0.6 米。""后穴室面积较小，近方形，位于前室东北角处的右后方，打破东北角向东扩出 1.9 米左右，北壁也略扩出 0.65 米左右。该居住面低于前室居住面 0.2 米。居住面、门道、穴壁均是在夯实的基础上涂抹以草筋泥，表面较平整，居住面分两层，似经二次修整，厚度达 0.11 米……居住面上均涂有红褐色颜料。前后穴居住面草泥连成一体，故知其为套穴式建筑。"②

"前后两穴均有灶坑，唯大小有别。在前室正中近门道处设有一瓢形灶坑，坑呈椭圆形，灶坑口略大于底。无藏火种洞。……另在后室中部偏西，设有一圆形浅灶坑，底部呈浅灰色硬面，壁为砖红色硬面。"③

另一带室内窖穴的半地穴式房址。"在穴室的东南角处（即右后方）建有一袋状窖穴（编号为 H373），坑口一半在室内，一半扩出东壁。……窖穴内杂有一些陶片及小件器物，如可复原的红陶钵，陶锉、石斧和一些残陶环等；室内填土中也出有黑边彩陶钵、石斧、陶锉、骨锥，以及一些对三角纹彩陶卷沿盆片等。"④

有一个"木骨泥墙"长方形房址（F712）。"穴壁的建造方式是在挖成的穴壁内侧开一周基槽，槽内竖以小型墙柱，用黑灰色土夯筑至居住面高度，再用草泥填充包裹，形成一道'木骨泥墙壁'从而成为内外两层穴壁的房屋遗迹，这是一种比较独特的建筑。"⑤

2. 圆形房址

仅见于第Ⅲ发掘区内，2 座。

一座圆形半地穴式房址（F238）。"门向西南，方向 245 度。居住面和穴壁草泥厚 0.05 米。门道已被晚期破坏，仅存有入口处的一椭圆形通风坑……坑东壁向室内灶坑通一孔道……无火烧痕。灶坑位于居住面西部正对门道处，椭圆形。西部有通风孔道与通风坑相通，东部设有一藏火种洞。……含有少量陶片，其中有彩陶钵、宽卷沿盆、夹砂罐等。"⑥

"还有室内设土床台面者 5 座，属Ⅰ段的 3 座、Ⅱ段的 2 座。"⑦

---

① 甘肃省文物考古研究所：《秦安大地湾——新石器时代遗址发掘报告》，第 87 页。
② 甘肃省文物考古研究所：《秦安大地湾——新石器时代遗址发掘报告》，第 89—91 页。
③ 甘肃省文物考古研究所：《秦安大地湾——新石器时代遗址发掘报告》，第 91 页。
④ 甘肃省文物考古研究所：《秦安大地湾——新石器时代遗址发掘报告》，第 93、94 页。
⑤ 甘肃省文物考古研究所：《秦安大地湾——新石器时代遗址发掘报告》，第 107、109 页。
⑥ 甘肃省文物考古研究所：《秦安大地湾——新石器时代遗址发掘报告》，第 110、111 页。
⑦ 甘肃省文物考古研究所：《秦安大地湾——新石器时代遗址发掘报告》，第 115 页。

## （四）陶器、石器与骨器

### 1. 陶器

陶器"完整或可复原器 915 件。"其中生活用具共 355 件，生产工具 432 件，装饰品共 119 件，其他 9 件。①

生活用具合计 505 件，其中钵 142、盆 185、罐 124，还有瓶、盘、甑、缸、瓮等。②

生产工具 432 件，有陶纺轮 120、陶刀 21、陶弹丸 92、陶锉 175，以及制陶内模、制陶托盘、磨边陶片、陶网坠、圆形带槽陶器等。③

窑址共 14 座，"属Ⅰ段的 1 座；属Ⅱ段的 5 座；属Ⅲ段的 8 座"④。

"在陶钵口部常见有一些刻划符号，有人认为它是一种'记事符号'，也有人认为它就是早期的'文字'，本期有符号的残钵口 32 片，不同的刻划符号共 16 种。"符号有 丨、乚、㇄、丄、卜、ㄏ、ㄔ、刂、亻、丅、帅、㇁、ㄣ、)(、ᗞ、〇。⑤

### 2. 石器

第二期石器分类统计表共记录 823 件：

有刃类 411 件，其中石斧 187、石刀 87、石刮削器 75，及石锛、石凿、石锛凿类石料、石铲、石敲砸器、石砍伐器等。

磨器类 294 件，其中砥磨石 157，及打磨石、抛光面磨石、麻面磨石、研磨盘、碾磨石、碾磨棒、碾磨盘等。

装饰类 8 件，其中石坠 7、石环饰 1。

其他 90 件，其中细石器 6 及石球 84；特殊类 20 件，其中石片状器 13。⑥

### 3. 骨器

鹿科 333、羚羊或斑羚 32、牛 16、羊 12、猪 13，以及马、犬、熊、猫、鸡、鹬。⑦

制成骨锥 178，无关节部骨锥 94、骨笄 256、骨镞 231（另有 59 件半成品镞），骨针 63、四棱体镞、条形扁平体镞 36、骨匕 26，以及骨刀、骨铲⑧、骨凿、三棱体镞、菱形扁平体镞、扁圆柱体镞（体镞共 64）、骨环、鱼钩、鱼镖、网坠、骨坠、骨签。总之，主要是骨锥 272、骨笄 256、骨镞 354。⑨

---

① 甘肃省文物考古研究所：《秦安大地湾——新石器时代遗址发掘报告》，第 124、177、187、189 页。
② 甘肃省文物考古研究所：《秦安大地湾——新石器时代遗址发掘报告》，第 126 页。
③ 甘肃省文物考古研究所：《秦安大地湾——新石器时代遗址发掘报告》，第 177、178、179、182、183、186 页。
④ 甘肃省文物考古研究所：《秦安大地湾——新石器时代遗址发掘报告》，第 121 页。
⑤ 甘肃省文物考古研究所：《秦安大地湾——新石器时代遗址发掘报告》，第 176 页。
⑥ 甘肃省文物考古研究所：《秦安大地湾——新石器时代遗址发掘报告》，第 190 页。
⑦ 甘肃省文物考古研究所：《秦安大地湾——新石器时代遗址发掘报告》，第 235 页。
⑧ 甘肃省文物考古研究所：《秦安大地湾——新石器时代遗址发掘报告》，第 235 页。
⑨ 甘肃省文物考古研究所：《秦安大地湾——新石器时代遗址发掘报告》，第 240、241、244、248、250、253—254、256、261 页。

骨体石刃器 12 件。"由兽骨作为器体，骨体侧缘刻出刃槽，刃槽内镶嵌细石叶为刃，出土时石刃大多脱落。……此类器物制作精细，表面磨光。有些器物还刻有等距离的浅槽小圆点，边缘部位刻有小锯齿，是否有尺度的功能，尚难确定。大多可作为处理兽肉的刀具，个别扁圆体器物可能为狩猎用的骨镞或骨矛。"[1]

### （五）墓葬

#### 1. 竖穴土炕带侧坑一次葬墓、竖穴土炕带侧坑二次葬墓

M216　长方形圆角竖穴墓（土炕带侧坑一次葬墓）。墓坑左侧中部开设一小坑，小坑内放器物 7 件，其中红陶钵 4 件、夹砂罐 2 件、葫芦瓶 1 件。

M222　竖穴（土炕带侧坑二次葬墓）大小相似，方向 10 度。东侧向外挖一长方形小坑，内随葬品 6 件，其中细颈壶 1 件、彩陶钵 3 件、夹砂罐 2 件。[2]

#### 2. 竖穴土坑墓

M217　方向 30 度。35 岁左右的男性。无随葬陶器，有牙质束发器和骨笄。有一些蚌壳、骨镞、骨锥等物。[3]

M224　方向 15 度。50 岁左右男性。无随葬品。其左侧殉葬一具狗骨架，面向死者。[4]

#### 3. 瓮棺葬

M213　夹砂大瓮上扣覆一件宽带纹圜底钵，南向倾斜。随葬一件红陶盂。[5]

## 三、大地湾三期

大地湾第三期即仰韶文化中期，距今 5900—5600 年或 5900—5500 年。[6]

三期的房址共有 19 座，另有房屋以外的零星灶坑 23 个、室外灰坑（窖穴）66 个、室内窖穴 1 个、烧陶窑址 5 座、沟渠 1 段和墓葬 3 座。[7]

---

[1] 甘肃省文物考古研究所：《秦安大地湾——新石器时代遗址发掘报告》，第 235 页。
[2] 甘肃省文物考古研究所：《秦安大地湾——新石器时代遗址发掘报告》，第 268、269 页。
[3] 甘肃省文物考古研究所：《秦安大地湾——新石器时代遗址发掘报告》，第 271 页。
[4] 甘肃省文物考古研究所：《秦安大地湾——新石器时代遗址发掘报告》，第 271 页。
[5] 甘肃省文物考古研究所：《秦安大地湾——新石器时代遗址发掘报告》，第 273 页。
[6] 程晓钟：《大地湾考古研究文集》，第 3 页；甘肃省文物考古研究所：《秦安大地湾——新石器时代遗址发掘报告》，第 863 页。
[7] 甘肃省文物考古研究所：《秦安大地湾——新石器时代遗址发掘报告》，第 392 页。

## （一）村落布局和分段

三期文化在大地湾遗址中存在的时间较短暂，又被晚期所破坏，现存遗迹、遗物均较少，但还是反映出了它在发展过程中承前启后的衔接作用。

房屋遗迹门向多朝东北或北向，似乎没有二期的向心集中之特点，而是根据地势的变化、背山面河来建造房屋。房屋的建筑方法，基本上还是继承或发展了二期的方法，采用方形或近方形的半地穴式房基。少数房屋在建筑中，已开始采用料姜石粉调制的泥浆来涂抹居住面。

"三期的分段是比较困难的，将变化较快、造型较复杂的重唇口尖底瓶的出现与消失，作为大地湾三期的分期标准，同时又参照地层叠压打破关系以及出土物盆、钵、罐等器形的变化，将其划分为Ⅰ、Ⅱ、Ⅲ三个发展阶段。"[①]

从出土物可以看出，"Ⅰ段的陶器特征承袭二期Ⅲ段发展演化而来，Ⅲ段的陶器则与仰韶晚期即四期特征相当接近。Ⅱ段则正是Ⅰ、Ⅲ段的中间环节，起到了承前启后的作用"[②]。

## （二）房址和零星灶址

"从较完整的房屋遗迹看，均为方形或近方形的半地穴式建筑，以穴室面积区分，可分为大、中、小三种类型。……较完整的9座房址中，大型房址有2座；中型房址有4座；小型房址有3座。"[③]

### 1. 大型房址

"2座。但从残存的居住面看，它是在厚3厘米的草筋泥表面，涂抹有厚0.2—0.3厘米的料姜石泥浆混合面，这是最早使用料姜石料涂抹居住面的例证之一。"[④]

F330"门向东北，方向47度。居住面是经两次修抹过的草筋泥构成，总厚度为20厘米，可分为两层，每层的表面都很平整。门道位于东北壁正中，为斜坡底沟状门道。门道底向室内延伸部分下挖0.24米，作为通风坑"[⑤]。

### 2. 中型房址

"较完整的4座，均为近方形半地穴式，基本结构与大型房址大体相同，所不同的是，房址F312室内设有6个中间立柱，F324建有1个深瓢形灶，而F704则建有双连

---

① 甘肃省文物考古研究所：《秦安大地湾——新石器时代遗址发掘报告》，第392页。
② 甘肃省文物考古研究所：《秦安大地湾——新石器时代遗址发掘报告》，第392、393页。
③ 甘肃省文物考古研究所：《秦安大地湾——新石器时代遗址发掘报告》，第290、295页。
④ 甘肃省文物考古研究所：《秦安大地湾——新石器时代遗址发掘报告》，第290页。
⑤ 甘肃省文物考古研究所：《秦安大地湾——新石器时代遗址发掘报告》，第292页。

灶坑和室内窖穴。"

"室内填土为浅灰色，较松软，门道内有彩陶曲腹盆（大残片）1件、石锛1件，室内出有重唇口尖底瓶和夹砂红陶罐残片等。"①

3. 零星灶址

共23个。较浅，均为圆形，基本与前述房屋内圆形灶坑相同，所不同的是，多无藏火种洞或通风孔道。②

（三）陶器

1. 陶窑

"三期窑址虽破坏严重，但其共同特征是，火塘多为长方形，与窑室分开，并低于窑室底部，采用斜行火道相连接，充分地利用了火焰上升的原理，比二期的水平面火道烧陶明显进步。从残存火塘内均有灰绿色或青灰色硬面的现象看，火塘温度是很高的，而窑室的温度却较为均匀或适中。"③

2. 陶器制法、造型特点

"陶器制法主要为泥条盘筑法，普遍应用制陶托盘和盆形座在慢轮上生产制作。"④

"细泥红陶约占40.3%，泥质橙红陶约占19.7%，泥质橙黄陶约占6.4%，泥质灰陶约占4%，夹砂红陶约占26.7%，夹砂褐陶约占3%等。""细泥红陶在本期Ⅰ至Ⅲ段比例渐趋下降。……彩陶数量比二期略有增加，花纹更加绚丽。"⑤

"造型特点是以平底器为主，少量尖底器和圜底器。……器形主要有钵（37.85%）、盂、碗、盆（29.92%）、甑（1.28%）、盘（0.76%）、瓶（尖底、平底，7.67%）、罐（20.46%）、缸（0.26%）、瓮（1.8%）、喇叭形器以及一些小陶器等。"⑥

陶鼓（桶状器）"颈部的三个角状倒勾纽，正是为了挂置兽皮而特意设置的。……所以，它很可能是古代陶制'土鼓'的一种。"⑦

3. 陶器纹饰

"第三期陶器除素面和平面彩陶花纹外，还加饰一些立体花纹。……绳纹约占

---

① 甘肃省文物考古研究所：《秦安大地湾——新石器时代遗址发掘报告》，第294、295页。
② 甘肃省文物考古研究所：《秦安大地湾——新石器时代遗址发掘报告》，第295页。
③ 甘肃省文物考古研究所：《秦安大地湾——新石器时代遗址发掘报告》，第300页。
④ 甘肃省文物考古研究所：《秦安大地湾——新石器时代遗址发掘报告》，第301页。
⑤ 甘肃省文物考古研究所：《秦安大地湾——新石器时代遗址发掘报告》，第302、301页。
⑥ 甘肃省文物考古研究所：《秦安大地湾——新石器时代遗址发掘报告》，第302、303页。
⑦ 甘肃省文物考古研究所：《秦安大地湾——新石器时代遗址发掘报告》，第351页。

22.6%、线纹约占 12.3%、弦纹约占 1.5%、指甲纹约占 0.1%、附加堆纹约占 0.7%，还有一些少量的指窝纹、压印纹或刻划纹等。"①

"第三期的彩陶花纹较为丰富，绝大多数系黑彩……其中以盆、钵形器彩陶最为繁盛。纹饰主要为几何形纹，宽带纹仅见于Ⅰ、Ⅱ段的盆口沿上，鱼纹也仅见于Ⅰ段的盆上，Ⅱ、Ⅲ段已绝迹。"②

## 四、大地湾四期

### （一）大地湾四期遗存

大地湾第四期即仰韶文化晚期，距今 5500—4900 年。③

"在大地湾各期文化中，以本期遗存最为丰富。发现的遗迹有房址 56 座、柱基 1 处、灶址 11 个、窖穴和灰坑 159 个、窑址 16 座、沟渠 2 条、墓葬 15 座、出土器物 2958 件，其中陶器 1926 件、石器 724 件、骨器 233 件、角器 8 件、牙器 13 件、蚌器和蚌壳 54 件。"④

### （二）房址

1. 房址 F901

"这是一座占地 420 平方米、保存较完整的多间复合式建筑，它……也是我国新石器时代考古发现中迄今所见规模最大的宏伟建筑。"

F901 可以印证夏后氏"世室"。"F901 和室外路土为⑥层，其上覆盖的红烧土块堆积和杂花土分别属于⑤、④层。……⑤层系屋顶、墙体塌落烧毁堆积。"⑤

（1）主室

"主室正门门向南偏西 30 度。主室房基保存基本完整。平面大体呈长方形，前墙长 16.7 米、后墙长 15.2 米、西墙长 8.36 米、东墙长 7.84 米。""总面积 131 平方米，其中室内 126 平方米，门道和门蓬约 5 平方米。距地表 2.6—2.75 米。居住面表层坚硬平整，色泽光亮，呈青黑色……其外观极像现代水泥地坪。……平均强度为每平方厘米抗压 120 公斤，约等于现代 100 号矾土水泥砂浆地面的强度。历经五千年寒暑，F901 居住

---

① 甘肃省文物考古研究所：《秦安大地湾——新石器时代遗址发掘报告》，第 333 页。
② 甘肃省文物考古研究所：《秦安大地湾——新石器时代遗址发掘报告》，第 334 页。
③ 程晓钟：《大地湾考古研究文集》，第 3 页；甘肃省文物考古研究所：《秦安大地湾——新石器时代遗址发掘报告》，第 861 页。
④ 甘肃省文物考古研究所：《秦安大地湾——新石器时代遗址发掘报告》，第 397 页。
⑤ 程晓钟：《大地湾考古研究文集》，第 39 页；甘肃省文物考古研究所：《秦安大地湾——新石器时代遗址发掘报告》，第 414、415 页。

面仍保持如此强度，真可谓中国建筑史上的奇迹。"①

"灶台位于室内中部偏前，与正门相对并与正门同处于南北中轴线上，由泥圈围成圆形。……有3层大体平整坚硬的褐色灶底……另外多层灶底和泥圈，以及大量草木灰均表示房屋使用时期较长。"②

"正门位于前墙（南墙）正中……宽1.05—1.1米，内窄外宽。……从室外向室内看，门道和门蓬的形状恰似一'凸'字形，上部为嵌入室内的条形门道，下部为横置门前遮挡风雨的长方形门蓬。门蓬前为门槛。……旁门2个……两旁门中心点与正门中心点以及前墙两端的距离均为4米左右，大体相等。"③

（2）出土器物

主室出土可复原器物：鼎、盘（条形盘）、罐（带盖敞口罐、夹砂敛口罐）、钵（微敛口钵）、喇叭形器、簸箕形器、石刀、磨石（研磨石、砥磨石）。后室出土可复原器物：缸、瓮。西侧室出土可复原器物：罐、钵、瓮、喇叭形器、研磨盘。④

（3）墙体与顶梁柱

墙体"大多数段落厚0.45米，分内、中、外三大层，内、外层一般分为2小层，中层分为4小层，整个墙体是分层筑造的。内、外层各厚10厘米左右，皆为颜色均匀的红烧土，内含不多的草茎秆痕。中层厚约25厘米，内插木骨，草泥土颜色不一……含大量的草茎秆痕，因此黏结力和强度大于内、外层。每小层之间夹有整齐密集的竖向排列的泥槽状痕迹，痕宽1.5—2厘米、深0.5厘米左右。推测施工前以竹或植物枝条编织好成片的篱笆，每建一层墙体，放置一层篱笆，既可作为加固墙体的维系结构，又便于附着草泥。……另有一种推测认为，是在涂抹每层草泥的过程中用手指在泥皮的表面抹出竖道泥槽痕迹，目的仍然是为了增加每段泥皮的附着力。中层墙体以小木柱作为骨架，四周墙体内共留有142个柱洞，分布较均匀，间距一般在0.2—0.3米之间。……柱径一般在0.05—0.15米之间。"⑤

顶梁柱"2个……位于室内偏后，左右对称。……（柱体）外径0.87—0.9、防护层厚0.09—0.3米。由中心大柱和东、西、南三小柱构成，柱外裹有红烧草泥土防护层。以保存较好的北侧为例：外表皮是硬质光面，厚0.8米。第2层厚1.4厘米，外表有竖向泥槽痕。第3层厚约6.8厘米，外表仍有竖向泥槽痕，洞壁坚硬较光，绿、红、黑色相间，可能是焚毁时火候不匀所致，其中以绿色釉质光面居多，此光面当为高温烧烤而成。……上述两个顶梁柱的中心大柱显然是架设屋顶主梁的，因其与前墙的间距大于同后墙的间距。"⑥

---

① 甘肃省文物考古研究所：《秦安大地湾——新石器时代遗址发掘报告》，第415、416页。
② 甘肃省文物考古研究所：《秦安大地湾——新石器时代遗址发掘报告》，第420页。
③ 甘肃省文物考古研究所：《秦安大地湾——新石器时代遗址发掘报告》，第420、421、422页。
④ 甘肃省文物考古研究所：《秦安大地湾——新石器时代遗址发掘报告》，第426页。
⑤ 甘肃省文物考古研究所：《秦安大地湾——新石器时代遗址发掘报告》，第416页。
⑥ 甘肃省文物考古研究所：《秦安大地湾——新石器时代遗址发掘报告》，第417页。

"居住面上有大量的烧土块堆积，其中多数应属于屋顶的塌落堆积。……据此推测屋顶草泥土原应为黄色草泥土。"①

（4）侧室、后室

"西侧室前墙长 3.74 米、宽 0.18—0.25 米。……据此推测主室和侧室不是同时修建，主室早于侧室。""后室同主室共享主室的后墙，主室西侧墙向后延长构成后室的西墙。"②

2. F400

F400，"现存部分是该房址的东半部……现存面积约 130 平方米，推测原面积在 260 平方米以上"③。

"推测此房址是因失火而废弃。……完整的 F400 是一座平地起建的近方形房址，门道设在北部的正中，进门后左右两侧有两套间，室内中部偏后有一屏风式内墙，中轴线两侧当有 8 个立柱，中心部位可能有一大灶台（现已无存），屏风后设有一取暖壁炉。这种布局和结构都具有鲜明的特点，推测它应为部落的公共活动中心。"④

3. F405

"（F405）面积虽小于 F400，但建筑规格却高于 F400，其规划有序、高大宏伟，室内面积超过 F901 主室，无论其规模布局，还是工艺技术，均为史前建筑的代表性建筑。它显然不是一般的生活住宅或首领住宅，应为大地湾史前部落的公共活动场所，即举行盛大活动的大会堂。……推测此房址因火毁弃。"⑤

（三）陶器、纹饰

1. 纹饰

"泥质陶大多为素面，少部分有纹饰；夹砂陶则大多使用纹饰。"根据第四期典型单位陶片纹饰统计表，素面 40.7%，线纹 26.9%，绳纹 24.1%，附加堆纹 4.5%，弦纹 0.8%。⑥

2. 彩陶花纹

"第一类是陶器烧成前绘制的……即狭义上所说的彩陶；第二类是陶器烧成后绘制

---

① 甘肃省文物考古研究所：《秦安大地湾——新石器时代遗址发掘报告》，第 423 页。
② 甘肃省文物考古研究所：《秦安大地湾——新石器时代遗址发掘报告》，第 424 页。
③ 甘肃省文物考古研究所：《秦安大地湾——新石器时代遗址发掘报告》，第 402 页。
④ 甘肃省文物考古研究所：《秦安大地湾——新石器时代遗址发掘报告》，第 406 页。
⑤ 甘肃省文物考古研究所：《秦安大地湾——新石器时代遗址发掘报告》，第 413 页。
⑥ 甘肃省文物考古研究所：《秦安大地湾——新石器时代遗址发掘报告》，第 556 页。

的，易起皮脱落，一般称为彩绘陶。……第一类远多于第二类。"①

"彩色有黑彩和红彩，绝大多数为黑彩。陶片统计显示，彩陶比例较小，至少有1/3多的遗迹单位无彩陶；在出彩陶的单位中，比例最高者可达3%—5%，一般均在3%以下。"②

3. 陶塑

"陶塑4件。其中3件为人像，1件为人体残足。"③

（四）墓葬

共15座。Ⅰ区发现2座；Ⅲ区发现4座；Ⅳ区发现7座；Ⅷ区发现2座。Ⅰ、Ⅲ、Ⅳ区墓葬，属本期第Ⅰ段；Ⅷ区墓葬，属本期第Ⅲ段。只有4座墓有随葬品，共计：盆、壶各一件；骨笄1件；瓶、碗各1件。④

一个墓葬（M701）"墓坑平面为圆角'凸'字形。主体大坑近长方形……单人仰身屈肢，头朝东北……上身呈弓状，两手交叉于背后，下肢分别向外侧曲。墓主人显然系非正常死亡，上肢呈捆绑状，下肢系挣扎状。经鉴定，人骨系30—35岁男性。……近方形小坑边长分别为0.94、0.56、0.7米。内置完整尖底瓶、平底碗各一件。"⑤

## 五、大地湾五期和青铜器时代以后遗存

大地湾第五期房址的形制、器物与第四期同类器一脉相承，这说明它与第四期存在承袭发展的内在联系。类似的遗存见于庆阳镇原常山遗址，大地湾第五期与常山的房址不同。有学者将大地湾第五期遗存归入常山下层文化。距今4900—4800年。⑥

（一）遗迹

1. 房址

"本期发现房址3座：两个房址仅有零星破碎的居住面，只有F905为较完整房址。此房址居住面坚硬而平整，共发现9个圆形柱洞，皆一半在嵌在墙内，一半在室内。"⑦

---

① 甘肃省文物考古研究所：《秦安大地湾——新石器时代遗址发掘报告》，第559页。
② 甘肃省文物考古研究所：《秦安大地湾——新石器时代遗址发掘报告》，第562页。
③ 甘肃省文物考古研究所：《秦安大地湾——新石器时代遗址发掘报告》，第582页。
④ 甘肃省文物考古研究所：《秦安大地湾——新石器时代遗址发掘报告》，第644页。
⑤ 甘肃省文物考古研究所：《秦安大地湾——新石器时代遗址发掘报告》，第645页。
⑥ 甘肃省文物考古研究所：《秦安大地湾——新石器时代遗址发掘报告》，第693、861页；程晓钟：《大地湾考古研究文集》，第3页。
⑦ 甘肃省文物考古研究所：《秦安大地湾——新石器时代遗址发掘报告》，第666页。

2. 柱基

"本期发现柱基仅存 13 个……分布面积约 80 余平方米。"①

3. 灰坑

"本期共发现灰坑 4 个，一个位于遗址河边阶地部分，其余 3 个皆分布在山地部分。"

"因本期文化主要分布区未发掘，所以目前所获资料显得过于单薄，难以搞清本期文化整体面貌，只能有一个粗浅的局部认识。"虽然有青铜时代及以后的墓葬，但是"未出青铜器"②。

---

① 甘肃省文物考古研究所：《秦安大地湾——新石器时代遗址发掘报告》，第 670 页。
② 甘肃省文物考古研究所：《秦安大地湾——新石器时代遗址发掘报告》，第 683 页。

# [补注二] 三大族系与区系学说

到了 20 世纪下半叶,中国的考古工作已经有了巨大的进展,正如苏秉琦所说的:"中华大地文明火花,真如满天星斗"[①]。那么这种满天星斗的景象是怎样产生的,又将如何演变?苏秉琦提出一个区系学说,认为这满天星斗不是一个统一体,而是划分为六大区系。通过六大区系的框架可以分析这些星斗之间的关系与演变。

本书认为,根据前文基本族群的分析,如果把满天星斗划分为三个族区,就可以对这些星斗之间的关系与演变进行更好的说明。

## 一、中国文化的区系学说

### (一)苏秉琦的区系学说

1. 区系学说

1981 年,苏秉琦提出了著名的六大区系理论,他把全国人口比较密集地区的考古文化划分为六大区系,如下[②]:

其一,以燕山南北长城地带为重心的北方(北方区系);
其二,以山东为中心的东方(东方区系);
其三,以关中(陕西)、晋南、豫西为中心的中原(中原区系);
其四,以环太湖为中心的东南部(东南区系);
其五,以环洞庭湖与四川盆地为中心的西南部(西南区系);
其六,以鄱阳湖—珠江三角洲一线为中轴的南方(南方区系)。

他认为后三者是面向海洋的部分,则主要是黑陶、几何印纹陶、有段和有肩石器的分布区域,在民俗方面还有拔牙的习俗。

几十年来,苏秉琦提出的区系学说产生了很大的影响。"区系类型学说一提出,立刻在学界内外引起强烈反响,并很快推向全国考古界。……一方面指导各地立足于本地区考古工作,着力于各地区文化类型的划分,渊源、特征、发展道路、文化关系的分

---

[①] 苏秉琦:《中国文明起源新探》,北京:人民出版社,2013 年,第 88 页。
[②] 苏秉琦、殷玮璋:《关于考古学文化的区系类型问题》,《文物》1981 年第 5 期。

析,另一方面更体会到,这是有效探索中华文化起源、中华文明起源和统一多民族国家形成发展的一把钥匙。"①。许多人赞扬这个学说,但是区系学说缺乏可靠的基础。

2. 区系学说的基础

苏秉琦引用《辞海》的话说:"考古学文化是'用以表示考古遗迹中(特别是原始社会遗迹中)属于同一时期的有地方性特征的共同体,同一文化的遗存,有着同样形式的工具、用具和相同的制作技术等'。也就是说,考古学文化是属于人们共同体(社会)的遗存。"②这里所谓的遗存显然只是房址、窖穴、墓葬,以及石器、陶器等文物。尽管苏秉琦强调要把"考古学文化看成是一种运动的物质","找到它的运动规律",但是苏秉琦所强调的只是工具、用具和制作技术,探索这些东西是否能够"探索中华文化和中华文明起源"呢?

苏秉琦把出土文物看成是考古文化的基础,把出土文物的研究看成是生物学中分子生物学的研究。对于生物来说,分子是基础,但对于考古文化来说,什么是基础?人类社会不是生物,对于人类社会来说,什么是它的"分子"?苏秉琦以仰韶文化为例来说明这个问题,他说:

> 仰韶文化的各种因素纷繁庞杂,它的基本特征是我们据以论证它堪称中国文化起源重要源头之一的主要因素。它的主要文化特征具有下列条件:第一,特征鲜明;第二,变化幅度大、节奏快;第三,从无到有,从有到无,序列完整。这些主要文化特征是依据泉护村遗址排出的四类八种陶器中,又筛选出三组六种,它们是:两种小口尖底瓶、两种花卉和两种动物彩陶图案。③

仰韶文化的基本特征表现在小口尖底瓶、花卉和动物图案吗?对于一个社会来说,其基本特征固然表现在它的生产技能(农业、家畜、陶器)、生活条件(房子、墓葬)等方面,但更应该表现在它的基本社会组织(家庭和宗社等)、语言文字、基本信仰与社会伦理等方面,这些才是仰韶文化"纷繁庞杂"的各种因素。

苏秉琦没有考虑这些"纷繁庞杂"的因素,他说:"到20世纪70年代,全国各地已发现的遗址数以万计……不少遗址已经过试掘和发掘,其文化面貌诸多差异,已被命名的考古学文化有数十种之多,其中有些文化内涵、分期、年代等都了解得比较清楚,这就为提出区系类型理论创造了极为有利的条件。"④问题是,即使对遗址出土的遗物进行分期、年代研究,这种研究能对遗址的社会了解多少呢?

---

① 苏秉琦:《中国文明起源新探》,第27页。
② 苏秉琦:《中国文明起源新探》,第12页。
③ 苏秉琦:《中国文明起源新探》,第14页。
④ 苏秉琦:《中国文明起源新探》,第23页。

为了把问题看得更加清楚，不妨看一个近代的例子，就是满族文化。如果对沈阳或北京的出土遗物有了很清楚的了解，那么对满族的社会就能够了解得清楚吗？满族曾采取大量的改革措施，把八旗制度改造成明朝的制度，又采用汉族的语言文字、姓氏制度，皇帝的名字也改了，如同治皇帝在家庭宫禁之中使用的名字是"福隆阿"，可是史书记载的名字是"载淳"，完全汉化了[①]。清朝政府大力宣扬汉文化，因而满族迅速融入汉族，这些能在出土的陶器中体现出来吗？

不要说20世纪70年代，就是到现在，我们对各个遗址的研究基本上限于陶器、房址、墓葬，总是把这些作为社会生活的全部"分子"。至于对当时的社会组织、语言文字、政治伦理等，理解得还很有限，而这些才是社会生活的主要"分子"。因此，区系学说是有重大局限的，它没有足够的基础。而且，陶器、房址、墓葬等虽然受到很大的重视，其实这个学说可以说更多的是以地理环境为基础。因此对于"探索中华文化和中华文明起源"来说，区系的学说还有很远的距离。

虽然"六大区并不是简单的地理划分，主要着眼于其间各有自己的文化渊源、特征和发展道路"[②]，但是这里所谓的文化特征其实主要是指陶器的陶质、器形等，而陶质、器形等因素与地理条件有一定的联系，而且地理位置往往对生产技术的传播有决定性的影响。因此地理因素对区系的划分有很大的影响。其实六大区系的名称就明显地表示区系与地理有极其密切的联系。

地理环境是社会的基本因素，但不是最重要的因素。地理位置与社会"纷繁庞杂"的因素并没有直接的联系。那么，究竟什么是社会文化的决定性因素？这个问题还需要进一步的探索，但不会是陶器，也不会是地理环境，在各种可能的因素中，居民的民族属性可能是最重要的因素。因此可以采用民族属性作为文化系统的研究基础。

## （二）三大族系

### 1. 中国古代之基本族群

在《夏商周起源考证》中，张肇麟曾经论证了中国基本族群为夏族、戎族、胡族，在该书的［01］补注中，他通过考古文化说明中国古代的三个基本族群（夏族、戎族、胡族）之组成如下：

> 夏（彩陶族群）：夏族。
> 戎（黑陶族群）：须句、颛臾、商族、扶余、高句丽、越族、苗族、壮族。
> 胡（细石器族群）：肃慎、东胡、匈奴、突厥、蒙古。

---

① 姚薇元：《北朝胡姓考》修订本，北京：中华书局，2007年。
② 苏秉琦：《中国文明起源新探》，第26页。

通过语言学说明中国古代的三个基本族群（夏族、戎族、胡族）之组成也是如此，其中夏族属于汉藏语系，胡族属于阿尔泰语系，而戎族属于"澳泰语系"。

从地域来看，夏族分布于黄河流域，胡族大体上分布于夏族的北边与西边（长城以北与秦陇以西），而戎族则大体上分布于夏族的东边与南边（中国大陆沿海、朝鲜半岛以及长江流域以南）。因此上古时期的北狄、西戎大体上属于胡族，而东夷、南蛮则大体上属于戎族。东北地区以及西南地区则是胡族与戎族的交错地带。

## 2. 夏戎胡的三族区理论

根据三个基本族群的理论，中国新石器文化可以划分为三个系统。也就是说，中国的文化系统可以划分为夏、戎、胡三个系统。从这个角度来看，由于这些系统以部族的民族属性为基础，因而可以称之为族区。在中国的上古时代，三大族区及其地域如下：

夏族族区，其地域包括黄河中下游、淮河中上游；

戎族族区，其地域包括黄河下游、长江下游、长江中游以及闽粤地区；

胡族族区，其地域包括今长城以北、黄河上游以及河西走廊、青海、新疆。

上述三个族区，其文化系统分别为中原文化（或夏系文化）、沿海文化（或戎系文化）、西北文化（或胡系文化）。胡系面向大陆，戎系面向海洋，而夏系则位于胡系、戎系二者之间。

## （三）六大区系与三个族区

三个族区与苏秉琦的六大区系有某些相似，但是仔细分析一下，就可以看到二者的巨大差别。首先看一下苏秉琦的第一个区系，即北方区系。

### 1. 苏秉琦的北方区系

北方区系就是"燕山南北长城地带为重心的北方"，六大区系往往以此为首。为什么这样重视北方区系呢？苏秉琦说，这不是偶然的：

> 燕山南北长城地带是区系类型理论运用于实践的重要试点。从1982—1986年的短短五年时间，连续在北方几省召开一系列有关北方地区考古的学术研讨会，其中在1983年朝阳会和1984年呼和浩特会上，都提出了"燕山南北长城地带考古"这个专门课题，明确了广义的北方三大块：西北、北方和东北。……又以辽西和内蒙古中南部为中心区系。[①]

因此，北方区系包括三个分区："西北""北方""东北"，还包括两个中心区："辽西"

---

① 苏秉琦：《中国文明起源新探》，第27—28页。

"内蒙古中南部"。

但是这个"燕山南北长城地带"作为一个区系来说并不恰当。一个区系应该有自己的特点，且区系内部与区系外部应该有比较大的区别。在区系内部也可能分为不同的分区，但是每个分区也应该有自己的特点，因此分区之内与分区之外都应该有一定的特点。

（1）"辽西"

现在来看中心区"辽西"。在"辽西"内部，文化是分裂的。苏秉琦说："这里文化发展的规律性突出表现在：同一时代有不同文化群体在这里交错。……两种新石器文化（即红山文化和富河文化）、两种青铜文化（即夏家店下层文化和夏家店上层文化）曾交错存在。……这一地区不同文化群体的交错渊源甚古。"[1] 既然在这个地区内部文化经常属于两个不同的系统，这就说明"辽西"不能成为一个中心区系。

实际上"辽西"是戎族与胡族相邻的地带，在这个地区内戎族文化与胡族文化经常犬牙交错，互相变换。红山文化与夏家店下层文化属于戎族，而富河文化、夏家店上层文化则属于胡族。（参看张肇麟《夏商周起源考证》[02]补注。）因此按照三个族区的学说，"辽西"是两个族区的交界部分，它不是一个独立的文化区。

值得注意的是，"辽西"的特点不是农、牧交错，而是戎、胡交错。但是"内蒙古中南部"却是农、牧交错，而不是戎、胡交错。因此"内蒙古中南部"可以成为一个独立的文化区，它与"辽西"不同。

（2）"东北"

再看"东北"分区。在东北分区内部，文化也是分裂的。在"东北"的内部，今松花江流域（吉林省段）有重要的戎族地域，尤其是伊通河流域，当为戎族的集居地，农安左家庄遗址就是他们留下的，今扶余也是他们的遗迹（今吉林省中部在上古时代是戎族的地域）。但其东西两侧则是广阔的胡族地域，上古时代属于肃慎。因此把"东北"作为北方地区的一个分区也是不恰当的。

从这一些情况来看，"燕山南北长城地带"不是一个独立的文化区，不能作为一个区系，更不能认为它是一个典型区系，故它不能作为"区系类型理论运用于实践的重要试点"。

2. 苏秉琦的东方区系与苏秉琦的东南区系

其实苏秉琦没有注意到另一个更为值得注意的事实，即他的六个区系中，其中有一些实际上还可以合并为一个区系。"以山东为中心的东方"（东方区系）与"以环太湖为中心的东南部"（东南区系）就是如此。

（1）东方区系与东南区系的联系

早在 20 世纪 30 年代，一些学者已经发现"以山东为中心的东方"与"以环太湖为中

---

[1] 苏秉琦：《中国文明起源新探》，第 28—29 页。

心的东南部"都是出土大量黑陶的区域（见张肇麟《夏商周起源考证》的［01］、［02］及其补注）。

"山东蓬莱紫荆山遗址，下文化层（一期）以红陶、彩陶为主，占百分之九十四，属于福山文化，而上文化层（二期）中黑陶占百分之九十六点一，并有蛋壳陶片。在这两个文化层中难以找到任何直接继承的关系。"巫鸿说："很明显，这个沿海遗址并没有长期沿袭使用，两个文化层是两种不同文化的居民（或航海者）遗留下来的。"①

可是在浙江余姚河姆渡遗址（距今7000—5300年）第一期（距今7000—6500年）出土陶片34695片，其中夹炭黑陶占79.9%，夹砂黑陶占20.1%，至于彩陶，"数量极少"。总的来看，陶器"全为手制，造型不规整，常见歪、斜、扭、偏现象。器壁厚薄不匀，制作粗劣……但也发现有薄如蛋壳的黑陶片"②。那么山东与浙江的这两处沿海遗址，是不是可能存在联系？

（2）"两合现象"

"以山东为中心的东方"与"以环太湖为中心的东南部"的考古文化当存在比较密切的联系。考古学家看到大汶口文化与良渚文化不是一般的两个互相影响的相邻文化。这两个文化之间存在"两合现象"，高广仁等说：

> 1987、1989年两次对花厅发掘的重大收获之一，是在北区墓地上发现了大汶口文化与良渚文化两种不同文化因素的"两合现象"。我们使用"两合"一词，意在强调两种文化因素在同一墓地上或同一墓葬中都占有相当的比例，与史前时代由一般性的交往而产生的……常见现象有明显的区别，这种两群文化因素"两合现象"应有着非同寻常的背景。③

实际上，大汶口文化与良渚文化当同属于戎族文化，而大汶口文化与仰韶文化则分别属于戎族与夏族的两种文化，因此其间的关系是完全不同的，前二者是两个同族文化，而后二者则是两个互相影响的相邻文化。从所谓"两合"的角度来看。下边这种说法就不是很确切的："海岱龙山文化的南下虽然受到了北上的良渚文化的阻挡，但在两个文化区中也呈现双向交流与汇合。"④ 因为海岱龙山文化与良渚文化之间是两个同族文化的"两合"，而不是两个不同族群文化的"双向交流与汇合"。

在渤海、黄海沿岸和东北地区，还有许多戎族文化，都有类似的情况。他们与大汶口文化、良渚文化类似乎都有"两合"的现象。如高广仁提到了辽东半岛与后红山文化："早在大汶口文化前期，胶东半岛已进入大汶口文化分布范围，大汶口文化的一些

---

① 巫鸿：《从地形变化和地理分布观察山东地区古文化的发展》，苏秉琦主编：《考古学文化论集（一）》，北京：文物出版社，1987年，第177页。
② 浙江省文物考古研究所：《河姆渡——新石器时代遗址考古发掘报告》上册，北京：文物出版社，2003年，第30页。
③ 高广仁、邵望平：《海岱文化与齐鲁文明》，南京：江苏教育出版社，2005年，第106页。
④ 高广仁、邵望平：《海岱文化与齐鲁文明》，第125页。

显著的、突出的因素……由此再通过渤海庙岛列岛传入辽东半岛南部，在辽东的郭家村下层文化中就看到了大汶口文化的这些因素。还不止于此，甚至在辽西的'后红山文化'中也能看到大汶口文化的影响。"① 又如夏家店下层文化的大甸子墓地，随葬斧钺的100座墓，墓主皆男性。随葬陶纺轮的100座墓，墓主皆为女性。其他三分之二的墓，规模都比较小。斧钺、纺轮都是"礼器"②。由于"百越"文化可能越过长江口，到达黄海、渤海沿岸，最后到达东北，因此百越文化、大汶口文化与东北地区的许多古族都发生"两合"现象。不过对于所谓的"两合"现象，还需要进一步研究。

（3）淮河中下游地区

苏秉琦说："安徽有个淮河，这个淮河就能简单地一分为二，给长江一半，给黄河一半！"又说："不能把黄河流域、长江流域的范围扩大到淮河流域来，很可能在这个地区存在着一个或多个重要的原始文化。"③ 苏秉琦认为，淮河两岸可能属于一个文化区，甚至分属多个原始文化区。

考古学家在双墩遗址发掘报告中说："（20世纪）70至90年代，在淮河流域发现了上游的贾湖和下游的龙虬庄两个一早一晚的文化，直至中游地区双墩文化的确立才使得淮河流域的贾湖→双墩→侯家寨→龙虬庄文化体系真正地建立了起来。……同时填补了安徽淮河这块东西南北文化交流地区新石器时代考古学文化的空白。"④ 但是把贾湖划归这个淮河中游的文化区，是不大恰当的。这个文化区可以包括石山子或小山口。在贾湖→双墩→侯家寨→龙虬庄这个范围内，还可以包括青莲岗遗址以及花厅遗址。

前边已经看到，在"以山东为中心的东方"与"以环太湖为中心的东南部"的考古文化中，二者当存在"两合现象"，那么夹在这两者之间的"淮河中游地区"与这两个考古文化也有密切的联系。实际上"淮河中游地区"与这两个考古文化都属于戎族文化区。

考古学家在双墩遗址发掘报告的附录中说："陶器按其外观的颜色可分为红陶、灰陶、黑陶、白陶等，从出现的先后顺序来看，红陶、灰陶最早，黑陶次之，白陶最晚。现有的考古数据表明，新石器时代中期，大约距今7500—5000年间，黑陶最早发现于长江流域的文化遗址……不同地区的黑陶有着不同的特色。其中大溪文化早期器物多以局部黑色为特征；而屈家岭文化及河姆渡文化器物则以内外皆黑为特征。这一时期，黄河流域的各文化遗址也发现了黑陶，但其数量相对较少、工艺水平的发展也较为缓慢，这可能与当时黄河流域较为盛行彩陶文化有关。……到了新石器时代晚期，即大约距今5000—4000年间，黑陶文化在黄河流域也迅速发展起来。……其中山东龙山文化的精美蛋壳黑陶代表着中国石器时代乃至整个古代黑陶工艺的最高水平。"考古学家在附录中

---

① 高广仁、邵望平：《海岱文化与齐鲁文明》，第108页。
② 郭大顺、张星德：《东北文化与幽燕文明》，南京：江苏教育出版社，2005年，第324、325页。
③ 安徽省文物考古研究所、蚌埠市博物馆：《蚌埠双墩——新石器时代遗址发掘报告》，北京：科学出版社，2008年，第415页。
④ 安徽省文物考古研究所、蚌埠市博物馆：《蚌埠双墩——新石器时代遗址发掘报告》，第415页。

又说:"双墩遗址是新石器时代中期分布在淮河流域的一个重要遗址,距今约7300—7000……双墩遗址是目前为止,中国发现最早的黑陶产地之一。"①

这个简单的附录说明了最早出现黑陶的地点在长江流域（大约距今7500年）,其次是淮河流域双墩遗址（大约距今7300年）,接着是山东半岛（距今5000—4000年）。这个说明提到了河姆渡遗址（浙江余姚,1973年发现,2003年出版考古发掘报告,遗址年代距今7000—5300年）,没有提到跨湖桥遗址（浙江萧山,1990年发现。1997年发表发掘简报,确定遗址年代距今8000多年）。因此跨湖桥遗址属于我国最早出现黑陶的一个地区,实际上这是一个范围极为广阔的考古学文化区,包括长江中下游、淮河中下游、山东半岛,以及渤海、黄海沿岸及东北地区。因此河姆渡是其中一个小部分,太湖流域也是其一部分。因此中国的黑陶遗址很可能都与钱塘江—太湖地区有渊源关系。

考古学家在双墩遗址发掘报告中说:"马家浜文化主要分布在太湖流域。马家浜的外红衣内黑色陶器与双墩完全相同,说明两者之间有一定的渊源关系。……在马家浜文化时期太湖流域西部受双墩文化影响较大,它的传播途径主要是通过宁镇地区。"丹阳丁沙地遗址,"陶器皆手制,胎壁粗厚……还有少量泥灰和黑陶。……在文化面貌上与双墩也比较一致。这是南京、镇江一带较早的一个新石器时代的文化类型……由此,宁镇地区距今6500年左右的新石器文化更多地接受了淮河流域双墩的文化因素"②。虽然马家浜、丁沙地等遗址与双墩遗址都有密切的关系,但不能说马家浜遗址受双墩遗址的影响较大,也不能说丁沙地遗址更多地接受了双墩遗址的文化因素,更不能说双墩遗址是太湖流域的源。实际情况可能是太湖流域是双墩遗址的源。

总的来看,淮河中下游地区与苏秉琦的东方区系、东南区系应该属于同一个文化区系。

### 3. 苏秉琦的西南区系与苏秉琦的南方区系

（1）西南区系

再看苏秉琦的西南区系,即"以环洞庭湖与四川盆地为中心的西南部"。这是一个很大的区域,民族属性复杂。也许更应该分为两个分区:"环洞庭湖与江汉平原"和"以四川盆地为中心的地区"。虽然这两个文化区在地理上是可以联系在一起的,但是从民族属性来看,"环洞庭湖与江汉平原"当属于戎族族区,而"以四川盆地为中心的地区"又可以分为两个部分:其南部属于戎族与胡族交错分布的区域,北部则自古以来就是夏族与胡族交错分布的区域。

因此所谓西南区系作为一个区系是不合适的,应该将西南区系分为两部分,其一为"环洞庭湖与江汉平原",它属于戎族文化区；而另一为"以四川盆地为中心的地区",它本身还应该分为南、北两个部分,其南部属于戎族与胡族交错分布的区域,其北部属于夏族与胡族交错分布的区域。

---

① 安徽省文物考古研究所、蚌埠市博物馆:《蚌埠双墩——新石器时代遗址发掘报告》,第624页。
② 安徽省文物考古研究所、蚌埠市博物馆:《蚌埠双墩——新石器时代遗址发掘报告》,第476、475页。

(2) 南方区系

"以鄱阳湖—珠江三角洲一线为中轴的南方"的南方区系也许更应该分为两个分区："环鄱阳湖与珠江三角洲东南地区"和"珠江三角洲西南地区（或云贵地区）"。

从民族属性来看，"环鄱阳湖与珠江三角洲东南地区"当属于戎族区域，而"珠江三角洲西南地区（或云贵地区）"当属于戎族与胡族交错分布的区域。因此所谓南方区系作为一个区系是不合适的，"环鄱阳湖与珠江三角洲东南地区"与"珠江三角洲西南地区（云贵地区）"缺乏显著的共同特征，因此将二者合为一个南方区系是不合理的。

如果从民族属性考虑，那么将"环鄱阳湖与珠江三角洲东南地区"与"环洞庭湖与江汉平原"合并为南方区系，将"以四川盆地为中心的地区"的南部与"珠江三角洲西南地区（云贵地区）"合并为西南区系，才能够反映文化系统的结构。

根据上述讨论，在苏秉琦的六大区系中，四个区系的划分都存在问题，即东方区系、东南区系、西南区系的"环洞庭湖与江汉平原"、南方区系的"环鄱阳湖与珠江三角洲东南地区"。从文化系统来看，这四个区系实际上应该合成一个区系。因此六大区系的划分，对于文化系统的研究来说是不适合的。有人说，苏秉琦相当准确地把我国境内主要的新石器文化（含部分青铜文化）划为六个大区才有可能比较准确地建立起我国考古学文化的谱系，这种评论是不准确的。

苏秉琦将全国文化分为六大区系，不管区系的划分是否合适，其基础是地域。苏秉琦的六大区系实际上是六个地域，是以各个地域的方位来进行区系划分的。实际上对于历史研究来说，一个社会的面貌应该是其文化，故区系应该以其文化来划分。因此，我国的文化不应该根据其地域划分为六个区系，而应该划分为三个族区。

## 二、区系学说及多族群文化

### 1. 什么是区系学说

近几十年来，中国各地的考古发掘有了大量发现，因此许多学者认为中国文明是多源并发的，有许多不同的起源地。苏秉琦提出了"区系学说"。

苏秉琦提出了把现今人口分布密集地区的考古学文化分为六大区系。俞伟超说：这个学说破除了从五十年代以来形成的"以黄河中游为中心的大一统思潮"，那种大一统的观点"以为马家窑、龙山、马厂、红山，乃至新发现的大汶口和大溪等彩陶发达的文化，都是从仰韶文化蔓延出去的地方变体；山东的龙山文化，甚至江南的良渚文化和甘青的齐家文化，也被认为是中原龙山文化的地方变体"。他又评价说："（区系学说）相当准确地把我国境内主要的新石器文化（含部分青铜文化）划为六个大区和概括为面向海洋和面向大陆两大片，才有可能比较准确地建立起我国考古学文化的谱系。"[1]

---

[1] 俞伟超：《本世纪中国考古学的一个里程碑》，苏秉琦：《中国文明起源新探》，第145、146页。

张忠培提出另一种区系，他的区系不包括珠江三角洲，因此是五个。长江流域两个，即"以江汉平原和长江下游为中心"，而黄河流域可能存在三个，"其中之一是西起甘青，东至伊洛附近，北起河套，南越秦岭至汉水上游，而以渭水为中心的考古文化系列群；之二是以泰沂为中心的考古文化系列群；之三是包括华北东北部及东北西南部，以滹沱河为中心的考古文化系列群"。他还指出："以上五个平行的考古文化系列群的目前已能确认的源头即大溪文化、河姆渡文化、老官台文化、北辛文化和磁山—裴李岗文化。"①

这种区系学说的确破除了一个传统观点，那种观点以为全国各地的文化都是从中原地区传播过去的，因此中国是从中原地区向四方扩张而成，中国的文化就是中原地区的文化。

中国人自称炎黄子孙，但是炎帝、黄帝的地域在哪里？史无明文。《史记》说黄帝是"迁徙往来无常处"。至于炎帝，《帝王世纪》说他"初都陈，又徙鲁"。也不怎么确定。②后来的帝王就比较明确了，皇甫谧说颛顼"都帝丘，今东郡濮阳是也"，帝喾"都亳，今河南偃师是"，帝尧"都平阳，于《诗》为唐国"，舜"所都，或言蒲阪，或言平阳，或言潘"，禹"都平阳，或在安邑，或在晋阳"③。因此，在历史记载中，最早的都城就在山西、河南。后来商汤崛起于河南东部，而周文王、周武王崛起于关中，这些现象正是中原文化向相邻的东、西方地区传播的结果。因此，中国文化是一个统一体，其中心是黄河中游。

按区系理论来说，中国文化有五六块，黄河中游只是其中的一块。几十年来的考古发掘似乎证明了这种理论，例如杭州与太湖地区发现了大批的黑陶与巨大的墓墩之后，不少学者就表示，在长江下游可能存在一个与中原文化一样古老而繁荣的文化中心。同样，在东北长城以外的西辽河、大凌河流域发现了中原地区未曾见过的排列有序的村庄、墓地，以及祭坛与女神庙，表明那里一定又是一个独立的文化中心。但这些都是表面现象。虽然几十年来的考古发掘可以说明中国文化在五六千年前可以分为五六个区系、七八个区系甚至更多，但是绝不能说中国文化可以分为五六个区系。因为不同的文化之间在不断地发生融合。

对于文化史的研究来说，融合的现象是文化发展最重要的现象，融合现象是互相交往的必然结果，但往往不是很戏剧性的，不会引起太大的注意。历史中也出现过极为戏剧性的文化融合，但这种情况很少，北魏孝文帝在太和十九年（495年）下令立即将拓跋氏融合于汉族，可能就是其中最瞩目的一次。他要求鲜卑族拓跋氏贵族马上改用汉姓，在朝廷中不得用鲜卑语交谈，户籍改为洛阳，死了也不得回到北方安葬。拓跋氏很快就消失了，融入了汉族。中国在魏晋南北朝的时候，大量鲜卑族都是先后穿过长城南

---

① 张忠培：《原始农业考古的几个问题》，《中国北方考古文集》，北京：文物出版社，1990年，第228页。
② 《史记·五帝本纪》，第6、4页。
③ 《史记·五帝本纪》，第12、13、15、44页；《史记·夏本纪》，第82，83页。

下，逐步融入了汉族。

人类的迁徙现象比想象的情况更为普遍，在最原始的时代，人们由于生产能力低下而四处觅食，并不能长期停留在一个地方，因而无法形成区系。后来则由于牛马、车船等运输能力的发展而加强了交流，模糊了相互之间的界线。因此，区系的现象是不稳定的。从人类文化史的整个过程来看，更突出的是文化的融合过程，或者说区系现象的消失过程。实际上区系的现象是不容易形成的，更不能持久。到了周代以后，讨论区系就没有多大意义了。

2. 区系学说与多族群文化

与区系学说有直接联系的是多族群文化的观念。许多学者强调中国文化是多族群文化，有些人则把多族群文化作为区系学说的基础，但多族群文化与区系学说的确有同样的问题。

考古发掘表明，除黄河中上游有发达的文化外，长城之北的草原地带，长江下游的东南沿海地区，长江中上游，都有发达的文化。这里的确存在区系的现象，这种考古现象也表明，这个广大的地区并不属于单个族群，这些五光十色的文化并非单一的夏族文化。

上古时代，在现在中国的境内，存在众多族群。也就是说，在夏族之外还有其他族群，他们与夏族不同，至少他们不使用华夏族的语言文字，也没有夏族的姓氏制度与夏族的许多生活习俗与丧葬制度等。但是族群界线并不是永久的，由于它们相互交往，族群界线必定越来越模糊，而且不可能产生新的族群，也就是说，族群之间的区别不可能增大而只能越来越小，即族群只能不断地融合，这一点十分明显。但是族群的融合并不是简单的合并，虽然二者的某些特点在融合之后都还可能存在，但是有主次之分。例如满族与汉族融合，并不是形成一个非满非汉的族群，而是融合之后都成为汉族，虽然满族的某些特点在汉族文化中有所体现，但是从语言文字、姓氏制度以至价值观念等基本方面，满族的特点消失了。因此满族文化虽然在汉族的文化中有所体现，但不能说满族文化是汉族文化的源泉。"满天星"的观点抹杀了主干族群的事实，因此不能正确地解释历史。

苏秉琦曾说："认识到以燕山南北长城地带为重心的北方地区在中国古文明缔造史上的特殊地位和作用。中国统一多民族国家形成的一连串问题，似乎最集中地反映在这里，不仅秦以前如此，就是以后，从南北朝到辽、金、元、明、清，许多'重头戏'都是在这个舞台上演出的。"[①] 可是从清代的情况来看，在那里"演出"的是满族融入汉族，尽管清朝统治者曾极力对这种融入加以抵制。在南北朝的"五胡乱华"中，拓跋氏建立了北魏，慕容氏建立了燕，宇文氏建立了北周，不管这些胡族本来有多长的历史，但是他们在黄河流域建立王朝统治以后，所有这些胡族都融入了汉族。他们在黄河流域

---

① 苏秉琦：《中国文明起源新探》，第35页。

并没有继续发展他们在长城以北的文化，相反他们继承了汉族文化。

胡族曾经在燕山南北发展，但是那种文化中断了，那些文化遗留在地下。而在地上，后来在燕山南北所看到的是汉族文化。不能把以前燕山的胡族文化与以后燕山的汉族文化看成是一种首尾连贯的某种燕山文化。所以不能把全国各处的古文化都看作中国文化的前身或根源，不能因为各地存在不同的古文化，就认为中国文化是多源的。

必须把族群与血缘关系区别开来。从血缘来看，清军入关前东北地区的满族当然是关内满族的源头，但是关内的满族逐步融入汉族，在这种情况下，入关前东北的满族也是汉族的源头之一，因此从血缘来看，汉族是多源的。其实任何族群都是多源的，满族也是多源的。东北的满族也是多源的，汉族也是他们的源头之一，汉军八旗就说明了这一点。因此，血缘不能作为族群的界线。

区系学说往往忽略了各个考古文化之间的联系。不能说中国所有的考古文化都是从仰韶文化发展而来的，但是也不能说所有的考古文化都是独立的，实际上一些考古文化是从另一些考古文化发展而来的。因此，有人认为整个中国有一个大一统的文化是不对的，但是以为文化是满天星式的发展，也是不对的。夏、戎、胡三个基本族群的学说可能比区系学说更能反映中国古代文化的现实。

此外，从族群融合的角度来看，满族、商族从与夏族（汉族）发生接触的时候起就开始了融入的过程。就商族来说，这个融入过程至少从尧舜时代就开始了，因此在商朝建立之前可能已经历了上千年的融合过程。就满族来说，当猛哥帖木儿被封为"建州卫指挥使"的时候，这个融入过程就开始了。

李龙海的著作中讨论了夏族、商族的族属关系，他认为二者有许多共同点，如语言相同，至少有互相了解的"普通话"。这个推测有一定的道理，但是这种"普通话"如果有，也必定是夏族语言。他总结说："夏人、商人与周人虽是三个不同的民族共同体，但是从大的方面来说，三者又都处在一个共同的文化体内，其文化特征的区别都是细节方面的与具体的。"[1] 既然是三个不同的族群，怎么可能大的方面相同，而只是细节方面有所不同？其实所谓大的方面相同，就是表示基本上已经融入夏族，这个所谓"共同的文化体"就是夏族的文化体。因此说夏人、商人与周人是三个不同的族群，这是对的，但是说他们处于共同的文化体内，则是不准确的，只能说商人、周人后来都处于夏族的文化圈内。李龙海对三族的起源地的认识是"夏人当起源于晋南；商人起源于豫北、冀南太行山东麓地区；周人起源于关中东部渭水流域地区"[2]，也就是说，夏商周三族起源于陕西东部、山西南部、河北南部的狭长地带。这样狭小的地带可能同时孕育这样三个强大的族群吗？实际上，夏商周这三个族群的起源地相距很远，商族在东北，周族在西北，可能都是在距今五六千年的时候形成的。在距今四千年左右，商、周两族先后进入夏族的领地，先后融入了夏族。

---

[1] 李龙海：《汉民族形成之研究》，北京：科学出版社，2010年，第82页。
[2] 李龙海：《汉民族形成之研究》，第81页。

# [07] 夏族之炎黄结构

## 一、夏族之炎黄结构

(一) 夏族炎黄结构的概况

1. 氏

在距今一万年左右，夏族在渭水上游形成了，当时他们有了小家庭及其住宅，并产生了宗社组织，他们有了陶器，特别是彩陶，有了原始农业与畜牧业。他们有了聚居点，通常就称为"氏"，每个氏有一定的成员与地域。因此，上古时期夏族社会的扩展就表现为氏的人口增加以及地域扩大，还表现在新的氏不断产生。

氏通常以地域命名，如黄帝亦称轩辕氏，《史记·五帝本纪》索隐引皇甫谧云："居轩辕之丘，因以为名。"黄帝亦称有熊氏，集解引皇甫谧曰："有熊，今河南新郑是也。"[1] 又如颛顼称高阳氏，帝喾称高辛氏，《史记·五帝本纪》集解引张晏曰："高阳、高辛，皆所兴之地名。"[2] 因此氏的名称也成为移殖的记录。

夏族的氏特别是建立在姓氏的基础之上，因此夏族的氏与许多其他部族不同，夏族社会除了社组织之外，还有强大的宗组织，因此也就有了更大的凝聚力。

2. 炎黄结构

夏族社会由于具有强大的姓氏制度，因此形成了特有的炎黄结构，亦即炎帝、黄帝的两分结构。

早在陇山地区时，夏族就形成了以黄帝、炎帝为首的姬姓与姜姓两个系统。在陇山地区，夏族就有了以炎帝（姜姓）与黄帝（姬姓）为首的两个强力集团，他们成了夏族最初的核心。

因此通常就说，夏族起源于姬、姜二姓的黄帝与炎帝，如《国语·晋语》记载司空季子说："昔少典娶于有蟜氏，生黄帝、炎帝。黄帝以姬水成，炎帝以姜水成。成而异德，故黄帝为姬，炎帝为姜。二帝用师以相济也，异德之故也。"[3] 司空季子说黄帝、

---

[1] 《史记·五帝本纪》，第 2 页。
[2] 《史记·五帝本纪》，第 13 页。
[3] 徐元诰撰，王树民、沈长云点校：《国语集解·晋语四》，第 336 页。

炎帝为少典之子，同为有蟜氏所生，故提示黄帝与炎帝必定处于相同的地域，有共同的血缘关系，姬、姜即为一氏之两姓。但是许多人没有充分注意到夏族的这一重要特点。

其实所有部族起源之初，往往都会出现"一氏两姓"之结构，因此两分结构为原始部族之一般现象（关于两分结构，见张肇麟《姓氏与宗社考证》[03]）。但是许多人把炎帝与黄帝看作是两个不同时期的历史人物。在许多历史著作中都将炎帝与神农氏看作同一个氏而称之为"炎帝神农氏"。这就完全抹杀了炎帝与神农氏是两个氏的历史事实。①

《国语》之记载虽不太准确，但《国语》保留了"一氏两姓"的根本特征。而《路史》只根据纬书一类的资料排列帝王世系，将炎帝与黄帝安排成为一前一后的两个世系，因此《路史》提供的世系为：伏羲氏及女娲，神农氏及炎帝，有熊氏及帝鸿。故《路史》说："夫古之有天下，最长世者，无神农若也。故《尸子》曰：'神农七十世有天下。'……《吕览》亦曰：'神农七十世有天下。'"②这个神农即使存在，也必定是三皇时代的神农氏，绝不会是五帝时代的炎帝。因此，在《路史》的世系中，实际上只有神农氏而没有炎帝。

3. 夏族之两姓结构

虽然所有部族起源之初，往往都会出现"一氏两姓"之结构，但这种结构不可能维持很长时间，但令人惊奇的是，夏族的炎黄结构保持了几千年之久。

当夏族在陇山地区时，当已具有姬、姜两姓结构。一直到周朝，仍然具有鲜明的姬、姜两姓结构。《国语·郑语》记载史伯曰："当成周者，南有荆蛮、申、吕、应、邓、陈、蔡、随、唐，北有卫、燕、狄、鲜虞、潞、洛、泉、徐蒲，西有虞、虢、晋、隗、霍、杨、魏、芮，东有齐、鲁、曹、宋、滕、薛、邹、莒，是非王之支子母弟甥舅也，则皆蛮夷戎狄之人也。"③亦即东周时候，只有三种国家：第一种为姬姓；第二种为姜姓；第三种为蛮夷戎狄。其中应、蔡、随、卫、虞、虢、晋、霍、杨、魏、芮、鲁、曹、滕等为姬姓，其余陈为妫姓、唐为祁姓、薛为任姓、莒为己姓，还是来自姬姓，而申、吕、齐等为姜姓。因此在东周社会，还具有强烈的姬、姜两姓结构。

当帝尧要求群臣提出继任人选时，放齐推荐了丹朱，说"嗣子丹朱开明"，尧不同意，说丹朱"顽凶"。尧再一次要求群臣推荐，于是欢兜推荐共工（姜姓），尧也不同意，说"共工善言，其用僻，似恭漫天，不可"④。尽管共工被否定，但也可以看到共工的声望与其社会地位之高。而且还可以看到"一氏两姓"的特点，当时在姬、姜两姓之间，是可以互相继承的。

---

① 张肇麟：《夏商周起源考证》，第307页。
② （宋）罗泌：《路史·炎帝纪下》，第75页。
③ 徐元诰撰，王树民、沈长云点校：《国语集解·郑语》，第461页。
④ 《史记·五帝本纪》，第20页。

除姬、姜之外，还有蛮夷戎狄，下边再来讨论。

## （二）炎黄之间的冲突

### 1. 炎黄之争

姬姜二姓是姻亲部族，是成为一体的，犹如后代所谓的"朱陈之好"，但司空季子说："二帝用师以相济也，异德之故也。"韦昭注："济，当为挤。挤，灭也。《传》曰'黄帝战于阪泉'是也。"① 因此，虽然黄帝、炎帝是兄弟，但二者之间不断发生战争。《史记·五帝本纪》就说："炎帝欲侵陵诸侯，诸侯咸归轩辕，轩辕乃修德振兵……以与炎帝战于阪泉之野。……而诸侯咸尊轩辕为天子，代神农氏，是为黄帝。"② 故炎帝是黄帝成为天子的一个最大的障碍。

五帝时期，实际上许多战争都发生在炎黄之间，朝廷的冲突也是发生在炎黄之间。例如《淮南子·天文训》云："昔者共工与颛顼争为帝，怒而触不周之山。天柱折，地维绝。"③《淮南子·兵略训》云："兵之所由来者远矣！黄帝尝与炎帝战矣，颛顼尝与共工争矣。故黄帝战于涿鹿之野，尧战于丹水之浦，舜伐有苗，启攻有扈。自五帝而弗能偃也，又况衰世乎！"④ 因此，夏族之炎黄结构既表示炎、黄是兄弟，也表示炎帝为黄帝的主要对手。此外，炎黄结构既表示炎黄之间的亲密结构，也表示炎黄之间的冲突情况。

除炎黄之间发动战争之外，还有各种矛盾与斗争。例如《史记·五帝本纪》所记载的流放："于是舜归而言于帝，请流共工于幽陵，以变北狄；放欢兜于崇山，以变南蛮；迁三苗于三危，以变西戎；殛鲧于羽山，以变东夷。四辠而天下咸服。"⑤ 除鲧以外，共工、欢兜都是炎帝之后，因此所谓流四凶还是夏族内部的炎黄之争。

### 2. 炎黄之争贯穿整个上古史

尤其值得注意的是，在中国上古史中，炎黄的对立持续贯穿始终。《史记》是中国历史的标准读本，但是从黄帝到汉朝，共有五帝、夏、商、周、秦、汉，其建立者全属于黄帝之后裔。

根据《史记》，五帝中颛顼、帝喾、尧、舜都是黄帝之后裔。夏朝是启建立的，从启到桀，都是禹之后裔。商朝是汤建立的，汤是契的后裔，而契之母为有娀氏之女，而契之父是黄帝之孙。周朝是文王建立的，周文王是弃的后裔，而弃之母为有邰氏之女，而弃也是黄帝之孙。秦朝是大费的后人建立的，《史记》说大费之母为少典氏之女，而

---

① 徐元诰撰，王树民、沈长云点校：《国语集解·晋语四》，第337页。
② 《史记·五帝本纪》，第3页。
③ （汉）高诱注：《淮南子·天文训》，《诸子集成》第七册，第35页。
④ （汉）高诱注：《淮南子·兵略训》，《诸子集成》第七册，第251页。
⑤ 《史记·五帝本纪》，第28页。

大费之父为大业，大业之母为颛顼之女，故"秦之先，帝颛顼之苗裔"①。而汉朝是汉高祖建立的，《史记》说："高祖，沛丰邑中阳里人，姓刘氏。"索隐云："高祖。刘累之后，别食邑于范，士会之裔，留秦不反，更为刘氏。刘氏随魏徙大梁，后居丰，今言'姓刘氏'者是。"②故"高祖，刘累之后"。而《左传》有"陶唐氏既衰，其后有刘累"③，因此汉朝自认唐尧之后。就是夺取西汉政权的王莽，也声称自己是黄帝之后，《汉书》说："莽自谓黄帝之后，其《自本》曰：黄帝……八世生虞舜……至周武王封舜后妫满于陈，是为胡公。"王莽认为自己是胡公的后裔。④

此外，从黄帝以来取得帝位的人物都是黄帝之后裔，而炎帝的子孙在夏族人口中可能占有一半之多，但在历史中他们之地位却已消失大半。因此，夏族的炎黄结构，虽然贯穿了整个上古史，但受到许多人的忽视（在少数民族中现在还存在两分结构的组织及对抗的情况，可参考本书[07]的[补注]）。

## 二、黄帝之后裔及族系

### （一）黄帝之后裔

为了分析黄帝后裔，必须关注黄帝子孙之记载。《史记·五帝本纪》谓黄帝正妃为嫘祖，生二子。但黄帝之子的记载非常复杂，索隐案："黄帝立四妃，象后妃四星。皇甫谧云：'元妃西陵氏女，曰累祖，生昌意。次妃方雷氏女，曰女节，生青阳。次妃彤鱼氏女，生夷鼓，一名苍林。次妃嫫母，班在三人之下。'案：《国语》夷鼓、苍林是二人。又案：《汉书·古今人表》彤鱼氏生夷鼓，嫫母生苍林，不得如谧所说。太史公乃据《大戴礼》，以累祖生昌意及玄嚣，玄嚣即青阳也。皇甫谧以青阳为少昊，乃方雷氏所生，是其所见异也。"⑤对于此种异见，只能根据历史中黄帝子孙之实际分布来加以判断。从实际记载来看，黄帝之子可能有两个分支或三个分支，现在叙述如下：

1. 两个分支：玄嚣与昌意

《史记·五帝本纪》说："嫘祖为黄帝正妃，生二子……其一曰玄嚣，是为青阳，青阳降居江水；其二曰昌意，降居若水。"索隐云："降，下也。言帝子为诸侯，降居江水、若水。江水、若水皆在蜀，即所封国也。"⑥

《史记·五帝本纪》说玄嚣与昌意之地域为江水与若水，而索隐谓"江水""若水"

---

① 《史记·秦本纪》，第173页。
② 《史记·高祖本纪》，第341页。
③ 《春秋左传正义·昭公二十九年》，（清）阮元校刻：《十三经注疏》，第2123页。
④ 《汉书·元后传》，第4013页。
⑤ 《史记·五帝本纪》，第10页。
⑥ 《史记·五帝本纪》，第10、11页。

皆在蜀。《史记·五帝本纪》所谓"降居江水"，此江水当指汉水。至于若水，解释分歧更大。实际上《史记·五帝本纪》所谓昌意"降居若水"，此若水当指武都、汉中之水道。因此，《史记·五帝本纪》解释黄帝后裔最初分为两支，虽然大家对江水、若水的解释不一致，但地点当在今四川。

在很长的时间里，大家对长江并不认识。最初以丹江为江水。《尚书·禹贡》《汉书·地理志》则以汉水为江水。然后以岷江为江水，最后才以金沙江为江水（有关江水、若水，请参看张肇麟《夏商周起源考证》[05]）。《大戴礼记》《路史》俱将江水作为汦水，罗苹注谓汦水为四川境内长江上游之支流湔汦水。① 对江水、若水的这些解释虽然混乱，但黄帝后裔最初分为两支，他们的地点均在四川。

《史记·五帝本纪》还讲述玄嚣的子孙有帝喾、尧，而昌意之子孙有颛顼、舜②。《史记·夏本纪》说禹是颛顼之孙，《史记·殷本纪》《史记·周本纪》说契、弃为帝喾之子③，因此黄帝之后裔可以罗列如下：

```
黄帝—玄嚣—蟜极—帝喾—帝尧
                  |帝挚
                  |契
                  |弃
   —昌意—颛顼……舜
        鲧—禹
```

从黄帝到禹、弃，相距至少几百年，甚至可能上千年，其中每个名字都可能代表一个部族，因此如此简单之系谱不足以反映实际的情况。但是从《史记·五帝本纪》可以得到下列结论：在黄帝后裔中，玄嚣与昌意可能代表两个最重要的分支。

2. 三个分支：苍林、青阳与昌意

（1）《帝王世纪》的记载

《帝王世纪》说黄帝有后妃四人，"元妃西陵氏女，曰嫘祖，生昌意。次妃方雷氏女，曰女节，生青阳；次妃彤鱼氏女，生夷鼓，一名苍林；次妃嫫母，班在三人之下"④。故《帝王世纪》的黄帝后裔为昌意、青阳、苍林（即夷鼓）三个分支：

元妃西陵氏，生昌意；

---

① （宋）罗泌：《路史·黄帝》，第89页；（清）王聘珍撰，王文锦点校：《大戴礼记解诂·帝系》，第127页。
② 《史记·五帝本纪》，第11、13、14、31页。
③ 《史记·夏本纪》，第49页；《史记·殷本纪》，第91页；《史记·周本纪》，第111页。
④ （晋）皇甫谧撰，（清）宋翔凤、钱宝塘辑：《帝王世纪》，第6页。

次妃方雷氏，生青阳；

次妃彤鱼氏，生夷鼓（即苍林）。

同《史记·五帝本纪》对比一下，可以认为《帝王世纪》之昌意就是《史记·五帝本纪》之昌意，而《帝王世纪》之青阳与夷鼓（即苍林），即《史记·五帝本纪》之玄嚣。《史记·五帝本纪》与《帝王世纪》实际上是一致的。

(2)《路史》的记载

《路史》对黄帝后裔的记载最为详细，谓黄帝有四妃，共有子九人，内容如下：

元妃西陵氏曰儽祖，生昌意、玄嚣、龙苗。昌意就德，逊居若水。……玄嚣姬姓，降居泜水。……次妃方累氏曰节生休及清。休，继黄帝者也，是为帝鸿氏；清，次封清，为纪姓。……次妃彤鱼氏，生挥及夷彭。……夷彭，纪姓。……次妃嫫母……是生苍林、禺阳。禺阳最少，受封于任，为任姓。……苍林，姬姓。[①]

《路史》提到九个黄帝之子的姓、氏可以罗列如下：

元妃西陵氏，生昌意、玄嚣（姬）、龙苗"生吾融，为吾氏"；

次妃方累氏，生休"继黄帝者也"、清（纪）；

次妃彤鱼氏，生挥"受封于张，为弓氏、张氏"、夷彭（纪）；

次妃嫫母，生苍林、禺阳（任）。

其中有姓的是西陵氏玄嚣（姬姓）、方累氏清（纪姓）、彤鱼氏夷彭（纪姓）、禺阳（任姓）。

与《史记·五帝本纪》对比一下，可以发现《路史》的记载文本存在许多混乱。这个文本包含大量进入夏族的其他部族。此外，一些黄帝之子在记载中没有姓，其中有西陵氏之子龙苗（只说明龙苗之子为吾氏，没有姓），方累氏之子休（只说明休是继黄帝者也，没有姓），彤鱼氏之子挥（只说明挥受封于张，为弓氏、张氏，没有姓），还有西陵氏之子昌意没有姓，嫫母之子苍林没有姓。此外，嫫母之子禺阳姓任，但是"任"可能并不是黄帝之子的姓。根据《史记·五帝本纪》与《帝王世纪》，《路史》之禺阳之母为"次妃嫫母"，又最小，故不当列为黄帝之子。因此，《路史》的文本是不可靠的。

将《路史》的文本加以改正之后，可以认为《路史》之"清"应即《史记·五帝本纪》之"青阳"（纪姓），而《路史》之"夷彭"应为《史记·五帝本纪》之"夷鼓"，亦即"苍林"（纪姓）。因此，《路史》之"清"与"夷彭"，即《史记·五帝本纪》之玄

---

[①]（宋）罗泌：《路史·黄帝》，第89页。

嚣（纪姓），而《路史》之"昌意"，即《史记·五帝本纪》之昌意（姬姓）。

因此，根据《路史》黄帝之子可以罗列如下：

元妃西陵氏，生昌意（姬）、玄嚣（纪）；
次妃方雷氏，生青阳（纪）；
次妃肜鱼氏，生夷鼓（纪）。

这样改变之后，《路史》与《史记·五帝本纪》《帝王世纪》就一致了。主要的改变是将《路史》的"昌意、玄嚣（姬）"改为"昌意（姬）、玄嚣（纪）"。因此《路史》的文本可能是传布中产生的笔误。

由《路史》的记载可知，虽然说黄帝之子九人，但也只有姬与纪两个姓，但是纪姓分为青阳与苍林，因此两个姓包括三个族：

姬姓：昌意；
纪姓：玄嚣（包括青阳、苍林）。

(3) 玄嚣与青阳

传说中出现的这种混乱，当有其产生的原因。玄嚣可能即玄枵，为天星名号。《尔雅·释天》云："玄枵，虚（星）也。"义疏："虚者，二星上下如连珠。"①《左传·襄公二十八年》云："玄枵，虚中也。"②《左传》与《尔雅》都以玄枵有不相连接的两星，而黄帝后裔之部族之所以名为玄嚣，似乎即暗示着玄嚣族群必定分为两个分居两地互不相连接之分支，这两个分支当即青阳与夷鼓（苍林）。这即与虚星两个星座之间中虚的现象相似。按《汉书·天文志》载："权，轩辕，黄龙体。前大星，女主象；旁小星，御者后宫属。"③似乎前大星即暗示苍林之姬姓，而旁小星则为其他众多之姓。因而苍林当即轩辕之名所由起。苍林在文献中少见，也不妨将苍林系称为轩辕系。

玄嚣的含义是否的确如此，值得进一步讨论，但是从上述的文献记载来看，黄帝后裔最初当分为两个族系，其中之一再分为两个族系，故黄帝后裔实际上当有三个族系，此即《帝王世纪》之基本结论。

因此黄帝之主要后裔当有三支，而此三支可称之为苍林系（亦可称为轩辕系）、青阳系（亦可称为少昊系）以及昌意系。因此《史记·五帝本纪》《帝王世纪》的记载可能都是真实的，即黄帝之后为昌意与玄嚣二系。如果将玄嚣系分为苍林系与青阳系，则黄帝之后为昌意系、苍林系、青阳系等三系。这样一来，黄帝之后裔可以罗列如下：

---

① （清）郝懿行：《尔雅义疏·释天》，上海：上海古籍出版社，1983年，第768、769页；（清）邵晋涵：《尔雅正义·释天》，北京：中华书局，2017年，第517页载："虚二星，上下如连珠。"
② 《春秋左传正义·襄公二十八年》，（清）阮元校刻：《十三经注疏》，第1998页。
③ 《汉书·天文志》，第1277页。

```
黄帝—玄嚣—苍林—营—尧
     │     青阳
     │
     └昌意—颛顼……舜
      鲧—禹
```

由于各种原因，现有的文献记载残缺不全而且混乱。因此关于上古族系的分析，我们只能对每个族系给出尽量明确的、合理的界定，这些界定不可能完全符合现有的文献记载。黄帝后裔之主要族系，当是逐步形成的，要联系移殖行动加以说明。可以看到上文所列还是比较合理的。本书［10］、［11］、［14］将讨论苍林、昌意、青阳少昊等系之移殖行动。

## （二）苍林系

苍林系包括尧的部族，因此苍林系的地域当在山西。晋国司空季子曾对公子重耳讲述黄帝之子的情况，不过他所说的并非全部黄帝子孙，而仅仅是生活在晋国的黄帝后裔，因此司空季子所说黄帝之子，实际上当即苍林系。他说：

> 黄帝之子二十五人，其同姓者二人而已，唯青阳与夷彭皆为纪姓。青阳，方雷氏之甥也；夷彭，彤鱼氏之甥也。其同生而异姓者，四母之子别为十二姓。凡黄帝之子二十五宗，其得姓者十四人，为十二姓：姬、酉、祁、纪、滕、箴、任、苟、僖、姞、儇、衣（依）是也。唯青阳与苍林氏同于黄帝，故皆为姬姓。①

这一段话有点模糊不清，而《路史·黄帝》也有下列类似的记载："（黄帝）子二十五，别姓者十二：祁、酉、滕、箴、任、苟、厘、结、儇、依及二纪也，余循姬姓。"②《路史》说得清楚，黄帝后裔二十五支，其中十三支仍为姬姓，有十二支是别的姓。在这十二支中，有二支同为纪姓（根据《国语》这同为纪姓者为青阳及夷彭），而其余十支每支一个姓。所以十三支仍为老姓（姬姓），二支为纪姓，其余十支各为一姓（共为十姓），故各支都有姓，新老的姓共为十二个姓：祁、酉、滕、箴、任、苟、厘（即僖）、结（即姞）、儇、依、纪、姬。与《国语》所说的十二个姓：姬、酉、祁、纪、滕、箴、任、苟、僖、姞、儇、依是一样的。所以这十二姓应该能表示苍林系的全部族群，亦即山西黄帝后裔的全部体系，当即苍林系之姓。

---

① 徐元诰撰，王树民、沈长云点校：《国语集解·晋语四》，第333—335页。
② （宋）罗泌：《路史·黄帝》卷五，第88页。

## (三)昌意系

### 1. 昌意系之分化

这一系最初形成者为颛顼族,《史记》谓:"帝颛顼高阳者……昌意之子也。"《帝王世纪》云:"帝颛顼高阳氏,黄帝之孙,昌意之子,姬姓也。"[①]

唯前人对旧史有一个很大的疑问,《史记》说:"禹之父曰鲧,鲧之父曰帝颛顼。"[②]《世本》《大戴礼记》《史记》《帝王世纪》都与此相同。《通志·氏族略》云:"姒氏(伯鲧之姓。鲧为尧崇伯,赐姓姒氏)。"[③]何以鲧为古帝之子?其实这是前人误解,而适见旧史的真实处。盖在氏族社会里个人很少发生影响,其所传说者大都为部族名。鲧代表一个部族,为姒姓,此部族起于颛顼(姬姓)。故姬姓分化出姒姓。在姬、姒之间一定没有经过其他姓氏,而传说上又无谎造,所以旧史只能说颛顼生鲧,无非表示姒姓是由姬姓直接派生出来的。

旧史又说颛顼五传而生舜,舜为姚姓。可证姚姓起于姒姓之后。姚姓又分化出一个妫姓,所以旧史亦称舜为妫姓。《左传》言:"周赐之姓,使祀虞帝。"杜预注:"胡公满,遂之后也。事周武王,赐姓曰妫,封诸陈,绍舜后。"孔颖达疏:"《世本》:'舜姓姚氏。'哀公元年称夏后少康奔虞,虞思妻之以二姚。虞思犹姓姚也。至胡公,周乃赐姓为妫耳。因昔虞舜居妫水,故周赐以妫为姓也。"[④]故先有姚姓,至西周初才有妫姓。妫原为舜之居处,但妫作为姓则在西周。故姚姓在前而妫姓在后。

在陕南汉水流域有姚姓。据《水经注》载:"《世本》曰:舜居妫汭,在汉中西城县。……或作姚墟,故后或姓姚,或姓妫。妫、姚之异,事妄未知所从(杨守敬:'事妄'二字当是衍文)。"[⑤]舜之后裔封于陈才得到妫姓,当舜居于汉中西城时当为姓姚。

因此昌意系可考之姓有四:姬姓、姒姓(在关中)、姚姓(在汉中)及妫姓(在陈)。

### 2. 昌意系的姓

昌意系可以有下列重要的四个姓:

(1) 姒姓

姒姓分支为鲧之后裔,是昌意系最初分化出来的姓。在陇山地区可能就已分化出来,后来分布于今渭水之南,其一部分后来随周族东迁于山西芮城一带。

(2) 姚姓

姚姓分支为舜之后裔,最初由汉水流域分化出来的姓,故常谓姚姓起于姚墟(今汉中),后来经过华阴地区进入晋南。

---

① 《史记·五帝本纪》,第 11 页;(晋)皇甫谧撰,(清)宋翔凤、钱宝塘辑:《帝王世纪》,第 8 页。
② 《史记·夏本纪》,第 49 页。
③ (宋)郑樵撰,王树民点校:《通志二十略·氏族略三》,第 105 页。
④ 《春秋左传正义·昭公八年》,(清)阮元校刻:《十三经注疏》,第 2053 页。
⑤ (后魏)郦道元注,(清)杨守敬、熊会贞疏,段熙仲点校:《水经注疏·沔水上》,第 2325 页。

（3）妫姓

妫姓分支，亦为舜之后裔，这个分支由汉水流域向东进展，最后到达鲁、豫边境之陈。妫就是由陈分化出来的姓。

（4）姬姓

姬姓分支即昌意系沿汉水到达湖北，即所谓"汉阳诸姬"。

这四个姓是在不同的时代下产生的，因此这些姓所构成的族系，都不同于宗或社。

## （四）少昊系

《史记》《大戴礼记》均以黄帝、颛顼、帝喾、尧、舜为五帝，其中并无少昊，而孔安国《尚书序》、皇甫谧《帝王世纪》、孙氏注《世本》，并以少昊、颛顼、高辛、唐、虞为五帝。① 此外，《路史》引《春秋运斗枢》"以帝鸿、金天、高阳、高辛、唐虞为五代"②。通常将金天氏解释为少昊，如《春秋命历序》记："少昊，一曰金天氏，则穷桑氏。传八世，五百岁。"③ 因此少昊在黄帝后裔中应有显要的地位，何以《史记》完全忽略？

### 1. 少昊系之起源

《帝王世纪》认为少昊就是玄嚣，也就是青阳，又称金天氏，亦称穷桑帝。有关记载如下：

> 少昊帝，名挚，字青阳，姬姓也。母曰女节。黄帝时，有大星如虹，下流华渚，女节梦接意感，生少昊，是为玄嚣。降居江水。有圣德，邑于穷桑，以登帝位，都曲阜，故或谓之穷桑帝。以金承土帝，图谶所谓白帝朱宣者也，故称少昊，号金天氏。在位百年而崩。④

既然少昊就是玄嚣，那么《史记》并没有忽略少昊，实际上也是无法忽略的。

《史记·五帝本纪》说："嫘祖为黄帝正妃，生二子……其一曰玄嚣，是为青阳，青阳降居江水；其二曰昌意，降居若水。昌意娶蜀山氏女，曰昌仆，生高阳。……黄帝崩，葬桥山。其孙昌意之子高阳立，是为帝颛顼也。"⑤ 则玄嚣（青阳）与昌意为黄帝正妃之子，而且玄嚣（青阳）是长子，但他二人均未继承帝位。因此《帝王世纪》谓黄帝之子玄嚣（青阳）为少昊帝，与《史记·五帝本纪》矛盾。但是这种矛盾不能过于重

---

① 《史记·五帝本纪》注，第1页。
② （清）罗泌：《路史·黄帝纪下》，第93页。
③ （清）黄奭：《春秋纬·春秋命历序》，第203页。
④ （宋）李昉等：《太平御览·皇王部四》，第370页。
⑤ 《史记·五帝本纪》，第10页。

视，传说中所谓"之子"，一般只是指子孙。

如果撇开明显的神话传说，那么根据《史记·五帝本纪》与《帝王世纪》就可以得到下列结论：少昊是黄帝之子孙，其始祖可以追溯到黄帝之子玄嚣（即青阳）。少昊系是一个强大的族群，该族群属于夏族的黄帝系统，但是他们由起源地最初降居到"江水"，最后都于"穷桑"，经过了一个相当长的移殖过程，下边进一步分析这个问题。

2. 少昊系由江水、邑穷桑、都曲阜

少昊系是如何迁徙的？前边已经看到，少昊系是玄嚣之子孙，首先"降居江水"，然后"邑于穷桑"，最后"都曲阜"。

（1）"降居江水"

少昊系既然属于夏族，则其起源地当在甘肃东部陇山地区。那么他们后来降居"江水"，此"江水"位于何处？

《史记·五帝本纪》载："江水、若水皆在蜀。"① 那么江水可能是指岷江，《说文》曰："江，江水，出蜀湔氐徼外崏山，入海。"② 当指岷江，但也可能指汉水及其支流丹江。

但《史记·五帝本纪》载："《括地志》云：'安阳故城在豫州新息县西南八十里。应劭云古江国也。《地理志》亦云安阳古江国也。'"③ 根据这种说法，则少昊"降居"于今豫东南部之息县，亦即淮水中游。

这两种解释其实可能都是成立的。本书[11]中说，昌意系从陇山地区出发，沿着秦岭南北的汉水、渭水到达熊耳山地区，然后一部分沿汝水往东到达河南东部的陈。这时候已经接近戎族的地域，于是不再往东移殖，其中一部分停留下来，其余的转向河南东南部与安徽西南部，就是古江国所在，以及山东西南部与江苏西北部，就是穷桑、曲阜所在，这一些部族就是少昊系。因此少昊系是昌意系往东的移殖部分。从少昊系的分布来看，这个迁徙过程的分析还是比较合理的。

（2）"邑于穷桑"

何谓穷桑？《左传·昭公二十九年》载："少暤氏有四叔，曰重、曰该、曰修、曰熙，实能金、木及水，使重为句芒、该为蓐收、修及熙为玄冥。世不失职，遂济穷桑。"杜预注："穷桑，地在鲁北。"④

何谓鲁北？先看鲁国。《后汉书·郡国志》曰："鲁国（秦薛郡，高后改。本属徐州，光武改属豫州），六城：鲁国（古奄国。有大庭氏库。有铁。有阙里，孔子所居。有牛首亭。有五父衢），驺（本邾国），蕃（有南梁水），薛（本国，六国时曰徐州），下

---

① 《史记·五帝本纪》注，第11页。
② （汉）许慎撰，（清）段玉裁注：《说文解字注·水部》，第517页。
③ 《史记·五帝本纪》注，第11页。
④ 《春秋左传正义·昭公二十九年》，（清）阮元校刻：《十三经注疏》，第2124页。

（有盗泉。有鄁乡城），汶阳。"① 因此西汉时鲁国的位置为北起大汶河，南至微山湖。包括今宁阳、兖州、曲阜、邹县、滕县、微山等地，故鲁国北与泰山郡（治泰安）相邻，南接楚国（东汉时为彭城国，治徐州）。因此鲁的地域大致是泰安与徐州之间的三百里地，那么所谓"鲁北"可能就是今山东西北部。

《路史》言："穷桑，宜在梁雍之域。说咸以为鲁，盖以传谓伯禽之封为少昊之虚，或其后所徙，非始国穷桑也。"②《禹贡》曰："济、河惟兖州：九河既道，雷夏既泽，灉、沮会同，桑土既蚕，是降丘宅土。"③ 则济水、河水之间为"桑土"，亦即今山东省在黄河西北的部分。

在此处还有不少地点均称桑丘。《史记·赵世家》《史记·魏世家》《史记·韩世家》都提到桑丘。《史记·魏世家》曰："（魏武侯）七年，伐齐，至桑丘。"正义说："年表云'齐伐燕，取桑丘'，故魏救燕伐齐，至桑丘也。《括地志》云：'桑丘故城俗名敬城，在易州遂城县界也。'"④ 又《史记·韩世家》云："（文侯）七年，伐齐，至桑丘。"⑤ 但《史记·赵世家》说："（肃侯）二十三年，韩举与齐、魏战，死于桑丘。"集解："《地理志》云'泰山有桑丘县。'"但正义坚持桑丘在易州。⑥ 据《中国历史地名大辞典》记，则《史记·魏世家》所说的桑丘在今河北徐水西南，《史记·韩世家》所说的桑丘在今山东平原县西，而《史记·赵世家》所说的桑丘在今山东济宁市兖州区西南。⑦

《晋书·地理志上》云："昔庖牺氏生于成纪，而为天子，都于陈。神农氏都陈，而别营于曲阜。黄帝生于寿丘。而都于涿鹿。少昊始自穷桑，而迁都曲阜。颛顼始自穷桑，而徙邑商丘。高辛即号，建都于亳。"⑧ 则穷桑与曲阜为两地，犹如穷桑与商丘为两地。则少昊不知从何处迁于曲阜。《晋书·地理志上》又说："见于《春秋》经传者百有七十国焉。百三十九知其所居，三十一国尽亡其处，蛮夷戎狄不在其间。"三十一国包括祭、极、荀、贾、贰、轸、绞、阳、箕、英氏、毛、聃、莘、封父、仍、有仍、崇、庸、姺、奄、商奄、褒姒、蓐、有缗、阙巩、酈、酄、穷桑等。⑨ 而穷桑是《晋书》所谓"尽亡其处"的三十一国之一。

但《通志·都邑略》云："少昊都穷桑。"杜预说穷桑在鲁北，郑樵说穷桑即曲阜，穷桑是《晋书》所谓"尽亡其处"的三十一国之一。⑩

---

① 《后汉书·郡国志二》，第3429页。
② （清）罗泌：《路史·国名纪乙》，第328页。
③ 《尚书正义·禹贡》，（清）阮元校刻：《十三经注疏》，第147页。
④ 《史记·魏世家》，第1842页；《史记·田敬仲完世家》，第1887页。
⑤ 《史记·韩世家》，第1868页。
⑥ 《史记·赵世家》，第1803页。
⑦ 史为乐：《中国历史地名大辞典》，北京：中国社会科学出版社，2005年，第2259页；谭其骧《中国历史地图集》标明两个桑丘，其一在今河北徐水，其二在今山东济宁。参见谭其骧：《中国历史地图集》第一册，第39—40、41—42页。
⑧ 《晋书·地理志上》，第408页。
⑨ 《晋书·地理志上》，第411、412页。
⑩ （宋）郑樵撰，王树民点校：《通志二十略·都邑略》，北京：中华书局，1995年，第563页。

《文献通考·舆地考三》兖州"领县七，治瑕邱。瑕邱，仙源，奉符，邹，莱芜，龚邱，泗水。"①

（3）"都曲阜"

《左传·定公四年》云："封于少皞之虚"，杜注："少皞虚，曲阜也，在鲁城内。"《史记》："封周公旦于少昊之虚曲阜。"② 曲阜的地点是确定的。

3. 少昊与清

少昊系是夏族的一个重要族系，其中心地域在今山东西南部，因此与清有密切的关系。

在文献中，少昊与玄嚣（青阳）是一致的。《史记》索隐引《世本》宋衷注："玄嚣青阳是为少昊。"③ 孔颖达云："《世本》及《春秋纬》皆言青阳即是少皞，黄帝之子，代黄帝而有天下，号曰金天氏。"④

但是文献中又提到"清"。《路史》谓少昊"胙土于清"。⑤《汉书·律历志》引《世经》："少昊曰清。"⑥《逸周书》云："乃命少昊清嗣为鸟师，注：'乃明少昊清'即清阳也……即青阳。"⑦ 因此青阳又转变为清。

（1）清为地名

清也是地名。《路史》谓："清地非一，一在郓……或谓少昊国；一在濮；一在并解；一作故乐平。"⑧ 故少昊之地域可能与曲阜、郓、濮、并解、乐平有关。其中并解在山西，其余在山东，郓即今郓城，乐平在今聊城。聊城在郓城之北，曲阜在郓城之东，而濮阳在郓城之西。郓城至上述三地大致都在二百里左右。因此少昊的中心地域在豫北东部以及相邻的山东西部。

还有不少其他地方以清命名，如《左传》"待命于清"⑨，此清在今聊城西南。《春秋》记："公及宋公遇于清"，杜注："清，卫邑。济北东阿县有清亭。"⑩ 此清在今东阿西南。《左传》记："伐我，及清"，杜注："清齐地，齐北卢县东有清亭。"⑪ 此清在今济南市长清区东南。《诗·郑谱·清人》"清人在彭"⑫，此清在今河南中牟西。

---

① （元）马端临：《文献通考·舆地考三》，北京：中华书局，1986年，第2493页。
② 《春秋左传正义·定公四年》，（清）阮元校刻：《十三经注疏》，第2134页；《史记·鲁周公世家》，第1515页。
③ 《史记·五帝本纪》注，第10页。
④ 《春秋左传正义·昭公十七年》，（清）阮元校刻：《十三经注疏》，第2083页。
⑤ （宋）罗泌：《路史·小昊》，第95页。
⑥ 《汉书·律历志下》，第1012页。
⑦ 黄怀信、张懋镕、田旭东：《逸周书汇校集注·尝麦解》，第784页。
⑧ （宋）罗泌：《路史·国名纪乙》，第328页。
⑨ 《春秋左传正义·成公十七年》，（清）阮元校刻：《十三经注疏》，第1922页。
⑩ 《春秋左传正义·隐公四年》，（清）阮元校刻：《十三经注疏》，第1725页。
⑪ 《春秋左传正义·哀公十一年》，（清）阮元校刻：《十三经注疏》，第2166页。
⑫ 《毛诗正义·郑谱·清人》，（清）阮元校刻：《十三经注疏》，第338页。

### （2）清为水名

清为清水，亦即指清河或大清河，而清河又即济水。郭缘生《北征记》记，清河首受淇水，北流济，或谓清则济也。"据《水经注》清水出河内，修武县之北黑山。（郭璞注：盖黑山之清水，本自入海。自周定王时，河徙……清水之流遂绝，而故道犹存。至曹操开白沟，遏淇水北流，行清水之道，故《淇水注》谓之清淇，互受通称。）"[1]"据《水经注》《北征记》曰：济水又与清河合流。"[2] 盖唐时以济水自东平以下称为清河，而古代则清即济。《战国策》苏秦说齐宣王："（齐）西有清河，北有渤海。"[3] 又燕王谓苏代曰："齐有清济、浊河，可以为固。"似乎与浊河相对而得名。[4] 清河之阳则为济西，所以青阳与少昊指的是同一个地方，不妨称之为"少昊青阳"或"少昊清"。

此外，泗水亦称清水，济水下游亦称清水。在此区域内还有若干古河道称为清河。临清一带曾置清河国或清河郡，还有青阳县。

故少昊系是由济水以西的黄帝后裔组成的，他们是黄帝后裔中向东移殖得最远的族群。他们不能再向东移殖了，戎族阻挡了他们的去路。同时他们与戎族产生了融合。因此他们是夏族之族群，但具有某些戎族的特征。这一点表现得最明显的是关于少昊出生地的记载。

有关少昊系的详细说明，见本书［14］。

## 三、炎帝之后裔及族系

一般书传中对炎帝后裔的记载极其疏略，只有《潜夫论·志氏姓》有两个比较详细的记录。其中第一个记录是有关四岳、西戎、姜姓等，其全文如下：

> 炎帝苗胄，四岳伯夷，为尧典礼，折民惟刑，以封申吕。裔生尚，为文王师。克殷而封之齐，或封许、向，或封于纪，或封于申。申城在南阳宛北序山之下……宛西三十里有吕城。许在颍川，今许县是也。姜戎居伊洛之间，晋惠公徙置陆浑。州、薄、甘、戏、露、怡及齐之国氏、高氏……贺氏、卢氏，皆姜姓也。[5]

这个描述提到三个重要方面：即四岳、姜戎与姜姓国。

《潜夫论》的第二个记载是有关"太古之姓"一个段落，其中包括庆姓、曼姓、归姓、箴姓、掎姓、御姓、隗姓、隈姓、姮姓等九个"古姓"，记录如下：

---

[1] （后魏）郦道元注，（清）杨守敬、熊会贞疏，段熙仲点校：《水经注疏·清水》，第797页。
[2] （后魏）郦道元注，（清）杨守敬、熊会贞疏，段熙仲点校：《水经注疏·济水》，第736页。
[3] （汉）刘向：《战国策·齐一·苏秦为赵合从说齐宣王》，上海：上海古籍出版社，1985年，第337页。
[4] （汉）刘向：《战国策·燕一·苏秦死其弟苏代欲继之》，第1057页。
[5] （汉）王符：《潜夫论·志氏姓》，《诸子集成》第八册，第170页。

庆姓（樊、尹、骆）、曼姓（邓、优）、归姓（胡、有、何）、箴姓（滑、齐）、猗姓（栖、疏）、御姓（署、番、汤）、寇姓（饶、攘、利）、隗姓（赤狄）、姮姓（白狄）。此皆大吉之姓。①

《潜夫论》对"太古之姓"的描述中包括隗姓赤狄、姮姓白狄，显然与炎帝有关。

现在不妨在《潜夫论》的基础上研究炎帝后裔之分支。可以将炎帝之后裔分为两个分支（即共工系与大隗系）或将大隗系再分为鬼方系与戎狄系，因此炎帝后裔可以分为三个分支（即共工系、鬼方系与戎狄系）。以下分共工系、鬼方系、戎狄系来讨论。

## （一）共工系

共工系亦即《潜夫论》所谓之"四岳"。

### 1. 远古时代就有共工之传说

五帝时期，炎帝具有特别的地位。齐桓公与管仲有下列对话。齐桓公首先向管子问到有燧氏以后的杰出人物，他问道："自燧人以来，其大会可得而闻乎？"管仲回答说："燧人以来，未有不以轻重为天下也。共工之王，水处什之七，陆处什之三，乘天势以隘制天下。至于黄帝之王，谨逃其爪牙，不利其器。……至于尧舜之王所以化海内者，北用禺氏之玉，南贵江汉之珠。"②这里不去探讨这段话的具体内容，但管子认为有燧氏之后，共工、黄帝、尧、舜为最值得注意的"王"。

《左传·昭公十七年》记载郯子对鲁昭公说，黄帝、炎帝、共工、太暤、少暤是最值得注意的历史人物，分别以云师、火师、水师、龙师、鸟师等为名目：

昔者黄帝氏以云纪，故为云师而云名。炎帝氏以火纪，故为火师而火名。共工氏以水纪，故为水师而水名。太暤氏以龙纪，故为龙师而龙名。我高祖少暤挚之立也，凤鸟适至，故纪于鸟，为鸟师而鸟名。……仲尼闻之，见于郯子而学之。既而告人曰："吾闻之，天子失官，学在四夷，犹信。"③

那么共工一定是上古时代一个突出的历史人物。因此，《礼记·祭法》讲："共工氏之霸九州也"，郑玄注："共工氏无禄而王，谓之霸，在大昊、炎帝之间"。④

《帝王世纪》认为共工是女娲时代的一个霸主："女娲氏，亦风姓也，承庖牺制

---

① （汉）王符：《潜夫论·志氏姓》，《诸子集成》第八册，第190页。
② （清）戴望：《管子校正·揆度》，《诸子集成》第五册，第384页。
③ 《春秋左传正义·昭公十七年》，（清）阮元校刻：《十三经注疏》，2083、2084页。
④ 《礼记正义·祭法》，（清）阮元校刻：《十三经注疏》，第1590页。

度。……其末有诸侯共工氏，任智刑以强，伯而不王。"① 则共工为女娲时代末期之诸侯，"伯而不王"。不过不管实际情况究竟如何，共工当是弘农之间或蓝田、骊山一带强大的部族首领。他与女娲斗，《路史》说：

> 太昊氏衰，共工惟始作乱，振滔洪水以祸天下。……覆中冀，人不堪命。于是女皇氏役其神力以与共工氏较，灭共工氏而迁之。然后四极正，冀州宁。……庖娲氏乃立，号曰女皇氏，治于中皇山之原，所谓女娲山也，继兴于丽。②

"丽"就是骊，罗苹注引《长安志》云："又云蓝田谷次北有女娲氏谷，三皇旧居之所，即骊山也。"这个记载说明共工生活于伏羲氏末，对抗伏羲氏、女娲，而且女娲打倒共工之后才为王。故女娲与共工的地域在今陕西渭水流域及山西南部。共工的部族力量就在西北。

对共工的历史传说往往任意延伸，从女娲又延伸到太昊以至有燧氏，但是并没有提供更实际的历史数据。在黄帝以后的时代，共工有了更多的历史背景。共工系就是指共工氏以及相关的氏。

### 2. 共工氏及黄帝后裔之矛盾

《史记·律书》讲述了下列历史事件："昔黄帝有涿鹿之战，以定火灾；颛顼有共工之陈，以平水害；成汤有南巢之伐，以殄夏乱。"集解："文颖曰：'共工，主水官也。少昊氏衰，秉政作虐，故颛顼伐之。本主水官，因为水行也。'"③ 因此在少昊、颛顼时期就有共工内乱的传说，接着《史记·楚世家》又记载帝喾时镇压共工氏作乱："共工氏作乱，帝喾使重黎诛之而不尽。"④

在黄帝、颛顼、帝喾时代，共工氏显然是炎黄结构的一支重要力量，而且共工为了争夺帝位，还发动了惊天动地的故事。《淮南子》说："兵之所由来者远矣！黄帝尝与炎帝战矣，颛顼尝与共工争矣。"⑤ 又说："昔者共工与颛顼争为帝，怒而触不周之山。天柱折，地维绝。天倾西北，故日月星辰移焉。地不满东南，故水潦尘埃归焉。"高诱注："不周山在西北也。"还说："昔共工之力，触不周之山，使地东南倾，与高辛争为帝。……宗族残灭，继嗣绝祀。"高诱注："不周山，昆仑西北。"⑥ 许多地方讲到不周山，并联系到共工，如《山海经·大荒西经》云："西北海之外，大荒之隅，有山而不

---

① 徐宗元：《帝王世纪辑存》，第 9 页。
② （宋）罗泌：《路史·太昊纪下·女皇氏》，第 65 页。
③ 《史记·律书》，第 1241 页。
④ 《史记·楚世家》，第 1689 页。
⑤ （汉）高诱注：《淮南子·兵略训》，《诸子集成》第七册，第 251 页。
⑥ （汉）高诱注：《淮南子·天文训》，《诸子集成》第七册，第 35 页；（汉）高诱注：《淮南子·原道训》，《诸子集成》第七册，第 7 页。

合，名曰不周负子……有禹攻共工国山。"① 又如《天问》云："康回冯怒，墜何故以东南倾？"王逸注："康回，共工名也。"② 又："共工为水害，故颛顼诛之。"③

共工氏还为炎黄结构之神，如《左传·昭公二十九年》载："颛顼氏有子曰犁，为祝融。共工氏有子曰句龙，为后土。此其二祀也，后土为社。"④《礼记·祭法》曰："共工氏之霸九州也，其子曰后土，能平九州，故祀以为社。"⑤ 又《潜夫论》云："共工氏有子曰勾龙，能平九土，故号后土，死而为社，天下祀之。"⑥ 故共工虽然在权力的斗争中失败，但共工氏仍为炎黄结构之神。

从《史记·五帝本纪》来看，共工可能充当帝尧的继任人。《史记·五帝本纪》说："尧曰：'谁可顺此事？'放齐曰：'嗣子丹朱开明。'尧曰：'吁！顽凶，不用。'尧又曰：'谁可者？'欢兜曰：'共工旁聚布功，可用。'"⑦ 尽管共工继任没有成功，但这就显示了共工在炎黄结构中的强大力量，他与丹朱有相同的地位。

共工在帝位的争夺中，以及在洪水的治理中，他都是失败者，但他仍然是夏族之神。后来春秋时代晋平公患病，子产云："祭颛顼、共工则瘳。"⑧《淮南子》言："共工，景风之所生也。"高诱注："共工，天神也。"⑨ 因此，他们将共工与颛顼相提并论，颛顼在五帝中名列第二，仅次于黄帝。

### 3. 共工氏被流放

最后共工失去了他的政治地位，据《韩非子》说："尧欲传天下于舜，鲧谏曰：'不祥哉，孰以天下而传之于匹夫乎？'尧不听，举兵而诛杀鲧于羽山之郊。共工又谏曰：'孰以天下而传之于匹夫乎？'尧不听。又举兵而流共工于幽州之都。"⑩ 最后鲧与共工等受到了惩罚："流共工于幽州，放欢兜于崇山，窜三苗于三危，殛鲧于羽山。四罪而天下皆服。"⑪ 共工的地域本来在西北，而他最后被流放到了"幽州之都"。共工是从陕西西部流放到山西、河北的北部一带。

流放共工就是将共工部族迁于晋北戎狄之地域。《史记·五帝本纪》云："流共工于幽陵以变北狄"，正义曰："《尚书》及《大戴礼》（幽陵）皆作幽州。《括地志》云：'故龚城在檀州燕乐县界。故老传云舜流共工幽州，居此城。'《神异经》云：'西北荒有人

---

① （清）郝懿行撰，栾保群点校：《山海经笺疏·大荒西经》，第347页。
② （宋）洪兴祖撰，白化文等点校：《楚辞补注·天问》，第91页。
③ （汉）高诱注：《淮南子·兵略训》，《诸子集成》第七册，第251页。
④ 《春秋左传正义·昭公二十九年》，（清）阮元校刻：《十三经注疏》，第2124页。
⑤ 《礼记正义·祭法》，（清）阮元校刻：《十三经注疏》，第1590页。
⑥ （汉）王符：《潜夫论·五德志》，《诸子集成》第八册，第168页。
⑦ 《史记·五帝本纪》，第20页。
⑧ （宋）李昉等：《太平御览》卷九〇八，第4025页。
⑨ （汉）高诱注：《淮南子·墜形训》，《诸子集成》第七册，第65页。
⑩ （清）王先慎：《韩非子集解·外储说右上》，《诸子集成》第五册，第243页。
⑪ 《尚书正义·舜典》，（清）阮元校刻：《十三经注疏》，第128页。

焉，人面、朱髯、蛇身……名曰共工。'"① 檀州燕乐县在今北京密云。

《山海经·海外北经》云："共工之臣曰相柳氏，九首，以食于九山。……相柳者九首，人面蛇身而青，不敢北射，畏共工之台。"②《山海经·大荒北经》云："共工臣名曰相繇，九首，蛇身自环，食于九土。……有系昆之山者，有共工之台，射者不敢北乡。"③ 共工可能死于北方，但他的部族仍是西北的一支重要的力量。

### 4. 共工系之后裔

虽然共工被流放，但他的亲族联盟仍然存在。共工的后裔后来仍然担任四岳，《国语·周语》载太子晋言，禹治水，"共之从孙四岳佐之"，韦昭注："共，共工也。"在治水成功之后，"祚四岳国，命以侯伯，赐姓曰姜。"韦昭注："姜，四岳之先，炎帝之姓也。炎帝世衰……至四岳有德，帝复赐祖姓，使绍炎帝之后。"④

共工系中最主要的后裔是申吕系统，也是在西北地区建立起来的。申吕系统又从陕西迁徙到河南南部，最后迁徙到山东。因此，《新唐书》说："共工之从孙佐禹治水，为四岳之官，以其主四岳之祭，尊之，故称曰大岳，命为侯伯，复赐以祖姓曰姜，以绍炎帝之后。裔孙太公望封齐。"⑤

因此，《诗·大雅·崧高》云："崧高维岳，骏极于天。维岳降神，生甫及申。"毛传："尧之时，姜氏为四伯，掌四岳之祀，述诸侯之职。于周则有甫、有申、有齐、有许也。"郑笺："四岳，卿士之官。……在尧时，姜姓为之。……其子孙历虞、夏、商，世有国土。周之甫也、申也、齐也、许也，皆其苗胄。"《诗·大雅·崧高》又说："维申及甫，维周之翰，四国于蕃，四方于宣。"孔颖达疏："《周语》云：齐、许、申、吕由大姜。言此四国是大姜之宗，故知皆是苗胄。"因此共工虽然被流放到幽州，但他的亲族联盟依然存在于陕西，而且治水成功之后，其后裔被命为侯伯，赐姓曰吕。共工之亲族仍然控制了西北地区。在殷周之际，他们仍然在渭水流域，《史记》说，西伯出猎，"果遇太公于渭之阳"⑥。

西周时申、吕系统东迁于河南南阳，许在许城。后来吕可能迁于新蔡。四岳后裔最后又迁于山东。不过即使西周初年，吕尚封于齐，但吕也没有全部东迁。

### （二）鬼方系与大隗氏

鬼方系即包括《潜夫论》所谓之"姜戎"。

---

① 《史记·五帝本纪》，第 29 页。
② （清）郝懿行撰，栾保群点校：《山海经笺疏·海外北经》，第 257—258 页。
③ （清）郝懿行撰，栾保群点校：《山海经笺疏·大荒北经》，第 370 页。九土当即九山。
④ 徐元诰撰，王树民、沈长云点校：《国语集解·周语下》，第 95、97 页。
⑤ 《新唐书·宰相世系三下》，第 2963 页。
⑥ 《毛诗正义·大雅·崧高》，（清）阮元校刻：《十三经注疏》，第 565、566 页；《史记·齐太公世家》，第 1478 页。

## 1. 鬼方

**（1）五帝时期之鬼方**

文献中早就出现鬼方。《世本》言："黄帝娶于鬼方氏。"① 因此鬼方是一个很古老的族群。《世本》又说："陆终娶于鬼方氏之妹，谓之女嬇，是生六子。"《大戴礼记》作女隤。《世本》《大戴礼记》给出陆终之六子如下：

> 陆终娶于鬼方氏之妹，谓之女嬇，是生六子。……其一曰樊，是为昆吾；二曰惠连，是为参胡；三曰籛铿，是为彭祖；四曰求言，是为会人；其五曰安，是为曹姓；六曰季连，是为芈姓。昆吾者，卫是也；参胡者，韩是也；彭祖者，彭城是也；会人者，郑是也；曹姓者，邾是也；季连者，楚是也。②

关于陆终，我们将在本书[15]中进一步说明。

**（2）三代时期之鬼方**

在书传中，鬼方主要出现于三代，如《三国志》注引《吴书》曰："涿鹿、阪泉、三苗之野，有五帝之师，有虐、鬼方、商、奄四国，有王者之伐。"③ 但最著名的战争是高宗伐鬼方，《周易·既济》云："九三。高宗伐鬼方，三年克之。"又《周易·未济》说："九四。……震用伐鬼方。三年有赏于大国。"④ 还有《竹书纪年》武丁三十二年："伐鬼方，次于荆。"又武丁三十四年："王师克鬼方。氐羌来宾。"⑤ 还有《诗·大雅·荡》说："文王曰咨，咨女殷商。如蜩如螗，如沸如羹。……内奰于中国，覃及鬼方。"⑥

根据上述记载，商高宗武丁打败鬼方。在打败鬼方之后，氐羌就来宾商朝。那么氐羌比鬼方更远，至于荆，则可能在鬼方之南，故荆较鬼方更远。西戎在鬼方的西北面，而荆则在鬼方的南面，因此鬼方是商族的西、南方近邻。

但是对于鬼方的地域有不同的解释。或谓鬼方在商朝之北，或在商朝之西（属西戎），或在商朝之南（即三苗）。如《周易集解纂疏·既济》注引干宝曰："鬼方，北方国也。……坎当北方，故称'鬼'。"李道平则说："《后汉书·西羌传》'殷室中衰……至高宗征西戎鬼方，三年乃克'。或曰鬼方，南方之国，《国语》'九黎乱德，民神杂糅'，又曰'三苗复九黎之德'，是以三苗为鬼方也。"⑦ 又如，在《周易集解纂疏·未

---

① （清）马瑞辰：《毛诗传笺通释·大雅·荡》，北京：中华书局，1989年，第943页。
② （清）雷学淇：《世本·帝系》，（汉）宋衷注，（清）秦嘉谟等辑：《世本八种》，第5、6、7页；（清）王聘珍撰，王文锦点校：《大戴礼记解诂·帝系》，第127—129页。
③ 《三国志·陶谦传》注，第250页。
④ 《周易正义·既济》，（清）阮元校刻：《十三经注疏》，第72页；《周易正义·未济》，（清）阮元校刻：《十三经注疏》，第73页。
⑤ （清）徐文靖：《竹书纪年注笺》，《二十二子》，第1066页。
⑥ 《毛诗正义·大雅·荡》，（清）阮元校刻：《十三经注疏》，第553页。
⑦ （清）李道平：《周易集解纂疏》，北京：中华书局，1994年，第530页。

济》中，李道平认为鬼方为西落鬼戎："《后汉书·西羌传》曰'武乙暴虐，犬戎寇边，周古公逾梁山而避于岐下，及子季历，遂伐西落鬼戎'，章怀引《竹书》注之曰'武乙三十五年，周王季历伐西落鬼戎，俘二十翟王'，据此则'震用伐鬼方'，当指季历无疑。"① 但鬼方不属于西戎，亦非三苗，更非西落鬼戎，这些问题以后进一步说明。

2. 大隗氏

（1）大隗氏起源

《帝王世纪》云："（炎帝）故号神农，一号魁隗氏。""魁隗氏又曰连山氏，又曰列山氏。"② 《潜夫论·五德志》云："生赤帝魁隗，身号炎帝，世号神农，代伏羲氏。"③ 段玉裁《说文解字注》云："凡物大皆曰魁。"④ 则魁隗氏当即大隗氏。大隗还成为神话里的人物。《庄子·徐无鬼》说："黄帝将见大隗乎具茨之山。"⑤

畏当为隈之本字。《考工记》曰："恒当弓之畏"，郑玄曰："畏读如'秦师入隈'之隈。"阮元云："此'读如'当作'读为'。"⑥

似乎畏以初居渭河上游之隈而得名。因而他们的最初血属之姓，都是从畏字演绎出来的。《山海经》还提到陕甘地区的大隗氏，如《山海经·西山经》云："又西二百五十里曰騩山，是錞于西海。"郝注："或谓之仙海，见《地理志》金城郡临羌。"⑦ 又云："又西一百九十里曰騩山。"郝注："在三危西一百九十里。"⑧ 因此大隗氏最初当在陇山地区，后来东迁，来到河南熊耳山以东。

（2）大隗氏即鬼方氏

王国维谓鬼方氏之鬼，本当作畏。王国维认为那是由于汉代经师隶定的问题，他谓鬼方氏之鬼本当作畏。汉代以后经籍中之鬼方，在先秦原是畏方。王国维在《鬼方昆夷玁狁考》中解释说：

> 鬼方之名，《易》《诗》作鬼，然古金文作威或作魁……皆为古文畏字。案《大盂鼎》"畏天畏"二畏字……《毛公鼎》"愍天疾畏，敬念王畏"二畏字……皆从鬼从卜者。……威、魁二字确为畏字。鬼方之名当作畏方。《毛诗》传："鬼方，远方也。"畏、远双声，故以声为训。汉人始以魁为鬼字。……故《庄子·天地》篇之门无畏，郭象本作门无鬼。……由是观之，汉人以隶书写定经籍时，改畏方为鬼方，固不足怪。此古经中一字之订正……可知鬼方与后世诸夷之关系，其有裨于史

---

① （清）李道平：《周易集解纂疏》，第538页。
② （晋）皇甫谧撰，（清）宋翔凤、钱宝塘辑：《帝王世纪》，第3、4页。
③ （汉）王符：《潜夫论·五德志》，《诸子集成》第八册，第163页。
④ （汉）许慎撰，（清）段玉裁注：《说文解字注·斗部》，第718页。
⑤ （清）郭庆藩：《庄子集释·徐无鬼》，《诸子集成》第三册，第359页。
⑥ （清）孙诒让撰，王文锦、陈玉霞点校：《周礼正义·冬官·弓人》，第3538页。
⑦ （清）郝懿行撰，栾保群点校：《山海经笺疏·西山经》，第39页。
⑧ （清）郝懿行撰，栾保群点校：《山海经笺疏·西山经》，第69页。

学者，较裨于小学者为大也。①

如此说来，"畏"为古字而今写为"鬼"。

（3）大隗氏在河南之地域

大隗氏的地域首先位于甘陇地区。《姓源韵谱》说天水有大隗氏，当是古帝大隗氏之后。汉时天水一带确有本地的隗姓，最著名的为隗嚣。《后汉书·隗嚣传》以为是天水成纪人②。成纪在今秦安县。

大隗氏从甘陇地区东向进入渭水流域，可能在骊山地区有一段逗留，然后向东进入河南的洛水流域。因此在河南洛水流域内，还保留了许多大隗氏的地理遗迹，在河南新安（青要之山所在）以东到今之新密市，有多处与大隗氏有关之地域。以下《山海经》的记载可为明证。

騩山，《山海经·中山经》云："又东十里曰青要之山……又东十里曰騩山"，而对騩山，毕沅校正云："山当在今河南新安县西北，即青要山东阜。《水经注》云：'騩山，强山东阜也。'《国语》'主芣騩'，即此山。"③但《水经注》曰："河水又东，正回之水入焉。水出騩山，疆山东阜也"，熊会贞有下列按语："《山海经·中山经》，正回之水出騩山。毕沅、郝懿行并引《郑语》，主芣騩，误。彼乃《溱水》篇之大騩山也。《隋志》，新安县，有魏山，即此，在今新安县西北。"④

廆山，《山海经·中山经》有"又西十里曰廆山"，毕沅校正："廆即瘣字省文。山当在今河南河南县西。隋《地理志》'新安有魏山，有孝水。'魏、廆音同也。新安与河南接境。"⑤《隋书·地理志》，河南郡有新安，有騩山（二）、孝水。"校勘记（二）'騩'原作'魏'。"⑥

大騩之山，《山海经·中山经》云："（敏山）又东三十里曰大騩之山。"郭璞传："今荥阳密县有大騩山。騩固沟水所出。音归。"毕沅校正："《说文》作大隗山。在今河南新郑县西南四十里。庄子云，黄帝将见大騩于具茨之山。……《水经注》云：大騩即具茨山也。……《新唐书》云，许州阳翟有具茨山。"⑦但《水经注》有下列注疏：《水经》："溱水出河南密县大騩山。"杨守敬疏："騩一作隗。……《地形志》，密有大龟山。龟、騩音近，即此山。"《水经注》："大騩即具茨山也。黄帝登具茨之山……即是山也。"《水经》云："东南入于颍。"⑧又，《汉书·地理志》曰："有大騩山，溱水所出，南至临颍入颍。"⑨

---

① 王国维：《鬼方昆夷猃狁考》，《观堂集林·史林五》，北京：中华书局，1959年，第588—590页。
② 《后汉书·隗嚣公孙述列传》，第513页。
③ （清）毕沅：《山海经新校正·中山经》，《二十二子》，第1358页。
④ （后魏）郦道元注，（清）杨守敬、熊会贞疏，段熙仲点校：《水经注疏·河水四》，第366页。
⑤ （清）毕沅：《山海经新校正·中山经》，《二十二子》，第1360页。
⑥ 《隋书·地理志中》，第834、863页。
⑦ （清）毕沅：《山海经新校正·中山经》，《二十二子》，第1363页。
⑧ （后魏）郦道元注，（清）杨守敬、熊会贞疏，段熙仲点校：《水经注疏·溱水》，第1858、1867页。
⑨ 《汉书·地理志上》，第1556页。

还有鬼谷。在南洛水上游有鬼谷。鬼谷的位置并不确定，《史记·苏秦列传》云："苏秦者……习之于鬼谷先生"，集解："徐广曰：'颍川阳城有鬼谷。'"索隐云："鬼谷，地名也。扶风池阳、颍川阳城并有鬼谷墟。盖是其人所居，因为号。"而《隋书·地理志》则谓冯翊郡韩城"有鬼谷"①。又《史记·甘茂列传》云："甘茂，非常士也。……自殽塞及至鬼谷，其地形险易，皆明知之。"正义引刘伯庄云："此鬼谷，关内云阳，非阳城者也。"②按秦所谓鬼谷，当指今河南灵宝西境之函谷关以迄潼关二百余里之地，两山壁立，道路逼窄，比之灵宝以东之函谷尤为险要。而鬼谷之名似为古代鬼方氏所遗留下来的。因此在大隗氏的地域中，到处都可能有鬼谷。

因此从古代地理来看，河南洛水流域遗留了大量的大隗氏遗迹。

《潜夫论》谓："姜戎居伊洛之间，晋惠公徙置陆浑。"晋惠公是春秋时期之人，而姜戎是黄帝时期东迁之人。所以伊洛之间之姜戎不是晋惠公所徙之人。在晋惠公之前姜戎必定即是属于伊洛之间之大隗氏或鬼方氏。晋惠公必定由于该处是大隗氏或鬼方氏的地域所在，因此将陆浑徙置于此。③

《左传·文公八年》："遂会伊洛之戎。"④

《左传·成公六年》，晋、卫、郑与伊洛之戎侵宋。⑤

### 3. 大隗氏与姜姓国

《潜夫论》将"州、薄、甘、戏、露、怡"等六国以及齐国之"国氏、高氏……贺氏、卢氏"等十五国合并称为"姜姓""炎帝苗胄"⑥。《路史》则说："伊、列、舟、骀、淳、戏、怡、向、州、薄、甘、隋、纪，皆姜国也。"⑦那么所讲的都是哪些国家？既然这些国家均为姜姓，那么很可能与炎帝系统有密切的联系，但他们往往分散而构成炎帝族系的一部分，没有构成一个紧密的族系。

因此书传中的"姜姓国"，是炎帝后裔，又如齐国后裔的国氏、高氏等国，已经是大隗氏的远代后裔。

### （三）大隗系与赤狄、白狄

《潜夫论》说："隗姓赤狄。媿姓白狄。"⑧那么赤狄、白狄虽然有蛮夷戎狄的名目，但是他们有姓氏制度，而且是"太古之姓"，因此赤狄、白狄当属于夏族，这是有来历的。

---

① 《史记·苏秦列传》，第2241页；《隋书·地理志上》，第809页。
② 《史记·甘茂列传》，第2316页。
③ （汉）王符：《潜夫论·志氏姓》，《诸子集成》第八册，第171页。
④ 《春秋左传正义·文公八年》，（清）阮元校刻：《十三经注疏》，第1846页。
⑤ 《春秋左传正义·成公六年》，（清）阮元校刻：《十三经注疏》，第1902页。
⑥ （汉）王符：《潜夫论·志氏姓》，《诸子集成》第八册，第171、170页。
⑦ （宋）罗泌：《路史·炎帝纪下》，第79页。
⑧ （汉）王符：《潜夫论·志氏姓》，《诸子集成》第八册，第190页。

## 1. 在山西东南部之赤狄

《路史》"炎帝器"之后，有下列关于"炎帝参卢"的记载，内容混杂，全文如下：

> 炎帝参卢，是曰榆罔，居空桑。……黄帝时为有熊氏，实懋圣德……参卢大惧。……黄帝乃……执蚩尤而诛之。……爰代炎辉，是为黄帝。乃封参卢于路而崇炎帝之祀于陈。路，露（潞）也。潞是后繁于河之北东。商周别为赤、白之狄、狄历、廧咎、皋落、九州之戎。……潞子婴儿、甲氏、留吁，姜路之余，晋灭之。①

其中包含三个内容：第一个内容的"炎帝参卢"是指神农氏，不是炎帝。所谓"乃封参卢于路"之参卢仍是神农氏，而"路"则指山西东南部之"潞"，该处有神农氏遗迹。至于所谓"崇炎帝之祀于陈"之炎帝仍为神农氏，而"陈"为河南之陈（即淮阳），该处为神农氏之都。因此第一段是讲述黄帝封末代的神农氏于潞，而祭祀神农氏于陈（即淮阳）。这些与炎帝没有关系。

《路史》的上述段落的第二个内容是讲述炎帝后裔在潞的事实（不是神农氏），即炎帝后裔赤狄（狄历、廧咎、皋落、潞子婴儿、甲氏、留吁等），他们是分布于"河之北东"的"姜路之余"，他们是分布于山西东南部的赤狄。

《路史》的上述段落提到"九州之戎"，应该属于西戎而不属于赤狄，下边再来说明。罗苹又解释说："平王之末……颍首有蛮氏戎，伊洛有杨柜泉皋之戎"，都是姜姓②。这个说法也是错误的。

## 2. 白狄与鲜虞

### （1）白狄

周代，白狄本分布于今陕西之北部。春秋时陕北长城之内为白狄之地域。故白狄属于雍州。《左传·成公十三年》晋侯使吕相绝秦曰："白狄及君同州，君之仇雠，而我之昏姻也。"孔疏："白狄盖狄之西偏，属雍州也。"③《史记·匈奴列传》载："白土故城在盐州白池东北三百九十里……近延州、绥州、银州，本春秋时白狄所居。"④《读史方舆纪要》延安府"《禹贡》雍州地，春秋时白翟所居"，延安府鄜州"春秋时白翟地"，又延安府绥德州"春秋时白翟地"⑤。

白狄后来东迁至今山西北部，《春秋·僖公三十三年》云："晋人败狄于箕。"杜

---

① （宋）罗泌：《路史·炎帝纪下》，第78页。
② （宋）罗泌：《路史·炎帝纪下》罗苹注，第78页。
③ 《春秋左传正义·成公十三年》，（清）阮元校刻：《十三经注疏》，第1912页。
④ 《史记·匈奴列传》，第2883页。
⑤ （清）顾祖禹撰，贺次君、施和金点校：《读史方舆纪要·陕西六》，第2719、2733、2740页。

注:"太原阳邑县南有箕城。"① 阳邑在今太谷东南。《左传》曰:"狄伐晋,及箕。……晋侯败狄于箕,却缺获白狄子。"② 所以此狄指白狄,他们伐晋到太谷。白狄子犹潞子之称,白狄也当是子爵。《左传·襄公二十八年》曰:"齐侯、陈侯、蔡侯、北燕伯、杞伯、胡子、沈子、白狄,朝于晋。"杜注:"陈侯、蔡侯、胡子、沈子,楚属也。……燕国,今蓟县。"③ 从这些国名来看,白狄的地域不出秦晋的北部。

白狄在山西北部的时候,与赤狄是有联系的。白狄与赤狄一样,也向东方发展,白狄在东方移殖的结果,就是鲜虞以及肥、鼓等。

(2)鲜虞与中山

鲜虞是成周北方的一个重要部族。它的位置在太行山东麓,即今石家庄一带。《国语·郑语》讲到西周末,鲜虞是成周北方的重要氏族。杜预《左传》注:"鲜虞,白狄别种,在中山新市县。"④

《谷梁传》范宁集解:"鲜虞,姬姓白狄也。地居中山,故曰中国。夷狄谓楚也。"⑤ 《读史方舆纪要》除说明真定府真定县新市城"有鲜虞亭"之外,又说真定府灵寿县灵寿城:"今县城东。《通典》:中山国都也。《十三州记》:'中山桓公徙都灵寿。'"⑥ 故中山国都由真定府真定县迁往真定府灵寿县。

在先秦文献中,有的国名为鲜虞,有的则为中山,"鲜虞"与"中山"似乎不会在同一本书中出现。春秋以前的书常见鲜虞而不见中山,如《春秋》《公羊传》《谷梁传》《国语》。而战国以后的书中则相反,常见中山而不见鲜虞,如《战国策》《荀子》《韩非子》《吕氏春秋》。此外,《史记》正文出现111次中山,而未出现鲜虞(只在注解中出现两次鲜虞)。大概在战国后,鲜虞改为中山。

战国时期,中山是一支重要的反秦力量,如秦昭王十一年(前296年),"齐、韩、魏、赵、宋、中山五国共攻秦"⑦。

战国时,赵灭中山,将中山王迁至陕西肤施,《读史方舆纪要》延安府肤施县云:"战国时为赵地。赵惠文王二年,主父灭中山,迁其王于肤施,即此。"又延安府:"春秋时白翟所居。"大概由于鲜虞最初是由肤施迁于真定的。⑧ 鲜虞与中山是白狄的尾声,也是大隗系的尾声。大隗系从甘陇地区出发,通过陕西、河南、山西最后到达太行山东麓。

(3)肥、鼓

顾栋高《春秋大事表》讲到,白狄国家有鲜虞、肥、鼓。鲜虞为白狄别种,姬姓,

---

① 《春秋左传正义·僖公三十三年》,(清)阮元校刻:《十三经注疏》,第1832页。
② 《春秋左传正义·僖公三十三年》,(清)阮元校刻:《十三经注疏》,第1833页。
③ 《春秋左传正义·襄公二十八年》,(清)阮元校刻:《十三经注疏》,第1999页。
④ 《春秋左传正义·昭公十二年》,(清)阮元校刻:《十三经注疏》,第2062页。
⑤ 《春秋谷梁传注疏·昭公十二年》,(清)阮元校刻:《十三经注疏》,第2436页。
⑥ (清)顾祖禹撰,贺次君、施和金点校:《读史方舆纪要·北直五》,第592、602页。
⑦ 《史记·秦本纪》,第210页。
⑧ (清)顾祖禹撰,贺次君、施和金点校:《读史方舆纪要·陕西六》,第2720、2719页。

直隶真定府西北四十里有鲜虞亭；鼓为白狄别种，祁姓，直隶真定府晋州；而肥为白狄别种，直隶真定府藁城县西南七里有肥累城，但未注明姓。①

## （四）祝融系的源流

### 1. 蚩尤、九黎

在夏族到来之前，戎族本是黄河下游及淮河中下游的原始居民。在河北东部以及河南东部、山东西部，蚩尤是他们的杰出的首领（见张肇麟《夏商周起源考证》[10]）。蚩尤的部族，文献中称之为九黎。

《史记·五帝本纪》说："蚩尤作乱……于是黄帝乃征师诸侯，与蚩尤战于涿鹿之野，遂禽杀蚩尤。"正义："孔安国曰'九黎君号蚩尤'是也。"集解载："《皇览》曰：'蚩尤冢在东平郡寿张县阚乡城中，高七丈，民常十月祀之。……肩髀冢在山阳郡巨野县重聚，大小与阚冢等。传言……黄帝杀之，身体异处，故别葬之。'"②蚩尤当是九黎之首领，从传言来看，其死处在涿鹿，而葬地则在东平郡或山阳郡。

所以九黎是戎族的重要部族，其地域在太行山东麓以及相邻的山东、河南境内。因此正是夏族与戎族的冲突前沿，与九黎对阵的夏族正是祝融系。

### 2. 祝融系

在《国语·楚语》中，观射父讲到颛顼时期九黎"乱德"而颛顼反九黎的情况，他说：

> 及少暤之衰也，九黎乱德，民神杂糅，不可方物。夫人作享，家为巫史，无有要质。……颛顼受之，乃命南正重司天以属神，命火正黎司地以属民，使复旧常，无相侵渎，是谓绝地天通。③

因此九黎"民神杂糅"，而颛顼则相反，"绝地天通"。关于"民神杂糅"与"绝地天通"的情况，下边将进一步说明。现在要说明的是少昊、颛顼、帝喾时期对抗九黎的夏

---

① （清）顾栋高辑，吴树平、李解民点校：《春秋大事表·春秋列国爵姓及存灭表》，第603页。段连勤说鲜虞是一个"部落联盟"，肥、鼓都属于这个联盟，因此肥、鼓亦称为鲜虞。他的证据是《左传·昭公十二年》晋灭肥氏，而《春秋》却说"伐鲜虞"。同样，《左传·昭公十五年》云晋围鼓，而《春秋》又说"伐鲜虞"。其实《春秋·昭公十二年》说："十月……楚子伐徐，晋伐鲜虞。"而《左传》说："六月……晋荀吴伪会齐师者，假道于鲜虞，遂入昔阳。……秋，八月，壬午，灭肥，以肥子绵皋归。……冬，十月……晋伐鲜虞，因肥之役也。"参见《春秋左传正义·昭公十二年》，（清）阮元校刻：《十三经注疏》，第2061、2062、2064页；所以八月灭肥与十月伐鲜虞完全是两回事，《春秋》只记载十月伐鲜虞，没有记载八月灭肥。同样，《左传·昭公十五年》："秋，八月……晋荀吴帅师伐鲜虞，围鼓。"但《春秋》只有"秋，晋荀吴帅师伐鲜虞"，没有提"围鼓"。参见《春秋左传正义·昭公十五年》，（清）阮元校刻：《十三经注疏》，第2077页。这里并未把鼓称为鲜虞，所以"鲜虞部落联盟"的说法是没有根据的。另外，在晋国的进攻下，肥从晋国被迫迁于今河北藁城，又迁于卢龙，而鲜虞则始终位于今石家庄市。
② 《史记·五帝本纪》，第3、4、5页。
③ 徐元诰撰，王树民、沈长云点校：《国语集解·楚语下》，第514页。

族族系是祝融系。

《国语·郑语》说明祝融系有八姓。祝融"其后八姓",及其姓氏如下:"己姓(昆吾、苏、顾、温、董);董姓(鬷夷、豢龙)……彭姓(彭祖、豕韦、诸、稽)……秃姓(舟人)……妘姓(邬、郐、路、偪阳);曹姓(邹、莒);斟姓(无后)……芈姓(夔越)。"①

《世本》《大戴礼记》则给出陆终之六子,陆终六子与祝融八姓显然是有关联的。

陆终六子给出了祝融系的一个鬼方氏的源流。既然"陆终六子"均出自鬼方氏,而鬼方氏为炎帝系统之重要部族,祝融系与炎帝的关系是不能忽视的。实际上祝融系可能是大隗系(即鬼方系)往东移殖的结果。

3. 祝融系与夏族发展史的关系

在夏族的发展过程中,最关键的成就是将戎族融入了夏族。五帝时期,戎族失去了对黄河下游以及淮河中下游的控制,同时夏族控制了黄河流域以及淮河流域。因此夏族控制了自长城到桐柏山,是夏族最重大的发展过程,是夏族最伟大的成就。

对于戎族来说,其融入夏族的年代最早、也是融入最成功的就是九黎。九黎的融入可以分为两个阶段:第一个阶段是在少昊、颛顼、帝喾期间,九黎融入夏族;第二个阶段是尧、舜、禹期间,三苗作为九黎的复兴,再一次融入夏族。此后夏族完全控制了长江以北。这就是祝融系在夏族发展史中的重大作用。

---

① 徐元诰撰,王树民、沈长云点校:《国语集解·郑语》,第 466、467、468 页。

# [补注] 原始民族之两分结构与姓氏制度

## 一、两分结构的部族

原始社会的两分结构,张肇麟《姓氏与宗社考证》一书有详细讨论。现在针对具体民族的两分结构,看一下有关的民族学以及考古学的学术成果。

### (一) 彝族社会的两分结构

现在再进一步考察彝族社会之两分结构。

马长寿在 1937、1939 年曾两次率领中央研究院、中央博物院的三人考察团在四川凉山考察彝族社会(总共长达 8 个月)。考察团包括赵至诚(负责摄影、绘图)与李开泽(负责文书、会计)。1940 年马长寿完成了 50 多万字的考察报告,并附有上百幅照片与图片。但报告直到 2006 年才出版。该书之整理者认为,此书为"目前国内外内容最为丰富的凉山彝族民族志著作"。

马长寿对四川凉山的彝族社会有深入的认识,他说所有的凉山彝族具有明确的两分结构:"孤纥与曲聂为凉山罗彝之二近始祖。今日凉山诸黑彝,溯其源始,不归于孤纥,[1] 即归于曲聂。……罗彝自有孤纥、曲聂,始有谱牒可溯;自有孤纥、曲聂,始有信史可记。孤纥、曲聂相传为同族兄弟二人。"[2]

"凉山所有的黑彝推其原始,不属孤纥则属曲聂,总不出此两个系统。一切罗族都初由此二部族繁殖下来,然后始分化为许多氏族、胞族与家庭。"他又说:"由婚姻关系言之,孤纥为一个半族,曲聂为一个半族。孤纥族之子须娶曲聂族之女为妻,而禁止孤纥族内之子女相互为婚。反之,曲聂族之子须娶孤纥族之女为妻,而亦禁止曲聂族内之子女相互为婚。"[3] 但是,凉山彝族是怎么产生的,它对彝族社会产生了什么影响?

1. 凉山彝族之起始

彝族"是一个游牧而善战的民族。……及至迁往凉山以后,直到现在,这种传统工作仍在继续进行。凉山一带之土著以及凉山以东以北的汉人都是掠掳的目标"[4]。

---

[1] 马长寿:《凉山罗彝考察报告》,成都:巴蜀书社,2006 年,第 108 页。
[2] 马长寿:《凉山罗彝考察报告》,第 171 页。
[3] 马长寿:《凉山彝族考察报告》,第 208、260 页。
[4] 马长寿:《凉山罗彝考察报告》,第 203 页。

彝族的传说可以追溯至汉朝。诸葛亮曾出兵凉山，由宜宾西进屏山，"遇曲聂罗彝自昭通来攻"①。实际上从汉朝以来，彝族曾分布于今云南、贵州、四川等省。

后来云南东北部成为彝族密集之区，"云南东北部在金沙江之滨，凉山罗彝称之曰'黑水彼岸'，为古代罗彝密集之区，中国《唐书》所谓'东爨乌蛮'部落是也。明时中国史志称此种乌蛮皆仲牟由之后。……按罗彝洪水故事中之主角称觉穆子第三，罗语觉穆纽，今云南、贵州、四川之罗族均奉为始祖。此觉穆纽当即……仲牟由。滇志作仲磨繇"②。

马长寿说，在洪水时代以后，在众多部族之中出现了阿图部族："洪水时代以后，罗彝最有名的始祖为阿图。……相传阿图兄弟三人，骑马服牛……在云南山地内到处游牧，寻觅固定的栖所。……最后才到云南东北部昭通一带的嵫滋端口区域。……土司岭光电著《倮情述论》说：阿图就是孤纥，其大弟阿止为曲聂，幼弟阿仇留守云南，未到凉山。他此说根据甚么经典，我不知道。"③

马长寿说，古代云南彝族部落有48个，其中有孤纥、曲聂、阿者、瓦萨、腊格等13个部落。马长寿没有说明那48个部落或13个部落之间存在什么关系。根据岭光电的说法，阿图（孤纥）、阿止（曲聂）、阿仇（不知是否就是"阿者"）是三个"兄弟"，他们是什么关系？阿图、阿止、阿仇是怎么从13个部落中分出来的，阿图、阿止又怎么从三兄弟中分出来的？马长寿说《倮情述论》的说法不可靠。马长寿引毛筠如的《一倮罗家支系统表》说："觉穆略勒与黑头女配生孤纥，与花头女配生曲聂，与白头女配生盘长。盘长留居滇省，大小凉山及雷、马、屏、峨之彝族则均为孤纥、曲聂之后。"但马长寿认为毛筠如的说法还是有问题，马长寿说："然则孤纥与曲聂之关系如何耶？一般罗彝传说，孤纥为兄，曲聂为弟，二人乃是同族的兄弟关系。因此之故，罗彝述曲聂之名时前面加'a ga'二字，译言即'叔祖'或'叔父'也。至于二人之乃父乃祖为谁，则俱不得其详。"④

从《招魂经》《指路经》来看，旅途开始的七十个村是孤纥、曲聂之共同路径，到美姑河流域的竹核漠波，"左为曲聂路，右为孤纥路，曲聂、孤纥走二路"⑤。此即凉山孤纥、曲聂之起源。

在马长寿的书中，"族""部族""分族""氏族""胞族""家庭""一家""一支"等名称混用⑥，本书规定一下：孤纥、曲聂称为部族，其下的组织称为分族，最小的组织称为家庭。因此凉山彝族分属孤纥及曲聂两个部族。例如阿侯、恩札、素格……属于孤纥部族，尼区、沙马、新基、利利……属于曲聂部族。

---

① 马长寿：《凉山罗彝考察报告》，第10页。
② 马长寿：《凉山罗彝考察报告》，第169页。
③ 马长寿：《凉山罗彝考察报告》，第210、211页。
④ 马长寿：《凉山罗彝考察报告》，第211、212页。
⑤ 马长寿：《凉山罗彝考察报告》，第180页。
⑥ 马长寿：《凉山罗彝考察报告》，第208页。

## 2. 彝族社会中两分结构的对立

### （1）战争

既然孤纮、曲聂这两个部族互为婚姻，那么二者之间必定有比较密切的关系。但是马长寿指出：民国时期彝族社会的矛盾冲突主要发生在孤纮、曲聂之间。"同一分族（部族）所衍生的氏族（分族）之间固然不能没有战争，但彼等间的战争机会绝对没有发生于孤纮、曲聂两分族（部族）间者为多。譬如凉山东部的战争，除汉彝战争外，十之七八的战争乃由阿禄诸胞族（孤纮之分族）与甘尔蒲田十二族（曲聂之分族）交恶而起。反之阿禄诸胞族（孤纮之分族），如吴奇、尼区……诸族（分族）之间，或甘尔蒲田诸族（分族），如吼补、峨烈……族之间，则很少有战争发生。"[①]

马长寿讲到自己考察之初，由素格马马（孤纮之后）为保护，而尼区足实（曲聂之后）为马长寿之同行。二人属婚姻之族，马马为足实之内弟，足实之姑为马马之母。头一天，马长寿考察队（考察队三人，包括马长寿及负责摄影、绘图的赵至诚，与负责文书、会计的李开泽）到达足实家。马长寿研究当地之族谱，赵、李调查户口。他们向当地人送布帛、针线。[②]

马长寿在考察之初的几天，认识到"大凡罗彝纵酒，则无理性。焚杀斗骂，为所愿为。……吾人经此前后二役，一言一动，时时小心，以免肇祸"[③]。因此在两分结构中，双方之间时常处于战争状态。

在汉族的炎黄结构中，炎黄两族之间也是矛盾对立，但是炎黄两族是一个整体。例如天子为黄帝子孙，四岳为炎帝子孙。因此炎黄之间总是存在一种整体关系，例如尧舜流放共工，但共工系仍然存在，地位不变。因此炎黄结构与一般的两分结构是不同的。实际上炎黄是兄弟关系，但两分结构之双方一般没有兄弟关系，所以马长寿说："然则孤纮与曲聂之关系如何耶？……孤纮为兄，曲聂为弟，二人乃是同族的兄弟关系。……至于二人之乃父乃祖为谁，则俱不得其详。"如果他们的父、祖是什么人都搞不清楚，根本就不能肯定他们的兄弟关系。孤纮与曲聂只能肯定他们是彝族的一个两分结构。至于这个两分结构是如何形成的，与炎黄结构是不同的，因此孤纮与曲聂的关系完全与炎黄的关系不同。

### （2）婚姻

马长寿说："罗族婚姻初时以孤纮、曲聂二分族为界，实行其族外婚制。……不过因为诸氏族间的家族关系太疏远了，彼此之间亦有互婚。例如孤纮衍生的阿侯家与恩札家有时互婚，曲聂衍生的沙马家与新基家有时为婚。"[④]

马长寿还举出"甘尔蒲田十二支"的子孙一部分西迁到峨边及越巂之间，他们就不

---

① 马长寿：《凉山罗彝考察报告》，第208、209页。
② 马长寿：《凉山罗彝考察报告》，第47页。
③ 马长寿：《凉山罗彝考察报告》，第49页。
④ 马长寿：《凉山罗彝考察报告》，第209页。

称甘尔蒲田族,而称为阿介尼普族。阿介尼普是其近祖,"遂不记远祖之名矣"①。这种情况是父子连名制的普遍情况。在父子连名的情况下,阿介尼普没有改变系谱,阿介尼普的远祖仍然是甘尔蒲田。只是一般人往往"忘掉"远祖之名,不是"改变"远祖之名。可是经常"忘掉"远祖之名,因此父子连名制实际上就破坏了同姓不婚的婚姻制度。

在汉族之姓氏制度下,炎帝子孙是不能互相通婚的,黄帝子孙也是不能互相通婚的。因此黄帝子孙不能因为"忘掉"远祖而破坏通婚制度,炎帝子孙也是如此。

## (二)彝族之姓氏制度

"尼智哥阿罗"的"尼"字可能是"伟大皇帝"或"贵胄长子"之类的称号,因此时代的名称是"智哥阿罗"。其中"智哥"为男子之名,而"阿罗"是其母族,即阿罗或阿碌。因此"尼智哥阿罗时代"即"智哥阿罗时代"②。

马长寿说:"考罗彝太古时期,当尼智哥阿罗时代为女系氏族之活跃时代。《创世经》载尼智哥阿罗之先世,尽为女性之名。"③

## (三)云南纳西族

不妨看一下纳西族的情况。

云南纳西族称氏族为"尔"(尔即通常所谓的母系氏族),在早期只有六个尔,其名称分别为西、胡、牙、峨、布、搓。"每两个尔为一组。如西与胡,牙与峨,布与搓互为半边,彼此通婚,组成一个原始部落。"④每个尔内部不能通婚,必须与同组的另一个尔通婚。如西尔的女子,全属于胡尔的男子;反之也一样。因此纳西族包含三组两分结构。

"这六个古老的母系氏族,原来居住在泸沽湖以北的斯布阿那瓦地方,后来他们分三组向南迁移;西尔和胡尔在一起,牙尔和峨尔在一起,布尔和搓尔在一起,各为一个组……各组在迁徙过程中,都留下一定的路标。胡、西两尔以黑石子为标记,牙、峨两尔在树上砍掉一块树皮为标记,布、搓两尔在路边打草结为标记。由于发生野火烧山,树木和草结被焚毁了,只有胡、西两尔留下来的黑石子依然完好。"⑤

从这个传说可以看出,六个尔都是从北方迁来的。但是离开木里后开始分三个组南迁。

## (四)姓氏制度在夏族大迁徙中的作用

夏族在陇山地区时就存在两分结构,亦即炎黄结构。因此当夏族在陇山地区建立了

---

① 马长寿:《凉山罗彝考察报告》,第225页。
② 马长寿:《凉山罗彝考察报告》,第158页。
③ 马长寿:《凉山罗彝考察报告》,第157页。
④ 严汝娴、宋兆麟:《永宁纳西族的母系制》,昆明:云南人民出版社,1983年,第15页。
⑤ 严汝娴、宋兆麟:《永宁纳西族的母系制》,第31—32页。

姓氏制度以后,就产生"一氏两姓"的现象,此即炎黄结构。因此,夏族之炎黄结构建立在姓氏制度的基础之上。

当夏族在向东方移殖的时候,通常是保持姓氏制度,即迁徙是按照姓氏关系进行的。夏族在整个黄河流域中进行大迁徙,他们分散在各地,但仍能保持其在陇山地区的基本组织。他们在姓氏的基础上,他们在每个地区保持互相的联络。例如昌意系具有妫姓、姚姓、姒姓,那么昌意系在迁徙中可以集中于河南东部,尽管大量部族在进行迁移,但由于每个系都具有自己的姓,因此各个系在迁徙中,不管地域如何扩大,但每个系都能保持内部的联系。姓氏变成了每个系的地域标志。因此姓氏制度维持了一个固定的系统结构。

例如在黄河的中游地带,夏族的昌意系(妫姓、姚姓、姒姓)分布在河南东部,夏族的苍林系有十二个姓,分为三个分支:第一个分支包括六个姓(姬、姞、酉、祁、荀、纪);第二个分支包括四个姓(任、滕、箴、僖);第三个分支包括两个姓(儇、依),此十二个姓分布在山西的西部、南部以及河南北部。

特别值得注意的是苍林系的第一个分支,其六个姓可分为三个组,即"姬、姞","酉、祁",以及"荀、纪",其分布的地域如下:姬姓、姞姓(分布在汾水中上游),酉姓、祁姓(分布在汾水下游),荀姓、纪姓(分布在涑水流域)。而且这三个组可能是两姓互相通婚,世为婚姻。那么苍林系的第一个分支正好与云南纳西族的迁徙传说相似。

## 二、中国古代两分结构的考古

中国两分结构的考古学,可从甘肃大地湾的考古工作来看。

对于大地湾的社会面貌,"一期遗存基本显示出渭河上游地区新石器时代前仰韶时期的文化面貌……生产工具少而粗糙,石器的选料多为岩性较软的砂岩类,制作方法也较原始,多为打制或凿制而成。与年代大体相当的黄河中下游地区的磁山、裴李岗和北辛文化相比,生产工具显得原始和落后了许多,说明当时这里的农业生产尚不具规模,明显落后于中原地区。但从制陶工艺来看,大地湾一期的陶器类已较为齐全,器物的造型也比较规整,以三足器、圜底器最为盛行,彩陶工艺已经出现,可见这里的陶器制造业较为发达,彩陶工艺也较中原地区起步略早一些"。

对于房址,发掘报告说:"所清理的4座房址均为圆形半地穴房基,穴口直径2.5—2.6米,穴底径略大于穴口。根据房基形制结构和柱洞的分布,其复原应为圆形攒尖式建筑。……营建方法也较简陋,均是先在原地挖一地穴,居住面和墙壁略经修整而成。墙壁(穴壁)为土质紧密且较硬的灰黄色黏土。在房基一侧有一斜坡状旋转式门道,一般门向朝北。在房址内未发现灶坑,但在穴壁上端有红烧土痕迹,当为生火所致。"[1]

---

[1] 甘肃省文物考古研究所:《秦安大地湾——新石器时代遗址发掘报告》,第21页。

关于墓葬,报告说:"共 15 座……均为长方形竖穴土坑墓。根据人骨头向的不同可分为甲、乙两组,甲组头向朝西或略偏北,共计 12 座,乙组头向朝北或略偏东,共计 3 座。……各墓随葬品的配置多寡不一,多的达 10 余件,少的仅 1 件。无随葬品的墓只有 1 座。……值得注意的是,在甲组墓葬中有 3 座墓以猪下颌骨随葬。"[1]

"本期甲、乙两组不同头向的墓葬,在三个不同年代组中均出现,说明墓葬方向的不同,并非墓葬时间之原因。在同一时间段内,出现两组不同方向的墓群排列,为我们进一步探讨当时的社会结构提供了信息。同一遗址同一时间内,存在着两组不同头向的墓葬,反映出当时至少存在着两个不同的生产消费群体。"[2] 这就说明在大地湾一期,一氏两姓的现象可能也很明显,那么姓氏制度还处于早期阶段。

---

[1] 甘肃省文物考古研究所:《秦安大地湾——新石器时代遗址发掘报告》,第 60 页。
[2] 甘肃省文物考古研究所:《秦安大地湾——新石器时代遗址发掘报告》,第 72 页。

# [08] 夏族初期移殖之地理背景

夏族在陇山地区有了初步的发展,其中主要是姓氏与宗社制度、农业、畜牧业,还有彩陶技术。他们带着这些成就开始向外移殖。

从地理形势来看,他们的移殖是向东方与南方前进。东进是指夏族从陇山地区沿渭水或汉水向东,进入河水中下游,所谓南下则是指夏族沿岷江、嘉陵江向长江流域移殖。东进是主要的,南下的比较少,而且他们南进,一部分进入长江中游,另一部分进入云贵西南高原,发展不利,逐步被当地其他的族群所同化,脱离了夏族。

因此,夏族初期从陇山地区向外移殖时,主要是沿渭水或汉水向东,进入河水中下游。

## 一、洪水

### (一) 洪水泛滥

1. 中原的洪水

上古时代是有一个流行很普遍而又很盛大的洪水传说[①],同时又有禹治水的种种故事。其实所谓洪水,并不是某一年普遍的灾象,而是很长时间在夏族区域内各地接递而成的经常现象。

《孟子》云:"当尧之时水逆行,泛滥于中国。蛇龙居之,民无所定。下者为巢,上者为营窟。《书》曰:'洚水警余。'洚水者,洪水也。"赵岐注:"《尚书》逸篇也。"江声云:"《尧典》曰:'汤汤洪水方割。'"焦循因此谓孟子之《书》即《尧典》。孟子又说禹的治水范围很广:"禹掘地而注之海……水由地中行,江、淮、河、汉是也。"[②] 因此,禹的治水的范围至少包括今陕西、山西、河南各省。另外,孟子又对白圭说:"禹之治水,水之道也,是故禹以四海为壑。今吾子以邻国为壑,水逆行谓之洚水。洚水者,洪水也。仁人之所恶也。吾子过矣。"[③]

---

① 徐旭生:《中国古史的传说时代》增订本,第128—162页。
② (清)焦循:《孟子正义·滕文公下》,《诸子集成》第一册,第263、264页。
③ (清)焦循:《孟子正义·告子下》,《诸子集成》第一册,第507页。

据《尧典》记，尧对四岳说："汤汤洪水方割。荡荡怀山襄陵，浩浩滔天。"① 但没有讲述洪水的具体情况。《孟子》却有下列记载：

> 当尧之时，天下犹未平，洪水横流，泛滥于天下。草木畅茂，禽兽繁殖。五谷不登，禽兽逼人。兽蹄鸟迹之道，交于中国。尧独忧之，举舜而敷治焉。舜使益掌火，益烈山泽而焚之，禽兽逃匿。禹疏九河，瀹济漯而注诸海，决汝汉排淮泗而注之江。然后中国可得而食也。②

因此早在尧之前，洪水就已泛滥于中国，而且"草木畅茂""五谷不登"，因此，长期以来，在今陕西、山西、河南的许多低平地带，土地已经荒芜。

这个泛滥于中国的洪水，究竟出现在何时？

当夏族在距今 8000 年向河水中下游移殖时，他们在河水及其支流可以找到大量的领地。因此在距今 5500 年之前，他们已经可以在洛水（陕西）、汾水（山西）、浊水（山西）、洛水（河南）、汝水（河南），以及济水（山东）等流域形成多个庞大的族系。

2. 治水

在夏族控制了河水中下游以后，他们开始大力治水。舜、鲧、益、禹都在治水。至于禹治水，《尚书·益稷》云："娶于涂山。辛壬癸甲，启呱呱而泣，予弗子，惟荒度土功。"③《孟子·滕文公上》云："禹八年于外，三过其门而不入。"④ 则禹在涂山地域不过做了短短八年的工作。由于《尚书·禹贡》一篇文字的煽动，传说把禹的业绩过分放大了。《尚书·禹贡》当是一卷整个古代治水工程的类书，不过由于这卷类书和托始于禹的传说，后人却可以从其所具的数据，推求古代洪水灾象和治水史实，否则古代的山川地形，早已变换，必将无可推求。古代治水史实并非一时一地一人的业绩，乃是各个地区、各个族群不知费了几许年月之持续不断的巨大成就。依照推求所得，可以把它分为西北、东北、东、南四个部分。

（二）西北地区的洪水

《列子·汤问》云："共工氏与颛顼争为帝，怒而触不周之山。"⑤ 又《文子》言："共工为水灾，故颛顼诛之。"⑥《淮南子·原道训》也有同样记载，但说与高辛争。⑦

---

① 《尚书正义·尧典》，（清）阮元校刻：《十三经注疏》，第 122 页。
② （清）焦循：《孟子正义·滕文公上》，《诸子集成》第一册，第 219 页。
③ 《尚书正义·益稷》，（清）阮元校刻：《十三经注疏》，第 143 页。
④ （清）焦循：《孟子正义·滕文公上》，《诸子集成》第一册，第 221 页。
⑤ （汉）张湛：《列子注·汤问》，《诸子集成》第三册，第 52 页。
⑥ （宋）杜道坚：《文子缵义·上义》，《二十二子》，第 870 页。
⑦ （汉）高诱注：《淮南子·原道训》，《诸子集成》第七册，第 7 页。

《楚辞·天问》云："康回（即共工）冯怒，墬何故以东南倾？"这故事大概被后人篡乱过，于是成了《国语·周语》太子晋所谓："（共工）欲壅防百川，堕高堙庳，以害天下。"① 这是故意诋毁共工的。其实这个故事的母题当为西北地区之洪水传说。

《山海经·西山经》《淮南子·天文训》都说不周山在西北②，而共工系的氏族分布于渭水沿岸及泾洛流域，正在西北。西北在《尚书·禹贡》为雍州，《尚书·禹贡》说雍州治水是："弱水既西，泾属渭汭。漆沮既从，沣水攸同。"③ 弱水在六盘山以北，自没有重要影响，其重要者为泾、洛及丰水，古代当有泛滥之灾。

所谓"泾属渭汭"，即是导泾入渭。漆沮，据《水经》渭水"又东过华阴县北"，注说："洛水入焉。阚骃以为漆沮之水也。"④ 是即导洛入渭。郑注：沣，"一作酆"⑤。《水经注》引《地说》云："渭水又东与丰水会于短阴山内，水会，无他高山异峦，所有惟原阜石激而已。"⑥ 盖秦汉以后丰水是微小的溪流，而以《诗·大雅·文王有声》"丰水东注，维禹之绩"⑦ 推之，古代丰水也有泛滥之灾，其东流入渭也是经过艰巨工程的。依《尚书·禹贡》这个说法，推想渭水南北岸的水灾当然可以消除，然而应注意一个现象，就是治水之人仅仅导之入渭，而渭水依然入河。试思河水受了这样浩大的流量，安能不加重其泛滥程度？所以《淮南子·本经训》又说："舜之时，共工振滔洪水，以薄空桑。"⑧ 空桑，《史记·殷本纪》引皇甫谧说："伊尹……生于空桑"⑨，则其在今洛阳市偃师区。盖共工系各氏族治水的结果，是将渭水南北岸水灾移之于河水下游而已。所以洪水是各地接递而成的灾象。《孟子·告子》云："禹之治水，水之道也，是故禹以四海为壑。今吾子以邻国为壑。"⑩ 究之古代全部治水工程，没有一个不是以邻国为壑的，这是研究这一史实所必须理解的。

共工是上古时期一个重要的治水官员，共工与鲧几乎共存共荣。《竹书纪年》载，帝尧十九年，"命共工治河"，六十一年"命崇伯鲧治河"，六十九年"黜崇伯鲧"。根据《释文》尧六十四年，流共工于幽都。⑪ 而《周语》太子晋曰："其在有虞，有崇伯鲧，播其淫心，称遂共工之过，尧用殛之于羽山。"太子晋又说："其后伯禹念前之非度……

---

① （宋）洪兴祖撰，白化文等点校：《楚辞补注·天问》，北京：中华书局，1983年，第91页；徐元诰撰，王树民、沈长云点校：《国语集解·周语下》，第94页。
② （清）郝懿行撰，栾保群点校：《山海经笺疏·西山经》，第50页载："西北三百七十里曰不周之山。"（汉）高诱注：《淮南子·天文训》，《诸子集成》第七册，第35页。
③ 《尚书正义·禹贡》，（清）阮元校刻：《十三经注疏》，第150页。（清）孙星衍撰，陈抗、盛冬铃点校：《尚书今古文注疏·禹贡中》，北京：中华书局，1986年，第177页。
④ （后魏）郦道元注，（清）杨守敬、熊会贞疏，段熙仲点校：《水经注疏·渭水下》，第1660页。
⑤ （清）孙星衍撰，陈抗、盛冬铃点校：《尚书今古文注疏·禹贡中》，第179页。
⑥ （后魏）郦道元注，（清）杨守敬、熊会贞疏，段熙仲点校：《水经注疏·渭水下》，第1562页。
⑦ 《毛诗正义·大雅·文王有声》，（清）阮元校刻：《十三经注疏》，第526页。
⑧ （汉）高诱注：《淮南子·本经训》，《诸子集成》第七册，第118页。
⑨ 《史记·殷本纪》，第94页。
⑩ （清）焦循：《孟子正义·告子下》，《诸子集成》第一册，第507页。
⑪ （清）徐文靖：《竹书纪年统笺》，《二十二子》，第1051页。

共之从孙四岳佐之……莫非嘉绩,克厌帝心。……赐姓曰姒,氏曰有夏。……祚四岳国,命以侯伯,赐姓曰姜,氏曰有吕。"① 所以不仅鲧与共工共存共荣,其后裔禹与四岳亦共存共荣。

（三）东北地区的治水

《尚书·尧典》:"帝曰:'咨四岳,汤汤洪水方割,荡荡怀山襄陵,浩浩滔天,下民其咨（忧）。有能俾（使）乂（治）……'"② 这是汾水流域的灾象,其地在《尚书·禹贡》为冀州。《尚书·禹贡》:"冀州既载。壶口治梁及岐,既修太原,至于岳阳。"③ 则其治水史实为开凿吕梁山与狐岐山,以及修浚太原湖。这个情况可用卫聚贤《古史研究》的几段话作为参考。他说:

> 太原古为大湖,在山西省会附近的阳曲县、太原县、清源县、交城县、文水县、汾阳县、孝义县、介休县、平遥县、太谷县、祁县、榆次县、徐沟县,这些地方,四面为山,中间是个大平原,地质学家谓为盆地。……现在太原的东山及西面的天龙山,山头上均有动物植物的化石。④

这是说太原湖的古代地形。卫聚贤又说:

> 汾阳县西三十里有向阳镇,镇西有吕梁山,自东北向西南行,横竖于（汾水）前。其山高约二十丈,厚约十余里。现有自山顶直凿而下的一条孔道,宽约三丈,长十余里,由山东穿过山西,名向阳斜。……穿过此孔道为吴城镇,再西为离石县。……《尸子》说吕梁未凿,龙门未开,河由今山西上党出口,故有水患;以为吕梁凿了,太原的水可（由汾）入河。⑤

他又引郭璞《山海经》注:"汾水至汾阳县西北入河。"这是说吕梁未治与治后的情形。卫聚贤还说:

> 在灵石县南十余里,汾水由东向西处,适有自北而南的一条大水,与汾水成丁字形。在此交流处,汾水北岸有一小村,其村建筑于石壁上。观其石壁所露的自然层,是与汾水南岸的山当日相连接的。再观此西有一水为汾水的正道,现在汾水由东来似为支流。是知此村南当日系一山岭,不知何时凿成孔道,使汾水由此孔道南

---

① 徐元诰撰,王树民、沈长云点校:《国语集解·周语下》,第94—97页。
② 《尚书正义·尧典》,（清）阮元校刻:《十三经注疏》,第122页。
③ 《尚书正义·禹贡》,（清）阮元校刻:《十三经注疏》,第146页。
④ 卫聚贤:《古史研究》,上海:上海文艺出版社,1990年,第267页。
⑤ 卫聚贤:《古史研究》,第268页。

流的。再由此村沿汾水道向东北行，看见两岸的山，山上的小水道，在距现在汾水底处十丈以上的都向着东北，至河底处方向西南。是以知当日在此村的东北，其水向东北流，故汾水两岸山上水道向东北。后此村南石壁被凿开之水向南流，故汾水两岸山上下层的水道转其方向向西南流。灵石县南四十（里）以北的水都向北流，当系流入太原的大水湖昭余祁中。①

这是说狐岐山未治与治后的情形。

按汾阳的向阳斜与灵石的孔道虽不能即指为《尚书·禹贡》所载的工程，但汾水流域的洪水，《尸子》《淮南子》《吕氏春秋》都说："古者龙门未辟，吕梁未凿，河出于孟门之上，大溢逆流，无有邱陵高阜灭之，名曰洪水。"②《左传·昭公元年》曰："昔金天氏有裔子曰昧，为玄冥师，生允格、台骀。台骀能业其官，宣汾洮，障大泽（即指太原湖），以处大原。"③ 所说的无非是河水、汾水、太原湖共同泛滥为灾。治理之法也不外倡导汾水与修治太原湖而已，这是整个古代的一贯计划与工作。然而其结果呢？依然是增加河水的流量，是使河水龙门以上的水灾移到龙门以下的地带，也是以邻为壑。

## （四）东部地区的治水

郦道元在《水经注》中说："郑玄引《地说》：'河水东流，贯砥柱，触阏流。'"他认为郑玄的意见是不对的，他说："自砥柱以下，五户已上，其间一百二十里……疑此阏流也。"④ 五户滩即阏流，这两处都是治水工程的遗迹。可见未凿之前，河水必在此泛滥。但凿了之后，重复龙门以上的巨流与渭水东流的汇合，河水下游严重的灾象也是不堪想象的。《汉书·沟洫志》云："（河）至于大伾（在今武陟、获嘉两县境），于是禹以为河所从来者高，水湍悍，难以行平地，数为败。"⑤《尚书·禹贡》云："（河）东过洛汭，至于大伾。北过降水，至于大陆。"⑥《孟子·滕文公下》记："书曰：'洚水警余'。洚水者，洪水也，使禹治之。"⑦《水经注》记："（水）不遵其道曰降。"盖自大伾以下、大陆以上，简直泛滥无定，没有水道可言。《水经注》以淇水为降水，共县为降城。⑧《汉书·地理志》信都国，注有："《禹贡》绛水。"⑨ 绛即降，古代称为大陆泽，

---

① 卫聚贤：《古史研究》，第 269 页。
② （清）汪继培：《尸子》卷下，《二十二子》，上海：上海古籍出版社，1986 年，第 375 页；（汉）高诱注：《淮南子·本经训》，《诸子集成》第七册，第 118 页云："龙门未开，吕梁未发……"；（汉）高诱注：《吕氏春秋·开春论·爱类》，《诸子集成》第六册，第 282 页云："昔上古龙门未开……"
③ 《春秋左传正义·昭公元年》，（清）阮元校刻：《十三经注疏》，第 2023 页。
④ （后魏）郦道元注，（清）杨守敬、熊会贞疏，段熙仲点校：《水经注疏·河水四》，第 359 页。
⑤ 《汉书·沟洫志》，第 1675 页。
⑥ 《尚书正义·禹贡》，（清）阮元校刻：《十三经注疏》，第 151 页。
⑦ （清）焦循：《孟子正义·滕文公下》，《诸子集成》第一册，第 263 页。
⑧ （后魏）郦道元注，（清）杨守敬、熊会贞疏，段熙仲点校：《水经注疏·河水五》，第 429、797、847 页。
⑨ 《汉书·地理志》，第 1633 页。

其地在今邢台。淇水与大陆泽都是洪水的遗迹，而《尚书·禹贡》称这一带为沇州。《说文》云："沇，九州之渥地也。"古文沇作㕣。又说："㕣，山间陷泥地。"① 这虽由于地势低洼，但推想主要还是上游各地以邻为壑之必然结果。

东方之治水延续的时间很长，一直到商族南下之后。《礼记·祭法》云："冥勤其官而水死。"②《竹书纪年》说："夏少康十一年使商侯冥治河。""帝杼十三年商侯冥死于河。"③ 冥所治的河固是下游东方部分，《尚书·禹贡》之所谓"降水"④。

### （五）南方地区的治水

《水经注》认为荆、涂二山本连为一脉。禹以桐柏之流泛滥为害，凿山为二以通之。⑤ 则古代淮、汝流域也有洪水之灾，不过这个地带没有受到他处的影响，其工程比较小。

地理环境对夏族历史有重大影响。盖当陇山时期，最初定居于天然形成之崖岸。其后由于崖岸逐渐被垂直侵蚀所破坏，不可居住，便必须改变为丘居（从六盘山的栈道可以证实其曾丘居）。因此按其住居，夏族历史可以划分为崖居期、丘居期。

而迁到熊山、骊山之后，为避免洪水灾害，又不得不继续其丘居。到了治水有了办法之后，才能降到平原而构成邑居，因而夏族的历史进入了邑居期。但是洪水使得夏族之发展受到很大的阻碍，《汉书·谷永传》云："尧遭洪水之灾，天下分绝为十二州，制远之道微。"⑥

## 二、移殖之通道

《尚书·禹贡》当为我国最早之地理书。《尚书·禹贡》说明了当时全国各地向中央进贡之物品与进贡之交通路径，因此它是对贡道的说明。但是如果把方向反过来看，那么《尚书·禹贡》正好也提供了当时的移殖路线。无论是贡道还是移殖，都是当时的水陆交通要道。

《尚书·禹贡》之"道九川"与"道九山"就描述了当时最基本的若干水陆要道（请参看张肇麟《夏商周起源考证》[05]对九川、九山的说明）。

---

① （汉）许慎撰，（清）段玉裁注：《说文解字注·口部》，第62页；（汉）许慎撰，（清）段玉裁注：《说文解字注·水部》，第527页。
② 《礼记正义·祭法》，（清）阮元校刻：《十三经注疏》，第1590页。
③ 王国维：《今本竹书纪年疏证·卷上》，沈阳：辽宁教育出版社，1997年，第54页。
④ 《尚书正义·禹贡》，（清）阮元校刻：《十三经注疏》，第151页。
⑤ （后魏）郦道元注，（清）杨守敬、熊会贞疏，段熙仲点校：《水经注疏·淮水》，第2533页注："宋濂《游山记》，二山本相联属……禹凿开，使水流二山间。"
⑥ 《汉书·谷永传》，第3448页。

1. 九川

水道比较明确，所谓九川是指①：

（1）弱水。无法确指，有种种不同的说法。我认为弱水是指宁夏境内河水之河沟（请参看张肇麟《夏商周起源考证》[07]对弱水的说明）。

（2）黑水。无法确指，其说法更为混乱。我认为黑水当指甘肃南部之白水的一个河段（请参看张肇麟《夏商周起源考证》[07]对黑水的说明）。

（3）河水。此水道即黄河，不过以积石山为起点。

（4）汉水。此水道基本上从汉水源头出发，东南流至武汉汇入长江。

（5）岷水。此水道大致从今四川北部往东南流，然后东下入东海。

（6）济水。东出陶丘北，又东北入于海。

（7）淮水。道淮自桐柏，东汇于泗、沂，东入于海。

（8）渭水。道渭自鸟鼠同穴，东过漆、沮，入于河。

（9）洛水。道洛自熊耳，东北汇于涧、瀍，又会于伊，东北入于河。

因此从陇山地区来看，则从陇山出发的水道有六，即（1）弱水、（2）黑水、（3）河水、（4）汉水、（5）岷水、（8）渭水。在水道中，河水、弱水往北，渭水、汉水往东，而黑水、岷水往南。至于其余三个水道，即（6）济水、（7）淮水、（9）洛水，则可以看作前六个水道之外延。

2. 九山

如果再结合"道九山"，则移殖路线就更清楚了。所谓"道九山"是②：

（导）汧及岐，至于荆山，逾于河；

壶口、雷首，至于太岳；

砥柱、析城，至于王屋；

太行、常山，至于碣石，入于海；

西倾、朱圉、鸟鼠，至于太华；

熊耳、外方、桐柏，至于负尾；

道嶓冢，至于荆山；

内方至于大别；

汶山之阳至于衡山，过九江，至于敷浅原。

从这九条路线来看，实际上为夏族的两条以陇山地区为出发点之迁徙路径：

---

① 张肇麟：《夏商周起源考证》，第197—199页。
② 《尚书正义·禹贡》，（清）阮元校刻：《十三经注疏》，第151页；《史记·夏本纪》，第67页。

第一条是从陇山地区出发经渭水两侧东进到达华山。然后分为两路：一路往北到达恒山，再往东到渤海；另一路往东南到河南中南部再到湖北大洪山北麓汉水流域。

第二条是先从陇山地区出发南下武都。然后分为两路：一路从武都东进汉水流域进入湖北荆山地区，再东进到湖北汉口；另一路从武都南下再往东进入湖南、江西。

3. 两个移殖的枢纽地

《尚书·禹贡》所描绘的全国这九条陆路交通大道，也反映了炎黄后裔移殖过程的遗迹。值得注意的是，这时出现宝鸡与武都两个移殖枢纽地，一个经由宝鸡往东移殖；另一个是经由武都往东及往南两个方向的移殖。

从宝鸡往东移殖，路径比较简单，但从武都南下有很多通道，主要有嘉陵江和岷江。沿嘉陵江南下可以东进湖北汉水流域，亦可东进湖南洞庭湖地区。沿岷江则往往南下云南。此即夏族离开陇山地区南下武都以后的主要迁徙路径，这里着重考察沿西汉水的往东迁徙的路径。

（1）大巴山—荆山

西汉水南下可以转到巴中、达州一带。由此可以通过大巴山与巫山连接处进入武当山、荆山地区的汉水流域，然后东进大洪山、桐柏山地区以至河南南部及安徽西部。

《水经注》曰："沔水又南径筑阳县东，又南，筑水注之，杜预以为彭水也。……水出梁州新城郡魏昌县界。"[①] 新城郡在今湖北房县。

（2）大溪—清江

西汉水发源于陇山地区的嶓冢山，经汉中略阳，然后至广元汇合白水（即白龙江），再经阆中、安汉（即今南充）至垫江（即今合川），汇合涪水、潜水，然后东南流在巴郡（即今重庆）汇入长江。然后长江继续往东北至重庆，转而往东进入三峡。三峡不是良好的航行通道，代替它的有其他水道，特别是大溪—清江一线。

《读史方舆纪要》"施州卫军民指挥使司"："卫外蔽夔峡，内绕溪山。……自巴蜀而瞰荆楚者，恒以此为出奇之道。宋末蒙古搭海入蜀……盖施、夔表里大江，而清江源出彭水，中贯卫境，至夷陵、宜都而合大江，其取径尤捷也。"[②] 于是大溪—清江一线成为由湖北至四川的通道以代替三峡一线。清江东西横贯湖北之西南部，在宜都入长江。清江流域与湖南相连，南下即湖南之澧水流域。故西汉水—大溪—清江当是从陇山地区东进湘鄂之重要通道。

至于大溪，史无明文记载。《水经注》"鸟飞水"云："水出天门郡溇中县界……又北流径巫县南。……注于江，谓之鸟飞口。"注："守敬按，《一统志》以大溪当此水，是也。但大溪出今奉节县西南山谷中，东北流百余里入江，源流甚短。……似以出今宣恩县之水，东北至恩施县东，又以清江北源为逆流，逾山下通大溪也，盖郦所见之图籍

---

[①] （后魏）郦道元注，（清）杨守敬、熊会贞疏，段熙仲点校：《水经注疏·沔水中》，第2361页。
[②] （清）顾祖禹撰，贺次君、施和金点校：《读史方舆纪要·湖广八》，第3855、3856页。

有误耳。"①《读史方舆纪要》"巫山县大宁河"下说:"又县东南百五十里有万流溪,自湖广施州卫界,流经此合于大江……又城北有茹溪,俗谓之小溪。"② 既然茹溪俗谓小溪,有小溪当有大溪,莫非万流溪俗谓之大溪?

## 三、宝鸡、武都与熊耳山

### (一) 宝鸡

宝鸡在历史上有重要的地位,周代居岐,秦代都雍,就在宝鸡。《读史方舆纪要》凤翔府:"《禹贡》雍州地,周曰岐州,春秋时为秦地(秦德公元年初居雍,雍盖秦都也)……武帝太初元年改为右扶风。……当关中之心膂,为长安之右辅。周太王迁岐而肇基王迹,秦德公居雍而寖以盛强,汉高自汉中出陈仓定三秦而帝业以成。……在曹魏时,扶风尤为重镇。"③ 宝鸡可谓陇、蜀通中原之门户。

第一条陆路通道即由陇东沿渭水或沿渭北之汧水东下,到达宝鸡,然后沿渭水到达西安附近之荆山或太华,然后东出潼关。《读史方舆纪要》西安府临潼县:"新丰城,县东十五里。……自长安东出关者必由此。汉文帝指新丰示慎夫人曰:'此走邯郸路也。'"又西安府富平县,"荆山,县西南十里怀德故城北"④。

### (二) 武都

第二条陆路通道即由陇东南下抵达武都。武都为古代一个重要之交通枢纽,北接陇山,东连汉中,南有"阴平道"通巴蜀。汉武帝在此设置武都郡。《读史方舆纪要》巩昌府阶州:"古白马氏之国……汉武帝始置武都郡。"从巴蜀来看,此处是其安全关键,故诸葛亮谓:"全蜀之防,当在阴平"⑤,故常为征伐之地,破坏严重。《华阳国志》云:"武都郡,本广汉西部都尉治也。……多羌戎之民。……汉世数征讨之。分徙其羌,远至酒泉、敦煌。……魏将夏侯渊。张合、徐晃征伐,常由此郡;而蜀丞相亮及魏延、姜维等多从此出秦川;遂荒无留民。"⑥

此为后代之事,武都的历史要早得多。早在汉武帝之前两三千年,夏族就由陇山通过武都南下巴蜀,东趋汉中。

《史记·五帝本纪》云:"嫘祖为黄帝正妃,生二子……其一曰玄嚣,是为青阳,青阳降居江水;其二曰昌意,降居若水。昌意娶蜀山氏女,曰昌仆,生高阳。"索隐曰:

---

① (后魏)郦道元注,(清)杨守敬、熊会贞疏,段熙仲点校:《水经注疏·江水二》,第 2829 页。
② (清)顾祖禹撰,贺次君、施和金点校:《读史方舆纪要·四川四》,第 3255 页。
③ (清)顾祖禹撰,贺次君、施和金点校:《读史方舆纪要·陕西四》,第 2634、2635 页。
④ (清)顾祖禹撰,贺次君、施和金点校:《读史方舆纪要·陕西二》,第 2552、2572 页。
⑤ (清)顾祖禹撰,贺次君、施和金点校:《读史方舆纪要·陕西八》,第 2847、2848 页。
⑥ 任乃强:《华阳国志校补图注》,上海:上海古籍出版社,1987 年,第 96 页。

"江水、若水皆在蜀。"但正义谓江为安阳之江国，而"安阳故城在豫州新息县西南八十里。"则江在河南。[①] 而《大戴礼记》《路史》江水俱作泒水，罗苹注谓泒水为四川境内长江上游之支流湔泒水。[②] 如果江水、若水都在四川，那么他们从陇山地区降居到四川，必定取道武都；即使江在河南安阳，从陇山降居江，大概也会取道武都。因此，夏族从陇山向外迁徙时，武都必定是一个最重要的枢纽站。

（三）熊耳山

1. 黄帝与熊耳山

黄帝号有熊氏，皇甫谧《帝王世纪》、陈立《白虎通疏证》都说黄帝号有熊氏。[③]《路史》则谓："帝之开国，今郑之新郑。《舆地广记》云，古有熊国，黄帝所都。"[④]《水经注》云："均水发源弘农郡之卢氏县熊耳山……双峰齐秀，望若熊耳，因以为名。齐桓公召陵之会，西望熊耳，即此山也。"[⑤] 既然黄帝受国于有熊，或开国于有熊，则此处当即黄帝离开陇山之后的第一个政治中心。故有熊氏盖以熊耳山得名。

熊耳山地区地域广阔，直接与黄帝相关的地点有三。传说黄帝之统治中心在新郑。《水经注》载："《帝王世纪》云：或言县故有熊氏之墟，黄帝之所都也。郑氏徙居之，故曰新郑矣。"[⑥]《读史方舆纪要》开封府新郑县："古有熊地，黄帝都焉。周封黄帝后于此为郐国。春秋时为郑武公之国，曰新郑，以别于京兆之郑也。"[⑦]

又传说黄帝之去世登仙处也在这个地区。《读史方舆纪要》河南府陕州："州东有熊耳山。"[⑧] 但陕州不仅有熊耳山，还有更重要的传说。陕州在汉代属弘农郡，而阌乡属湖城县。《读史方舆纪要》河南府陕州阌乡县："荆山，在县南二十五里。志云：山下有铸鼎原，即轩辕采首阳之铜铸鼎处云。"[⑨]《水经注》曰："宏农湖县，有轩辕黄帝登仙处。黄帝采首山之铜，铸鼎于荆山之下。有龙垂胡于鼎，黄帝登龙，从登者七十人，遂升于天，故名其地为鼎湖。"[⑩] 则陕州为黄帝去世登仙之地。

由于与黄帝的密切相关，这个地区也有崆峒山。《读史方舆纪要》南阳府汝州空峒山："州西南六十里。唐卢贞云：'天下空峒有三，一在临洮，一在安定。庄子称黄帝问道

---

① 《史记·五帝本纪》，第10、11页。
② （宋）罗泌：《路史·黄帝》，第89页；（清）王聘珍撰，王文锦点校：《大戴礼记解诂·帝系》，第127页。
③ （宋）李昉等：《太平御览·皇王部》，第367页；（清）陈立撰，吴则虞校点：《白虎通疏证·号》，第60页载："黄帝有天下，号曰有熊。"
④ （宋）罗泌：《路史·国名纪甲》，第322页。
⑤ （后魏）郦道元注，（清）杨守敬、熊会贞疏，段熙仲点校：《水经注疏·均水》，第2471页。
⑥ （后魏）郦道元注，（清）杨守敬、熊会贞疏，段熙仲点校：《水经注疏·洧水》，第1843页。
⑦ （清）顾祖禹撰，贺次君、施和金点校：《读史方舆纪要·河南二》，第2171页。
⑧ （清）顾祖禹撰，贺次君、施和金点校：《读史方舆纪要·河南三》，第2272页。
⑨ （清）顾祖禹撰，贺次君、施和金点校：《读史方舆纪要·河南三》，第2279页。
⑩ （后魏）郦道元注，（清）杨守敬、熊会贞疏，段熙仲点校：《水经注疏·河水四》，第327页。

空峒,游襄城,登具茨,访大騩,皆与此山相接。'今山上有广成庙,下有广成城。"①

《读史方舆纪要》开封府许州首山:"在县南五里。《史记》:申公曰:'天下名山八,三在夷狄,五在中国,皆黄帝所游。'首山其一也,或以为即此山。首山者,县西诸山迤逦直接嵩、华,而实起于此,故名。"②

### 2. 熊山、熊州

值得注意的是,这个地区还有大熊山、小熊山。《读史方舆纪要》河南府登封县大熊山:"在县南五十里。顶宽平,四围陡峻,俗曰大熊寨,可避兵。县东南四十里又有小熊山。"③

还有熊耳县、熊州。《读史方舆纪要》河南府永宁县:"汉为渑池县之西境,属弘农郡。……后改熊耳县,属宜阳郡。"宜阳郡后改熊州,"后魏末置宜阳郡……后周又改熊州。隋初,郡废,大业初州废……义宁初,复置宜阳郡。唐初改郡曰熊州。"④

## (四)熊耳山与黄帝后裔之迁徙

在熊耳山地区,不止一处称熊耳山。《读史方舆纪要》载:"志云:府境山名熊耳者有三:卢氏之熊耳也,宜阳之熊耳也,陕州之熊耳也。"⑤

### 1. 卢氏之熊耳山

卢氏县有熊耳山,《读史方舆纪要》河南府卢氏县熊耳山:"在县西南五十里。东连永宁,南接内乡,有东西两峰,相竞如熊耳然。"⑥

卢氏在洛水上游,熊耳山之重要性在于夏族以其作为东迁之枢纽站。盖由此北上可转而进入山西,亦可沿洛水往东至宜阳,亦可往南沿丹江、淅川南下湖北。

### 2. 宜阳之熊耳山

宜阳县也有熊耳山,《读史方舆纪要》河南府宜阳县熊耳山:"在县西百里洛水之北。双峰竞举,状如熊耳。"⑦

宜阳之南即汝水之上游。故从宜阳可以转到汝水流域东迁,因此宜阳亦成为东进之枢纽站。

---

① (清)顾祖禹撰,贺次君、施和金点校:《读史方舆纪要·河南六》,第 2438 页。
② (清)顾祖禹撰,贺次君、施和金点校:《读史方舆纪要·河南二》,第 2189 页。
③ (清)顾祖禹撰,贺次君、施和金点校:《读史方舆纪要·河南三》,第 2264 页。
④ (清)顾祖禹撰,贺次君、施和金点校:《读史方舆纪要·河南三》,第 2256、2252 页。
⑤ (清)顾祖禹撰,贺次君、施和金点校:《读史方舆纪要·河南三》,第 2268 页。
⑥ (清)顾祖禹撰,贺次君、施和金点校:《读史方舆纪要·河南三》,第 2268 页。
⑦ (清)顾祖禹撰,贺次君、施和金点校:《读史方舆纪要·河南三》,第 2254 页。

### 3. 陕州之熊耳山

三门峡市陕州区也有熊耳山，三门峡市陕州区是北上越过河水进入山西之门户。

故《读史方舆纪要》有下列记载：南阳府邓州内乡县熊耳山，"县东十二里。峰峦耸峙，连亘甚远。其北麓接卢氏县界，旁有枪竿岭，湍水所出也"①。若此记载不误，则熊耳山之范围很广，北起陕县，中经卢氏，南抵内乡，沿整个河南之西部边境，均属于熊耳山地区。

因此当夏族无论沿渭水两岸东进，还是沿汉水两岸东进，很快就到达熊耳山地区。然后再转到山西汾水流域，河南洛水流域、汝水流域以及湖北之汉水流域，熊耳山的枢纽地位越发明显了。

从移殖的先后来看，那么最初的移殖地点当为陕西之洛水与山西之汾水；第二步则为河南之洛水与汝水。

## 四、洛水与汾水

夏族自离开陇山后，首先移殖于骊山与熊耳山。在这个地区周围，地理有一点奇迹，即是有两条洛水、两条汾水。陕西有洛水、山西则有汾水，而河南也有洛水与汾水。北面的汾、洛固都大水，南面的汾、洛也是大水，不过古今名称略有改变。洛水、汾水与炎黄后裔初期的迁徙有密切的关系。

陕西有洛水，河南也有洛水，但河南的洛水曾改为雒水。《三国志》裴松之注引《魏略》说："（黄初元年）诏以汉火行也，火忌水，故洛去水而加隹。"②但多数人还写作洛。因此陕西与河南都有洛水。

山西有汾水，但后人不知河南有汾水，其实河南之汾水后来改为汝水。

### （一）汝水与汾水

#### 1. 汝水原名汾水

《尔雅·释水》云："水自河出为灉，济为濋……江为沱，过为洵，颍为沙，汝为溃。"郭注："《书》曰：'岷山导江，东别为沱。'"《诗》曰：'遵彼汝坟。'皆大水溢出，别为小水之名。"③《尔雅》作溃，而《诗》作"遵彼汝坟"，毛传："坟，大防也。"郑笺："伐薪于汝水之侧。"郭注谓溃为小水，而毛郑谓坟为水旁之地。故孔疏：

---

① （清）顾祖禹撰，贺次君、施和金点校：《读史方舆纪要·河南六》，第 2421 页。
② 《三国志·魏书·文帝纪》，第 76 页。
③ 《尔雅注疏·释水》，（清）阮元校刻：《十三经注疏》，第 2619 页。

"彼溃从水，此坟从土。"① 故溃当为汝之别流。《说文》曰："一曰坋，大防也。"② 坋亦通坟。

又《国语·鲁语》曰："土之怪曰坟羊。"③《淮南子》曰："井生坟羊。"高诱注：坟羊，"土之精也。"④ 坟一作羒，《诗·小雅·苕之华》"牂羊坟首"，王先谦曰："齐诗作'羒首'。《史记·李斯列传》注亦作'羒'。"又："孔疏……乃读'坟'为'鼢'。胡承珙云：'……不必改坟为鼢也。'"⑤ 故羒与鼢通，但《说文》无羒字，有鼢字。⑥ 鼢当即羒字。

溃与汾当古字通用，汝坟即汝溃，亦即汝汾。故盖溃本即汝之别名，汾则溃之本字，可知河南之汝水古为汾水。

山西汾水流域有汾陂，《水经注·汾水》云："汾水于县左迤为邬泽。《广雅》曰：水自汾出为汾陂，其陂东西四里、南北一十余里……并州薮也。"⑦ 河南汝水流域也有汾沟、汾陂。《水经注·㶏水》云："别汝又东，汾沟出焉。别汝又东，径征羌城北，水南有汾陂，俗音粪。汾水自别汝东注，而为此陂。水积征羌城北四五里，方三十里许。"⑧《读史方舆纪要》开封府许州郾城县征羌城："在县东南。……来歙封征羌侯，邑于此。志云：光武以歙征羌有功，因筑城以宠之。"⑨ 由此亦可知河南之汝水古为汾水。

2. 大㶏水、小㶏水都为汾水

《水经注·汝水》载："汝水又东南，径奇頟城西北……㶏水出焉。世亦谓之大㶏水。《尔雅》曰：河其灉，汝有㶏。然则㶏者，汝别也。"杨守敬、熊会贞疏："全云：公羊子曰，㶏泉者，直泉也，直泉者，涌泉也。《释名》本之，其音读如㶏。谓自下而上也。㶏则其声之转也。后卷《小㶏水下》有汾陂。善长曰：汾，俗音粪，盖汾即㶏之通也。……其后，㶏字又转而为濆，要之，一也。守敬按：郭《注》，《诗》曰，遵彼汝㶏，乃大水溢出，别为小水之名。是郦称汝别所本。《括地志》乃谓汝水至郾城县名㶏水，又曰，㶏亦汝之别名，何邪？"⑩

《水经注·颍水》载："（颍）水上承汝水别渎于奇頟，城东三十里，世谓之大㶏水也。"熊会贞疏："考《元和志》，小汝水……诊其川流，当即今之汾河。"⑪ 经过考知大

---

① 《毛诗正义·周南·汝坟》，（清）阮元校刻：《十三经注疏》，第282页。
② （汉）许慎撰，（清）段玉裁注：《说文解字注·土部》，第691页。
③ 徐元诰：《国语集解·鲁语下》，第191页。
④ （汉）高诱注：《淮南子·泛论训》，《诸子集成》第七册，第231页。
⑤ （清）王先谦撰，吴格点校：《诗三家义集疏·小雅·苕之华》，北京：中华书局，1987年，第820页。
⑥ （汉）许慎撰，（清）段玉裁注：《说文解字注·羊部》，第146页。
⑦ （后魏）郦道元注，（清）杨守敬、熊会贞疏，段熙仲点校：《水经注疏·汾水》，第532页。
⑧ （后魏）郦道元注，（清）杨守敬、熊会贞疏，段熙仲点校：《水经注疏·㶏水》，第2624页。
⑨ （清）顾祖禹撰，贺次君、施和金点校：《读史方舆纪要·河南二》，第2190页。
⑩ （后魏）郦道元注，（清）杨守敬、熊会贞疏，段熙仲点校：《水经注疏·汝水》，第1766页。谭其骧《中国历史地图集》第四册北魏部分，大㶏水是汝水支流，从南颍州郡即奇頟城（今漯河）到汝阳郡（今周口）进入颍水。
⑪ （后魏）郦道元注，（清）杨守敬、熊会贞疏，段熙仲点校：《水经注疏·颍水》，第1826页。

灈水、小灈水都为汾水。

### 3. 汝水的来历

古今河道有许多变迁，但今河南汝水流域还有一段河道称为汾水。北汝河到郾城（漯河）后，通过沙河到达周口，进入颍河；另有支流叫汾河，从郾城往东南方向与颍河大致平行，最后在安徽阜阳进入颍河。古代"汾水自别汝东注，而为此陂"的汾水可能即今之汾河，而古代的大灈水可能即今从郾城到周口的一段沙河。

《逸周书·度邑解》云："（武）王乃升汾之阜，以望商邑。"其阜在今伊阳县，为汝水发源地。又《史记》正义引《括地志》云："汝水至豫州郾城县，名濆水。"①《周礼·考工记》"妢胡之笴"，胡承珙、陈奂并谓妢即汝坟。② 妢胡即在今郾城县，为汝水枝干总汇处。可见汝水首尾都还保留汾之原名。

### 4. 河南中部其他汾水

又，《水经注·颍水》载："（颍水）历罡丘城南，故汾丘城也。"③《左传·襄公十八年》载："（楚）子庚帅师治兵于汾。"④《战国策·楚策》云："北有汾陉之塞。"⑤ 则连颍水古亦有名汾的遗迹。《水经注·颍水》云："《尔雅》曰：颍别为沙。"杨守敬疏："是小灈水即沙水矣。"⑥ 所以今河南中部水系，都可能有汾之名。

## （二）洛水、汾水与夏族之初期移殖

考这两汾两洛竟是夏族氏族分布遗迹的记录。盖黄帝后裔所经的河流名之为汾，炎帝后裔所经的河流名之为洛。

下边将说明黄帝后裔之一个族系在今山西，很明显是沿着（山西）汾水分布，而另一个族系则在今河南，则是沿着（河南）汾水（即汝水）分布。炎帝后裔之一个族系在渭北，当沿着（陕西）洛水分布，而另一个族系则在今河南，也是沿着（河南）洛水分布。夏族最初从骊山、熊耳山地区沿洛水与汾水向外移殖，形成了此四族系，即为炎黄后裔在移殖中形成的最主要之族系。

因此夏族最初之移殖是以熊耳山与两汾、两洛为中心的。

---

① 黄怀信、张懋镕、田旭东：《逸周书汇校集注·度邑解》，第 496 页；《史记·礼书》，第 1166 页。
② （清）孙诒让撰，王文锦、陈玉霞点校：《周礼正义·冬官·考工记》，第 3119、3120 页。
③ （后魏）郦道元注，（清）杨守敬、熊会贞疏，段熙仲点校：《水经注疏·颍水篇》，第 1812 页。
④ 《春秋左传正义·襄公十八年》，（清）阮元校刻：《十三经注疏》，第 1965 页。
⑤ （汉）刘向：《战国策·楚一·苏秦为赵合从说楚威王》，第 500 页。
⑥ （后魏）郦道元注，（清）杨守敬、熊会贞疏，段熙仲点校：《水经注疏·颍水篇》，第 1815 页。

# [补注] 河道与移殖

## 一、印第安人的移殖

### (一) 加诺万尼亚族系的发祥地及其移殖

摩尔根在研究北美大陆各处的印第安人时,认为他们是同源的,也就是说,他们都是从一个中心地点扩散出来的,因此所有北美印第安人文明的形成,都是移民或殖民的结果。摩尔根说:

> 我们可以相当有把握地证明,哥伦比亚河流域是加诺万尼亚族系的发祥地……从这个发祥地迁出的居民继续向南北美洲散布,一直到被欧洲人发现时。上述结论可以从自然因素、相互关系的情况以及印第安人部落的语言关系推断出来。……已知的事实表明,哥伦比亚河流域是印第安人的发祥地,其证据已非常有力,所以只要再提供少许补充证据,就可以使这个假定成为不可移易的确论了。①

对此,怀特 (L. A. White) 注:"摩尔根有一种强烈的印象,认为'人类生存的天然富源(使得)哥伦比亚(河)及其支流所流经的地区……成为北美洲最突出的地带。'②他本人从来没有游历过这个地区……由于这个地区的资源和它的地理位置——接近于美洲印第安人从亚洲迁入的进口——摩尔根把它视为'加诺万尼亚族系的摇篮地'。"③

摩尔根又说:"任何一个地方,如果能逐渐发展到人口过量从而成为一个移民运动的发源地,那就必然在生活数据方面特别富裕。在北美洲,这样的天然中心为数是很少的。屈指可数者只有三处。第一是哥伦比亚河谷地带……第二是苏必利尔、休伦和密执安三湖之间的半岛……第三是明尼苏达州的湖泊区。"④

### (二) 密苏里八个部落在密苏里河沿岸的移殖

一些原始氏族从若干中心地区出发,向各个方向移民,在必要时以武力为后盾,通

---

① 〔美〕刘易斯·亨利·摩尔根著,杨东莼、马雍、马巨译:《古代社会》,第118页。
② 〔美〕刘易斯·亨利·摩尔根著,杨东莼、马雍、马巨译:《古代社会》,第118页。
③ 〔美〕刘易斯·亨利·摩尔根著,杨东莼、马雍、马巨译:《古代社会》,第118页。
④ 〔美〕刘易斯·亨利·摩尔根著,杨东莼、马雍、马巨译:《古代社会》,第107页。

过战争打败了原住民而取得领土。于是得到了扩充与发展。摩尔根举了一个具体的例子，即密苏里的八个部落。在欧洲人到达北美时，他们"正占有密苏里河沿岸一千多英里的地带；以及该河支流堪萨斯河和普拉特河的沿岸；还有衣阿华（今译艾奥瓦）的几条小河流域。他们还占有密西西比河西岸之地，下至阿肯色河为止。"① 这八个部落原是从一个部落分化出来的。这个母部落先分化为三个部落，然后又分化为八个部落。"他们从密苏里河流域的一个中心地区逐渐沿河两岸向上下游扩散，他们居住地址距离越来越远，随即造成利害关系的分歧，接着再有语言的差异，最后各自独立。"② 居住在密苏里河最上游的部落与居住在最下游阿肯色河流入密西西比河处的部落，二者相距将近 1500 英里。摩尔根对这种扩张做了进一步的具体描述，他说："已知的事实表明哥伦比亚河流域是印第安人的发祥地。"③ 他描述印第安人从这个发祥地迁移并分布到整个美洲大陆的情况如下：

> 从哥伦比亚河流域迁出的一批一批的移民，踏着先行者的足迹，将对新墨西哥和墨西哥的村居印第安人施加压力，这就迫使那些从原住地逃出的零散部落通过巴拿马地峡进入南美。这些被迫南迁的移民将把村居印第安人生活所发展的进步根苗带到南美去。这样的迁徙……重复既多，势必使南美得到一种优秀的居民，远胜于以前到达该处的野蛮人。……南美的地理条件虽不如北美，最后反而在发展上处于先进的地位。④

## 二、夏族的移殖

### （一）沿河道的移殖

不论摩尔根对美洲印第安人的这一些观察是否符合印第安人的实际，但是其可以对中国夏族的历史研究提供启发。哥伦比亚河流域的印地安人把墨西哥一带的印地安人加以兼并或向南驱逐而扩张了自己的地盘。当然在北美没有出现炎帝、黄帝那样的首领，在北美还没有形成华夏文化那样的文明。但是从印地安人的情况就可以看出，那大概就是中国曾经发生过的情况。

从近代的考古发掘来看，也可以看到，原始部族往往就是沿河道进行移殖的。例如内蒙古敖汉旗红山文化遗址，就是"按全旗 6 条较大的河流，分出 6 个组群：大凌河支

---

① 〔美〕刘易斯·亨利·摩尔根著，杨东莼、马雍、马巨译：《古代社会》，第 104 页。
② 〔美〕刘易斯·亨利·摩尔根著，杨东莼、马雍、马巨译：《古代社会》，第 105 页。
③ 〔美〕刘易斯·亨利·摩尔根著，杨东莼、马雍、马巨译：《古代社会》，第 118 页。
④ 〔美〕刘易斯·亨利·摩尔根著，杨东莼、马雍、马巨译：《古代社会》，第 119 页。

流组、牤牛河组、教来河组、孟克河组、蚌河组、老哈河组"①。

实际上，从夏族的整体情况来看，夏族的移殖是从陇山地区出发，沿渭水、汉水等河道东迁进入陕西，接着由洛水（陕北）、汾水（山西）以及河水（山西—河南之间）东迁，同时也沿洛水（河南）与汝水（河南）往东到淮河下游。炎黄后裔就是沿着这些河道从陇山地区逐步来到河水与淮河的下游。

一些学者也研究了夏族早期的迁徙，但是他们不重视河道的作用。例如，张国硕认为五帝时期的部族迁徙与河道无关，他说："陶唐氏尧时期或之前，由于气候变暖和降水增多，致使河北中部一带水体面积扩大……于是陶唐氏族群从河北中部出发，穿越太行山，向高处的黄土高原迁徙，最终选择今山西临汾盆地为其定居地。"他又说："同样，有虞氏舜族群由河南东北部和山东西部向山西南部迁徙的原因可能也是与气候变暖所导致的环境变化有直接关系。……使得有虞氏不得不离开豫东、鲁西平原低地，向豫西、晋南等地势较高的地方迁徙发展。""颛顼族群从豫西南向豫东北一带迁徙的原因之一可能与气候变迁有某种联系。"②

从这种分析来看，尧是由东往西迁徙，舜也是由东往西，而颛顼则由西南往东北，那么这些夏族部族从东方低地迁徙到西方，而山西南部之所以成为上古时期之核心地区是由于地势高，许多部族就是为了躲避水灾才进行迁徙的。这个分析缺乏根据，因为陶唐氏可能早已移殖到汾水流域。如果尧的确出生在今河北唐县，那也是由于陶唐氏最初迁徙到汾水流域，后来进一步从汾水流域移殖到太行山东麓之唐县（请参看本书[11]）。

原始时代的部族迁徙，当然也有洪水的因素，但是水道是最重要的。

## （二）河水、济水

### 1. 河水

上古时代，河水从潼关东流，到郑州附近就转向东北，进入今河北省，一直到天津附近入海。因此河水（上古的黄河）与现代的黄河是不同的。

在河水与太行山之间有一条重要的南北大道（就是现在京汉铁路的位置）。但是那条大道比现在的京汉线更重要，因为大道以西是太行山的高山峭壁，大道以东是河水，而河水以东是河流纵横、湖泊沼泽星罗棋布的低地。侯仁之说，战国时期穿越太行山的是有名的"太行八陉"。有八条"陉道"，最南边是现在河南济源的"轵关陉"，最北的是北京昌平的"军都陉"，其中"滏口陉"的开口处就是现在邯郸，而长治铁路就通过这个陉道。"滏口陉"的南边是"白陉"，它就通向淇县（那时叫沫，后来叫朝歌），淇

---

① 中国社会科学院考古研究所、郑州市文物考古研究院：《〈中国聚落考古的理论与实践〉（第一辑）——纪念新砦遗址发掘 30 周年研讨会论文集》，北京：科学出版社，2010 年，第 273 页。
② 张国硕：《先秦人口流动民族迁徙与民族认同研究》，郑州：大象出版社，2011 年，第 77 页。

县是卫国的国都，正是那条南北大道的起点。因此卫是周朝北进的最前线，地位比邯郸更重要。①

2. 济水

从卫国往东，在河水东边是一个河道纵横的扇形地区。这个河道纵横的扇形地区与许多水道有联系，其中有济水。济水通过现在山东的西北部再向北入海，大体上位于现在黄河的位置。

从中原地区往东，到达鲁国以后，沿着济水东岸，转向东北才进入上述扇形地区，其中有一条东西大道（即现在胶济铁路的位置）。"这条东西大道，自古以来就是中原地区和山东半岛文化交流和经济联系的大动脉。"这条东西大道位于"山东中部山地的北麓"。

临淄在这条东西大道上，地位很重要。当然曲阜比临淄更重要，它是这条东西大道的起点。曲阜处于济水的东岸，从曲阜往东是山东半岛的南部，往南是淮水流域，包括现在安徽、江苏的北部。那些地方是东夷所在。②

所以鲁、卫是周代两个最关键的诸侯国，它们所在的地区也是商朝力量的中心，而且面向四夷。从全国的地理形势来看，鲁、卫也处于特殊的地位。

（三）夏族控制东方的步骤

由于夏族在黄河与淮河的中游地区扩张，黄河中游的政治形势发生了重大的变化，因此可以反映出夏族东扩的踪迹。

1. 夏族的东界

夏族向黄河中游的发展，其最重大的战争发生在今河北北部，司马迁以此作为《史记·五帝本纪》的下列开篇：

> 轩辕乃修德振兵，治五气，蓺五种，抚万民，度四方……以与炎帝战于阪泉之野。三战，然后得其志。蚩尤作乱，不用帝命。于是黄帝乃征师诸侯，与蚩尤战于涿鹿之野，遂禽杀蚩尤。而诸侯咸尊轩辕为天子，代神农氏，是为黄帝。③

因此黄帝由于"蓺五种，抚万民"而在河北北部打败最后的对手，那么黄帝是在今河北北部结束其征服战争而取得天子地位的，故黄帝是由西向东发展到最后一步的。这就说明夏族是在控制山西之后，才控制了太行山东麓的。因此太行山东麓是夏族东进的前线，也就是夏族与戎族的界线（见张肇麟《夏商周起源考证》[06]）。

---

① 侯仁之：《历史地理学的理论与实践》，上海：上海人民出版社，1979年，第312页。
② 侯仁之：《历史地理学的理论与实践》，第340页；史为乐：《中国历史地名大辞典》，第2441页。
③ 《史记·五帝本纪》，第3页。

2. 四岳

在夏族的历史中保留了四岳的记载。

夏族的历史是在不断发展的，其中包括四岳或五岳的历史。从周朝以来，确定东岳是山东的泰山，南岳是湖南的衡山，西岳是陕西的华山，北岳是山西的恒山，而中岳是河南的嵩山。但是这五岳显然不是上古时期流传下来的。

考古发现，在五帝时期以前，山东半岛还是两个海岛，现在所谓的"泰山"，还位于海岛之上。现在所谓的东岳，古代称为"岱岳"。《尚书·舜典》说："二月东巡守，至于岱宗。"而五月、八月、十一月则是南、西、朔巡守至于南岳、西岳、北岳。[①] 谓东巡守至于岱宗。为什么山东的山岳称为岱岳，在山东还有"岱岳镇"？值得注意的是，山西恒山附近之地区称为"代"（亦即岱），当地至今还有"岱岳镇"。故可以猜测，当初恒山当称为"岱岳"。后来夏族的地域扩充到山东半岛之后，以泰山为东岳，就将"岱岳"移至泰山。

实际上，在五帝时期以前，夏族的领域以陕西、山西、河南为中心。尤其以山西南部为中心。最初应当没有四岳之称，更没有五岳之说。最初对山岳的祭祀当以现在的山西境内为基础，可以认为以霍太山与恒山为中心，霍太山可以称为南岳（也可能称为"泰山"），而恒山为北岳（也可能称之为"岱岳"）。

到了五帝时期，境内出现了"四岳"，东岳转移到了山东之泰山，南岳转移到了河南之霍山，北岳为山西之恒山，而西岳为陕西之华山。可能在三代时期，出现了五岳，即增加了中岳（河南嵩山），南岳霍山改为湖南衡山。

因此，从南、北二岳至四岳，最后到五岳，是一个过程，是随夏族之领地而逐步展开。最值得注意的是北岳由"岱岳"改变为"恒山"，因为最初时期，夏族领地中最北方的地点为"代"，也就是"岱"，因此亦即"岱岳"。清代有代州，实际上在今山西，现在还有"岱岳镇"。因此，岱、岱岳、代、代州，均在山西。上古时代夏族的"北岳""东岳"均在山西。后来岱岳转移到山东泰山，把"岱岳"也转移到山东去（四岳的讨论，可参考张肇麟《夏商周起源考证》[08]）。

这个地理形势可以说明，在五帝时期，主要的部族迁徙是从山西进入太行山东麓的，而不是从太行山东麓进入山西的。实际上，炎黄战争也不是跨越太行山，而是通过桑干河的河谷由西而东进行的。

---

① 《尚书正义·舜典》，（清）阮元校刻：《十三经注疏》，第127页。

# [09] 黄帝与颛顼、帝喾之东迁

夏族在五帝时期的向东移殖中，可能首先是黄帝、颛顼、帝喾，他们可能通过渭水移殖于今河南淮水流域，即汝水、颍水等上游。在传说中，大多认为黄帝以今河南新郑（宛丘）为都。而在颛顼、帝喾的时代，夏族扩充到河水之下游。因此，大多数人认为颛顼、帝喾以濮阳（帝丘）为都。同时大量黄帝后裔通过陕西、山西继续从陇山地区向东移殖。

下面本书将对黄帝时期做进一步的分析。

## 一、黄帝时期

### （一）黄帝向东之扩张

#### 1. 黄帝之东征

《史记》对黄帝在东方的征服行动有明确的记载。《史记·五帝本纪》开始"以与炎帝战于阪泉之野……与蚩尤战于涿鹿之野"。阪泉、涿鹿是黄帝向东扩展最远的地方。实际上黄帝在今山西、河南、河北等地展开全面行动。《史记·五帝本纪》说："天下有不顺者，黄帝从而征之，平者去之，披山通道，未尝宁居。"又说："迁徙往来无常处，以师兵为营卫。"[①]

《史记·五帝本纪》对于东迁的事迹没有更多的记载，接着说黄帝之家庭结构，其正妃为西陵氏之女嫘祖，生二子玄嚣（即青阳）、昌意。但黄帝有其他次妃，索隐说黄帝共有四妃，有等级之分，其中最末一位称为"嫫母"。四妃共有"二十五子"，其中分为两部分，"其得姓者十四人"[②]。

《史记·五帝本纪》说过黄帝"置左右大监，监于万国"，是对全国诸侯的控制。又"举风后、力牧、常先、大鸿以治民。顺天地之纪，幽明之占，死生之说，存亡之难"[③]。而《史记·历书》说："建立五行……于是有天地神祇物类之官，是为五官。"[④]

---

[①] 《史记·五帝本纪》，第3、6页。
[②] 《史记·五帝本纪》，第9页。
[③] 《史记·五帝本纪》，第6页。
[④] 《史记·历书》，第1256页。

对于左右大监,《史记·五帝本纪》说:"黄帝乃征师诸侯,与蚩尤战于涿鹿之野",因此黄帝虽然"迁徙往来无常处,以师兵为营卫",但在全国用兵,主要依靠诸侯。因此黄帝之统治,首先要对全国诸侯之控制。正义解释说:"若周、邵分陕也。"①或者是周朝之五霸。

但是对于"五官",却没有恰当的解释。

## 2. 黄帝建都

《帝王世纪》说:"(黄帝)受国于有熊,居轩辕之丘。"②《水经注》:"(新郑)县故有熊氏之墟,黄帝之所都也,郑氏徙居之,故曰新郑矣(杨守敬疏:因先封西都畿内之郑,故称郑氏。自郑东徙此,而施旧号于新邑,谓之新郑)。"③则黄帝在征伐河水中游之后,在今河南新郑建立了都城。

此外,还有其他记载。如《竹书纪年》也说:"黄帝轩辕氏,元年帝即位,居有熊。"但是徐文靖做了下列解释:

> 谯周曰:"黄帝,有熊国君少典之子也。"皇甫谧曰:"有熊,今河南新郑是也,古有郑国,黄帝之所都。"《水经注》曰:"姚瞻以为黄帝都陈,在陈仓。"《舆地志》云:"涿鹿本名彭城,黄帝初都,迁有熊也。"《括地志》曰:"涿鹿城在妫州东南五十里,本黄帝所都也。"大抵征战所至,都涿鹿;即位,乃都有熊。④

徐文靖对黄帝的都城提供了四种说法:第一是今新郑;第二是今陈仓(实即陈,并非陕西之陈仓);第三是初都今彭城,后来迁都有熊;第四是初都今河北涿鹿,后来迁都有熊。

陈仓与新郑相距不远,故实际上黄帝就是在新郑(有熊)建都。涿鹿只是征战所至,不能算都。而且涿鹿是黄帝最后打败蚩尤之处,正位于夏族领地之东界,故不可能是黄帝之都。因此,黄帝之都当为新郑。后来周代封黄帝之后于郐,当有所根据。故《读史方舆纪要》开封府新郑县:"在府西南二百二十里。西南至禹州九十里。古有熊地,黄帝都焉。周封黄帝后于此为郐国。春秋时为郑武公之国,曰新郑,以别于京兆之郑也。"⑤

## 3. 夏族与其他部族之冲突

### (1) 夏族与原有居民之冲突

当夏族东向迁徙时,首先将受到当地居民之反对。所谓"天下有不顺者"当即黄帝

---

① 《史记·五帝本纪》,第3、6、7页。
② 徐宗元:《帝王世纪辑存》,第17页。
③ (后魏)郦道元注,(清)杨守敬、熊会贞疏,段熙仲点校:《水经注疏·洧水》,第1843页。洧水即今河南双洎河。
④ (清)徐文靖:《竹书纪年统笺》,《二十二子》,第1047页。
⑤ (清)顾祖禹撰,贺次君、施和金点校:《读史方舆纪要·河南二》,第2171页。

东扩时所遇到之原有居民。根据历史之片段记载，原有居民当即戎族。《史记·五帝本纪》所记载的"以与炎帝战于阪泉之野……与蚩尤战于涿鹿之野"，就是原有居民最后之反抗。

黄帝离开陇山之后，第一阶段当是从渭水及汉水向东扩到今河南，到了山东之边界。黄帝征服了河水中游，第二阶段是黄帝当在太行山东麓以及淮水上游建立了巩固之领地。新郑当即黄帝时期的夏族中心。当然，史籍所载新郑之都城究竟其结构如何，现在还一无所知。推想起来，新郑之都城建设一定是很有限的，故后来颛顼、帝喾就在帝丘建都。但是新郑是夏族建立的第一个统治中心，是夏族对新领地实行的统治制度。根据《史记·五帝本纪》的记载，这个制度的主要内容是左右大监与五官制度。左右大监上文有解释。

（2）何谓五官

夏族控制了戎族之后，戎族与夏族就产生了矛盾与冲突，表现为"九黎乱德"。何谓"九黎乱德"？黄帝建立了五官制度。

《史记·历书》说："盖黄帝考定星历，建立五行……于是有天地神祇物类之官，是谓五官。各司其序，不相乱也。"[1] 五官制度是黄帝统治天下极为重要的一项措施，该制度体现了夏族特征之一。五官制度是将民与神分开，夏族反对政教合一。

例如，《逸周书·史记解》记载古来君主亡国之教训，其中讲到唐虞以来的二十八国时，提及玄都云："昔者玄都贤鬼道，废人事天，谋臣不用，龟策是从，神巫用国，哲士在外，玄都以亡。"[2] 这是认为政教合一为败国亡家之道。

## （二）黄帝之传说

### 1. 黄帝之后

书传中有一些黄帝后裔之记载，如《潜夫论》云："詹、资、郇、翟，黄帝后。"[3] 其中《路史》有下列记载：

资，"《陈留风俗传》云：'资姓，黄帝后。'……古资阳城在简之阳安，而潭之益阳有资水，或其派裔"。

郇，"《潜夫论》詹资郇翟黄帝后，故《玉篇》云：'资、郇，故国，黄帝后，封在岐山之阳，所谓周原膴膴者。'顾伯邠云'昌意后，止于夏商间'"[4]。

谢，"欧阳修谢绛铭云：黄帝后者，周灭之，以封申伯在南阳之宛。……其地西甚广，郑公友言谢西之九州者二千五百家者也"[5]。

---

[1] 《史记·历书》，第1256页。
[2] 黄怀信、张懋镕、田旭东：《逸周书汇校集注·史记解》，第1032页。
[3] （宋）罗泌：《路史·国名纪甲》，第322页。
[4] （宋）罗泌：《路史·国名纪甲》，第322页。
[5] （宋）罗泌：《路史·国名纪甲》，第324页。

还有逄,"伯爵伯陵之国,黄帝所封夏有逄蒙。《穆天子传》'逄公,其后也'。地今开封逄池,一曰逄泽"①。据《读史方舆纪要》记载,开封府东百里,杞县为"古雍国,黄帝之后"②。

2. 黄帝遗址

黄帝的遗址遍布全国各地,但是更为集中于中原地区,亦即从陕、晋、豫三省交界一直到豫、鲁、苏、皖四省交界一线,亦即新郑之东西两侧。

《帝王世纪》云:"黄帝生于寿丘,在鲁城东门之北,居轩辕之丘。《山海经》云,此地穷桑之际,西射之南是也。"又,"黄帝自穷桑登帝位,后徙曲阜"③。

另外,黄帝游天下八名山。《读史方舆纪要》开封府许州襄城县首山:"在县南五里。《史记》申公曰:'天下名山八,三在夷狄,五在中国,皆黄帝所游。'首山其一也,或以为即此山。首山者,县西诸山迤逦直接嵩、华,而实起于此,故名。"④

《帝王世纪》云:"(黄)帝斋宫中,坐玄扈……今商之上洛南有玄扈山。"⑤ 黄帝还在荆山(此荆山在今河南灵宝西)铸鼎。最后有黄帝从龙上天的神话,《帝王世纪》又说:"黄帝采首山铜,铸鼎荆山下。有龙……迎黄帝。群臣欲从,持龙髯。髯拔,遂堕。"⑥

还有著名的崆峒山,《太平寰宇记》云:"笄头山,一名崆峒山,在县西一百里。《史记》云:'黄帝东至于海,登丸山,西至于崆峒,登鸡头。'即此山也。……《水经注》云:'盖大陇山之异名耳。'庄子谓'黄帝学道于广成子',盖在此山。按今肃州又有崆峒山,未详孰是。"⑦ 其实还有今天津市蓟州区的崆峒山,也传说是黄帝问道处。

种种传说遍布各地,大多是伪托的,如《路史》罗苹注说:"南方亦多故迹。永初《山川记》:永宁有黄帝炼丹处。张氏《土地记》:东阳永康南四里石城山上有石城,黄帝游此,而黄山皖公,缙云衡山,衡之云阳山,皆有黄帝踪迹焉。"⑧ "今处州缙云郡,有缙云山,是为缙云堂,缙云氏之虚也。永初山川记永宁县有缙云堂是矣。旧经图记,皆以为黄帝之号、黄帝之踪,失之。"⑨

---

① (宋)罗泌:《路史·国名纪甲》,第318页。
② (清)顾祖禹撰,贺次君、施和金点校:《读史方舆纪要·河南二》,第2154页。
③ 徐宗元:《帝王世纪辑存》,第18、19页。
④ (清)顾祖禹撰,贺次君、施和金点校:《读史方舆纪要·河南二》,第2189页。
⑤ 徐宗元:《帝王世纪辑存》,第23页。
⑥ 徐宗元:《帝王世纪辑存》,第25页。
⑦ (宋)乐史撰,王文楚等点校:《太平寰宇记·关西道九·原州》,北京:中华书局,2007年,第704页。
⑧ (宋)罗泌:《路史·黄帝》罗苹注,第88页。
⑨ (宋)罗泌:《路史·国名纪乙》,第327页。

## 二、颛顼—帝喾时期

距今 9000—7000 年,为黄帝时代。黄帝时代之前期,夏族在陇山地区成为强大之部族,而在黄帝时代之后期,夏族离开陇山地区而向河水中游迁徙。在黄帝时代之晚期,夏族控制了太行山之东麓。

夏族在距今 7000 年以后至距今 5500 年,为颛顼—帝喾时代,夏族在太行山东麓与戎族发生密切接触。在漫长的颛顼—帝喾时代,夏族与戎族之间发生激烈的冲突。经过了颛顼与帝喾时期,整个河水中下游地区都进入了夏族的领地。

（一）颛顼时期

1. 颛顼之生平

《史记·五帝本纪》说颛顼为昌意之子,昌意"降居若水。昌意娶蜀山氏女,曰昌仆,生高阳。……黄帝崩,葬桥山。其孙昌意之子高阳立,是为帝颛顼也"。索隐云:"皇甫谧及宋衷皆云玄嚣青阳即少昊也。……宋衷又云:'玄嚣青阳是为少昊,继黄帝立者,而史不叙,盖少昊金德王,非五运之次,故叙五帝不数之也。'"[①]

《帝王世纪》有下列重要事迹之记载:

> 帝颛顼,高阳氏,黄帝之孙,昌意之子,姬姓也。母曰景仆,蜀山氏女,为昌意正妃。谓之女枢。金天氏之末,女枢生颛顼于若水。……父昌意虽黄帝之嫡,以德劣降居若水,为诸侯。及颛顼生十年,而佐少昊,二十而登帝位。平九黎之乱,以水事纪官,南正重司天以属神,火正黎司地以属民,于是民神不杂,万物有序。始都穷桑,徙商丘。……世有材子八人,号八凯。颛顼在位七十八年,年九十一岁,岁在鹑火而崩。葬东郡顿丘广阳里。[②]

这篇记载非常简明而扼要,说明了颛顼统治时期可以看作夏族向东移殖的第二个阶段。

黄帝时期,黄帝在征服了河水中下游的当地居民之后,在新郑建立了城邑。因而完成了夏族向东移殖之第一个阶段。但是夏族与戎族之矛盾逐步激化,就是所谓的"九黎之乱"。因此颛顼开始进行移殖之第二个阶段,其历史地位是打败九黎之乱,建立了夏族在河水下游之巩固统治。

但是说颛顼"始都穷桑,徙商丘",并且说"葬东郡顿丘广阳里",需要进一步分析。

---

① 《史记·五帝本纪》,第 10 页。
② 徐宗元:《帝王世纪辑存》,第 27 页。

2. 颛顼之都

（1）帝丘

《汉书·地理志》东郡濮阳，班固自注："故帝丘，颛顼虚。"①《左传·昭公十七年》云："卫，颛顼之虚也，故为帝丘。"杜注："卫，今濮阳县，昔帝颛顼居之，其城内有颛顼冢。"②《帝王世纪》也说颛顼"葬东郡顿丘广阳里"，故颛顼之都当为濮阳。

颛顼"葬东郡顿丘广阳里"，帝喾也是如此。《读史方舆纪要》大名府清丰县鲋鰅山："志云：在顿丘故城西北三十里。一名高阳山。《山海经》：'鲋鰅之山，颛顼葬其阳，九嫔葬其阴。'《胜览》云：'山在滑州东北七十里。一名青冢山。'又有秋山，亦在顿丘西北。《山海经》：'帝喾葬其阳。'今故址已湮。"又清丰县颛顼冢、帝喾冢，"县有颛顼冢，《皇览》曰：'冢在顿丘城门外广阳里中。又有帝喾冢，在顿丘城南台阴野中。'《一统志》：'颛顼及帝喾陵，俱在今滑县东北七十里，盖即鲋鰅山麓矣。'"③

（2）商丘

《帝王世纪》说颛顼"始都穷桑，徙商丘"。

《帝王世纪》说颛顼是从少昊得到帝位的："少昊帝，名挚。字青阳，姬姓也。母曰女节……生少昊，是为玄嚣，降居江水，有圣德，邑于穷桑，以登帝位，都曲阜，故或谓之穷桑帝。"④故少昊"邑于穷桑，以登帝位。都曲阜"，因而称少昊为穷桑帝。《左传·昭公二十九年》云："少暤氏有四叔……世不失职，遂济穷桑。"杜注："穷桑，少暤之号也。四子能治其官，使不失职，济成少暤之功。……穷桑，地在鲁北。"孔疏："土地名穷桑，阙。言在鲁北，相传云耳。"⑤那么颛顼在穷桑得到帝位，并非"始都穷桑，徙商丘"，而是颛顼都商丘，而商丘当为帝丘之误。

（3）杞

据《读史方舆纪要》记载，颛顼都开封府杞县之高阳城，"在县西二十五里。颛顼、高阳氏，佐少昊有功，封于此。……文颖曰：'高阳，聚邑名也，亦曰高阳亭。……魏收《志》雍丘有高阳城'"⑥。雍丘本杞之国都，春秋时杞迁都后，改为雍丘。因此颛顼都于河南杞县。

但《读史方舆纪要》谓颛顼"佐少昊有功"，封于杞，并非颛顼为帝之后以杞为都，可能高阳亭只是颛顼之出生地。颛顼之都当即濮阳（帝丘），亦即其葬地。

---

① 《汉书·地理志上》，第 1557 页。
② 《春秋左传正义·昭公十七年》，（清）阮元校刻：《十三经注疏》，第 2084 页。
③ （清）顾祖禹撰，贺次君、施和金点校：《读史方舆纪要·北直七》，第 711、712 页。
④ 徐宗元：《帝王世纪辑存》，第 26 页。
⑤ 《春秋左传正义·昭公二十九年》，（清）阮元校刻：《十三经注疏》，第 2124 页。
⑥ （清）顾祖禹撰，贺次君、施和金点校：《读史方舆纪要·河南二》，第 2155 页。

### 3. 戎族乱德

黄帝以后，戎族的"乱德"就开始了。少昊氏时期，就没有控制住形势。后来颛顼通过"命南正重司天以属神，火正黎司地以属民"的二官制度重新建立了"民神异业"的五官制度。但是在帝喾时期，二官制度失败。到帝尧再一次用二官的"羲、和之官"，最后解决了戎族之"乱德"。《史记》记载了整个过程：

> 太史公曰：神农以前尚矣。盖黄帝考定星历，建立五行……于是有天地神祇物类之官，是谓五官。各司其序，不相乱也。……民神异业，敬而不渎……灾祸不生。……少暭氏之衰也，九黎乱德，民神杂扰，不可放物，祸菑荐至。……颛顼受之，乃命南正重司天以属神，命火正黎司地以属民，使复旧常，无相侵渎。其后三苗服九黎之德，故二官咸废所职，而闰余乖次……历数失序。尧复遂重、黎之后，不忘旧者，使复典之，而立羲、和之官。明时正度……民无夭疫。年耆禅舜……舜亦以命禹。由是观之，王者所重也。①

这一段极其重要，其中"其后三苗服九黎之德"是说三苗支持九黎之乱，即反对五官制度。少昊氏不能控制三苗，于是在少昊氏时，不能实行五官制度，民神不能异业。因此，"民神杂扰，不可放物，祸菑荐至"。

到了颛顼时代，才恢复民神异业，"使复旧常"。不过在颛顼时代不是实行"五官"，而是建立二官，算是颛顼恢复了黄帝之五官制度。

但到了帝喾时期，三苗再一次恢复九黎乱德，于是帝喾时期祸灾再一次荐至。帝喾之后，尧舜在位，才再一次恢复黄帝之旧常。"民神异业"，才成为夏族之一个基本传统。

五帝时代，在太行山东麓的河北、河南以及山东半岛一带，夏族与戎族之间有一场长期而复杂的政治斗争，从黄帝时期持续到尧舜时期才告结束。于是大量的戎族由河水下游向燕山以北迁移或者向淮水以南迁移，其余的戎族则融入了夏族。之后，"中国"这个称呼开始流行。

这一场斗争曾在不同的场合下被引用，例如，《国语·楚语》记有观射父和楚昭王的谈话，其中讲到九黎，他说在少昊时期九黎"乱德"，到颛顼时期才得到克服，他说：

> 及少暭之衰也，九黎乱德，民神杂糅，不可方物。夫人作享，家为巫史，无有要质。……祸灾荐臻，莫尽其气。颛顼受之，乃命南正重司天以属神，命火正黎司地以属民，使复旧常，无相侵渎，是谓绝地天通。②

---

① 《史记·历书》，第 1256—1258 页。
② 徐元诰撰，王树民、沈长云点校：《国语集解·楚语下》，第 514、515 页。

## （二）绝地天通

### 1. 何谓"绝地天通"

《路史》云："小昊氏衰，玄都氏黎实乱天德，贤鬼而废人，惟龟策之从，谋臣不用。"① 刘师培"案：《博物志》九无'天'字，是也。上云'贤鬼道'，与此对文"。即玄都"贤鬼道，废人事"，"龟策是从"。刘师培又"案：玄都似即《楚语》所云九黎"②。《竹书纪年》谓"（舜）四十二年玄都氏来朝贡宝玉"③。《路史》云："小昊氏衰，玄都氏黎实乱天德。"④《逸周书·史记解》云："昔者玄都贤鬼道……"集注引《外传》云："纻都氏黎国。"⑤ 故玄都即纻都，实即九黎之一部分。因此九黎反映了神权政治的特点。

"龟策是从"正是商朝的特征，这也从另一个角度说明九黎也与商族一样，属于戎族而不属于夏族。

戎族的伏羲氏，其政治权力的基础是八卦卜筮，实际上也就是某种神权。故九黎"乱德"正反映了九黎与夏族的对立（见张肇麟：《夏商周起源考证》[09]）。

因此，《史记·历书》说明了从神农时期到黄帝时期，再从少昊时期到颛顼时期，再从高辛时期到尧舜时期，出现了"民神杂扰"与"民神异业"两种制度的黄帝、颛顼、尧舜的三次反复。

### 2. 从帝喾到尧舜时期的三苗

三苗是九黎的后裔，《国语·楚语》记有观射父和楚昭王的谈话，其中讲到九黎之后的三苗，观射父说：

> 其后三苗复九黎之德，尧复育重、黎之后不忘旧者，使复典之，以至于夏、商。故重、黎氏世叙天地，而别其分主者也。其在周，程伯休父其后也。⑥

韦昭注："其后，高辛氏之季年。三苗，九黎之后。高辛氏衰，三苗为乱，行其凶德，如九黎之为也。"因此，帝喾时期，九黎后裔以三苗之名与夏族对抗。到尧舜时期夏族又重用祝融系来恢复秩序。

### 3."中国"的诞生标志

涿鹿之战是夏族向黄河中下游移殖中与戎族之间发生的最后一次大冲突。这次大战

---

① （宋）罗泌：《路史·后纪·高阳》，第 101 页。
② 刘师培：《刘申叔遗书·周书补正》，南京：江苏古籍出版社，1997 年，第 778 页。
③ （清）徐文靖：《竹书纪年统笺》，《二十二子》，第 1054 页。
④ （宋）罗泌：《路史·后纪·高阳》，第 101 页。
⑤ 黄怀信、张懋镕、田旭东：《逸周书汇校集注·史记解》，第 1032 页。
⑥ 徐元诰撰，王树民、沈长云点校：《国语集解·楚语下》，第 515、516 页。

之后，夏族控制了黄河中下游，这个夏族国家就被称为"中国"。因此，涿鹿之战成了"中国"诞生的标志。

在颛顼统治下，九黎灭亡了。《国语》云："无亦鉴于黎、苗之王，下及夏、商之季。（韦昭注：黎，九黎；苗，三苗。少皞氏衰，九黎乱德，颛顼灭之。高辛氏衰，三苗又乱，尧诛之。夏、商之季，谓桀、纣，汤、武灭之也。）上不象天，而下不仪地，中不和民，而方不顺时，不共神祇，而蔑弃五则。是以人夷其宗庙，而火焚其彝器，子孙为隶，不夷于民。"①

因此，颛顼—帝喾时代的统治地域起自陇山，东至山东半岛，北自长城而南至淮水，包括了整个河水中下游。这个稳定的夏族社会，在历史上被称为"中国"。《史记·五帝本纪》说：

帝颛顼高阳者……静渊以有谋，疏通而知事；养材以任地，载时以象天，依鬼神以制义，治气以教化，洁诚以祭祀。北至于幽陵，南至于交趾，西至于流沙，东至于蟠木。②

所谓幽陵即幽州，而交趾为交州也。流沙，注引《括地志》云："'居延海南'，《地理志》曰在张掖居延县。"而蟠木则为山，注引《海外经》曰："东海中有山焉，名曰度索，上有大桃树，屈蟠三千里。"③

《史记·五帝本纪》又说：帝喾"于颛顼为族子"，其为人"聪以知远，明以察微。顺天之义，知民之急。仁而威，惠而信，修身而天下服。取地之财而节用之，抚教万民而利诲之，历日月而迎送之，明鬼神而敬事之"④。

因此，"颛顼、帝喾的时代"约一千五百年，他们竭尽全力控制了太行山以东的戎族势力。接着，尧舜时代，夏族在整个夏族的中心地域建立强大的"中国"都城，就是在今山西南部建立了夏族统一的都畿（见本书［16］）。

## 三、帝喾在东方之统治

### 1. 帝喾之生平

《史记·五帝本纪》所讲的帝喾生平，可谓怪异，且对帝喾之事迹论述也是十分疏略。基本内容如下：

---

① 徐元诰撰，王树民、沈长云点校：《国语集解·周语下》，第100、101页。
② 《史记·五帝本纪》，第11页。
③ 《史记·五帝本纪》，第12页。
④ 《史记·五帝本纪》，第13页。

[09] 黄帝与颛顼、帝喾之东迁

> 帝喾高辛者，黄帝之曾孙也。高辛父曰蟜极，蟜极父曰玄嚣，玄嚣父曰黄帝。自玄嚣与蟜极皆不得在位，至高辛即帝位。高辛于颛顼为族子。……帝喾溉执中而遍天下。……帝喾娶陈锋氏女，生放勋。娶娵訾氏女，生挚。帝喾崩，而挚代立。帝挚立，不善，而弟放勋立，是为帝尧。①

帝喾是黄帝之曾孙，帝喾去世时，他的大儿子挚"不善"，他的另一个儿子即位，即帝尧。他没有什么突出的事迹，他"不善"的大儿子即位后即被推翻，但帝喾的另一个儿子即位，即著名的帝尧。

《史记·五帝本纪》为什么对帝喾的事迹一字不提，只空洞地说："帝喾溉执中而遍天下"，但其大儿子即位后被推翻，另一个儿子即位即帝尧。因此《帝王世纪》说："事不经见，汉故议郎东海卫宏所传云尔。"② 那么，《帝王世纪》如何讲述帝喾之事迹？《帝王世纪》说：

> （帝喾）年十五而佐颛顼，三十登帝位，都亳。以人事纪官……是五行之官分职而治诸侯。于是化被天下。……世有才子八人，号曰八元。亦纳四妃，卜其子皆有天下。元妃有邰氏女，曰姜嫄，生后稷。次有娀氏女，曰简狄，生卨。次陈锋氏女，曰庆都，生放勋。娵訾氏女，曰常仪，生帝挚。帝喾氏位七十五年，年一百五岁而崩。葬东郡顿丘广阳里。③

看起来帝喾是遵循颛顼行事，建立五行之官对全国诸侯进行控制（黄帝时期就已建立了五行之官），颛顼有"材子八人，号八凯"，而帝喾有"才子八人，号曰八元"④，可谓萧规曹随。《史记·五帝本纪》说："昔高阳氏有才子八人，世得其利，谓之'八恺'。高辛氏有才子八人，世谓之'八元'。此十六族者，世济其美，不陨其名。"⑤

但是颛顼打败九黎的历史地位，却被帝喾失去了。帝喾四妃之说，不是事实。

2. 帝喾之都

（1）亳

《帝王世纪》云："帝喾作都于亳，偃师是也。"⑥《读史方舆纪要》河南府偃师县："在府东七十里。……帝喾所都，古亳邑也。亦曰西亳，成汤都焉，为三亳之一。又盘庚自耿徙此，改号曰殷。周武王伐纣，回师息戎，因名偃师。"⑦ 又帝喾登帝位都亳，

---

① 《史记·五帝本纪》，第13、14页。
② 徐宗元：《帝王世纪辑存》，第32页。
③ 徐宗元：《帝王世纪辑存》，第29页。
④ 徐宗元：《帝王世纪辑存》，第28、29页。
⑤ 《史记·五帝本纪》，第35页。
⑥ 徐宗元：《帝王世纪辑存》，第31页。
⑦ （清）顾祖禹撰，贺次君、施和金点校：《读史方舆纪要·河南三》，第2241页。

亦非事实。

（2）帝喾之火正

郑州附近还有帝喾之火正祝融之墟。《读史方舆纪要》开封府郑州："州在上古为高辛氏火正祝融之墟，周初封管叔于此。又为虢、郐之地。"①

---

① （清）顾祖禹撰，贺次君、施和金点校：《读史方舆纪要·河南二》，第2197页。

# [补注] 华夏文化的起源与传播

有许多人认为，晋南、豫西一带是华夏文化的中心，然后向西发展，所以他们对禹起于西夷之说无法理解，例如许顺湛说："这么多史地学者认识大体一致，不能不相信，不相信没有道理。但是我查阅文献前后对照，找不出使人信服的资料。……夏代文化分布的主要范围是晋南和豫西。……先夏文化虽然现在还没有认定，但多数学者都倾向于在晋南、豫西龙山文化去找。……特别是考古学文化资料反映了一个现实，即中原地区的考古文化时代偏早，有向西播迁的倾向。"[1]

如果炎黄文化起源于陇山地区，然后向东传播，经过了至少一二千年之后，才进入夏代。那么在晋南、豫西有比陇山地区更为发达的文化，这就毫不奇怪了。文化起源地落后于迁居地，非但可能，甚至是必然的。中国五六千年以来，总的来看，西方（黄河中上游）落后于东方（黄河中下游），北方（黄河流域）落后于南方（长江流域）。但文化的传播方向却是从西方传播到东方，从北方传播到南方。

至于说有没有文献支持禹起于西方的传说，那当然是有的，而且也是大家所难以反对的，首先有黄帝之子昌意降居若水的大量记载。因此，不光是禹，就是颛顼也是出生于西方的。许顺湛也讨论了颛顼的问题。他引用吕思勉的意见，认为若字就是桑字，就与穷桑联系起来，于是认为若水在山东，但这种改字解释太牵强。许顺湛又引用马世之的解释，把若解释为都，因此认为若水在河南，而且把若水等同于汝水。[2] 若与都当然可以等同，但什么是都水？把若水等同于汝水就太勉强了。而且即使在河南或山东都有若水，也不能否定若水在四川的记载。因为当民族迁移的时候，会把地名带过去的。不能忽略黄帝是五六千年以前的事，也不能忽视黄帝后裔不断迁移的事实。

如果承认炎黄起源于陇山地区，那么四川并不是遥不可及的。在汉代，汶山位于蜀郡北部，与广汉郡相邻接，与武都郡相距不远，俱属于益州刺史。从武都往东南到汉中与往西南到汶山，距离都不过一二百千米，而武都很可能就是炎黄子孙大迁移的出发点。所以不能从后来中原的观点来看，认为汶山属于无人的蛮荒之地。

---

[1] 许顺湛：《五帝时代研究》，郑州：中州古籍出版社，2005 年，第 159 页。
[2] 许顺湛：《五帝时代研究》，第 79、80 页。

# 第三部分　夏族向河水中下游之移殖

# [10] 黄帝苍林系（汾水）

## 一、黄帝后裔苍林系之移殖

### （一）黄帝后裔之苍林系

1. 苍林系

在夏族后裔从陇山地区往东移殖中，很早就有一个族系聚集在山西境内，这个族系可以称之为苍林系（或轩辕系）。

如何说明山西境内有黄帝后裔之一个族系呢？这一点可以从《国语·晋语》看到。晋国司空季子曾对公子重耳讲述黄帝之子的情况，但司空季子所说黄帝之子，实际上并非黄帝之全部子孙，而仅仅是生活于晋国境内之黄帝后裔，亦即苍林系（或轩辕系）。但他们是黄帝最重要的后裔，而且是较早东迁的部分。

2. 苍林系三个分支

司空季子明确地记载了苍林系的十二个姓，但没有说明各姓所包括的部族以及其生活地域。但是根据文献的各种记载，特别是他们婚姻制度的情况，可以将十二个姓分为三个分支：第一个分支包括六个姓：姬、姞、酉、祁、荀、纪；第二个分支包括四个姓：任、滕、箴、僖；第三个分支包括两个姓：儇、依。

以下根据三个分支来分析苍林系各姓的部族及其地理位置。

（1）汾水—涑水分支

根据文献记载，汾水—涑水分支的六个姓可分为三个组，即"姬、姞"、"酉、祁"和"荀、纪"，其分布的地域如下：

  姬姓、姞姓：分布在汾水中上游，约今太原、孝友一带。
  酉姓、祁姓：分布在汾水下游，即上述地域以南，到今临汾一带。
  荀姓、纪姓：分布在涑水流域，即今山西的西南角。

所以上述苍林系的六姓可能集中分布于今山西的涑水流域和汾水流域。

（2）河水北岸分支

当第一个分支的姬、姞、酉、祁、苟、纪等六姓向北进入涑水流域和汾水流域以后，其他苍林系各姓（任、滕、箴、僖、依、儇六姓）就沿河水北岸往东。古代河水（即今黄河）在今郑州一带转向东北流，在今天津附近入海。其中的任、滕、箴、僖四姓就移殖到河水沿岸的下列地域：

  任姓：在今河南荥阳、武陟一带。
  滕姓：在今河南辉县一带。
  僖姓：在今河南封丘一带。
  箴姓：在今河南滑县一带。

因此，苍林系在东进中，任、滕、箴、僖四姓分布在太行山的东南与河水之间。

（3）豫北—冀南的河水西岸分支

在任、滕、箴、僖四姓移殖定居之后，依、儇两姓继续沿河水下游移殖，最后分布于河水西岸与太行山东麓之间，其分布如下：

  依姓：在今河北邯郸一带。
  儇姓：在今河北正定一带。

因此，依、儇两姓分布于今河北之邯郸与正定之间。

（二）苍林系与"世为婚姻"

1. "世为婚姻"

史书有一些"世为婚姻"的记载，特别是在姓氏制度形成之初，出现了"一氏两姓"，故同一个氏的两姓就成为"世为婚姻"，但这种现象在原始时期以后不久就逐步消失了。不过历史上后来仍然存在"世为婚姻"，一个最出名的例子就是长期互相通婚的朱、陈两姓，后世因此用"朱陈之好"来表示婚姻。

"一氏两姓"是产生"世为婚姻"的基础，例如《国语》说："昔少典娶于有蟜氏，生黄帝、炎帝。黄帝以姬水成，炎帝以姜水成。……故黄帝为姬，炎帝为姜"[1]，因此炎黄后裔出现姬、姜世为婚姻的现象。一直到春秋时期还有不少互为婚姻的实例，如《左传·哀公三年》"刘氏、范氏世为婚姻"[2]。当然由于历史上各种原因，"世为婚姻"不一定由于"一氏两姓"的原因（见张肇麟《姓氏与宗社考证》[03]、《夏商周起源考

---

[1] 徐元诰撰，王树民、沈长云点校：《国语集解·晋语四》，第336页。
[2] 《春秋左传正义·哀公三年》，（清）阮元校刻：《十三经注疏》，第2158页。

证》[03] 以及本书 [07]）。

2. 苍林系与"世为婚姻"的现象

《国语》所说的黄帝后裔十二个姓为姬、酉、祁、纪、滕、箴、任、苟、僖、姞、儇、依。在传说中，这十二个姓中可能存在"世为婚姻"的现象。首先是姬、姞。

（1）姬、姞世为婚姻

《左传》记载郑文公（姬姓）有妾曰燕姞（杜注：姞，南燕姓），故晋石癸对晋文公曰："吾闻姬姞耦，其子孙必蕃（杜注：姞姓宜为姬配耦）。姞，吉人也。后稷之元妃也。"① 《古今姓氏书辩证》云："裔孙伯倏，周封之南燕，常与姬姓婚姻。《春秋》有后稷女元妃，郑穆公之母皆南燕女也。"② 因此，古代姬、姞两姓必定曾互相通婚，一直到周代，还有"姬姞耦其子孙必蕃"的说法。

因此，上述姬、姞两姓应该曾经互相通婚，或者说曾是世为婚姻的。这种关系使得姬、姞两姓有可能在移殖中出现的对偶的两姓。

（2）祁、酉世为婚姻

祁、酉也是互相通婚的。③ 但是祁与酉的问题需要进一步分析。

一是祁姓。黄帝之子的十二姓中有祁姓，而且帝尧为祁姓，故祁应该是一个著姓，但是在《潜夫论》中有关祁姓的说明极为含糊。对于祁姓之人，仅举出一例："当春秋，晋有祁奚。"但是高诱就指出，祁奚为晋献侯四世孙，而且《国语·晋语》韦昭注谓祁奚为晋大夫高梁伯之子，则祁奚为晋公族祁氏之后。④ 祁为氏而不是姓，祁奚当为姬姓，故《潜夫论》祁姓仅举此一例，还是错的。

《潜夫论》当然讲到尧，而且相当详尽："帝尧之后为陶唐氏，后有刘累能畜龙……至周为唐杜氏……由此帝尧之后有陶唐氏、刘氏、御龙氏、唐杜氏、隰氏、士氏、季氏、司空氏、随氏、范氏。……武王克殷而封帝尧之后于铸也。"⑤ 但是这一大段话中没有提到他们的祁姓，也没有提到他们其他的姓。而且在范氏之下省略的九个氏中有郇氏、冀氏等可能并非祁姓。所以在《潜夫论》中，对于陶唐氏与帝尧后裔之姓氏的解说，非常含糊不清。

二是酉姓。黄帝之后有酉姓，但是姓氏书中都不见酉姓。《说文》曰："酉，就也。……象古文酉之形也。……丣，古文酉，从卯。卯为春门，万物已出；丣为秋门，万物已入。一，闭门象也。"段注："凡畱（即留）、桺（即柳）、聊（即聊）、劉（即刘）字从丣。"⑥ 故酉姓当为丣姓。酉古文作丣，与卯古文作丣，二者相似，故酉姓实

---

① 《春秋左传正义·宣公三年》，（清）阮元校刻：《十三经注疏》，第1868、1869页。
② （宋）邓名世：《古今姓氏书辩证》，南昌：江西人民出版社，2006年，第567页。
③ 张肇麟：《姓氏与宗社考证》，北京：社会科学文献出版社，2015年，第57—65页。
④ （汉）王符：《潜夫论·志氏姓》，《诸子集成》第八册，第172页。
⑤ （汉）王符：《潜夫论·志氏姓》，《诸子集成》第八册，第177页。
⑥ （汉）许慎撰，（清）段玉裁注：《说文解字注·酉部》，第747页。

际上为丣（流）姓，不是卯（卯）姓。但何为丣姓？其实丣姓亦即刘姓。

关于刘姓一直存在很大的疑问。实际上段玉裁认为"刘"为错字，因此在《说文解字注》中没有"刘、柳、留"等字。段玉裁认为，"刘、柳、留"等字全为错字，他认为这些字应该改为"劉、栁、畱"等。其实早在二徐本《说文解字》中，他们就认为"刘"字是错字，他们将"刘"改为"鎦"字。徐锴注说："《说文》无劉字，偏旁有之。此字（指鎦字）又史传所不见，疑此即劉字也。从金、从丣刀字，屈曲传写，误作田尔。"①也就是二徐认为"刘"是错字，他们认为应该把"刘"字改为"鎦"字。他们又说："鎦"字还是错的，应该把"刘"字改为"鐂"字（把"鎦"中的"田"改为"刀"）。

段玉裁《说文解字注》中没有"刘"字，也没有"鎦"字，但将"刘"字改为"鐂"字："鐂，杀也。从金刀，丣声（段注：丣者，古文酉也）。"

二徐本将"刘"改为"鎦"字，而段玉裁进一步将"鎦"字改为"鐂"字，段玉裁认为"刘"字的正确的写法是"鐂"字，并把一大批汉字改写如下：

> 此篆，二徐皆作鎦，别无劉篆。鎦，古书罕用。古未有姓鎦者，且与杀义不协，其义训杀，则其文定当作劉。楚金疑脱劉篆，又疑鎦之丣下本作刀，转写讹田。后说是也。竹部有劉，劉声。水部有瀏，劉声。……若无劉字，劉声无本矣。今辄更正篆文，以截断众疑。至若此字丣声、非卯声，绝无可疑者。……丣、卯皆在古音第三部，而各有其双声，故二声不可淆混。东汉一代持卯金刀之说，谓东卯西金，从东方王于西也，此乃谶纬鄙言。②

段玉裁将徐氏所作之鎦字改为鐂，并指出《说文》当另有劉字，亦即丣姓，并误为酉姓。但是段玉裁的改字并没有为后人所采用，而且顾炎武、孙诒让等也不同意段玉裁的看法。

三是祁、酉世为婚姻。但是在姓氏书中既没有祁字，亦没有酉（或丣）字，这是何故？问题在于与陶唐氏有关的古族。陶唐氏是五帝时期一个著名的部族，其后代的繁衍变化当非常复杂，在文献记载中最主要的有陶唐氏、房氏、刘氏、唐杜氏、范氏等。因此，文献中还有范氏、刘氏"世为婚姻"的记载。

在夏商之世，陶唐氏之一支后裔迁于秦，为杜氏。周宣王时，杜伯被杀，其子避难于晋，成为范氏。《国语·晋语》云："董祁诉于范献子。"③范为范献子之氏，董为董叔之氏，而祁为献子之姓，故董叔之妻称董祁。《左传·襄公二十一年》载："栾桓子（即栾黡）娶于范宣子。"故范宣子之女（董叔之妻）称董祁，杜预注："范

---

① （汉）许慎：《说文解字》注音版，长沙：岳麓书社，2006年，第298页。
② （汉）许慎撰，（清）段玉裁注：《说文解字注·金部》，第714页。
③ 徐元诰撰，王树民、沈长云点校：《国语集解·晋语九》，第446页。

氏，尧后，祁姓。"[1]

《左传·宣公十七年》云："范武子将老"，杜预注："初受随，故曰随武子。后更受范，复为范武子。"[2]《国语·周语》韦昭注："范子，随会也。食采于随、范，故或曰随会，或曰范会也。"[3]《读史方舆纪要》云："随城，《地志》：'在（介休）县东，春秋时晋邑也。'隐五年，曲沃庄伯伐翼，翼侯奔随。后为士会食邑。"[4] 随还在介休之东。故祁姓之范氏在汾水之中游。

《左传·哀公三年》云："刘氏、范氏世为婚姻。"[5] 既然刘氏、范氏世为婚姻，那么刚才说范氏为祁姓，则刘氏不可能是祁姓。刘氏、范氏都是黄帝的后裔，那么这两个姓当是一氏两姓的相关之姓。黄帝子孙中祁姓之外有郔姓，则刘氏当为郔姓（当即卯姓），亦即酉姓。因此不独春秋时期晋国的刘、范为然，远在尧时当已如此。实际上春秋时期范氏位于介休之东，则正在唐尧之地域。

（3）苟、纪世为婚姻

种种迹象表明，苟、纪两姓似乎也是互相通婚的。涑水为山西西南部一条水道，发源于闻喜东北，西南流入河水，《水经》叙述其中下游的情况云："（涑水）又南过解县东，又西南，注于张阳池。"《水经注》对此有详细的叙述："涑水又西，径猗氏县故城北……涑水又西径郇城……涑水又西南，径解县故城南……涑水又西南径瑕城……涑水又西南，径张阳城东……涑水又西南属于陂。陂分为二……东陂世谓之晋兴泽……西陂即张泽也。"[6] 故涑水的中下游自猗氏以下通过郇城、瑕城、张阳城、张泽（即张阳池），为解县一带，正是苟姓、纪姓的地域。苟、纪两姓的地域邻近，很可能亦为世为婚姻的两族。

因此，汾水流域的这六个姓（姬、姞、酉、祁、苟、纪）是结合成为"姬、姞""酉、祁""苟、纪"三组进行移殖的，也就是同时两个姓一起进行移殖的（可参看本书[07]补注）。因为一氏二姓是在姓氏制度产生初期才有的现象，距今当在万年左右。因此最初苍林系向汾水流域进行移殖时，当时的移殖可能采取成对进行的特殊方式。在以后的大量移殖中，一般就不会采取成对移殖的方式，因此这正好表示苍林系反映了最早期的移殖方式。

## （三）苍林系移殖的历史问题

### 1. 苍林系的历史

夏族从陇山地区到河水中下游的移殖，可能是在几百年甚至上千年之间才完成的。

---

[1]《春秋左传正义·襄公二十一年》，（清）阮元校刻：《十三经注疏》，第1971页。
[2]《春秋左传正义·宣公十七年》，（清）阮元校刻：《十三经注疏》，第1889页。
[3] 徐元诰撰，王树民、沈长云点校：《国语集解·周语中》，第57页。
[4]（清）顾祖禹撰，贺次君、施和金点校：《读史方舆纪要·山西四》，第1946页。
[5]《春秋左传正义·哀公三年》，（清）阮元校刻：《十三经注疏》，第2158页。
[6]（后魏）郦道元注，（清）杨守敬、熊会贞疏，段熙仲点校：《水经注疏·涑水》，第587—593页。

实际上黄帝时期从陇山地区历经一两千年才到达河水下游。《史记·五帝本纪》说："天下有不顺者，黄帝从而征之，平者去之，披山通道，未尝宁居"，又说"迁徙往来无常处，以师兵为营卫"①。实际上，黄帝在涿鹿之野战胜蚩尤之后，夏族向东的移殖才告一段落。因此苍林系十二姓的移殖，可能是在比较早的一段时期内完成的。

从地理位置来看，《国语》所说的十二个姓为姬、酉、祁、纪、滕、箴、任、荀、僖、姞、儇、依，他们可能是分为三个不同的时期进行移殖的。

第一个时期是六个姓，即姬、姞、酉、祁、荀、纪。他们最初移殖到了山西汾水流域，这是在夏族东扩初期完成的，因此他们应该是夏族东扩中历史最悠久的地区，而且这六个姓可能还"世为婚姻"。

第二个时期四个姓：任、滕、箴、僖，他们移殖到了晋豫之间的河水两岸（接近河水从郑州一带转向豫北一带），这是在黄帝时期的中期。②

第三个时期两个姓：儇、依，他们移殖到了豫北、冀南的太行山与河水西岸之间，这里是夏族东扩中与戎族接触的最前线，这些可能处于黄帝时期的晚期。

由于苍林系在汾水流域的移殖是夏族最早的移殖活动，因此《国语·晋语》司空季子所谓"黄帝之子二十五人"，正是表示二十五人虽然不是指全部的黄帝之子，但他们是黄帝后裔的中心部分。尤其是二十五人这六个姓，他们位于晋南之汾水—涑水流域，正是五帝时期夏族的中心地区。

## 2. 姬姓的问题

### （1）姬姓的真假问题

姬姓是最著名的夏族之姓，黄帝就是姬姓，后来周族也说自己为姬姓。周族自称有一个著名的部族领袖弃，《史记·周本纪》说："周后稷，名弃。……帝尧闻之，举弃为农师。……（帝舜）封弃于邰，号曰后稷，别姓姬氏。后稷之兴，在陶唐、虞、夏之际。"周族认为其始祖为弃："姜原为帝喾元妃。……居期而生子，以为不祥，弃之隘巷。……初欲弃之，因名曰弃。"③ 因此古籍一向认为周族为五帝时代兴起的姬姓，为夏族的一支。可是周族本为胡族，是没有姓的，因此周族的姬姓是冒姓，是周族融入夏族之后所取得的姓。④

《潜夫论·志氏姓》中大量姬姓部族都是周族后裔，因此他们都是冒姓，并不是真正的姬姓。正如晋代匈奴酋长刘渊等自称"刘姓"，他们的"刘姓"就是冒姓，因此刘渊的儿子公然迎娶夏族的刘姓女子为皇后，也是合法的。

---

① 《史记·五帝本纪》，第3、6页。
② 苍林系第二部分、第三部分的其他六个姓是沿着黄河北岸向东迁徙的，他们沿太行山东麓北上。那六个姓与"一氏两姓"的社会可能相差比较遥远了，因此他们是否也分为互相通婚的组，就难以做进一步考察。
③ 《史记·周本纪》，第111、112页。
④ 张筈麟：《夏商周起源考证》，第481页。

但是后代之姓氏书,非但承认周族为姬姓,实际上均以周族之后裔代替黄帝之子,如《古今姓氏书辩证》说:"今取《春秋》三传、《国语》、《史记》编次姬姓之人,凡天子之国二,诸侯之国三十一,戎狄之国三。其爵、谥、字、名、世系,莫不备见,读之者如指诸掌。"① 所谓天子之国、诸侯之国均为周族所引起的混淆,实际上都是冒姓。相反,所谓戎狄之国却正好可能是真正的夏族。因此在今山西境内,有两种姬姓:一种是五帝时代从陇山地区移殖到山西的夏族姬姓(真正的姬姓);另一种是从秦陇地区来到山西的周族姬姓(冒名的姬姓,即融入夏族的胡族)。例如,古代男子是不称姓的,所以《春秋元命苞》说"代殷者为姬昌"②,可是周文王名"昌",如果他是夏族姬姓,就不能称他为"姬昌"。所以"姬昌"的称呼可能正好反映周文王不是夏族的姬姓,他的姬姓是冒名的。

(2) 融入戎狄之姬姓

一方面,前边讲到许多其他部族融入夏族,其中许多冒称姬姓。另一方面,还有许多夏族的姬姓却称戎狄,如大戎、小戎、骊戎等,其实他们本为姬姓夏族,但在历史记载中却成为戎狄。

因此,《古今姓氏书辩证》说,在《左传》《公羊传》《谷梁传》《国语》《史记》中有"天子之国二,诸侯之国三十一"为姬姓之人,还有"戎狄之国三"为姬姓之人。若从婚姻关系来看,凡是"天子之国二,诸侯之国三十一"的姬姓之人其实均非夏族姬姓而为周族冒姓,而"戎狄之国三"的姬姓之人却可能是真正的夏族姬姓。下边将进一步说明。

## 二、苍林系之汾水—涑水分支

对于夏族来说,姓氏制度是其最核心的社会制度,其他戎族、胡族都没有夏族那样严整的姓氏制度。可以说,凡是有姓氏制度的部族,或者是夏族的真正后裔,或者是融入夏族之戎族、胡族,他们的姓氏是冒姓。所以研究夏族的系统,以姓为线索则甚可靠亦甚便利。同时研究苍林系向外移殖的过程,也应围绕姓氏制度而展开。

对于进入汾水、涑水流域之苍林系,我们已经知道他们有十二个姓,现在进一步研究各姓之重要部族:

姬姓:林氏(西陵氏)、贾族、狐戎、骊戎。
姞姓:燕、尹、雍、蔡。
祁姓:陶唐氏、范氏。
酉姓:散宜氏、刘、沈、姒、蓐、黄。
荀姓:荀、吕、阴、冀、毕。

---

① (宋)邓名世:《古今姓氏书辩证》,第 55 页。
② (清)黄奭:《春秋纬·春秋元命苞》,第 62 页。

纪姓：纪、张、耿、梁。

以下研究其中的几个部族。

（一）姬姓

在五帝时期的汾水流域中，夏族姬姓的部族可考的除林氏（即西陵氏）外，还有贾族、狐戎、骊戎等。

1. 林氏（西陵氏）

林氏，盖《山海经·海内北经》作"林氏国"曰："林氏国有珍兽，大若虎，五采毕具，尾长于身，名曰驺吾，乘之日行千里。"郭璞注："《六韬》云：'纣囚文王，闳夭之徒诣林氏国，求得此兽献之。纣大悦，乃释之。'"郝懿行笺疏："案《尚书大传》云：'散宜生之于陵氏取怪兽，大不辟虎狼间，尾倍其身，名曰虞。'郑康成注云：'虞，驺虞也。'……则于陵氏即林氏国也。于为发声，陵、林声近，驺虞亦即驺吾也。"①《山海经》《逸周书》西陵氏都作林氏。②

《史记·五帝本纪》云："黄帝居轩辕之丘，而娶于西陵之女，是为嫘祖。嫘祖为黄帝正妃。"索隐云："一曰雷祖。""次妃方雷氏女，曰女节。"祖字是后人加上去的。其中嫘祖生昌意，女节生青阳。③青阳与苍林氏同于黄帝，故皆为姬姓。④

《史记》《尔雅》等当以其在西，故加一西字。可见西陵氏当为陵氏。林氏国当即于陵氏，因此并可推断旧史所谓黄帝名轩辕，原来轩辕乃是这一系的专名。《淮南子·天文训》云："轩辕者，帝妃之舍也。"⑤《史记·天官书》《汉书·天文志》都说："轩辕，黄龙体。前大星，女主象；旁小星，御者后宫属。"⑥古人于天星取名，即取象于氏族体系，其所谓"女主象"与"帝妃之舍"即指西陵氏，而其余各姓则以旁小星为其象征。又有谓轩辕为雷雨之神，则又附会方雷之名而起。

此外，林氏在西周时期亦称为央林、英林。据此可知西陵氏即《大传》之于陵氏，当即林氏。孙诒让注《逸周书·史记解》云："林氏即英林也，《王会篇》'英林以酋耳'。"英林亦作央林，央、英皆"于"之声转。"于"为语词，其实本称当为陵氏。《逸

---

① （清）郝懿行撰，栾保群点校：《山海经笺疏·海内北经》，第298—299页。（清）王闿运：《尚书大传补注·殷传六·西伯戡耆》卷四，北京：中华书局，1991年，第30页。
② 黄怀信、张懋镕、田旭东：《逸周书汇校集注·史记解》，第1019页。
③ 《史记·五帝本纪》，第10页。
④ 徐元诰撰，王树民、沈长云点校：《国语集解·晋语四》，第335页。
⑤ （汉）高诱注：《淮南子·天文训》，《诸子集成》第七册，第39页。
⑥ 《史记·天官书》，第1299页；《汉书·天文志》，第1277页。

周书·王会解》说:"史林以尊耳",王应麟本"史"作"央","尊"作"酋"[①]。

因此,苍林当出于西陵氏。其实苍林当即林氏,为战国时林人之远祖。我以为其初西陵氏是由陇山移殖于此,而林人当是其后裔。林人犹言林氏,古有称为林氏,则可能转而为林人,为战国时林人之远祖。可证林氏为离戎的宗主国,离戎必与林氏有血缘上的关系。林氏其地当甚广袤,似乎展至长城附近。

《逸周书·史记解》云:"昔有林氏召离戎之君而朝之。……离戎逃而去之,林氏诛之,天下叛林氏。"又说:"昔有林氏、上衡氏争权,林氏再战弗胜,上衡氏伪义弗克,俱身死国亡。"[②]

## 2. 贾族

(1) 贾族在山西祁县

《左传·庄公二十八年》载:"晋献公娶于贾,无子。"杜注:"贾,姬姓国也。"[③] 贾君为姬姓(又见《急就篇》注"贾,本姬姓国也"[④])。

考献公初年晋之国境在北面尚未越过蒲县,《日知录》考之綦详[⑤]。而贾族等则都在蒲县以北之地。因此贾当在今山西蒲县以北,即贾在晋国境外,贾当与晋国不同,当不是冒姓。故贾为姬姓。

《水经注》载:"(太谷水)径祁县故城南,自县连延,西接邬泽,是为祁薮也。……贾辛邑也。"杨守敬、熊会贞疏:"《汉志》,祁,晋大夫贾辛邑。《左传·昭公二十八年》贾辛为祁大夫。汪远孙云,故晋大夫祁午邑,以邑为姓,其为后贾辛邑。"[⑥] 贾在邬泽,即今山西中部的祁县。

(2) 贾族南迁

贾乡,山西河东临汾。《郡国志》"河东郡临汾",注引《博物记》曰:"有贾乡,贾伯邑。"[⑦] 因此贾族后来南迁。

还有贾城,陕西同州,即今陕西蒲城县。《春秋大事表》云:"今陕西同州府蒲城县西南十八里有贾城。"[⑧] 贾,姬姓,在桓公九年见,不知何年灭于晋,后以赐狐射姑为邑。

---

① 黄怀信、张懋镕、田旭东:《逸周书汇校集注·史记解》孙诒让注,第 1019 页;黄怀信、张懋镕、田旭东:《逸周书汇校集注·王会解》,第 905 页。
② 黄怀信、张懋镕、田旭东:《逸周书汇校集注·史记解》,第 1019、1026 页。
③ 《春秋左传正义·庄公二十八年》,(清)阮元校刻:《十三经注疏》,第 1781 页。
④ (汉)史游:《急就篇》卷一,长沙:岳麓书社,1989 年,第 64 页。
⑤ (清)顾炎武著,(清)黄汝成集释,秦克城点校:《日知录集释·晋国》卷三十一,第 1110 页。
⑥ (后魏)郦道元注,(清)杨守敬、熊会贞疏,段熙仲点校:《水经注疏·汾水》,第 536 页;《春秋左传正义·昭公二十八年》,(清)阮元校刻:《十三经注疏》,第 2118 页;谭其骧主编:《中国历史地图集》第一册,第 13—14 页。商时期贾在今祁县。
⑦ 《后汉书·郡国一》,第 3397 页。谭其骧主编:《中国历史地图集》第一册,第 17—18 页。西周时期"贾"在今襄汾。
⑧ (清)顾栋高辑,吴树平、李解民点校:《春秋大事表·春秋列国爵姓及存灭表》,第 576 页。

3. 戎族

山西有很多戎狄部族，例如大戎、小戎都称呼为戎，但他们是唐叔子孙，小戎是四岳后。《左传·庄公二十八年》载："晋献公娶于贾，无子。""又娶二女于戎。大戎狐姬生重耳，小戎子生夷吾。"杜注："大戎，唐叔子孙别在戎狄者。小戎，允姓之戎子女也。"①《春秋大事表》谓大戎始封为"唐叔后"，小戎始封"四岳后"②。

又如狐姬，则狐戎为姬姓。狐戎、骊戎俱为姬姓，她们与贾女都为晋献公之妻。晋亦自称姬姓，以当时同姓不婚之例推之，则狐姬、骊姬之母族可断定与周族姬姓不是同一血统无疑，可能狐戎、骊戎恰好正是黄帝后裔，也正是苍林之后。青阳是纪姓，再从地理分布来看，贾族等不会是昌意后裔。

姬姓本是黄帝后裔中相当蕃殖之部族，但现在姓氏书中所谓姬姓实际上就是周族之冒姓，不过由于周族的冒姓，反而使得黄帝后裔中许多真正的姬姓成为戎狄部族。历史记载中黄帝后裔之姬姓部族，竟已寥寥无几。因此在研究五帝时期夏族的时候，需要将山西之戎族划归夏族。

现在讨论狐戎、骊戎。

（1）狐戎

《山海经·北山经》载："狐岐之山，懿行案：山在今山西孝义县西八十里。……胜水出焉。"③《水经注》云："（胜）水出西狐岐之山。"④

本书认为狐戎当以狐岐山而得名，可能即居其地，因此狐戎当位于孝义以北。

（2）骊戎

骊戎，前人误释为在临潼之骊山。《左传·庄公二十八年》载："晋伐骊戎，骊戎男，女以骊姬归。生奚齐，其娣生卓子。骊姬嬖。"杜注："骊戎在京兆新丰县，其君姬姓，其爵男也。纳女于人曰女。"⑤然晋与骊山相距既远，中间隔有少梁、韩、芮、虞、魏等国，晋献公安能越过他人之国以伐骊戎？

晋平公得病，郑伯命子产去问疾。子产对叔向说："内官不及同姓，其生不殖。……今君内实有四姬焉，其无乃是也乎？……四姬有省犹可，无则必生疾矣。"⑥晋平公怎么可能娶四姬？这个事实现在无法证实，但可能性是有的。

这骊戎也当在蒲县北面，似乎在离石。故姬姓之贾族、狐戎、骊戎都分布于太原以南之祁县、孝义、离石一带。

《竹书纪年》云："离戎来宾"，此离戎当即骊戎。⑦

---

① 《春秋左传正义·庄公二十八年》，（清）阮元校刻：《十三经注疏》，第 1781 页。
② （清）顾栋高辑，吴树平、李解民点校：《春秋大事表·春秋列国爵姓及存灭表》，第 598 页。
③ （清）郝懿行撰，栾保群点校：《山海经笺疏·北山经》，第 102 页。
④ （后魏）郦道元注，（清）杨守敬、熊会贞疏，段熙仲点校：《水经注疏·文水》，第 597 页。
⑤ 《春秋左传正义·庄公二十八年》，（清）阮元校刻：《十三经注疏》，第 1781 页。
⑥ 《春秋左传正义·昭公元年》，（清）阮元校刻：《十三经注疏》，第 2024 页。
⑦ （清）徐文靖：《竹书纪年统笺》，《二十二子》，第 1076 页。

《春秋公羊传》云："晋荀吴帅师败狄于大原。此大卤也，曷为谓之大原。地、物从中国，邑、人名从主人。原者何？上平曰原，下平曰隰。"何休注："邑、人名自夷狄所名也。""故从夷狄辞言之。"①

## （二）姞姓

黄帝之子的十二姓中有姞姓。《左传·宣公三年》云："石癸曰：'吾闻姬姞耦，其子孙必蕃。'"也就是说，在过去，姬、姞曾互为婚姻。《诗·小雅·都人士》曰："彼君子女，谓之尹、吉。"郑笺："'吉'读为'姞'。尹氏、姞氏，周室昏姻之旧姓也。"

《潜夫论》说："姞氏封于燕。……姞氏之别有阚、尹、蔡、光、鲁、雍、断、密须氏。"汪继培笺："《汉书·地理志》东郡南燕注云：南燕国，姞姓，黄帝后。"②但是"姞氏封于燕"之燕并不是南燕，燕封于晋中，而晋中之燕南迁于东郡，才称为南燕。

姞姓之别还有尹、雍、蔡等族，下边将进一步说明苍林系之燕、尹、雍、蔡、鲁等族。

### 1. 燕

#### （1）晋中之燕国

晋中之燕国，为五帝时期之燕国，亦即燕京山之燕国。燕京山为汾水之源。《水经》曰："汾水出太原汾阳县北管涔山。"《水经注》云："《山海经》曰：《北次二经》之首，在河之东，其东首枕汾，其名曰管涔之山……汾水出焉，而西流注于河。《十三州志》曰：出武州之燕京山，亦管涔之异名也。"③故《淮南子》曰："汾出燕京。"高诱注："燕京，山名也。在太原汾阳汾水所出，西南至汾阳冀州浸。"庄逵吉疏："古字燕管、京涔声近通用。"④汉之汾阳县在今山西阳曲县西北。

燕京山附近还有昭余祁，《尔雅》云："燕有昭余祁。"郭注："今太原邬陵县北九泽是也。"《吕氏春秋·有始览》云："燕之大昭。"⑤《淮南子·墬形训》云："燕之昭余。"高诱注："今太原郡，是古者属燕也。"⑥

《周礼·职方氏》记："正北曰并州……其泽薮曰昭余祁。"孙诒让疏："汉邬县故城在今山西汾州府介休县东北二十七里，邬城泊在县东北二十里，与平遥县接界。又今山西太原府祁县东七里有昭余祁薮，其水久涸。盖祁薮故迹，本延跨今祁县境，后乃独潴为

---

① 《春秋公羊传注疏·昭公元年》，（清）阮元校刻：《十三经注疏》，第2316页。
② 《春秋左传正义·宣公三年》，（清）阮元校刻：《十三经注疏》，第1869页；《毛诗正义·小雅·都人士》，（清）阮元校刻：《十三经注疏》，第494页；（汉）王符：《潜夫论·志氏姓》，《诸子集成》第八册，第172页。
③ （后魏）郦道元注，（清）杨守敬、熊会贞疏，段熙仲点校：《水经注疏·汾水》，第523页。
④ （汉）高诱注：《淮南子·墬形训》，《诸子集成》第七册，第64页。
⑤ 《尔雅注疏·释地》，（清）阮元校刻：《十三经注疏》，第2615页。（汉）高诱注：《吕氏春秋·有始览》，《诸子集成》第六册，第125页。
⑥ （汉）高诱注：《淮南子·墬形训》，《诸子集成》第七册，第56页。

邬泊耳。"① 故燕京与昭余祁隔水相望，故五帝时期燕国之地望为燕京山与昭余祁薮。

燕京山之燕国为黄帝姞姓之子孙，为苍林系姞姓之一支，与姬姓的地域亦相近。

(2) 燕国自晋中南迁至豫北为南燕国

后来古籍出现了豫北胙城之燕国，通常称为南燕国。《汉书·地理志》"东郡南燕"，班固自注："南燕国，姞姓，黄帝后。"② 此豫北胙城之姞姓燕国，当自晋中之姞姓燕国迁徙而来。

《左传·隐公五年》载："卫人以燕师伐郑"，杜预注："南燕国，今东郡燕县。"孔颖达疏："燕有二国，一称北燕，故此注言南燕以别之。……小国无《世家》，不知其君号谥，唯庄二十（年），燕仲父见《传》耳。"③《左传·庄公二十年》云："执燕仲父"，杜预注："燕仲父，南燕伯。"④ 故春秋时期的豫北之燕国，即南燕国。但《史记》以为燕仲父为北燕臣，集解说："谯周曰：'按《春秋传》，燕与子颓逐周惠王者，乃南燕姞姓也。世家以为北燕，失之。'"⑤

南燕国的地点在晋代也称为东燕国，但是这个东燕国与五帝时期的晋中燕国没有关系，与豫北胙城的燕国也没有关系，东燕国只是与豫北胙城的燕国有相同的地域。《读史方舆纪要》对卫辉府胙城县有下列说明："古胙伯国、周公支子封此。春秋时为南燕国，战国属魏。汉置南燕县、属东郡。东汉为燕县。……隋开皇十八年始曰胙城，属滑州。"在胙城县西为东燕城，即"春秋时之南燕也。……秦为燕邑。……汉置南燕县，后汉初为樊儵封邑。晋省县而城犹存，谓之东燕。（晋惠帝）光熙元年进东嬴公腾爵为东燕国，盖置于此城。……沈约曰：'东燕郡，江左分濮阳置。'"⑥

西晋新蔡武哀王司马腾，曾封东嬴公。⑦ 光熙元年（306年）汲桑攻邺，魏郡太守冯嵩出战，大败，桑遂害东燕王腾，杀万余人。⑧

因此五帝时期的晋中燕国为黄帝后裔之燕国，而豫北胙城的燕国（即南燕）则是晋中燕国南迁后建立的国家，此两者为黄帝姞姓后裔。东燕国只是西晋末年在南燕国领地上另外建立的一个宗邑小国，并非黄帝姞姓之后裔。

(3) 在西周初年建立之燕国（北燕）并非黄帝后裔

西周时期，蓟县（今天津市蓟州区）也建立了一个燕国，学术界往往称之为北燕。《史记·燕召公世家》说："召公奭与周同姓，姓姬氏。周武王之灭纣，封召公于北燕。"索隐云："召者，畿内菜地。奭始食于召，故曰召公。……后武王封之北燕，在今幽州蓟县故城

---

① (清) 孙诒让撰，王文锦、陈玉霞点校：《周礼正义·夏官·职方氏》，第2679、2680页。
② 《汉书·地理志上》，第1557页。
③ 《春秋左传正义·隐公五年》，(清) 阮元校刻：《十三经注疏》，第1727页。
④ 《春秋左传正义·庄公二十年》，(清) 阮元校刻：《十三经注疏》，第1773页。
⑤ 《史记·燕召公世家》，第1552页。
⑥ (清) 顾祖禹撰，贺次君、施和金点校：《读史方舆纪要·河南四》，第2306页。
⑦ 《晋书·宗室列传七》，第1096页。
⑧ 《晋书·天文志下》，第369页。

是也。亦以元子就封，而次子留周室代为召公。"① 既然召公是周族同姓。但他们的姬姓实际是冒姓。故幽州蓟县的燕国不是黄帝姞姓后裔，而是来自胡族的姬姓后裔。

《史记》也提示北燕的历史非常奇异。虽然《史记·燕召公世家》说燕国来自召公，而且"自召公已下九世至惠侯。燕惠侯当周厉王奔彘，共和之时"。但是燕国没有自召公以下的历史记载，因此索隐说："并国史先失也。又自惠侯已下皆无名，亦不言属，惟昭王父子有名。……燕四十二代有二惠侯，二厘侯，二宣侯，三桓侯，二文侯，盖国史微失本谥，故重耳。"② 为什么会出现这种情况？燕国与当时建立的其他诸侯国为什么会有这样巨大的区别？从各种可能的原因来看，召公时期可能并没有建立起燕国的统治制度，因此也没有建立起燕国的"国史"③。

### 2. 尹、鲁

**（1）尹**

《潜夫论·志氏姓》谓黄帝之子二十五人，其中姞氏之别有阚、尹、蔡、光、鲁、雍、断、密须氏。④

郑樵《通志》云：今汾州故尹地。"尹氏，少昊之子封于尹城，因以为氏，子孙世为周卿士，食采于尹。今汾州有尹吉甫墓，即其地也。"⑤ 似乎姞姓之尹又在汾州。

**（2）鲁（卤）**

《春秋·昭公元年》云："晋荀吴帅师败狄于大卤。"杜注："大卤，大原晋阳县。"⑥
《春秋谷梁传注疏》云："晋荀吴帅师败狄于大原。《传》曰：中国曰大原，夷狄曰大卤。号从中国，名从主人。"⑦

《史记·游侠列传》云："太原卤公孺。"集解说："徐广曰：'雁门有卤城也。'"索隐云："《汉书》作'鲁公孺'。鲁，姓也，与徐广之说不同也。"⑧ 卤、鲁古字通用。似乎姞姓之鲁即在晋阳。

鲁、尹这两族都在山西中部，与燕在太原之说足相参证。

### 3. 雍

**（1）晋中之雍国**

文献记载开封府雍丘县有杞国，《太平寰宇记》说："古雍国，黄帝之后，姞姓。殷

---

① 《史记·燕召公世家》，第1549页。
② 《史记·燕召公世家》，第1550页。
③ 长时间以来，许多人讨论了燕国建国时的情况，如彭华的《燕国八百年》（北京：中华书局，2018年）。其第三章中就集中讨论了有关的问题，许多问题还有待进一步分析。由于召公是周族的姬姓，因此燕国属于胡族，既非夏族，也不是戎族。
④ （汉）王符：《潜夫论·志氏姓》，《诸子集成》第八册，第172页。
⑤ （宋）郑樵撰，王树民点校：《通志二十略·氏族略第三》，北京：中华书局，1995年，第79页。
⑥ 《春秋左传正义·昭公元年》，（清）阮元校刻：《十三经注疏》，第2019页。
⑦ 《春秋谷梁传注疏·昭元年》，（清）阮元校刻：《十三经注疏》，第2433页。
⑧ 《史记·游侠列传》，第3188、3189页。

汤封夏后于杞。周武王克殷，封夏后东楼公于杞，是为杞国，即此地也。"① 据《太平寰宇记》载，开封府雍丘县之杞国是黄帝之后姞姓迁徙而来的。也就是说，开封府雍丘县之杞国是从黄帝之后的姞姓雍国迁徙而来的。也就是说，晋中之雍国（黄帝之后），南迁到河南之开封雍丘县杞国（夏后）。

（2）开封之雍氏与南燕有密切的联系

在春秋时期，雍在宋国。《左传·桓公十一年》云："宋雍氏女于郑庄公，曰雍姞，生厉公。雍氏宗有宠于宋庄公。"杜预注："雍氏姞姓，宋大夫也。"② 第二年，"公会宋公、燕人，盟于谷丘"，杜预注："谷丘，宋地。燕人，南燕大夫。"③ 故雍氏与南燕大夫有密切联系，因此雍氏与南燕可能都属于黄帝后裔姞姓，都是从晋中南迁到豫北地区而来的。

（3）河内山阳邑之雍国

《左传·僖公二十四年》曰："昔周公吊二叔之不咸，故封建亲戚以蕃屏周。管、蔡、郕、霍……雍……郇，文之昭也。"其中还包括雍。杜预注："雍国，在河内山阳县西。"④《后汉书·郡国一》云："河内郡山阳邑：有雍城，有蔡城"，刘昭注："杜预曰：古雍国，在县西。"⑤

故河内郡之雍国为周族之诸侯国，当为姬姓。此雍国与晋中之雍国、开封之雍氏都没有关系，晋中、开封之雍氏当为黄帝后裔姞姓。

4. 蔡

（1）晋中之蔡国

据《潜夫论》载，晋中有燕、雍、蔡诸国。后来部分燕、雍南迁东郡、陈留，而蔡是否南迁，不得而知。

（2）河内山阳邑之蔡国

《左传·僖公二十四年》载："昔周公吊二叔之不咸，故封建亲戚以蕃屏周。管、蔡、郕、霍……郇，文之昭也。"其中包括蔡国。⑥ 而《后汉书·郡国一》云："河内郡山阳邑：有雍城，有蔡城"。刘昭注："蔡叔邑此，犹郑管城之类乎？"⑦

前边说过，河内山阳邑有雍国，该雍国为周族姬姓（也就是冒姓的胡族）。那么根据《左传》与《后汉书》，河内山阳邑当亦有周族姬姓之蔡国。

此外，周族还有河南的上蔡、新蔡、下蔡，这些蔡叔之蔡国，当然也是冒姓的胡

---

① （宋）乐史撰，王文楚等点校：《太平寰宇记·河南道一》，第14、15页。
② 《春秋左传正义·桓公十一年》，（清）阮元校刻：《十三经注疏》，第1756页。
③ 《春秋左传正义·桓公十二年》，（清）阮元校刻：《十三经注疏》，第1756页。
④ 《春秋左传正义·僖公二十四年》，（清）阮元校刻：《十三经注疏》，第1817页。
⑤ 《后汉书·郡国一》，第3395、3396页。
⑥ 《春秋左传正义·僖公二十四年》，（清）阮元校刻：《十三经注疏》，第1817页。
⑦ 《后汉书·郡国一》，第3395页。

族，刘昭也说这些蔡叔之蔡国可能即河内之蔡国。但是上蔡、新蔡、下蔡都不在河内。

《史记·管蔡世家》云："武王已克殷纣。……于是封叔鲜于管，封叔度于蔡。"①《汉书·地理志》曰："故蔡国，周武王弟叔度所封。度放，成王封其子胡。十八世（平侯）徙新蔡"。又汝南郡新蔡，"蔡平侯自蔡徙此，后二世徙下蔡。"②

《读史方舆纪要》汝宁府上蔡县蔡城："县西南十里。志云：蔡国旧城周二十五里，蔡叔度始封此。其子蔡仲即封焉，春秋时为楚所侵，迁于新蔡，因以此为上蔡。《竹书纪年》：'魏章率师及郑师伐楚，取上蔡。'亦谓之蔡阳。……孔氏曰：'蔡城在蔡水之阳也，汉因置上蔡县。'……今汝阳县，盖故上蔡县地矣。"又，《读史方舆纪要》汝宁府新蔡县："在府东五十里。东北至陈州项城县百二十里。古吕国，春秋蔡平侯徙都于此，故曰新蔡。"③

故河内之蔡国并非上蔡、新蔡或下蔡。此外，西周时期的姬姓蔡国，与晋中、豫北之姞姓蔡国无关。④

## （三）祁姓

### 1. 唐国

《帝王世纪》关于尧有下列记载："年十五而佐帝挚，授封于唐。为诸侯。身长十尺，常梦攀天而上之。故年二十而登帝位……都平阳。"又有下列记载："帝尧始封于唐，又徙晋阳，及为天子，都平阳。平阳即今晋州，晋阳即今太原也。"⑤则尧有三处受封，先封于唐，又徙晋阳，最后都平阳。

其实所谓尧先封于唐，此唐即为晋阳。由于尧之后裔陆续向太行山东麓移殖，因此在太行山东侧出现了多处之"唐"、"唐城"和"尧山"。今山西与河北境内有大量的唐城，需要加以区别。

五帝时期在"诸侯"之上形成了"天子"，因此在诸侯都城之上形成了天子之都畿，包括尧之都畿平阳。而且《竹书纪年》曰："九十年帝（尧）游居于陶。……一百年，帝陟于陶。"徐文靖笺："《吕氏春秋》曰：'尧葬谷林。'《帝王世纪》曰：'尧在位九十八年，年一百一十八岁乃殂，葬于济阴之成阳西北四十里，是为谷林。'"⑥

---

① 《史记·管蔡世家》，第1564页。
② 《汉书·地理志上》，第1562、1561页。
③ （清）顾祖禹撰，贺次君、施和金点校：《读史方舆纪要·河南五》，第2364、2365页。
④ 由于周族的冒姓，因此上古的姓氏出现了混乱，如蔡国分为两种：一种是姞姓，另一种为姬姓。其他雍姓国、尹姓国、燕姓国等也分为两种：一种是姞姓，另一种是姬姓（其实是胡族的冒姓姬姓）。有人发现这种情况，提出另一种解释。例如陈槃说："蔡、雍、鲁三国之或为姬姓，或为姞姓，岂亦或从父则为姬，或从母则为姞耶？然王符、罗泌并以姞姓之蔡、雍、鲁为南燕之别封，是与姬姓之蔡、雍、鲁祖系不同……故《左传》中得见其踪迹耳。"参见陈槃：《春秋大事表列国爵姓及存灭撰异·蔡》，第10页。其实这种情况很多，例如所有的姬姓也分为两种：一种是姬姓，另一种是胡族的冒姓姬姓。与从父、从母没有什么关系。
⑤ 徐宗元：《帝王世纪辑存》，第33、37页。
⑥ （清）徐文靖：《竹书纪年统笺》，《二十二子》，第1052页。

关于五帝时期之都畿，本书［16］将进一步讨论。

现在讨论尧之都城晋阳。《读史方舆纪要》对太原府太原县太原故城有以下说明：

> 在今县治东北。古唐国也。相传帝尧始都此，又夏禹之初亦尝都焉。《左传》"帝迁高辛氏子实沉于大夏，主参；金天氏之裔允格、台骀以处太原"；皆此地矣。周成王灭唐，而封其弟叔虞，虞子燮以唐有晋水，改国曰晋，亦谓之大卤。《春秋》昭元年"荀吴败狄于大卤"，即太原也。中国曰太原，夷狄曰大卤。又谓之大夏。齐桓公曰："西伐大夏，涉流沙。"亦谓之曰鄂，隐六年："晋人逆翼侯于随，纳诸鄂，谓之鄂侯。"桓八年："王又命立哀侯弟缗于晋。"杜氏曰："鄂即晋也。"索隐："唐侯之后封夏墟而都于鄂，亦谓之大夏。"盖大夏、太原、大卤、夏墟、晋阳、鄂，凡六名，其实一也。①

此处所说之"大夏、太原、大卤、夏墟、晋阳、鄂"六名，指的是同一地方。

《太平寰宇记》言："并州，《禹贡》冀州之域，《禹贡》曰：'既修太原。'"又，平晋县，"本汉晋阳县也"。"悬瓮山，一名龙山，亦名结䋶山，在县西十二里。《山海经》云：'悬瓮之山，晋水出焉，东南流注于汾水。'""晋水，在县西南。《水经注》云：'晋水出悬瓮山，东过其县南。昔智伯遏晋水以灌晋阳。'……今按晋水初泉出处，砌石为塘，自塘东分为三派：其北一派名智伯渠，东北流入州城中，出城入汾水；其次派东流经晋泽南，又东流入汾水，此二派即郦道元所言分为二派者也；其南派，隋开皇四年开，东南流入汾水。"②

《太平寰宇记》平晋县，"故唐城，在县北二里。尧所筑，唐叔虞之子燮父徙都之所也"。"晋祠，一名王祠，周唐叔虞祠也，在县西南十二里。""唐叔虞墓。在县西南十六里。""夏禹祠，《郡国志》云：'禹初受禅于平阳，后迁安邑，都晋阳，故此有祠存。'"③

《读史方舆纪要》说：在"太原故城"北有唐城，故《都城记》说唐城"尧所筑，叔虞始封此，子燮父徙居于晋水傍，并理故唐城是也"④。又，《都邑记》说太原旧城，"城东有汾水，南流与城西之晋水汇，故《史记》曰知伯引汾水以灌城，《春秋后语》谓决晋水也"。由于唐国有"晋水"，因此唐国后来也称为晋国，太原亦称为"晋阳"⑤。因此，太原亦称为晋、唐、夏、大夏、夏墟以及其他称呼。

因此，《太平寰宇记》载："并州……风俗：其人有尧之遗教，君子深思，小人俭

---

① （清）顾祖禹撰，贺次君、施和金点校：《读史方舆纪要·山西二》，第1812页。
② （宋）乐史撰，王文楚等点校：《太平寰宇记·河东道一》，第837、843—845页。
③ （宋）乐史撰，王文楚等点校：《太平寰宇记·河东道一》，第846、847页。
④ （清）顾祖禹撰，贺次君、施和金点校：《读史方舆纪要·山西二》，第1814页。
⑤ （清）顾祖禹撰，贺次君、施和金点校：《读史方舆纪要·山西二》，第1812页。

陋。又多晋公族子孙，以诈力相倾，矜夸功名，嫁娶送死皆侈靡于他国。"[1]

2. 尧后裔迁于太行山东麓

（1）保定

保定府有唐城、尧城、尧山，《读史方舆纪要》保定府唐县唐城："即今县，相传尧为唐侯时国于此。春秋时属北燕国，谓之阳邑。昭十二年齐高偃帅师纳北燕伯于阳，《传》曰'纳北燕伯款于唐'是也。"又唐县唐山，"县北八里。一名唐岩，亦名尧山。又县东北十五里有孤山……又谓之望都山。张晏曰'都山在望都县南，尧母庆都所居，尧山在其北，登尧山望都山，故以望都为名'，即此二山也"[2]。

保定府完县还有尧城、尧山，如《读史方舆纪要》保定府完县，"又有尧城，在县南。相传唐尧所筑"。又保定府完县伊祁山，"亦在县西三十里，祁水出焉。伊祁，尧姓也，相传尧母所居。或以此为尧山"[3]。

（2）真定

真定府有唐城、尧城以及尧所建成之都城，如《读史方舆纪要》真定府定州唐城，"在州东北十五里。亦曰尧城，相传尧尝都此"。又定州固城，"在州东三十里。旧志云：禹治水时筑，屹然坚固，后人因名曰固城"[4]。

真定府还有尧山、尧峰，如《读史方舆纪要》真定府赵州隆平县神泉河，"在县东北六里。志云：源出顺德府唐山县之尧山"。又赵州临城县龙尾冈，"县城北有董冈。志云：冈东接尧峰，西临汦水……尧峰在县东南二里"[5]。

（3）顺德

甚至顺德府（即今邢台）还有唐山县、尧山县、尧山、尧都以及尧所筑城，如《读史方舆纪要》顺德府唐山县，"府东北九十里。……天宝初改为尧山县。……金人改县曰唐山，仍属邢州"。又顺德府唐山县柏人城，"县西十二里。……皇甫谧曰：'柏人城，尧所都。'魏收《志》柏人县有柏人故城。……魏收《志》柏人县有柏乡城。《城冢记》云：'亦尧所筑也。'"又顺德府唐山县尧山，"县西北八里。相传尧始封此，因名。其东麓一名宣务山，又名虚无山。《山经》：'宣务山高一千八百五十丈。……昔尧登此山，东瞻洪水，务访贤人，因名'"[6]。

因此，整个太行山东麓，当有大量尧之后裔移殖到此。

---

[1]（宋）乐史撰，王文楚等点校：《太平寰宇记·河东道一》，第841页。
[2]（清）顾祖禹撰，贺次君、施和金点校：《读史方舆纪要·北直三》，第522、523页。
[3]（清）顾祖禹撰，贺次君、施和金点校：《读史方舆纪要·北直三》，第529页。
[4]（清）顾祖禹撰，贺次君、施和金点校：《读史方舆纪要·北直五》，第618页。
[5]（清）顾祖禹撰，贺次君、施和金点校：《读史方舆纪要·北直五》，第644、647页。
[6]（清）顾祖禹撰，贺次君、施和金点校：《读史方舆纪要·北直六》，第666、667页。

## （四）酉姓（丣姓）

### 1. 散宜氏

《大戴礼记·帝系》云："帝尧娶于散宜氏之子。"① 散宜氏当即丣姓，所以丹朱从母系则为丣姓，而为刘累之祖。

散宜氏之先盖居于陇山之大散关。王国维《散氏盘跋》谓吕与叔《考古图》有散季敦，云出于干之永寿，"因知散氏者即《水经渭水注》大散关、大散岭之散"②。

### 2. 沈、姒、蓐、黄为丣姓

据《左传·昭公元年》载："昔金天氏有裔子曰昧，为玄冥师，生允格、台骀。台骀能业其官，宣汾洮，障大泽，以处大原。帝用嘉之，封诸汾川。沈、姒、蓐、黄，实守其祀，今晋主汾而灭之矣。"③

我们疑昧即丣，古文《尚书》之昧谷，金文作丣谷，似乎昧与丣两字通用。段玉裁《说文解字注》云："按度西曰柳谷者，《今文尚书》也。宅西曰昧谷者，后郑所读之《古文尚书》也。"④ 故酉当作丣，古通作昧。则沈、姒、蓐、黄当为丣姓之国。

《水经注》云："贾逵曰：汾、洮，二水名。司马彪曰：洮水出闻喜县，故王莽以县为洮亭也。然则涑水殆亦洮水之兼称乎？"⑤ 至于大泽，则当指盐池，《读史方舆纪要》云："今池水东西七十里，南北七里。……惟暴雨霖澍，潢潦奔轶，则盐池用耗。公私共竭水径，防其淫滥，谓之竭水。"又曰："治水即所以治盐。盐池南枕条山……且横亘有护宝堤，为仞高厚。依山有桑园、龙王、赵家湾、大小李、西姚诸堰……北面多旷壤平丘，与水隔绝，故二隅无足为虑。若东西尽处则俱逼禁堰。"⑥ 此殆即所谓"障大泽"也。按此推之，这沈、姒、蓐、黄当在汾、洮、大泽之间。亦即在汾水下游与涑水一带。故顾炎武说："按沈、姒、蓐、黄四国皆在汾水之上，为晋所灭。黄非'江人、黄人'之黄。"⑦

《山海经》有"黄泽"⑧。当即大泽，黄族似乎以此得名。又有蓐水，蓐族似乎以此得名。《水经注》曰："（河水）南过土军县西。……河水又南，右纳蓐水。"⑨ 以今地求之，黄泽在魏郡内黄县西，蓐水在石楼县。

---

① （清）王聘珍撰，王文锦点校：《大戴礼记解诂·帝系》，第130页。
② 王国维：《观堂集林·史林十·散氏盘跋》，第887页。
③ 《春秋左传正义·昭公元年》，（清）阮元校刻：《十三经注疏》，第2023页。
④ （汉）许慎撰，（清）段玉裁注：《说文解字注·木部》，第245页。
⑤ （后魏）郦道元注，（清）杨守敬、熊会贞疏，段熙仲点校：《水经注疏·涑水》，第575页。
⑥ （清）顾祖禹撰，贺次君、施和金点校：《读史方舆纪要·山西一》，第1793、1795页。
⑦ （清）顾炎武著，（清）黄汝成集释，秦克诚点校：《日知录集释·氏族相传之讹》卷二十三，第802页。
⑧ （清）郝懿行撰，栾保群点校：《山海经笺疏·北山经》，第113页；（清）毕沅：《山海经·北山经》，《二十二子》，第1352页。
⑨ （后魏）郦道元注，（清）杨守敬、熊会贞疏，段熙仲点校：《水经注疏·河水三》，第263、265页。

沈，《史记》集解记："贾逵曰：'唐人谓陶唐氏之胤刘累事夏孔甲，封于大夏，因实沈之国，子孙服事夏、商也。'"① 实沈当即沈。

姒，其中姒当即弋，《左传·定公十五年》之定姒②，《谷梁传》作定弋可证。③

金文有《妣狸姆簋》，其铭文曰："妣狸姆作南旁宝簋。"旁，前人误释为旁。我以为当释房，其族为丹朱之后。《国语·周语》云：

> 有神降于莘，王问于内史过……对曰："昔昭王娶于房，曰房后……丹朱凭身以仪之，生穆王焉。是实临照周之子孙而祸福之。……若由是观之，其丹朱之神乎？"……王曰："吾其若之何？"对曰："使太宰以祝、史帅狸姓，奉牺牲、粢盛、玉帛往献焉。"④

韦昭解："狸姓，丹朱之后也。"《竹书纪年》云："丹朱避舜于房陵。"⑤

为别于房陵，故称南房。《世本》云："豕韦，防姓。"淇案，防、房古字通。⑥ 防亦即房。综合诸说，可知刘累之后裔为房族，而房族则出于祁姓之姒族（即姒族），这是祁姓最显著之族。

《古今姓氏书辩证》云："清河房氏，出自祁姓。房陵（注：案舜封尧子丹朱于房）三十五世孙钟，周昭王时食采灵寿。"⑦ 陈槃引《历代纪事年表》说："房，祁姓。"⑧

### 3. 刘累南迁

刘累迁居之后，刘累之后裔仍然在山西之唐。《括地志》引徐才《宗国都城记》云："唐国，帝尧之裔子所封。《春秋》云：'夏孔甲时有尧苗胄刘累者……潜醢之（龙）以食夏后，既而使求之，惧而迁于鲁县'。夏后盖别封刘累之后于夏之墟，为唐侯。"⑨

（1）刘累

《左传》曰："陶唐氏既衰，其后有刘累……能饮食之（龙）。夏后嘉之，赐氏曰御龙，以更豕韦之后。龙一雌死，潜醢以食夏后，夏后飨之，既而使求之。惧而迁于鲁县。"⑩ 鲁县盖即房陵。房在春秋时已居今之房县，据《汉书》载，已居今汝南县。

当刘累逃亡鲁县之后，则御龙氏不存在了，刘累迁到了鲁县，但不会全部迁走，那

---

① 《史记·郑世家》，第1773页。
② 《春秋左传正义·定公十五年》，（清）阮元校刻：《十三经注疏》，第2152页。
③ 《春秋谷梁传注疏·定十五年》，（清）阮元校刻：《十三经注疏》，第2446页。
④ 徐元诰撰，王树民、沈长云点校：《国语集解·周语上》，第28、30页。
⑤ （清）徐文靖：《竹书纪年统笺》，《二十二子》，第1052页。
⑥ （清）雷学淇：《世本·氏姓》，（汉）宋衷注，（清）秦嘉谟等辑：《世本八种》，第49页。
⑦ （宋）邓名世：《古今姓氏书辩证》，第189页。
⑧ 陈槃：《春秋大事表列国爵姓及存灭表撰异·房》，第924页。
⑨ 《史记·郑世家》，第1773页；《史记·晋世家》，第1636页云："大夏之墟。"
⑩ 《春秋左传正义·昭公二十九年》，（清）阮元校刻：《十三经注疏》，第2123页。

么刘氏分成两支：一支仍留在原地之豕韦（当即《左传·襄公二十四年》之刘氏）；另一支在鲁县（当即《左传·昭公二十九年》所说之刘累及其后裔）《史记》引《括地志》云："刘累故城在洛州缑氏县南五十五里。"①

《读史方舆纪要》开封府许州临颍县豢龙城："《郡国志》：'在县西四十里。'《水经注》：'颍水东过豢龙城，即古豢龙氏之邑。'"②

《读史方舆纪要》汝州鲁山县："州西南百二十里。……夏时刘累所迁之邑也。"又，"尧山，在县西四十里。夏孔甲时刘累迁鲁，立尧祠于山上，因名。《水经注》'汝水东'"③。又，宝丰县："州东南八十里。……又豢龙城，在今县北。相传豢龙氏刘累尝居于此。"④

（2）杜氏

杜氏有隰叔，其后为士会。《左传·文公十三年》云：士会（归晋），"其处（秦）者为刘氏"⑤。可证杜氏仍有一部分为姺姓。更以其祖先隰叔推之，则杜族原住地当即在今之隰县，是姺姓当分布在隰县、石楼县。

## （五）苟姓

### 1. 山西之西南部分

山西的西南方是上古时代的重要地区与文化中心。这个西南方有下列地理环境：在西边与南边是自北而南的黄河，以及自西而东的黄河。而两条黄河之间为从西南到东北的平行水道汾水与涑水。涑水以南为中条山，而中条山以南为东流的黄河。故山西的西南部分可以分为四个部分：

第一部分在汾水中下游两岸，从河津往东北稷山、绛州转向北方临汾（平阳府）、杨县、永安（霍州）。

第二部分在涑水两岸，从蒲州往东北沿解县、猗氏、安邑（夏县）、闻喜，发源于太阴山。

第三部分在黄河北岸（中条山南麓），为河北（芮城）、大阳（平陆）、东垣（垣曲）。

第四部分在涑水的中下游，自猗氏以下过郇城、瑕城、张阳城，西南注于张泽（即张阳池），发源于闻喜东北，西南流入河水。

这里正是苟姓、纪姓的地域。

---

① 《史记·夏本纪》，第87页。
② （清）顾祖禹撰，贺次君、施和金点校：《读史方舆纪要·河南二》，第2186页。
③ （清）顾祖禹撰，贺次君、施和金点校：《读史方舆纪要·河南六》，第2440、2441页。
④ （清）顾祖禹撰，贺次君、施和金点校：《读史方舆纪要·河南六》，第2444、2445页。
⑤ 《春秋左传正义·文公十三年》，（清）阮元校刻：《十三经注疏》，第1852页。

## 2. 荀姓与苟姓

文献中没有五帝以及夏商时期荀姓的记录。《说文》云："苟，艸也。从艸句声。"① 但汉代在河内有苟姓，如王皇后之母再嫁河内苟宾②，但没有证据说明此河内之苟姓来自黄帝之子。

《古今姓氏书辩证》谓苟为黄帝十四子之姓，并且说，"战国时，苟变可将五百乘，子思荐于卫侯"，但亦没有说苟变之苟就是来自黄帝之子。更没有说明黄帝之子的苟姓转变为荀姓。《古今姓氏书辩证》仅说荀"出自姬姓。春秋时晋大夫荀息，裔孙骓、嘉、会，皆为卿大夫。"③

根据《路史》的记载，可能"苟"最初之地域在郇城，变为"珣"，后来变为"郇"，最后变为"荀"。《路史》有古珣国。后为郇，然后又转变为荀。《路史·国名纪戊》云："荀，侯爵。珣，郇也。今猗氏西南古郇城是。（杜）佑云猗氏古珣国，《竹书纪年》次于郇者。"罗苹注："《元和志》：西南四里，绛之正平西十五。"又说："徐铉云：荀姓，郇侯后，宜用郇字，不嫌本同。邓名世云：今河东多此姓，不作苟音。"④ 实际上，最初的姓就不是"苟"，而是"郇"，后来变为"荀"。

荀姓（或苟姓）在山西西南方的部族有郇族。

## 3. 郇、瑕

在西周以前的两三千年中，郇族当已存在。最早出现的是郇瑕氏。郇瑕氏是一个部族，其地域在今山西西南部涑水流域。《水经注》曰："涑水又西，径猗氏县故城北。……涑水又西径郇城。……杜元凯《春秋释地》云：'今解县西北有郇城。'服虔曰：'郇国在解县东，郇瑕氏之墟也。'"杨守敬按："服义优于杜。"⑤ 杜预云郇城在解县西北，而服虔曰郇城在解县东。

## 4. 冀

本书疑荀姓尚有一个冀族。

唯《邿钟》所谓"㒸公之孙"（古代凡称孙皆对远祖而言，如《邾公钟》称"陆终之孙邾公"，这邾公与陆终亦不只隔两世，可为明证。）这㒸字吴大澂释为戴，王国维释

---

① （汉）许慎撰，（清）段玉裁注：《说文解字注·艸部》，第45页。
② 王禁之前妻魏郡李氏生王凤与汉元帝王皇后，李氏"后以妒去，更嫁为河内苟宾妻"。《汉书》说："太后母李亲，苟氏妻，生一男名参，寡居。……太后怜参……以参为侍中水衡都尉。"即王皇后之母再嫁河内苟宾，又生子苟参。参见《汉书·元后传》，第4015、4018页。
③ （宋）邓名世：《古今姓氏书辩证》，第421、95页。
④ （宋）罗泌：《路史·国名纪戊》，第362页。
⑤ （后魏）郦道元注，（清）杨守敬、熊会贞疏，段熙仲点校：《水经注疏·涑水》，第587—589页。郦意盖以杜言解西北，既与事情不符，又无他证。

为毕。① 戴字固不相近，毕字亦不相合，似皆未妥。本书以为当释冀。

《说文》云："毕，田网也。从田，从华 象形。或曰田声。"② 孙诒让《名原》说：毕从华，华与箕相似；箕无柄而华有柄，毕象华而有两耳。《名原》又引《史记·天官书》说毕有"附耳"，谓是毕有耳之证。③

金文毕字，《白躬父鼎》作 ，又鬲作 ，《望敦》作 、 ，《毕中孙子敦》作 。唯《毕鲜敦》作 ，有两耳。其与《邵钟》 此字相较，则《邵钟》此字无华象。而金文诸毕字则下都无 形，其差别甚明。《邵钟》此字 实为异字；两旁之 实为北字，合之当为冀字。④ 且证以史实，吕甥、冀缺互相一气，可能也有其血缘的联系。

盖吕又出于冀，疑冀族当甚古。冀州是其先占地域，而瑕族则从冀族分化出来。

春秋时有冀国。《水经注》云："汾水又径冀亭南……京相璠曰：'今河东皮氏县有冀亭，古之冀国所都也。'"⑤ 然《左传·僖公二年》云："（晋）假道于虞，曰：'冀为不道，入自颠軨，伐鄍三门。'"杜预注："前是冀伐虞至鄍。鄍，虞邑。河东大阳县东北有颠軨坂。"⑥ 大阳城在"解州平陆县东五十里……以在大河之阳而名"⑦。

颠軨在今平陆县。三门，《水经注》以为即砥柱⑧。由此推之，则冀在晋之南，与虞相近，则冀不在河津可知。

春秋时冀缺称苦成子，以解县盐池而得名（盐池古称鹽，即苦），则冀族后裔当居解县，似乎冀即在解县、猗氏一带。因此可知，苟姓是分布于解县，猗氏、荣河等县。

## （六）纪姓

### 1. 纪姓的起源

黄帝之子二十五人中有纪姓，《潜夫论》谓："莒子，姓己（纪）氏"，汪继培笺："隐二年《左传》疏称《谱》云：莒，嬴姓，少昊之后。引《世本》：莒自纪公以下为己（纪）姓。是莒本姓嬴，改己（纪），非黄帝之后己（纪）姓矣。"⑨

### 2. 晋西南纪姓之族

纪姓当分布于解县、河津一带。皮氏今山西河津，夏阳今陕西韩城，似乎纪姓又北居至河津、韩城等地。

---

① （清）吴大澄：《说文古籀补三种》，第18页；王国维：《观堂集林·史林十·邵钟跋》，第893页。
② （汉）许慎撰，（清）段玉裁注：《说文解字注·华部》，第158页。
③ （清）孙诒让著，戴家祥校点：《名原》上卷，第25页。
④ （清）孙诒让著，戴家祥校点：《名原》上卷，第25页。
⑤ （后魏）郦道元注，（清）杨守敬、熊会贞疏，段熙仲点校：《水经注疏·汾水》，第558页。
⑥ 《春秋左传正义·僖公二年》，（清）阮元校刻：《十三经注疏》，第1791页。
⑦ （清）顾祖禹撰，贺次君、施和金点校：《读史方舆纪要·山西三》，第1910页。
⑧ （后魏）郦道元注，（清）杨守敬、熊会贞疏，段熙仲点校：《水经注疏·河水四》，第359页。
⑨ （汉）王符：《潜夫论·志氏姓》，《诸子集成》第八册，第172页。

（1）张

纪姓有东张，在张阳城。《水经注》"涑水又西南径瑕城"引京相璠曰："解县西南五里有故瑕城，涑水又西南径张阳城东……《汉书》之所谓东张矣。"① 则纪姓当分布于解县西南一带。

（2）耿

《汉书·地理志》河东郡皮氏，班固自注："耿乡，故耿国。"②

《史记》正义引《都城记》云："耿，嬴姓国也。"③

蒲州河津"耿城……周为耿国，晋献公灭之，以赐大夫赵夙"④。耿、梁两国俱嬴姓，当是这纪姓后裔。入春秋时，有依家系转移而称嬴姓者。

（3）梁

嬴姓之梁，《汉书·地理志》左冯翊夏阳，班固自注："故少梁，秦惠文王十一年更名。"⑤《史记·秦本纪》德公元年以及成公元年，"梁伯、芮伯来朝"，索隐云："梁，嬴姓。芮，姬姓。"正义引《括地志》云：古芮伯国、古少梁国在同州。⑥

《汉书·地理志》河南郡，梁，秦灭西周、东周时分别徙其君于此。⑦

河南临汝之南梁，《水经注》云："汝水之右有霍阳聚……（霍阳山）水又径梁城西。按《春秋》，周小邑也，于战国为南梁矣。"⑧

## 三、晋豫间河水北岸之苍林系

在黄帝之子二十五人中，任、滕、箴、僖四姓分布在太行山东南与河水西北之间，即任姓（在荥阳、武陟一带）、滕姓（在辉县一带）、僖姓（在封丘一带）、箴姓（在滑县一带）。

上古时期，任姓当分布于荥阳、武陟、偃师等地。

### （一）任姓

#### 1. 谢、过、祝、薛四族

《世本·氏姓篇》云："任姓，谢、章、薛、吕、舒、祝、终、泉、毕、过。"⑨ 此

---

① （后魏）郦道元注，（清）杨守敬、熊会贞疏，段熙仲点校：《水经注疏·涑水》，第589、591页。
② 《汉书·地理志上》，第1550页。
③ 《史记·秦本纪》，第183页。
④ （清）顾祖禹撰，贺次君、施和金点校：《读史方舆纪要·山西三》，第1901页。
⑤ 《汉书·地理志上》，第1545页。
⑥ 《史记·秦本纪》，第184、185页。
⑦ 《汉书·地理志上》，第1556页。
⑧ （后魏）郦道元注，（清）杨守敬、熊会贞疏，段熙仲点校：《水经注疏·汝水》，第1747、1748页。
⑨ （清）秦嘉谟：《世本·氏姓》，（汉）宋衷注，（清）秦嘉谟等辑：《世本八种》，第246—247页。

十国皆任姓。

《潜夫论·志氏姓》说："谢、章、昌、采、祝、结、泉、卑、遇、狂大氏，皆任姓也。"汪继培笺谓采即舒，结即终，而昌与吕、卑与毕、遇与过，皆字形相近。两相比较，《潜夫论》与《世本》共同的有九国，即谢、章、昌（吕）、采（舒）、祝、结（终）、泉、卑（毕）、遇（过），所不同的是《世本》有薛，而《潜夫论》有狂大氏。汪继培谓狂大《路史》作狂犬，"疑即犬戎氏"①。

而《世本·氏姓篇》所举十族中，唯谢、祝、过三族可考，下边考察谢、过、祝三族。

2. 五帝时代之谢、过、祝

（1）谢（在济、洛、河、颍之间）

谢当为《国语·郑语》"谢西之九州"和"谢、郏之间"的谢。《国语·郑语》所说乃史伯对郑桓公讲述各个地域之前途。结论是："其济、洛、河、颍之间乎！是其子男之国，虢、郐为大。……若克二邑，鄢、蔽、补、丹、依、柔、历、华，君之土也。"于是郑桓公"乃东寄帑与贿，虢、郐受之，十邑皆有寄地。"史伯所说的安全之地是以虢、郐为中心的地带，"前颍、后河，右洛、左济"，即北至河水，南至颍水，东至济水，而西至洛水。② 这个地带与谢有什么关系？

当时郑桓公问："谢西之九州，何如？"史伯回答说："不可因也。唯谢、郏之间……若更君而训之，是易取也。且可长用也。"③ 史伯认为"谢西之九州"不可靠，但其中的"谢、郏之间"却可以作为永久性的地域。故"谢、郏之间"应该是"谢西之九州"的一部分。

郏当指郏山。《左传·宣公三年》云："成王定鼎于郏鄏。"④《读史方舆纪要》云："郏鄏陌，在故河南城西。或谓之郏山。《图经》：'郏山在郡西南，迤逦至城北二里曰邙山。'周武王定鼎于郏鄏，即此。"⑤ 郏大体上就是今洛阳，而谢当在虢、桧之东可知。故谢当即今荥阳一带。

据《国语·郑语》，谢在九州戎之东。九州戎在今洛阳市偃师区，则谢当在今巩义、汜水附近。郏亦名邙山，其山绵亘四百余里，跨偃师、巩义、孟津三地，正在虢、桧之西。

（2）过

《水经注》说："薛瓒《汉书集注》云：按《汲郡古文》，相居斟灌，东郡灌是也。明帝以封周后，改曰卫。斟寻在河南，非平寿。又云：太康居斟寻，羿亦居

---

① （汉）王符：《潜夫论·志氏姓》，《诸子集成》第八册，第172页。
② 徐元诰撰，王树民、沈长云点校：《国语集解·郑语》，第462、463、476、464页。
③ 徐元诰撰，王树民、沈长云点校：《国语集解·郑语》，第469、470页。
④ 《春秋左传正义·宣公三年》，（清）阮元校刻：《十三经注疏》，第1868页。
⑤ （清）顾祖禹撰，贺次君、施和金点校：《读史方舆纪要·河南三》，第2229页。

之，桀又居之。《尚书·序》曰：太康失国，兄弟五人，徯于洛汭。此即太康之居为近洛也。"①

又《水经注》云："阴沟首受大河于卷县。……故渎东分为二，世谓之阴沟水。""阴沟始乱蒗荡，终别于沙而涡水出焉。"② 大河于卷县出有枝渠，称阴沟水。……至扶沟县称涡水。似乎古代阴沟水亦蒙涡水之名。过族当以涡水而得名，其地当在卷县附近。故过与谢接近。

（3）祝

祝即铸，铸、祝两字古通用。《淮南子·俶真训》高诱注："铸读如唾祝之祝也。"③《周礼·疡医》郑注：祝读如注。两字亦复同音。④《礼记·乐记》郑玄注："祝或为铸。"⑤ 则祝为假借字。这族本称铸。铸又音转为畴。史伯说虢桧间八邑，有畴。

《国语·周语》云："昔挚、畴之国也由大任。"盖畴又分化出一个挚族。⑥ 邓名世《古今姓氏书辩证》说："武丁时有祖己……祖己七世孙成侯又迁于挚。"⑦ 似乎成侯为挚族之祖。挚族在今洛阳市偃师区。

## 3. 谢、过、祝之迁徙

后来诸国东迁情况如下：

（1）谢

《国语·郑语》韦昭注："谢，宣王之舅、申伯之国，今在南阳。"因此韦昭认为谢西之九州当指南阳之西。而谢、郑之间则指"郑南谢北，虢、郐在焉"⑧，韦昭的解说是错误的。如果谢在南阳而郑在洛阳，则谢、郑之间是指洛阳与南阳之间，怎么能够说"虢、郐在焉"？虢在今三门峡市陕州区东南（即南虢）或荥阳（即东虢），而郐在今新密市东北，故虢、郐的位置与洛阳、南阳之间相差很远。而且前边说过，"谢、郑之间"应该是"谢西之九州"的一部分，韦昭注与此完全不符。

《古今姓氏书辩证》说："谢，出自黄帝之后，任姓……其国在南阳宛县。三代之际微不见，至《诗·崧高》，始言周宣王使召公营谢邑，以赐申伯。"⑨ 欧阳修《谢绛铭》有同样的论断。⑩ 他们所说的谢亦俱非《国语·郑语》之谢。

---

① （后魏）郦道元注，（清）杨守敬、熊会贞疏，段熙仲点校：《水经注疏·巨洋水》，第2218页。
② （后魏）郦道元注，（清）杨守敬、熊会贞疏，段熙仲点校：《水经注疏·阴沟水》，第1933、1934、1936页。
③ （汉）高诱注：《淮南子·俶真训》，《诸子集成》第七册，第24页。
④ 《周礼注疏·天官下·疡医》，（清）阮元校刻：《十三经注疏》，第668页。
⑤ 《礼记正义·乐记》，（清）阮元校刻：《十三经注疏》，1543页。
⑥ 徐元诰撰，王树民、沈长云点校：《国语集解·周语中》，第46页。
⑦ （宋）邓名世：《古今姓氏书辩证》，第285页。
⑧ 徐元诰撰，王树民、沈长云点校：《国语集解·郑语》，第469页。
⑨ （宋）邓名世：《古今姓氏书辩证》，第508页。
⑩ （宋）欧阳修著，李逸安点校：《欧阳修全集》卷二十六《尚书兵部员外郎知制诰谢公墓志铭》，北京：中华书局，2001年，第406页。

## （2）过

《左传·襄公四年》云："浞因羿室，生浇及豷。……使浇用师，灭斟灌及斟寻氏。处浇于过，处豷于戈。"杜预注："过、戈皆国名。东莱掖县北有过乡，戈在宋、郑之间。"① 过当即"处浇于过"之过。然杜预以为故事发生在鲁北，但并非事实。

故斟灌在卫，斟寻近洛。故《史记》正义引薛瓒云："斟寻在河南，盖后迁北海也。"②

## （3）祝（铸）、畴

《史记·周本纪》云："武王……（封）黄帝之后于祝。"武王是迁之于山东宁阳之铸乡。《吕氏春秋·慎大览》祝作铸。③

王国维《铸公簠跋》云："孟妊，盖铸公之女。……然则铸，妊姓之国也。"④ 则祝为假借字。这族本称铸。

铸，《读史方舆纪要》兖州府宁阳县，蛇丘城"在县西北。……铸城，亦在县西北。春秋时小国也。《礼记》：'周武王未及下车，封尧后于铸。'《春秋·襄公二十三年》'臧宣叔娶于铸'，谓此。杜预曰：'铸即蛇丘县治。'《水经注》：'蛇水经铸城西，《春秋》所谓蛇渊囿也。'刘昭曰：'蛇丘县有铸乡城。'似非一处矣"⑤。

祝，《读史方舆纪要》济南府禹城县，祝阿城"县西南十七里。《礼记》：'武王封黄帝之后于祝。'春秋时曰祝柯。……汉为祝阿县"⑥。

## （二）滕姓

黄帝子得姓者十四，其一曰滕。又《春秋大事表》：滕，姬姓，文王子叔绣始封。"山东兖州府滕县西南十四里有古滕城。"⑦ 故周族姬姓之滕，与黄帝之子滕姓不同，二者有别，《古今姓氏书辩证》说："滕，出自姬姓，黄帝子得姓者十四，其一曰滕。或云周文王子错封为滕侯，所谓滕叔绣。叔绣之后，以国为氏。"⑧

所谓卫之遗民，当是周族与夏族的融合氏族。《左传·闵公二年》云："卫之遗民，男女七百有三十人，益之以共滕之民，为五千人。"杜预注："共及滕，卫别邑。"⑨ 当时卫在今淇县，与荥泽相距不远，俱在河南。共即今之辉县，亦相距不远，亦在河南。共是重要地名，如《左传·隐公元年》云："大叔出奔共。"杜注："共国，今汲郡共县。"⑩ 但在卫国，并没有地方名滕。故杜预谓共及滕为卫之别邑者，并无根据。

---

① 《春秋左传正义·襄公四年》，（清）阮元校刻：《十三经注疏》，第1933页。
② 《史记·夏本纪》，第86、87页。
③ 《史记·周本纪》，第127页。（汉）高诱注：《吕氏春秋·慎大览》，《诸子集成》第六册，第160页。
④ 王国维：《观堂集林·史林十·铸公簠跋》，第889页。
⑤ （清）顾祖禹撰，贺次君、施和金点校：《读史方舆纪要·山东三》，第1518页。
⑥ （清）顾祖禹撰，贺次君、施和金点校：《读史方舆纪要·山东二》，第1474页。
⑦ （清）顾栋高辑，吴树平、李解民点校：《春秋大事表》，第564页。
⑧ （宋）邓名世：《古今姓氏书辩证》，第248页。
⑨ 《春秋左传正义·闵公二年》，（清）阮元校刻：《十三经注疏》，第1788页。
⑩ 《春秋左传正义·隐公元年》，（清）阮元校刻：《十三经注疏》，第1716页。

在卫地的夏族氏族属于什么姓？可能就是滕姓，至少共地之夏族可能是滕姓，因此谓之"共滕"。似乎滕姓有一部分遗留在原住地之共，即称共滕之民（其在今滕县者，为滕姓后来的移殖部分）。共滕之共当为氏族名。

前人于"共滕"不知其义，以为是共与滕两地，其实并无滕地。共则原称降。《尚书》云："北过降水"，郑注："今河内共北山，淇水、共水出焉。东至魏郡黎阳入河，近所谓降水也。……盖周时国有地者，恶言降，故改云共耳。"孙星衍曰："《地理志》：'河内郡共县北山，淇水所出，东至黎阳入河。'《说文》：'淇水出河内共北山，东入河。'……《汉志》无共水，疑即淇水，以出共山，亦名共水也。"① 据此则共之名为后起，原称降。综合前边的讨论，则任、滕两姓的各个氏族俱分布于河水转折往北的荥阳、辉县一带。

（三）箴姓

1. 箴姓之滑

《潜夫论·志氏姓》谓大吉之姓有庆姓、曼姓、归姓、咸姓、掎姓、御姓、鬼姓、隗姓、姬姓等十一个，其中有"咸姓滑、齐（注：《路史·国名纪》咸作箴，齐作济）"②。

滑州即今豫北之滑县，该处当为最初之滑，《水经》云："（河水）又东，过燕县北，淇水自北来注之。"《水经注》云："河水于是有棘津之名，亦谓之石济津。……河水又东，淇水入焉。……河水又东，右径滑台城北。城有三重，中小城谓之滑台城。"③ 此滑台城在河水之南，离今滑县不远。

2. 西周时期之滑

滑，陈留襄邑县，《春秋》云："公次于滑"，杜云："滑，郑地，在陈留襄邑县西北。"④ 襄邑县在今河南睢县，则是东迁之滑，最后为畿内滑伯之国，即豫西缑氏之费滑。此滑国都于费，故亦称"滑费"或"费滑"。《水经注》云："缑氏县治，故滑费，春秋滑国所都也。王莽更名中亭，即缑氏城也。"⑤

## 四、豫北冀南河水西岸之苍林系

《潜夫论》曰："黄帝之子二十五人，班为十二。姬、酉、祁、己、滕、咸、任、

---

① （清）孙星衍撰，陈抗、盛冬铃点校：《尚书今古文注疏·禹贡下》，第190、191、192页。
② （汉）王符：《潜夫论·志氏姓》，《诸子集成》第八册，第190页。
③ （后魏）郦道元注，（清）杨守敬、熊会贞疏，段熙仲点校：《水经注疏·河水五》，第409—412页。
④ 《春秋左传正义·庄公三年》，（清）阮元校刻：《十三经注疏》，第1763页。
⑤ （后魏）郦道元注，（清）杨守敬、熊会贞疏，段熙仲点校：《水经注疏·洛水》，第1320页。

拘、厘、姞、嬛、衣氏也。"汪继培笺谓韦昭本衣作依，嬛作儇。①

依、儇两姓分布在太行山东麓与河水西岸之间。

（一）依姓

1. 殷为依姓

（1）殷与依

古籍上没有依姓，盖即为殷姓，殷、依古字通用。《尚书·康诰》有"殪戎殷诞受厥命"，而《尚书·武成》作"一戎衣天下大定"②，《礼记·中庸》作"壹戎衣而有天下"，郑玄注："衣读如殷，声之误也。齐人言殷声如衣。……今姓有衣者，殷之胄与？"③

殷是地名。《帝王世纪》云："帝盘庚徙都殷，始改商曰殷。"④ 这说法虽为多数人接受，但许多人怀疑。《史记·殷本纪》云："（盘庚）乃遂涉河南，治亳，行汤之政。"集解曰："郑玄曰：'治于亳之殷地，商家自此徙，而改号曰殷亳。'皇甫谧曰：'今偃师是也。'"⑤《史记·殷本纪》说亳，根本没有提到迁殷，郑玄所谓"亳之殷地"或"殷亳"，无非是弥缝亳、殷诸说，将二者硬拉在一起。

《尚书·盘庚》序："盘庚五迁，将治亳殷。"⑥ 束皙谓《壁中尚书》此处原作"将始宅殷"，孔颖达批驳其说，但王国维以束皙为是。王国维说："且'亳殷'二字，未见古籍。《商颂》言'宅殷土茫茫'，《周书·召诰》言'宅新邑'，宅殷连言，于义为长。且殷之与亳，截然二地。……商居殷最久，故亦称殷。《诗》《书》之文，皆殷、商互言，或兼称殷商，然其名起于地名之殷，而殷地之在河北不在河南，则可断也。"⑦

《吕氏春秋》云："汤立为天子，夏民大说。……亲郼如夏。"注："郼读如衣。今兖州人谓殷氏皆曰衣。言桀民亲殷如夏氏也。"《吕氏春秋》曰："汤其无郼，武其无岐，贤虽十全，不能成功。"注："郼、岐，汤、武之本国。"⑧ 故郼之于商犹如岐之于周。但郼是否像岐那样是商族的发祥地，则不能断言。

《说文》无郼字。《正字通》郼字旧注："高诱曰：'郼读如衣字。'按《吕览·慎大篇》……又《慎势篇》……注郼为殷旧封国名，非郼即殷字。齐人读殷如衣，高注读郼

---

① （汉）王符：《潜夫论·志氏姓》，《诸子集成》第八册，第 172 页。
② 《尚书正义·康诰》，（清）阮元校刻：《十三经注疏》，第 203 页；《尚书正义·武成》，（清）阮元校刻：《十三经注疏》，第 185 页。
③ 《礼记正义·中庸》，（清）阮元校刻：《十三经注疏》，第 1628 页。
④ （晋）皇甫谧撰，（清）宋翔凤、钱宝塘辑：《帝王世纪》，第 26 页。
⑤ 《史记·殷本纪》，第 102 页。
⑥ 《尚书正义·盘庚》，（清）阮元校刻：《十三经注疏》，第 168 页。
⑦ 王国维：《观堂集林·史林四·说殷》，第 523，524，525 页。
⑧ 许维遹：《吕氏春秋集释·慎大览》，第 356 页；许维遹：《吕氏春秋集释·知度》，第 462 页。

如衣，皆方音非定音也。"[1] 则殷、郼均为拟音字。由于商族为戎族，因此殷、郼均为夏族对同一个戎族字的拟音。由于《竹书纪年》等夏族文献中多数用殷字，因此夏族的正式用字很可能是殷字。

（2）殷与商

但殷与商的关系极为密切，并非盘庚之后才称为殷。《竹书纪年》曰："（帝芒）三十三年，商侯迁于殷。"徐文靖注："上距商侯冥死于河八十有二年，此迁殷盖玄冥之子子亥也。《世本》：'相土居商丘，冥往河治水，子亥迁殷，孔甲复归商丘。'则此迁殷者，正殷侯子亥也。孔甲乃上甲之讹。……计夏后帝芒三十三年下距汤始居亳之殷地，百六十年，其时已先称殷。周氏曰：商人称殷自盘庚始，自此以前惟称商而已。今据《竹书》，商在夏已称殷，安在汤始居殷，盘庚迁殷改商曰殷乎？"[2] 因此，在商汤之前商族就可能称殷，更不必盘庚之后了。

（3）殷与卫

殷、卫、东等皆是互相关联之字，如《逸周书·作洛解》讲到最初之殷、商、东云："武王克殷，乃立王子禄父，俾守商祀。建管叔于东，建蔡叔、霍叔于殷，俾监殷臣。"后来讲到殷、东："周公立，相天子，三叔及殷、东、徐、奄及熊盈以畔。"最后提到卫、殷、东又说："葬武王于毕。二年，又作师旅，临卫政殷，殷大震溃。……俾康叔宇于殷，俾中旄父宇于东。"[3] 从所讲的"武王克殷""临卫政殷，殷大震溃"就可以看到，殷是代表整个商朝。从地域来看是殷，从政权来看则是商。东当在殷之东部，是殷的部分地域，是殷一个特殊的重要辖区，这个特殊区域亦即卫。所谓"俾康叔宇于殷，俾中旄父宇于东"，表明康叔统管全局，而中旄父则掌管这个特殊辖区。《逸周书·作洛解》言："俾康叔宇于殷，俾中旄父宇于东"，注引孙诒让云："中旄父，它书皆未见，今详考之，盖即康叔之子康伯也，《史记·卫世家》云：'康叔卒，子康伯代立。'……盖二千年以来无有知中旄之即为康伯者，故详论之。"[4]

2. 扈为依姓

古代之扈本有二：其一在东；其二在西。

（1）东扈在河北邯郸一带

《淮南子·缪称训》云："昔东户季子之世道路不拾遗……使君子小人各得其宜也。"[5] 则东户当为国名，而且不是一个微不足道的小国。《史记·夏本纪》正义引《训纂》云："户、扈、鄠三字，一也，古今字不同耳"。又《汉书·地理志》"有扈谷亭"，

---

[1] （明）张自烈、廖文英：《正字通》，北京：中国工人出版社，1996年，第1171页。
[2] （清）徐文靖：《竹书纪年统笺》，《二十二子》，第1058页。
[3] 黄怀信、张懋镕、田旭东：《逸周书汇校集注·作洛解》，第544、548、550、555页。
[4] 黄怀信、张懋镕、田旭东：《逸周书汇校集注·作洛解》，第555、556页；（清）孙诒让：《周书斠补》，《大戴礼记斠补（外四种）》，北京：中华书局，2010年，第228—229页。
[5] （汉）高诱注：《淮南子·缪称训》，《诸子集成》第七册，第160页。

《史记》正义引作"有户亭"①。因此东户即东扈，盖以在东方，故冠以东字。

据《甘誓》说，启、扈战事，"大战于甘"。马融注②及《水经注》③都以为甘在陕西鄠县（今西安市鄠邑区，下同）西，这是曲解。这甘当在今之邯郸。扈盖即《淮南子·缪称训》东户之扈，其地在今邯郸一带。

甘即邯山、邯水之甘。《汉书·地理志》魏郡有"邯会""邯沟"，邯会注引张晏曰："漳水之别，自城西南与邯山之水会。"又邯沟注师古曰："邯水之沟。"④《说文》段注邯字下亦引张晏曰："邯山在（邯郸）东城下。"⑤存世之邯郸币，邯作甘。邯会在今安阳县西北，邯沟在今邯郸市肥乡区西北，则甘之境甚广，包括今冀南。介于大名与屯留之间。

《淮南子·齐俗训》说："昔有扈氏为义而亡。"高诱注："有扈，夏启之庶兄也。以尧舜举贤，禹独与子，故伐启，启亡之。"⑥这一场战争与禹、启的继承有关，是上古史中的一件大事，不是夏后氏内部的矛盾。

（2）西扈在陕西鄠县一带

《尚书·甘誓》书序："启与有扈，战于甘之野，作《甘誓》。"马融注谓有扈氏"姒姓之国，为无道者。"孔传："有扈国名，与夏同姓。"⑦《说文》云："扈，夏后同姓所封，战于甘者。在鄠，有扈谷甘亭。"⑧还有《汉书·地理志》"右扶风鄠县"，班固自注："古国。有扈谷亭。扈，夏启所伐。"⑨《吕氏春秋·先己》高诱注："有扈、夏同姓诸侯。"⑩

以往都以扈在鄠县，姒姓，为夏后氏同姓之国。这实是很大的错误。非但姒姓不会同室操戈，而且夏后氏统治势力没有西达鄠县。启族在今翼城县，何由远至鄠县作战？而且扈为何改为鄠？孔颖达疏亦曰："鄠、扈音同，未知何故改也。"⑪而且这一错误湮灭了许多巨大的历史事变，不可不详密考辨。

（3）有扈氏为依姓

古之邯郸，地甚广袤，正介于依姓族地与夏后氏的余族之间，并与两地相接（涂山氏族地东至今黎城、壶关等县）。从这一点亦可推证扈之为依姓血属。这扈盖即《淮南子·缪称训》东户之扈，其地在今阳谷、邯郸一带。因此可以推定依姓分布于邯郸至观

---

① 《史记·夏本纪》，第84页；《汉书·地理志上》，第1547页。
② （清）孙星衍撰，陈抗、盛冬铃点校：《尚书今古文注疏·甘誓》，第208页。
③ （后魏）郦道元注，（清）杨守敬、熊会贞疏，段熙仲点校：《水经注疏·渭水下》，第1558页。
④ 《汉书·地理志上》，第1574页。
⑤ （汉）许慎撰，（清）段玉裁注：《说文解字注·邑部》，第290页。
⑥ （汉）高诱注：《淮南子·齐俗训》，《诸子集成》第七册，第176页。
⑦ 《尚书正义·甘誓》，（清）阮元校刻：《十三经注疏》，第155页。
⑧ （汉）许慎撰，（清）段玉裁注：《说文解字注·邑部》，第286页。
⑨ 《汉书·地理志上》，第1547页。
⑩ （汉）高诱注：《吕氏春秋·季春纪·先己》，《诸子集成》第六册，第28页。
⑪ 《尚书正义·甘誓》孔疏，（清）阮元校刻：《十三经注疏》，第155页。

城一带，地域亦甚广袤，其所属氏族当亦不少，但已无从征考。

这（东）扈当为依姓，故与观族同样对姒姓夏后氏发生战事。①

3. 观

（1）观与武观（五观）

观为古国，在今清丰、范县之间。《读史方舆纪要》云："观城县，东北至朝城县四十里，西至北直清丰县五十里。古观国，汉为畔观县，属东郡。后汉更名卫国县。"又："古观城，在（观城）县西。古国也。《左传》昭元年：'夏有观、扈。'应劭曰：'此即观也，夏启子太康弟所封。'或谓之斟观。……《竹书》：'梁惠成王二年，齐田寿帅师伐赵，围观，观降。'"②

《汉书·地理志》东郡有畔观县，注引应劭曰："夏有观扈，世祖更名卫国。"《后汉书》东郡亦曰："卫，公国。本观（按观当为依姓）故国，姚姓。"③盖汉时之卫县，古即卫国之地，更古为观族之地。

观亦称武观，《竹书纪年》云："（帝启）十一年，放王季子武观于西河。……（帝启）十五年，武观以西河叛。"沈约注："武观即五观也。"④

观亦称五观，如《国语》"启有五观"，韦昭注："五观，启子，太康昆弟也。"⑤《韩非子·说疑》云："尧有丹朱，而舜有商均，启有五观，商有太甲，武王有管、蔡。"⑥

五观或称为五子，如《逸周书·尝麦解》言："其在殷之五子，忘伯禹之命，假国无正，用胥兴作乱。"卢文弨以为殷当作夏。⑦其实殷字并不讹，盖为殷姓。故五子即五观。五观或五子实为一人。但在文献中亦有误谓五观为五人，如《史记·夏本纪》谓："帝太康失国，昆弟五人，须于洛汭，作《五子之歌》。"索隐云："皇甫谧云号五观也。"⑧

（2）观为依姓（即殷姓）

观族之地在卫。《吕氏春秋·慎大览》载："汤立为天子，夏民大说……亲郼如夏。"高注："郼读如衣。今兖州人谓殷氏皆曰衣。"⑨这是高氏误会。郼何由读如衣？郼即卫，乃是卫为古依姓之地，所以后来犹呼其地为衣。盖郼即卫，卫为汤之氏族名，

---

① 王国维认为卜辞中有地名甘与雇，即甘与扈。《春秋·庄公二十三年》"盟于扈"即"盟于雇"。杜预注："扈，郑地，在荥阳卷县西北。"故雇即在卷县西北。《尔雅·释鸟》之䳋（《尔雅注疏·释鸟》，第 2649 页）与《左传》之九扈（《春秋左传正义·昭公十七年》，第 2084 页）是类似的，雇亦即扈。因此王国维认为有扈氏就在卷县西北。而甘即甘昭公之甘（《左传》以及《水经注·甘水》）在洛阳西南。但这二者相距甚远，并不配合。而且以雇为扈，比较勉强。王国维：《殷虚卜辞中所见地名考》，刘起釪：《古史续辨》，北京：中国社会科学出版社，1991 年，第 440 页。
② （清）顾祖禹撰，贺次君、施和金点校：《读史方舆纪要·山东五》，第 1617 页。
③ 《汉书·地理志上》，第 1557 页。《后汉书·郡国三》，第 3450 页。
④ （清）徐文靖：《竹书纪年统笺》，《二十二子》，第 1056 页。
⑤ 徐元诰撰，王树民、沈长云点校：《国语集解·楚语上》，第 484 页。
⑥ （清）王先慎：《韩非子集解·说疑》，《诸子集成》第五册，第 310 页。
⑦ 黄怀信、张懋镕、田旭东：《逸周书汇校集注·尝麦解》，第 786 页。
⑧ 《史记·夏本纪》，第 85 页。
⑨ （汉）高诱注：《吕氏春秋·慎大览》，《诸子集成》第六册，第 160 页。

而夏民之亲卫如依，是说如亲旧日依姓之观。观为依姓而音转为殷，所以兖州人谓殷民犹称之为衣，这已足见观之为依姓。

这殷之五子正是说依姓之五观，而高诱注"殷当作夏"，盖前人都以殷为商族之国号，而不知商族乃袭用依姓之旧称。殷虚实即依姓之虚。证以卜辞商族都自称为商，没有称殷。其文字亦有衣字而无殷字，则商族本没有称殷，徐中舒《甲骨文字典》无"殷"，有"商""衣"。无烦再辩了。观之为依姓，赖有《吕氏春秋》与《逸周书》上述两则孤证之仅存，而注家又违阙疑之例，居然混乱其语，益使后人无从稽考。《后汉书》又指为姚姓，则尤一误再误。

而且汉时之卫县即今观城县。盖秦汉以前尚有知汤时之卫即在依姓之观，秦汉以后，则并不知此。而夏商之间递嬗之迹，因此失其实证，这实为千余年来史学上之莫大缺憾。

商族之称殷，盖即以居依姓之地而得名，卜辞有衣字、无殷字，足以证商族亦以殷为衣，而居于卫地之观为依姓血属无疑。

### （二）儇姓

《正字通》云："儇，《方言》疾也。《诗·齐风》：'揖我谓我儇兮。'《荀子》'乡曲儇子'。又先韵，音喧，义同。"① 儇姓，一作嬛姓。上古姓。相传黄帝有二十五子，别为十二姓，其中有儇氏，亦作嬛氏。② 在夏族后裔从龙山地区往东移殖中，依姓和儇姓移殖到河水西岸与太行山东麓之间。儇姓当分布于今之曲周、肥乡等县。儇姓之别，有饶氏、穰氏、谷氏。③

一是饶氏。出自六国时齐大夫食邑于饶者。赵孝成王四年拔其邑，以封其弟长安君，齐之故臣，以邑为氏，《姓苑》曰临川人。汉有鲁阳太守饶威，因家焉。又《吴志》：襄阳饶助之后，徙居永安。谨按：徐广注《史记》曰：饶属北海；又曰饶阳在河间。然则北海之饶宜为得氏之始。④

二是穰氏。这是一个稀姓，分布于山东济南、江西吉安及其附近各县，并相继迁徙扩展至全国各地。书传穰氏来源有二：其一是齐大司马、著名军事家穰苴及其后人，因食采于穰邑，遂以邑名为姓。其二是楚国亦有穰邑（在今河南邓州），以邑为姓。⑤

三是谷氏。与"谷"不同姓，春秋谷伯发之后，国在南乡筑阳县北，唐时为均州，子孙以国为氏。齐有大夫谷梁（《世本》谓谷荣）。⑥

---

① （明）张自烈，（清）廖文英：《正字通》，第 62 页。
② 徐元浩撰，王树民、沈长云点校：《国语集解·晋语》，第 333 页。
③ （清）秦嘉谟：《世本·氏姓》，（汉）宋衷注，（清）秦嘉谟等辑：《世本八种》，第 251、252 页。
④ （宋）邓名世撰，王力平点校：《古今姓氏书辩证》，第 149 页。
⑤ （宋）郑樵撰，王树民点校：《通志二十略·氏族略》，第 89、90 页。陈明远、汪宗虎：《中国姓氏大全》，北京：北京出版社，1967 年，第 259 页。
　（明）张自烈，（清）廖文英：《正字通》，第 62 页。
⑥ 陈明远、汪宗虎：《中国姓氏大全》，第 259 页。

# [11] 黄帝昌意系（汝水）

黄帝之后裔昌意系（其中包括姒姓、妫姓、姚姓，亦即舜、禹之部族），他们后来分布在山西南部和河南东部。黄帝的另一个后裔苍林系，分布在晋南、豫北、冀南之间。同时，炎帝后裔最初向东移殖的为共工系（即本书[12]），其次为大隗系（或鬼方系，即本书[13]）。

另有，黄帝后裔形成少昊系（其地域主要在今山东，即本书[14]），最后为祝融系（即本书[15]）。

上述六个族系向东方之移殖过程，可以大体上代表夏族在五帝时期的发展过程。但是大迁徙不是一下子展开的，在昌意系、苍林系大规模迁徙之前，黄帝、颛顼、帝喾时期，夏族已经对东方进行了很长时间的移殖行动。后来昌意系（包括妫姓、姚姓、姒姓）的移殖行动，就是夏族向汉水上游以及河水中游的移殖过程。

## 一、昌意系之妫、姚二姓移殖

### （一）昌意系之移殖

1. 昌意系之东迁

（1）昌意系之姓

当昌意系从陇山地区出发，沿汉水与渭水东迁时，先到达熊耳山地区。然后分成三支：

第一支从熊耳山地区向北进入山西涑水流域，并且沿黄河北岸进入垣曲一带。这一支包括有虞氏与虞舜部族；然后在垣曲渡河在河南进入淮河上游，再沿汝水、颍水来到新郑以东的豫东。这一支包括妫姓、姚姓。

第二支从熊耳山地区向东进入河南，他们在熊耳山直接向东，沿淮水流域汝水、颍水之上游东进，来到新郑以东淮河下游的豫东。这一支包括有夏氏与夏禹部落。此一支包括姒姓。

第三支从熊耳山地区向南，沿汉水（沔水）流域进入今湖北，就成为汉水之阳的"毕、原、鄂、郇、邢"等国。昌意系后来继续东进，就成为汉水下游的"随、唐、巴、息、顿"等国，其中最大的是随国。所有这些就形成所谓的汉阳诸姬姓。

## （2）汉阳诸姬姓

"汉阳诸姬"的姬姓可能是比较早就东迁的，比妫、姚、姒三姓更早。实际上诸姬早就成为诸侯国，然后姬姓又继续东进。第二批继续东进的时间可能比妫、姚、姒三姓为早。

昌意系东进延续的时间可能比其他夏族更早。

### 2. 昌意系之妫姓与姚姓

#### （1）妫姓与姚姓

对于妫姓与姚姓，书传中一直混乱不清。例如，《汉书·地理志》汉中郡有"西城（在今陕西安康）"，颜师古注："应劭曰：'《世本》妫虚在西北，舜之居。'"但《汉书·地理志》对"成固"没有注。因此《汉书·地理志》说西城有妫姓，但成固没有妫姓、姚姓。[①] 但《后汉书》云：汉中郡"成固"，刘昭补："妫墟在西北。"刘昭注："《帝王世纪》亦云姚墟在西北，有舜祠。"则《后汉书》说西城没有妫姓、姚姓，而在成固有妫姓、姚姓。[②]

此外，还有各种说法。《水经注》云："汉水又东径妫虚滩。《世本》曰：舜居妫汭，在汉中西城县。或言妫虚在西北，舜所居也。或作姚墟。故后或姓姚，或姓妫。妫、姚之异，事妄未知所从。"[③] 又如《潜夫论》云："帝舜姓虞，又为姚，居妫。"[④] 则舜既姓虞又姓姚，又加上"居妫"二字。有一本研究姓氏之书，声称舜既姓虞又姓姚，又"居妫"，可见得文献中混乱之情况。其实舜之父姓妫，舜之母姓姚，故舜姓妫，而舜之氏为虞，这些在史传中有明确的记载。那么舜之姓为何引起如此之混乱？

#### （2）妫与姚为近邻

妫、姚之混乱，是由于妫姓与姚姓往往是近邻。

如在陕南时期（大约距今 8000 年）。汉水经城固、洋县，石泉、紫阳至西城，因此西城在城固以东不过二三百里，实际上就妫、姚的两个部族而论，其距离当不到一二百里。而且由于姚姓、妫姓后来向东方迁徙了一千五百里以上，因此他们在陕南时可以认为在同一个地域。而且妫、姚之分布地域很广，如《水经注》云："汉水又东历姚方，盖舜后枝居是处，故地留姚称也。"[⑤] 郧西在今湖北。

后来在晋南时期，当颛顼东迁之后（大约距今 6500 年），妫姓、姚姓当亦东迁到晋南，而且也当一起为近邻。《史记·五帝本纪》曰："舜，冀州之人也。"正义也说："妫州亦冀州城是也。"[⑥] 因此妫姓在距今 5000 年当已在河东虞县历山西。《帝王世纪》

---

① 《汉书·地理志上》，第 1596 页。
② 《后汉书·郡国五》，第 3506 页。
③ （后魏）郦道元注，（清）杨守敬、熊会贞疏，段熙仲点校：《水经注疏·沔水上》，第 2325 页。
④ （汉）王符：《潜夫论·志氏姓》，《诸子集成》第八册，第 178 页。
⑤ （后魏）郦道元注，（清）杨守敬、熊会贞疏，段熙仲点校：《水经注疏·沔水上》，第 2340 页。
⑥ 《史记·五帝本纪》，第 32 页。

言："妫水在河东虞县历山西汭水涯也，犹洛汭、渭汭然也。"又说："瞽瞍妻曰握登……生舜于姚墟，故姓姚氏。"① 因此，妫、姚当是近邻。

有虞氏之地点在妫汭。《史记·五帝本纪》谓："舜，冀州之人也"，正义说："蒲州河东县本属冀州。《宋永初山川记》云：'蒲坂城中有舜庙，城外有舜宅及二妃坛。'《括地志》云：'妫州有妫水，源出城中。《耆旧传》云即舜厘降二女于妫汭之所。外城中有舜井，城北有历山，山上有舜庙，未详。'案妫州亦冀州城是也。"②

《史记·五帝本纪》说："于是尧妻之二女……舜饬下二女于妫汭。"集解言："孔安国曰：'舜所居妫水之汭。'"索隐记："妫水在河东虞乡县历山西。"正义云："妫汭水源出蒲州河东南山。"又云："河东县二里故蒲坂城，舜所都也。城中有舜庙，城外有舜宅及二妃坛。"③

因此舜为诸侯之都在河东县（隋置"河东县"，属"蒲州"，治所在今山西永济西南蒲州镇）。④ 蒲坂城，即在妫水之汭。妫水在河东虞乡县属山西，水源出蒲州河东南山。

《史记·五帝本纪》云："（舜）年六十一代尧践帝位"，集解曰："舜所都，或言蒲阪，或言平阳，或言潘。潘，今上谷也。"正义说："平阳，今晋州城是也。潘，今妫州城是也。蒲阪，今蒲州南二里河东县界蒲阪故城是也。"⑤

《读史方舆纪要》平阳府解州安邑县虞坂："志云：在县南二十里，以舜尝都此而名。俗名青石槽。"⑥

山东的妫姓与姚姓到春秋时期还是近邻（大约距今2500年）。在今山东西部有邹、遂、辕。邹为姚姓，《水经注》云："漯水又东，径邹平县故城北，古邹侯国，舜后，姚姓也。"⑦ 遂为妫姓，《左传·昭公八年》云："舜重之以明德，置德于遂，遂世守之。……故周赐之姓，使祀虞帝（杜预注：胡公满，遂之后也，事周武王，赐姓曰妫）。"⑧《春秋》云："齐人灭遂"，杜预注："遂国在济北蛇丘县东北。"⑨ 故遂为妫姓，其地在今宁阳、肥城之间。辕亦妫姓，《通志·氏族略》言："袁氏，亦作辕，亦作爰，妫姓，舜后。"⑩ 故春秋时期在今山东有邹为姚姓而遂、辕为妫姓，邹与遂、辕相距不远。

---

① 徐宗元：《帝王世纪辑存》，第45、41页。
② 《史记·五帝本纪》，第32页。
③ 《史记·五帝本纪》，第21、22页。
④ 《隋书·地理志中》，第849、850页。隋河东郡虞乡县，治所在今山西运城西南。唐武德改虞乡县为解县，另置虞乡县于今永济东，属蒲州。
⑤ 《史记·五帝本纪》，第44页。
⑥ （清）顾祖禹撰，贺次君、施和金点校：《读史方舆纪要·山西三》，第1906页。
⑦ （后魏）郦道元注，（清）杨守敬、熊会贞疏，段熙仲点校：《水经注疏·河水五》，第489页。
⑧ 《春秋左传正义·昭公八年》，（清）阮元校刻：《十三经注疏》，第2053页。
⑨ 《春秋左传正义·庄公十三年》，（清）阮元校刻：《十三经注疏》，第1770页。
⑩ （宋）郑樵撰，王树民点校：《通志二十略·氏族略第三·以字为氏》，第117页。

（3）妫姓与姚姓的互换

姚姓与妫姓后代甚至还有互换的现象："（田横）部分遗族……易姓王。……武帝即位，许舅氏男丁复姓田氏。姝弟田蚡始复田姓。蚡孙田渊因父田延年坐罪逃匿吴兴，改妫姓。渊孙，冀州刺史妫平再复姚姓，为江南姚姓之祖。"① 王莽时"田丰奉舜后，子恢，避王莽乱，过江居吴郡，改妫氏。五代孙敷，又立姚氏。复改姓姚。"②

"田，出自妫姓。陈厉公生公子完，避御寇之乱奔齐，以国为陈氏。齐桓公使为工正，食采于田，八世孙常，擅齐政为强家，始称田氏，或云陈、田声相近也。"③

因此姚与妫两姓有特殊关系，可能他们不是派生关系而是对偶关系。因此这两姓往往生活在一起。从以后的历史来看，妫与姚可能是两个对偶的姓，因此《帝王世纪》也说："安康谓之妫墟，或谓之姚墟。"④

（二）妫姓、姚姓在晋西南

有虞氏在晋西南分布广泛，书传中有许多关于虞舜的记载，但是十分混乱。关于舜的出生地、诸侯国、帝都，往往指同一个地方，因此舜的出生地、诸侯国、帝都的记载都有待澄清。如《帝王世纪》说："舜所都也，或言蒲坂，或言平阳及潘者也。"⑤ 顾祖禹说："蒲州，古蒲阪，舜都也。"其地有首阳山，"有虞泽，即舜所渔处"。历山，"相传即舜所耕处"。"妫、汭水在州南百里。……即尧厘降二女处。又有舜井。"又"陶邑乡，州北三十里。《水经注》：'蒲坂西北有陶城，舜陶于河滨，即此。'""又有陶泽，即舜所渔处。"⑥ 历史记载将舜之出生地、耕处、渔处、二女之"厘降"处，还有舜都，都不能区别。以下本书试将虞舜部族之地域、舜之出生地、舜之诸侯国和舜为天子之都，加以明确的说明。

1. 晋西南为虞舜部族之地域

昌意系从汉水流域移殖到熊耳山，一部分进入今山西之西南方，其中最著名者为有虞氏。有虞氏在晋西南之地域当分为涑水流域和河水北岸的两个部分。

先看涑水流域。涑水以北在清代为蒲州之临晋县、猗氏县、万泉县、荣河县等，而涑水以南为解州之芮城县、安邑县、夏县、闻喜县等。这些州县即为有虞氏在涑水流域之地域。

再看河水北岸。此处由中条山与王屋山形成一个区域。中条山以南为平陆、王屋山

---

① 徐铁生：《中华姓氏源流大辞典》，北京：中华书局，2014年，第653页。
② （唐）林宝撰，岑仲勉校记：《元和姓纂（附四校记）》，第557页。
③ （宋）邓名世：《古今姓氏书辩证》，第130页。
④ 徐宗元：《帝王世纪辑存》，第45页。
⑤ 徐宗元：《帝王世纪辑存》，第44页。
⑥ （清）顾祖禹撰，贺次君、施和金点校：《读史方舆纪要·山西三》，第1888、1892、1893、1894页。

以北为阳城，而两者之间为垣曲。关于中条山，《括地志》说："蒲州河东县雷首山，一名中条山，亦名历山，亦名首阳山，亦名襄山，亦名甘枣山，亦名猪山，亦名独头山，亦名薄山，亦名吴山。此山西起雷首，东至吴坂，凡十一名，随州县分之。"①

因此，晋西南有虞氏之地域大约西为涑水流域而东至沁河。

2. 舜之出生地

《史记》没有记载舜的姓，而《帝王世纪》云："舜，姚姓也。……瞽瞍妻曰握登，见大虹意感而生舜于姚墟，故姓姚氏。"② 因此舜生于姚墟，而舜之母族姓姚。在父系社会，子随父姓，则舜当为妫姓。姚为舜母族之姓，因此姚墟可能是舜之出生地，但姚不是舜之姓。因此说舜姓姚是误传。

但姚墟、妫墟在何处？《读史方舆纪要》谓瞽瞍葬于平阳府绛州垣曲县，又谓舜生于绛州垣曲县："三锥山，在县北六十里。……其相近者有鼓钟山，或曰瞽冢山也，相传瞽瞍葬处。……又诸冯山，在县东北四十里。《孟子》云'舜生诸冯'，盖即此。"③ 但《读史方舆纪要》根据瞽瞍葬处在垣曲之东北，就说瞽瞍东迁时就来在垣曲之东北，其实瞽瞍之葬处与瞽瞍东迁之处当在两个不同的地方，因此瞽瞍东迁之地与舜之出生地并无不同之处，《孟子》此话可能没有根据。

《史记·五帝本纪》记载说，舜本来是庶人，其父为瞽瞍，其八世祖为瞽瞍、桥牛、句望、敬康、穷蝉、颛顼、昌意、黄帝以下。自黄帝至颛顼为天子、诸侯，而穷蝉以下已为庶人：《史记·五帝本纪》云："自从穷蝉以至帝舜，皆微为庶人。"④

因此瞽瞍之部族在东迁中当来至姚墟一带。《读史方舆纪要》谓妫汭水"在州南百里。志云：历山下有二泉，名妫、汭，东西相距二里，南流为妫，北流为汭，异源同归，西注于河"。历山"在州东南百里，相传即舜所耕处"。陶泽"即舜所渔处，在首阳山下，南流入大河"。还有陶城，"舜陶于河滨，即此"⑤。因此估计舜青年时生活在姚墟，即历山、陶泽、陶城一带。

附近当还有许多姚姓部族。《史记·赵世家》吴广纳其女（于武灵王）为惠后，谓之吴孟姚。⑥ 这吴即春秋时之虞国，便当是姚姓的后裔。因此姚墟当位于河水北岸，因此姚姓可能就在平陆一带。

从瞽瞍的地位来看，他应该生活于妫墟，与姚姓相距不远。因为在东迁中，瞽瞍也应该与姚姓相距不远，可能也在平陆一带，不会远在垣曲东北。

---

① （唐）李泰等著，贺次君辑校：《括地志辑校·蒲州》，北京：中华书局，1980年，第51页。
② 徐宗元：《帝王世纪辑存》，第41页。
③ （清）顾祖禹撰，贺次君、施和金点校：《读史方舆纪要·山西三》，第1922页。
④ 《史记·五帝本纪》，第31页。
⑤ （清）顾祖禹撰，贺次君、施和金点校：《读史方舆纪要·山西三》，第1893、1892、1894页。
⑥ 《史记·赵世家》，第1804页载："吴广闻之，因夫人而内其女娃嬴。孟姚也。孟姚甚有宠于（武灵）王，是为惠后。"

### 3. 舜之诸侯国

舜本为庶人，但是尧封他为诸侯，《史记·五帝本纪》也记其事，说尧根据舜二十岁时以孝闻，三十岁时四岳"咸荐虞舜"。究竟为什么四岳都荐舜？尧于是听了就说可，就以二女妻舜，实际上就是封舜为诸侯：

> 舜年二十以孝闻。三十而帝尧问可用者，四岳咸荐虞舜，曰可。于是尧乃以二女妻舜以观其内，使九男与处以观其外。舜居妫汭，内行弥谨。……尧乃赐舜绨衣，与琴，为筑仓廪。予牛羊。……于是尧乃试舜五典百官，皆治。①

《帝王世纪》云："尧以二女妻舜，为筑宫室，封之于虞，故《尚书》云：'釐降二女于妫汭，嫔于虞，即此也。'"又说："尧以二女妻舜，封之于虞，今河东太阳山西虞地是也。"②《后汉书》也说："有吴山，上有虞城，有下阳城，有茅津。有颠軨坂。"③

尧以二女妻舜，实际上就是封舜为诸侯。《史记·陈杞世家》说："昔舜为庶人时，尧妻之二女，居于妫汭，其后因为氏姓，姓妫氏。"④ 舜为庶人时即姓妫，并非尧妻之二女而得其姓氏。

茅津渡之对岸为今河南三门峡。下阳亦名夏阳，在今山西平陆县东北，《春秋·僖公二年》云："虞师、晋师灭下阳。"杜预注："下阳，虢邑。在河东大阳县。"⑤ 因此大阳县为舜之诸侯国，在平陆、夏县一带。那么舜之诸侯国就位于妫、姚东迁时之地点。

### 4. 舜之都

史书说，舜后来成为天子，其都城在蒲州（即蒲坂）东南，与州城相连。《读史方舆纪要》谓平阳府蒲州为"古蒲坂，舜都也"。又说："志云：今州城外东南隅有虞都故城，与州城相连，周九里有奇，其相近有虞阪云。"⑥ 根据《水经注》，舜都亦称为"陶城"："陶城在蒲坂城北，城即舜所都也。南去历山不远，或耕或陶，所在则可。"⑦ 故舜都在蒲坂城北，称为陶城。附近有虞阪，而南去历山不远。

《帝王世纪》记："初，舜既践帝位，而父瞽瞍尚存，舜常载天子车服而朝焉。"⑧ 瞽瞍当在他自己之部族居住，在垣曲东北。

顾祖禹说，解州安邑县安邑故城，"皇甫谧云：舜、禹皆都于此"。还有鸣条冈，

---

① 《史记·五帝本纪》，第33、34页。
② 徐宗元：《帝王世纪辑存》，第38页。
③ 《后汉书·郡国一》。第3397页。
④ 《史记·陈杞世家》，第1575页。
⑤ 《春秋左传正义·僖公二年》，（清）阮元校刻：《十三经注疏》，第1791页。
⑥ （清）顾祖禹撰，贺次君、施和金点校：《读史方舆纪要·山西三》，第1888、1891页。
⑦ （后魏）郦道元注，（清）杨守敬、熊会贞疏，段熙仲点校：《水经注疏·河水四》，第300页。
⑧ 徐宗元：《帝王世纪辑存》，第40页。

"或云舜所葬也"。解州境内有虞国，有虞城、虞山，亦名吴城、吴山。[1] 虞或吴当系承袭舜之族名。为何禹亦都于此？

关于帝都，见本书［16］。

### （三）虞舜之传说

唐尧时代，太行山以东有不少关于尧的传说，其中可能有编撰的，但也有时将尧之后裔误认为尧。舜之情况可能亦与尧类似。

1. 舜为东夷

传说中往往认定舜为东夷之人，而陇山位于中国之西部，因此多数人认为舜的出生地不会在陇山，也不会在华山，更不会在涑水流域。许多人认为舜为东夷之人，与西部并无多大关系。

但是东夷之说，对于论证舜之出生地，并无太大之价值。《孟子》说："舜生于诸冯，迁于负夏，卒于鸣条，东夷之人也；文王生于岐周，卒于毕郢，西夷之人也。"[2] 但是《新语》说："文王生于东夷，大禹出于西羌。"[3] 而《盐铁论》则说："禹出西羌，文王生北夷。"[4] 同一个文王，既称西夷，又称东夷、北夷，就说明了这一点。方位为相对之词，如以河南为准，则文王在西；如以甘肃为准，则文王在东；如以四川为准，则文王在北。现在之"山东"指山东半岛，但战国时期之"山东"则指河南，亦基准点不同之故。

2. 耕历山，渔雷泽，陶河滨，作什器于寿丘，就时于负夏

关于舜青年之具体记载，亦是五花八门。对《史记·五帝本纪》"舜耕历山，渔雷泽，陶河滨，作什器于寿丘，就时于负夏"[5]，就有几十种解释。

对于"耕历山"，正义说："《括地志》云：'蒲州河东县雷首山，一名中条山，亦名历山，亦名首阳山……亦名吴山。此山西起雷首山，东至吴坂，凡十一名。……历山南有舜井。'又云：'越州余姚县有历山舜井，濮州雷泽县有历山舜井，二所又有姚墟，云生舜处也。及妫州历山舜井，皆云舜所耕处，未详也。'"仅仅"耕历山"三个字，已包括从雷首山到吴山的十一个名称，还包括越州余姚县的历山、濮州雷泽县的历山，而且越州、濮州都还有姚墟。因此，正义就已包括了晋西南、越州、濮州等地的"耕历

---

[1] （清）顾祖禹撰，贺次君、施和金点校：《读史方舆纪要·山西三》，第 1905、1906、1910、1911 页。
[2] （清）焦循：《孟子正义·离娄下》，《诸子集成》第一册，第 317 页。
[3] （汉）陆贾：《新语·术事》，《诸子集成》第七册，第 4 页。
[4] （汉）桓宽：《盐铁论·国病》，《诸子集成》第七册，第 32 页。
[5] 《史记·五帝本纪》，第 32 页。

山"①。还有其他如济阴郡成阳之历山。

对于"渔雷泽",《正义》说:"《括地志》云:'雷夏泽在濮州雷泽县郭外西北。'"但《集解》说:"郑玄曰:'雷夏,兖州泽,今属济阴。'"正义与集解就有两种说法。对于"渔",很容易提出十多种说法。对于"陶河滨"也是如此。

对于"寿丘",集解说:"皇甫谧曰:'在鲁东门之北。'"索隐说:"寿丘,地名,黄帝生处。"更是虚无缥缈。

对于"负夏",集解说:"郑玄曰:'负夏,卫地。'"索隐说:"就时犹逐时,若言乘时射利也。《尚书大传》曰'贩于顿丘,就时负夏。'"②

以上是《史记·五帝本纪》所提供对舜之比较正确的传说。很显然,可以在全国各地找到"耕历山,渔雷泽,陶河滨,作什器于寿丘,就时于负夏"的地理环境。因此出现了有关舜生平的各种记载。例如《读史方舆纪要》濮州:"临濮城(州南七十里。或曰即古城濮地。)雷泽城,洮城(州西南五十里。……亦曰桃城。……亦曰姚城,因姚墟而名也。《援神契》:'舜生姚墟。'……又《括地志》:鄄城东北十五里有尧城,相传唐尧所居。《通志》:尧城在州东南三十五里。又州东二十里有偃朱故城,相传丹朱邑也),历山(州东南七十里。相传舜耕处。《水经注》:'雷泽西南十许里……谓之历山。泽东南有陶墟,郭缘生《述征记》谓舜耕陶所在也。'志云:历山之东有再熟、成都二乡,盖取一种再熟,三年成都之义,皆因雷泽而传讹矣。又有箕山,在州东五十里,俗讹为许由辞位避居处)。"③

《读史方舆纪要》定陶县:"陶丘(志云:在县西南七里。《禹贡》:济水东出于陶丘北。郑玄曰:'陶丘在定陶县西。'《尔雅》'山再成曰陶',成犹重也。《帝王世纪》:舜陶于河滨,丘因以名。墨子谓之釜丘。《竹书》:魏襄王十九年,薛侯来会王于釜丘是也。《帝王世纪》:定陶西南有陶丘亭)。"④

《读史方舆纪要》兖州府曲阜县:"寿丘,在县东北。《帝王世纪》:'黄帝生于寿丘,在鲁东门北,长六里,高三丈。'《史记》:'舜作什器于寿丘。'《一统志》:'轩辕氏葬于此,在县东北二里。'"⑤ 又兖州府泗水县鄎城:"在县东南。……鄎音鱼。后汉省。又桃墟,亦在故卞城东南,鲁邑也。……世亦谓之陶墟,谓舜所陶处。"⑥

《水经注》不以为然:"余昔因公事,沿历徐、沇,路径洙、泗,因令寻其源流。水出卞县故城东南,桃墟西北(杨守敬按:县详下,姚墟在今泗水县东南)。《春秋·昭公七年》……杜预曰:鲁国卞县东南有桃墟(此桃墟当因姚墟而讹)。世谓之曰陶墟,舜所陶处也,井曰舜井,皆为非也。……俗谓之妫亭山,盖有陶墟、舜井之言,因复有妫

---

① 《史记·五帝本纪》,第33页。
② 《史记·五帝本纪》,第33页。
③ (清)顾祖禹撰,贺次君、施和金点校:《读史方舆纪要·山东五》,第1612、1613页。
④ (清)顾祖禹撰,贺次君、施和金点校:《读史方舆纪要·山东四》,第1579、1580页。
⑤ (清)顾祖禹撰,贺次君、施和金点校:《读史方舆纪要·山东三》,第1514页。
⑥ (清)顾祖禹撰,贺次君、施和金点校:《读史方舆纪要·山东三》,第1524页。

亭之名矣。"①

对各种传说，都有不同的评论，但是其中可能有真实的背景。例如定陶，其地与舜之后裔接近，因此该地可能是舜后裔留下之遗迹。

3. 上虞、潘

传说中又将浙江上虞、河北之潘与舜联系起来。从地理环境来看，今浙江上虞或今河北北部之潘，都不可能与舜之青少年联系起来。

所谓潘，其"故县属土谷。《左传》潘荻潘子者，本北燕州，贞观改曰妫州。今妫之怀戎亦曰妫虚"。所谓饶汭，指"金之西城有姚方、妫虚……佑云本曰饶汭有舜祠或谓舜生于此"②。

## （四）有虞氏再一次之东迁

有虞氏最初由陇山东迁到河水之北岸，后来有虞氏再一次东迁，渡河南迁于河南之汝水流域（大约距今4000年），由于有虞氏再一次东迁，于是有虞氏在豫东形成了商、遂、陈等部族。

### 1. 商

在虞夏时期，舜封子义均于商族。商在归德府虞城县。

《竹书纪年》曰："（帝舜）二十九年，帝命子义均封于商。"徐文靖笺："《吕氏春秋·去私篇》舜有子九人。"③沈约附注："义均封于商，是谓商均。"徐文靖笺："《史记·曹相国世家》'攻下邑以西至虞'，《正义》曰：'虞城县在宋州北五十里，古虞国，商均所封。《一统志》：虞城县在归德府城东北六十里。当时并商丘皆在国内，故曰商也。'"④

《读史方舆纪要》归德府虞城县："府东北六十里。东北至山东单县六十里。古虞国，禹封商均于此。"又虞城县虞城："在县南三里。旧县治此。"又虞城县纶城："在县西三十五里。夏时虞国之邑。《左传》：'少康奔有虞，邑诸纶。'是也。"⑤

### 2. 遂

（1）遂地

到商代，舜之后裔助汤灭夏，于是汤封舜之后裔为遂。《世本》说："商封舜之后于

---

① （后魏）郦道元注，（清）杨守敬、熊会贞疏，段熙仲点校：《水经注疏·泗水》，第2096页。
② （宋）罗泌：《路史·国名纪丁》，第349页。
③ （清）徐文靖：《竹书纪年统笺》，《二十二子》，第1053页。
④ （清）徐文靖：《竹书纪年统笺》，《二十二子》，第1054页。
⑤ （清）顾祖禹撰，贺次君、施和金点校：《读史方舆纪要·河南五》，第2351、2352页。

遂。以为氏。"①谯周云:"商均封为虞公,其子虞思事少康为相,号幕;下至遂公淮,事成汤为司徒。汤灭夏,封为遂公,号曰虞遂。"又说:"妫姓。"②

遂以幕为远祖,《左传·昭公八年》云:"自幕至于瞽瞍,无违命,舜重之以明德,置德于遂。遂世守之。及胡公不淫,故周赐之姓,使祀虞帝。"杜预注:"遂,舜后。盖殷之兴,存舜之后而封遂。""胡公满遂之后也,事周武王赐姓曰妫。"孔颖达疏:"《鲁语》云:幕能师颛顼者也,有虞氏报焉。……言虞舜祭幕,明幕是舜先,不知去舜远近也。"③

(2) 春秋之后遂东迁宁阳

春秋以后,遂东迁于山东宁阳。《谷梁传·庄公十三年》云:"齐人灭遂。遂,国也。……微国也。"④《读史方舆纪要》兖州府宁阳县遂城:"在蛇丘废县东北。故遂国。《左传·庄公十三年》:'齐人灭遂而戍之。'"⑤

宁阳县铸城,"亦在县西北。春秋时小国也。《礼记》:'周武王未及下车,封尧后于铸。'……杜预曰:'铸即蛇丘县治'"⑥。铸亦当是春秋之后东迁到山东。

3. 陈

(1) 陈地

周代,舜之后裔封为陈。到周武王时,遂之后裔遏父为周之陶正,于是周武王封遏父之子满为陈,以封舜后。满称为胡公。

《史记·陈杞世家》说:"舜已崩,传禹天下,而舜子商均为封国。夏后之时,或失或续。至于周武王克殷纣,乃复求舜后(索隐:遏父为周陶正。遏父,遂之后。陶正,官名。生满),得妫满,封之于陈,以奉帝舜祀,是为胡公。"索隐:"按:商均所封虞,即今之梁国虞城是也。"⑦

《史记·陈杞世家》之索隐云:"按:《系本》云'陈,舜后'。宋忠云'虞思之后,箕伯、直柄中衰,殷汤封遂于陈以祀舜'。"⑧

《国语》"陈由大姬",韦昭注:"陈,妫姓,舜后。"⑨《左传·庄公十八年》云:"陈妫归于京师。"⑩

《左传·襄公二十五年》记载郑子产对晋士庄伯说及陈之罪,曰:"昔虞阏父为周陶

---

① (清)秦嘉谟:《世本·氏姓》,(汉)宋衷注,(清)秦嘉谟等辑:《世本八种》,第254页。
② 陈槃:《春秋大事表列国爵姓及存灭表撰异·遂》,第474页。
③ 《春秋左传正义·昭公八年》,(清)阮元校刻:《十三经注疏》,第2053页。
④ 《春秋谷梁传注疏·庄公十三年》,(清)阮元校刻:《十三经注疏》,第2383页。
⑤ (清)顾祖禹撰,贺次君、施和金点校:《读史方舆纪要·山东三》,第1519页。
⑥ (清)顾祖禹撰,贺次君、施和金点校:《读史方舆纪要·山东三》,第1518页。
⑦ 《史记·陈杞世家》,第1575页。
⑧ 《史记·陈杞世家》,第1581、1582页。
⑨ 徐元诰撰,王树民、沈长云点校:《国语集解·周语中》,第47页。
⑩ 《春秋左传正义·庄公十八年》,(清)阮元校刻:《十三经注疏》,第1773页。

正，以服事我先王（杜注：阏父，舜之后，当周之兴，阏父为武王陶正）。我先王赖其利器用也，与其神明之后也，庸以元女大姬，配胡公（杜预注：元女，武王之长女。胡公，阏父之子满也）而封诸陈，以备三恪。"①陈在开封府陈州。

胡公称为"妫满"，可知满为妫姓。当尧妻舜二女时为妫姓，而商均是舜的儿子，则商均当为妫姓。一直到周武王时，胡公仍然是妫姓。则从舜一直到周武王时，舜之后裔当为妫姓。故《世本》既说妫姓为帝舜之后，又说帝舜之后亦为姚姓。这种混乱乃由于妫、姚误混之故。

（2）陈灭于楚

那么陈在何处？《读史方舆纪要》开封府陈州："古庖牺氏所都，曰太昊之墟，周初封舜后妫满于此，为陈国。楚灭陈，顷襄王自郢徙此。"②春秋时期以后，陈族从开封迁徙到山东，改称田氏。

（3）箕、直、戏

遂之近亲部族当有箕、直、戏三族。《左传·昭公三年》载晏婴对叔向说到陈国后裔在齐之"箕伯、直柄、虞遂、伯戏（杜注：四人皆舜后陈氏之先），其相胡公大姬，已在齐矣。"③陈氏后裔渐渐强盛起来，除虞遂之外，谓箕伯、直柄、伯戏也在齐。

## 二、昌意系姒姓之移殖

在秦岭北麓，姒姓的部族可考者有莘族，还有崇族，还有芮族，这些部族分布于渭水中下游；在秦岭南麓，姒姓的部族还有褒族，分布在陕南汉水上游。其中最重要的是禹的部族。

### （一）禹

《史记·五帝本纪》载："嫘祖为黄帝正妃，生二子……其一曰玄嚣，是为青阳，青阳降居江水；其二曰昌意，降居若水。昌意娶蜀山氏女，曰昌仆，生高阳……是为帝颛顼也。"索隐云："言帝子为诸侯，降居江水、若水。江水、若水皆在蜀，即所封国也。……是蜀有此二水也。"④因此黄帝之子孙昌意、颛顼生于四川之江水、若水，其中昌意在若水。因此昌意、颛顼与武都郡、汉中郡直接有关。关于江水、若水的讨论，参看《夏商周起源考证》⑤。

《水经注》曰："若水沿流，间关蜀土。黄帝长子昌意，德劣不足绍承大位，降居斯

---

① 《春秋左传正义·襄公二十五年》，（清）阮元校刻：《十三经注疏》，第1985页；《史记·陈杞世家》，第1575页。
② （清）顾祖禹撰，贺次君、施和金点校：《读史方舆纪要·河南二》，第2174页。
③ 《春秋左传正义·昭公三年》，（清）阮元校刻：《十三经注疏》，第2031页。
④ 《史记·五帝本纪》，第10、11页。
⑤ 张肇麟：《夏商周起源考证》，第186页。

水，为诸侯焉。娶蜀山氏女，生颛顼于若水之野。"① 若水当即洮河与白龙江一带，可能若水在葭萌（今广元）注入西汉水（即嘉陵江）。

史传谓鲧为颛顼之子，但《史记·夏本纪》之索隐曰："《系本》亦以鲧为颛顼子。《汉书·律历志》则云'颛顼五代而生鲧'。按：鲧既仕尧，与舜代系殊悬，舜即颛顼六代孙，则鲧非是颛顼之子。盖班氏之言近得其实。"② 故鲧当为颛顼之裔孙。

《史记·夏本纪》载："禹者，黄帝之玄孙而帝颛顼之孙也。禹之曾大父昌意及父鲧皆不得在帝位，为人臣。"索隐云："《连山易》云'鲧封于崇'，故《国语》谓之'崇伯鲧'"③。那么崇在何处？

《帝王世纪》言："（鲧）纳有莘氏女，曰志……见流星贯昴，又吞神珠，意感而生禹于石纽……长于西羌，西夷人也。"④ 因此禹之母族在石纽。《史记·夏本纪》之正义曰："扬雄《蜀王本纪》云：'禹本汶山郡广柔县人也，生于石纽。'《括地志》云：'茂州汶川县石纽山在县西七十三里。'"⑤

《水经注》云："沫水出广柔徼外，县有石纽乡，禹所生也。"⑥《路史》曰："生禹于僰道之石纽乡，所谓刳儿坪者。"罗苹注："《孟子》云：禹生石纽。《华阳志》《郡国志》：生于石纽村。《太平寰宇记》：今在茂之汶川县北。"⑦

所有这些记载一致认为禹之母族为有莘氏，而禹出生于今四川汶川、茂县一带。由于鲧之地域当与有莘氏不远，那么崇亦当在陇东。

但是在尧舜时期，鲧不可能生活在陇山地区，因此有莘氏亦不可能生活于"茂州汶川县石纽山"，因此《帝王世纪》等书记载"禹生于石纽，长于西羌，西夷人也"的说法是不可靠的，实际上当是有莘氏之始祖"生于石纽，长于西羌，西夷人也"。正如舜族之始祖出于汉中之姚墟，说成舜生于汉中姚墟一样。

实际上在颛顼时代，夏族已经东迁到中原，颛顼正在今河北、河南之东部行动，因此从禹的历史记载来看，他的始祖（颛顼之前）还生活于四川汶川。茂县一带。到颛顼时代，禹之父母鲧、崇及有莘氏，必定早已离开陇山地区，来到渭水流域，或者已经进入豫西。

## （二）崇与有莘氏

### 1. 有莘氏

有莘氏在夏族离开陇山地区东迁时，首先当进入渭水下游。从已有文献记载来看，

---

① （后魏）郦道元注，（清）杨守敬、熊会贞疏，段熙仲点校：《水经注疏·若水》，第2945页。
② 《史记·夏本纪》，第50页。
③ 《史记·夏本纪》，第49、50页。
④ 徐宗元：《帝王世纪辑存》，第49页。
⑤ 《史记·夏本纪》，第49页。
⑥ （后魏）郦道元注，（清）杨守敬、熊会贞疏，段熙仲点校：《水经注疏·沫水》，第2962页。
⑦ （宋）罗泌：《路史·夏后氏》，第139页。

有莘氏有以下地域。

（1）先东迁于陕西合阳

当有莘氏东迁时，他们在虞夏时期位于陕西合阳。周武王之母大姒亦来自有莘氏，《诗·大雅·大明》云："在洽之阳，在渭之涘"，"缵女维莘，长子维行"。毛传："莘，大姒国也。"郑笺："莘国之长女大姒则配文王，维德之行。"① 《元和郡县图志》云："夏阳县，古有莘国，汉合阳县之地。……县南有莘城，即古莘国，文王妃太姒即此国之女也。"②

（2）再东迁于河南卢氏

《读史方舆纪要》记河南府卢氏县说："本虢之莘地，汉因卢敖得仙始置卢氏县，属弘农郡。"又河南府卢氏县熊耳山："在县西南五十里。东连永宁，南接内乡，有东西两峰，相竞如熊耳然。洛水径其下。……志云：府境山名熊耳者有三：卢氏之熊耳也，宜阳之熊耳也，陕州之熊耳也。"③

《读史方舆纪要》河南府陕州莘原："在废硖石县西十五里。《左传·庄公十三年》'有神降于莘'，即此。"④ 此处引《左传·庄公十三年》有误。

（3）再东迁于河南陈留

《括地志》曰："古莘国，在汴州陈留县东五里，故莘城是也。……本宋地，莘氏邑也。"⑤ 《读史方舆纪要》开封府陈留县："东北三十五里"有莘城，而"县南十五里有空桑城，相传伊尹生此，盖亦因莘城而名。"⑥

《史记·殷本纪》记载了汤与有莘氏的关系："阿衡欲奸汤而无由，乃为有莘氏媵臣。"集解言："《列女传》曰：'汤妃有莘氏之女。'"⑦《墨子》云："伊挚，有莘氏女之私臣。"⑧

（4）再东迁于山东曹县

《读史方舆纪要》兖州府曹县莘城："县北十八里。《元和志》：'古莘仲国也，在济阴县东南三十里。'……《春秋·僖（公）二十八年》：'晋侯次于城濮，登有莘氏之墟以观师。'杜预曰：'古莘国城'是也。今为莘仲集。"⑨

故从禹出生至春秋时期的两三千年之中，有莘氏当从陇蜀之间移殖到渭南，又移殖到今河南以至山东。

---

① 《毛诗正义·大雅·大明》，（清）阮元校刻：《十三经注疏》，第507、508页。
② （唐）李吉甫撰，贺次君点校：《元和郡县图志·关内道二》，北京：中华书局，1983年，第39页。
③ （清）顾祖禹撰，贺次君、施和金点校：《读史方舆纪要·河南三》，第2267、2268页。
④ （清）顾祖禹撰，贺次君、施和金点校：《读史方舆纪要·河南三》，第2273页，应改为引《左传·庄公三十二年》。
⑤ （唐）李泰等著，贺次君辑校：《括地志辑校》，第181页。
⑥ （清）顾祖禹撰，贺次君、施和金点校：《读史方舆纪要·河南二》，第2153页。
⑦ 《史记·殷本纪》，第94页。
⑧ （清）孙诒让：《墨子间诂·尚贤中》，《诸子集成》第四册，第34页。
⑨ （清）顾祖禹撰，贺次君、施和金点校：《读史方舆纪要·山东四》，第1576页。

## 2. 崇

崇本为古国。皇甫谧云："夏鲧封。虞、夏、商、周皆有崇国。"①

（1）崇由陇山地区东迁于秦晋之间

当鲧从陇山地区东迁时，崇国当位于渭水流域。《左传·宣公元年》云："赵穿曰：我侵崇，秦急崇，必救之。"②其时晋之西南境，相当于今之华阴市，崇介在秦晋两国之间，则崇必与晋相邻，当其以洛南县为适合。

（2）后来崇由秦晋之间东迁于河南嵩山

《竹书纪年》云："（帝辛）三十四年，周师取耆及邘，遂伐崇。崇人降。"③耆、邘、崇三地必相距不远。

《史记·周本纪》云："明年，败耆国。……明年，伐邘。明年，伐崇侯虎。"正义云："（耆）即黎国也。邹诞生云本或作黎。孔安国云黎在上党东北。"又："《括地志》云：'故邘城在怀州河内县西北二十七里，古邘国城也。'"又："皇甫谧云夏鲧封。虞、夏、商、周皆有崇国，崇国盖在丰、镐之间。《诗》云'既伐于崇，作邑于丰'，是国之地也。"④但耆在上党而邘在河内，文王既然已经在上党、河内扩充疆土，他必定早已控制丰镐之间，故崇地不会在丰镐之间，也不会在洛南一带，崇与耆、邘不会相距如此遥远。我认为，崇当时在河南嵩山附近。

嵩山又名崇高，《汉书》谓汉武帝登嵩高，改名为崇高。《汉书·地理志》颍川郡崇高县，班固自注："武帝置，以奉太室山……古文以崇高为外方山也。"颜师古注："嵩，古崇字。"此地古当称为崇。⑤王念孙说："古无嵩字，以崇为之，故《说文》有崇无嵩字。经传或作嵩，或作崧，皆是崇之异文。"⑥因此，鲧之崇在嵩山附近。

## 3. 禹与崇

崇伯鲧治水失败，《史记·夏本纪》说："（舜）行视鲧之治水无状，乃殛鲧于羽山以死。天下皆以舜之诛为是。于是舜举鲧子禹，而使续鲧之业。"⑦当鲧流放之后，禹是否仍为崇伯？文献中没有说明。从上下文来看，崇国继续存在，禹仍为崇国诸侯，而且禹还成为"司空"，其地位与契、后稷、皋陶相同。

因此《史记·夏本纪》说，最初舜要求四岳推举鲧之继任者，四岳都推举禹："皆曰：'伯禹为司空，可成美尧之功。'……禹拜稽首，让于契、后稷、皋陶。"⑧可以说明

---

① 《史记·周本纪》，第118页。
② 《春秋左传正义·宣公元年》，（清）阮元校刻：《十三经注疏》，第1866页。
③ （清）徐文靖：《竹书纪年统笺》，《二十二子》，第1070页。
④ 《史记·周本纪》，第118页。
⑤ 《汉书·武帝纪》，第190页；《汉书·地理志》，第1560页。
⑥ （清）王念孙：《读书杂志》，南京：江苏古籍出版社，2000年，第186页。
⑦ 《史记·夏本纪》，第50页。
⑧ 《史记·夏本纪》，第50页。

在鲧被流放之后，禹的地位仍是大诸侯，与鲧相同。因此在鲧被流放之后，禹可能继续任崇伯，当称为"崇伯禹"。

《帝王世纪》说，在治水成功之后，"禹受封为夏伯，在《禹贡》豫州外方南……今河南阳翟是也"。《帝王世纪》的另一版本则说："乃赐姓姒氏，封为夏伯，故谓之伯禹。及尧崩，舜复命居故官。"① 因此在禹治水成功之后，尧对禹"赐姓姒氏，封为夏伯"。后来在尧崩后，舜对禹"居故官"，亦即舜对禹仍然"赐姓姒氏，封为夏伯"。因此禹在治水成功之后，从崇伯成为夏伯，称为夏后氏。值得注意的是，尧封禹为"赐姓姒氏，封为夏伯"，后来舜仍然封禹"赐姓姒氏，封为夏伯"，所以所谓"赐姓""封夏伯"，不过是一种任命典礼，不是给禹新的"夏伯"，更不是给禹新的"姓"。

4. 禹之都城

《竹书纪年》有关于禹、启都城的简短说明："（帝启）元年，癸亥，帝即位于夏邑，大飨诸侯于钧台，诸侯从。帝归于冀都，大飨诸侯于璇台。"② 则启为诸侯在"夏邑"，而为天子在"冀都"。但何处为夏邑，何处为冀都？

《读史方舆纪要》开封府禹州钧台："在今州城北门外。《左传·昭公四年》载：楚椒举曰：'夏启有钧台之享。'杜预曰：'阳翟县南有钧台陂。'魏收云：'阳翟有钧台陂，陂方十里。'"③ 故所谓夏邑即为阳翟，故启之诸侯国为阳翟，此当即禹之诸侯国。《竹书纪年》记，帝启元年"帝即位于夏邑"，徐文靖笺按："《郡国志》：颍川阳翟，禹所都。盖禹始封于此，为夏伯。"④ 禹之诸侯国夏邑即河南阳翟。

又《世本》谓禹都阳城。《读史方舆纪要》河南府登封县："在府东南一百四十里。……古阳城也。禹避舜之子于阳城，即此。《世本》言禹都阳城，误也。汉置崇高县于此，属颍川郡。……大业初改曰嵩阳，属河南郡。"又登封县阳城废县，"在县东南四十里。……登封初改曰告成县。……志云：城中有测景台，周公定此地为土中"⑤。则禹居阳城为禹避商均时，因此阳城并非禹之都城。

《帝王世纪》云："（禹）受禅，都平阳，或在安邑、或在晋阳。……然则居阳城者，自谓禹避商均时，非都也。"⑥ 关于禹之都城，见本书 [16]。

（三）扈与观

《左传·昭公元年》载："虞有三苗，夏有观、扈，商有姺、邳，周有徐、奄"，杜

---

① 徐宗元：《帝王世纪辑存》，第48、49页。
② （清）徐文靖：《竹书纪年统笺》，《二十二子》，第1056页。
③ （清）顾祖禹撰，贺次君、施和金点校：《读史方舆纪要·河南二》，第2195页。
④ （清）徐文靖：《竹书纪年统笺》，《二十二子》，第1056页。
⑤ （清）顾祖禹撰，贺次君、施和金点校：《读史方舆纪要·河南三》，第2262、2263页。
⑥ 徐宗元：《帝王世纪辑存》，第48、49页。

注:"观国,今顿丘卫县。扈在始平鄠县。"① 究竟扈与观是否姒姓古国?扈、观与夏族有何种关系?

1. 扈

(1)有扈氏及夏族的关系

一是关于有扈氏与启的战争。《汉书·地理志》右扶风鄠,班固自注:"古国。有扈谷亭。扈,夏启所伐。酆水出东南。"② 又《说文》云:"扈,夏后同姓所封,战于甘者。在鄠,有扈谷、甘亭。从邑,户声。"③ 以下为《读史方舆纪要》对西安府鄠县的说明:"(鄠县在西安)府西南七十里。……夏为扈国地,殷为崇国地,周为丰邑地,秦为鄠甘亭。扈、鄠一也。汉置鄠县。"又有对鄠县鄠城的说明:"(鄠城在)县北二里。古扈国也。《左氏传》:'夏有观、扈。'杜预曰:'鄠县有扈乡。'秦改为鄠。"④ 因此当夏时,有扈氏之地域在陕西鄠县(今西安市鄠邑区,下同)北二里的"鄠城"。有扈氏与夏后同姓,即姒姓。有扈氏与夏启之战见《尚书·甘誓》。

《尚书·序》曰:"启与有扈,战于甘之野,作《甘誓》。"《释文》云:"有扈,国名,与夏同姓。马云:姒姓之国为无道者。"⑤《淮南子》对此有进一步的发挥:"昔有扈氏为义而亡。"高诱注:"有扈,夏启之庶兄也。以尧舜举贤,禹独与子,故伐启。启亡之。"⑥ 因此有扈氏在夏朝时,位于陕西鄠县。有扈氏为姒姓,高诱认为:"有扈,夏启之庶兄。"又说有扈氏反对夏启是由于有扈氏坚持帝位禅让制度,反对帝位传子。因此战争是由于有扈氏反对启继承帝位。

二是关于有扈氏与禹的战争。关于有扈氏还有另一种说法,即认为与有扈氏大战的并非启而是禹。《庄子》记:"昔者尧攻丛枝、胥敖,禹攻有扈,国为虚厉。"⑦《吕氏春秋》言:"禹攻曹魏、屈骜、有扈,以行其教。"⑧ 又《说苑》云:"昔禹与有扈氏战,三陈而不服。禹于是修教一年,而有扈氏请服。"⑨ 故与有扈大战的是禹而不是启,而且有扈氏与禹是平行的古国。禹与有扈氏"三陈而不服","修教一年才请服",因此是禹要"修教"有扈氏,最后有扈氏服了。

因此禹、启与有扈氏的关系不同。禹要"修教"有扈氏,有扈氏服了;而启是继承了帝位,而有扈氏要攻击启,启反过来把有扈氏灭掉了,"(有扈氏)伐启。启亡之"。书传记载启在鄠县消灭了有扈氏,但没有禹"修教"有扈氏之地域。

---

① 《春秋左传正义·昭公元年》,(清)阮元校刻:《十三经注疏》,第 2021 页。
② 《汉书·地理志上》,第 1547 页。
③ (汉)许慎撰,(清)段玉裁注:《说文解字注·邑部》,第 286 页。
④ (清)顾祖禹撰,贺次君、施和金点校:《读史方舆纪要·陕西二》,第 2564 页。
⑤ 《尚书正义·甘誓》,(清)阮元校刻:《十三经注疏》,第 155 页。
⑥ (汉)高诱注:《淮南子·齐俗训》,《诸子集成》第七册,第 176 页。
⑦ (清)王先谦:《庄子集解·人间世》,《诸子集成》第三册,第 22 页。
⑧ (汉)高诱注:《吕氏春秋·恃君览·召类》,《诸子集成》第六册,第 262 页。
⑨ (汉)刘向:《说苑校证·政理篇》,北京:中华书局,1987 年,第 147 页。

三是关于有扈氏地域的记载。书传中有关于有扈氏地域的另一个记载。《春秋·文公七年》云："公会诸侯、晋大夫，盟于扈"，杜注："扈，郑地，荥阳卷县西北有扈亭。"①则谓扈在今荥阳卷县。但《读史方舆纪要》开封府原武县扈亭："在县西北。《春秋·庄（公）二十三年》：'公会齐侯盟于扈。'……'晋赵盾与宋、卫、齐、郑、曹、许诸侯盟于扈。'其后往往会盟于此，盖其地在四方道里中也。"②则扈在开封原武县扈亭。

《汉书·地理志》河南郡有卷、原武县（今原阳县）。《史记·秦本纪》云："（昭襄王）三十三年，客卿胡阳攻魏卷、蔡阳、长社，取之。"正义："《括地志》云：'故卷城在郑州原武县西北七里，即衡雍也。'"③因此，卷亦即原武。《读史方舆纪要》开封府原武县卷城，"在县西北七里。……《水经注》：'河水经卷县北，又东至酸枣之延津。'二邑皆河津之要也"。又原武县垣雍城，"在县西北五里。……亦曰衡雍"④。因此有扈氏之另一地域为河南郡原武县。但是这个地域与禹、启、有扈氏并无历史渊源。

（2）有扈氏之历史

有扈氏在夏朝时，位于今西安市鄠邑区，为姒姓。《读史方舆纪要》谓鄠县在夏时为扈国地，在殷时为崇国地，而高诱认为"有扈，夏启之庶兄"，那么有扈氏与崇族同属于昌意系，因此姒姓之有扈氏是否与有莘氏、崇族、芮族等都自陇山地区迁徙而来？有莘氏、崇族后来又从陕西东迁到洛阳、郑州一带，有扈氏是否也同时东迁到原武一带？

我认为，有扈氏正是起源于陇山地区，然后东迁到今西安市鄠邑区，最后东迁到原武。这就对禹、启、有扈氏的历史有了比较明确的解释。

有扈氏在昌意系之东迁中，来到了今西安市鄠邑区（颛顼以后，约距今6500年），在今西安市鄠邑区有扈氏与崇族发生冲突，崇族利用和解的办法取得了控制权。这就是禹"修教"有扈氏的历史背景。在昌意系的姒姓部族向郑州以东移殖中，有扈氏到了原武（帝喾以后，约距今5000年）。在禹启时代，发生了《尚书·序》所说的"启与有扈，战于甘之野，作《甘誓》"之事件（夏启时期，约距今4000年），夏启消灭了有扈氏。

文献记载中启与有扈氏战于今西安市鄠邑区，其实是启与有扈氏战于原武之战争。真正的"大战于甘"的故事也不是禹与有扈氏之"修教"，是崇族与有扈氏在东迁过程中发生于今西安市鄠邑区昌意系部族内部之矛盾，参与崇族与有扈氏的冲突，也不是禹。

2. 观

（1）观之地理位置

汉朝时东郡有观，在后汉时改为"卫公国"。《汉书·地理志》东郡，观，班固自

---

① 《春秋左传正义·文公七年》，（清）阮元校刻：《十三经注疏》，第1845页。
② （清）顾祖禹撰，贺次君、施和金点校：《读史方舆纪要·河南二》，第2166页。
③ 《汉书·地理志上》，第1555页；《史记·秦本纪》，第213、216页。
④ （清）顾祖禹撰，贺次君、施和金点校：《读史方舆纪要·河南二》，第2165页。

注:"应劭曰:'夏有观、扈,世祖更名卫国,以封周后。'"①《后汉书》东郡卫公国,刘昭补:"本观故国,姚姓,光武更名。"②此观县在汉朝之东郡,即在今河南清丰县东南。

明朝时山东东昌府濮州有观城县,《读史方舆纪要》东昌府濮州观城县:"州西北七十余里。东北至朝城县四十里,西至北直清丰县五十里。古观国,汉为畔观县,属东郡。后汉更名卫国县。晋属顿丘郡。"又濮州观城县古观城,"在县西,古国也。《左传·昭公元年》:'赵文子曰:夏有观、扈。'应劭曰:'此即观也,夏启子太康弟所封。'或谓之斟观。……汉置畔观县。后汉建武三年改封周后姬常于此,曰卫国,因为卫国县"③。此观城县亦即在今河南清丰县东南。④

因此,古观国即在今河南清丰县东南。

(2)观与夏族之关系

《春秋大事表》谓观为夏时姒姓国,"今山东曹州府观城县"。那么夏时观在今河南清丰东南。《春秋大事表》又谓扈为夏时姒姓国,"今陕西西安府鄠县北"⑤。前边已讨论过,扈曾从陕西鄠县东迁到河南开封原武县扈亭。与原武县邻近。那么夏商,观与扈邻近。可是在颛顼以前,有扈氏是从陇山地区东迁到陕西鄠县的,那么观也可能是从陇山地区来的,也就是说,《春秋大事表》认为观与扈是夏时姒姓国,是有道理的,实际上,观、扈、崇都是昌意系的姒姓国。

春秋时期还有遂国,《左传·庄公十三年》曰:"齐人灭遂而戍之。"⑥《谷梁传》云:"遂,国也。……微国也。"⑦《读史方舆纪要》宁阳县:"遂城,在蛇丘废县东北。故遂国。《左传·庄(公)十三年》:'齐人灭遂而戍之。'《十七年》:'齐人歼于遂。'《史记·齐世家》:'桓公五年伐鲁,鲁庄公请献遂邑以和。'"⑧故周武王建陈国,并不是用陈代替遂,也许春秋时期的遂是后来另外建立的。

---

① 《汉书·地理志上》,第1557页。
② 《后汉书·郡国三》,第3450页。
③ (清)顾祖禹撰,贺次君、施和金点校:《读史方舆纪要·山东五》,第1617页。
④ 因此在汉朝时为东郡观县,后汉时为卫公国或卫国,明朝时为山东东昌府观城县,清朝时为山东曹州府观城县。
⑤ (清)顾栋高辑,吴树平、李解民点校:《春秋大事表·春秋列国爵姓及存灭表》,第605页。
⑥ 《春秋左传正义·庄公十三年》,(清)阮元校刻:《十三经注疏》,第1771页。
⑦ 《春秋谷梁传注疏·庄公十三年》,(清)阮元校刻:《十三经注疏》,第2383页。
⑧ (清)顾祖禹撰,贺次君、施和金点校:《读史方舆纪要·山东三》,第1519页。

# [补注] 姚、妫二姓

## 一、舜的姓氏

《帝王世纪》："舜，姚姓也。"但亦谓舜当姓妫，据《水经注》载："（汉水）东过南郑县南……汉水又东径妫虚滩。《世本》曰：'舜居妫汭，在汉中西城县。'或言妫虚在西北，舜所居也。或作姚墟。故后或姓姚，或姓妫。妫、姚之异，事妄未知所从。"[①] 郦道元亦认为舜究竟姓姚还是姓妫，难以断定。

《史记》没有记载舜的姓，但索隐云："皇甫谧云：'舜母名握登，生舜于姚墟，因姓姚氏也。'"正义："瞽叟姓妫。妻曰握登，见大虹意感而生舜于姚墟，故姓姚。"[②] 据索隐、正义所说，则舜父为妫姓而舜母在姚墟。在父系社会，子随父姓，则舜当为妫姓。在舜的时候，夏族应该已经是父系社会。

## 二、妫、姚当是对偶的两姓

### （一）陕南的妫姓与姚姓

妫与姚两姓有特殊关系，可能不是派生关系而是对偶关系。因此这两姓往往生活在一起。如舜父之妫姓部族与舜母之姚姓部族，二者相距不远。

### （二）晋南的妫姓与姚姓

在今山西西南部有蒲州、解州，顾祖禹说："蒲州，古蒲坂，舜都也。"其地有首阳山，"有虞泽，即舜所渔处"。历山，"相传即舜所耕处"。"妫、汭水在州南百里。……即尧厘降二女处。又有舜井。"又，"蒲坂西北有陶城，舜陶于河滨即此。……又有陶泽，即舜所渔处"[③]。

蒲州有大量妫姓部族，附近当还有许多姚姓部族移殖过去。《史记·赵世家》吴广

---

① （后魏）郦道元注，（清）杨守敬、熊会贞疏，段熙仲点校：《水经注疏·沔水上》，第 2310、2325 页；（清）雷学淇：《世本·谥法》，（汉）宋衷注，（清）秦嘉谟等辑：《世本八种》，第 68 页载："舜居饶内，在汉中西城县。"淇案："饶内即妫汭。"
② 《史记·五帝本纪》，第 32 页。
③ （清）顾祖禹撰，贺次君、施和金点校：《读史方舆纪要·山西三》，第 1888、1892、1893、1894 页。

纳其女（于武灵王）为惠后，谓之吴孟姚。① 这吴即春秋时之虞国，是由蒲坂（在今永济）展开的新族，便当是姚姓的后裔。

### （三）山东的妫姓与姚姓

《左传·昭公八年》云："舜重之以明德，置德于遂，遂世守之。……故周赐之姓，使祀虞帝。杜预注：'胡公满，遂之后也，事周武王，赐姓曰妫。'"②

辕亦妫姓，《通志·氏族略》云："袁氏，亦作辕，亦作爰，妫姓，舜后。"③《左传·哀公十年》云："赵鞅帅师伐齐……取犁及辕"，杜预注："犁一名隰，济南有隰阴县。祝阿县西有辕城。"④ 祝阿在肥城北，在长清、济南之间。

故春秋时期在今山东有邹为姚姓，而遂、辕为妫姓，邹与遂、辕相距不远。

---

① 《史记·赵世家》，第1804页。
② 《春秋左传正义·昭公八年》，（清）阮元校刻：《十三经注疏》，第2053页。
③ （宋）郑樵撰，王树民点校：《通志二十略·氏族略第三·以字为氏》，第117页。
④ 《春秋左传正义·哀公十年》，（清）阮元校刻：《十三经注疏》，第2165页。

# [12] 炎帝共工系（洛水）

## 一、五帝前期之共工系

### （一）五帝前期的共工系演变

#### 1. 共工系之形成

当夏族从陇山地区向东方移殖时，从地理来看，在渭水地区之共工系应该是最初形成的。实际上在传说中，共工氏早就存在了。

传说在渭水流域有女娲氏，她在黄帝之前控制西北地区，但她受到共工氏之挑战。从历史发展来看，这应该是夏族在向西北地区东进时，夏族对西北统治者之挑战，《帝王世纪》说："女娲氏，亦风姓也，承庖牺制度……其末有诸侯共工氏，任知刑以强伯。"[1] 这是夏族对女娲氏统治发动之挑战。

#### 2. 共工系之兴亡

共工氏随之在西北地区建立了巩固的统治，就是一个庞大的共工系。共工系在夏族中具有很大的影响力。到帝尧时期，帝征召继承人。《史记·五帝本纪》谓尧支持舜，许多人也拥护；但许多人不支持舜，放齐拥护丹朱，欢兜拥护共工，但尧都不同意。许多人支持共工，可见共工的影响力。据《韩非子》说，尧决定舜为继承人，否定了其他候选人："尧欲传天下于舜，鲧谏曰：'不祥哉，孰以天下而传之于匹夫乎？'尧不听，举兵而诛杀鲧于羽山之郊。共工又谏曰：'孰以天下而传之于匹夫乎？'尧不听。又举兵而流共工于幽州之都。于是天下莫敢言无传天下于舜。"[2]

鲧与共工受到了惩罚。在舜即位不久，《史记·五帝本纪》说："流共工于幽陵以变北狄，放欢兜于崇山，以变南蛮。"正义云："《尚书》及《大戴礼》皆作幽州。《括地志》云：'故龚城在檀州燕乐县界。故老传云舜流共工幽州，居此城。'《神异经》云：'西北荒有人焉，人面、朱髭、蛇身……名曰共工。'"[3] 檀州燕乐县在今北京密云，故共工之地域原在晋陕一带，尧舜时流放到河北北部。至于"放欢兜于崇山，以变南

---

[1] 徐宗元：《帝王世纪辑存》，第9页。
[2] （清）王先慎：《韩非子集解·外储说右上》，《诸子集成》第五册，第243页。
[3] 《史记·五帝本纪》，第28、29页。

蛮"，孙星衍引盛弘之《荆州记》曰："崇山在澧阳县南七十五里。"① 欢兜本在山西，流放于南裔。共工的后裔从陕北来到了两河之间，而欢兜之后裔则从两河之间来到了丹水流域。

因此在五帝后期，尤其是到了尧时期，帝位的继承发生了危机。于是朝廷分裂，发生了大规模的镇压，炎帝系统受到沉重的打击。但是在五帝后期，政治矛盾没有解决，一直到夏代才走上一条新路，下边再讨论。

### （二）共工系后裔

#### 1. 族系

共工系是一个巨大的部族，包含多个姓氏。但是由于炎黄的矛盾，炎帝的族系受到破坏。因此在书传中共工系的姓氏系统极不完整。但是历史中仍然保留了许多记载。例如在《潜夫论·志氏姓》中，见到有关四岳之后的炎帝后裔，有关之段落内容如下：

> 炎帝苗胄，四岳伯夷，为尧典礼，折民惟刑，以封申、吕。裔生尚，为文王师，克殷而封之齐，或封许、向，或封于纪，或封于申。申城在南阳宛北序山之下，故《诗》云："亹亹申伯，王荐之事。于邑于序，南国为式。"宛西三十里有吕城。许在颍川，今许县是也。姜戎居伊洛之间，晋惠公徙置陆浑。州、薄、甘、戏、露、怡及齐之国氏、高氏……贺氏、卢氏（自国氏至卢氏，共十五氏），皆姜姓也。②

从此可以看到，申、吕，还有许、向、纪都是属于同一个族系。他们属于四岳之后的一个族系，亦即炎帝之后的共工系。当然，上述段落的内容并不一定属于共工系，其中伊洛之间的姜戎，还有州、薄、甘、戏、露、怡等也不一定属于共工系。《路史·后纪四》除路外，还有伊、列、舟、骀、淳、戏、怡、向、州、薄、甘、隋、纪。③ 这些是姜姓国。但是其中申、吕、甫、许、向、纪、齐等可能与西北地区有关。

但上述段落的内容应包含了共工系的核心部分。似乎申、吕为最早，而齐为最迟。齐为吕尚子孙，是周初新建氏族，自不必说。其他州、甘、戏、露、纪、怡、向、申、吕九族似乎都是古族。所以大致说，共工氏势力在西北。其历史甚为悠久，故称泾洛流域之炎帝系统为共工系。④

---

① （清）孙星衍撰，陈抗、盛冬铃点校：《尚书今古文注疏·尧典下》，第56页。
② （汉）王符：《潜夫论·志氏姓》，《诸子集成》第八册，第170—172页。
③ （宋）罗泌：《路史·后纪四》，第79页。
④ 徐旭生谓共工属于炎帝集团，"它的旧地在辉县境内"。邹衡认为"共工氏的主要活动地区是太行山东麓一线"。考古学家在辉县一带找到了东周时期的"共城"遗址。城分大、小两城，小城位于大城西南隅。大城平面略呈正方形，南北长1300米，东西宽1200米。小城也呈正方形，南北约700米，东西600米。参见崔墨林：《共城考察》，《中原文物》1983年特刊。1992年，辉县市东南的孟庄镇发现了龙山文化时代城址，"当与共工氏这一氏族存在一定的联系"。参见张国硕：《先秦人口流动民族迁徙与民族认同研究》，郑州：大象出版社，2011年，第72页。

## 2. 申、吕

但上述《潜夫论》段落中认为申、吕都位于河南。这个记载忽略了申、吕的历史演变。实际上吕、申是西周时期才迁往河南南阳的，《史记·齐太公世家》说：

> 太公望吕尚者，东海上人。其先祖尝为四岳，佐禹平水土甚有功，虞夏之际封于吕，或封于申，姓姜氏。夏商之时，申、吕或封枝庶子孙，或为庶人，尚其后苗裔也。本姓姜氏，从其封姓，故曰吕尚。①

《国语·周语》云："齐、许、申、吕由大姜。"②

《诗·大雅·崧高》云"生甫及申"，毛传："尧之时，姜氏为四伯，掌四岳之祀，述诸侯之职。于周，则有甫、有申、有齐、有许也。"郑笺："四岳，卿士之官，掌四时者也。……在尧时，姜姓为之。……其子孙历虞夏商，世有国土。周之甫也、申也、齐也、许也，皆其苗胄。"③

《水经注》云："《世本》曰：许、州、向、申，姜姓也，炎帝后。京相璠曰：向，沛国县。"④

《诗·大雅·崧高》又说："维申及甫，维周之翰，四国于蕃，四方于宣。"孔颖达疏："《周语》云：齐、许、申、吕由大姜。言此四国是大姜之宗，故知皆是苗胄。"因此共工虽然被流放到幽州，但他的亲族联盟依然存在，而且治水成功之后，其后裔命为侯伯，赐姓曰吕。共工之族仍然控制了西北地区。在殷周之际，他们仍然在渭水流域，《史记》说，西伯出猎，"果遇太公于渭之阳"。⑤

在虞夏之前，申、吕在何处，书本上没有说明，可能还是在陕西北部。索隐引谯周谓申、吕是"炎帝之裔，伯夷之后"，所以虞夏之后，申、吕是上古姜姓氏族的核心部分。⑥

因此在虞夏之际，申、吕并非位于河南南阳，最初他们位于陕西，西周时期他们迁往河南南阳，最后他们又迁徙到山东地区。同样，许也当是从陕西迁往河南颍川。

此外在《潜夫论·志氏姓》的上述段落以外，还有一批"太古之姓"，其中包括庆姓、曼姓、归姓、葴姓、掎姓、御姓、隗姓、隤姓、姮姓九个"古姓"⑦。在这些古姓之中，还包括"炎帝苗胄"。因此共工系仅仅是书传中保留的"炎帝苗胄"之最核心的部分。

---

① 《史记·齐太公世家》，第 1477 页。
② 徐元诰撰，王树民、沈长云点校：《国语集解·周语中》，第 46 页。
③ 《毛诗正义·大雅·崧高》，（清）阮元校刻：《十三经注疏》，第 565 页。
④ （后魏）郦道元注，（清）杨守敬、熊会贞疏，段熙仲点校：《水经注疏·阴沟水》，第 1956 页。
⑤ 《毛诗正义·大雅·崧高》，（清）阮元校刻：《十三经注疏》，第 565、566 页；《史记·齐太公世家》，第 1478 页。
⑥ 《史记·齐太公世家》，第 1477 页。
⑦ （汉）王符：《潜夫论·志氏姓》，《诸子集成》第八册，第 190 页。

在共工被流放之后，共工系的历史成为申、吕的历史了。虞夏以后一直到夏商时期，申、吕仍然存在，以下分析书传中保留的共工系的主要内容。

## 二、五帝后期之申、吕、许

（一）吕氏、申氏

1. 吕氏即旅、莒、甫

（1）吕即旅

旅、吕古字通用，疑皆即吕，故吕氏亦即旅氏。《诗·大雅·皇矣》云："密人不恭，敢距大邦，侵阮徂共。王赫斯怒，爰整其旅，以按徂旅，以笃于周祜，以对于天下。"孔疏："国有密须氏，侵阮，遂往侵共。"但郑笺："旅，师。按，止也。旅，地名也。""阮也、徂也、共也，三国犯周而文王伐之。"又，"五百人为旅……整其军旅而出，以却止徂国之兵众"①。此处孔疏对旅有二解（师众、地名），而郑笺并无地名之义。则旅与密、阮、共等地接近。密即密须，杜预《左传》注："密须……在安定阴密县。"②则密在今延安北，旅也可能在陕西北部。旅，《孟子》引作莒③。《尚书》"西旅献獒"孔传：西旅"西戎远国。"④旅、吕古字通用，疑皆即吕，与吕尚钓兹泉所在的传说相合。那么吕当属于共工系。

（2）吕亦即莒

但是《孟子》引《诗》云："王赫斯怒，爰整其旅，以遏徂莒，以笃周祜，以对于天下。"其中第二个"旅"引作"莒"⑤。

那么《诗·大雅·皇矣》的"以按徂旅"应作为"以按徂莒"，故孔疏的解释是正确的，旅实际上是莒字。周人对抗的是阮、共、莒（旅）等三国，不是郑笺所谓的阮、共、徂等三国。正如马瑞辰说："至郑笺以徂为国名，经传无征，不若从传义为允。"⑥

雷氏《竹书义证》云："商时之莒，国于西土，与阮、密相近。"陈槃说："而此莒之为何姓及其与东方之莒之关系何如，亦未渠详也。"⑦

旅（莒）也可能在陕西北部。《韩非子·难二》云："昔者文王侵孟、克莒、举丰，三举事而纣恶之。"⑧

---

① 《毛诗正义·大雅·皇矣》，（清）阮元校刻：《十三经注疏》，第521页。
② 《春秋左传正义·昭公十五年》，（清）阮元校刻：《十三经注疏》，第2078页。
③ （清）焦循：《孟子正义·梁惠王下》，《诸子集成》第一册，第67页。
④ 《尚书正义·旅獒》，（清）阮元校刻：《十三经注疏》，第194页。
⑤ （清）焦循：《孟子正义·梁惠王下》，《诸子集成》第一册，第67页。
⑥ （清）马瑞辰：《毛诗传笺通释·皇矣》，北京：中华书局，1989年，第850页。
⑦ 陈槃：《春秋大事表列国爵姓及存灭表撰异·莒》，第242页。
⑧ （清）王先慎：《韩非子集解·难二》，《诸子集成》第五册，第274页。

（3）吕亦即甫

《尚书》有《吕刑》，《史记》作《甫刑》，《礼记》《孝经》引此篇都作《甫刑》，《墨子》引此篇作《吕刑》，韦昭《国语》注谓："甫侯作《吕刑》。"两存其说，而前人有以吕即甫，有以甫为吕之别部。据《尚书·吕刑》疏谓"（吕氏）子孙改封为甫侯"①。

## 2. 申氏

《诗·大雅·崧高》云："崧高维岳，骏极于天，维岳降神，生甫及申。维申及甫，维周之翰，四国于蕃，四方于宣。"毛传说："尧之时，姜氏为四伯，掌四岳之祀，述诸侯之职。于周，则有甫、有申、有齐、有许也。"郑笺："四岳，卿士之官，掌四时者也。……在尧时，姜姓为之。……其子孙历虞夏商，世有国土。周之甫也、申也、齐也、许也，皆其苗胄。"郑笺曰："申，申伯也。甫，甫侯也。"②

## （二）吕、申之陕西地域

《史记》谓吕尚为吕氏之后裔，史书上都说吕尚是在渭北遇到周文王的，如《史记》说西伯出猎"果遇太公于渭之阳"，正义引《括地志》云："兹泉水源出岐州岐山县西南凡谷。"③《吕氏春秋》云："太公钓于滋泉……故文王得之。"④则吕族在岐山、凤翔一带。

《水经注》云："汧水又东流，注于渭水。渭水之右，磻溪水注之。……即《吕氏春秋》所谓太公钓兹泉也。"⑤与吕尚钓兹泉所在的传说相合。那么吕当在渭北，正属于共工系。

古代的所有历史人物与历史事件一样，都有许多不同的传说版本。《史记》又说吕尚是"东海上人"⑥，而《吕氏春秋》则说："太公望，东夷之士也。"高诱注："太公望，河内人也。于周丰镐为东，故曰东夷之士。"⑦因此所谓东海或东夷并不是指山东海滨而是指河内。有关吕尚在河内的传说也很多，《水经注》汲县（今河南卫辉）有人亦谓之磻溪，甚至有太公故居，显然是附会。⑧因此《史记》说："或曰，太公博闻，尝事纣。纣无道，去之。游说诸侯，无所遇，而卒西归周西伯。"⑨那么吕尚曾经在今河南的北部活动，没有成功才西归。看来归吕之后才遇到了周文王。

---

① 《尚书正义·吕刑》，（清）阮元校刻：《十三经注疏》，第247页。
② 《毛诗正义·大雅·崧高》，（清）阮元校刻：《十三经注疏》，第565页。
③ 《史记·齐太公世家》，第1478页。
④ （汉）高诱注：《吕氏春秋·先识览·观世》，《诸子集成》第六册，第182页。
⑤ （后魏）郦道元注，（清）杨守敬、熊会贞疏，段熙仲点校：《水经注疏·渭水上》，第1515页。
⑥ 《史记·齐太公世家》，第1477页。
⑦ （汉）高诱注：《吕氏春秋·孝行览·首时》，《诸子集成》第六册，第143页。
⑧ （后魏）郦道元注，（清）杨守敬、熊会贞疏，段熙仲点校：《水经注疏·清水》，第812、813页。
⑨ 《史记·齐太公世家》，第1478页。

西周初年，吕尚封于齐，但申、吕仍然留在渭北。唯申、吕两族东周时都随周族东迁，其原住地古籍上没有明指所在，而参互考之，这两族殆不在一起。申族当在临潼，即郦山氏旧城之内，而吕族则在凤翔。

## （三）吕、申在河南

### 1. 吕、申、许在河南

《诗·大雅·崧高》称申伯为王舅，如"往近王舅""王之元舅"。当为平王时诗。厉王之姜后为阎族，宣王虽娶申后，但古无称妻之兄弟为舅，这必是平王所称。诗末章有"吉甫作诵"句①，指为宣王，但吉甫亦不一定是尹吉甫。又据《诗·王风·扬之水》序："刺平王也，不抚其民，而远屯戍于母家，周人怨思焉。"②

前人以为申、甫被楚所逼，周人戍之，然平王时楚无伐申之事。似乎申、甫、许三国，在平王时才东迁，初迁而周戍之。楚灭申在庄公十八年，距平王东迁几及百年，毛传误以荆伐申，周师戍申，赋《扬之水》。

《潜夫论》说："裔生尚，为文王师。克殷而封之齐，或封许、向，或封于纪，或封于申。申城在南阳宛北序山之下……宛西三十里有吕城。许在颍川，今许县是也。"③

### 2. 申、吕迁于南阳

申、吕随平王东迁于南阳地区，《国语·郑语》记史伯曰："当成周者，南有荆蛮、申、吕、应、邓、陈、蔡、随、唐。"④《史记》集解引徐广曰："吕在南阳宛县西。"索隐也说："《地理志》申在南阳宛县，申伯国也。吕亦在宛县之西也。"⑤ 这是东迁之后的申、吕，但是不会是东迁之前的申、吕。

西周时期，申、吕位于南阳的北边与西边。《左传·成公七年》云："楚围宋之役，师还，子重请取于申、吕以为赏田，王许之。申公巫臣曰：不可。此申、吕所以邑也，是以为赋，以御北方。若取之，是无申、吕也。"⑥

《读史方舆纪要》南阳府南阳县申城："府北二十里。《括地志》：'南阳县北有申城，周宣王舅所封。《左传·庄公六年》：'楚灭申，遂为楚邑。'"又《读史方舆纪要》南阳府唐县谢城："在故湖阳城北。相传周申伯徙封于此，《诗》所谓'肃肃谢功，召伯营之'，又曰'申伯番番，既入于谢'者也。"⑦

---

① 《毛诗正义·大雅·崧高》，（清）阮元校刻：《十三经注疏》，第 567 页。
② 《毛诗正义·王风·扬之水》，（清）阮元校刻：《十三经注疏》，第 331 页。
③ （汉）王符：《潜夫论·志氏姓》，《诸子集成》第八册，第 171 页。
④ 徐元诰撰，王树民、沈长云点校：《国语集解·郑语》，第 461 页。
⑤ 《史记·齐太公世家》，第 1477 页。
⑥ 《春秋左传正义·成公七年》，（清）阮元校刻：《十三经注疏》，第 1903 页。
⑦ （清）顾祖禹撰，贺次君、施和金点校：《读史方舆纪要·河南六》，第 2401、2408 页。

《读史方舆纪要》南阳府南阳县吕城:"在府西三十里。虞、夏时国,周亦为吕侯国,穆王以吕侯为司寇,作《吕刑》。《国语》史伯曰:'当成周者,南有申、吕。'是也。后亦并于楚。"①

### 3. 吕氏在新蔡

吕国在河南新蔡,《水经注》云:"汝水又东南,径新蔡县故城南。昔管、蔡间王室,放蔡叔而迁之。其子胡,能率德易行。周公举之为鲁卿士,以见于王。王命之以蔡,申吕地也,以奉叔度祀,是为蔡仲矣。宋忠曰:故名其地为新蔡。"《水经注》又说:"《史记》曰:吕尚先祖为四岳,佐禹治水,有功。虞、夏之际,受封于吕,故因氏为吕尚也。徐广《史记音义》曰:吕在宛县(《史记》集解县下有西字)。高后四年,封昆弟子吕忿为吕城侯,疑即此也(杨守敬疏引《括地志》故吕城在南阳县西三十里)。又案新蔡县有大吕、小吕亭而未知所是也(杨守敬疏引《一统志》则云,以《左传》考之,楚有申、吕时,新蔡属蔡国,楚邑当以在宛县为正)。"②

后来西周时,蔡叔度封于今河南上蔡,后迁于今河南新蔡,即故吕国。《读史方舆纪要》汝宁府上蔡县:"府北七十五里。……故蔡国,楚并其地,谓之上蔡。……应劭曰:'九江有下蔡,故此称上。'"又上蔡县蔡城:"县西南十里。志云:蔡国旧城周二十五里,蔡叔度始封此。其子蔡仲即封焉,春秋时为楚所侵,(蔡平侯)迁于新蔡,因以此为上蔡。"③

《唐书》也谓吕氏出自陕西,成为河南吕氏:"吕氏出自姜姓。……(裔孙)又佐禹治水,有功,赐氏曰吕,封为吕侯。吕者,膂也,谓能为股肱心膂也。其地蔡州新蔡是也。"《唐书》又说:"宣王世改'吕'为'甫',春秋时为强国所并,其地后为蔡平侯所居。吕侯枝庶子孙,当商、周之际,或为庶人。"④

《通志》云:"吕氏,姜姓……今蔡州新蔡即其地也。"⑤《古今姓氏书辩证》云:"吕侯国在蔡州新蔡,历夏商世祀不绝。周穆王时,吕侯入为司寇,训夏赎刑,作《吕刑》之书。宣王时,改吕为甫,后为强国所并。当商季世,有吕尚……盖吕侯枝孙。"⑥

后来吕当迁于新蔡,《读史方舆纪要》汝宁府新蔡县:"在府东五十里。……古吕国,春秋蔡平侯徙都于此,故曰新蔡。"⑦

---

① (清)顾祖禹撰,贺次君、施和金点校:《读史方舆纪要·河南六》,第2401页。
② (后魏)郦道元注,(清)杨守敬、熊会贞疏,段熙仲点校:《水经注疏·汝水》,第1782—1783页;(后魏)郦道元注,(清)杨守敬、熊会贞疏,段熙仲点校:《水经注疏·淯水》,第2606—2607页。
③ (清)顾祖禹撰,贺次君、施和金点校:《读史方舆纪要·河南五》,第2364页。
④ 《新唐书·宰相世系五上》,第3370页。
⑤ (宋)郑樵撰,王树民点校:《通志二十略·氏族略第二》,第65、66页。
⑥ (宋)邓名世:《古今姓氏书辩证》,第343页。
⑦ (清)顾祖禹撰,贺次君、施和金点校:《读史方舆纪要·河南五》,第2365页。

## （四）吕、申之存灭

### 1. 吕迁于山东

吕之后裔徙山东，为东吕。《路史》云："太公乃出东吕。吕，莒也。"罗苹注："《博物志》：'曲海城有东吕乡。东吕里，太公望所出也。'《寰宇记》：'密之莒县东百六十，汉曲海城。'"①《读史方舆纪要》青州府莒州日照县海曲城："县西十里。……今有东吕乡。又有棘津，即太公垂钓处，故浦犹存。"②

### 2. 申

《世本》云："申氏。四岳之后，封于申。号申伯，周宣王之舅也。"③《春秋大事表》曰："国于谢，今河南南阳府北二十里申城是。庄（公）六年传楚文王伐申，后遂入楚为申邑。"④

## （五）许、向、纪

### 1. 许

《国语·周语》云："齐、许、申、吕由大姜。"韦昭注："四国皆姜姓也，四岳之后，大姜之家也。大姜，大王之妃，王季之母也。"⑤

其后从吕族分化出来的许族在许原，也即是由渭北进展。《通志》许氏，姜姓，与齐同祖。周武王封其苗裔文叔于许。⑥ 今河南许昌。

### 2. 向

向当即皇父之族。《诗·小雅·十月之交》云："皇父孔圣，作都于向。"⑦ 这是说皇父东迁于向。《左传·隐公十一年》《左传·桓公七年》都有向。杜注："轵县西有地名向上"，当即其地。⑧ 轵在今河南济源，但向之原住地还不在此。

据金文《甾皇父匜》《甾皇父敦之甾》，陈介祺（考定）曰甾即阎之省。⑨ 阎即《诗·小雅·十月之交》"阎妻"之阎。阎为姜姓，则未迁向之前，这族当称阎，其地当

---

① （宋）罗泌：《路史·国名纪甲》，第318页。
② （清）顾祖禹撰，贺次君、施和金点校：《读史方舆纪要·山东六》，第1657、1658页。
③ （清）秦嘉谟：《世本·氏姓》，（汉）宋衷注，（清）秦嘉谟等辑：《世本八种》，第180页。
④ （清）顾栋高辑，吴树平、李解民点校：《春秋大事表》，第571页。
⑤ 徐元诰撰，王树民、沈长云点校：《国语集解·周语中》，第46、47页。
⑥ （宋）郑樵撰，王树民点校：《通志二十略·氏族略第二》，第57页。
⑦ 《毛诗正义·小雅·十月之交》，（清）阮元校刻：《十三经注疏》，第447页。
⑧ 《春秋左传正义·隐公十一年》，（清）阮元校刻：《十三经注疏》，第1737页；《春秋左传正义·桓公七年》，（清）阮元校刻：《十三经注疏》，第1753页。
⑨ （清）吴大澄：《说文古籀补·弟七》，北京：中华书局，2011年，第37页。

在畿内。"艳妻煽方处",《鲁诗》艳作阎,《齐诗》艳作剡,《汉书·外戚列传》颜注:"阎,嬖宠之族也。"王先谦曰:"三夫人之内,必更有剡姓擅宠者。"王先谦谓阎(或剡)妻当与申后、褒姒为幽王之三夫人。①

《世本》云:"向氏,国名,本姜姓也。其后以国为氏。"②

向作为国名,较为可靠者有三:河南济源、安徽亳州、山东沂州。这三者亦有可能是三个历史轨迹,即向由鄢陵、亳州,最后迁于沂州。

(1) 在今河南济源或鄢陵

在今河南境的有二,其一在今豫北济源。《路史》云:"向,姜国。今河阳西北三十五(里)有向城。郦元云:'轵南四十五(里)向城。'璠、预皆以河内轵西有向而无城,疑为苏田。"③ 其二为鄢陵西北,《左传》云:"会吴于向",杜预注:"向,郑地。"④ 春秋时此向在鄢陵西北,属郑。

《读史方舆纪要》怀庆府济源县向城:"在县西南。阚骃以为周之向国,非也。向在山东莒州界,此为苏忿生封邑。《左氏·隐(公)十一年》:……《竹书纪年》:'魏襄王四年……二月,城阳、向,更名阳为河雍、向为高平。'"⑤

(2) 在今安徽亳州

在今安徽境内的有二,其一为亳州,《春秋·隐公二年》云:"莒人入向",杜预注:"向,小国也。谯国龙亢县东南有向城。"⑥ 所说之向在今安徽亳州。其二为怀远。⑦

(3) 向在今山东沂州

在今山东境内的有三:其一为沂州,《通志》云:"向氏,祁姓,附庸之国。今沂州古向城是也。"⑧ 其二为《太平寰宇记》向城,"故城在今(莒)县南七十五里"⑨。其三为《春秋·宣公四年》云:"公伐莒,取向",杜预注:"向,莒邑。东海承县东南有向城。"⑩ 此向在今枣庄东南。作为古国,以沂州最为可能。

3. 纪

可以推测纪之原住地也当在渭北,西周初年与齐一起迁到山东。

(1) 纪在豫中郏县

纪原先可能在河南豫中郏县,西汉时属颍川郡。郏县东有纪氏城,《水经注》云:

---

① (清)王先谦撰,吴格点校:《诗三家义集疏·小雅·十月之交》,第677、678、679页。
② (清)秦嘉谟:《世本·氏姓》,(汉)宋衷注,(清)秦嘉谟等辑:《世本八种》,第180页。
③ (宋)罗泌:《路史·国名纪甲》,第321页。
④ 《春秋左传正义·襄公十四年》,(清)阮元校刻:《十三经注疏》,第1955页。
⑤ (清)顾祖禹撰,贺次君、施和金点校:《读史方舆纪要·河南四》,第2290页。
⑥ 《春秋左传正义·隐公二年》,(清)阮元校刻:《十三经注疏》,第1718页。
⑦ (清)顾栋高辑,吴树平、李解民点校:《春秋大事表》,第573页。
⑧ (宋)郑樵撰,王树民点校:《通志二十略·氏族略第二》,第64页。
⑨ (宋)乐史撰,王文楚等点校:《太平寰宇记·河南道二十四》,第502页。
⑩ 《春秋左传正义·宣公四年》,(清)阮元校刻:《十三经注疏》,第1869页。

"汝水又东南,左合蓝水,水出阳翟县重岭山,东南流,径纪氏城西,有层台,谓之纪氏台。"①

(2) 纪在苏北赣榆

《通志》云:"纪都纪,迁于剧。纪,本在东海故赣榆县纪城是。剧在青丘临朐县东寿光县西,亦名纪,音讹为剧。"②西汉时赣榆属琅邪郡。

(3) 纪在鲁北剧县

纪在今山东寿光东南,与州不远。《世本》云:"纪氏,姜姓,炎帝之后,封纪,为齐所灭。"③《春秋·庄公四年》云:"纪侯大去其国。"④

《太平寰宇记》云:"纪城,古纪侯之国,姜姓也。"又,潍州之昌乐县"县西六十里剧城内,有纪台,高九尺……纪侯所筑"。盖后迁于此。⑤

纪国在齐国之东,西汉时属北海郡,东汉时属北海国。《后汉书》北海国:"剧,有纪亭,古纪国。"当时在纪国之东有夷国。《后汉书》北海国壮武,刘昭注:"故夷国。《左传·隐公元年》纪伐夷。"⑥纪在北海国西部之剧县,而夷在北海国东部之壮武(夷在西汉时属胶东国,而东汉时属北海国)。《左传·隐公元年》云:"纪人伐夷",杜预注:"夷国在城阳庄武县。纪国在东莞剧县。"孔颖达疏:"《世族谱》:纪,姜姓。……《世本》:夷,妘姓。"⑦杜预注有误。庄武在西汉时属胶东国,并非城阳国(城阳国在莒县)。剧县在西汉时属北海郡,并非东莞(今沂水县)。

剧城在今昌乐西、寿光南。此鲁北之纪,原由何处迁来?

《新唐书》曰:"纪氏出自姜姓,炎帝之后封于纪,侯爵,为齐所灭,因以国为氏。"⑧《路史·炎帝纪下》曰:"纪侯以道事齐,不得免。"⑨

## 三、五帝后期之共工与欢兜

(一)共工与欢兜

1. 共工

从各种角度来看,共工应该是夏族历史最长、力量最强大的族系领袖,其势力可以

---

① (后魏)郦道元注,(清)杨守敬、熊会贞疏,段熙仲点校:《水经注疏·汝水》,第1757页。
② (宋)郑樵撰,王树民点校:《通志二十略·都邑略·周诸侯都》,第569页。
③ (清)秦嘉谟:《世本·氏姓》,(汉)宋衷注,(清)秦嘉谟等辑:《世本八种》,第188页。
④ 《春秋左传正义·庄公四年》,(清)阮元校刻:《十三经注疏》,第1763页。
⑤ (宋)乐史撰,王文楚等点校:《太平寰宇记·河南道十八》,第358、366页。
⑥ 《后汉书·郡国四》,第3473、3474页。
⑦ 《春秋左传正义·隐公元年》,(清)阮元校刻:《十三经注疏》,第1718页。
⑧ 《新唐书·宰相世系五上》,第3258页。
⑨ (宋)罗泌:《路史·炎帝纪下》,第79页。

与颛顼、帝喾相抗衡。从对他的指责来看，他是一个治民的诸侯，如《逸周书》云："昔有共工自贤……下官交乱，民无所附。唐氏（即尧）伐之，共工以亡。"①《国语》说："祸乱并兴，共工用灭。"②《荀子》则说："禹有功，抑下鸿，辟除民害逐共工。"③《山海经·大荒西经》云："有禹攻共工国山。"④《韩非子》说：舜伐有苗用仁义、舞干戚，而禹讨伐共工，是用的坚甲利兵。⑤再一次说明共工力量之强大。

2. 欢兜

《史记·五帝本纪》讲到四凶：帝鸿氏有不才子混沌，少暤氏有不才子穷奇，颛顼氏有不才子梼杌。⑥又"缙云氏"有不才子饕餮，但是对缙云氏是有不同记载的，例如《左传·文公十八年》云："缙云氏有不才子……天下之民以比三凶，谓之饕餮。"孔疏说："黄帝以云名官……缙，赤缯也。服虔云：夏官为缙云氏。"⑦所以缙云氏是黄帝之官，并非其后裔。《史记》有类似记载，集解引贾逵曰："缙云氏，姜姓也，炎帝之苗裔，当黄帝时任缙云之官也。"⑧缙是赤缯，是夏官，则缙云氏为炎帝（赤帝）苗裔，则是十分合理的。

《路史》谓欢兜为缙云氏之子，而欢兜之母为土敬氏炎融："缙云氏亦帝之胄也。妻土敬氏曰炎融，遗腹而生欢头，为尧司徒。……尧放之于崇山。欢头者，欢兜也。……生三苗氏。"⑨谓三苗是欢兜的后裔，而三苗是蚩尤后裔，姜姓，则欢兜也应该属于炎帝系统。而且谓欢兜之母曰炎融，这也应该是炎帝后裔的痕迹。因此欢兜的流放也是将山西一个炎帝后裔之部族变成其他部族，而迁徙到崇山（当在豫西）。因此对四凶之流放，结果是山西减少了夏族部族，但增加了戎狄部族。

一谓欢兜为鲧之后裔。《山海经·大荒南经》云："大荒之中有人名曰欢头。鲧妻士敬，士敬子曰炎融，生欢头。……有欢头之国。"⑩

因此，《山海经》此处原文应该是"鲧妻士敬氏（之）子曰炎融"。与《路史》的区别只在于欢兜为鲧之子，而《路史》谓欢兜是缙云氏之子。这些与"颛顼生欢头"是矛盾的。

---

① 黄怀信、张懋镕、田旭东：《逸周书汇校集注·史记解》，第1024页。
② 徐元诰撰，王树民、沈长云点校：《国语集解·周语下》，第94页。
③ （清）王先谦：《荀子集解·成相篇》，《诸子集成》第二册，第308页。
④ （清）郝懿行撰，栾保群点校：《山海经笺疏·大荒西经》，第347页。
⑤ （清）王先慎：《韩非子集解·五蠹》，《诸子集成》第五册，第341页。
⑥ 《史记·五帝本纪》，第36页。
⑦ 《春秋左传正义·文公十八年》，（清）阮元校刻：《十三经注疏》，第1863页。
⑧ 《史记·五帝本纪》，第37页。
⑨ （宋）罗泌：《路史·黄帝纪下》，第93页。
⑩ （清）郝懿行撰，栾保群点校：《山海经笺疏·大荒南经》，第344页。

## （二）共工与欢兜之流放

共工与欢兜之流放并非孤立的事件，而是当时中国政局的一次重大震动。《史记·五帝本纪》提到了事件有关的背景。最初尧在确定继任的人选，尧根据下边的推荐，确定了舜。底下又推荐中央官员，矛盾就出现了：

> 欢兜进言共工，尧曰不可而试之工师，共工果淫辟。四岳举鲧治鸿水，尧以为不可，岳强请试之，试之而无功。……三苗在江淮、荆州数为乱。于是舜归而言于帝，请流共工于幽陵，以变北狄……四罪而天下咸服。①

《史记·五帝本纪》又有另一处记载，说明从推举继任人开始就有矛盾了，记载如下：

> 尧曰：谁可顺此事（正义：言将登用之嗣位也）？放齐曰：嗣子丹朱开明。尧曰：吁！顽凶，不用。尧又曰：谁可者？欢兜曰：共工旁聚布功，可用。尧曰：共工善言，其用僻，似恭漫天，不可。尧又曰：嗟，四岳，汤汤洪水滔天……有能使治者？皆曰鲧可。尧曰：鲧负命毁族，不可。岳曰：异哉，试不可用而已。尧于是听岳用鲧。九岁，功用不成。②

这一段文字说明帝尧的朝廷中两派尖锐对立。一派是丹朱、共工、欢兜、鲧、放齐等，"皆曰鲧可"，可见还有不少。另一派没有出场，当丹朱被否决之后，没有进一步的提名，最后是舜继位，那么另一派的首领当即舜，是用他来对抗丹朱的。

尧否决丹朱，也许是不得已的，因此《韩非子》说："仲尼闻之曰：尧之知，舜之贤，非其难者也。夫至乎诛谏者，必传之舜，乃其难也。一曰不以其所疑，败其所察，则难也。"③

舜战胜了当时朝廷中炎帝后裔组成的多数派，这就是一次政变，反对派的主要首领被流放。新任命的官员就是著名的禹、皋陶、契、后稷、夔、龙、倕、益、彭祖等。

因此，舜是将共工、欢兜、三苗、鲧等流放之后，才控制了中央政权。

共工从陕西向山西方向流放，欢兜是从山西流放到河南的西南角。都与山西直接相关。

因此，在尧舜时期，有大量的炎帝后裔，其中包括共工、欢兜之后裔。他们被流放而离开了原先之族群。共工的后裔从陕北来到了两河之间，而欢兜之后裔则从两河之间来到了丹水流域。共工后裔在两河之间当然生活于其他族群。现在无法说明那是什么族

---

① 《史记·五帝本纪》，第28页。
② 《史记·五帝本纪》，第20页。
③ （清）王先慎：《韩非子集解·外储说右上》，《诸子集成》第五册，第243页。

群，但是这就说明，两河之间存在炎黄之外的族群。从流放地的分析可知其他族群的所在，亦即中国边界之所在。《史记·五帝本纪》云："放欢兜于崇山以变南蛮。"① 故夏族的欢兜族变成了南方部族。

从尧舜时期以来，两河之间就是一个斗争复杂激烈的地域。例如在尧舜时期的一次重大斗争是所谓的放四凶，其中的共工、欢兜就与这个地域密切相关。尧、舜"流共工于幽陵以变北狄"，"放欢兜于崇山以变南蛮"。共工是炎帝之后，姜姓，原在陕北一带，尧舜时将其流放到北方，大体就在今山西。因此晋平公有疾病时，子产云："祭颛顼、共工则瘳。"② 则共工在晋国还有重大影响。共工从陕西向山西方向流放，而欢兜则从山西向河南方向流放。

古代之流放并非对个人的惩罚，而是对共工部族的惩罚，亦即将共工部族由陕北流放到晋北。因此在尧舜时代，共工部族即已成为蛮夷戎狄，并从陕西迁徙到山西。

### （三）共工之姓氏与地域

#### 1. 共工之姓氏

共工为炎黄之后。

"皇天嘉之，祚以天下，赐姓曰姒，氏曰有夏。……祚四岳国，命以侯伯，赐姓曰姜，氏曰有吕。""此一王四伯，岂繄多宠？皆亡王之后也。"韦昭注："一王，谓禹。四伯，谓四岳也。"③

史书中对共工的记载极为庞杂。《左传·文公十八年》载太史克对鲁文公说："昔帝鸿氏有不才子，掩义隐贼，好行凶德……天下之民谓之浑敦；少暤氏有不才子，毁信废忠，崇饰恶言……天下之民谓之穷奇。颛顼有不才子，不可教训，不知话言……天下之民谓之梼杌。"④《史记·五帝本纪》也有类似的话，正义及集解都谓混沌即欢兜，穷奇即共工。则欢兜为帝鸿氏之子，而共工是少昊之子。集解引贾逵曰："帝鸿，黄帝也。"则欢兜与共工都变成了黄帝的子孙。⑤

#### 2. 共工之地域

共工之地域当包括弘农之间或蓝田、骊山一带。共工就在此地振滔洪水，以洪水为武器。考虑到上古时代曾经有过大洪水的记载，那么共工可能有过"振滔洪水"的经历。但是由于共工在五行中传说为水德，因此也可能把水德敷衍为洪水，并不是真的洪水。那么所谓"振滔洪水"，不过是虚幻的传说。但是从整个传说来看，共工当是西北

---

① 《史记·五帝本纪》，第28页。
② （宋）李昉等：《太平御览·兽部》卷908《古文琐语》，第4024、4025页。
③ 徐元诰撰，王树民、沈长云点校：《国语集解·周语下》，第96页。
④ 《春秋左传正义·文公十八年》，（清）阮元校刻：《十三经注疏》，第1862页。
⑤ 《史记·五帝本纪》，第36、37页。

地区的一个强大的部族首领。

最后，根据这个记载，共工的地域在冀方，而女娲则在今陕西蓝田、骊山一带，故女娲与共工的有关地域在今陕西渭水流域及山西南部。因此可以看到，共工的部族力量有具体的地域，就在西北，也就是说共工系是西北地区的一支与黄帝对抗的部族力量。

共工的地域最初在西北，而他最后被流放到了"幽州之都"。共工是从陕西西部流放到山西北部雁门一带。

3. 对帝位的争夺

《史记·律书》讲述了下列历史事件："昔黄帝有涿鹿之战，以定火灾；颛顼有共工之陈，以平水害；成汤有南巢之伐，以殄夏乱。"集解："文颖曰：'共工，主水官也。少昊氏衰，秉政作虐，故颛顼伐之。本主水官，因为水行也。'"[①] 因此五帝时期就有共工内乱的传说，接着《史记·楚世家》又记载帝喾镇压共工氏作乱："共工氏作乱，帝喾使重黎诛之而不尽。"[②]

还出现共工与洪水的传说。据说共工"振滔洪水"，制造水灾，然后禹治水成功。

许多地方讲到不周山，并联系到共工，如《山海经·大荒西经》云："西北海之外，大荒之隅，有山而不合，名曰不周负子……有禹攻共工国山。"[③] 又如《楚辞·天问》曰："康回冯怒，墬何故以东南倾？"王逸注："康回，共工名也。"[④]"（共工）与高辛争为帝……宗族残灭，继嗣绝祀。"[⑤] 又说："共工为水害，故颛顼诛之。"[⑥]

从各种记载来看，共工与不周山、空桑有关。不周山在西北，有谓昆仑西北，但上古之昆仑在六盘山，故不周山在西北。

---

① 《史记·律书》，第1241页。
② 《史记·楚世家》，第1689页。
③ （清）郝懿行撰，栾保群点校：《山海经笺疏·大荒西经》，第347页。
④ （宋）洪兴祖撰，白化文等点校：《楚辞补注·天问》，第91页。
⑤ （汉）高诱注：《淮南子·原道训》，《诸子集成》第七册，第7页。
⑥ （汉）高诱注：《淮南子·兵略训》，《诸子集成》第七册，第251页。

# [13] 炎帝之大隗系

炎帝的许多后裔也当从陇山地区东迁，其中一部分最初当是从陇山地区进入渭水两岸，然后逐步移殖到河南与山西地区。

大隗系是由炎帝后裔所组成的一个重要族群，它有三个主要分支：第一个是河南洛水流域之"大隗氏（鬼方氏）"；第二个是山西沁水流域之"赤狄"；第三个是从陕西进入山西中部的"白狄"。

## 一、洛水流域之大隗氏

### （一）炎帝从陕西进入河南

《帝王世纪》说："（炎帝）故号神农，一号魁隗氏。""魁隗氏又曰连山氏，又曰列山氏。"[①]《潜夫论·五德志》云："有神龙首出常羊，感任姒（《孝经钩命决》云：'任己感龙生帝魁。'注云：'魁，神农名。己，或作姒。'），生赤帝魁隗，身号炎帝，世号神农，代伏羲氏。"[②] 此处将炎帝与神农氏混而不辨。段玉裁《说文解字注》云："凡物大皆曰魁。"[③] 则魁隗氏实即大隗氏，则应属于炎帝系统。"《山海经》有员神隗氏，春秋隗氏之地。"[④]

炎帝后裔也离开陇山，大概有一部分迁于烈山，所以发生炎帝起于烈山之说，如韦昭《国语》注："烈山氏，炎帝之号也，起于烈山。"[⑤] 由于炎帝称为烈山氏，烈山也作列山、厉山、连山，当是辗转移译所致，其后来定名当即骊山。

炎帝后裔在离开陕西的东进中，最初之集聚点可能是河南洛水流域，这一点在历史地名中有明显的痕迹。在河南各处以畏字演绎出来的字很多，与古史研究直接相关的就有畏、隈、鬼、隗、媿、庾、騩、嵬、隤、嫘等。

王国维指出，隗亦为畏字。凡狄女称隗氏，而见于金文中则皆作媿，而先秦以后所写经传，往往省去女旁，即作鬼。他认为《世本》陆终取鬼方氏之妹，谓之女嫘。《大

---

[①]（晋）皇甫谧撰，（清）宋翔凤、钱宝塘辑：《帝王世纪》，第3、4页。
[②]（汉）王符：《潜夫论·五德志》，《诸子集成》第八册，第163页。
[③]（汉）许慎撰，（清）段玉裁注：《说文解字注·斗部》，第718页。
[④]（宋）罗泌：《路史·国名纪甲》，第320页。
[⑤] 徐元诰撰，王树民、沈长云点校：《国语集解·鲁语上》，第155页。

戴礼记·帝系》《水经注》引作女隤。所谓女嬇、女隤，疑亦女媿、女隗之变。①

（二）鬼方氏

《竹书纪年》武丁三十二年，"伐鬼方，次于荆"。武丁三十四年，"王师克鬼方，氐羌来宾"。徐文靖笺："《后汉书·西羌传》'武丁伐西戎、鬼方'，《诗·大雅·荡》云'内奰于中国，覃及鬼方'，毛传：'鬼方，远方也。'《世本》'陆终娶于鬼方氏之妹，曰女嬇'，注：'鬼方，于汉则先零戎也。'要之，武丁伐鬼方，则鬼方自是国名，不得以远方概之。《竹书》言伐鬼方次于荆，大抵即《商颂》所云'奋伐荆楚'者也。孔氏《诗疏》曰：'周有天下，始封熊绎为楚子。'于武丁之世，不知楚君是何人。今按彝器款式，所载曾侯钟铭曰：'惟王五十有六祀，徙自西阳，楚王韵章。'……商自太戊外，惟高宗享国五十九年，此钟铭称五十六祀者，应自高宗伐鬼方之后，而荆楚亦远徙西阳也。《一统志》：'西阳城在黄州府黄冈县境。'"徐文靖又笺："《易·未济·九三》：'高宗伐鬼方，三年克之。'"又笺："按《诗·商颂·殷武》笺曰：'氐羌、夷狄国在西方者也。'"②

因此，鬼方氏在黄帝时已经是一个很显赫的族群。

（三）大隗氏与西戎

1. 洛水之蛮夷戎狄

在商朝，西戎常见，如：

> 西征丹山戎。③
> 巢伯来宾。④
> 肃慎氏来宾。
> 王师灭蒲姑。⑤
> 奄人、徐人及淮夷，入于邶以叛。⑥
> 王师会齐侯、鲁侯伐戎。
> 于越来宾。

又，成王时，"离戎来宾"。徐文靖笺："按《水经注》戏水出骊山冯公谷，又北径

---

① 王国维：《观堂集林·鬼方昆夷猃狁考》，第590、591页。
② （清）徐文靖：《竹书纪年统笺》，《二十二子》，第1066页。
③ （清）徐文靖：《竹书纪年统笺》，《二十二子》，第1065页。
④ （清）徐文靖：《竹书纪年统笺》，《二十二子》，第1072页。
⑤ （清）徐文靖：《竹书纪年统笺》，《二十二子》，第1073页。
⑥ （清）徐文靖：《竹书纪年统笺》，《二十二子》，第1074页。

丽戎城东。丽戎，男国也，姬姓。索隐曰：'骊山在新丰县西南，故离戎男国也。'"又沈约附注："骊戎，骊山之戎也，为林氏所伐，告于成王。"徐文靖笺："按周左史戎夫记云：'林氏召骊戎之君而朝之，至而不礼，骊戎逃归，林氏伐之。'"①

《国语·郑语》曾叙述成周周围有各种姓，其中有蛮夷戎狄之人：

> 当成周者，南有荆蛮、申、吕、应、邓、陈、蔡、随、唐（韦注：荆蛮，芈姓之蛮……申、吕，姜姓也。应、蔡、随、唐，皆姬姓也。……邓，曼姓也。陈，妫姓也），北有卫、燕、狄、鲜虞、潞、洛、泉、徐蒲（韦注：卫，康叔之封；燕，邵公之封，皆姬姓也。狄，北狄也。鲜虞，姬姓在狄者也。潞、洛、泉、徐蒲，皆赤狄，隗姓也），西有虞、虢、晋、隗、霍、杨、魏、芮（韦注：八国，姬姓也。虞，虞仲之后。虢，虢叔之后，西虢也），东有齐、鲁、曹、宋、滕、薛、邹、莒（韦注：齐，姜姓。鲁、曹、滕皆姬姓。宋，子姓。薛，任姓。邹，曹姓。莒，己姓，东夷之国也），是非王之支子母弟甥舅也，则皆蛮夷戎狄之人也。②

因此韦昭注有下列蛮夷戎狄：南有蛮荆；北有狄（北狄）、鲜虞（姬姓，在狄）、潞、洛、泉、徐蒲（赤狄，隗姓）；东有莒（东夷，己姓）。但韦昭注西有隗（姬姓），但隗的姬姓之说仅见于韦昭注，不见于他书。韦昭注有误。由于周襄王娶狄女为后，故狄不得为姬姓。而且狄后称"叔隗"，故隗当为蛮夷戎狄隗姓。

《左传·襄公二十九年》叔侯说："虞、虢、焦、滑、霍、扬、韩、魏，皆姬姓也。"杜注："八国皆晋所灭。焦在陕县，扬属平阳郡。"③《春秋大事表》谓滑、焦为姬姓。但对焦有不同之说法，《史记·周本纪》云："封神农之后于焦。"④神农当为炎帝之误。故焦为姜姓。洪亮吉说，或国灭后复以姬姓续封也。⑤但这只是一种可能，并无其他佐证。《通志·氏族略》满氏云："《国语》潞、洛、泉、余、满，皆赤狄，隗姓。《风俗通》，荆蛮有瞒氏，音舛为'满氏'。"（"瞒氏，《风俗通》云，荆蛮之后。本姓蛮，音讹遂为'瞒氏'。"）⑥

2. 伊洛之戎

赤狄为重要族群，曾在历史上起重大作用，《潜夫论》云："隗姓赤狄。"⑦

春秋时期，赤狄势力强大，而且参与王子带与周襄王争王位的斗争。《左传·僖公

---

① （清）徐文靖：《竹书纪年统笺》，《二十二子》，第 1076 页。
② 徐元诰撰，王树民、沈长云点校：《国语集解·郑语》，第 461、462 页。
③ 《春秋左传正义·襄公二十九年》，（清）阮元校刻：《十三经注疏》，第 2006 页。
④ （清）顾栋高：《春秋大事表》，第 579、595 页；《史记·周本纪》，第 127 页。
⑤ （清）洪亮吉：《春秋左传诂》，北京：中华书局，1987 年，第 608 页。
⑥ （宋）郑樵撰，王树民点校：《通志二十略·氏族略第二》，第 74 页。
⑦ （汉）王符：《潜夫论·志氏姓》，《诸子集成》第八册，第 190 页。

十一年》云：" 夏，扬、拒、泉、皋、伊洛之戎，同伐京师，入王城，焚东门（杜预注：扬、拒、泉、皋皆戎邑，及诸杂戎，居伊水、洛水之间者。今伊阙北有泉亭），王子带召之也。秦、晋伐戎以救周。秋，晋侯平戎于王。"孔颖达解释伊洛之戎为："《释例》曰：诸杂戎居伊水、洛水之间者。"① 孔颖达没有解释何为"杂戎"，实则伊洛之戎分为两部分：其一为隗姓赤狄，曾参与王子带的叛乱；其二为姜姓、允姓之戎，则参与了王子朝的叛乱。在史书中，二者区别分明。

这里一再讲戎。从富辰的话可以看到，王子带所召之"扬、拒、泉、皋、伊洛之戎"当是分布于洛水流域之隗姓赤狄。以后事情越闹越大，周襄王十二年（前640年，鲁僖公二十年），滑人从郑国倒向卫国，郑国要报复。周襄王十六年，郑伐滑，赤狄出面干预。周襄王站在卫、滑一边，郑不听王命，于是周"以狄伐郑"，周襄王还以狄女为后。《左传》与《国语》都记载了这件事。

### （四）曼姓蛮氏

其为伯翳之曼姓。曼姓之古族为蛮氏，盖以蛮水而得名。《水经注》云："伊水又与蛮水合，水出卢氏县之蛮谷。"②

《左传·昭公十六年》有戎蛮子。③《汉书·地理志》河南郡新成，"故戎蛮子国"④。《后汉书》河南尹新城，"有鄤聚，古鄤氏，今名蛮中"⑤。然《左传》已称这族为蛮氏。则指鄤为蛮，当自周人已然。盖曼为本字，周人故意把它改为蛮。新成今为新安县。

梁、霍为曼姓。《左传·哀公四年》云："袭梁及霍。"杜注："梁，河南梁县。……梁南有霍阳山，皆蛮子之邑也。"⑥ 霍即《逸周书·世俘解》之霍侯⑦，则梁、霍两族都为曼姓可知。梁即古籍上所称为南梁。其地在今之汝州市。

又有邓亦为曼姓。《左传·桓公十一年》有邓曼；杜注："曼，邓姓。"⑧ 可证邓为曼姓。《史记·楚世家》集解引服虔云："邓，曼姓。"⑨ 楚武王夫人有邓曼可证。春秋时邓在今邓州市，但其原住地不在此。《水经注》曰："河水又东径平阴县北……又东至邓。"其引《魏土地记》曰："冶坂城旧名汉祖渡，城险固，南临孟津河。洛阳西北四十二里，故邓乡矣。"⑩ 这当是其原住地，在今洛阳市西北。

---

① 《春秋左传正义·僖公十一年》，（清）阮元校刻：《十三经注疏》，第1802页。
② （后魏）郦道元注，（清）杨守敬、熊会贞疏，段熙仲点校：《水经注疏·伊水》，第1335页。
③ 《春秋左传正义·昭公十六年》，（清）阮元校刻：《十三经注疏》，第2078页云："使然丹诱戎蛮子嘉，杀之，遂取蛮氏。"
④ 《汉书·地理志上》，第1556页。
⑤ 《后汉书·郡国一》，第3390页。
⑥ 《春秋左传正义·哀公四年》，（清）阮元校刻：《十三经注疏》，第2158页。
⑦ 黄怀信、张懋镕、田旭东：《逸周书汇校集注·世俘解》，第457页。
⑧ 《春秋左传正义·桓公十一年》，（清）阮元校刻：《十三经注疏》，第1756页。
⑨ 《史记·楚世家》，第1696页。
⑩ 杨守敬、熊会贞：《水经注疏·河水四》，第367、369、384页。

大概曼姓的分布是西起卢氏县，迤东以迄至新成、洛阳、临汝一带。

## 二、沁水流域之赤狄

山西东南部有一个赤狄集团，分布于浊漳河与清漳河流域。

炎帝在山西东南部有实际事迹，如《水经注》云："《地形志》，长子县羊头山下有神农泉，北有谷关，即神农得嘉谷处，有泉北流至陶乡，名陶水，合羊头山水，北流入浊漳是也。"①

### （一）山西东南部之赤狄

1. 潞氏

（1）潞或路、露

《国语·郑语》云："当成周者……北有卫……潞……徐蒲。""妘姓邬、郐、路、偪阳。"《国语》或作"潞"，或作"路"②。

《汉书·地理志》上党郡潞条注："故潞子国。"③ 我们发现潞子国有下列历史记载：《世本·氏姓》云："路氏，炎帝之后，黄帝封其支子于路。春秋时路子婴儿是也。"④ 同时《元和姓纂》所云与《世本》所述相同。⑤ 而《通志》曰："隗氏，姓也。赤狄姓隗，潞子婴儿是也，庸咎如、东山皋氏，皆其别种，而亦姓隗。"⑥《逸周书》："其浸汾露。注：'露，《周官》作潞。'"⑦

（2）潞在山西潞城

《读史方舆纪要》潞安府潞城县："府东北四十里。……春秋时潞子婴儿国，晋灭之。汉置潞县，属上党郡。"又"微子城，在县东北十五里。纣都朝歌，潞在畿内，微子盖食采于此也。"又"浊漳水，在县北，自襄垣县流入界。……志云：县城东十五里有潞水，西流会浊漳，故漳水亦兼潞水之名。"⑧

《读史方舆纪要》潞安府黎城县："府东北百十里。又东北至河南涉县八十里（涉县位于清漳河北岸，今涉县属于现在河北）。古黎侯国，汉潞县地。"又黎侯城，"县东北十八里。春秋晋荀林父灭潞，立黎侯而还，志以为即此城也"⑨。黎城县在清漳河在北

---

① 杨守敬、熊会贞：《水经注疏·浊漳水》，第914页。
② 徐元诰撰，王树民、沈长云点校：《国语集解·郑语》，第461、468页。
③ 《汉书·地理志上》，第1553页。
④ （清）秦嘉谟：《世本·氏姓》，（汉）宋衷注，（清）秦嘉谟等辑：《世本八种》，第310页。
⑤ （唐）林宝撰，岑仲勉校记：《元和姓纂（附四校记）》，第1213页。
⑥ （宋）郑樵撰，王树民点校：《通志二十略·氏族略第三》，第105页。
⑦ 黄怀信、张懋镕、田旭东：《逸周书汇校集注·职方解》，第1055页。
⑧ （清）顾祖禹撰，贺次君、施和金点校：《读史方舆纪要·山西四》，第1965、1966页。
⑨ （清）顾祖禹撰，贺次君、施和金点校：《读史方舆纪要·山西四》，第1967页。

边进入河北涉县,而浊漳河在南边进入河南林州市。

公元前594年,晋师灭赤狄潞氏;公元前593年晋士会帅师灭赤狄甲氏及留吁。① 晋也承认潞"俊才虽多",则必定是当时文化比较发达的国家。

## 2. 廧咎如

《左传·僖公二十三年》云:"狄人伐廧咎如,获其二女叔隗、季隗。"尤为属于隗姓之确证。此处所谓狄人乃指晋文公之母族。②《左传·僖公二十四年》云:"狄伐郑,取栎。王德狄人,将以其女为后。富辰谏曰:……秋颓叔桃子奉大叔(即王子带)以狄师伐周。大败周师。"③

《史记》曰:"重耳遂奔狄。狄,其母国也。……狄伐咎如,得二女,以长女妻重耳……以少女妻赵衰。"④ 其与《左传》的记载略有不同。

> 晋公子重耳之及于难也……遂奔狄。从者狐偃、赵衰、颠颉、魏武子、司空季子。狄人伐廧咎如,获其二女叔隗、季隗,纳诸公子。公子取季隗,生伯倏、叔刘。以叔隗妻赵衰,生盾。……处狄十二年而行。⑤

廧咎如,《公羊传》作将咎如⑥,《谷梁传》作墙咎如,《释文》作咎音羔。⑦ 则咎读为皋,廧咎如也即廧皋如。廧(或将、墙)为其专名,而皋如是其公名。由晋、卫共同去伐廧咎如知,当在太行山区,可能在壶关、林州之间。

然廧咎如还是隗姓,不仅杜预如此说,而且《左传·僖公二十三年》也提供了属于隗姓之确证。《史记·晋世家》与《左传》的记载略有不同,但可肯定,《左传》所谓狄人为重耳之母国,并非赤狄,而是大戎,即重耳避难之戎狄。

## 3. 甲氏、留吁、铎辰

《左传·宣公十六年》云:"春,晋士会帅师灭赤狄甲氏及留吁、铎辰。"⑧

(1) 甲氏

《路史》甲氏,"潞氏属"⑨。甲氏,吕思勉说河北鸡泽县。⑩

---

① 《春秋左传正义·宣公十五年》,(清)阮元校刻:《十三经注疏》,第1886页;《春秋左传正义·宣公十六年》,(清)阮元校刻:《十三经注疏》,第1888页。
② 《春秋左传正义·僖公二十三年》,(清)阮元校刻:《十三经注疏》,第1815页。
③ 《春秋左传正义·僖公二十四年》,(清)阮元校刻:《十三经注疏》,第1818页。
④ 《史记·晋世家》,第1656、1657页。
⑤ 《春秋左传正义·僖公二十三年》,(清)阮元校刻:《十三经注疏》,第1815页。
⑥ 《春秋公羊传注疏·成公三年》,(清)阮元校刻:《十三经注疏》,第2291页。
⑦ 《春秋谷梁传注疏·成公三年》,(清)阮元校刻:《十三经注疏》,第2418页。
⑧ 《春秋左传正义·宣公十六年》,(清)阮元校刻:《十三经注疏》,第1888页。
⑨ (宋)罗泌:《路史·国名纪甲》,第320页。
⑩ 吕思勉:《中国民族史·匈奴》,第33页。

(2) 留吁

《路史》留吁，"潞氏属。屯留故城南即故留吁国也。与潞俱附中国，为赤部胡"①。

(3) 铎辰

铎辰，吕思勉说山西长治县。②

4. 皋落氏光狼

《史记·晋世家》曰："十七年，晋侯使太子申生伐东山"，集解引贾逵云："东山，赤狄别种。"③ 东山究在何处，未有明确之解释。所谓东山即东山皋落氏。

各者相距遥远。孟增之皋狼在西，白起之皋狼在东，故皋狼不大可能同时控制如此广阔之地域，三处都指定为申生所伐之东山皋落氏，应有误认。同时，也有可能反映皋狼族的迁徙。皋狼族在周代有可能从西部迁于东部太行山区，各处可能为皋落氏不同时期之地域。晋国在晋献公之后由弱到强，皋落氏当离开晋国越来越远，故可猜测皋落氏最初在离石，然后转移到垣曲、长治，最后到昔阳。东山皋落氏之族其专名当为东山，皋狼则其公名，皋落氏都还是隗姓。

皋狼亦作郭狼，《史记·赵世家》作郭狼。武灵王曰："（先王）又取蔺、郭狼。"④ 《通鉴地理通释》云："郭狼疑是皋狼。"⑤

(1) 皋落山在山西中部

《读史方舆纪要》太原府平定州乐平县云："皋落山，县东七十里。《左传·闵二年》：晋侯使太子申生伐东山皋落氏。杜氏曰：'皋落，赤狄别种也。'盖邑于此山下。亦谓之皋落墟。又山亦名灵山，下有皋落水。"⑥《隋书·地理志》亦谓乐平有皋洛山。⑦ 吕思勉亦说山西昔阳县东有皋落山⑧，皋洛山必定在山西中部。

(2) 皋落在晋中东部

有人谓在晋南东部长治一带。又《续汉志》上党郡壶关县，刘昭注："《上党记》曰：'东山在城东南，晋申生所伐。今名平皋。'"⑨

(3) 皋落在晋东南部

《左传·闵公二年》载："晋侯使大子申生伐东山皋落氏。"杜预注："赤狄别种也。皋落，其氏族。"孔颖达疏："此云东山，当在晋东。"⑩

---

① （宋）罗泌：《路史·国名纪甲》，第 321 页。
② 吕思勉：《中国民族史·匈奴》，第 33 页。
③ 《史记·晋世家》，第 1643 页。
④ 《史记·赵世家》，第 1806 页。
⑤ （宋）王应麟著，傅祥林点校：《通鉴地理通释·七国形势考上》，北京：中华书局，2013 年，第 226 页。
⑥ （清）顾祖禹撰，贺次君、施和金点校：《读史方舆纪要·山西二》，第 1844 页。
⑦ 《隋书·地理志中》，第 854 页。
⑧ 吕思勉：《中国民族史·匈奴》，第 33 页。
⑨ 《后汉书·郡国五》，第 3522 页。
⑩ 《春秋左传正义·闵公二年》，（清）阮元校刻：《十三经注疏》，第 1788 页。

（4）皋落氏当在垣曲

《水经注》载："清水历其南，东流径皋落城北（杨守敬：《通典》，垣县有古皋落城。《元和志》，城在垣县西北六十里。唐垣县即今垣曲县治），服虔曰：'赤翟之都也。'世谓之倚毫城，盖读声近，传因失实也。《春秋左传》所谓晋侯使太子申生伐东山皋落氏者也（杨守敬按：文见闵二年。杜注，赤狄别种也，皋落其氏族。又《续汉志·注》引《上党记》，东山在壶关城东南，晋申生所伐，今本平辠。又《隋志》，乐平有皋洛山。《方与纪要》谓……并与此异。……当以郦注为是）。"①其地在今垣曲县。故申生所伐之皋落氏当在垣曲，亦谓在晋南西部。按皋狼之族亦分布于黄河北岸。

《史记·秦本纪》云："白起攻赵，取代光狼城。"正义记："《括地志》云：'光狼故城在今泽州高平县西二十里。'"②"光狼故城在泽州高平县西二十五里也。"③光狼亦即皋狼。《读史方舆纪要》泽州高平县："光狼城，在县西南二十五里。《秦纪》：'昭襄王二十一年，白起攻赵，拔光狼城。'今其地名秦赵邯。"④

（5）皋狼还有谓在晋中西部

《读史方舆纪要》汾州府永宁州："皋狼城，在州西北。《史记·赵世家》：'孟增幸于周成王，是为宅皋狼。'索隐谓居以皋狼之地也。汉置皋狼县，属西河郡。"⑤永宁州即今山西离石。

（二）潞在曲梁

公元前594年，《春秋·宣公十五年》曰："晋师灭赤狄潞氏，以潞子婴儿归。"杜预注："潞，赤狄之别种。潞氏，国。故称氏，子爵也。"⑥《左传·宣公十五年》对此晋师灭潞氏有详细的记载，晋师伐潞氏是为杀潞氏之权臣酆舒，酆舒杀潞氏之夫人（晋景公之姊）：

> 潞子婴儿之夫人，晋景公之姊也，酆舒为政而杀之，又伤潞子之目。晋侯将伐之，诸大夫皆曰不可……伯宗曰："必伐之。狄有五罪，俊才虽多，何补焉？不祀，一也；耆酒，二也；弃仲章而夺黎氏地（杜注：仲章，潞贤人也。黎氏，黎侯国，上党壶关县有黎亭），三也；虐我伯姬，四也；伤其君目，五也。怙其俊才而不以茂德，兹益罪也……若之何待之？……"晋侯从之。六月癸卯，晋荀林父败赤

---

① （后魏）郦道元注，（清）杨守敬、熊会贞疏，段熙仲点校：《水经注疏·河水四》，第361页。谭其骧《中国历史地图集》第一册将昔阳记为"东山皋落氏1"，将垣曲记为"东山皋落氏2"，这是不正确的。在晋献公、晋文公之后，晋国成为中原霸主，皋落氏不可能从昔阳进入晋国之中心地区。由此亦可看到，晋献公时期，山西南部的垣曲以东都控制在戎狄之手。
② 《史记·秦本纪》，第213、215页。
③ 《史记·白起王翦列传》，第2332页。
④ （清）顾祖禹撰，贺次君、施和金点校：《读史方舆纪要·山西五》，第1975页。
⑤ （清）顾祖禹撰，贺次君、施和金点校：《读史方舆纪要·山西四》，第1953页。
⑥ 《春秋左传正义·宣公十五年》，（清）阮元校刻：《十三经注疏》，第1886页。

狄于曲梁（杜注：今广平曲梁县也），辛亥，灭潞。酆舒奔卫，卫人归诸晋，晋人杀之。①

因晋师是利用潞氏的内乱。《公羊传》云："潞何以称子？潞子之为善也，躬足以亡尔。虽然，君子不可不记也，离于夷狄，而未能合于中国。晋师伐之，中国不救，狄人不有，是以亡也。"②

《读史方舆纪要》广平府永年县："春秋时晋之曲梁地，汉为曲梁县。"又曲梁城："在县东北。杜佑曰：'曲梁在春秋时为赤狄之地。'宣十五年，晋荀林父败赤狄于曲梁，遂灭潞，即此。……《水经注》'洺水东径曲梁城'是也。"又洺水："府北三十五里。源出山西辽州界太行山中，经河南武安县东北流，绕邯郸县紫山之北，二流双导，合而为一，经府西临洺镇，东北流合于沙河，历鸡泽县东南而入顺德府平乡县境。"③则路都曲梁在今河北邯郸、曲周间，春秋时为晋所灭。

《左传·襄公三年》载："晋侯之弟扬干，乱行于曲梁（杜注：行陈次）。"曲梁在今河北永年、鸡泽之东南。《路史》谓路为"参卢后春秋之潞子，都曲梁"④，晋师是占领潞氏之曲梁。

## 三、陕北、晋北之白狄

### （一）白狄

《潜夫论》讲到九个太古之姓时，第九个是"姮姓白狄"，但以下详细说明却没有姮姓，而有下列一段话："短即犬戎氏，其先本出黄帝。"因而汪继培注："短当为姮。"⑤《潜夫论》的其他版本亦有作白、牝、牡、短，都是极为少见的姓，而且它们都出于同一本书，实际上当为同一个字。不论究竟何者为正体，何者为误字，不妨就认为是姮姓。

《潜夫论》列出九个太古之姓，原文如下：

> 庆姓樊、尹、骆，曼姓邓、优，归姓胡、友、何，葴姓滑、齐，掎姓栖、疏，御姓署、番、汤，鬼姓饶、攘、利，隗姓赤狄，姮姓白狄。此皆太古之姓。⑥

---

① 《春秋左传正义·宣公十五年》，（清）阮元校刻：《十三经注疏》，第1887、1888页。
② 《春秋公羊传注疏·宣公十五年》，（清）阮元校刻：《十三经注疏》，第2286页。
③ （清）顾祖禹撰，贺次君、施和金点校：《读史方舆纪要·北直六》，第675、676页。
④ 《春秋左传正义·襄公三年》，（清）阮元校刻：《十三经注疏》，第1930页；（宋）罗泌：《路史·国名纪甲》，第320页。
⑤ （汉）王符：《潜夫论·志氏姓》，《诸子集成》第八册，第190、191页。
⑥ （汉）王符：《潜夫论·志氏姓》，《诸子集成》第八册，第190页。

《古今姓氏书辩证》记:"庆,出自姜姓。""曼,出自子姓,商王后。"① 但是这些所谓的"太古之姓"当非夏族原有之姓。

《潜夫论》说:"隗姓赤狄,姮姓白狄。"汪继培笺:"《昭十二年谷梁传》范宁注:鲜虞,姬姓白狄也。疏云:《世本》文。此姮字疑姬之误。"② 《潜夫论》认为隗姓、姮姓不是一般的姓,都是"太古之姓"。

## (二)陕北之白狄

陕北聚有白狄的势力,如《读史方舆纪要》延安府绥德州:"府东北三百六十里。北至榆林镇三百里,东至山西永宁州二百五十里,西至宁夏后卫五百七十里。"绥德州是边塞地带,就是"春秋时白翟地,战国时属魏,后属秦,置上郡于此"③。在绥德州以北的榆林镇也是白狄势力,如《读史方舆纪要》谓榆林镇"东至山西偏头关百六十里,西至宁夏后卫七百二十里,南至延安府绥德州三百里,北至黄河千余里",也是白狄势力、白狄地,顾祖禹谓:"春秋时白翟地,战国属赵。秦始皇时为上郡地。"④

又如胜州城,"镇东北四百五十里。北至黄河五里,东至黄河五十里。古戎狄地。孔氏曰:'战国时林胡所居。赵武灵王北破林胡,其后李牧降林胡,皆此处也。'亦为赵之云中郡地"⑤。林胡可能亦属于白狄。

总之,《读史方舆纪要》延安府曰:"《禹贡》雍州地,春秋时白翟所居。"延安府鄜州云:"春秋时白翟地。"又,延安府绥德州也记:"春秋时白翟地。"⑥

## (三)晋北之白狄

白狄分布于山西北部。《左传·成公十三年》晋侯使吕相绝秦曰:"白狄及君同州,君之仇雠,而我之昏姻也(孔疏:白狄盖狄之西偏,属雍州也)。"晋侯为了与秦友好,因之影响了与白狄之婚姻,而秦却导白狄伐晋。晋师最后以诸侯之师打败秦师。⑦

白狄亦分布于今山西北部,《左传·僖公三十三年》:"狄伐晋,及箕。八月戊子,晋侯败狄于箕。郤缺获白狄子(杜预注:白狄,狄别种也。故西河郡有白部胡)。"⑧

《左传·僖公三十三年》:"晋人败狄于箕(杜预注:太原阳邑县南有箕城)。"⑨ 则此处之狄当为白狄。

---

① (宋)邓名世:《古今姓氏书辩证》,第 519、488 页。
② (汉)王符:《潜夫论·志氏姓》,《诸子集成》第八册,第 190 页。
③ (清)顾祖禹撰,贺次君、施和金点校:《读史方舆纪要·陕西六》,第 2740 页。
④ (清)顾祖禹撰,贺次君、施和金点校:《读史方舆纪要·陕西十》,第 2903 页。
⑤ (清)顾祖禹撰,贺次君、施和金点校:《读史方舆纪要·陕西十》,第 2914 页。
⑥ (清)顾祖禹撰,贺次君、施和金点校:《读史方舆纪要·陕西六》,第 2719、2733、2740 页。
⑦ 《春秋左传正义·成公十三年》,(清)阮元校刻:《十三经注疏》,第 1912 页。
⑧ 《春秋左传正义·僖公三十三年》,(清)阮元校刻:《十三经注疏》,第 1833 页。
⑨ 《春秋左传正义·僖公三十三年》,(清)阮元校刻:《十三经注疏》,第 1832 页。

《左传·襄公十八年》载："（襄公）十八年春，白狄始来。"杜预注："白狄，狄之别名。未尝与鲁接，故曰始。"①《公羊传》载："十有八年，春，白狄来。白狄者何？夷狄之君也。何以不言朝？不能朝也。"何休："欲言其君，经不书朝饮，言其臣不见名氏，故执不知问。"②

所以此所谓狄指白狄，他们伐晋到太谷。白狄子犹潞子之称，白狄也当是子爵。《左传·襄公二十八年》载："夏，齐侯、陈侯、蔡侯、北燕伯、杞伯、胡子、沈子、白狄，朝于晋，宋之盟故也。"杜注："陈侯、蔡侯、胡子、沈子，楚属也。……燕国，今蓟县。"③从这些国名来看，白狄的地域不出秦、晋的北部。

## 四、鲜虞与中山国

### （一）鲜虞、肥、鼓

1. 鲜虞与白狄

（1）鲜虞

《郡国志》中山国有"新市有鲜虞亭，故国，子姓。"刘昭注："杜预曰：白狄别种。"陈槃说："其先则子姓，后则姬姓。"④

《谷梁传》说："晋伐鲜虞。其曰晋，狄之也。其狄之何也？不正其与夷狄交伐中国，故狄称之也。"范宁注："鲜虞，姬姓白狄也。"杨士勋疏："鲜虞，姬姓白狄也者，《世本》文也。"⑤

《世本》谓鲜虞为姬姓白狄，此说为多数人所接受。韦昭《国语》注："鲜虞，姬姓在狄者也。"⑥

但文献记载鲜虞为姬姓，故鲜虞的姓是一个有待解决的问题。

儇读如宣，当即《潜夫论》之妘姓。《潜夫论》："妘姓，白狄。"⑦

（2）白狄

白狄是夷狄，在春秋时，白狄处于秦晋之间，故《春秋·宣公八年》："晋师、白狄伐秦。"⑧而《春秋·成公九年》："秦人、白狄伐晋。"⑨但是白狄与秦国领土密接而矛盾更大。在春秋时白狄已经融入夏族，白狄已经能够正式行朝礼了。

---

① 《春秋左传正义·襄公十八年》，（清）阮元校刻：《十三经注疏》，第1964页。
② 《春秋公羊传注疏·襄公十八年》，（清）阮元校刻：《十三经注疏》，第2308页。
③ 《春秋左传正义·襄公二十八年》，（清）阮元校刻：《十三经注疏》，第1999页。
④ 《后汉书·郡国二》，第3434页；陈槃：《春秋大事表列国爵姓及存灭表撰异·鲜虞》，第1135页。
⑤ 《春秋谷梁传注疏·昭公十二年》，（清）阮元校刻：《十三经注疏》，第2436页。
⑥ 徐元诰撰，王树民、沈长云点校：《国语集解·郑语》，第461页。
⑦ （汉）王符：《潜夫论·志氏姓》，《诸子集成》第八册，第190页。
⑧ 《春秋左传正义·宣公八年》，（清）阮元校刻：《十三经注疏》，第1873页。
⑨ 《春秋左传正义·成公九年》，（清）阮元校刻：《十三经注疏》，第1905页。

白狄，当指肥、鼓、鲜虞等族。

2. 肥、鼓

《左传·昭公十二年》云："晋荀吴伪会齐师者，假道于鲜虞，遂入昔阳。秋……灭肥，以肥子绵皋归。"杜预注："鲜虞，白狄别种，在中山新市县。昔阳，肥国都。乐平沾县东有昔阳城。"又杜预注："肥，白狄也。"①

《左传·昭公十五年》云："晋荀吴帅师伐鲜虞，围鼓。……鼓人告食竭力尽……以鼓子鸢鞮归。"杜注："鼓，白狄之别。巨鹿下曲阳县有鼓聚。"②《左传·昭公二十二年》云："晋之取鼓也，既献而反鼓子焉，又叛于鲜虞。……遂袭鼓，灭之。"③

（1）鼓

《汉书·地理志》巨鹿郡下曲阳，注引应劭曰："晋荀吴灭鼓，今鼓聚昔阳亭是也。"下曲阳④，当是直隶真定府晋州。

陈槃《春秋传说汇纂》"鼓或祁姓"，引《历代纪事年表》以为姬姓。⑤

（2）肥

《左传·昭公十二年》曰："晋荀吴……假道于鲜虞，遂入昔阳……灭肥。"杜注："肥，白狄也。……巨鹿下曲阳县西有肥累城。"⑥《世本》云："肥氏，白狄国名，酉姓。"⑦吕思勉说，肥在藁城，鼓在晋县。⑧

又《潜夫论》载："豺，即犬戎氏，其先本出黄帝。"汪继培笺："豺，当为姮，上云姮姓白狄是也。"⑨《潜夫论》说白狄为姮姓，也有文献说白狄肥为酉姓⑩，还有人说肥为姮姓。与肥在一起的白狄还有鼓、鲜虞，那么鼓为何姓？

## （二）中山

《十道志》曰："定州，博陵郡。《禹贡》冀州之域。虞舜十二州，盖并州之域。春秋时鲜虞白狄之国，后改为中山国。"⑪因此，鲜虞是白狄之国，后来改为中山国。

在古代文献中，有的讲鲜虞，有的则讲中山，但在先秦文献中，"鲜虞"与"中

---

① 《春秋左传正义·昭公十二年》，（清）阮元校刻：《十三经注疏》，第 2062 页。
② 《春秋左传正义·昭公十五年》，（清）阮元校刻：《十三经注疏》，第 2077 页。
③ 《春秋左传正义·昭公二十二年》，（清）阮元校刻：《十三经注疏》，2100 页。
④ 《汉书·地理志上》，第 1575 页。
⑤ 陈槃：《春秋大事表列国爵姓及存灭表撰异·鼓》，第 1153 页。
⑥ 《春秋左传正义·昭公十二年》，（清）阮元校刻：《十三经注疏》，第 2062 页。
⑦ （清）秦嘉谟：《世本·氏姓》，（汉）宋衷注，（清）秦嘉谟等辑：《世本八种》，第 239 页。
⑧ 吕思勉：《中国民族史·匈奴》，第 33 页。
⑨ （汉）王符：《潜夫论·志氏姓》，《诸子集成》第八册，第 191 页。
⑩ （汉）王符：《潜夫论·志氏姓》，《诸子集成》第八册，第 190 页；（清）秦嘉谟：《世本·氏姓》，（汉）宋衷注，（清）秦嘉谟等辑：《世本八种》，第 239 页。
⑪ （宋）李昉等：《太平御览·州郡部七·定州》，第 784 页。

山"似乎不会在同一本书中出现。春秋以前的书常见鲜虞而不见中山，如《春秋》《公羊传》《谷梁传》《国语》，而战国以后的书中则相反，常见中山而不见鲜虞，如《战国策》《荀子》《韩非子》《吕氏春秋》。中山在《史记》文本中出现111次，而未出现鲜虞（只在注解中出现两次鲜虞）。

《左传》出现了23次鲜虞，还出现了3次中山，但是下边即将看到，实际上只出现鲜虞。《左传》关于鲜虞的记载相当多。晋国亦多次进攻鲜虞，如公元前521年，晋国为了进攻鲜虞，还取消了鲁国国君的访问："公如晋，及河。鼓叛晋，晋将伐鲜虞，故辞公。"① 第二年，"遂袭鼓，灭之"②。鲜虞也有反攻的时候，如公元前507年，"鲜虞人败晋师于平中，获晋观虎"③。

文献中最早提中山的是《左传·定公四年》。鲁定公四年（前506年），《左传》中既出现鲜虞，又出现中山。当时晋国打算援救蔡侯而进攻楚国（晋、楚本为同盟国），荀寅反对，他对范献子说："国家方危，诸侯方贰，将以袭敌，不亦难乎！水潦方降，疾疟方起，中山不服，弃盟取怨，无损于楚，而失中山。不如辞蔡侯。"④ 但《春秋·定公四年》记载的时事则是："晋士鞅（即范献子）、卫孔圉帅师伐鲜虞。"⑤ 那么中山可能是在春秋晚期鲁定公初期建立的。

但鲁定公五年（前505年），《春秋》《左传》均记有"晋伐鲜虞"。鲁哀公元年（前494年），鲁、齐、卫、鲜虞伐晋，都没有提到中山。后来晋国内乱，形成了晋、韩、赵、魏与范、中行两派，而鲜虞与齐、卫等国支持范、中行。不久在鲁哀公三年（前492年），"齐、卫围戚，求援于中山"⑥。

公元前405年，魏文侯曾消灭中山，"乐羊为魏文侯将，伐取中山，魏文侯封乐羊以灵寿"⑦，并派弟挚（子击）统治中山，从此中山成为姬姓国。

战国时期，中山是一支重要的反秦力量，如秦昭王十一年（前296年），齐、韩、魏、赵、宋、中山六国共攻秦。贾谊亦将中山作为六国对抗秦国扩张之主要力量，例如他说："陈涉之位，非尊于齐、楚、燕、赵、韩、魏、宋、卫、中山之君。"⑧《战国策》就包含下列十个国家：秦、齐、楚、赵、魏、韩、燕、宋、卫、中山。在赵武灵王时，中山曾准备与齐、赵、魏、燕五个国家一起称王。⑨ 赵武灵王说："今中山在我腹心，北有燕，东有胡，西有林胡、楼烦、秦、韩之边。"⑩ 公元前295年，赵国在齐、

---

① 《春秋左传正义·昭公二十一年》，（清）阮元校刻：《十三经注疏》，第2099页。
② 《春秋左传正义·昭公二十二年》，（清）阮元校刻：《十三经注疏》，第2100页。
③ 《春秋左传正义·定公三年》，（清）阮元校刻：《十三经注疏》，第2132页。
④ 《春秋左传正义·定公四年》，（清）阮元校刻：《十三经注疏》，第2133页。
⑤ 《春秋左传正义·定公四年》，（清）阮元校刻：《十三经注疏》，第2133页。
⑥ 《春秋左传正义·哀公三年》，（清）阮元校刻：《十三经注疏》，第2157页。
⑦ 《史记·乐毅列传》，第2427页。
⑧ 《史记·秦本纪》，第210页；《史记·秦始皇本纪》，第282页。
⑨ （汉）刘向：《战国策·中山·犀首立五王》，第1170页。
⑩ 《史记·赵世家》，第1806页。

燕的帮助下消灭了中山。①

故中山国是戎狄各族所达到的最高政治成就，实际上鲜虞是被赵国所包围，他们所建立的中山国就表明他们已经被夏族同化。中山国的灭亡，亦表明整个北狄已经被同化了。

索隐云："中山，故鲜虞国，姬姓也。"②

"十年，中山武公初立。十三年，城平邑。十五年，献侯卒，子烈侯籍立。烈侯元年，魏文侯伐中山，使太子击守之。六年，魏、韩、赵皆相立为诸侯，追尊献子为献侯。"③

"惠文王二年，主父行新地，遂出代，西遇楼烦王于西河而致其兵。三年，灭中山，迁其王于肤施。起灵寿，北地方从，代道大通。"④

"二十八年，齐威王卒。中山君相魏。"⑤

"乐毅者，其先祖曰乐羊。乐羊为魏文侯将，伐取中山，魏文侯封乐羊以灵寿。乐羊死，葬于灵寿，其后子孙因家焉。中山复国，至赵武灵王时复灭中山，而乐氏后有乐毅。"⑥

### （三）中山复国

当时中山已经被赵国占领，但还没有被完全消灭，后来它又复国了。

《史记·魏世家》说："中山君相魏。"索隐按：魏文侯灭中山，其弟守之。⑦

鲜虞为什么是姬姓？《史记·赵世家》云："（献侯）十年，中山武公初立。"集解记："徐广曰：'西周桓公之子。'"⑧"桓公者，孝王弟而定王子。"索隐曰："按：'中山，古鲜虞国，姬姓也。'"⑨

《读史方舆纪要》真定府灵寿县灵寿城："《通典》：'中山国都也。'《十三州记》：'中山桓公徙都灵寿。'"

《读史方舆纪要》延安府肤施县："战国时为赵地。赵惠文王二年，主父灭中山，迁其王于肤施，即此。"又延安府："春秋时白翟所居。"⑩

---

① 《史记·六国年表》，第 738 页。
② 《史记·赵世家》，第 1797 页。
③ 《史记·赵世家》，第 1797 页。
④ 《史记·赵世家》，第 1813 页。
⑤ 《史记·魏世家》，第 1845 页。
⑥ 《史记·乐毅列传》，第 2427 页。
⑦ 《史记·魏世家》，第 1845 页。
⑧ 《史记·赵世家》，第 1797 页。
⑨ 《史记·赵世家》，第 1797 页。
⑩ （清）顾祖禹撰，贺次君、施和金点校：《读史方舆纪要·北直五》，第 602 页；（清）顾祖禹撰，贺次君、施和金点校：《读史方舆纪要·陕西六》，第 2720、2719 页。

## 五、鄋瞒

### （一）鄋瞒概况

潞国东方，在今冀南、豫北有一个强大的狄人之国，史书称为鄋瞒。它在宋武公时期就曾伐宋。[①] 到了春秋中期，鄋瞒曾打败邢国、卫国，并进一步进攻郑国、晋国、鲁国、齐国。

1. 打败邢、卫

公元前662年，《春秋·庄公三十二年》："狄伐邢。"杜注："邢国在广平襄国县。"即今河北邢台。[②] 当时正是齐桓公强盛的时候，于是齐国救邢。公元前661年，"狄人伐邢。管敬仲言于齐侯曰：'戎狄豺狼，不可厌也；诸夏亲昵，不可弃也。……'齐人救邢"[③]。又，"诸侯救邢。邢人溃，出奔师"[④]。

狄并不害怕齐国，又进攻卫国，并且占领了卫国。公元前660年，"十二月，狄人伐卫。……卫师败绩。遂灭卫"[⑤]。当时卫国在今河南淇县、濮阳县一带。最后邢、卫两国都被迫迁到了新的地点，"僖之元年，齐桓公迁邢于夷仪。二年，封卫于楚丘"[⑥]。即邢国从河北邢台迁到了今山东聊城，而卫国则由河西迁到了河东的楚丘。

2. 侵苏、郑与晋

狄在打败邢国、卫国之后，并没有就此止步，公元前650年，"狄灭温，温子奔卫"。《左传》云："苏子无信也。苏子叛王即狄，又不能于狄，狄人伐之，王不救，故灭。苏子奔卫。"孔疏："国名为苏，所都之邑名为温。"[⑦]

狄又进攻郑国、晋国。公元前646年，"狄侵郑"[⑧]。公元前636年，受到周王的鼓动之后，狄再一次进攻郑国："夏，狄伐郑，取栎。王德狄人，将以其女为后。"[⑨]

公元前644年，"秋，狄侵晋，取狐厨、受铎、涉汾及昆都，因晋败也"[⑩]。

但是晋与戎狄的关系却密不可分：

---

[①]《春秋左传正义·文公十一年》，（清）阮元校刻：《十三经注疏》，第1850页。
[②]《春秋左传正义·庄公三十二年》，（清）阮元校刻：《十三经注疏》，第1783页。
[③]《春秋左传正义·闵公元年》，（清）阮元校刻：《十三经注疏》，1786页。
[④]《春秋左传正义·僖公元年》，（清）阮元校刻：《十三经注疏》，第1791页。
[⑤]《春秋左传正义·闵公二年》，（清）阮元校刻：《十三经注疏》，第1787、1788页。
[⑥]《春秋左传正义·闵公二年》，（清）阮元校刻：《十三经注疏》，第1789页。
[⑦]《春秋左传正义·僖十年》，（清）阮元校刻：《十三经注疏》，第1801页。
[⑧]《春秋左传正义·僖公十四年》，（清）阮元校刻：《十三经注疏》，第1803页。
[⑨]《春秋左传正义·僖公二十四年》，（清）阮元校刻：《十三经注疏》，第1818页。
[⑩]《春秋左传正义·僖公十六年》，（清）阮元校刻：《十三经注疏》，第1809页。

晋公子重耳之及于难也……遂奔狄。从者狐偃、赵衰、颠颉、魏武子、司空季子。狄人伐廧咎如，获其二女叔隗、季隗，纳诸公子。公子取季隗，生伯倏、叔刘。以叔隗妻赵衰，生盾。……处狄十二年而行。①

狄是冀南、豫北的一个强国，它在姬姓邻国卫、晋、邢、郑之间兴风作浪。卫是"文之昭也"，晋是"武之穆也"，邢是"周公之胤也"，郑是"亲亲以相及也"②。全是周天子之亲戚，哪一个都不是它的对手。而且它可以容纳并支持重耳（即晋文公）及其重臣。后来公元前621年，十月，狐射姑（他是晋国的中军将）出奔狄；十一月，贾季出奔狄。

同时，戎又在威胁周天子。"王以戎难告于齐，齐征诸侯而戍周。"③

公元前640年，"秋，齐、狄盟于邢，为邢谋卫难也。于是卫方病邢"④。原来邢、卫被狄打败之后，这两个国家自己快打起来了，而邢转而求助于狄。

3. 侵鲁、侵齐、侵宋

公元前620年，"狄侵我西鄙，公使告于晋。赵宣子使因贾季问酆舒，且让之（杜注：酆舒，狄相。让其伐鲁）。酆舒问于贾季曰：'赵衰、赵盾，孰贤'"⑤。这一次战争没有很快结束，公元前616年，"败狄于咸，获长狄侨如"。杜注："侨如，鄋瞒国之君。"从杜注看到了狄之国君为侨如，国相为酆舒，而国名为鄋瞒。再从孔疏可以看到为什么《左传》中记载如此简略："经书'败狄于咸'即是败一……国之君也。……宣十五年'晋师灭赤狄潞氏，以潞子婴儿归'。彼获婴儿归书之，此获侨如不书者，潞国大，其君贵，故书之；此小学，侨如贱，不书，贱夷狄也。"⑥

《春秋·文公十一年》云："（秋）狄侵齐。冬十月甲午，叔孙得臣败狄于咸。"《左传》曰："鄋瞒侵齐，遂伐我。……败狄于咸，获长狄侨如。……鄋瞒由是遂亡。"杜预注："鄋瞒，狄国名，防风之后，漆姓。"⑦

公元前618年，"夏，狄侵齐"。公元前617年，"冬，狄侵宋"⑧。

---

① 《春秋左传正义·僖公二十三年》，（清）阮元校刻：《十三经注疏》，第1815页。
② 《春秋左传正义·僖公二十四年》，（清）阮元校刻：《十三经注疏》，第1817页。
③ 《春秋左传正义·僖公十六年》，（清）阮元校刻：《十三经注疏》，第1809页。
④ 《春秋左传正义·僖公二十年》，（清）阮元校刻：《十三经注疏》，第1811页。
⑤ 《春秋左传正义·文公七年》，（清）阮元校刻：《十三经注疏》，第1846页。
⑥ 《春秋左传正义·文公十一年》孔疏，（清）阮元校刻：《十三经注疏》，第1850页。
⑦ 《春秋左传正义·文公十一年》，（清）阮元校刻：《十三经注疏》，第1850页。
⑧ 《春秋左传正义·文公九年》，（清）阮元校刻：《十三经注疏》，第1847页；《春秋左传正义·文公十年》，（清）阮元校刻：《十三经注疏》，第1848页。

## （二）鄋瞒之亡

公元前616年，《春秋》云："冬，十月甲午，叔孙得臣败狄于咸。"《左传》也记载鲁国打败鄋瞒的情况：

> 获长狄侨如……埋其首于子驹之门（杜注：子驹，鲁郭门），以命宣伯（杜注：得臣待事而名其三子，因名宣伯曰侨如以旌其功）。……晋之灭潞也（杜注：在宣公十五年），获侨如之弟焚如。齐襄公之二年（杜注：鲁桓之十六年），鄋瞒伐齐，齐王子成父获其弟荣如，埋其首于周首之北门。卫人获其季弟简如（杜注：伐齐退走，至卫见获）。鄋瞒由是遂亡（杜注：长狄之种绝）。①

鲁桓公十六年为公元前696年，鲁文公十一年为公元前616年，鲁宣公十五年为公元前594年，兄弟四人，战死之年相距一百多年，不合情理。而且鄋瞒还有种种怪异情况，故孔疏言"深可惑也"，"其是非实疑之久矣"②。

---

① 《春秋左传正义·文公十一年》，（清）阮元校刻：《十三经注疏》，第1850页。
② 《春秋左传正义·文公十一年》，（清）阮元校刻：《十三经注疏》，第1851页。

# [14] 少昊系

## 一、青阳与少昊系

（一）少昊系

夏族进入河南东部以后，开始形成了一个夏族的新族系，称之为少昊系。当少昊系到达夏族的东部边界，即今河南东部，也就是到达戎族的地域。当时的戎族是伏羲氏与神农氏之后裔，少昊系就在山东半岛与戎族发生密切接触。

1. 少昊系的形成

（1）少昊属于玄嚣一系

少昊也作少皞，《说文》云："从日皋声。"[①] 故少昊在黄帝后裔中有显要的地位。但《史记》以黄帝、颛顼、帝喾、尧、舜为"五帝"，故少昊失去了重要性。

《路史》载，少昊"在位八十有四载落，年百有一"[②]。故少昊与其他许多古代人物一样，只是一个世族，也可以说是一个王朝。从这个角度来看，就没有那么混乱了。只要把少昊理解为一个族系，无论是八世还是五百年，都是可能的，因此许多问题才可以得到解释。

在古史中，通常将始祖与后裔称为父子，但不能将氏族成员与氏族的始祖看作同一个人，但后裔与始祖属于同一个氏，许多人把这一点搞混了。从黄帝后裔的分布来看，玄嚣为黄帝后裔，而蟜极与少昊均为玄嚣之后裔，故玄嚣为黄帝之子，而少昊为黄帝之孙。

旧史上有许多氏族都称少昊氏后裔。按其实际情况，旧史所说之少昊后裔本应称之为夷鼓后裔，盖少昊与青阳都指济西，玄嚣则包括这一系与轩辕系两者在内，所以诸名都不确当。

由于少昊是黄帝后裔中的一支，是从陇山地区移殖到今山东西部地区的。根据本书[07]夏族之炎黄结构中的说明，则少昊为黄帝后裔的三个主要分支之一：黄帝—玄嚣—少昊。玄嚣是黄帝之子，而少昊则是玄嚣之子，故他们所组成的黄帝后裔族系就称为少昊系或青阳系。

---

[①]（汉）许慎撰，（清）段玉裁注：《说文解字注·日部》，第304页。
[②]（宋）罗泌：《路史·小昊》，第96页。

（2）少昊与青阳

《路史》谓小昊名质，为清之子。由于清为青阳，故其子亦可称为青阳氏。《路史》谓直接继承黄帝者为帝鸿氏（即帝休），与清（青阳）无关，亦与质（小昊）无关。《路史》谓黄帝之子青阳为青阳氏之始祖，而少昊属于青阳氏。故谓青阳与小昊乃是父子关系。

《史记》又说："帝鸿氏有不才子……天下谓之混沌；少暤氏有不才子……天下谓之穷奇；颛顼氏有不才子……天下谓之梼杌……缙云氏有不才子……天下谓之饕餮。"集解云："帝鸿，黄帝也。""贾逵曰：'缙云氏，姜姓也，炎帝之苗裔，当黄帝时任缙云之官也。'"①《春秋·文公十八年》的记载同《史记》一样。② 故按照《史记》的说法，少昊是存在的，其地位与五帝相仿。《左传》曾记载郯子的谈话："昔者黄帝氏以云纪……炎帝氏以火纪……共工氏以水纪……大暤氏以龙纪……我高祖少暤挚之立也，凤鸟适至，故纪于鸟……自颛顼以来，不能纪远，乃纪于近，为民师而命以民事，则不能故也。"③

但是在上述文字说明中包含一个矛盾：少昊降居江水，又以金承土，金为西方，号金天氏（金天氏称氏），但又说都曲阜，谓穷桑帝，曲阜、穷桑在东方（穷桑帝称帝）。在有关少昊的传说中，都有这个东西方的问题。

2. 少昊系之迁徙

"少昊帝，名挚，字青阳。……降居江水，有圣德，邑于穷桑，以登帝位，都曲阜，故或谓之穷桑帝。……（穷桑）位在西方。"④ 又《路史·小昊》云："小昊青阳氏……元为纪姓……在位八十有四载落，年百有一。葬于云阳。罗苹注：盖归葬于始封之国，今在茶陵之露水乡攸县界。又罗苹注：世纪以为都徐州蒙羽之野。……晋志云少昊始自穷桑，而迁都曲阜。"⑤

（二）少昊系之地域

（1）少昊之地域

故少昊为古帝之一，则无异议。如果把少昊作为一个迁徙中的民族，那么这些出生地无非就是迁徙的遗迹。不能说这五个地方一定都是真实的记录，但是从夏族的迁徙背景来看，那么江水当为夏族离开陇山地区之后最早的居留地，而所谓的"少昊之墟"则为最后的居留地。总之，这种矛盾的记载出于各种原因，但是考虑到少昊族群从陇山地

---

① 《史记·五帝本纪》，第36、37页。
② 《春秋左传正义·文公十八年》，（清）阮元校刻：《十三经注疏》，第1862页。
③ 《春秋左传正义·昭公十七年》，（清）阮元校刻：《十三经注疏》，第2083、2084页。
④ （晋）皇甫谧撰，（清）宋翔凤、钱宝塘辑：《帝王世纪》，第8页。
⑤ （宋）罗泌：《路史·小昊》，第95、96页。

区经过长途迁徙，而且少昊并不是一个历史人物，而是代表一个历史年代，其活动地区有很大的变化，许多地方留下少昊及其后裔的遗迹，因此许多地方都可以认为是出生地，其出生地相互矛盾的谜团亦可迎刃而解了。

所以少昊是一个自西而东的黄帝后裔族群。少昊初在西方，然后到达东方，都穷桑，都曲阜。少昊系既居江水（丹江），又都曲阜，其地域分布甚广。但并非少昊个人在如此广阔之地域中迁徙，乃其氏族的行为，早年在西方，后来迁徙到东方。并不是少昊的领地同时包括东西方。

（2）戎族融入少昊系

少昊从"青阳降居江水"以后，往东进入汝水流域。太昊是山东半岛的戎族，在五帝时代，大量的戎族也就融入了夏族的少昊系。因此这些戎族出现了大量的融合部族。

后面研究少昊系与戎族的关系。

### （三）少昊系之出生地、都城与葬地

1. 少昊的出生地

少昊出生地在西方或东方，这个问题一直纠缠不清，《史记》云："封周公旦于少昊之虚曲阜。"但是又说："秦襄公既侯，居西垂，自以为主少暤之神，作西畤，祠白帝。"①

2. 少昊的都城

少昊的出生地诸说不一，但对于少昊的都城，则大多谓在东方，由于都城比较稳定，出现这种情况是很合理的。

但《路史》谓都于小颢在西方，罗苹注："宜在西方梁、雍之域"，所都小颢当在陕西。它又进一步解释，既然太昊在东方，何故西方之帝称为少昊，罗苹注引谯周云："金天氏能修太昊之法，故曰少昊。"但是罗苹亦不否认少昊在东方亦有都城穷桑与曲阜。

3. 少昊的葬地

《帝王世纪》谓少昊"葬于云阳"②。《路史》亦谓"葬于云阳"，罗苹注："盖归葬于始封之国，今在茶陵之露水乡攸县界。……乡俗谓为轩辕皇帝坟，不知也。"③ 不过是一种传说而已。

关于少昊在东方还是西方，无论关于出生地、都城、还是葬地，史书记载中处处显示矛盾。

---

① 《史记·鲁周公世家》，第1515页；《史记·封禅书》，第1358页。
② （晋）皇甫谧撰，（清）宋翔凤、钱宝塘辑：《帝王世纪》，第8页。
③ （宋）罗泌：《路史·小昊》，第96页。

## 二、少昊与太昊

### （一）少昊与太昊的辨析

1. 太昊、少昊

（1）地理上的区别

对太昊、少昊历来有不同的解释，如《说文》曰："皞"，段注："古者大皞、少皞，盖皆以德之明得称。俗作大昊、少昊。"① 则《说文》以"大""少"代表道德水平之高低，又如《路史》罗苹注引谯周云："金天氏能修太昊之法，故曰少昊。"②

实际上太昊、少昊二者是地理上相对的称呼。从夏族来看，太与少指离开夏族的远近。东远西近，因此太、少也就指东、西。故华山有太华（在东）及少华（在西）；嵩山有太室（在东）与少室（在西）。同样，太昊、少昊也表示东、西之不同。实际上太昊是指济水以东一带，《左传·僖公二十一年》所谓"实司大皞与有济之祀"③，有济即指济水。古代以济东为太昊，济西为少昊，合称则为有济，亦称有昊。《诗·小雅·巷伯》云："取彼谮人，投畀豺虎。豺虎不食，投畀有北。有北不受，投畀有昊。"④ 这是传统观念上以有皞为遐荒的恶劣环境之代名词，也是夏族东界之所在。

《左传·昭公十七年》云："宋，大辰之虚也。陈，大皞之虚也。郑，祝融之虚也。……卫，颛顼之虚也。"杜预注："大辰，大火，宋分野。"孔颖达疏："虚者，旧居之处也。……大辰星名，非人居也，而亦谓之虚者，以天之十二次，地之十二域。……犹谓晋地为参虚。"⑤

伏羲氏是黄帝之前一个很古老的部族，少昊比黄帝晚，而且当少昊来到东方，年代就更晚了。因此少昊、太昊的名称是后起的。伏羲氏之称为太昊是在少昊迁到曲阜以后的事，伏羲氏与太昊是不能等同的。

又《淮南子》云："东方木也，其帝太皞。……西方金也，其帝少昊。"⑥《礼记·月令》曰："其帝太皞"，孔颖达疏："故东方之帝谓之太皞，西方之帝谓之少皞。"⑦ 故太昊、少昊是代表东方之帝与西方之帝，虽然这是后世的称呼，但太与少代表东与西是不错的。

（2）族系的区别

少昊系有明确的姓氏制度，即表明少昊系并非戎族，当为夏族。另外，太昊伏羲氏

---

① （汉）许慎撰，（清）段玉裁注：《说文解字注·日部》，第304页。
② （宋）罗泌：《路史》，罗苹注，第95页。
③ 《春秋左传正义·僖公二十一年》，（清）阮元校刻：《十三经注疏》，第1811页。
④ 《毛诗正义·小雅·巷伯》，（清）阮元校刻：《十三经注疏》，第456页。
⑤ 《春秋左传正义·昭公十七年》，（清）阮元校刻：《十三经注疏》，第2084页。
⑥ （汉）高诱注：《淮南子·天文训》，《诸子集成》第七册，第37页。
⑦ 《礼记正义·月令》，（清）阮元校刻：《十三经注疏》，第1353页。

没有明确的姓氏制度。

通常都说太昊伏羲氏为风姓，但"风"未必是姓，我们有三个疑问：第一，从姓氏制度的性质来说，同时至少应该有两个姓，为何在最原始的伏羲时代，只有一个风姓？第二，与此相关，传说女娲与伏羲同为风姓①。传说还认为伏羲与女娲既为兄妹。又为夫妇。这种情况说明伏羲时代没有姓氏制度。第三，初期的姓通常为女旁，如炎帝姜姓，黄帝姬姓，舜妫姓或姚姓，禹姒姓，最初的风姓却不含女旁。姓氏制度是夏族的特征，故伏羲当非夏族。

又如《左传·僖公二十一年》云："任、宿、须句、颛臾，风姓也，实司大皞与有济之祀，以服事诸夏。"杜注："与诸夏同服王事。"② 从这里即可看到，风姓诸国与诸夏并非一事，诸风不同于诸夏。

（3）夏、戎的区别

但此处存在疑问。而且《帝王世纪》说神农氏"初都陈。……自陈营都于鲁曲阜"③。则三皇伏羲、女娲、神农俱都陈。鲁为少昊之墟，亦为共识。如《左传·定公四年》云："命以伯禽而封于少皞之虚。"杜注："少皞虚，曲阜也，在鲁城内。"孔疏引贾逵云："少皞居穷桑登为帝，盖未为帝居鲁北，既为帝乃居鲁也。"④ 若太皞都陈，少昊都鲁，则不得称太皞为东方之帝，而少皞为西方之帝。

我们认为伏羲氏原来并无太昊之称。伏羲氏、神农氏是其原有称呼，只是在玄嚣（青阳）移殖到济水流域之后，才出现太昊、少昊之称。

太昊、少昊当为五帝时代之观念。当玄嚣后裔到达穷桑时，伏羲氏之后裔当已迁移到任、宿、须句、颛臾一带，正好位于穷桑之东方。可能就形成太昊、少昊的观念了。从这里也可以看到，太昊、少昊并非道德水平的反映，完全只有地理学的意义。

（4）陈与曲阜

《路史·小昊》载："都于小颢（罗苹注：颢，地也。……宜在西方梁、雍之域……然靡究其所），以宇穷桑，故亦曰穷桑氏。或云曲阜卤是以云小昊之虚。"罗苹注："曲阜无考。《世纪》以为都徐州蒙羽之野……《晋志》云：少昊始自穷桑，而迁都曲阜，因传与《世纪》也。曲阜，鲁城中小地名也。"⑤

当少昊东迁到河南东部，伏羲氏后裔只能离开陈而迁到济水以东，因此伏羲氏后裔任、宿、须句、颛臾只能在山东"司大皞与有济之祀"。

（5）太昊、少昊与夏族的关系

既然伏羲为东方部族，何以传说伏羲为三皇之首而成为夏族之始祖？而且将伏羲归于西方，如其母华胥履大人迹于雷泽，生伏羲于成纪等，这种种传说由何而起？

---

① （晋）皇甫谧撰，（清）宋翔凤、钱宝塘辑：《帝王世纪》，第2、3页。
② 《春秋左传正义·僖公二十一年》，（清）阮元校刻：《十三经注疏》，第1811页。
③ 徐宗元：《帝王世纪辑存》，第12、13页。
④ 《春秋左传正义·定公四年》，（清）阮元校刻：《十三经注疏》，第2134页。
⑤ （宋）罗泌：《路史·小昊》，第96页。

在有关夏族起源的传说中，最复杂的见于《路史》。《路史》提供了几百万年夏族的历史，分为十纪。第十纪为自黄帝开始的"流讫纪"。在黄帝之前还有九纪。但是在它所罗列的无数的人名或氏族名中，可以看到有巢氏、有燧氏、史皇氏（仓颉）、大庭氏（炎帝）、轩辕氏、祝诵氏（祝融氏），甚至有蜀山氏、大隗氏，却不见伏羲与女娲。其叙述天地之始为太极，有浑敦氏，有初三皇，有中三皇。其论说云："自是而上，亦惟有九皇氏、地皇氏、天皇氏，又上而乃有盘古氏。"① 所以尽管荒诞无稽，但是它是盘古开天神话的变形。夏族自有一套原始神话，它是同西方联系在一起的，盘古就是夏族的原始神话。在夏族迁徙到东方以后，才将开天辟地的神话与伏羲、女娲结合起来，同时也张冠李戴地认为伏羲、女娲出生于秦陇（请参看张肇麟：《夏商周三族之起源》[09]）。

因此，少昊与太昊有根本的不同。②

2. 少昊与神农氏

（1）混合的现象

对于华夏来说，太昊为其他部族。太昊与少昊属于不同的文化，少昊属于夏族而太昊当属于戎族。不同的文化在密切接触时必定互相影响，故少昊当是吸收了当地戎族文化之后的夏族族群。亦即少昊为夏族部族吸收戎族而成，而太昊则当为戎族部族吸收夏族而成。故太昊、少昊亦表示族群之不同。

从传说中炎帝（当为神农氏）传七十世来看，炎帝的统治时间长达上千年。那么神农氏在豫东、鲁西必定有深厚的基础。在这个地区，原来还有伏羲氏的巨大影响。因此在夏族到来之前，戎族的影响已经深入到太行山以东，从燕山以南一直到黄淮平原，以至长江流域。这个戎族地区的存在，决定了夏族上古时期的移殖活动。

（2）少昊与神农氏之关系

传说神农氏，初都陈，后居曲阜。③《读史方舆纪要》兖州府曲阜县："又大庭氏库，在县治东。大庭，神农氏也。或曰古国名。《左传昭十八年》：'梓慎登大庭氏之库以望氛，曰宋、卫、陈、郑火。'志云：曲阜有大庭氏之墟，鲁于其上作库。晋谯周曰：'曲阜城东有大庭坡，炎帝（当为神农氏）所居。'"④

鲁是少昊之墟，但少昊并非鲁地最早的居民，神农氏早就到了。神农氏当然比少昊、颛顼为早。故从地域来看，少昊是继承了神农氏的地域。

少昊系与昌意系、轩辕系不同，其成员比较复杂，除了大部分的黄帝后裔以外（根

---

① （宋）罗泌：《路史》，第5页。
② 《春秋左传正义·昭二十九年》，（清）阮元校刻：《十三经注疏》，第2124页。谓少昊氏有四叔，曰重、曰该、曰修、曰熙。王闿运认为该即《天问》之该，即少昊四叔之一。王国维谓《天问》之该即殷之先公王亥。陈梦家又说："我们从前也主张契、挚、质、少皞是一人之说，今以为须分别之。"参见陈梦家：《殷虚卜辞综述·先公旧臣》，北京：中华书局，1988年，第338、340页。
③ 徐宗元：《帝王世纪辑存》，第12、13页。
④ （清）顾祖禹撰，贺次君、施和金点校：《读史方舆纪要·山东三》，第1516页。

据《史记·五帝本纪》《帝王世纪》等文献记载，少昊系中的夏族当为青阳或玄嚣之后裔），其中还包含有部分炎帝后裔，并包含大量戎族的混合部族（这些戎族后裔都采用了夏族之姓氏）。以下先分析一下少昊系之姓氏。

### （二）少昊系之姓氏

少昊系的时代比轩辕系、昌意系晚，少昊系主要分布于河南之东，因此，轩辕系、昌意系之部分居民也侵入少昊系之领地。同时少昊系已经进入戎族之地区，因而少昊系也包含大量混合部族。于是少昊系的构成比较复杂，有以前东迁之夏族，也有融入夏族的东方戎族居民。因此少昊系的成员有来源不同之姓氏。

#### 1. 己姓

少昊系虽源出黄帝姬姓，如《帝王世纪》云："少昊帝，名挚，字青阳，姬姓也。"[①] 但少昊系最古当为己姓，《左传·昭公十七年》"少暤氏鸟名官"杜预注："少暤金天氏，黄帝之子，己姓之祖也。"孔颖达疏引《世本》："己姓，出自少暤。"[②]

《晋语》谓黄帝之子"唯青阳与夷彭（鼓）皆为己姓"[③]，而且这一系最初亦以夷为族名。不过旧史取用少昊之名已久，名称不重要，无妨沿用，但不要误混，也不要抹杀夷鼓的这个主要渊源。

夷鼓之后裔当最初的少昊系居民，他们当分布在今山东各地。

莒，己姓，旧都介根，山东莱州府胶州西南五里有计斤城。春秋初徙于莒，今山东沂州府莒州。[④]

郯，己姓，少昊后，山东沂州府郯城县西南百里有古郯城。[⑤]

邿，山东兖州府济宁州东南有邿城。[⑥]

郓，商代有郓国。郓，春秋莒邑，莒大夫以邑为氏，在今山东沂水县北。[⑦]

谭，子姓，山东济南府治东南七十里有谭城。[⑧]

#### 2. 嬴姓

《说文解字》云："嬴，帝少暤之姓也。"段注："按秦、徐、江、黄、郯、莒，皆嬴

---

① （晋）皇甫谧撰，（清）宋翔凤、钱宝塘辑：《帝王世纪》，第8页。
② 《春秋左传正义·昭公十七年》，（清）阮元校刻：《十三经注疏》，第2083页。
③ 徐元诰撰，王树民、沈长云点校：《国语集解·晋语四》，第334页。
④ （清）顾栋高辑，吴树平、李解民点校：《春秋大事表》，第570页。
⑤ （清）顾栋高辑，吴树平、李解民点校：《春秋大事表》，第591页。
⑥ （清）顾栋高辑，吴树平、李解民点校：《春秋大事表》，第594页。
⑦ 徐铁生：《中华姓氏源流大辞典》，第704页。
⑧ （清）顾栋高辑，吴树平、李解民点校：《春秋大事表》，第579页。

姓也。嬴，《地理志》作盈。"①《汉书》嬴都作盈。

又高阳氏有才子八人，天下谓之八凯，其中有庭坚，即皋陶。《潜夫论》谓皋陶有下列嬴姓之后裔：

> 其子伯翳，能议百姓，以佐舜禹。扰驯鸟兽，舜赐姓嬴。……及梁、葛、江、黄、徐、莒、蓼、六、英，皆皋陶之后也。钟离、运掩、菟裘、寻梁、修鱼、白冥、飞廉……皆嬴姓也。②

据汪继培笺："《秦纪论》云：'秦之先，为嬴姓，其后分封，以国为姓，有徐氏、郯氏、莒氏、终黎氏、运奄氏……蜚廉氏、秦氏。'徐广曰：'终黎《世本》作钟离，此文与《世本》同。……密如以下讹错不可读。'"③

在少昊系移殖到山东的西部以后，他们开始向南移殖。他们从山东的西部，沿河南、安徽、江苏三省交界地方往南发展，沿着淮河中游，再往西进入河南的南部，综合起来，嬴姓氏族分为三个部分：

第一部分，秦、梁；

第二部分，皖东北之葛、钟离、徐；

第三部分，豫东南及鄂北之江、黄、弦、蒋、道、柏。

这三个地区存在嬴姓部族梁、葛、钟离等氏族，又有江、黄、道、柏等氏族，说明嬴姓氏族（除秦族以外）自北向南的迁徙路线。

3. 偃姓

传说偃姓国很多，据《潜夫论》记，偃姓：舒庸、舒鸠、舒龙、舒共（龚）、止龙（舒鲍）、郧、淫（繇）、参（蓼）、会、六、院（皖）、棐（裴）、高（鬲）国。④汪继培笺：据《世本》，舒共作舒龚，止龙当为舒鲍；淫当为繇；参疑为蓼之误；院当为皖；高当为鬲。据王侍郎云：棐疑是裴。⑤汪氏所释大致不错，唯其中裴与鬲似是误释。

偃姓国可分为下列四个部分：

第一部分，鬲，"今山东济南府德平县东十里有故鬲城"⑥；

第二部分，皖鄂边境（六、英、繇、皖）；

第三部分，群舒（舒庸、舒鸠、舒龙、舒蓼、舒龚、舒鲍、舒共）；

第四部分，豫鄂边境东部（州、绞、贰、轸）。

---

① （汉）许慎撰，（清）段玉裁注：《说文解字注·女部》，第612页。
② （汉）王符：《潜夫论·志氏姓》，《诸子集成》第八册，第176、177页。
③ （汉）王符：《潜夫论·志氏姓》，《诸子集成》第八册，第177页。
④ （汉）王符：《潜夫论·志氏姓》，《诸子集成》第八册，第189页。
⑤ （汉）王符：《潜夫论·志氏姓》，《诸子集成》第八册，第189页。
⑥ （清）顾栋高辑，吴树平、李解民点校：《春秋大事表》，第604页。

另一部分沿淮河中游经过安徽中部六安一带，往南到达河南、湖北的交界，建立了群舒以及州、绞、贰、轸等。

4. 少昊系之熊姓分支

传说之上古氏族，以熊为图腾。南北朝时成为一些少数民族的汉姓。[①] 又据《春秋大事表》，熊姓在湖广襄阳府宜城县西二十里有罗川城。又荆州府枝江县、岳州府平江县皆其所迁处，桓公十二年见，不知何年灭于楚。[②]

## 三、少昊系之己姓分支

少昊系是一个族系，它最初分布在今山东之西部。

（一）己姓分支

《路史》少昊后己姓国有莒："莒，纪姓。舆期二世兹丕始封，都计。后徙莒。"[③] 己姓，兹舆期后。[④]

从文献中可以看到，莒的确为己姓，如《左传·文公七年》云："穆伯娶于莒，曰戴己，生文伯。其娣声己，生惠叔。"[⑤] 又《左传·文公八年》云："穆伯如周吊丧……以币奔莒，从己氏焉。"杜注："己氏，莒女。"[⑥]《谷梁传》云："曹、莒皆无大夫，其所以无大夫者，其义异也。"范宁集解："曹叔振铎，文王之子。武王封之于曹，在甸服之内，后削小尔。莒，己姓东夷，本微国。"《释文》云："巳姓音己，一本又音祀。"[⑦]

但又谓莒为嬴姓，雷学淇辑《世本》云："莒，嬴姓。自纪公以下为己姓（杜预《氏族谱》，见《左传·隐公二年》正义）。"[⑧]

《潜夫论》曰："莒子，姓己氏。"汪继培笺："隐二年《左传》疏称：谱云：'莒，嬴姓。少昊之后。'引《世本》'莒自纪公以下为己姓'。是莒本姓嬴，改己，非黄帝之后己姓矣。"[⑨] 其实在姓氏制度的初期，存在"一氏两姓"，因此这是正常现象（关于这个问题，见张肇麟《姓氏与宗社考证》[03]）。

---

① 徐铁生：《中华姓氏源流大辞典》，第 619 页。
② （清）顾栋高辑，吴树平、李解民点校：《春秋大事表》，第 578 页。
③ （宋）罗泌：《路史·国名纪乙·少昊后纪姓国》，第 333 页。
④ （清）顾栋高辑，吴树平、李解民点校：《春秋大事表》，第 570 页。
⑤ 《春秋左传正义·文公七年》，（清）阮元校刻：《十三经注疏》，第 1846 页。
⑥ 《春秋左传正义·文公八年》，（清）阮元校刻：《十三经注疏》，第 1846 页。
⑦ 《春秋谷梁传注疏·昭公十四年》，（清）阮元校刻：《十三经注疏》，第 2438 页。
⑧ （清）雷学淇：《世本·氏姓》，（汉）宋衷注，（清）秦嘉谟等辑：《世本八种》，第 46 页。
⑨ （汉）王符：《潜夫论·志氏姓》，《诸子集成》第八册，第 172 页。

## （二）郦

郦，《世本·氏姓》云："郦氏，东夷国名也。"①《左传·僖公元年》曰："公子友帅师败莒师于郦"，杜注："郦，鲁地。"②但《路史》曰："郦，今南阳属县。"③《读史方舆纪要》内乡县："郦县城，在县东。秦邑。二世二年沛公攻析、郦，皆下之是也。"④

# 四、少昊系之偃姓分支

## （一）皋陶

学术界通常把少昊系的分支与皋陶联系在一起。皋陶亦作咎繇，《汉书·百官公卿表》云："咎繇作士"，颜师古注："咎音皋。繇音弋昭反。"⑤

皋陶是尧舜时代的人物，《史记·夏本纪》说："帝禹立而举皋陶荐之，且授政焉，而皋陶卒。"⑥可见皋陶是夏族的核心人物，实际上他可以看作是禹的继承人，但是离开少昊系分支的建立已经很久了。古代姓之停止分化是在皋陶之前，皋陶只是与偃姓各氏族同为偃姓后裔之一，因此旧史以偃为皋陶后，那是完全错误的。如《世本》往往就标明为"偃姓，皋陶之后"⑦，往往只是取"皋陶"之名目。这是研究少昊系时要注意的事情。

## （二）少昊系的偃姓氏族

鲁地当存在最早的偃姓氏族，然而从虞夏以来，鲁地为各族激烈争夺之地域，偃姓氏族大多被融合或驱逐，故偃姓国极少能维持到西周以后，因而难以出现于记载。

现在可以看到的唯有鬲。《世本·氏姓》云：鬲，"古鬲国，偃姓，皋陶后"⑧。《路史》曰："鬲，《郡国县道记》：古鬲国，郾姓，皋陶后。"⑨《读史方舆纪要》云："德州，德平县，鬲县城（县东十里。古鬲国，郾姓，咎繇之后，《左传》所云'靡奔有鬲氏'者。汉置鬲县，属平原郡）。"⑩

---

① （清）秦嘉谟：《世本·氏姓》，（汉）宋衷注，（清）秦嘉谟等辑：《世本八种》，第 278 页。
② 《春秋左传正义·僖公元年》，（清）阮元校刻：《十三经注疏》，第 1790 页。
③ （宋）罗泌：《路史·国名纪乙》，第 330 页。
④ （清）顾祖禹撰，贺次君、施和金点校：《读史方舆纪要·河南六》，第 2420 页。
⑤ 《汉书·百官公卿表上》，第 721、723 页。
⑥ 《史记·夏本纪》，第 83 页。
⑦ （清）雷学淇：《世本·氏姓》，（汉）宋衷注，（清）秦嘉谟等辑：《世本八种》，第 47 页。
⑧ （清）秦嘉谟：《世本·氏姓》，（汉）宋衷注，（清）秦嘉谟等辑：《世本八种》，第 281 页。
⑨ （宋）罗泌：《路史·国名纪乙》，第 330 页。
⑩ （清）顾祖禹撰，贺次君、施和金点校：《读史方舆纪要·山东二》，第 1494 页。

鬲在历史中还留下一些重要事迹,《竹书纪年》记载夏帝相二十八年时,寒浞弑帝:"伯靡出奔鬲。……伯靡自鬲帅斟鄩、斟灌之师以伐浞。……伯靡杀寒浞。"① 于是夏朝得以复辟。

1.《潜夫论》的解释

第一,裴则属于嬴姓,《潜夫论》汪继培笺:"《广韵》十五灰裴字注云:'裴姓,伯益之后,封于蜚乡,因以为氏,后徙封解邑,乃去邑从衣。'"② 第二,鬲,即《汉书·地理志》平原郡之鬲国。③ 鬲国当为另一氏族。故大家以益为皋陶之子是误会,不可为据。

2.《路史》的解释

据《路史》,则皋陶之后偃姓国很多:"(皋陶)有子三人,长伯翳,次仲甄,次封偃,为偃姓。偃之后有州、绞、贰、轸、谣、皖、参、会、阮、蓼、鬲、郦、鄍、止、舒庸、舒鸠、舒龙、舒蓼、舒鲍、舒龚。"④ 比《潜夫论》增加了州、绞、贰、轸,但比《潜夫论》缺少六,还可能缺少英。

(三)偃姓国

因此在《路史》中,再加上六、英,就可以作为全部偃姓国。其中,分几个部分加以介绍:

1. 六、英

(1) 六

《路史》云:"于是举咎陶而荐之,将畀之政,辞,乃封之六。其仲子克世,使袭六,奉其祀。"⑤

六在今安徽六安。《读史方舆纪要》云:卢州府六安州,"春秋时六国地。六安废县(古六国,皋陶之后。……楚人灭六)"⑥。《史记·夏本纪》说皋陶死后,其后封于英、六,而且皋陶也葬在六安:"封皋陶之后于英、六,或在许。"⑦《水经注》:"(沘水)又西北径六安县故城西,县故皋陶国也。夏禹封其少子,奉其祀。今县都陂中有大冢,民

---

① (清)徐文靖:《竹书纪年统笺》,《二十二子》,第1057页。
② (汉)王符:《潜夫论·志氏姓》,《诸子集成》第八册,第189、190页。
③ 《汉书·地理志上》,第1579页。
④ (宋)罗泌:《路史·小昊》,第96页。
⑤ (宋)罗泌:《路史·夏后氏》,第146页。
⑥ (清)顾祖禹撰,贺次君、施和金点校:《读史方舆纪要·南直八》,第1290页。
⑦ 《史记·夏本纪》,第83页。

传曰公琴者，即皋陶冢也，楚人谓冢为琴矣。"①据此则皋陶少子即封于六。

《汉书·地理志》六安国六注："故国，皋繇后，偃姓。"又蓼注："故国，皋繇后。"②

（2）英

《史记·夏本纪》云："封皋陶之后于英、六，或在许"，正义："英盖蓼也。"③《史记·陈杞世家》也云："皋陶之后，或封英、六，楚穆王灭之，无谱。"索隐又提起英与蓼的问题说："蓼、六，本或作英、六，皆通。……实未能详。或者英后改号曰蓼也。"④究竟皋陶之后是英、六还是蓼、六？

《左传》载："齐人为徐伐英氏，以报娄林之役也。"杜注："英氏，楚与国。"⑤

顾栋高谓英氏，偃姓，皋陶后，"今江南六安州西有英氏城"⑥。又说，蓼，偃姓，皋陶后，"今江南颍州府霍丘县西北有蓼县故城"⑦。因此，英与蓼都是偃姓。

2. 皖、繇

（1）皖

《潜夫论·志氏姓》汪继培笺："《汉书·地理志》庐江郡皖县。……《国名纪二》引《地记》：'皖，偃姓，皋陶后。'"⑧

皖在今安徽怀宁。安庆府"怀宁县，皖城（在府西北。古皖国及汉皖县皆治此）"⑨。

（2）繇

《潜夫论》汪继培笺："《后汉书·郅郓传》有'西部督邮繇延'，章怀注：'繇姓，咎繇之后。'"⑩

3. 参、会、阮、郦

参：《潜夫论》汪继培笺：参疑即蓼之误。⑪蓼，《春秋大事表》记，蓼，偃姓，皋陶后，江南颍州府霍丘县西北有蓼县故城。

会：会氏，偃姓，少数民族（如回族）之汉姓。⑫

阮：阮为偃姓，皋陶后，《潜夫论》误作院。

---

① （后魏）郦道元注，（清）杨守敬、熊会贞疏，段熙仲点校：《水经注疏·沘水》，第2669页。
② 《汉书·地理志下》，第1638页。
③ 《史记·夏本纪》，第83页。
④ 《史记·陈杞世家》，第1585页。
⑤ 《春秋左传正义·僖公十七年》，（清）阮元校刻：《十三经注疏》，第1809页。
⑥ （清）顾栋高辑，吴树平、李解民点校：《春秋大事表》，第584页。
⑦ （清）顾栋高辑，吴树平、李解民点校：《春秋大事表》，第590页。
⑧ （汉）王符：《潜夫论·志氏姓》，《诸子集成》第八册，第189页。
⑨ （清）顾祖禹撰，贺次君、施和金点校：《读史方舆纪要·南直八》，第1298、1299页。
⑩ （汉）王符：《潜夫论·志氏姓》，《诸子集成》第八册，第189页；（宋）郑樵撰，王树民点校：《通志二十略·氏族略第二》，第63页。"舒蓼氏"注：《世本》舒蓼，偃姓，皋陶之后，楚东境小国也。"
⑪ （汉）王符：《潜夫论·志氏姓》，《诸子集成》第八册，第189页。
⑫ （清）顾栋高辑，吴树平、李解民点校：《春秋大事表》，第590页；徐铁生：《中华姓氏源流大辞典》，第224页。

郦：郦氏东夷国名也，以为氏，《左传·僖公元年》败莒师于郦，《谷梁传》作丽，汉有郦生郦商，即此氏也。①

### 4. 群舒

舒或作群舒。舒庸、舒蓼、舒鸠、舒龙、舒鲍、舒龚等或称"群舒"。《左传·文公十二年》云："群舒叛楚"，孔疏："《世本》偃姓舒庸、舒蓼、舒鸠、舒龙、舒鲍、舒龚，以其非一，故言属以包之。"亦称为"众舒"②，《左传·宣公八年》云："楚为众舒叛故，伐舒蓼，灭之。"③

群舒可能还不止此。《左传》接着又说："夏，子孔执舒子平及宗子，遂围巢。"杜注："宗、巢二国，群舒之属。"④

《读史方舆纪要》卢州府舒城县："舒城（春秋时舒庸、舒鸠诸国地也。《左传·僖公三年》云：'徐人取舒。'……'群舒叛楚。'……'楚灭舒鸠。'又《诗》云'荆舒是惩'，即此舒矣)。"⑤《左传·文公十二年》曰："群舒叛楚"，杜预注："群舒，偃姓，舒庸、舒鸠之属，今庐江南有舒城，舒城西南有龙舒。"⑥ 由于记载的疏略，再加上古今地名的不断变化，要确定群舒的地域很困难。但是可以确定群舒的笼统范围如下：北抵淮河，西至河南固始、安徽金寨，东至合肥巢湖，南至庐江、霍山。

我们还以为群舒当是嬴姓徐族的后裔，或许是两姓混合。

（1）舒蓼

《世本》舒蓼：偃姓，皋陶后。江南卢州府舒城县为古舒城，卢州县东百二十里有古龙舒城，舒蓼、舒庸、舒鸠及宗四国约略在此两城间。⑦

《通志二十略·氏族略》记："舒蓼，偃姓，皋陶之后。楚东境小国也。"⑧ 也许就是参。

《新唐书·宰相世系表十五下》记："舒氏，出自偃姓。皋陶之后封于蓼，安丰蓼县即其地也。春秋鲁文公五年，为楚所灭，其后更复为楚属国，亦名曰舒，又曰群舒，又曰舒蓼，又曰舒庸，又曰舒鸠，一国而有五名。春秋鲁襄二十五年，楚又灭之，子孙以国为氏，世居庐江。"⑨

---

① （清）秦嘉谟：《世本·氏姓》，（汉）宋衷注，（清）秦嘉谟等辑：《世本八种》，第278、280页。
② 《春秋左传正义·文公十二年》，（清）阮元校刻：《十三经注疏》，第1851页。
③ 《春秋左传正义·宣公八年》，（清）阮元校刻：《十三经注疏》，第1873页。
④ 《春秋左传正义·文公十二年》，（清）阮元校刻：《十三经注疏》，第1851页。
⑤ （清）顾祖禹撰，贺次君、施和金点校：《读史方舆纪要·南直八》，第1277页。
⑥ 《春秋左传正义·文公十二年》，（清）阮元校刻：《十三经注疏》，第1851页。
⑦ （清）顾栋高辑，吴树平、李解民点校：《春秋大事表》，第591页。
⑧ （宋）郑樵撰，王树民点校：《通志二十略·氏族略第二》，第63页。
⑨ 《新唐书·宰相世系表十五下》，第3411页。

春秋时，秦、楚争夺越发激烈，如《左传·文公五年》曰："初，鄀叛楚即秦，又贰于楚。夏，秦人入鄀。六人叛楚，即东夷。秋，楚成大心、仲归帅师灭六。冬，楚子燮灭蓼。臧文仲闻六与蓼灭，曰：'皋陶庭坚不祀，忽诸。德之不建，民之无援，哀哉。'"杜预注："蓼国，今安丰蓼县。"《释文》云："蓼，字或作鄝，音同。"① 蓼县，西汉时属六安国，《汉书·地理志》六安国属县五：六（故国，皋繇后，偃姓，为楚所灭），蓼（故国，皋繇后，为楚所灭），安丰（《禹贡》大别山在西南），安风（莽曰安风亭），阳泉。② 东汉属庐江郡。三国属魏安丰郡。

（2）舒鸠

参与争夺的还有吴。《左传·襄公二十五年》云："舒鸠人卒叛，楚令尹子木伐之，及离城（杜注：离城，舒鸠城）。吴人救之。……吴师大败，遂围舒鸠。舒鸠溃。八月，楚灭舒鸠。"③

（3）舒庸

《左传·成公十七年》云："舒庸人以楚师之败也（杜注：败于鄢陵。舒庸，东夷国人），道吴人围巢、伐驾、围厘、虺（杜注：巢、驾、厘、虺，楚四邑）。遂恃吴而不设备。楚公子橐师袭舒庸，灭之。"④

（4）舒龚

初居山东省兖州龚丘（今山东宁阳县），后迁安徽潜山。⑤

## 5. 随、绞、州、蓼

《左传·桓公十一年》载："郧人军于蒲骚，将与随、绞、州、蓼伐楚师。"杜预注："郧国在江夏云杜县东南有郧城。……绞，国名。州国在南郡华容县东南。蓼国，今义阳棘阳县东南湖阳城。"⑥

（1）随

随，《读史方舆纪要》载："随州……春秋随侯国，后属楚。"⑦

（2）绞

古绞国当在湖北汉水中上游谷城县境，今丹江口市习家店镇左绞，古绞国为少昊后偃姓国。周时居此，春秋时灭于楚。⑧

（3）州

州，古国名，偃姓，都城在湖北洪湖东北黄蓬山，后被楚武王所灭。

---

① 《春秋左传正义·文公五年》，（清）阮元校刻：《十三经注疏》，第1843页。
② 《汉书·地理志》，第1638页。
③ 《春秋左传正义·襄公二十五年》，（清）阮元校刻：《十三经注疏》，第1985页。
④ 《春秋左传正义·成公十七年》，（清）阮元校刻：《十三经注疏》，第1922页。
⑤ 逄振镐：《山东古国与姓氏》，济南：山东人民出版社，2006年，第105页。
⑥ 《春秋左传正义·桓公十一年》，（清）阮元校刻：《十三经注疏》，第1755页。
⑦ （清）顾祖禹撰，贺次君、施和金点校：《读史方舆纪要·湖广三》，第3617页。
⑧ 李海勇：《对古绞国地望蠡则》，《江汉考古》1997年第4期，第49—52页。

### （4）蓼

蓼国，《读史方舆纪要》云："光州固始县（州东百四十里。……春秋时蓼国地，后灭于楚，谓之寝县）……青峰岭（县南百里。……又县北七十里有蓼城冈，或以为古蓼国城盖在此）。"① 又："唐县，湖阳城（县南九十里。故蓼国地，后属楚），唐子山（县南百里。……山麓西南有唐子亭，即唐子乡也。……又蓼山，在县南九十里。县本古蓼国地，山因以名）。"②

### 6. 贰、轸

《左传·桓公十一年》云："楚屈瑕将盟贰、轸。"杜注："贰、轸二国名。"《路史·国名纪乙》说贰、轸是偃姓。贰"在随州南"，轸"在楚东南"③。贰、轸在今湖北应山。

## 五、少昊系之嬴姓分支

### （一）少昊系嬴姓

《路史》载："江、黄、耿、弦、兹、蒲、时、白、郯、复、巴、寅、谷、麋、邛、葛、祁、谭，皆嬴国也。"④《路史》"少昊后嬴姓国"列举了四十多个，其中有六、英、费、萧、赵、针、梁、葛、谭、莒、郧、奄、钟离、菟裘、东灌、密如……淮夷。钟离、运、掩、寻梁……密如、东灌……蒲。⑤ 但特别值得注意的是，《路史》认为下列诸国"非嬴姓"：江、黄、耿、弦、兹、蒲、时、白、郯、巴、谭。

其他的记载，如《史记·秦本纪》说："秦之先为嬴姓。其后分封，以国为姓，有徐氏、郯氏、莒氏、终黎氏（集解：《世本》作钟离）、运奄氏、菟裘氏、将梁氏、黄氏、江氏、修鱼氏、白冥氏、蜚廉氏、秦氏。"⑥ 其中提到了大量的氏族的确属于青阳系，与其他许多记载一致。《说文解字》云："嬴，帝少暐之姓也"，段注："按秦、徐、江、黄、郯、莒，皆嬴姓也。"⑦《左传·僖公五年》云："江、黄、道、柏……皆弦姻也。"⑧ 也是这个意思。

---

① （清）顾祖禹撰，贺次君、施和金点校：《读史方舆纪要·河南五》，第 2387、2388 页。
② （清）顾祖禹撰，贺次君、施和金点校：《读史方舆纪要·河南六》，第 2407、2408 页。
③ 《春秋左传正义·桓公十一年》，（清）阮元校刻：《十三经注疏》，第 1755 页；（宋）罗泌：《路史·国名纪乙》，第 329 页。
④ （宋）罗泌：《路史·小昊》，第 98 页。
⑤ （宋）罗泌：《路史·国名纪乙》，第 330—332 页；（汉）王符：《潜夫论·志氏姓》，《诸子集成》第八册，第 172、177 页。
⑥ 《史记·秦本纪》，第 221 页。
⑦ （汉）许慎撰，（清）段玉裁注：《说文解字注·女部》，第 612 页。
⑧ 《春秋左传正义·僖公五年》，（清）阮元校刻：《十三经注疏》，第 1795 页。

## （二）秦、梁、葛、郧、钟离

### 1. 秦、梁

（1）秦

伯翳的后裔还不止这些。《路史》云："（伯翳）生大廉、若木、恩成。……恩成之佃世为理以命族。"其后有理氏、相里氏、京氏、崇氏、段干氏、老氏，后裔包括老子。① 所以恩成后裔可能大部分是在中国。

顾炎武《日知录》考定："糜，嬴姓。"②

《帝王世纪》云："秦，嬴姓也，昔伯翳为舜主畜，多，故赐姓嬴氏。"③《诗谱》正义引《尚书中候苗兴》云："皋陶之苗为秦。"④

《左传·文公四年》云："楚人灭江，秦伯为之降服。……公曰：'同盟灭，虽不能救，敢不矜乎。'"⑤

（2）梁

《后汉书》河南尹，梁"故国，伯翳后（刘昭注：有阳人聚。《史记》曰：'秦灭东周，不绝其祀，以阳人地赐周君'）。有霍阳山（刘昭注：《左传·哀公四年》'楚……袭梁及霍'）"⑥。

### 2. 葛、郧、钟离

（1）葛

葛，嬴姓。今河南宁陵县北十五里有葛城。⑦《世本》葛，嬴姓。"葛伯氏，夏时诸侯，为殷所灭。"⑧

《后汉书》梁国宁陵，"故属陈留。有葛乡，故葛伯国"⑨。

《读史方舆纪要》归德府宁陵县葛城："在县北十五里，古葛伯国。《孟子》：'汤居亳，与葛为邻。'春秋时亦为葛国。……'葛人来朝。'"⑩

（2）郧国

《读史方舆纪要》云："汉阳府……春秋郧国地。"⑪ 又，"德安府，安陆县，郧城

---

① （宋）罗泌：《路史·小昊》，第97、98页。
② （清）顾炎武著，（清）黄汝成集释，秦克城点校：《日知录集释·姓》，第796页。
③ （晋）皇甫谧撰，（清）宋翔凤、钱宝塘辑：《帝王世纪》，第43页。
④ 《毛诗正义·秦风·秦谱》，（清）阮元校刻：《十三经注疏》，第368页。
⑤ 《春秋左传正义·文公四年》，（清）阮元校刻：《十三经注疏》，第1840页。
⑥ 《后汉书·郡国一》，第3389页。
⑦ （清）顾栋高辑，吴树平、李解民点校：《春秋大事表》，第578页。
⑧ （清）秦嘉谟：《世本·氏姓》，（汉）宋衷注，（清）秦嘉谟等辑：《世本八种》，第286页。
⑨ 《后汉书·郡国二》，第3426页。
⑩ （清）顾祖禹撰，贺次君、施和金点校：《读史方舆纪要·河南五》，第2346页。
⑪ （清）顾祖禹撰，贺次君、施和金点校：《读史方舆纪要·湖广二》，第3544页。

（今府城。春秋时郧子国也）"。再，"德安府，应城县，蒲骚城（县北三十里。《左传·桓公十一年》：'楚屈瑕将盟贰、轸，郧人军于蒲骚。'即此）"①。

（3）钟离

《世本》云："钟离，嬴姓。"②

《水经》云："（淮水）又东过钟离县北。"《水经注》云："《世本》曰：钟离，嬴姓也。应劭曰：县，故钟离子国也。"③

《水经》云："（淮水）又东过当涂县北，涡水从西北来注之。又东过钟离县北。"《水经注》云："淮水自莫邪山，东北径马头城北……故当涂县之故城也。《吕氏春秋》曰，禹娶涂山氏女……在山西南，县即其地也。……诸大夫对孟孙曰：禹会诸侯于涂山，执玉帛者万国。杜预曰：涂山在寿春东北。非也。……又案刘向《说苑·辨物》，王肃之叙孔子廿二世孙孔猛。所出先人书《家语》，并出此事，故涂山有会稽之名。考校群书及方士之目，疑非此矣，盖周穆之所会矣。"④

《读史方舆纪要》云："沂州，襄贲城（县西南百二十里。战国时齐邑也。……又有钟离城，志云：与襄贲城相对）。"⑤

钟离，秦之后，初居今山东枣庄，后南迁淮水一带。⑥

3. 江、黄、弦、蒋、道、柏、弇

《后汉书》汝南郡有平与（有沈亭，故国，姬姓），西平（有柏亭，故柏国），期思（有蒋乡，故蒋国），阳安（有道亭，故国），安阳（侯国。有江亭，故国，嬴姓），弋阳（侯国。有黄亭，故黄国，嬴姓），褒信（侯国。有赖亭，故国）。⑦

（1）江

江国，《后汉书》汝南郡安阳，"侯国。有江亭，故国，嬴姓"⑧。《左传·文公四年传》云："楚人灭江，秦伯为之降服。……公曰：'同盟灭，虽不能救，敢不矜乎。'"⑨

《水经注》云："淮水又东径安阳县故城南，江国也，嬴姓矣。今其地有江亭。《春秋·文公四年》楚人灭江，秦伯降服出次，曰：同盟灭，虽不能救，敢不矜乎？"⑩

《读史方舆纪要》汝宁府真阳县江城："在县东南。春秋时江国也。《左传·文

---

① （清）顾祖禹撰，贺次君、施和金点校：《读史方舆纪要·湖广三》，第3610、3614页。
② （清）雷学淇：《世本·氏姓》，（汉）宋衷注，（清）秦嘉谟等辑：《世本八种》，第46页。
③ （后魏）郦道元注，（清）杨守敬、熊会贞疏，段熙仲点校：《水经注疏·淮水》，第2534页。
④ （后魏）郦道元注，（清）杨守敬、熊会贞疏，段熙仲点校：《水经注疏·淮水》，第2530、2534页。
⑤ （清）顾祖禹撰，贺次君、施和金点校：《读史方舆纪要·山东四》，第1582页。
⑥ 逄振镐：《山东古国与姓氏》，第111页。
⑦ 《后汉书·郡国二》，第3424页。
⑧ 《后汉书·郡国二》，第3424页。
⑨ 《春秋左传正义·文公四年》，（清）阮元校刻：《十三经注疏》，第1840页。
⑩ （后魏）郦道元注，（清）杨守敬、熊会贞疏，段熙仲点校：《水经注疏·淮水》，第2499页。

（公）四年》：'楚灭江。'应劭曰：'安阳有江亭。'"①

（2）黄、弦、蒋

黄国，《后汉书》汝南郡弋阳，"侯国。有黄亭，故黄国，嬴姓"②。

《读史方舆纪要》载："光州……春秋时黄国，亦为弦、蒋二国地。战国属楚。"③ "黄城（州西十二里。春秋时小国也。《左传·桓公八年》：'楚子会诸侯，黄、随不会。'……黄人不共楚职，曰：'自郢及我九百里，焉能害我？'于是楚灭黄，此其国城也。《史记》'黄帝末孙陆终之子封于黄'，即此。又有弦城，在州西南。亦春秋时小国，僖五年为楚所灭）。""光山县（州西四十五里。……春秋弦国地）。"④

邾国，《读史方舆纪要》云："黄州府……春秋时为邾国，后为黄国之境，楚灭黄而并其地。"⑤

（3）道、柏

道国，《读史方舆纪要》云："息县，阳安城（在县西南十里。春秋时道国……刘昭曰：阳安南有道亭，古道国。《寰宇记》：今确山县北二十里有道城）。"⑥

"确山县，朗陵城（县西南三十五里。……道城，《寰宇记》'在县北二十里，即春秋时道国'云）。"⑦

柏国，《读史方舆纪要》云："汝宁府，西平县（府西北百三十里。……古柏国）。"⑧

（4）奄

《春秋大事表》说，奄，嬴姓，"今山东兖州府曲阜县东二里有奄城"⑨。朱右曾说是熊姓，可能是熊、嬴混淆的一个例子，如偃、嬴也会混淆一样。熊姓从豫西出发，除了南迁之外，是否会有一部分东迁，这一点还需要有更多的证据。

《通志·氏族略》云："奄氏，《风俗通》云：'奄，国号，即商奄也，鲁地。'卫祝佗曰：'因商奄之民以命伯禽。'今兖州有奄城。"⑩《左传·昭公元年》云："成王东伐淮夷，遂践奄……则奄被灭于成王。……相传徐、奄皆嬴姓，伯益之后，俱亡于西周。"⑪

---

① （清）顾祖禹撰，贺次君、施和金点校：《读史方舆纪要·河南五》，第2363页。
② 《后汉书·郡国二》，第3424页。
③ （清）顾祖禹撰，贺次君、施和金点校：《读史方舆纪要·河南五》，第2381页。
④ （清）顾祖禹撰，贺次君、施和金点校：《读史方舆纪要·河南五》，第2383、2384页。
⑤ （清）顾祖禹撰，贺次君、施和金点校：《读史方舆纪要·湖广二》，第3553页。
⑥ （清）顾祖禹撰，贺次君、施和金点校：《读史方舆纪要·河南五》，第2390页。
⑦ （清）顾祖禹撰，贺次君、施和金点校：《读史方舆纪要·河南五》，第2369页。
⑧ （清）顾祖禹撰，贺次君、施和金点校：《读史方舆纪要·河南五》第2356、2368页。
⑨ （清）顾栋高辑，吴树平、李解民点校：《春秋大事表》，第606页。
⑩ 逄振镐：《山东古国与姓氏》，第107页。
⑪ 《春秋左传正义》，（清）阮元校刻：《十三经注疏》，第2021页。

# 六、皋陶、益、伯翳

## （一）皋陶

少昊也作少皞，《说文》云："从日皋声。"① 所以少昊与皋陶之间当有密切的联系。史书记载说皋陶生于曲阜，《左传·定公四年》谓曲阜为"少皞之虚"，故皋陶的地域正属于少昊的范围。《帝王世纪》云："皋陶生于曲阜。曲阜，偃地，故帝因之，而以赐姓曰偃。"② 据此，皋陶是一个势力强大的部族首领。

皋陶是上古史的重要人物，传说皋陶为少皞之四世孙，如《路史》和《世本》都说："皋陶（名繇），少皞四世孙。"③ 又说皋陶为高阳氏之八大才子之一，如《潜夫论·志氏姓》云："高阳氏之世，有才子八人：苍舒、隤凯、梼戭、大临、尨降、庭坚、仲容、叔达。……后嗣有皋陶事舜……其子伯翳，能议百姓以佐舜禹（汪继培笺：《郑语》云伯翳能议百物）。"孔颖达《舜典》疏："益是皋陶之子，皋陶即庭坚也。"④

因此皋陶是少昊系的四世孙，有人说益是皋陶之子，还说伯翳也是皋陶之子，也有人说益就是伯翳，更有人说益与伯翳是两个人，认为他们与秦国之起源有密切的联系，因此受到许多历史学家的注意。有关的问题将在后文讨论，现在先说一下少昊系的分支。

## （二）益与伯翳

### 1. 益

#### （1）益是被杀害的

益的数据是比较充分的，而且也比较可靠。但是从益的生平来看，据《史记·夏本纪》记载，禹崩后，根据禹的旨意，当由益接任为天子，但是"天下未洽。故诸侯皆去益而朝启……于是启遂即天子之位，是为夏后帝启"。但是对启的继位，许多人有所质疑，《史记·燕召公世家》就记载说客对燕王说："禹荐益，已而以启人为吏。及老，而以启人为不足任乎天下，传之于益。已而启与交党攻益，夺之。"⑤ 而《楚辞·天问》云："启代益作后，卒然离孽。"洪兴祖补注："说者曰：'有扈氏与夏同姓，启继世而有

---

① （清）段玉裁：《说文解字注·日部》，第 304 页。
② 《春秋左传正义·定公四年》，（清）阮元校刻：《十三经注疏》，第 2134 页；《史记·夏本纪》，第 83 页。
③ （宋）罗泌：《路史·少昊》，第 96 页。皋陶是少昊曾孙、大业之子。罗苹引《季代历》云："少昊四世孙。"（清）雷学淇辑：《世本·氏姓》，（汉）宋衷注，（清）秦嘉谟等辑：《世本八种》，第 47 页。淇案："《路史》引《年代历》云：皋陶，少皞四世孙。"
④ （汉）王符：《潜夫论·志氏姓》，《诸子集成》第八册，第 176 页；《尚书正义·舜典》，（清）阮元校刻：《十三经注疏》，第 131 页。
⑤ 《史记·夏本纪》，第 83 页；《史记·燕召公世家》，第 1556 页。

天下，有扈不服，大战于甘，故曰卒然离孽也。'"①

看来，无论启是杀益还是夺益，必定发生了残酷的斗争，《古本竹书纪年》就说："益干启位，启杀之。"②

同时，启取得帝位之后，马上受到了有扈氏的冲击。《竹书纪年》说，启二年，"王（指启）帅师伐有扈，大战于甘"③。《尚书》孔颖达疏：有扈"自尧舜受禅，相承启独见继父。"不服。④故《淮南子》云："有扈氏为义而亡。"高诱注："有扈，夏启之庶兄。"⑤因此，启推翻益的时候，受到其他人的强烈反对。

《史记·陈杞世家》讲到"唐虞之际名有功德臣"时，对其中的十一个人做了说明，但十一个人中有四个人前途不明，司马迁说："垂、益、夔、龙，其后不知所封。"⑥原来司马迁说，益不知所终，他也不知道益的国家有什么样的前途，益可能就受到杀害，或是被流放，他的国家也可能已经被消灭。这是最清楚的证据。

不过大家注意到，《今本竹书纪年》记载说：启二年"费侯伯益出就国"，六年"伯益薨，祠之"⑦。如果启二年益出就国，启六年益薨，那么启不可能杀害益，因此，可能《古本竹书纪年》是谎言，或者《今本竹书纪年》是谎言。同一本书互相直接抵触，情况是很少见的。

（2）伯翳的地域

《史记·秦本纪》讲到秦先人有大费："（大费）与禹平水土，已成，帝锡玄圭。禹受曰：'非予能成，亦大费为辅。'帝舜曰：'咨尔费，赞禹功，其赐尔皂游。尔后嗣将大出。'乃妻之姚姓之玉女。大费拜受，佐舜调驯鸟兽，鸟兽多驯服，是为伯翳。舜赐姓嬴氏。"⑧

《路史》云："伯翳大费能驯鸟兽……以服事虞夏，始食于嬴，为嬴氏。"罗苹注："嬴，盈也，庶物盈羡而以为封，即太山嬴县也。"⑨

《春秋·桓公三年》云："公会齐侯于嬴。"⑩嬴县在今山东莱芜。

《春秋·庄公十六年》云："会齐侯、宋公……滑伯、滕子，同盟于幽。"杜注："滑国都费，河南缑氏县。幽，宋地。"⑪

滑，姬姓，"国于费，今河南偃师县南二十里缑氏故城是"，鲁僖公三十三年灭于

---

① （宋）洪兴祖撰，白化文等点校：《楚辞补注·天问》，第98页。
② （清）朱右曾：《古本竹书纪年辑校》，沈阳：辽宁教育出版社，1997年，第2页；王国维：《今本竹书纪年疏证》，沈阳：辽宁教育出版社，1997年，第49页。
③ （清）徐文靖：《竹书纪年统笺》，《二十二子》，第1056页。
④ 《尚书正义·甘誓》，（清）阮元校刻：《十三经注疏》，第155页。
⑤ （汉）高诱注：《淮南子·齐俗训》，《诸子集成》第七册，第176页。
⑥ 《史记·陈杞世家》，第1585页。
⑦ （清）徐文靖：《竹书纪年统笺》，《二十二子》，第1056页。
⑧ 《史记·秦本纪》，第173页。
⑨ （宋）罗泌：《路史·小昊》，第97页。
⑩ 《春秋左传正义·桓公三年》，（清）阮元校刻：《十三经注疏》，第1746页。
⑪ 《春秋左传正义·庄公十六年》，（清）阮元校刻：《十三经注疏》，第1772页。

秦，旋入晋，后又属周。①

《路史·国名纪戊》：滑，今拱之襄邑西北有滑亭，后迁于费曰费滑，今洛阳市偃师区缑氏镇有古滑城。②

《史记·太史公书》云："序略，以拾遗补艺，成一家之言，厥协六经异传，整齐百家杂语，藏之名山，副在京师，俟后世圣人君子。"③

幽厉以往，尚矣。所见天变，皆国殊窟穴，家占物怪，以合时应，其文图籍禨祥不法。是以孔子论六经，纪异而说不书。至天道命，不传；传其人，不待告；告非其人，虽言不著。

则伯翳的地域也在少昊系，这给伯翳属于少昊系提供了一个根据。

2. 皋陶与益

（1）皋陶、益

《路史·小昊》谓皋陶三子：长伯翳，次仲甄，次封偃为偃姓。④

孔颖达《舜典》疏："益是皋陶之子。"⑤而《史记·夏本纪》云："帝禹立而举皋陶荐之，且授政焉，而皋陶卒。……而后举益，任之政。十年，帝禹东巡狩，至于会稽而崩。以天下授益。"⑥如果不出意外，则中国三代之前禅让的圣人将不是"尧舜"，而是"尧舜禹益"。但益没有成为圣人，而是销声匿迹了，"垂、益、夔、龙，其后不知所封"⑦。

（2）益的封地

《今本竹书纪年》提到"费侯伯益"，则费当是益之封地。⑧

《潜夫论》云："高阳氏之世，有才子八人……后嗣有皋陶事舜……其子伯翳，能议百姓以佐舜、禹，扰驯鸟兽，舜赐姓嬴。后有仲衍，鸟体人言，为夏帝大戊御。嗣及费仲，生恶来、季胜。……季胜之后有造父……王封造父于赵城，因以为氏。其后失守，至于赵夙。……恶来后有非子，以善畜，周孝王封之于秦。"⑨

《潜夫论》说伯翳为皋陶之子，但段玉裁《说文解字注》曰："嬴，《地理志》作盈。又按伯翳，嬴姓。其子皋陶，偃姓。偃、嬴，语之转耳。"⑩则说皋陶是伯翳之子。但是这种异说似乎不必追究，因为皋陶、伯翳是代表两个古老的氏族，所谓父子不

---

① （清）顾栋高辑，吴树平、李解民点校：《春秋大事表》，第579页。
② （宋）罗泌：《路史·国名纪戊》，第372页；《后汉书·郡国三·陈留郡》，第3447页。
③ 《史记·太史公自序》，第3319页。
④ （宋）罗泌：《路史·小昊》，第96页。
⑤ 《尚书正义·舜典》孔疏，（清）阮元校刻：《十三经注疏》，第131页。
⑥ 《史记·夏本纪》，第83页。
⑦ 《史记·陈杞世家》，第1585页。
⑧ 王国维：《今本竹书纪年疏证》，第49页。
⑨ （汉）王符：《潜夫论·志氏姓》，《诸子集成》第八册，第176页。
⑩ （汉）许慎撰，（清）段玉裁注：《说文解字注·女部》，第612页。

过是表明氏族之间分化繁衍的关系。这里所需要肯定的是，他们都是少昊系的分支。

（3）伯翳与益

古史中经常提到益。《尚书》载舜曰："咨益，汝作朕虞。"①《史记·正义》引曹大家《列女传》注："陶子者，皋陶之子伯益也。"②雷学淇引《列女传》《诗谱》《吕氏春秋》高诱注，也都谓益为皋陶子。③

有许多文献说益即伯翳，《国语》韦昭注："伯翳……少皞之后伯益也。"④

但另有许多地方则说他们是两人，《史记·陈杞世家》云："伯翳之后，至周平王时封为秦……垂、益、夔、龙，其后不知所封。"⑤因此《史记·秦本纪》索隐说："寻检《史记》上下诸文，伯翳与伯益是一人不疑。而《陈杞世家》即叙伯翳与伯益为二，未知太史公疑而未决邪，抑亦谬误尔？"⑥

伯翳与益的关系牵涉嬴姓属于少昊或属于颛顼的问题。罗泌说："诸嬴为少昊后，不待较矣。逮汉而来，皆谓伯翳为伯益而后始有以诸嬴为高阳之后。"⑦

按这些说法，伯翳是皋陶之子或皋陶是伯翳之子，他们都是高阳氏颛顼的后裔，这个说法与其他记载矛盾。

《史记》说："秦之先，帝颛顼之苗裔孙曰女修。女修……生子大业。大业取少典之子曰女华，女华生大费。"则大费为大业之子，而颛顼为大业之母家，故索隐说："秦、赵以母族而祖颛顼，非生人之义也。按：《左传》郯国，少昊之后，而嬴姓盖其族也。则秦、赵宜祖少昊氏。"⑧所以按照父系，皋陶、伯翳不是颛顼之后裔。

（4）伯翳为嬴姓

《国语》韦昭注谓伯翳即益。⑨

《帝王世纪》说皋陶赐姓为偃，又说伯翳赐姓为嬴："伯翳为舜主王畜，多，故赐姓嬴氏。"⑩伯翳就是大费，《史记·秦本纪》："（大费）与禹平水土……佐舜调驯鸟兽，鸟兽多驯服，是为柏翳。舜赐姓嬴氏。"⑪《潜夫论·志氏姓》谓："（伯翳）舜赐姓嬴。"⑫《路史·小昊》云："（伯翳）能驯鸟兽，知其语言，以服事虞夏，始食于嬴，为嬴氏。"⑬

---

① 《尚书正义·舜典》，（清）阮元校刻：《十三经注疏》，第131页。
② 《史记·秦本纪》，第173页。
③ （清）雷学淇：《世本·氏姓》，（汉）宋衷注，（清）秦嘉谟等辑：《世本八种》，第47页。
④ 徐元诰撰，王树民、沈长云点校：《国语集解·郑语》，第469页。
⑤ 《史记·陈杞世家》，第1585页。
⑥ 《史记·秦本纪》，第173页。
⑦ （宋）罗泌：《路史·国名纪乙》，第332页。
⑧ 《史记·秦本纪》，第173页。
⑨ 徐元诰撰，王树民、沈长云点校：《国语集解·郑语》，第469页。
⑩ （晋）皇甫谧撰，（清）宋翔凤、钱宝塘辑：《帝王世纪》，第18、43页。
⑪ 《史记·秦本纪》，第173页。
⑫ （汉）王符：《潜夫论·志氏姓》，《诸子集成》第八册，第176页。
⑬ （宋）罗泌：《路史·小昊》，第97页；何光岳：《东夷源流史》，南昌：江西教育出版社，1990年，第22页。

《逸周书·作洛解》云:"周公立,相天子,三叔及殷东徐、奄及熊、盈以畔。"又"凡所征熊、盈族十有七国"。朱右曾说:"徐,盈姓国,在安徽泗州东南。奄,熊姓国,今山东曲阜县。熊、盈谓徐、奄之同姓国。"刘师培云:"盈、嬴古通。"①

盈、嬴通用是对的,但偃、嬴并不通用,同样,熊、嬴也未必通用,但二者也有关系,其亲族接近。

对于青阳系嬴姓后裔还有一个重要的问题,即秦国。秦国自称嬴姓后裔,究竟秦与青阳系有何种联系,将另行研究,这在古史中有记载,只是记载极为零乱。因为周初偕同武庚抗周,其后被周族迫令迁徙的亦很多,可分为汝水、济水两流域分别推求之。济水流域奄族与莒族已见上面关于嬴姓和偃姓分支的阐述。而徐族原住地,据《后汉书》记,鲁国,"薛本国,六国时曰徐州"②。似乎即在薛,相当于今之滕州。

## 七、少昊系与他族的融合

### (一)少昊与炎帝系统

少昊与炎帝系统有密切的联系。《逸周书·尝麦解》云:"命蚩尤于宇少昊,以临四方","刘师培云……刘案卢校云:'《路史》云:命蚩尤宇于小颢',朱本改于宇为'宇于',陈本改四为'西',(《路史后纪》亦改为西,注云:《周书》作'四方',黄庭坚云:当作'西方'),今考《越绝书·计倪内经》云:'臣闻炎帝有天下以传黄帝,黄帝于是上事天下治地,故少昊治西方,蚩尤佐之。'此言蚩尤佐少昊也。据彼文,自以朱、陈所改为确,命蚩尤宇少昊,宇当从陈注训'隶',斯与佐少昊义符,于亦衍文。惟《路史·国名纪一》'以小颢为地,谓参卢,命蚩尤宇此。今安邑有蚩尤城',不足据(朱云:少昊鲁也,亦误)"③。

《逸周书·尝麦解》云:"乃命少昊清司马鸟师,以正五帝之官,故名曰质。"④刘师培说:"案《斠补》云:'马疑当作为,司疑当作始,言少昊清始为鸟师。'今考《后汉书·张衡传》李注引《衡集》云:《帝系》黄帝产青阳、昌意。《周书》'乃命少昊清',即清阳也。是衡以此文之清即青阳。又《汉书·律历志》述《世经》云:'少昊帝考德曰清。清者,黄帝之子青阳也。是其子孙名挚。立土生金,天下号曰金天氏。'由此观之,上文临西方之少昊,与此文少昊清为一人,即清阳也。挚、质古通……名质之少昊则青阳子孙。……此文司当作'嗣'……马当从孙记作'为',嗣即《世经》所谓

---

① 黄怀信、张懋镕、田旭东:《逸周书汇校集注·作洛解》,第548、552、549页。
② 《后汉书·郡国二》,第3429页。
③ 黄怀信、张懋镕、田旭东:《逸周书汇校集注·尝麦解》,第781页。
④ 黄怀信、张懋镕、田旭东:《逸周书汇校集注·尝麦解》,第784页。

子孙也。……'为鸟师'三字当属下读,为鸟师以正五帝之官,即《左传·昭十七年》所云'为鸟师而鸟名,分立五鸟、五鸠诸官也'。五帝之官即五官,与《左传》合。"①

### (二)少昊系与戎族、百越蛮族,少昊(夏族)侵入戎族之地域

关于少昊之子孙,情况非常复杂。它的一部分就成为东夷,《左传·昭公十七年》郯子朝鲁时,昭子问他关于少昊氏的问题,他说少昊是他的祖先:"吾祖也,我知之。"于是就解答了昭子的问题,孔子听到后很满意,就说:"天子失官,学在四夷,犹信。"②孔子把他看作"四夷"。

《汉书·地理志》东海郡郯,班固自注:"故国,少昊后,盈姓。"又城阳国莒县自注:"故国,盈姓……少昊后。"③

由于少昊族从陇山到曲阜,在这中间留下秦国,带领沈、姒、蓐、黄、英、六国迁徙,亦属可能。但少昊系最重要的后裔当为颛顼与帝喾。

旧史上有许多氏族都被称为少昊氏后裔。《路史》谓少昊"胙土于清"④《汉书·律历志》引《世经》云:"少昊曰清。"⑤《逸周书》说"乃命少昊清嗣为鸟师",注:"'乃明少昊清'即清阳也……即青阳。"⑥《史记》索隐引《世本》宋衷注:"玄嚣青阳是为少昊。"⑦按其实际,旧史所说之少昊后裔本应称之为夷鼓后裔,盖少昊与青阳都指济西,玄嚣则包括这系与轩辕系两者在内。所以诸名都不确当。

少昊系东与戎族发生融合,南与百越蛮族发生融合,大大地扩充了夏族东南两侧的疆域。

古代姓之停止分化是在皋陶以前,皋陶只是与偃姓各氏族同为偃姓后裔之一,这也不可不辨。

本书所说的少昊系的构成很复杂,与昌意系、轩辕系不同。由于其分布地域处于东部边境,其中包含有炎帝的后裔。非但如此,由于东边面临非夏族的太昊伏羲氏,因此他还包含大量华夏与周边民族的混合民族。此外还有与东夷(包括南蛮)有关的部分。

### (三)嬴、偃

刘师培以徐偃王为例,进一步说明嬴、偃互用:

---

① 黄怀信、张懋镕、田旭东:《逸周书汇校集注·尝麦解》,第785页;刘师培:《刘申叔遗书·周书补正》,第768页。
② 《春秋左传正义·昭公十七年》,(清)阮元校刻:《十三经注疏》,第2083、2084页。
③ 《汉书·地理志上》,第1588页;《汉书·地理志下》,第1635页。
④ (宋)罗泌:《路史·小昊》,第95页。
⑤ 《汉书·律历志下》,第1012页。
⑥ 黄怀信、张懋镕、田旭东:《逸周书汇校集注·尝麦解》,第784页。
⑦ 《史记·五帝本纪》,第10页。

抑又考之，徐为嬴姓而徐有偃王，偃亦嬴姓之嬴。以嬴姓而号偃王，犹吕尚之称姜公也（见《佚周书》序。旧误作美公）。此亦偃、嬴互用之证。裴骃《史记集解》不察其旨以为偃王之号由于有筋而无骨，误矣。①

刘师培说盈、嬴通用是对的，但偃、嬴并不通用。这种旁证的理由不足。

本书所说的少昊系，由于其分布地域处于东部边境，其中包含有大量炎帝后裔，还包含大量华夏与戎族的混合部族。

（四）熊、嬴

熊、嬴两姓都由己姓分化出来的，熊、嬴两姓的氏族当然都有己姓部分在内，古籍上却没有记载，但可考者为奄、莒两族。而这两姓的分布也已达到济水流域，不过无法推断其轨迹。

1. 嬴

雷学淇辑《世本》云："莒，嬴姓。自纪公以下为己姓。""江、黄，皆嬴姓。""徐、奄，皆嬴姓。""淮夷，嬴姓。""钟离，嬴姓。"②

秦嘉谟说："嬴姓，伯益后：赵、秦、梁、葛、江、黄、谭、莒、郯、奄、钟离、菟裘、将梁……淮夷、密如、东灌……蒲。"③

2. 郯

《潜夫论》云："武王克殷……又封少暤之胄于祁。"汪继培笺："王先生曰：'祁当作郯。昭十七年左传，郯子来朝……继培按《路史·国名纪二》，少昊后有祁国。'"④

少昊系是否尚有别的姓氏无可考证。

鲁僖公十五年，楚人伐徐。诸侯救徐，楚人败徐于娄林，杜注："娄林，徐地。下邳僮县东南有娄亭。"⑤因此齐伐英氏以报楚国之仇。

《水经注》云："沘水出庐江潜县西南，霍山东北。东北过六县东，北入于淮。"《水经注》又云："《地理志》曰，沘水出沘山，不言霍山。沘，字或作渒。"⑥

---

① 刘师培：《刘申叔遗书·偃姓即嬴姓说》，第1253页。
② （清）雷学淇：《世本·氏姓》，（汉）宋衷注，（清）秦嘉谟等辑：《世本八种》，第46页。
③ （清）秦嘉谟：《世本·氏姓》，（汉）宋衷注，（清）秦嘉谟等辑：《世本八种》，第281—290页。
④ （汉）王符：《潜夫论·五德志》，《诸子集成》第八册，第167页。
⑤ 《春秋左传正义·僖公十五年》，（清）阮元校刻：《十三经注疏》，第1805页。
⑥ （后魏）郦道元注，（清）杨守敬、熊会贞疏，段熙仲点校：《水经注疏·沘水》，第2667—2671、2668页。

## （五）徐

《逸周书》云："三叔及殷东徐奄及熊盈以畔。"孔注："徐，徐戎。奄谓殷之诸侯。"刘师培说："案朱释云：徐、盈姓国，奄、熊姓国。熊盈谓徐奄之同姓国。其说近是，惟考释则讹。盈、嬴古通，偃嬴亦古通。……《列女传·辨通篇》齐管妾婧传云：罣子生五岁而赞禹，其说并同是，嬴姓即偃姓也。古代江淮之间均皋陶后裔所封，纣党又多嬴姓，如飞廉、恶来是，徐、奄亦然。嬴为益姓，偃为皋陶姓，《左传·昭元年》'周有徐奄'，杜注云：'二国皆嬴姓。'孔疏以为《世本》文，是其确征。徐奄为廉、来同族，故助殷拒周。熊者嬴之转，观《左传·宣八年》夫人嬴氏，《公》《谷》作熊，则熊、盈、嬴三文通用。朱以徐为盈姓，奄为熊姓，不足据也。"① 此文熊盈盖兼皋陶、益后裔言，即下文所云："熊、盈族十有七国也。"②

徐与舒通，梁玉绳："舒与徐，古亦通。……《十二侯表》鲁昭公十二年，楚伐舒，即是伐徐。《吴世家》'（阖庐）三年拔舒'，即春秋昭（公）三十年灭徐。并徐与舒同之证。"③ 鲁昭公三十年是周敬王八年，亦即阖庐三年。但《春秋·僖公三年》云："徐人取舒"，杜预注："无传。徐国在下邳僮县东南，舒国今庐江舒县。"孔颖达疏："诸侯相灭亡者，多是土壤邻接，思启封疆。今检杜注，徐在下邳，舒在庐江，相去甚遥。而越竟灭国，无传无注，不知所以。"④ 无论如何，则徐与舒显然为不同之国，不得谓徐即舒也。

但徐与舒地域相接。《诗·鲁颂·閟宫》云："戎狄是膺，荆舒是惩"，郑笺："北当戎与狄，南艾荆及群舒。"⑤ 如按梁说，则是南艾荆与徐。

因而少昊系在山东、淮水流域之后裔如徐、郯诸族，《诗·鲁颂·閟宫》⑥、《尚书·费誓》⑦、《左传·僖公十三年》⑧、《左传·僖公十六年》⑨ 都称之为"淮夷"。《史记》引《括地志》云："泗州徐城县北三十里古徐国，即淮夷也。兖州曲阜县奄里，即奄国之地也。"⑩

---

① 刘师培：《刘申叔遗书·周书补正》，第 748 页。
② 刘师培：《刘申叔遗书·周书补正》，第 747、748 页。
③ （清）梁玉绳：《史记志疑》卷十七，北京：中华书局，1981 年，第 866 页。
④ 《春秋左传正义·僖公三年》，（清）阮元校刻：《十三经注疏》，第 1792 页。
⑤ 《毛诗正义·鲁颂·閟宫》，（清）阮元校刻：《十三经注疏》，第 617 页。
⑥ 《毛诗正义·鲁颂》，（清）阮元校刻：《十三经注疏》，第 611、614 页。
⑦ 《尚书正义·费誓》，（清）阮元校刻：《十三经注疏》，第 255 页。
⑧ 《春秋左传正义·僖公十三年》，（清）阮元校刻：《十三经注疏》，第 1803 页。
⑨ 《春秋左传正义·僖公十六年》，（清）阮元校刻：《十三经注疏》，第 1809 页载："会于淮，谋鄫。"杜注："鄫为淮夷所病故。"
⑩ 《史记·周本纪》，第 133 页。

## 八、少昊系之后裔与姓系

### （一）少昊之子孙

《路史》给出了少昊子孙的详细纪录："元妃生倍伐，降处缗渊。……夏后世衰，有缗为桀所克。……次妃生般，为弓正……封于尹城。……有子曰昧，为玄冥师。是生允格、台骀，俱臣高阳。""允格封鄐，有子鄐姓，虞帝投之幽州，是为阴戎之祖。……皆允类也。""骀宣汾洮，障大泽，封于汾川。沈、姒、蓐、黄，实守其祀。"少昊还有四个叔父，"重、熙、修、该，帝之四叔也。佐高阳氏"。更为复杂的还有大业与皋陶。[1]

所以少昊的儿子就分布如下：

　　小昊—倍伐（有缗氏）
　　　　　般（尹氏）—昧—允格（封鄐）
　　　　　　　　　　　　　台骀（封汾川）

《路史》谓少昊还有一个世系不明的子孙名大业，其父之名不传，其母名修，为高阳氏女。谓大业取少典氏女，名华，生子繇，繇即皋陶，偃姓。皋陶"有子三人，长伯翳，次仲甄，次封偃为偃姓"。伯翳生大廉、若木、恩成。[2] 大廉之后为秦国。故按照《路史》，存在下列世系：

　　少昊—大业—皋陶—秦族

但《史记》亦谓颛顼之女修生大业，但没有说大业为少昊之子孙。《史记》谓大业取少典氏女华，生大费，大费即柏翳，嬴姓。大费有子二人，一曰大廉，二曰若木。若木之子孙"或在中国，或在夷狄"。四五千年之后的秦国就是若木的子孙。故按照《史记》只能说明秦国为颛顼之女系后裔。《史记》没有说明少昊的后裔，没有说明皋陶的来历，亦没有说明秦国与少昊或皋陶的关系。很难证实《路史》的严密世系，但容易证明《史记》在世系说明中的疏漏。

晏子曾对齐景公讲到齐地的历史，他说："昔爽鸠氏始居此地，季荝因之，有逢伯陵因之，蒲姑氏因之，而后太公因之。"杜预注谓爽鸠氏为少皞氏之司寇，而季荝为虞夏诸侯，逢伯陵为殷时之姜姓诸侯，接着是蒲姑氏，再接下去就是齐太公了。[3] 因此齐地有下列世系：

---

[1]（宋）罗泌：《路史·小昊》，第 96 页。
[2]（宋）罗泌：《路史·小昊》，第 96、97 页。
[3]《春秋左传正义·昭公二十年》，（清）阮元校刻：《十三经注疏》，第 2094 页。

爽鸠氏—季萴—逢伯陵—蒲姑氏—太公

著名的郯子谈话中提到了爽鸠氏，郯子说："我高祖少皞挚之立也，凤鸟适至，故纪于鸟，为鸟师而鸟名。……爽鸠氏，司寇也。"[1] 因此在少昊时，齐地才有爽鸠氏，爽鸠氏是夏族的后裔。接着是季萴，他是虞夏诸侯，亦当是夏族，则上述世系当是夏族占领齐地之历史。

少昊后裔曾到达朝鲜半岛，《三国史记·金庾信列传》云："（新）罗人自谓少昊金天氏之后，故姓金。庾信碑亦云：'轩辕之裔，少昊之胤。'"[2]

## （二）少皞之姓系

凡是少昊系最古的氏族，大约母系时代都为己姓。其后父系时代或从父系改称赢姓，所以己姓不著。如春秋时之莒国，《汉书·地理志》说为盈姓[3]，而孔颖达《左传·隐公二年》疏谓："谱云：'莒，嬴姓少昊之后。'……《世本》自纪公以下为己姓，不知谁赐之姓者。"疏并引《左传·文公八年》鲁穆伯奔莒从己氏为证。[4] 其实莒族是己姓古族，后从父系改为嬴姓而己姓不著。再则这一系起于熊山。熊山的古族似乎有过一场大变动，是受周族撮弄所致（这一系一直与周族为敌），但还未找到确证，暂置不说，熊山找不出己姓的氏族。

黄帝二十五子，其中有任姓。《潜夫论》云："夏之兴，有任奚为夏车正，以封于薛，后迁于邳。其嗣仲虺（虺）居薛，为汤左相。王季之妃大任。及谢、章、昌、采、祝、结、泉、卑、遇、狂大氏，皆任姓也。"汪继培笺："《诗·大明》'挚仲氏任'，毛传：'挚国任姓之中女也。'"[5]

在鲁西北部有少昊系己姓之氏族，如奄，在鲁西南部则有少昊系任姓之氏族，《左传·隐公十一年》孔颖达引《世本》云："任姓，谢、章、薛、舒、吕、祝、终、泉、毕、过。"[6]《路史》罗列之为黄帝之后任姓国16个：奚、薛、邳、挚、谢、章、舒、洛、昌等。并给出其地域，如奚在"滕东南六十"，薛在"滕东南五十"，邳"今淮阳治下邳城"，挚"蔡之平舆"，谢"在南阳之宛"，章、舒"在郓之须城"，洛、昌……[7]《路史》的材料未必准确，但可说明任姓在鲁西南部有很大的势力。

---

[1]《春秋左传正义·昭公十七年》，（清）阮元校刻：《十三经注疏》，第2083页。
[2] 刘凤鸣：《嬴秦始源·少昊后裔与朝鲜半岛的新罗》，北京：中国社会科学出版社，2013年，第172页。
[3]《汉书·地理志下》，第1635页。
[4]《春秋左传正义·隐公二年》疏，（清）阮元校刻：《十三经注疏》，第1718页。
[5]（汉）王符：《潜夫论·志氏姓》，《诸子集成》第八册，第172页。
[6]《春秋左传正义·隐公十一年》，（清）阮元校刻：《十三经注疏》，第1736页。
[7]（宋）罗泌：《路史·国名纪甲》，第324页。

# [15] 祝融系

## 一、祝融系的形成与起源

(一) 古史中之祝融氏

1. 古帝系列的祝融

祝融究竟是何人？文献中没有明确的界说。《遁甲开山图》则给出一个古帝系列：女娲氏、大庭氏、柏皇氏、中央氏、栗陆氏、骊连氏、赫胥氏、尊卢氏、祝融氏、混沌氏、昊英氏、有巢氏、葛天氏、阴康氏、朱襄氏、无怀氏，其中包括祝融氏，位于有巢氏、无怀氏之前。① 但是《帝王世纪》也有一个类似的古帝系列，唯独没有祝融氏，并说："凡十五世，皆袭庖牺之号。"② 所有这些古帝系列，只不过是一些名号，并无其他史迹，因此所谓祝融氏，与尊卢氏、混沌氏等古帝没有区别。

除此以外，也有人将祝融排进三皇之中，如《白虎通》说："三皇者，何谓也？谓伏羲、神农、燧人也。或曰：伏羲、神农、祝融也。"陈立注："《风俗通》引《礼》说，列祝融在羲、农间，又不同也。"③ 则祝融可能是三皇之一，其位置也可能在伏羲氏、神农氏之间，也可能安排在神农氏之后。

2. 祝融系之形成

《国语·郑语》说："夫黎为高辛氏火正，以淳耀敦大，天明地德，光照四海，故命之曰祝融，其功大矣。"韦昭注："言黎为火正，能治其职，以大明厚大，天明地德，故命之为祝融。"④ 韦昭之注意义含糊，九黎为蚩尤之后，他们在少昊时期复兴，于是颛顼命令火正黎（即重黎，为夏族）反攻。反攻成功之后，火正黎就成为祝融，因此祝融系就是在这个反攻中形成的。

《国语·郑语》记载史伯说："夫成天地之大功者，其子孙未尝不章，虞、夏、商、周是也。……祝融亦能昭显天地之光明，以生柔嘉材者也。其后八姓。"⑤ 史伯将祝融

---

① （宋）李昉等：《太平御览·皇王部三》，第 365 页。
② （晋）皇甫谧撰，（清）宋翔凤、钱宝塘辑：《帝王世纪》，第 3 页。
③ （清）陈立撰，吴则虞校点：《白虎通疏证·号》，北京：中华书局，1994 年，第 49、50 页。
④ 徐元诰撰，王树民、沈长云点校：《国语集解·郑语》，第 465 页。
⑤ 徐元诰撰，王树民、沈长云点校：《国语集解·郑语》，第 466 页。

与唐虞、夏禹、商契、周弃相提并论，并谓其后裔可与唐虞、三代相比拟。唐虞、三代是中国古史中最辉煌的朝代，由此可见祝融系的重要历史地位。

《史记·楚世家》以"重黎"为一人，在帝喾时任火正，称祝融。祝融是职官的名称，重黎为祝融，重黎之弟吴回又任火正，为祝融。① 故"祝融"犹如"后稷"或"后土"，不是指一个特定的具体人物。

3. 祝融出自黄帝或炎帝

在传说中有谓祝融出自黄帝，亦有谓祝融出自炎帝。因而在马骕的《世系图》中，黄帝之后有祝融，而炎帝之后也有祝融。②

（1）祝融出自黄帝的传说

《大戴礼记》说："颛顼娶于滕氏，滕氏奔之子，谓之女禄氏，产老童。老童娶于竭水氏，竭水氏之子，谓之高緺氏，产重黎及吴回。吴回氏产陆终。陆终氏娶于鬼方氏，鬼方氏之妹，谓之女隤氏，产六子。"③《山海经》亦说："颛顼生老童（郝懿行注：老童亦为神，居騩山，已见《西次三经》），老童生祝融（郭璞注：即重黎也。高辛氏火正，号曰祝融也），祝融生太子长琴。"④ 而《史记·楚世家》有下列世系⑤：

　　颛顼—称—卷章—重黎（祝融）
　　　　　　　　吴回（祝融）—陆终

这里表明卷章的两个儿子（重黎、吴回）俱称祝融。

（2）祝融起源于炎帝的传说

或谓祝融源于炎帝。如《山海经》说："炎帝之妻、赤水之子听訞生炎居，炎居生节并，节并生戏器，戏器生祝融。祝融降处于江水，生共工。……共工生后土，后土生噎鸣。噎鸣生岁十有二，洪水滔天……帝令祝融杀鲧于羽郊。"⑥《路史》有更复杂的炎帝世系，从炎帝柱、炎帝庆甲等一直到炎帝器，然后《路史》说到"祝庸"及其子孙：

（炎帝）器生巨及伯陵、祝庸。巨为黄帝师，胙土命氏，而为封巨。夏有封父、封文侯，至周失国。……伯陵为黄帝臣，封逄，实始于齐。……祝庸为黄帝司徒，居于江水。……生条及句龙……句龙为后土，能平九州，是以社祀。生垂及

---

① 《史记·楚世家》，第1689页。
② （清）马骕：《绎史·世系图》，济南：齐鲁书社，2001年，第4、7页。
③ （清）王聘珍撰，王文锦点校：《大戴礼记解诂·帝系》，第127页。
④ （清）郝懿行撰，栾保群点校：《山海经笺疏·大荒西经》，第350页。
⑤ 《史记·楚世家》，第1689页。
⑥ （清）郝懿行撰，栾保群点校：《山海经笺疏·海内经》，第392—393页。

信，信生夸父，夸父以驭臣丹朱。……垂臣高辛，为尧共工……生噎鸣，是为伯夷，为虞心吕，且功于水，封吕。……泰岳袭吕，余列申、许。①

祝庸即祝融，此处的祝庸在《绎史》中就写成祝融。②

4. 祝融氏当起源于炎帝

在《路史》中，炎帝与神农氏是混同的，称为"炎帝神农氏"。

《路史》中有炎帝世系的记载，从炎帝柱、炎帝庆甲、炎帝临、炎帝承、炎帝魁、炎帝明、炎帝直、炎帝戏到炎帝器，然后《路史》说到"祝庸"③。

在《路史》中，很多著名的历史人物都是炎帝的后裔，如封伯陵（与祝融同为炎帝器之子）、句龙（祝融之子，为后土）、垂（句龙之子，为尧共工）、夸父（丹朱之臣）、伯夷（垂之子）、吕、申、许等，这些人物的确属于炎帝，因此其中包括祝融可能也是合理的。实际上，在夏商时代，祝融系的地位与齐国在周代的地位类似。祝融应该是炎帝之后，但周王室为姬姓，自称黄帝之后，为王，齐太公、齐桓公姜姓，自称炎帝之后，为伯。这种现象不是偶然的，是炎黄结构的一种反映。

《吕氏春秋》春季"其帝太皞，其神句芒"，夏季"其帝炎帝，其神祝融"，秋季"其帝少暤，其神蓐收"，而冬季"其帝颛顼，其神玄冥"④。似亦显示与祝融有密切关系者为炎帝而非少昊，亦非颛顼。（少暤、颛顼属于黄帝。黄帝、炎帝属于夏族，而太皞属于戎族。）实际上祝融又号赤帝，与黄帝对立，所以祝融与炎帝或者属于同一个系统，或者就是一回事。

但是进一步分析可以看到，炎帝及黄帝系统都有祝融。《史记·楚世家》说得很清楚：吴回"复居火正，为祝融"⑤，因此大概祝融系与少昊系类似，其中除炎帝后裔外，也包含黄帝后裔，所以出现了刚才所说的两属现象。

许多部族都认为其原始时代的始祖是著名的强大首领，如鲜卑族拓跋氏自称黄帝之子昌意之后，而宇文氏自称其先出自炎帝神农氏，一直到秦汉以后，刘渊的匈奴部族还认为自己出于汉高祖刘邦。因此祝融认为自己的始祖是颛顼并不奇怪。实际上他们是在颛顼时期得到了自己显赫的政治地位。

实际上祝融系与少昊系一样，除了包含炎黄两族之夏族外，还包含南方之戎族。

---

① （宋）罗泌：《路史·炎帝纪下》，第76页。
② （清）马骕：《绎史·世系图》，第4、7页。
③ （宋）罗泌：《路史·炎帝纪下》，第75、76页。
④ （汉）高诱注：《吕氏春秋》，《诸子集成》第六册，第1、34、65、94页。
⑤ 《史记·楚世家》，第1689页。

## (二) 祝融系之姓氏

祝融系是在少昊、颛顼时期形成的一个强大的夏族族系。文献中出现的"祝融八姓"与"陆终六子",就说明了祝融氏所包含的基本姓氏。

### 1. 祝融八姓

《国语·郑语》谓祝融之后八姓[1],《潜夫论》亦谓:"祝融之孙,分为八姓"[2],史伯曾叙述祝融后裔之主要姓氏与族系如下:

> 己姓(夏伯):昆吾、苏、顾、温、董(韦昭注:昆吾,卫是也);
> 董姓:鬷夷、豢龙(韦昭注:董姓,己姓之别,受氏为国者也);
> 彭姓(商伯):彭祖、豕韦、诸、稽(韦昭注:大彭、豕韦为商伯);
> 秃姓:舟人;(韦昭注:秃姓,彭祖之别。)
> 妘姓:邬、郐、路、偪阳(韦昭注:陆终第四子曰求言,为妘姓,封于郐,今新郑也。邬、路、偪阳,其后别封也);
> 曹姓:邹、莒(韦昭注:陆终第五子曰安,为曹姓,封于邹);
> 斟姓:无后(韦昭注:斟姓,曹姓之别);
> 芈姓:夔越(韦昭注:夔越,芈姓之别国。……挚自弃于夔……王命为夔子)。

《国语·郑语》说祝融八姓是己、董、彭、秃、妘、曹、斟、芈,又说:"昆吾为夏伯矣",而"己姓昆吾、苏、顾、温、董,董姓鬷夷、豢龙,则夏灭之矣"。"大彭、豕韦为商伯矣","彭姓彭祖、豕韦,诸、稽,则商灭之矣"等。[3] 可见祝融八姓之间并不是亲族。他们构成族系,但并非亲族。

### 2. 陆终六子

《世本》《大戴礼记》给出陆终之六子如下:

> 陆终娶于鬼方氏之妹,谓之女嬇,是生六子。……其一曰樊,是为昆吾;二曰惠连,是为参胡;三曰篯铿,是为彭祖;四曰求言,是为会人;其五曰安,是为曹姓;六曰季连,是为芈姓。昆吾者,卫是也;参胡者,韩是也;彭祖者,彭

---

[1] 徐元诰撰,王树民、沈长云点校:《国语集解·郑语》,第466—468页。
[2] (汉) 王符:《潜夫论·志氏姓》,《诸子集成》第八册,第173页。
[3] 徐元诰撰,王树民、沈长云点校:《国语集解·郑语》,第466、467页。

城是也；会人者，邹是也；曹姓者，邾是也；季连者，楚是也。①

或列之如下：

樊：昆吾（卫）；
惠连：参胡（韩）；
籛铿：彭祖（彭城）；
求言：会人（邹）；
安：曹姓（邾）；
季连：芈姓（楚）。

《史记·楚世家》也有同样的记载：

楚之先祖出自帝颛顼高阳。高阳者，黄帝之孙……高阳生称，称生卷章，卷章生重黎。重黎为帝喾高辛居火正，甚有功，能光融天下，帝喾命曰祝融。共工氏（当为九黎）作乱，帝喾使重黎诛之而不尽。帝乃以庚寅日诛重黎，而以其弟吴回为重黎后，复居火正，为祝融。吴回生陆终。陆终生子六人……其长一曰昆吾；二曰参胡；三曰彭祖……六曰季连，芈姓，楚其后也。昆吾氏，夏之时尝为侯伯，桀之时汤灭之。彭祖氏，殷之时尝为侯伯，殷之末世灭彭祖氏。季连生附沮，附沮生穴熊。其后中微，或在中国，或在蛮夷，弗能纪其世。②

陆终六子也是祝融系重要的族系，但是六子也不是陆终之子，六子他们有不同的时代与不同的姻亲关系。

"祝融八姓"比较明确地刻画了祝融系的范围。祝融系形成之后仍然不断地演化，后来形成了"陆终六子"，包含六个姓。"祝融八姓"与"陆终六子"实际上代表了祝融系的前后发展阶段。

因此祝融当是一个极其古老的部族，这个部族延续了很长的时间。它不断吸收其他部族的成员，因此不可能给出其简单的描述。

3. 祝融、陆终与炎黄后裔的关系

（1）祝融、陆终与炎帝后裔的关系

《世本》云："陆终娶于鬼方氏之妹，谓之女嬇，是生六子。"③ 陆终当为尧舜时

---

① （清）雷学淇：《世本·帝系》，（汉）宋衷注，（清）秦嘉谟等辑：《世本八种》，第5—7页；（清）王聘珍撰，王文锦点校：《大戴礼记解诂·帝系》，第127—129页。
② 《史记·楚世家》，第1689、1690页。
③ （清）雷学淇：《世本·帝系》，（汉）宋衷注，（清）秦嘉谟等辑：《世本八种》，第5页。

期，其后六姓：己姓昆吾，彭姓彭祖，芈姓季连等。周文王之时，季连之苗裔曰鬻熊，鬻熊子事文王。① 又妘姓会人，即郐人。《括地志》云："故郐城在郑州新郑县东北二十二里。《毛诗谱》云：'昔高辛之土，祝融之墟，历唐至周，重黎之后妘姓处其地，是为郐国，为郑武公所灭也。'"②

（2）祝融、陆终与黄帝后裔的关系

然祝融系往往自称属于黄帝，楚国就自称颛顼后裔，屈原所谓"帝高阳之苗裔兮"③，由于其分布地域原在今河南东部，楚灵王所谓"旧许"，故与少昊系的情况相仿，在祝融系中可能包含部分黄帝系统的氏族。

史伯的谈话是对祝融系姓氏的最好说明。通过这些姓氏，还可以看到祝融系的地域及其变迁。如从昆吾就可以看到，己姓是祝融系最初的姓，分布于黄河中游，而楚国芈姓当为祝融系发展最晚的姓氏，分布于长江流域中游。

因此，祝融系最初从陇山地区移殖到豫北、豫东、鲁西南、苏北。大约由于商族向南扩展，祝融系在夏代后期转移到了豫中。在商族推翻夏桀的统治之后，祝融系也受到削弱。其一部分与商朝合作，继续在河南地区生活，如彭祖氏，"殷之时尝为侯伯"；也有一部分受到沉重的打击，如昆吾氏，"桀之时汤灭之"；还有一部分离开了黄河中游，"其后中微，或在中国，或在蛮夷，弗能纪其世"④。

陆终为人名，祝融则为官员之称号，二者完全不同。居火正并不一定属于同一个氏族，故不能以祝融辨别其姓氏。若将祝融理解具体之人名（即重黎），则祝融与陆终所代表之氏族并无区别。

4. 鬼方氏

鬼方氏为炎帝系统之重要部族，而"陆终六子"均出自鬼方氏，则祝融与炎帝的关系是不能忽视的。

其实既然六子出于鬼方氏之女隤，鬼方氏的女隤当然也是炎帝后裔，因此祝融系应属于炎帝系统，祝融系可能是大隤系（即鬼方系）往东移殖的结果。

《世本》讲到陆终时说："吴回氏产陆终。陆终娶于鬼方氏之妹，谓之女嬇，是生六子。孕三年，启其左胁，三人出焉。破其右胁，三人出焉。"⑤《史记·楚世家》也有类似的记载："陆终生子六人，坼剖而产焉。"由于包含左胁、右胁之怪异成分，整个记载失去了可信性。因此宋裴骃《集解》说："先儒学士多疑此事。谯允南通才达学，精核数理者也，作《古史考》，以为作者妄记，废而不论。"不过裴骃引用干宝的话说："天将兴之，必有尤物乎？若夫前志所传，修己背坼而生禹，简狄胸剖而生契……近魏黄初

---

① 《史记·楚世家》，第1690、1691页。
② （唐）李泰等著，贺次君辑校：《括地志辑校·新郑县》，第178页。
③ （宋）洪兴祖撰，白化文等点校：《楚辞补注·离骚经》，第3页。
④ 《史记·楚世家》，第1690页。
⑤ （清）秦嘉谟：《世本·帝系》，（汉）宋衷注，（清）秦嘉谟等辑：《世本八种》，第13页。

五年，汝南屈雍妻王氏生男儿从右胳下水腹上出……数月创合，母子无恙，斯盖近事之信也。以今况古，固知注记者之不妄。……《诗》云：不坼不副，无灾无害。"① 这个辩解更加说明古书存在的缺陷，所以孟子曰："尽信书，则不如无书。"② 尽管如此，还是不能否认经典书籍中存在有真实的成分，不过需要谨慎使用。

我们认为在《世本》的上述段落中，"陆终娶于鬼方氏"应该是事实。鬼方氏亦即大隗氏，他们的核心地域在河南洛水，与祝融系的地域相邻。因此"陆终六子"都出自鬼方系，就足以说明祝融系与炎帝系统有密切的联系。

## 二、祝融系之地域变迁

《国语·郑语》说祝融八姓是己、董、彭、秃、妘、曹、斟、芈，可见得祝融八姓之间并不是亲族。他们构成族系，但并非亲族。

芈姓著名之国有楚、鄶、越。据《左传》，楚族的同姓之国很多，都是后来与他姓混合，所以史伯没有提及。

### （一）己姓：昆吾、苏、顾、温、董

《国语·郑语》史伯曰："己姓昆吾、苏、顾、温、董。"韦昭注："五国皆昆吾之后别封者。"③ 则昆吾为祝融己姓之主要后裔。

#### 1. 昆吾

昆吾自是古族，其历史可以追溯到颛顼。昆吾初在濮阳，继承了颛顼的地盘。《后汉书》云：东郡"濮阳，古昆吾国。"④《括地志》云："昆吾故城在（濮阳）县西三十里。"⑤

《读史方舆纪要》大名府开州（今濮阳）昆吾城，"州东二十五里。其地有古颛顼城，城中有古昆吾台，相传夏昆吾氏所筑。春秋时属卫"。又大名府开州濮阳废县，"今州治也。王氏曰：'旧城在今治西南三十里，为古颛顼之墟。亦曰帝丘，夏为昆吾氏所居。'《国语》曰：'昆吾为夏伯。'是也"⑥。

昆吾后迁于许。《竹书纪年》帝廑四年，"昆吾氏迁于许"⑦。《国语·郑语》韦昭

---

① 《史记·楚世家》，第1690页。
② （清）焦循：《孟子正义·尽心下》，《诸子集成》第一册，第565页。
③ 徐元诰撰，王树民、沈长云点校：《国语集解·郑语》，第467页。
④ 《后汉书·郡国三》，第3450页。
⑤ （唐）李泰等著，贺次君辑校：《括地志辑校》，第148页。
⑥ （清）顾祖禹撰，贺次君、施和金点校：《读史方舆纪要·北直七》，第737、734页。
⑦ （清）徐文靖：《竹书纪年统笺》，《二十二子》，第1059页。

注:"昆吾,卫是也。其后夏衰,昆吾为夏伯,迁于旧许,《传》曰:'楚之皇祖伯父昆吾,旧许是宅。'"①《史记·楚世家》楚灵王说:"昔我皇祖伯父昆吾,旧许是宅。"②

2. 苏

苏族是昆吾分化出来的,《竹书纪年》云:"(帝芬)三十三年,封昆吾氏子于有苏。"③ 初苏在临漳(属河南彰德府)。《新唐书·宰相世系表四上》云:"昆吾之子封于苏,其地邺西苏城是也。"④ 邺今为临漳县。

后来苏南迁济源、温县(属河南怀庆府),相距四五百里。据《左传·成公十一年》载:"苏忿生以温为(周)司寇……而赐之温。"食米于温。⑤《读史方舆纪要》怀庆府温县温城,"故城在今县西南三十里。周畿内国,武王时苏忿生以温为司寇是也"。又济源县向城,"在县西南。阚骃以为周之向国,非也。向在山东莒州界,此为苏忿生封邑。《左传·隐(公)十一年》:'桓王以苏忿生之田向与郑'"⑥。

3. 顾

初在顾(临漳),当即鼓(属河南彰德府)。《汉书·古今人表》作鼓,颜师古注:"即顾国。"《后汉书》魏郡邺,注引《魏都赋》注曰:"县西北有鼓山。"⑦ 邺,今为临漳县。疑鼓族即居于此。后来顾南迁于河南范县(属山东东昌府),相距二百多里。《读史方舆纪要》东昌府范县顾城,"县东南五十里。《诗》'韦、顾既伐',此即夏、商时顾国也。……刘昫曰:'范县有昆吾城'"⑧。《诗·商颂·长发》说:"韦、顾既伐,昆吾、夏桀。"毛传:"有韦国者,有顾国者,有昆吾国者。"郑笺:"韦,豕韦,彭姓也。顾、昆吾,皆己姓也。三国党于桀恶。"⑨

韦、顾、昆吾皆为祝融后裔,则在夏代,祝融系当为与夏结盟之部族。

(二) 董姓:鬷夷、豢龙

史伯又曰:"董姓,鬷夷、豢龙。"韦昭解:"董姓,己姓之别"。⑩ 据《路史》说,其原住地在今山西闻喜。⑪

---

① 徐元诰撰,王树民、沈长云点校:《国语集解·郑语》,第466页。
② 《史记·楚世家》,第1705页。
③ (清)徐文靖:《竹书纪年统笺》,《二十二子》,第1058页。
④ 《新唐书·宰相世系表四上》,第3147页。
⑤ 《春秋左传正义·成公十一年》,(清)阮元校刻:《十三经注疏》,第1909、1910页。"赐之温"即"食米于温"。
⑥ (清)顾祖禹撰,贺次君、施和金点校:《读史方舆纪要·河南四》,第2301、2290页。
⑦ 《汉书·古今人表》,第883页;《后汉书·郡国二》,第3431、3432页。
⑧ (清)顾祖禹撰,贺次君、施和金点校:《读史方舆纪要·山东五》,第1616页。
⑨ 《毛诗正义·商颂·长发》,(清)阮元校刻:《十三经注疏》,第627页。
⑩ 徐元诰撰,王树民、沈长云点校:《国语集解·郑语》,第467页。
⑪ (宋)罗泌:《路史·国名纪丙》,第335页。

董族无可考。《左传》所谓舜赐董父以姓，这与王子晋所谓"舜赐禹为姒姓、伯夷为吕姓"同属臆想之谈，不可信。董当为古姓。则因己姓有董氏，又以舜时才赐这姓，所以误认其出于己姓，也不可信。

《左传·昭公二十九年》载："昔有飂叔安，有裔子，曰董父……乃扰畜龙以服事帝舜。帝赐之姓曰董，氏曰豢龙。封诸鬷川，鬷夷氏其后也。"杜注："飂，古国也。"①《汉书·古今人表》作廖，春秋时尚有廖国。② 据此则豢龙氏由飂族分化出来，鬷夷氏又由豢龙氏分化出来，飂当为董姓。

1. 鬷夷（定陶）

鬷夷，《竹书纪年》称为"三朡（即三鬷）"③。《后汉书》济阴郡定陶有三鬷亭，注："汤伐三鬷，孔安国曰：今定陶。"④《水经注》亦说："济水又东北，径定陶县故城南，侧城东注也。县故三鬷国也。汤追桀，伐三鬷，即此。""会贞按：'《尚书·大传》，夏师败绩，汤从之，遂伐三鬷。孔安国《传》，即今定陶。'"⑤ 这姓当分布于定陶一带。

2. 豢龙（滑县）

豢龙氏由飂族分化出来，鬷夷氏又由豢龙氏分化出来，飂当为董姓。《左传》所谓舜赐董父以姓，这与王子晋所谓"舜赐禹为姒姓、伯夷为吕姓"同属臆想之谈，不可信。

3. 董姓

所以董姓的地域在己姓地域之东，二者是连成一片的。这姓可考的只此为止。

（三）彭姓：彭祖、豕韦、诸稽

《郑语》史伯对郑桓公说："大彭、豕韦为商伯矣。"史伯又说："彭姓，彭祖、豕韦、诸、稽，则商灭之矣。"韦昭注："彭祖，大彭也。豕韦、诸、稽，其后别封也。"⑥ 那么彭祖氏与豕韦氏为祝融系在商代的强大部族，均在商代灭亡。

1. 彭祖

尧时有"彭祖"。舜得举用事二十年，而尧使摄政。摄政八年而尧崩。三年丧毕，

---

① 《春秋左传正义·昭公二十九年》，（清）阮元校刻：《十三经注疏》，第2123页。
② 《汉书·古今人表》，第874页。
③ （清）徐文靖：《竹书纪年统笺》，《二十二子》，第1061页。
④ 《后汉书·郡国三》，第3456，3457页。
⑤ （后魏）郦道元注，（清）杨守敬、熊会贞疏，段熙仲点校：《水经注疏·济水一》，第694页。
⑥ 徐元诰撰，王树民、沈长云点校：《国语集解·郑语》，第467页。

让丹朱，天下归舜。而禹、皋陶、契、后稷、夔、龙、倕、益、彭祖自尧时而皆举用，未有分职。①

（1）彭（彭城）

最初彭祖当古代彭城县，今为徐州。《春秋·成公十八年》云："宋鱼石复入于彭城。"杜预注："彭城，宋邑，今彭城县。"② 前人都以为彭即在彭城，如《汉书·地理志》"楚国"班固自注："属徐州。"又"彭城县"班固自注："古彭祖国。""傅阳"班固自注："故偪阳国"。③

《世本》曰，陆终之子，"第三子曰籛……封于大彭，谓之彭祖，彭城是也"④。"彭祖姓籛名铿……年八百岁。"⑤ 彭祖即大彭，但并非《论语》之老彭。《水经注》云："（彭）城即殷大夫彭祖之国也。"杨守敬注："明抄本作老彭，黄本作彭祖。彭祖是三代上人，老彭是殿人。《汉书·人表》列彭祖第二，老彭第三，明为二人，而高诱《吕览·注》云，彭祖，殷贤臣，《论语》所谓老彭。则合为一人。郦氏……盖亦以老彭、彭祖为一人也。"⑥ 故杨守敬认为彭城可能为老彭之城，并非彭祖之城，其实彭城可能是彭祖后来移殖地，其原住地当不在此。

（2）彭（冀南）

后来彭可能在河北南部之彭水。《山海经·北山经》云："敦与之山……泜水出于其阴，而东流注于彭水。"⑦《汉书·地理志》常山郡石邑，班固自注："井陉山在西，洨水所出，东南至廮陶入泜。"⑧ 则彭水当在廮陶县东。

（3）彭（豫北）

春秋时卫国有彭水。《左传·昭公二十年》云："丙辰，卫侯在平寿……公如死鸟……遂伐齐氏，灭之。丁巳，晦，公入，与北宫喜盟于彭水之上。"⑨ 故彭水在卫。又《诗·清人》"清人在彭"，毛传郑笺："清，邑也。彭，卫之河上，郑之郊也。"孔颖达疏："清是郑邑。……郊谓二国郊境，非近郊、远郊也。"⑩ 故彭地在郑、卫边境，以今地求之，彭当在延津县一带，即在今豫北近黄河地带。

（4）彭（鲁阳）

在河南西南部还有一条彭水。《水经注》云："滍水……又东南径鲁山南。……滍水东径应城南，故应乡也，应侯之国。……彭水注之，俗谓之小滍水。水出鲁阳县南……

---

① 《史记·五帝本纪》，第 38 页。
② 《春秋左传正义·成公十八年》，（清）阮元校刻：《十三经注疏》，第 1922 页。
③ 《汉书·地理志下》，第 1638 页。
④ （清）秦嘉谟：《世本·帝系》，（汉）宋衷注，（清）秦嘉谟等辑：《世本八种》，第 15 页。
⑤ （清）秦嘉谟：《世本·氏姓》，（汉）宋衷注，（清）秦嘉谟等辑：《世本八种》，第 293 页。
⑥ （后魏）郦道元注，（清）杨守敬、熊会贞疏，段熙仲点校：《水经注疏·获水》，第 1988 页。
⑦ （清）郝懿行撰，栾保群点校：《山海经笺疏·北山经》，第 119—120 页。
⑧ 《汉书·地理志上》，第 1575、1576 页。
⑨ 《春秋左传正义·昭公二十年》，（清）阮元校刻：《十三经注疏》，第 2091 页。
⑩ 《毛诗正义·郑风·清人》，（清）阮元校刻：《十三经注疏》，第 338 页。

北流径彭山西，（山）下有彭山庙。"①

2. 豕韦

（1）豕韦（滑县）

最初，据《后汉书》记，东郡"白马有韦乡"，注引杜预曰："县东南有韦城，古豕韦氏之国。"②《水经注》亦说："濮渠（水）又东径韦城南。……《史迁记》曰，夏伯豕韦之故国矣。"③以今地求之，当在滑县。

故韦在濮阳之西，顾（临漳）在濮阳之北，商人占领韦、顾之后，就可以占领昆吾（濮阳），即《诗》所谓"韦、顾既伐，昆吾、夏桀"，郑笺："韦，豕韦，彭姓也。"④

（2）豕韦（南迁）

在昆吾南迁时，豕韦大概也南迁了。《竹书纪年》说："（帝孔甲元年）废豕韦氏使刘累豢龙。""（帝孔甲）七年，刘累迁于鲁阳。""（帝昊元年）使豕韦氏复国。"⑤《史记·夏本纪》说："陶唐既衰，其后有刘累……孔甲赐之姓曰御龙氏，受豕韦之后。"《集解》云："贾逵曰'刘累之后至商不绝，以代豕韦之后。祝融之后封于豕韦，殷武丁灭之，以刘累之后代之。'"索隐云："按：《系本》豕韦，防姓。"⑥豕韦灭于商，且以刘累之后代豕韦之后，则豕韦当与刘累相当。但《系本》谓豕韦为防姓，与《诗》所谓彭姓不符。

（3）诸稽

彭姓的分布似乎南起延津，北迄河北南部之彭水附近，而大彭、豕韦、诸稽都在其中间。大彭后迁于彭城，诸稽后迁于越。诸稽郢行成于吴，其人即其后裔。

据《路史·国名纪丙》，诸在山东诸城，而稽则在今安徽亳州。则把诸、稽分为两地⑦，未必可靠。

（四）秃姓：舟人

史伯又曰："秃姓，舟人。"韦昭注："舟人，国名。"元诰按："《吕氏春秋》云：'舟人、送龙、突人之乡多无君。'其地无考。"⑧由彭姓派生出来的秃姓舟人，《路史》云："楚地，昔常寿过克息舟城而居之者。"⑨

---

① （后魏）郦道元注，（清）杨守敬、熊会贞疏，段熙仲点校：《水经注疏·滍水》，第2587页。
② 《后汉书·郡国三》，第3450、3451页。
③ （后魏）郦道元注，（清）杨守敬、熊会贞疏，段熙仲点校：《水经注疏·济水二》，第714页。
④ 《毛诗正义·长发》，（清）阮元校刻：《十三经注疏》，第627页。
⑤ （清）徐文靖：《竹书纪年统笺》，《二十二子》，第1059页。
⑥ 《史记·夏本纪》，第86、88页。
⑦ （宋）罗泌：《路史·国名纪丙》，第336页。
⑧ 徐元诰撰，王树民、沈长云点校：《国语集解·郑语》，第467、468页。
⑨ （宋）罗泌：《路史·国名纪丙》，第336页。

## （五）妘姓：邬、郐、路、偪阳

史伯又曰："妘姓：邬、郐、路、偪阳。"① 《潜夫论》云："妘姓之后，封于鄢、会、路、偪阳。"② 妘姓还有鄅，《左传·昭公十八年》云："邾人袭鄅。"杜注："鄅，妘姓国也。"③

### 1. 邬

邬，据《潜夫论》及古本《毛诗》，邬都作"鄢"。当以鄢为正，鄢当在鄢陵。
据《路史·国名纪丙》，"二邬，一在晋，一郑地"④。当以郑地为是，亦可能原在晋，后南迁郑。

### 2. 郐

郐，《史记·郑世家》集解认为在密县（今新密市），《正义》引《括地志》认为在新郑东北。⑤ 而《郑诗谱》亦谓在今新密市，孔颖达疏引《左传·僖公三十三年》说，文夫人葬公子瑕于郐城之下，以为郐城别有所在。杜注："在荥阳密县东北。"⑥ 似乎郐国跨有密县、新郑之境。

### 3. 路

路，地点不明。路也可能即潞，则在今山西长治，与上述各国距离较远，则可能是妘姓原住地。

### 4. 偪阳

偪阳，当即傅阳也。《路史》云："妘姓子，晋灭之。楚为傅阳。今沂之承有故偪阳城。"⑦ 《春秋·襄公十年》云："遂灭偪阳。"杜注："偪阳，妘姓国，今彭城傅阳县也。"⑧ 《读史方舆纪要》兖州府峄县偪阳城："县南五十里。春秋时小国。"⑨ 在今山东枣庄南。

---

① 徐元诰撰，王树民、沈长云点校：《国语集解·郑语》，第 468 页。
② （汉）王符：《潜夫论·志氏姓》，《诸子集成》第八册，第 174 页。
③ 《春秋左传正义·昭公十八年》，（清）阮元校刻：《十三经注疏》，第 2086 页。
④ （宋）罗泌：《路史·国名纪丙》，第 337 页。
⑤ 《史记·郑世家》，第 1758 页。
⑥ 《毛诗正义·郑风·郑谱》，（清）阮元校刻：《十三经注疏》，第 336 页；《春秋左传正义·僖公三十三年》，（清）阮元校刻：《十三经注疏》，第 1834 页。
⑦ （宋）罗泌：《路史·国名纪丙》，第 337 页。
⑧ 《春秋左传正义·襄公十年》，（清）阮元校刻：《十三经注疏》，第 1946 页。
⑨ （清）顾祖禹撰，贺次君、施和金点校：《读史方舆纪要·山东三》，第 1531 页。

## （六）曹姓：邹、莒

史伯又曰："曹姓邹、莒。"① 《汉书·地理志》济阴郡定陶注："故曹国。"② 这是春秋时的曹国，固为古曹姓之地。但曹姓地不止此，其分布当即在濮阳南，迤至城武、单县一带。

### 1. 邹（邾娄、漕、曹）

史伯所说之邹本为小邾，也即邾娄。《公羊传》云："邾娄即邹。"顾炎武以为邾娄正切邹字。③

邾娄的原住地，似乎即《诗·泉水》"思须与漕"之漕。④漕古音读为邹，当即邾娄。盖漕、邾娄、邹一音之转也，即一名之演变。《诗·墉风·定之方中》"升彼虚矣"，毛传："虚，漕虚也。"当即邾南迁后所遗之墟。《诗序》："卫为狄所灭……野处漕邑。"⑤

《左传·闵公二年》云："卫之遗民……以庐于曹。"杜注："庐，舍也。"《管子·小匡篇》"狄人攻卫，卫人出旅于曹。"注："旅，客也。客，居曹也。"皆作曹。⑥《水经注》云："《卫诗》云，'思须与漕也。'（会贞按：《邶风·泉水》篇文，卫之漕邑）……《毛传》云：须，卫邑矣。郑笺云：自卫而东，径邑，故思。"引作曹，言至于漕。⑦ 则漕与曹又是古今字。这族当是曹姓最古的氏族，仍沿用姓为氏名，犹彭姓之大彭同为一例。漕当在今之濮阳境。

### 2. 莒（吕）

至于莒，疑即吕。古莒、吕两字通用。段玉裁《说文》莒字注，以为国名之莒是假借字，其本字当为吕。⑧《汉书·地理志》彭城郡（即楚国）有吕县。⑨ 以《汉书·高帝纪》"单父人吕公"⑩一语推之，则吕族当在单父，即汉时之吕县。又济阴郡有吕都，或许为古吕族中心地域之所在。单父今为单县，吕都今为城武县。疑莒族即跨城武、单县之境。

莒的问题。己姓分布于濮阳、临漳一带。所以己姓大致在河南北部，但西达山西境

---

① 徐元诰撰，王树民、沈长云点校：《国语集解·郑语》，第 468 页。
② 《汉书·地理志上》，第 1571 页。
③ （清）顾炎武：《音学五书》，第 316 页。
④ 《毛诗正义·邶风·泉水》，（清）阮元校刻：《十三经注疏》，第 309 页。
⑤ 《毛诗正义·墉风·定之方中》，（清）阮元校刻：《十三经注疏》，第 316 页；《毛诗正义·墉风·定之方中序》，（清）阮元校刻：《十三经注疏》，第 315 页。
⑥ 《春秋左传正义·闵公二年》，（清）阮元校刻：《十三经注疏》，第 1788 页；（清）戴望：《管子校正·小匡》，《诸子集成》第五册，第 127 页。
⑦ （后魏）郦道元注，（清）杨守敬、熊会贞疏，段熙仲点校：《水经注疏·济水二》，第 717 页。
⑧ （汉）许慎撰，（清）段玉裁注：《说文解字注·艸部》，第 24 页。
⑨ 《汉书·地理志下》，第 1638 页。
⑩ 《汉书·高帝纪》，第 3 页。

内，东达山东境内，地域相当大。在夏代以前，祝融系势力很大，夏朝以后南迁。但韦昭注说："五国皆昆吾之后别封者，莒其后。"① 这是误以己（即纪）姓与玄嚣系之己姓为一，又误玄嚣系嬴姓之莒与祝融系曹姓之莒为一。这是要纠正的。

## 三、夏商周时期祝融系之兴衰

根据文献的记载，我们可以将炎帝祝融系的历史分为下列三个阶段：早期，即五帝时期；中期，即夏商时期；晚期，即商周时期。

五帝时代所谓之祝融是指颛顼、帝喾时期之"火正"称号。《国语·郑语》史伯对郑桓公说："臣闻之，天之所启，十世不替。夫其子孙必光启土，不可逼也。且重、黎之后也。夫黎为高辛氏火正……故命之曰祝融，其功大矣。"②《史记·楚世家》说："重黎为帝喾高辛居火正，甚有功，能光融天下，帝喾命曰祝融。共工氏作乱，帝喾使重黎诛之而不尽，帝乃以庚寅日诛重黎，而以其弟吴回为重黎后，复居火正，为祝融。"③ 则重黎、吴回为帝喾时居火正，故称为祝融。

（一）夏商周时期之祝融系

1. 祝融系在夏商周时期之兴衰

到了夏、商、周三代，出现了三王五伯的政治体制。所谓三王是指夏王、商王、周王，而五伯则是五个大权在握的诸侯，《吕氏春秋》云："三王先教而后杀，故事莫功焉；五伯先事而后兵，故兵莫强焉。"高诱注："五伯：昆吾、大彭、豕韦、齐桓、晋文。"④ 这里所谓的五伯包括昆吾、大彭、豕韦，都属于祝融系，史伯说："昆吾为夏伯矣，大彭、豕韦为商伯矣。"⑤ 因此五伯中的前三伯是指夏商两朝三个势力强大的诸侯。

这里的五伯，后两伯是齐桓公、晋文公，他们是周朝的两个霸主，也为当时诸侯之盟主。在夏朝，当时昆吾氏地位最高，《风俗通义》云："夏后太康，娱于耽乐，不循民事，诸侯僭差；于是昆吾氏乃为盟主，诛不从命，以尊王室。"⑥ 当夏后太康失去权威的时候，昆吾氏替他提振权威。

但昆吾氏没有力量扭转太康没落的形势，当时另一个诸侯拯救了太康，那就是有穷氏夷羿。《竹书纪年》记载了当时的形势：⑦

---

① 徐元诰撰，王树民、沈长云点校：《国语集解·郑语》，第467页。
② 徐元诰撰，王树民、沈长云点校：《国语集解·郑语》，第465页。
③ 《史记·楚世家》，第1689页。
④ （汉）高诱注：《吕氏春秋·季春纪·先己》，《诸子集成》第六册，第28页。
⑤ 徐元诰：《国语集解·郑语》，第466页。
⑥ 王利器：《风俗通义校注》，北京：中华书局，2010年，第19页。
⑦ （清）徐文靖：《竹书纪年统笺》，《二十二子》，第1056页。

（帝太康）元年癸未，帝即位居斟鄩。畋于洛表。羿入居斟鄩。四年，陟。

（帝仲康）元年己丑，帝即位居斟鄩。五年，命胤侯帅师征羲和。六年，锡昆吾命作伯。七年，陟。世子相出居商丘，依邳侯。

（帝相）元年戊戌，帝即位居商，征淮夷。三年征风及黄夷，七年于夷来宾，八年寒浞杀羿。

2. 祝融氏在夏朝

（1）昆吾氏

《竹书纪年》云："（仲康）六年，锡昆吾命作伯。"又说："（帝芬）三十三年封昆吾氏子于有苏。"《竹书纪年》云："（帝廑四年）昆吾氏迁于许。"沈约附注："夏衰为伯，迁于旧许。"① 《竹书纪年》云："（帝癸二十八年）昆吾氏伐商。商会诸侯于景亳，遂征韦。商师取韦。遂征顾。""（帝癸二十九年）商师取顾。"②

《竹书纪年》云："（帝癸三十年）商师征昆吾。……（帝癸三十一年）商自陑征夏邑（徐文靖笺：陑在河曲之南），克昆吾。大雷雨战于鸣条（徐文靖笺：《括地志》高涯原在蒲州安邑县北三十里南阪口，即古鸣条陌也），夏师败绩，桀出奔三朡（徐文靖笺：《郡国志》济阴定陶县有三朡亭）。"③

当商族崛起之后，昆吾随夏朝一起灭亡。史伯认为祝融的后裔必定会成为周伯，他猜想祝融系芈姓之人会成为周伯。

因此商族灭夏的过程中，祝融氏的主力也被消灭了，最后只留下芈姓。

（2）大彭

《竹书纪年》云："（帝启）十五年，武观以西河叛。彭伯寿帅师征西河，武观来归。"④

（3）豕韦

《竹书纪年》曰："（帝孔甲元年）废豕韦氏使刘累豢龙。"又云："（帝昊元年）使豕韦氏复国。"沈约附注："夏衰，昆吾、豕韦相继为伯。"徐文靖统笺："《郡国志》：'东郡白马县有韦城，古豕韦氏之国，盖彭姓之豕韦也。'"⑤

到了夏朝晚期，昆吾亦自濮阳南迁于开封以南，作最后的挣扎。根据《竹书纪年》，商灭夏的最后一战，从头到尾持续了大约五年。实际上主要就是商与祝融系之间的战斗。

战争从桀（帝癸）二十六年开始，商发动进攻，这一年"商灭温"，温在豫北，是昆吾领地，温属于祝融系。二十八年"昆吾氏伐商"。对于这条记载，有人认为这个昆

---

① （清）徐文靖：《竹书纪年统笺》，《二十二子》，第 1056、1058、1059 页。
② （清）徐文靖：《竹书纪年统笺》，《二十二子》，第 1061 页。
③ （清）徐文靖：《竹书纪年统笺》，《二十二子》，第 1061 页。
④ （清）徐文靖：《竹书纪年统笺》，《二十二子》，第 1056 页。
⑤ （清）徐文靖：《竹书纪年统笺》，《二十二子》，第 1059 页。

吾是指位于东郡濮阳的昆吾，有人则认为是位于河东安邑的昆吾。徐文靖说："疑此伐商者，乃妘姓之昆吾，与桀同姓，故因为桀而伐商，非必定是濮阳之昆吾也。"① 但联系"商灭温"的事件来看，昆吾必定与温一样属于祝融系。

商随即发动对祝融系的进攻，"韦顾既伐，昆吾夏桀"。最后"大雷雨，战于鸣条，夏师败绩，桀出奔三朡。"史伯说："董姓：鬷夷、豢龙"，韦昭注："董姓，己姓之别受氏为国者也。……帝舜赐姓董，氏曰豢龙，封之鬷川。当夏之兴，别封鬷夷。"② 朡当即鬷，则三朡可能是祝融系之地域。

故在夏末，祝融系是夏朝的主要支柱。当商族打败昆吾氏之后，夏朝就灭亡了，昆吾氏也销声匿迹了。

### 3. 祝融氏在商朝

（1）商朝中期彭伯、韦伯为伯

彭姓之彭祖当在今延津县一带，豕韦在今河南滑县，都在豫北。《左传·昭公元年》载："虞有三苗，夏有观扈，商有姺邳，周有徐奄。"关于姺邳，杜预注："二国，商诸侯。邳，今下邳县。"③

《竹书纪年》说："（外壬元年）邳人、姺人叛。"徐文靖笺："《括地志》'古佚城在陈留县东五里。'"又说："（河亶甲三年）彭伯克邳。""（河亶甲五年）佚人入于班方，彭伯、韦伯伐班方。佚人来宾。""（祖乙元年）命彭伯、韦伯。"徐文靖笺："今据《竹书》……则是同时为二伯，如周召之分陕也。"④

（2）商朝晚期消灭鬼方

《竹书纪年》说："（武丁）三十二年，伐鬼方次于荆。"徐文靖笺："今按彝器款式所载，曾侯钟铭曰：惟王五十有六祀，徙自西阳，楚王韵章。……商自大戊外，惟高宗享国五十九年。此钟铭称五十六祀者，应自高宗伐鬼方之后，而荆楚也远徙西阳也。"又说："（武丁）三十四年，王师克鬼方。"⑤

在武丁时期，何处为荆，何处为鬼方？《诗·大雅·荡》说："内奰于中国，覃及鬼方。"毛传："奰，怒也。不醉而怒曰奰。鬼方，远方也。"孔颖达疏："中国是九州，覃及是及远，故知鬼方远方也，未知何方也。"⑥《易》说："高宗伐鬼方，三年克之。"干宝注："鬼方，北方国也。"⑦《汉书·五行志》云："（武丁）外伐鬼方，以安诸夏。"⑧

---
① （清）徐文靖：《竹书纪年统笺》，《二十二子》，第1061页。
② 徐元诰撰，王树民、沈长云点校：《国语集解·郑语》，第467页。
③ 《春秋左传正义·昭公元年》，（清）阮元校刻：《十三经注疏》，第2021页。
④ （清）徐文靖：《竹书纪年统笺》，《二十二子》，第1064页。
⑤ （清）徐文靖：《竹书纪年统笺》，《二十二子》，第1066页。
⑥ 《毛诗正义·大雅·荡》，（清）阮元校刻：《十三经注疏》，第553页。
⑦ （清）李道平：《周易集解纂疏·既济》，第530页。
⑧ 《汉书·五行志》，第1411页。

《后汉书·西羌传》云："武丁征西戎、鬼方，三年乃克。"①

《诗·商颂·殷武》说："维女荆楚，居国南乡。昔有成汤，自彼氐羌，莫敢不来享，莫敢不来王，曰商是常。"②

（3）商朝晚期消灭彭伯、韦伯

《竹书纪年》说："（武丁）四十三年，王师灭大彭。""（武丁）五十年，征豕韦，克之。"徐文靖笺："计祖乙元年命彭伯、韦伯，至此历一百四十八年。先后八年间而相继澌灭。韦昭谓后世失道，商复兴而灭之。"③《史记·楚世家》云："彭祖氏，殷之时尝为侯伯，殷之末世灭彭祖氏。"④彭祖之地域亦当从冀南迁徙到河南。

自此以后，商朝消灭了祝融系的势力。

4. 祝融系在周朝

（1）祝融系在周朝之衰落

《竹书纪年》云："（帝辛）三十四年，周师取耆及邘。遂伐崇。"徐文靖笺："《周本纪》谓西伯败耆国，《正义》曰'即黎国也'。……又按《地理志》，河内埜王县，孟康曰：'故邘国，今邘亭是也。'（帝辛）四十四年，西伯发伐黎。"⑤《尚书·西伯戡黎》曰："西伯既戡黎。"孔氏传："近王畿之诸侯，在上党东北。"⑥

在夏、商两朝，祝融系作为一个族群，还是很强大的，但是到了周朝，八姓中原先比较兴旺发达、枝叶繁多的己、董、彭、秃四个姓，都已衰敝不振，史伯说："己姓昆吾、苏、顾、温、董，董姓鬷夷、豢龙，则夏灭之矣。彭姓彭祖、豕韦、诸、稽，则商灭之矣。秃姓舟人，则周灭之矣。"至于妘、曹、斟三姓："妘姓邬、郐、路、偪阳，曹姓邹、莒，皆为采卫，或在王室，或在夷狄，莫之数也，而又无令闻，必不兴矣。斟姓无后。"都没有什么指望了。因此整个祝融集团只有一个希望，就是芈姓："融之兴者，其在芈姓乎！"⑦

（2）祝融八姓的演变

祝融八姓当生活于尧舜时期到周代，其地域本在豫北至鲁西南，后来稍有南迁，具体情况如下：其一，己姓（昆吾、苏、顾、温、董），昆吾原在濮阳，后来南迁于许，即今河南许昌。苏族是从昆吾分化出来的，其地在今为临漳县，后迁至河南济源、温县。其二，董姓（鬷夷、豢龙），鬷夷在今山东定陶，而豢龙在河南滑县。其三，彭姓（彭祖、豕韦、诸、稽），彭当在延津县一带，豕韦在今河南滑县。其四，妘姓（邬、郐、

---

① 《后汉书·西羌传》，第2870页。
② 《毛诗正义·商颂·殷武》，（清）阮元校刻：《十三经注疏》，第627页。
③ （清）徐文靖：《竹书纪年统笺》，《二十二子》，第1066页。
④ 《史记·楚世家》，第1690页。
⑤ （清）徐文靖：《竹书纪年统笺》，《二十二子》，第1070页。
⑥ 《尚书正义·西伯戡黎》，（清）阮元校刻：《十三经注疏》，第177页。
⑦ 徐元诰撰，王树民、沈长云点校：《国语集解·郑语》，第467、468页。

路、偪阳），郐当作"鄢"，当在鄢陵。据《路史·国名纪丙》云："二郐，一在晋，一郑地。"① 当以郑地为是，亦可能原在晋，后南迁郑。郐国跨今新密、新郑之境。偪阳，妘姓国，今彭城傅阳县也，离洛阳当不远。其五，秃姓（舟人），居楚地。其六，曹姓（邹、莒），曹姓分布似乎即在濮阳南，迤至城武、单县一带。其七，斟姓（斟寻、斟灌），斟姓当分布于巩义至原武一带，与妘姓相接。其八，芈姓，融之兴者，其在芈姓乎！

所以祝融后裔"或在王室，或在夷狄，莫之数也"②，他们散布在从河南中部到山东南部的地域中。可以推测祝融系的中心在夏代还处于河南北部偏西，到商代已经被排挤到今河南北部与山东西部交界一带，到了周代又被排挤到山东东南部，后来祝融系的中心迁到河南中部。所以楚灵王说："昔我皇祖伯父昆吾，旧许是宅。"③ 应该指的就是最后这个地区，祝融系往后的历史就是楚族的历史了。

值得再考察一下史伯的谈话，他分析祝融的八姓子孙，说其中七个或者已经被夏、商、周消灭，或者衰弱得默默无闻了，只剩下一个荆。接下去是一句预言，他说："姜、嬴、荆芈，实与诸姬代相干也……周衰其将至矣。"④ 黄帝为姬姓，所谓"诸姬"就是指黄帝的子孙，即虞、夏、商、周。史伯认为齐姜、秦嬴、荆芈现在要代换他们了，可见得他认为姜、嬴、芈既不属于"诸姬"，又不属于黄帝。在夏族中，除了黄帝之外，应该就属于炎帝，姜当然属于炎帝，嬴、芈应该也是。所以作为荆芈之先的祝融，应该属于炎帝。

史伯曰：芈姓夔越、蛮芈、荆芈，韦昭注："夔越，芈姓之别国。楚熊绎六世孙曰熊挚，有恶疾……自弃于夔。"又韦昭曰："蛮芈，谓叔熊在濮从蛮俗。"⑤ 其所谓越，当指越章。《史记·楚世家》熊渠立其少子执疵为越章王，这是史伯依春秋时楚之族属为说。⑥

但芈姓实有其古族，最大为楚，即史伯之所谓荆。

## （二）祝融氏之晚期历史

### 1. 姓氏与宗社的演变

《左传·哀公七年》云："禹合诸侯于涂山，执玉帛者万国。"杜预注："诸侯执玉。附庸执帛。"⑦《帝王世纪》云："及禹平水土……民口千三百五十五万三千九百二十三人。至于涂山之会诸侯……执玉帛亦有万国。……四海之内，则东西二万八千里，南北

---

① （宋）罗泌：《路史·国名纪丙》，第337页。
② 徐元诰撰，王树民、沈长云点校：《国语集解·郑语》，第468页。
③ 《史记·楚世家》，第1705页。
④ 徐元诰撰，王树民、沈长云点校：《国语集解·郑语》，第468、469页。
⑤ 徐元诰撰，王树民、沈长云点校：《国语集解·郑语》，第468页。
⑥ 《史记·楚世家》，第1692页。
⑦ 《春秋左传正义·哀公七年》，（清）阮元校刻：《十三经注疏》，第2163页。

二万六千里。……逮汤受命，其能存者三千余国。……至周克商，制五等之封，凡千七百七十三国。又减汤时千三百矣。……其后诸侯相并，当春秋时尚有千二百国。……至于战国，存者十余。……元始二年，郡国百三，县邑千四百八十七。地东西九千三百二里，南北万三千三百六十八里。……口五千九百一十九万四千九百七十八人。"①

因此，夏禹之时，诸侯10 000国，人口1350万人（共一万国，每国平均1350人）。商汤之时，诸侯3000国（每国平均超过4500人）；周平王时，诸侯1200国（每国平均超过一万人）。战国时期，诸侯10余国（共十多国，每国平均超过一百万人）。

在夏禹之时，每个国家顶多只有几千人，可能只有几百人，因此姓的作用是主要的。这种组织以姓为基础，因之可以称之为氏或系，实即族群。

到夏商时期，每个国家平均四五千人，顶多几万人。姓还有显著的作用。

到春秋战国，每个国家平均可能达到十万人，多的几十万人，那么姓就没有太大的作用了。因此氏、系或族群，就没有多大意义了，起作用的是地域，也就是社而不是宗。

### 2. 祝融系之消失

己姓昆吾，在夏代，昆吾还有显著的地位，《史记·楚世家》云："夏之时尝为侯伯，桀之时汤灭之"。彭姓彭祖，"殷之时尝为侯伯，殷之末世灭彭祖氏"。芈姓季连，"季连生附沮，附沮生穴熊。其后中微，或在中国，或在蛮夷，弗能纪其世"②。"周文王之时，季连之苗裔曰鬻熊。鬻熊子事文王。"③

因此，祝融系实际上在社会中消失了。

### 3. 迁许

（夏）帝廑元年，迁都西河。帝廑四年，"昆吾氏迁于许"，徐文靖笺："《左传》：'许，太岳之（胤）也。'杜注：'许，神农之后尧四岳也。'……《地理志》：'颍川许县，故许国。'后迁叶，又迁夷，又迁析，即白羽，又迁容城。故以颍川之许为旧许。今开封府许州，即昆吾所迁地也。"④ 许昌在汝水中游。

昆吾之所以南迁，可能是迫于商族的压力。从少康迁原之后，历帝杼、帝芬、帝芒、帝泄、帝不降、帝扃，一直以夏邑为都，长达二百多年，突然帝廑改以西河为都。27年之后就是帝癸（桀）迁都于斟鄩。

## （三）西周

《世本》云："陆终娶于鬼方氏之妹，谓之女嬇，是生六子。"⑤ 陆终当处于颛顼一

---

① 徐宗元：《帝王世纪辑存》，第118—120页。
② 《史记·楚世家》，第1690页。
③ 《史记·楚世家》，第1691页。
④ （清）徐文靖：《竹书纪年统笺》，《二十二子》，第1059页。
⑤ （清）雷学淇：《世本·帝系》，（汉）宋衷注，（清）秦嘉谟等辑：《世本八种》，第5页。

帝喾时期，陆终六子为昆吾、参胡、彭祖、会人、曹姓、季连，其后六姓：又妘姓会人，即邹人。《括地志》云："故邹城在郑州新郑县东北三十二里。《毛诗谱》云：'昔高辛之土，祝融之墟，历唐至周，重黎之后妘姓处其地，是为邹国，为郑武公所灭也。'"①

其实八姓、六子并非平行的族系，他们生活于不同的时代，其中昆吾氏，彭祖氏、季连氏分别与夏、商、周相对应。因此昆吾氏是夏代，祝融的力量很强大；彭祖氏是商代，祝融的力量还比较强大，而季连氏就是周代了，祝融已经衰亡。

大约由于商族向南扩展，祝融系在夏代后期转移到了豫中。在商族推翻夏桀的统治之后，祝融系也受到削弱。其中一部分与商朝合作，继续在河南地区生活，如彭祖氏，"殷之时尝为侯伯"；也有一部分受到沉重的打击，如昆吾氏，"桀之时汤灭之"②；还有一部分离开了黄河中游。

## 四、蚩尤与九黎

### （一）蚩尤为戎族首领

夏族向黄河下游迁徙的时候，与戎族发生了重大的矛盾、冲突。在长期的接触与交流中，戎族最后融入了夏族。这种融合过程是夏族发展史的主要内容，但是关于夏、戎两族间的交流与融合的情况，以往没有太多研究。

对于黄河下游的部族融合过程，史书实际上有大量的记载，也有许多讨论，但是对于戎族的命运没有说明。下面本书详细论述这个问题。

1. 蚩尤

戎族本是黄河中下游及淮河中下游的原始居民，他们是伏羲氏与神农氏的后裔（见张肇麟《夏商周起源考证》[09]）。蚩尤是黄河中下游戎族的代表，也是神农氏的代表，《史记·五帝本纪》说："蚩尤作乱，不用帝命。于是黄帝乃征师诸侯，与蚩尤战于涿鹿之野，遂禽杀蚩尤。而诸侯咸尊轩辕为天子，代神农氏，是为黄帝。"③打败蚩尤就是黄帝成为天子的最后一战，因此蚩尤是妨碍黄帝取得黄河中下游统治权的最后一个重要部族。

《史记·五帝本纪》谓黄帝"与蚩尤战于涿鹿之野，遂禽杀蚩尤"，集解说："传言黄帝与蚩尤战于涿鹿之野，黄帝杀之，身体异处，故别葬之。"索隐说："皇甫谧云'黄帝使应龙杀蚩尤于凶黎之谷'。或曰，黄帝斩蚩尤于中冀，因名其地曰'绝辔之野'。"④

---

① （唐）李泰等著，贺次君辑校：《括地志辑校·新郑县》，第178页。
② 《史记·楚世家》，第1690页。
③ 《史记·五帝本纪》，第3页。
④ 《史记·五帝本纪》，第3、5页。

所谓"凶黎之谷"和"绝辔之野"当即《帝王世纪》的"凶黎之丘"[1]，亦即"中冀"（"凶黎之丘"则是蚩尤的葬身之地）。但《战国策》记载苏秦说："黄帝伐涿鹿而禽蚩尤"[2]，并没有说杀死蚩尤。其实古文中"杀""诛""殛"等，都不一定是处死的意思，如孔安国传："殛、窜、放、流，皆诛也。异其文，述作之体。"[3] 因此"凶黎之谷"可能只是蚩尤命运的转折点。

2. 蚩尤之葬地

对蚩尤的葬地，史书没有清楚的记载。《史记》集解引《皇览》说："蚩尤冢在东平郡寿张县阚乡城中，高七丈，民常十月祀之，有赤气出，如匹绛帛，民名为蚩尤旗。"[4] 即在今山东之东平一带，这是蚩尤居于济西之证。

《读史方舆纪要》兖州府东平州汶上县，"阚亭，在县西南南旺湖中……《史记·封禅书》：'齐八祀，三曰兵主，祠蚩尤。'《正义》'蚩尤在东平陆监乡，监即阚'云"[5]。《汉书·地理志》东郡寿良，"蚩尤祠在西北涑上"[6]。寿良在西汉时属东郡；在东汉时改为寿张，属东平国，即今东平一带。

《文献通考》济州巨野，"有大野泽，鲁获麟之地，汉县有蚩尤墓"。魏州成安，"有安阳县河，漳河，蚩尤冢"[7]。北魏曾称今山东巨野一带为济州，这一带古代有大野泽，即巨野泽与东平不远。另一方面魏州成安当在今河北南部的魏县与成安一带，与漳河不远。唐朝置魏州。一在山东，一在河北，二者相距不远。与山东东平亦相距不远。

《元和郡县图志》郓州巨野县，"蚩尤墓，在县东北九里。今山阳巨野县，有蚩尤肩髀冢。按黄帝杀蚩尤于涿鹿之野，身体异处，故别葬焉。"[8]

至于《帝王世纪》说："（黄帝）使力牧……讨蚩尤氏……使应龙杀之于凶黎之丘……葬于上郡阳周之乔山。"[9] 上郡阳周在今陕北，似乎没有可能。

3. 祠祭与纪念之地

任昉《述异记·秦汉闲说》云："蚩尤耳鬓如剑戟，头有角，与轩辕斗，以角抵人，人不能向。今冀州有乐名蚩尤戏，其民两两三三，头戴牛角而相抵。汉造角抵戏，盖其遗制也。"[10] 这是蚩尤居于济西之证。

---

[1] （晋）皇甫谧撰，（清）宋翔凤、钱宝塘辑：《帝王世纪》，第5页。
[2] （汉）刘向：《战国策·秦一·苏秦始将连横》，第81页。
[3] 《尚书正义·舜典》，（清）阮元校刻：《十三经注疏》，第128页。
[4] 《史记·五帝本纪》，第5页。
[5] （清）顾祖禹撰，贺次君、施和金点校：《读史方舆纪要·山东四》，1560、1561页。
[6] 《汉书·地理志上》，第1557页。
[7] （元）马端临：《文献通考·舆地考三》，第2488页。
[8] （唐）李吉甫撰，贺次君点校：《元和郡县图志·河南道六》，第261、262页。
[9] （宋）李昉等：《太平御览·皇王部四》卷七十九，第367页。
[10] （宋）任昉：《述异记·秦汉闲说》，长春：吉林大学出版社，1992年，第697页。

根据涿鹿之战的战场以及对蚩尤纪念设施之所在，可以看到蚩尤的活动地域当南不过山东、河南交界，北不过长城，西不过太行山。中心可能在山东。

## （二）蚩尤为戎族之暴力统治

### 1. 严刑峻法

古人一讲到严刑峻法，即联系蚩尤。如《论衡》云："前世用刑者，蚩尤、亡秦甚矣。蚩尤之民，湎湎纷纷；亡秦之路，赤衣比肩。"① 《文献通考》云："汉承秦法，过于严酷，重以武、宣之君，张、赵之臣，淫刑喜杀。窃……尝以为劓、刵……蚩尤之刑也，而唐虞遵之；收孥、赤族，亡秦之法也，而汉魏以来遵之。"②

古人以劓、刵……为蚩尤之刑，而以收孥、赤族为亡秦之法，将蚩尤与亡秦相提并论。

### 2. 战争暴行

蚩尤的严刑酷法与其战争中的杀人暴行是一致的，战争是刑罚的一部分，《汉书·刑法志》说："大刑用甲兵，其次用斧钺；中刑用刀锯，其次用钻凿；薄刑用鞭扑。"③

蚩尤成为大规模杀人的标志，如《史记·天官书》说："秦始皇之时……死人如乱麻……自蚩尤以来，未尝若斯也。"④ 又《法言》说："秦将白起不仁……长平之战，四十万人死，蚩尤之乱，不过于此矣。"⑤

"蚩尤旗"成为战争的天启，《史记·天官书》说："蚩尤之旗，类彗而后曲，象旗。见则王者征伐四方。""汉之兴……元光、元狩，蚩尤之旗再见，长则半天。其后京师四出，诛夷狄者数十年。"⑥《汉书·武五子传》说："建元六年，蚩尤之旗见，其长竟天。后……师行三十年，兵所诛屠夷灭死者不可胜数。及巫蛊事起，京师流血，僵尸数万，太子子父皆败。"⑦

### 3. 蚩尤为战神

在他的部族融入夏族之后，蚩尤有他自己特殊的历史地位。蚩尤在失败后，他在黄河下游仍然是神，他成了公认的战神。

（1）书传中之战神

《史记·封禅书》有八神："八神：一曰天主，祠天齐。……二曰地主，祠泰山梁

---

① （汉）王充：《论衡·寒温篇》，《诸子集成》第七册，第141页。
② （元）马端临：《文献通考·自序》，第7页。
③ 《汉书·刑法志》，第1079页。
④ 《史记·天官书》，第1348页。
⑤ （汉）扬雄：《扬子法言·渊骞》，《诸子集成》第七册，第34页。
⑥ 《史记·天官书》，第1335、1348、1349页。
⑦ 《汉书·武五子传》，第2770页。

父。……三曰兵主，祠蚩尤。蚩尤在东平陆监乡，齐之西境也。四曰阴主，祠三山。五曰阳主，祠之罘。六曰月主，祠之莱山。……七曰日主，祠成山。……八曰四时主，祠琅邪。"① 因此在今山东地区，将蚩尤与天地日月一起祭祀，蚩尤成了山东一带之保护神。因此蚩尤在河北、山东一带成为神。

《通志·艺文略》有《黄帝蚩尤风后行军秘术》二卷、《黄帝蚩尤兵法》一卷等。②

《通典》云："天子、诸侯将出征，类、宜、造、祃。""祃，师祭也，为兵祷也。其神盖蚩尤，或云黄帝。若至所征之地祭者，则以黄帝、蚩尤之神。若田狩，但祭蚩尤而已。"③ 蚩尤成了公认的战神，特别是"五兵"之神（"兵"指武器）。《文献通考》说："然管仲称蚩尤作剑戟，《史记》称黄帝与蚩尤战于阪泉，盖军法之兴始于此也，故后世祭。"④ 在史书中，黄帝都是靠天神的力量才打败蚩尤的，如《黄帝玄女战法》云："黄帝与蚩尤九战九不胜。黄帝归于太山……雾冥，有一妇人，人首鸟形，黄帝稽首再拜，伏不敢起。妇人曰：'吾，玄女也。子欲何问？'黄帝曰：'小子欲万战万胜。'遂得战法焉。"⑤ 因此蚩尤为名副其实之战神。

刘邦初起时，"乃立季为沛公。祠黄帝，祭蚩尤于沛庭，而衅鼓旗，帜皆赤。由所杀蛇白帝子，杀者赤帝子，故上赤"⑥。《史记》汉王发蜀汉，定三秦；涉西河之外，援上党之兵；下井陉，诛成安君；破北魏，举三十二城：此蚩尤之兵也，非人之力也，天之福也。⑦

这种传统一直延续到后代，如《后汉书》马严拜将军长史，"敕严过武库，祭蚩尤，帝亲御阿阁，观其士众，时人荣之"⑧。又如南宋时，"高宗三十一年诏，金人败盟，朝廷兴师……遣官祭告蚩尤、马祖、北方天王、五岳、四渎、名山、大川"⑨。

（2）蚩尤的戎族背景

蚩尤的这种情况，尤其是其战争背景、严刑酷法，当反映了蚩尤属于戎族的一个特征，反映了蚩尤的戎族背景。

值得注意的是，史传上未见其姓。这可能进一步表明蚩尤的确属于戎族。《元和姓纂》说："蚩：蚩尤之后，以国为姓。"⑩ 这个记载应该正好表明"蚩"不是蚩尤的姓。

《路史》就不相信蚩尤为"蚩"姓，所以它说："阪泉氏蚩尤，姜姓炎帝之裔也。"《路史》的蚩尤姜姓说，一样是没有根据的，罗苹解释说："《阴经遁甲》云：'蚩尤者，

---

① 《史记·封禅书》，第1367页。
② （宋）郑樵撰，王树民点校：《通志二十略·艺文略》，第1662页。
③ （唐）杜佑撰，王文锦等点校：《通典·礼三十六》，第2061页。
④ （元）马端临：《文献通考·郊社考》，第812、813页。
⑤ （宋）李昉等：《太平御览·天部一五》，第78页。
⑥ 《史记·高祖本纪》，第350页。
⑦ 《史记·郦生陆贾列传》，第2695页。
⑧ 《后汉书·马援列传》，第859页。
⑨ （元）马端临：《文献通考·郊社考》，第817页。
⑩ （唐）林宝撰，岑仲勉校记：《元和姓纂（附四校记）》卷二，第109页。

炎帝之后，与少昊治西方之金。故祭蚩尤文云：将军敢以牲牢祭尔炎帝之裔、蚩尤之神。'蚩尤出于炎帝，代弗知也。"① 罗苹举出的证据是《阴经遁甲》，而且也说这个事实是"代弗知也"，因此大家也是难以相信的。

《管子》说蚩尤明于天道，"（黄帝得）蚩尤而明于天道"。遂置以为六相之首。② 《韩非子》说："昔者黄帝合鬼神于西泰山之上……蚩尤居前，风伯进扫，雨师洒道。"③

## （三）蚩尤之地域

### 1. 涿鹿之战

有关蚩尤的最重要的传说故事即涿鹿之战。

《史记·五帝本纪》说："于是黄帝乃征师诸侯，与蚩尤战于涿鹿之野，遂禽杀蚩尤。"而《帝王世纪》也说："（黄帝）又征诸侯，使力牧、神皇直讨蚩尤氏，擒之于涿鹿之野，使应龙杀之于凶黎之丘。凡五十五战而天下大服。"④ 这里都提到了"涿鹿之野"，又提到"凶黎之丘"。

《逸周书》亦载及此事："蚩尤乃逐帝（当指赤帝），争于涿鹿之阿，九隅无遗。赤帝大慑，乃说于黄帝，执蚩尤，杀之于中冀。"⑤ 亦提到"涿鹿"以及"中冀"。

### 2. 涿鹿

（1）涿鹿在河北

涿鹿，即今河北之涿鹿县，前人常与河北独鹿之地混淆。涿鹿亦即浊（濁）鹿，豕、蜀古通用，偏旁从水，与独从犬者不同。蚩尤的战地，上文所述《逸周书·尝麦解》固作涿鹿⑥，《史记·五帝本纪》索隐亦说"或作浊鹿"⑦，浊与涿古亦通用。

（2）浊鹿在修武

《元和郡县图志》云浊鹿在修武县东北。⑧ 古之修武，依《史记·曹相国世家》"下修武，渡围津"，索隐云："'围'与'韦'同"⑨，应是在韦津之北。韦津在今滑县，则修武当在今之清丰、濮阳一带，与范县、郓城相近。

（3）涿鹿在彭城

《路史》谓黄帝戮蚩尤于中冀，在诸侯拥戴下即帝位都彭城，罗苹注："史传言帝居

---

① （宋）罗泌：《路史·炎帝纪下》，第79页。
② （清）戴望：《管子校正·五行》，《诸子集成》第五册，第242页。
③ （清）王先慎：《韩非子集解·十过》，《诸子集成》第五册，第44页。
④ 《史记·五帝本纪》，第3页；（宋）李昉等：《太平御览·皇王部四》，第367页。
⑤ 黄怀信、张懋镕、田旭东：《逸周书汇校集注·尝麦解》，第781—783页。
⑥ 黄怀信、张懋镕、田旭东：《逸周书汇校集注·尝麦解》，第782页。
⑦ 《史记·五帝本纪》，第5页。
⑧ （唐）李吉甫撰，贺次君点校：《元和郡县图志·河北道一·怀州·修武》，第446页。
⑨ 《史记·曹相国世家》，第2025、2026页。

涿鹿，《世本》云涿鹿在彭城，代弗知也。故魏《土地记》云济城南东六十里有涿鹿城，城东一里有阪泉，泉上有黄帝祠，则《世本》之言信矣。然妫州怀戎乃故涿县，有涿鹿山、黄帝祠、阪泉、蚩尤城，世上以为帝邦在是，而《世纪》遂疑上谷当名彭泽，非也。按涿鹿有三，又有督、浊二音，上谷本蚩尤之居，而彭城乃黄帝之都。盖帝克尤，以其名来此，犹汉春陵之内启尔。若修武之浊鹿，与蚩尤二家相近，则尤死之地，又尝以此名冠之也。"①

还有说在鲁南。《后汉书·郡国五》说："上谷郡，涿鹿"。刘昭注："《世本》云在彭城南。张晏曰在上谷。"②

由此可见，蚩尤后来之活动地域，当在今河北、河南、山东一带，也就是在东方。

（四）蚩尤之历史地位

1. 蚩尤属于炎帝系统

《路史》有《蚩尤传》，称之为阪泉氏。③

周人的《逸周书》亦载及此事："昔天之初，□作二后，乃设建典，命赤帝分正二卿，命蚩尤宇于少昊，以临西方。……蚩尤乃逐帝，争于涿鹿之河（当为阿），九隅无遗。赤帝大慑，乃说于黄帝，执蚩尤，杀之于中冀。……乃命少昊清嗣为鸟师，以正五帝之官，故名曰质。天用大成，至于今不乱。"④ 对比《路史》来看，《逸周书》所谓赤帝即指炎帝榆罔，所谓"□作二后"，其二后当指炎帝、黄帝，而蚩尤原是炎帝之下属。

2. 炎黄之争

炎黄之间的权力转移是历史大事，《史记·五帝本纪》讲述了黄帝成为天子的经过："天遣玄女下授黄帝兵信神符，制伏蚩尤，帝因使之主兵，以制八方。蚩尤没后，天下复扰乱，黄帝遂画蚩尤形象以威天下，天下咸谓蚩尤不死，八方万邦皆为弭服。"⑤ 蚩尤起初非但不是黄帝的敌人，而且是黄帝最重要的支持力量。

夏族原由炎黄子孙组成，而蚩尤是炎帝系统的一个重要部族。黄帝最初成为夏族首领时，曾倚重蚩尤。但最后炎帝与蚩尤发生冲突，于是炎帝与黄帝合作消灭蚩尤，最终炎帝也被黄帝消灭。夏族从此失去了"一氏两姓"的原始两分结构，黄帝成为"天子"，这是五帝时代的基本标志。因此，蚩尤被杀就成了夏族离开原始社会的一个转折点。

《史记》以《五帝本纪》开篇，实际上司马迁以黄帝作为中华文明的起点，他说：

---

① （宋）罗泌：《路史·黄帝》，第83页。
② 《后汉书·郡国五》，第3528页。
③ （宋）罗泌：《路史·炎帝纪下》，第79页。
④ 黄怀信、张懋镕、田旭东：《逸周书汇校集注·尝麦解》，第781—786页。
⑤ 《史记·五帝本纪》，第4页。

"自黄帝至舜、禹，皆同姓而异其国号，以章明德。"所谓"同姓"实际上就是指从黄帝开始只有黄帝一个姬姓，再没有第二个炎帝的姜姓了。在司马迁的时候，大家对姓氏已认识不清（请参看《姓氏与宗社考证》[01]），所以这句话与他接下去的话就发生矛盾。他接着说禹"姓姒氏"，又说："契为商，姓子氏。弃为周，姓姬氏。"① 既然如此，黄帝姓姬，帝禹姓姒，殷契姓子，周弃姓姬，怎么说"皆同姓"呢？下面将看到，姓氏在中国上古史的研究中非常重要，是不能马虎的。

3. 夏族之东界

黄帝与蚩尤战于涿鹿，此事为夏族东面界线提供了最具体之说明。但由于经过周人改写，《史记》将其说得支离破碎，又将阪泉战役错杂在一起，历史事实遂被湮没。

原来蚩尤为炎帝之后裔，与黄帝后裔少暤氏争夺族地，故可谓炎、黄之争。不过炎帝与神农是截然不同的两人。

这是把蚩尤置于赤帝之下，赤帝当即指神农。这是《史记》"神农氏世衰，诸侯相侵伐……蚩尤最为暴"② 几句之所本。《史记》接着说："炎帝欲侵陵诸侯……（轩辕）与炎帝战于阪泉之野。"则以《逸周书·史记解》所谓"用兵无已"之阪泉氏为炎帝，即是以神农为炎帝。③ 然《逸周书》上文还以神农为赤帝，《大戴礼记》也以神农为赤帝。④ 神农为周族的祖先，分明以赤与黄相抗衡。到了纬书《春秋元命苞》则直接以神农为炎帝。⑤ 这个改动是不可不纠正的。不过《逸周书》还说："命蚩尤宇于少昊"，"命少昊清嗣为鸟师"，还保存了一点真迹。

盖少昊是地名，指济西之地。蚩尤的黎族是先至其地，后来少昊氏清（即青阳）的莒族也伸展至此，两族遂火并起来，这从地域上可以证实。黎族即《式微》诗序"黎侯（失国）寓于卫"之黎，其国本在今范县。据《诗·邶风·旄丘》云："黎侯（失国）寓于卫，卫不能修方伯连率之职，黎之臣子以责于卫也。"这诗第三章说："狐裘蒙戎，匪车不东。叔兮伯兮，靡所与同。"⑥ 叔伯即指卫侯，责其不助东归，这是黎在卫东之确证。唯《左传·宣公十五年》云："（潞）酆舒为政……夺黎氏地。……（晋）灭潞，酆舒奔卫。"⑦ 前人有以《诗》之黎侯即《左传》之黎氏。然黎侯如果即是黎氏，则黎侯已寓卫，何以酆舒亦奔卫？显然不合。

从这些地域的形势可以推证，蚩尤战事实为黎、莒的族地之争。于此说回本题。黎、莒同属夏族，何以同室操戈呢？这是因为两族伸展至此，已到夏族领域东界的极

---

① 《史记·五帝本纪》，第45页。
② 《史记·五帝本纪》，第3页。
③ 黄怀信、张懋镕、田旭东：《逸周书汇校集注·史记解》，第1030页。
④ （清）王聘珍撰，王文锦点校：《大戴礼解诂·五帝德》，第118页。
⑤ （清）黄奭：《春秋纬·春秋元命苞》，第61页。
⑥ 《毛诗正义·邶风·旄丘》，（清）阮元校刻：《十三经注疏》，第305、306页。
⑦ 《春秋左传正义·宣公十五年》，（清）阮元校刻：《十三经注疏》，第1887、1888页。

点，过了济水彼岸为太昊，即是商族之地了，因而有拓地之争。这就是彩陶区域东界在此的表现（还可以从考古发掘的结果来说明这一点）。

《路史》谓黄帝杀蚩尤于中冀，在诸侯拥戴下即帝位都彭城，罗苹注："史传言帝居涿鹿，《世本》云涿鹿在彭城，代弗知也。故魏《土地记》云济城南东六十里有涿鹿城，城东一里有阪泉，泉上有黄帝祠，则《世本》之言信矣。然妫州怀戎乃故涿县，有涿鹿山、黄帝祠、阪泉、蚩尤城，世上以为帝邦在是，而《世纪》遂疑上谷当名彭泽，非也。按涿鹿有三，又有督、浊二音，上谷本蚩尤之居，彭城乃黄帝之都。盖帝克尤，以其名来此，犹汉春陵之内启尔。若修武之浊鹿，与蚩尤二家相近，则尤死之地，又尝以此名冠之也。"①

### （五）九黎及其地域之变迁

#### 1. 九黎是蚩尤之部族

蚩尤失败以后，其后裔仍然存在，最著名的部族为九黎。何谓九黎？书传中没有给出明确的回答。《国语·楚语》韦昭注："九黎，黎氏九人，蚩尤之徒也。"② 蚩可能为黎之声转，故九黎当指九个蚩尤系统的部族。

蚩尤失败之后，九黎延续了蚩尤的重大影响，《尚书·吕刑》说："蚩尤惟始作乱，延及于平民。"孔安国传："九黎之君号曰蚩尤。"③ 马融曰："蚩尤，少昊之末，九黎君名"，郑康成注："蚩尤霸天下，黄帝所伐者。学蚩尤为此者，九黎之君，在少昊之代也。"④ 如按郑注，则黄帝时有蚩尤，至少昊时有九黎之君效法蚩尤，故九黎当为蚩尤之部族。蚩尤被消灭之后，九黎仍有重大的影响。

九黎是哪几个部族呢？没有明确的记载。在书传中有所谓祝融八姓，《国语》记载史伯说，祝融八姓为己、董、彭、秃、妘、曹、斟、芈。⑤《潜夫论》则说："祝融之孙，分为八姓，己、秃、彭、姜、妘、曹、斯、芊。"⑥ 二者大体上一致。韦昭说"九黎，黎氏九人，蚩尤之徒也"⑦，那么九黎应包括蚩尤之部族。但祝融八姓似乎不包括蚩尤之部族，因此史伯所说的八姓加上蚩尤之姓（似即苗姓，见下边讨论），适合为九，可能即九黎。晚周时人诋毁蚩尤，乃仅以八姓为言，然则这系本应为九黎系。蚩尤并非夏族，因此所谓九黎及其八姓，当是他们融入夏族之后所得到之姓。

《逸周书》云："昔天之初，□作二后，乃设建典……蚩尤乃逐帝（当指赤帝），争

---

① （宋）罗泌：《路史·黄帝》，第83页。
② 徐元诰撰，王树民、沈长云点校：《国语集解·楚语下》，第514页。
③ 《尚书正义·吕刑》，（清）阮元校刻：《十三经注疏》，第247页。
④ （清）孙星衍撰，陈抗、盛冬铃点校：《尚书今古文注疏·吕刑上》，第519页。
⑤ 徐元诰撰，王树民、沈长云点校：《国语集解·郑语》，第466页。
⑥ （汉）王符：《潜夫论·志氏姓》，《诸子集成》第八册，第173页。
⑦ 徐元诰撰，王树民、沈长云点校：《国语集解·楚语下》，第514页。

于涿鹿之河（当为阿），九隅无遗。……乃命少昊清嗣为鸟师，以正五帝之官，故名曰质。……天用大成，至于今不乱。"①

前人都以为蚩尤是炎帝后裔，鬼方氏的女隗当然也是炎帝后裔，可证《史记》所谓"出于颛顼"是误说。

2. 九黎之地域变化

《帝王世纪》谓："（颛顼）二十而登帝位，平九黎之乱。……始都穷桑，徙商丘。"②那么穷桑、商丘当与九黎的地域相距不远。

九黎灭亡之后，部族仍然以黎命名，故历史上一直有黎侯。而且中国以黎命名的地方很多，估计九黎与黎侯的地域当包含这些以黎命名的地点。其部族也只有黎族是可以考信的，其分布地域只知其在寿张、濮阳一带。当即《诗序》"黎侯（失国）寓于卫"之黎。③

因此黎之地域当西起长治（山西），经安阳、濮阳（河南），东至郓城（山东）。

（1）山西东南部

一是山西长治黎国、黎亭。《尚书》"西伯既戡黎"，孔安国传："近王圻（即'王畿'）之诸侯，在上党东北。"孔颖达疏："黎国，汉之上党郡壶关所治黎亭是也。"④《读史方舆纪要》潞安府："商周时为黎国。"又潞安府长治县黎亭："在府西南三十五里黎侯岭上。相传黎侯所筑。应劭曰：'黎亭，黎侯国也'。"⑤

二是山西黎城。《读史方舆纪要》潞安府黎城县："府东北百十里。又东北至河南涉县八十里。古黎侯国，汉潞县地。"⑥黎城县黎侯城："县东北十八里。春秋晋荀林父灭潞，立黎侯而还，志以为即此城也。又有故黎城，在县西北十里。"⑦

祁姓黎氏，周灭黎，以其地封帝尧之后。春秋时，被潞子国所逼东迁至今河南范县、浚县一带。晋荀林父灭潞，立黎侯，迁于今山西黎城。

（2）河南浚县黎阳、黎侯、黎山（黎阳山）、黎阳津

浚县，西汉为黎阳县，属魏郡。北魏为黎阳郡治。北周为黎州，属汲郡。唐属卫州。五代属滑州。北宋为浚州。明代为大名府浚县。

《水经》云："（河水）又东北，过黎阳县南。"《水经注》云："黎，侯国也。《诗·式微》黎侯寓于卫是也。晋灼曰：黎山在其南，河水径其东。……今黎山之东北

---

① 黄怀信、张懋镕、田旭东：《逸周书汇校集注·尝麦解》，第781—782、784—786页。
② 徐宗元：《帝王世纪辑存》，第27页。
③ 《毛诗正义·邶风·式微序》，（清）阮元校刻：《十三经注疏》，第305页。
④ 《尚书正义·西伯戡黎》，（清）阮元校刻：《十三经注疏》，第177页。
⑤ （清）顾祖禹撰，贺次君、施和金点校：《读史方舆纪要·山西四》，第1955、1959页。
⑥ （清）顾祖禹撰，贺次君、施和金点校：《读史方舆纪要·山西四》，第1967页。
⑦ （清）顾祖禹撰，贺次君、施和金点校：《读史方舆纪要·山西四》，第1967页。

故城,盖黎阳县之故城也。"① 黎山又名黎阳山、大伾山。黎水又名浚水。《水经注》:"瓠河又东,径黎县故城南。……孟康曰今黎阳也。薛瓒曰:按黎阳在魏郡,非黎县也,世谓黎侯城,昔黎侯寓于卫,《诗》所谓'胡为乎泥中',毛云:泥中,邑名。疑此城也。"②

黎阳在废县时,"应劭曰:'黎山在其南,河水经其东,县取山之名,水在其阳,故曰黎阳。'……后汉有黎阳营,《汉官仪》云:'中兴以幽、冀、并州兵平定天下,故于黎阳立营,兵锋尝为天下冠'"③。

黎阳有黎阳津,"又有黎阳津,自昔为津济之要。郡县志以为白马津,非也。白马津属滑县,盖在黎阳之南岸。杜牧曰:'黎阳距白马津三十里。'《山堂杂论》云:浚、滑间度河处,昔皆以白马为名,然主河北而言则曰黎阳,主河南而言则曰白马"④。

(3) 山东

一是山东黎县。黎,商周时古国,在今山东郓城县西。春秋时齐有黎邑。⑤

二是山东楚丘。《读史方舆纪要》兖州府曹州曹县楚丘城:"县东南四十里。……楚丘盖在曹、宋间。……志云:春秋时楚丘有二,此为曹伯境内之楚丘,非卫地之楚丘也。"⑥

三是山东东平蚩尤。《读史方舆纪要》兖州府东平州汶上县阚亭:"在县西南南旺湖中,有高阜六七。……定元年:'季孙使役如阚。'杜氏云:'阚,鲁先公墓所在也。'……《史记·封禅书》:'齐八祀,三曰兵主,祠蚩尤。'正义:'蚩尤在东平陆监乡,监即阚'。"⑦

## (六) 九黎与夏族的矛盾

### 1. 九黎乱德

《史记·历书》曾记载黄帝有天地神祇之官,"民神异业,敬而不渎……灾祸不生"。可是在少昊氏之世,由于九黎乱德,因此"民神杂扰,不可放物,祸菑荐至"。到了颛顼时代,才"使复旧常",复黄帝之旧常。但在帝喾之世,三苗又复九黎乱德,于是再一次祸灾荐至。及至尧舜在位,才再一次恢复黄帝之旧常。因此从黄帝以来,由于九黎、三苗之乱德,社会经历了两次重大的混乱。有关记载如下:

---

① (后魏) 郦道元注,(清) 杨守敬、熊会贞疏,段熙仲点校:《水经注疏·河水五》,第 414、415 页。
② (后魏) 郦道元注,(清) 杨守敬、熊会贞疏,段熙仲点校:《水经注疏·瓠子河》,第 2047 页。
③ (清) 顾祖禹撰,贺次君、施和金点校:《读史方舆纪要·北直七》,第 716 页。
④ (清) 顾祖禹撰,贺次君、施和金点校:《读史方舆纪要·北直七》,第 720、721 页。
⑤ 徐铁生:《中华姓氏源流大辞典》,第 301 页。
⑥ (清) 顾祖禹撰,贺次君、施和金点校:《读史方舆纪要·山东四》,第 1575 页。
⑦ (清) 顾祖禹撰,贺次君、施和金点校:《读史方舆纪要·山东四》,第 1560 页。

太史公曰：神农以前尚矣。盖黄帝考定星历，建立五行……于是有天地神祇物类之官，是谓五官。各司其序，不相乱也。……民神异业，敬而不渎……灾祸不生。……少暤氏之衰也，九黎乱德，民神杂扰，不可放物，祸蕃荐至。……颛顼受之，乃命南正重司天以属神，命火正黎司地以属民，使复旧常，无相侵渎。其后三苗服九黎之德，故二官咸废所职，而闰余乖次……历数失序。尧复遂重黎之后，不忘旧者，使复典之，而立羲、和之官。明时正度……民无夭疫。年耆禅舜……舜亦以命禹。由是观之，王者所重也。①

这一段极其重要，其中"其后三苗服九黎之德"，《正义》云："服，从也。言九黎之君在少暤之世作乱，今三苗之君从九黎乱德，故南北二官皆废，使历数失序。"②

因此在五帝时代，在太行山东麓的河北、河南以及山东半岛一带，夏族与戎族之间有一场长期而复杂的政治斗争。从黄帝时期持续到尧舜时期才告结束。戎族才完全融入了夏族。这一场斗争曾在不同的场合下受到引用，例如《国语·楚语》提到观射父和楚昭王的谈话，其中讲到九黎，他说在少昊时期九黎"乱德"，到颛顼时期才恢复，他说：

及少暤之衰也，九黎乱德。韦昭注："少暤。黄帝之子金天氏也。九黎，黎氏九人，蚩尤之徒也。"民神杂糅，不可方物。夫人作享，家为巫史，无有要质。……祸灾荐臻，莫尽其气。颛顼受之，乃命南正重司天以属神，命火正黎司地以属民，使复旧常，无相侵渎，是谓绝地天通。③

## 2. 何谓"民神杂糅"

什么是"民神杂糅"，什么是"绝地天通"？《史记·历书》提到九黎，《汉书·律历志》也提到九黎。根据观射父的说明，在少昊时期，九黎所谓的"乱德"就是"家为巫史，民神杂糅"；到颛顼之时，南政重、火正黎恢复旧秩序，就是"使复旧常"，恢复"绝地天通"。其实所谓"民神杂糅"，即用神道的名义来统治民事，也就是政教合一，亦即神权政治。所谓"绝地天通"就是天地分开，天不要管地，地不要管天，也就是"民神异业"，政教分离。

例如，玄都国。《竹书纪年》谓："（舜）四十二年玄都氏来朝贡宝玉。"④《逸周书·史记解》记载周王有关古来君主亡国之教训，其中讲到唐虞以来的二十八国，其中有玄都："昔者玄都贤鬼道，废人事天，谋臣不用，龟策是从，神巫用国，哲士在外，

---

① 《史记·历书》，第 1256—1258 页。
② 《史记·历书》，第 1257、1258 页。
③ 徐元诰撰，王树民、沈长云点校：《国语集解·楚语下》，第 514、515 页。
④ （清）徐文靖：《竹书纪年统笺》，《二十二子》，第 1054 页。

玄都以亡。"集注引《外传》说："爷都氏黎国。"故玄都即爷都，实即九黎之一部分。①此为其败国亡家之道。《路史》说："小昊氏衰，玄都氏黎实乱天德，贤鬼而废人，惟龟策之从。谋臣不用。"②"（刘师培）案：《博物志》九无'天'字，是也。上云'贤鬼道'，与此对文。"即玄都"贤鬼道，废人事"，"龟策是从"。刘师培又"案：此文玄都似即《楚语》所云九黎。"③ 因此九黎反映了神权政治的特点。"龟策是从"正是商朝的特征，这也从另一个角度说明九黎也与商族一样，属于戎族而不属于夏族。戎族的伏羲氏，其政治、权力的基础是八卦卜筮，实际上也就是某种神权。因此九黎"乱德"正反映了九黎与夏族的对立（见张肇麟《夏商周起源考证》[09]）。

3. 祝融氏是与九黎对立的部族

因此，《史记·历书》说明了从神农时期到黄帝时期，再从少昊时期到颛顼时期，再从高辛时期到尧舜时期，出现了"民神杂扰"与"民神异业"两种制度的三次反复。最后尧舜时期，重黎之后羲和之官明时正度，九黎融入了祝融氏。用《帝王世纪》的话来说，就是"平九黎之乱。以火事纪官，命南正重司天以属神，北正黎司地以属民。于是神民不杂，万物有序"④。

祝融氏是在颛顼、帝喾时期形成的，是在夏族对戎族（蚩尤后裔）的冲突中形成的并历经了艰难。《汉书》云："古之火正，谓火官也，掌祭火星，行火政。……救民疾。帝喾则有祝融，尧时有阏伯，民赖其德，死则以为火祖，配祭火星。"⑤ 因此，祝融之所以强大是由于战胜了九黎。

《国语·郑语》记载史伯将祝融与虞幕（虞舜的上祖）、夏禹、商契、周弃相提并论，并谓其后裔可与唐虞、三代比隆。唐虞三代是中国古史中最辉煌的年代，由此可见祝融系的重要历史地位。⑥

《世本》云："蚩尤以金作兵器"，宋衷曰："蚩尤，神农臣也。"⑦ 蚩尤是神农氏晚期最重要的"诸侯"，黄帝是在打败蚩尤之后，才成为"天子"。

《史记·五帝本纪》的有关段落如下：

> 轩辕之时，神农氏世衰。诸侯相侵伐，暴虐百姓，而神农氏弗能征。……而蚩尤最为暴，莫能伐。炎帝欲侵陵诸侯……轩辕乃修德振兵……以与炎帝战于阪泉之野。三战，然后得其志。蚩尤作乱，不用帝命。于是黄帝乃征师诸侯，与蚩尤战于

---

① 黄怀信、张懋镕、田旭东：《逸周书汇校集注·史记解》，第1033页。
② （宋）罗泌：《路史·后纪·高阳》，第101页。
③ 刘师培：《刘申叔遗书·周书补正》，第778页。
④ 徐宗元：《帝王世纪辑存》，第28页。
⑤ 《汉书·五行志上》，第1325页。
⑥ 徐元诰撰，王树民、沈长云点校：《国语集解·郑语》，第466页。
⑦ （清）雷学淇：《世本·作》，（汉）宋衷注，（清）秦嘉谟等辑：《世本八种》，第75、76页。

涿鹿之野，遂禽杀蚩尤。而诸侯咸尊轩辕为天子，代神农氏，是为黄帝。①

但从整个记载来看，蚩尤当为神农氏晚期的强大诸侯，其后裔在炎黄时期仍起重大的作用。

《史记·五帝本纪》也有类似记载，但其间有重大的区别。两相比较，可见《史记·五帝本纪》中之"神农氏"与"炎帝"都应指"神农氏之后裔"。炎帝与黄帝同属五帝时代，故称为炎黄，但神农氏属于三皇时代，与炎帝相距几百年甚至上千年。神农氏与炎帝不能混为一谈（有关神农氏与炎黄的关系，请参看张肇麟《夏商周起源考证》[09]）。

以往对炎帝、共工、蚩尤、祝融之族系有各种分析，如蒙文通认为炎帝、共工、蚩尤、祝融均属于江汉民族（亦即戎族）；而徐旭生认为炎帝、共工属于华夏集团（亦即夏族），蚩尤属于东夷集团（亦即戎族），而祝融本属于华夏集团（亦即夏族），后来属于苗蛮集团（亦即戎族）。因此，徐旭生曾说到他与蒙文通的区别，他说："所不同的是蒙文通把炎帝、共工、蚩尤、祝融全分属于南方的江汉民族，而我把炎帝、共工分属于西北方的华夏集团，把蚩尤分属于东方的东夷集团，虽也把祝融归于苗蛮集团，却指出他原来属于华夏集团。"② 根据本书的研究，炎帝、共工属于夏族；蚩尤本属于戎族，后融入夏族；祝融属于夏族。

4."中国"的诞生

涿鹿之战是夏族向黄河中下游移殖中与戎族之间发生的最后一次大冲突。在这次大战之后，夏族控制了黄河中下游。这个夏族国家就被称为"中国"。因此，涿鹿之战成了"中国"诞生的标志。

# 五、祝融系与三苗

## （一）有苗氏

《帝王世纪》谓有苗氏处于南蛮，郑玄则谓先窜于西戎，再迁于南蛮，这是不对的。

《山海经·大荒北经》说："西北海外，黑水之北，有人有翼，名曰苗民。颛顼生欢头，欢头生苗民。苗民厘姓，食肉。"③ 但《山海经·大荒南经》云："大荒之中有人，名曰欢头。鲧妻士敬，士敬子曰炎融，生欢头。欢头人面鸟喙，有翼，食海中鱼。……有欢头之国。"④ 而《山海经·海外南经》又云："欢头国……其为人，人面有翼、鸟喙，

---

① 《史记·五帝本纪》，第3页。
② 徐旭生：《中国古史的传说时代》增订本，第121页。
③ （清）郝懿行撰，栾保群点校：《山海经笺疏·大荒北经》，第374页。
④ （清）郝懿行撰，栾保群点校：《山海经笺疏·大荒南经》，第344页。

方捕鱼。……或曰欢朱国。"① 故《山海经》谓苗民为颛顼之后，亦为鲧后，欢兜之后，厘姓。《路史》亦谓三苗为欢兜之后："欢头者，欢兜也。……生三苗氏。"②

1. 有苗之时代

有苗非夏族，但融入夏族。尧舜时，有苗的记载开始增多。《帝王世纪》云："（尧）老而命舜代己摄政。……有苗氏负固不服。禹请征之，舜曰：'我德不厚，行武非道也。'……三年，执干戚而舞之，有苗请服。"③《尚书》云："帝曰：'咨禹，惟时有苗弗率，汝徂征。'……七旬，有苗格。"④

2. 有苗与三苗

（1）有苗与三苗有没有区别

《尚书》记载了尧舜时期的重大惩戒行动："流共工于幽洲，放欢兜于崇山，窜三苗于三危，殛鲧于羽山，四罪而天下咸服。"孔安国传："三苗，国名，缙云氏之后为诸侯，号饕餮。"《释文》说："杜预云：缙云，黄帝时官名，非帝子孙，故以比三凶也。"⑤《尚书·吕刑》说："皇帝哀矜庶戮之不辜，报虐以威，遏绝苗民，无世在下。乃命重、黎绝地天通。"孙星衍说："言颛顼哀怜众民被戮之无罪，疾苗民之以暴易暴，因遮绝窜逐之，无令嗣世在下土也。"⑥黎、苗之王的历史也完全消失了，其中有苗是在虞舜时期被消灭的。

（2）三苗本属于有苗

《禹贡》说："三危既宅，三苗丕叙。"⑦杜佑说："三苗本有苗氏之族，今长沙、衡阳间是，徙居于此，分而为三，故言三苗。"⑧根据杜佑的说法，由于有苗氏从长沙、衡阳间迁徙到三危之后，才在三危形成三苗，而留在长沙、衡阳未迁徙的当仍称为有苗氏。因此《尚书》第一次提到了三苗，"窜三苗于三危"⑨，这个说法是不确切的，因为有苗在流放到三危之前并没有"三苗"的称呼，应该说"窜有苗于三危"。

（二）五帝后期之三苗

颛顼时期，在祝融系的控制之下，九黎失败了。但是在帝喾晚期，三苗兴起。三苗

---

① （清）郝懿行撰，栾保群点校：《山海经笺疏·海外南经》，第237页。
② （宋）罗泌：《路史·黄帝纪下》，第93页。
③ 徐宗元：《帝王世纪辑存》，第39页。
④ 《尚书正义·大禹谟》，（清）阮元校刻：《十三经注疏》，第137页。
⑤ 《尚书正义·舜典》，（清）阮元校刻：《十三经注疏》，第128页。
⑥ （清）孙星衍撰，陈抗、盛冬铃点校：《尚书今古文注疏·吕刑上》，第523页。
⑦ 《尚书正义·禹贡》，（清）阮元校刻：《十三经注疏》，第150页。
⑧ （唐）杜佑撰，王文锦等点校：《通典·州郡三》，第4505页。
⑨ 《尚书正义·舜典》，（清）阮元校刻：《十三经注疏》，第128页。

是九黎之后裔，是戎族的复起。到尧舜时期，祝融系再一次控制了局面，三苗最后向南蛮与西戎迁徙。

### 1. 从帝喾到尧舜的三苗

三苗是九黎的后裔，《国语·楚语》记有观射父和楚昭王的谈话，其中讲到九黎之后的三苗，观射父说：

> 其后三苗复九黎之德，尧复育重、黎之后不忘旧者，使复典之，以至于夏、商。故重、黎氏世叙天地，而别其分主者也。其在周，程伯休父其后也。①

韦昭注："其后，高辛氏之季年。三苗，九黎之后。高辛氏衰，三苗为乱，行其凶德，如九黎之为也。"因此在帝喾时期，九黎后裔以三苗之名，与夏族对抗。到尧舜时期夏族又重新使用祝融系来恢复秩序。《史记·历书》也提到三苗和夏族的对抗，《史记·历书》的记载如下：

> 其后三苗服九黎之德，故二官咸废所职，而闰余乖次……历数失序。尧复遂重、黎之后，不忘旧者，使复典之，而立羲和之官。明时正度，则阴阳调，风雨节，茂气至，民无夭疫。②

这是针对历术来说的。故《宋史》总结说："昔者少皞氏之衰，九黎乱德，家为巫史，神人淆焉。颛顼氏命南正重司天以属神，北正黎司地以属民，其患遂息。厥后三苗复弃典常，帝尧命羲、和修重、黎之职，绝地天通，其患又息。"③

尧舜之后，三苗力量受到严厉的打击，《国语》说："无亦鉴于黎、苗之王，下及夏、商之季。……人夷其宗庙，而火焚其彝器，子孙为隶，不夷于民。"④结果"黎、苗之王"在夏商之季，受到了重创，最后向南蛮与西戎发展。

### 2. 尧克三苗的问题

《帝王世纪》曾记载说，尧克三苗于丹水之浦："诸侯有苗氏，处南蛮而不服。尧征而克之于丹水之浦。"⑤但是从其他文献来看，尧并没有克有苗氏于丹水之浦，如《吕氏春秋》说："尧战于丹水之浦，以服南蛮。"⑥《淮南子》也说："尧战于丹水之

---

① 徐元诰撰，王树民、沈长云点校：《国语集解·楚语下》，第515、516页。
② 《史记·历书》，第1257页。
③ 《宋史·方技列传上》，第13495页。
④ 徐元诰撰，王树民、沈长云点校：《国语集解·周语下》，第100页。
⑤ 徐宗元：《帝王世纪辑存》，第32页。
⑥ （汉）高诱注：《吕氏春秋·恃君览·召类》，《诸子集成》第六册，第262页。

浦。"① 都没有提到有苗氏。但《晋书·羊祜列传》却说:"尧有丹水之伐,舜有三苗之征。"②《太平御览》也说:"桓范《世要论》曰:'太古之初,民始有知,则分争。……故黄帝战于阪泉,尧伐欢兜,舜征有苗,夏禹、殷汤、周之文武皆用师克伐以取天下焉。'"③

因此尧在丹水之浦可能是讨伐欢兜,而不是讨伐三苗。舜却多次提到征服有苗。因此文献中将丹水之伐与三苗之征分立起来,是正确的。《世要论》与《晋书·羊祜列传》是一致的。丹水之浦亦即丹江流域,为当时南蛮之所在。南蛮与欢兜有关,《史记·五帝本纪》云:"放欢兜于崇山以变南蛮。"④ 那么黄帝战蚩尤、尧伐欢兜、舜征有苗,这是上古历史中最重要的事件。关于欢兜将在其他地方进一步讨论。

3. 舜南征三苗

史书关于舜征服三苗之事,有不同的记载,如《淮南子》说:"舜伐有苗。"高诱注:"有苗,三苗也。"又说:"(舜)南征三苗,道死苍梧。"⑤《吕氏春秋》说:"舜却苗民,更易其俗。"高诱注:"苗民,有苗也。"⑥《三国志·吴书·吴主传》载吴、蜀讨魏之盟书曰:"昔共工乱象而高辛行师,三苗干度而虞舜征焉。"⑦《竹书纪年》云:"(舜)三十五年,帝命夏后征有苗。有苗氏来朝。"⑧

根据《帝王世纪》的记载,舜本来想用和平的方式征服三苗,但在舜去世前出现三苗叛乱,故舜最后使用武力征服有苗:

> 有苗氏负固不服,禹请征之,舜曰:"我德不厚,行武非道也,吾前教由未也。"乃修教。三年,执干戚而舞之,有苗请服。……(舜)九十五而使禹摄政。摄五年,有苗氏叛。(舜)南征,崩于鸣条,年百岁。殡以瓦棺,葬苍梧九疑山之阳,是为零陵,谓之纪市,在今营道县。⑨

《史记·五帝本纪》虽然没有提舜征三苗之事,但是说:"(舜)南巡狩,崩于苍梧之野。葬于江南九疑,是为零陵。"⑩《孟子》亦谓:"(舜)卒于鸣条。"⑪ 这与《帝王世纪》一致。

---

① (汉)高诱注:《淮南子·兵略训》,《诸子集成》第七册,第251页。
② 《晋书·羊祜列传》,第1018页。
③ (宋)李昉等:《太平御览·兵部二》,第1268页。
④ 《史记·五帝本纪》,第28页。
⑤ (汉)高诱注:《淮南子》,《诸子集成》第七册,第251、331页。
⑥ (汉)高诱注:《吕氏春秋·恃君览·召类》,《诸子集成》第六册,第262页。
⑦ 《三国志·吴书二·吴主传第二》,第1134页。
⑧ (清)徐文靖:《竹书纪年统笺》,《二十二子》,第1054页。
⑨ 徐宗元:《帝王世纪辑存》,第39页。
⑩ 《史记·五帝本纪》,第44页。
⑪ (清)焦循:《孟子正义·离娄下》,《诸子集成》第一册,第317页。

此外,《晋书》说:"三苗屈强于江海,大舜当废东巡之仪;徐夷跳梁于淮泗,周成当止岱岳之礼。"① 故虞舜时期,三苗位于"江海",即在大舜东巡之处,亦即徐夷"跳梁于淮泗"之地域。因此,舜"废东巡之仪",不在豫西之丹江流域,而在江海淮泗,亦即豫东。

4. 舜时三苗在何处

《史记·五帝本纪》说:"三苗在江淮、荆州数为乱。于是舜归而言于帝,请流共工于幽陵,以变北狄;放欢兜于崇山,以变南蛮;迁三苗于三危,以变西戎;殛鲧于羽山,以变东夷。"正义云:"吴起云:'三苗之国,左洞庭而右彭蠡。'……今江州、鄂州、岳州,三苗之地也。"② 这与《尚书》所说为同一事,则有苗氏的地域在"江淮、荆州",亦即洞庭湖、鄱阳湖一带,即洞庭湖、鄱阳湖以及其间的长江周围地带"江州、鄂州、岳州",其中江州为今江西九江一带、鄂州今湖北武汉一带、岳州今湖南岳阳一带。

在颛顼—帝喾时期,九黎受到祝融氏之压制之后,其中大部分在豫东、鲁西融入夏族,另一部分离开豫东而南下。这一部分九黎的后裔当即三苗。虞舜时期,有苗氏当位于今湖北东部、湖南东北部及江西西北部,即《晋书》谓之"江海",而《史记·五帝本纪》谓之"江淮、荆州"。故有苗氏的地域在东方,与东巡有关,与丹江流域无关。《晋书》所谓"尧有丹水之伐,舜有三苗之征",说明尧的丹水之伐与舜的三苗之征是两回事。

三苗之地域包括今河南东南部以及湖北东南部、湖南东北部、江西西北部等交界地带。因此江汉之南的有苗氏可能经河南东南部直接南下的。

## (三)"窜三苗于三危"

尧舜时期曾流四凶,这是尧舜时期最严重的政治斗争,即"流共工于幽洲,放欢兜于崇山,窜三苗于三危,殛鲧于羽山"。孔安国传:"幽州,北裔,水中可居者曰州。""崇山,南裔。""三危,西裔。""羽山,东裔在海中。"孔颖达疏:"幽州在北裔。雍州三危在西裔。徐州羽山在东裔。三方既明,知崇山在南裔也。《禹贡》无崇山,不知其处,盖在衡岭之南也。"又疏:"杜预言三苗地阙,不知其处。"③

后来三苗的这个分支,在尧舜时期一部分又从洞庭湖、鄱阳湖迁徙到西北秦陇地区,所谓"迁三苗于三危以变西戎",于是南蛮中三苗的一部分成了西戎或西羌的一部分。

三危在何处?《史记》"迁三苗于三危",并引《括地志》云:三危山在"沙州敦煌

---

① 《晋书·礼志下》,第654页。
② 《史记·五帝本纪》,第28、29页。
③ 《尚书正义·舜典》,(清)阮元校刻:《十三经注疏》,第128、129页。

县东南三十里。"① 但《水经注》谓三危在鸟鼠山："《山海经》曰：三危之山，三青鸟居之，是山也，广圆百里。在鸟鼠山西，即《尚书》所谓窜三苗于三危也。"② 则三危在陇东鸟鼠山，即今甘肃渭源。渭源与敦煌相距甚远，《水经注》是正确的（有关讨论请参看张肇麟《夏商周起源考证》）。又郑玄注："三危在岷山之西南。"③ 岷山之西南接近渭源，因此在虞舜时期，有苗从江淮、荆州迁于陇东，成为三苗。所以称"三"，可能与"三危"之三有关。总之是部分有苗迁到了三危，得到三苗的名称。因此将江淮、荆州间的全部有苗称为三苗是不恰当的。

故文献中通常都用"三苗"而少用"有苗"，其实不仅在流放三危之前应该称为"有苗"，即使经过流放之后，那些没有流放而仍然生活在长江流域的苗民还应该继续称为"有苗"。本书认为对文献中的"三苗"都应该如此理解。

《后汉书》关于有苗迁徙到西羌地区的记载如下：

> 西羌之本，出自三苗，姜姓之别也。其国近南岳，及舜流四凶，徙之三危，河关之西南羌地是也。滨于赐支，至乎河首，绵地千里。赐支者，《禹贡》所谓析支者也。南接蜀、汉徼外蛮夷，西北接鄯善、车师诸国。所居无常，依随水草。地少五谷，以产牧为业。其俗氏族无定，或以父名母姓为种号。十二世后，相与婚姻。④

《尚书》《世本》《史记》都讲到这件上古史的大事。

有苗本来位于武昌、岳阳、九江一带，则是蛮夷戎狄。舜时将之流放到三危的西羌地域，那么还是蛮夷戎狄，但是其中一批人往西北发展，"至乎河首，绵地千里"，与鄯善、车师相邻，则逐步成了远夷的一部分。

而上述窜三危的三苗亦即有苗，其后裔也当有一部分被三危固有的旧族所同化，证以《淮南子·俶真训》云："是故槐榆与橘柚合而为兄弟，有苗与三危通为一家。"⑤ 显见汉初时人尚知道三危是另有之氏族，这极少数的苗姓后裔加入三危的氏族之后，还是被三危旧族同化了。三危旧族当为西羌之一部，从《后汉书·西羌传》所描写之羌族风俗，已可证实三苗被三危同化了。

舜将三苗由南蛮迁于三危，而成为西羌族之祖先，如《隋书》云："党项羌者，三苗之后也。"⑥《魏书》云："宕昌羌者，其先盖三苗之胤。周时与庸、蜀、微、卢等八

---

① 《史记·五帝本纪》，第28、29页。
② （后魏）郦道元注，（清）杨守敬、熊会贞疏，段熙仲点校：《水经注疏·禹贡山水泽地所在》，第3360页。
③ （清）孙星衍撰，陈抗、盛冬铃点校：《尚书今古文注疏·尧典下》，第56、57页。
④ 《后汉书·西羌传》，第2869页。
⑤ （汉）高诱注：《淮南子·俶真训》，《诸子集成》第七册，第24页。
⑥ 《隋书·西域传》，第1845页。

国从武王灭商……"① 这些说法是错误的。实际情况是，尧舜时部分南方之三苗西迁陇东，最终融入西羌。因此，后来之党项羌、宕昌羌均为西羌之胤。

（四）"分北三苗"

1. "分北三苗"辨析

"分北三苗"之北，古"别"字。虞翻批评郑玄讲解《尚书》时没有认识到这一点："'分北三苗'，'北'古'别'字，（郑玄）又训'北'，言北犹别也。"②

《尚书·舜典》云："庶绩咸熙，分北三苗。"孔安国传："三苗幽暗，君臣善否，分北流之，不令相从，善恶明。"孔颖达疏："前流四凶时，三苗之君窜之西裔，更绍其嗣，不灭其国，舜即政之。后三苗复不从化……北，背也，善留恶去，使分背也。"③

孔颖达疏中之第一个"三苗"是指"窜三苗于三危"之三苗，而第二个"三苗"是指不迁三危而留在江淮、荆州之有苗。所谓"分北三苗"，是第二个"三苗"，即留在江淮、荆州不迁之有苗，舜将其再加以"分北"。

但郑玄以为"分北三苗"还是第一个"三苗"，先流三危，再从三危"分北"，他说："流四凶者，卿为伯、子，大夫为男，降其位耳，犹为国君，故以三苗为西裔诸侯。犹为恶，乃复分析流之。谓分北西裔之三苗也。北犹别也。"郑玄谓"四凶"之此说为孙星衍所不取，他说："此三苗，似非窜三危者。"④

但史书对舜征服三苗有不同的记载，如《山海经》郭璞注："尧以天下让舜，三苗之君非之，帝杀之。有苗之民叛入南海，为三苗国。"⑤

尧舜时期，有苗氏是诸侯，已经融入夏族。《太平御览》说："《外国图》曰：'昔唐以天下授虞，有苗之君非之。苗之民浮黑水入南海，是为三苗民，去九疑三万三千里。'"⑥那么有苗受到惩罚的原因应与共工、欢兜有共同之处。

《路史》载："欢兜……生三苗氏。……尧窜之于三危，河西诸羌俱其类也。……苗民逆命，昏迷自贤，反道败德。……帝乃诞敷文德，舞干羽而苗格。遂分北之，其余入于南海者为欢朱国。"⑦则欢兜流放崇山之后生三苗氏。三苗氏后来分为两部分：一部分南下为欢朱国；另一部分窜于三危，成为河西诸羌。

周族最痛恨者为共工系之犭㹴狁，所以他把共工排除出帝系之外。其次为祝融系之苗

---

① 《魏书·宕昌传》，第2241页。《周书·异域列传上》卷四九，第892页。
② 《三国志·吴书·虞翻传》注，第1323页。
③ 《尚书正义·舜典》，（清）阮元校刻：《十三经注疏》，第132页。
④ （清）孙星衍撰，陈抗、盛冬铃点校：《尚书今古文注疏·尧典下》，北京：中华书局，1986年，第73页。
⑤ （清）郝懿行撰，栾保群点校：《山海经笺疏·海外南经》，第238页。
⑥ （宋）李昉等：《太平御览·四夷部十一》，北京：中华书局，1960年，第3498页。
⑦ （宋）罗泌：《路史·黄帝》，第93页。

族。《诗·绵》之混夷，即昆夷[1]，亦即《史记·匈奴列传》之绲夷[2]，其族系属于鬼方系。吕思勉《民族史》考定绲夷在今甘肃天水。[3]《水经注》有苗谷，引《地道记》云："有三危山，三苗所处，故有苗谷。"[4] 似乎三苗有一部分在此。

但是三危不是西羌的原住地。羌族显然是以渭河的旧称羊水而得名，其原住地当在渭河上源，我们认为即大隗氏，也即鬼方氏，而为后来西羌之本原。《世本》云："鬼方于汉，则先零戎是也。"[5]

2. 三苗之疆域

《尚书·吕刑》："苗民弗用灵，制以刑。惟作五虐之刑曰法，杀戮无辜。"孔传："三苗之君，习蚩尤之恶。"[6] 郑玄注："苗民谓九黎之君也。……言苗民者，有苗、九黎之后。颛顼代少昊，诛九黎，分流其子孙，居于西裔者为三苗。"[7] 郑玄言有苗为九黎之后，而三苗是有苗西裔的一部分。但是通常叫三苗为全部有苗。《三国志》裴注引陶谦上书曰："克难平乱，非兵不济。是以涿鹿、阪泉、三苗之野有五帝之师，有扈、鬼方、商、奄四国有王者之伐。"[8]

《资治通鉴外纪》载："有苗氏，左洞庭，右彭蠡，大山在其南北，因险而不服。禹欲伐之，舜不许……乃谕教焉。三年，有苗氏请服。"[9]

（五）三苗之部族

1. 三苗与姓氏

苗族在南方不复有姓，似乎苗即是姓。而留居原住地的当为黎族，即《诗序》"黎侯（失国）寓于卫"之黎。[10] 古籍上只称为苗黎，不复载明其姓，也可证苗是其姓。这样苗姓已可以分别称之为苗、黎。

《后汉书·西羌传》谓三苗，"姜姓之别"[11]。因此，九黎、三苗属于姜姓炎帝系统，他们是蚩尤的后裔。

《尚书·吕刑》谓从蚩尤开始行酷刑，苗民继而作五虐之刑："蚩尤惟始作乱，延及于平民。……苗民弗用灵，制以刑，惟作五虐之刑曰法，杀戮无辜。"于是颛顼、尧、

---

[1] 《毛诗正义·大雅·绵》，（清）阮元校刻：《十三经注疏》，第511页。
[2] 《史记·匈奴列传》，第2883、2884页。
[3] 吕思勉：《中国民族史》，第34页。
[4] （后魏）郦道元注，（清）杨守敬、熊会贞疏，段熙仲点校：《水经注疏·渭水上》，第1500页。
[5] （清）雷学淇：《世本·帝系》，（汉）宋衷注，（清）秦嘉谟等辑：《世本八种》，第6页。
[6] 《尚书正义·吕刑》，（清）阮元校刻：《十三经注疏》，第247页。
[7] （清）孙星衍撰，陈抗、盛冬铃点校：《尚书今古文注疏·吕刑上》，第520页。
[8] 《三国志·魏书·陶谦传》注，第250页。
[9] （宋）刘恕：《资治通鉴外纪》，上海：上海书店，1989年，第15页。
[10] 《毛诗正义·邶风·式微序》，（清）阮元校刻：《十三经注疏》，第305页。
[11] 《后汉书·西羌传》，第2869页。

舜等对此进行了纠正。那么蚩尤究竟是谁？苗民又是谁？孔安国传："九黎之君号曰蚩尤。"马融曰："少昊之末，九黎君名。"孔安国又说，苗民指"三苗之君"，他们"习蚩尤之恶，不肯用善化民，而更制重法。……蚩尤，黄帝所灭；三苗，帝尧所诛"①。

在颛顼统治下，九黎灭亡了。《国语》载："无亦鉴于黎、苗之王，下及夏、商之季（韦昭注：黎，九黎；苗，三苗。少皞氏衰，九黎乱德，颛顼灭之。高辛氏衰，三苗又乱，尧诛之。夏、商之季，谓桀、纣，汤、武灭之也）。上不象天，而下不仪地，中不和民，而方不顺时，不共神祇，而蔑弃五则。是以人夷其宗庙，而火焚其彝器，子孙为隶，不夷于民。"②

则有苗氏、三苗即为南下之三苗，而且尧、舜、禹等南下对三苗进行了追击。

舜打败有苗之后，就将其流放到三危。《说文》引此语以说窜字的音读。段玉裁已辨明《舜典》本文仍为窜而非竄，竄即是放逐之意。③

用流放的办法惩罚逆命的部族，是上古以来的基本政策，如《三国志·廖立传》裴松之注："诏曰：'三苗乱政，有虞流宥。廖立狂惑……亟徙不毛之地。'"④

《帝王世纪》："（帝尧）年二十而登帝位……诸侯有苗氏处南蛮而不服，尧征而克之于'丹水之浦'。"这次行动是尧"殂落"之前进行的。⑤因此丹水之"有苗"被尧征服之后，也许在尧退位时已迁徙到了江淮、荆州，成为"三苗"。

《淮南子》说："（舜）南征三苗，道死苍梧。"⑥尧、舜时之有苗，其地域当即丹水流域，或迁徙到了江淮、荆州，成为"三苗"。

2. 对三苗之讨伐

传说，舜本人最后死于征苗。《礼记·檀弓》云："舜葬于苍梧之野"，郑玄注："舜征有苗而死，因留葬焉。"孔颖达疏："《史记》云：舜……南巡守，崩于苍梧之野，葬于九疑山。……案《尚书》窜三苗于三危，在西裔。今舜征有苗，乃死于苍梧者，张逸答焦氏问云：初窜西裔，后分之在南野。"⑦

尧舜对苗民的讨伐不绝于书，舜曾命禹征伐有苗："帝（舜）曰：'禹，惟时有苗弗率，汝徂征。'"⑧郑玄说："尧兴，又诛之。尧末，又在朝。舜臣尧，又竄之。禹摄位，又在洞庭逆命，禹又诛之。穆王恶此族三生凶恶，故着其恶而谓之民。民者，冥也，言未见仁道。"⑨

---

① 《尚书正义·吕刑》，（清）阮元校刻：《十三经注疏》，第247页。
② 徐元诰撰，王树民、沈长云点校：《国语集解·周语下》，第100、101页。
③ （清）段玉裁：《说文解字注·宀部》，第342页。
④ 《三国志·蜀书·廖立传》注，第998页。
⑤ 徐宗元：《帝王世纪辑存》，第33页。
⑥ （汉）高诱注：《淮南子·修务训》，《诸子集成》第七册，第331页。
⑦ 《礼记正义·檀弓上》，（清）阮元校刻：《十三经注疏》，第1281页。
⑧ 《尚书正义·大禹谟》，（清）阮元校刻：《十三经注疏》，第137页。
⑨ （清）孙星衍撰，陈抗、盛冬铃点校：《尚书今古文注疏·吕刑上》，第520、521页。

三苗最初见于《尚书》之四凶，本是中原的氏族。《史记》《大戴礼记》谓三苗窜于西戎，而记载纷纭，莫衷一是。

三苗因此在四海，虽主要之居民为异族，但其中却有大量之夏族。如上述尧舜将政敌流放到四境，他们被流放到边境之后，就由夏族变成了其他部族。

## [补注] 甘肃三苗后裔

甘肃省兰州、天水、平凉等地，有一部分居民至今仍保持与当地汉民不同的语言与习俗，"尤以永登县薛家湾人比较典型，被当地人称为'蛮婆''蛮子'或'苗子'。……他们的语言（族内语），基本上属于古苗语。……服饰与当地汉人有很大的差别……而与南方苗族基本相同。……他们认为自己是苗族的后代，说是老人家一代传一代传下来的，而且信奉蚩尤神、桃花娘娘、张三丰等。具有强烈的苗族情结"[1]。他们可能是三苗后裔。

---

[1] 吴荣臻主编：《苗族通史》第一册，北京：民族出版社，2007年，第12、13页。

# [16] 五帝时期之都畿

## 一、黄帝时期之都城

### (一) 黄帝时期

原始部落形成宗社组织以后，原始的宗社就扩大为都邑。许多考古发掘中都找到了大小不同的村落宗社以及更大的都邑。但是更大的国家都畿却很少出现，几千年来最早的都畿已经是尧舜时代了。

据《春秋命历序》记，黄帝、少昊、颛顼、帝喾大约四千年，其中黄帝两千五百年，少昊、颛顼、帝喾大约一千五百年，其说法如下：

> 黄帝一曰帝轩辕，传十世，二千五百二十岁（或作一千五百二十岁）。次曰帝宣，曰少昊，一曰金天氏，则穷桑氏，传八世，五百岁。次曰颛顼，则高阳氏，传二十世，三百五十岁。次是帝喾，即高辛氏，传十世，四百岁。①

再加上尧舜禹一千年，则五帝时期总共五千年。② 根据《春秋命历序》，五帝时期的五千年可以分为四个阶段：

第一阶段是夏族起初位于昆仑之墟，亦即陇山地区，而夏族之首领"天皇"是"兄弟十三人"，这是黄帝时期前期。大约一千年。

第二阶段是夏族从陇山地区向东移殖到"龙门熊耳山"，亦即指夏族移殖到河水中下游，而夏族之首领"地皇"是"兄弟十一人"，这是夏族的黄帝时期后期。大约一千五百年。

---

① （清）黄奭：《春秋纬·春秋命历序》，第 203 页；《礼记正义·祭法》疏，（清）阮元校刻：《十三经注疏》，第 1587 页。
② 考古学家发现距今 4000 年约为夏王朝初始时期，因此距今 4000 年是中国历史的有史时期。从距今 5000 年到距今 4000 年为龙山文化时期，从距今 7000 年到距今 5000 年为仰韶文化时期，而从距今 9000 年到距今 7000 年，往往称之为前仰韶文化时期。因此，从距今 9000 年到距今 4000 年可以称为中国考古学的有史时期，中国历史的有史时期是从夏朝开始的。《史记·夏本纪》记述了夏启以后至今四千年的历史纪年。但是夏启以前的历史纪年则是空白的。这个问题从孔子以来就成为中国历史的大问题，孔子的学生宰予问孔子：传说黄帝三百年，"请问黄帝者人邪，抑非人邪"，孔子回答说："先生难言之。"参见（清）王聘珍撰，王文锦点校：《大戴礼记解诂·五帝德》，第 117 页。孔子回答不了黄帝的年代。但是自从安特生发现仰韶文化之后，中国的考古学研究使得夏朝之前的历史就有了新的面貌。因此，考古学文化和中国古代遗留的纬书，正好补充了夏朝之前的历史年代，故考古学的发展使得中国的历史有了夏朝之前的历史年代。

最后夏族将河水中下游"分治九州",亦即夏族统治九州,而夏族之首领"人皇"是"兄弟九人"。这是夏族的颛顼—帝喾时期一千五百年和尧舜禹时期一千年,总共两千五百年。因此可以说:

第三阶段为颛顼—帝喾时期,一千五百年。

第四阶段为尧舜禹时期,一千年。

## (二)黄帝之东迁

### 1. 黄帝都畿的出现

考虑到《史记·五帝本纪》谓黄帝"天下有不顺者,黄帝从而征之,平者去之,披山通道,未尝宁居。……迁徙往来无常处,以师兵为营卫"[1]。

《帝王世纪》曰:"黄帝有熊氏……有圣德,受国于有熊……故因以为名又以为号",《白虎通》说黄帝号有熊。[2]《水经注》云:"均水发源弘农郡之卢氏县熊耳山……双峰齐秀,望若熊耳,因以为名。齐桓公召陵之会,西望熊耳,即此山也。"[3]

黄帝号有熊氏,《帝王世纪》谓黄帝"有圣德,受国于有熊",《路史》则谓其开国于有熊,故有熊应该是黄帝的事业开端。《舆地广记》也说,古有熊国,黄帝所都。[4] 既然黄帝受国于有熊,又说开国于有熊,则此处当即黄帝离开陇山之后的政治中心。故有熊氏盖以熊耳山得名。

熊耳山地区地域广阔,如新郑就属于熊耳山地区。《水经注》云:"《帝王世纪》云:或言县故有熊氏之墟,黄帝之所都也。郑氏徙居之,故曰新郑矣。"又如灵宝也属于熊耳山地区,《水经注》云:"宏农湖县,有轩辕黄帝登仙处。黄帝采首山之铜,铸鼎于荆山之下。有龙垂胡于鼎,黄帝登龙,从登者七十人,遂升于天,故名其地为鼎湖。"[5]《读史方舆纪要》河南府陕州阌乡县:"荆山,在县南二十五里。志云:山下有铸鼎原,即轩辕采首阳之铜铸鼎处云。又有阌山,在县西南五十里,县以此名。"[6]

### 2. 熊耳山地区

《读史方舆纪要》开封府新郑县:"古有熊地,黄帝都焉。周封黄帝后于此为邻国。"[7] 又,开封府禹州密县:"郐城,在县东北五十里。周郐国也,《诗》有郐风。……

---

[1] 《史记·五帝本纪》,第3、6页。
[2] (宋)李昉等:《太平御览·皇王部四》,第367页;(清)陈立撰,吴则虞校点:《白虎通疏证·号》,第60页。
[3] (后魏)郦道元注,(清)杨守敬、熊会贞疏,段熙仲点校:《水经注疏·均水》,第2471页。
[4] (宋)罗泌:《路史·国名纪甲》,第322页。
[5] (后魏)郦道元注,(清)杨守敬、熊会贞疏,段熙仲点校:《水经注疏·洧水》,第1843页;(后魏)郦道元注,(清)杨守敬、熊会贞疏,段熙仲点校:《水经注疏·河水四》,第327页。
[6] (清)顾祖禹撰,贺次君、施和金点校:《读史方舆纪要·河南三》,第2279页。
[7] (清)顾祖禹撰,贺次君、施和金点校:《读史方舆纪要·河南二》,第2171页。

平王时郑武公灭郐而并其地。"①

《读史方舆纪要》开封府许州襄城县:"首山,在县南五里。《史记》:申公曰:'天下名山八,三在夷狄,五在中国,皆黄帝所游。'首山其一也,或以为即此山。首山者,县西诸山迤逦直接嵩、华,而实起于此,故名。"②

《读史方舆纪要》河南府永宁县:"在府西南二百里……汉为渑池县之西境,属弘农郡。西魏于黄栌城置北宜阳县,后改熊耳县,属宜阳郡。……唐初……属熊州。贞观初改属谷州。"③

《读史方舆纪要》河南府卢氏县:"熊耳山,在县西南五十里。东连永宁,南接内乡,有东西两峰相竞如熊耳然。洛水径其下。《禹贡》曰:'导洛自熊耳。……志云:府境山名熊耳者有三:卢氏之熊耳也,宜阳之熊耳也,陕州之熊耳也。'"④《读史方舆纪要》河南府陕州:"州东有熊耳山。"⑤

《读史方舆纪要》南阳府邓州内乡县:"熊耳山,县东十二里。……其北麓接卢氏县界,旁有枪竿岭,湍水所出也。"《读史方舆纪要》南阳府邓州淅川县:"均水,在县东。源出内乡县熊耳山,曰淯水……至故涉都城东北而入沔曰均水。"⑥

《读史方舆纪要》河南府登封县:"大熊山,在县南五十里。顶宽平,四围陡峻,俗曰大熊寨,可避兵。县东南四十里又有小熊山。"⑦

《读史方舆纪要》怀庆府济源县:"熊山,在县东北五十里。三面距沁河,惟西南一峰突出。"⑧

《读史方舆纪要》开封府许州:"鲁城,在州西南。《左传·隐(公)八年》:'郑请以泰山之祊易许田而祀周公。'后置邑于此,因曰鲁城。"⑨

## 二、颛顼—帝喾时期之都城

(一)颛顼—帝喾时代

从距今7000年前一直到距今5500年前,夏族进入颛顼—帝喾的年代。司马迁在讲到货币时说:"自高辛氏之前尚矣,靡得而记云。"⑩ 货币都是如此,其他方面就可想而

---

① (清)顾祖禹撰,贺次君、施和金点校:《读史方舆纪要·河南二》,第2196页。
② (清)顾祖禹撰,贺次君、施和金点校:《读史方舆纪要·河南二》,第2189页。
③ (清)顾祖禹撰,贺次君、施和金点校:《读史方舆纪要·河南三》,第2256页。
④ (清)顾祖禹撰,贺次君、施和金点校:《读史方舆纪要·河南三》,第2268页。
⑤ (清)顾祖禹撰,贺次君、施和金点校:《读史方舆纪要·河南三》,第2272页。
⑥ (清)顾祖禹撰,贺次君、施和金点校:《读史方舆纪要·河南六》,第2421、2427页。
⑦ (清)顾祖禹撰,贺次君、施和金点校:《读史方舆纪要·河南三》,第2264页。
⑧ (清)顾祖禹撰,贺次君、施和金点校:《读史方舆纪要·河南四》,第2292页。
⑨ (清)顾祖禹撰,贺次君、施和金点校:《读史方舆纪要·河南二》,第2185页。
⑩ 《史记·平准书》,第1442页。

知了。故颛顼—帝喾时代，社会比较原始，他们与黄帝有密切的关联。《史记·五帝本纪》说："帝颛顼高阳者，黄帝之孙而昌意之子也。""帝喾高辛者，黄帝之曾孙也。高辛父曰蟜极，蟜极父曰玄嚣，玄嚣父曰黄帝。自玄嚣与蟜极皆不得在位，至高辛即帝位。"根据《史记·五帝本纪》记，黄帝有"四妃"，而玄嚣与昌意是黄帝正妃嫘祖之二子。① 因此在邦联的初期，天子可能是某种世袭的。

到颛顼—帝喾年代，夏族巩固了他们在河水下游的地位，控制了戎族，也就是夏族巩固了他们在中国的统治地位。因此《史记·五帝本纪》说，颛顼时"北至于幽陵，南至于交趾，西至于流沙，东至于蟠木。动静之物，大小之神，日月所照，莫不砥属"。又说帝喾时，"溉执中而遍天下，日月所照，风雨所至，莫不从服"②。除交趾外，所说之四至当即颛顼—帝喾时之地域范围。

《史记·五帝本纪》说"（颛顼）静渊以有谋，疏通而知事；养材以任地，载时以象天，依鬼神以制义，治气以教化，洁诚以祭祀。"同样，对帝喾则说他"聪以知远，明以察微。顺天之义，知民之急。仁而威，惠而信，修身而天下服。取地之财而节用之，抚教万民而利诲之，历日月而迎送之，明鬼神而敬事之"③。因此"颛顼、帝喾的时代"约一千五百年，社会稳定，夏族的邦联也已经稳定，已经有了国都，也有了葬地。

现在考察一下颛顼、帝喾的都城与葬地。

## （二）高阳氏

《帝王世纪》云："帝颛顼，高阳氏。……女枢生颛顼于若水。……及颛顼生十年而佐少昊，二十而登帝位，平九黎之乱……始都穷桑，徙商丘。……颛顼在位七十八年，年九十一岁，岁在鹑火而崩，葬东郡顿丘广阳里。"④

《帝王世纪》又云："（颛顼）自穷桑徙商丘，太行东北及兖，广桑之野，豕韦之次。"⑤ "空桑"即"穷桑"，亦即"广桑之野"。

《史记·五帝本纪》又说昌意有子名颛顼，《集解》引皇甫谧曰："都帝丘，今东郡濮阳是也。"⑥ 如果昌意在四川，那么颛顼从若水移殖到濮阳，其距离可能长达一两千里。具体情况现在很难确定，但颛顼时期必定进行了长距离之移殖。否则不可能有这一些传说。

---

① 《史记·五帝本纪》，第 10、11、13 页。
② 《史记·五帝本纪》，第 11、13 页。关于交趾，参看张肇麟：《夏商周起源考证》，第 214 页。
③ 《史记·五帝本纪》，第 11、13 页。
④ 徐宗元：《帝王世纪辑存》，第 27 页。
⑤ 徐宗元：《帝王世纪辑存》，第 28 页。
⑥ 《史记·五帝本纪》，第 12 页。

1. 颛顼之都城与葬地

（1）颛顼之都城

《帝王世纪》谓颛顼都穷桑，徙商丘，《史记·周本纪》之《正义》曰："《帝王世纪》云：'颛顼始都穷桑，徙商丘。'穷桑在鲁北，或云穷桑即曲阜也。又为大庭氏之故国，又是商奄之地。"① 但何为商丘？文献中有含糊之处，《水经注》说：

> 瓠子之水，绝而不通，惟沟渎存焉。河水旧东流，径濮阳城东北，故卫也。帝颛顼之墟。昔颛顼自穷桑徙此，号曰商丘，或谓之帝丘。本陶唐氏火正阏伯之所居，亦夏伯昆吾之都，殷相土又都之。故《春秋传》曰：阏伯居商邱，相土因之，是也。②

对此，熊会贞疏：

> 《左传·昭十七年》梓慎曰，卫颛顼之虚，故为帝丘。杜《注》，卫，今濮阳县。《续汉志》濮阳，古昆吾国。《通典》即昆吾之墟，亦曰帝丘。又《左传·襄九年》阏伯居商丘，相土因之。杜注，商丘在宋地。是颛顼、昆吾居帝丘在卫，阏伯、相土居商丘在宋。渺不相涉。乃《帝王世纪》谓颛顼自穷桑徙商丘，于周为卫，又谓相徙商丘本颛顼之墟故阏伯之所居。随举《春秋传》文为证，俱引见《御览》一百五十五，则混帝丘而一之，而以颛顼、昆吾与阏伯、相土所居为一地矣，舛误殊甚。③

由此可知，颛顼之商丘在卫，即帝丘，亦即濮阳，而阏伯、相土之商丘在宋，并非帝丘。故《史记·五帝本纪》之集解说："皇甫谧曰：'都帝丘，今东郡濮阳是也。'"④ 因此颛顼之都城为河南濮阳。至于从穷桑迁到濮阳，何处为穷桑？为何从穷桑要迁到濮阳？

要注意，颛顼并不是指一个"天子"，颛顼—帝喾时代长达一千五百年，其中当有迁徙，甚至可能多次迁徙。因此所谓从穷桑迁濮阳，未必是颛顼本人的迁徙，很可能是颛顼之前的迁徙。究竟颛顼是否曾经迁都，书传中没有明说。但根据史书记载，颛顼之都当即今之河南濮阳。

（2）颛顼之葬地

关于颛顼之葬地，《史记·五帝本纪》说："《皇览》曰：'颛顼冢在东郡濮阳顿丘城

---

① 《史记·周本纪》，第 128 页。
② （后魏）郦道元注，（清）杨守敬、熊会贞疏，段熙仲点校：《水经注疏·瓠子河》，第 2030、2031 页。
③ （后魏）郦道元注，（清）杨守敬、熊会贞疏，段熙仲点校：《水经注疏·瓠子河》，第 2031 页。
④ 《史记·五帝本纪》，第 12 页。

门外广阳里中。'"① 未见书传中有颛顼的其他葬地，因此颛顼的葬地应该就在濮阳。

## （三）高辛氏

《帝王世纪》云：

> 帝喾高辛氏，姬姓也。其母不见，生而神异，自言其名曰逡。……年十五而佐颛顼，三十登帝位，都亳。以人事纪官，故以勾芒为木正、祝融为火正、蓐收为金正、玄冥为水正、后土为土正，是五行之官分职而治诸侯。……世有才子八人，号曰八元。亦纳四妃，卜其子皆有天下。元妃有台氏女，曰姜嫄，生后稷；次有娀氏女，曰简狄，生卨；次陈丰氏女，曰庆都，生放勋；娵訾氏女，曰常仪，生帝挚。帝喾氏位七十五年，年一百五岁而崩。葬东郡顿丘广阳里。②

《帝王世纪》又说："挚在位九年，政软弱，而唐侯德盛，诸侯归之。挚服其义，乃率其群臣造唐朝，而致禅因委，至心愿为臣。唐侯于是知有天命，乃受帝禅，而封挚于高辛氏。事不经见，汉故议郎东海卫宏所传云尔。"③《史记·五帝本纪》也说："帝挚立，不善，而弟放勋立，是为帝尧"，正义云："《帝王纪》云：'……乃封挚于高辛。'今定州唐县也。"④

### 1. 帝喾之都城与葬地

（1）帝喾之都城

关于帝喾之都城，《史记·五帝本纪》之集解云："皇甫谧曰：'都亳，今河南偃师是。'"⑤ 又《水经注》说："班固曰：'尸乡，故殷汤所都者也，故亦曰汤亭。薛瓒《汉书·注》、皇甫谧《帝王世纪》并以为非，以为帝喾都矣。'"又，《水经注》还说："谷水又东，径偃师城南。皇甫谧曰：'帝喾作都于亳，偃师是也。'"⑥

（2）帝喾之葬地

关于帝喾之葬地，《史记·五帝本纪》之集解云："《皇览》曰：'帝喾冢在东郡濮阳顿丘城南台阴野中。'"⑦ 书传中对帝喾之都城与墓地均无异词，但帝喾之墓地与颛顼同在濮阳，何以其都城位于偃师而不与颛顼同于濮阳？

颛顼始都穷桑，后徙都濮阳，葬于濮阳，而帝喾都偃师，葬于濮阳。《史记·周本

---

① 《史记·五帝本纪》，第13页。
② 徐宗元：《帝王世纪辑存》，第29页。
③ 徐宗元：《帝王世纪辑存》，第32页。
④ 《史记·五帝本纪》，第14、15页。
⑤ 《史记·五帝本纪》，第13页。
⑥ （后魏）郦道元注，（清）杨守敬、熊会贞疏，段熙仲点校：《水经注疏·谷水》，第1440、1442页。
⑦ 《史记·五帝本纪》，第15页。

纪》之正义引《帝王世纪》云："炎帝自陈营都于鲁曲阜。黄帝自穷桑登帝位，后徙曲阜。少昊邑于穷桑，以登帝位，都曲阜。颛顼始都穷桑，徙商丘。"其中黄帝、少昊、颛顼均始都穷桑（只有炎帝始都陈），而炎帝、黄帝、少昊均徙都曲阜（只有颛顼徙都濮阳）。其地点集中于穷桑、曲阜。

穷桑不是一个明确的地名，《史记·周本纪》之《正义》又说："穷桑在鲁北，或云穷桑即曲阜也。又为大庭氏之故国，又是商奄之地。"①

因此大家征引之皇甫谧谓帝喾"都亳"，也可能是"都穷桑"之误。帝喾的世系相当奇异，传说帝喾有四子为（周）后稷、（商）契、尧、帝挚（挚继承帝喾，又禅于尧），这个传说当然不是事实。将商、周说成帝喾之子，可能是将统一全国的功劳归之于帝喾，因此帝喾"都亳"当非事实。

但是自颛顼至帝喾，在一千五百年间，夏族已经有了巨大而巩固的地域。因此，在帝喾以后，夏族开始进入了一个新的历史阶段，即尧舜禹时期，即中国进入文明时期，《书经》就是从尧开始记载的。

2. 后裔

并州为少昊氏之后裔以及高辛氏之子实沈所居。《太平寰宇记》云："并州，《禹贡》冀州之域，《禹贡》曰：'既修太原。'……按今州本高辛氏之子实沈，又金天氏之子台骀之所居也。"②

《太平寰宇记》说："汾州，《禹贡》冀州之域。其在虞舜至周之代，皆属并州。春秋时为晋地。昔金天氏之后台骀能业其官，宣汾、洮也。又高阳氏之后分为晋国。"③汾州，"元领县五：西河、孝义、平遥、介休、灵石"④。

西河县，"临汾宫。隋大业四年……于汾州北四十里。临汾水起汾阳宫，即管涔山汾河源所出之处"⑤。

又岚州静乐县，"管涔山，在县北一百三十里，一名菅涔山。《山海经》云汾水所出"。"壶口山。《禹贡》曰：'壶口治梁及岐。'……《水经注》云：'在北屈县故城北十里。'""燕京山。《水经注》云：'桑干水潜承太原、汾阳县北燕京山之天池也。'"⑥"天池……在县东北一百四十里，周回八里。《水经注》：'俗谓之天池，阳旱不耗，阴霖不滥。……今池侧有祠，谓之天池祠也。'"⑦

---

① 《史记·周本纪》，第128页。
② （宋）乐史撰，王文楚等点校：《太平寰宇记·河东道一》，第837页。
③ （宋）乐史撰，王文楚等点校：《太平寰宇记·河东道二》，第865页。
④ （宋）乐史撰，王文楚等点校：《太平寰宇记·河东道二》，第866页。
⑤ （宋）乐史撰，王文楚等点校：《太平寰宇记·河东道二》，第867页。
⑥ （宋）乐史撰，王文楚等点校：《太平寰宇记·河东道二》，第874页。
⑦ （宋）乐史撰，王文楚等点校：《太平寰宇记·河东道二》，第875页。

孝义县，"虞、虢二城。相传晋灭虞、虢。迁其人于此，筑城以居之"①。

介休县，"昭余祁，《吕氏春秋》云大陆，又名呕夷之泽。《周礼》并州薮，俗名邬城泊是。按薮自太原祁县连延西接至此"②。

《左传·昭公元年》讲述晋侯有疾，郑伯使子产聘晋且问疾。晋侯谓其所受为实沈、台骀之祟，问子产何神为实沈、台骀？子产回答如下：

> 晋侯有疾……卜人曰："实沈、台骀为祟。"……子产曰："昔高辛氏有二子，伯曰阏伯，季曰实沈，居于旷林（杜预注：旷林，地阙），不相能也。……后帝（杜预注：后帝，尧也）不臧。迁阏伯于商丘，主辰，商人是因，故辰为商星。迁实沈于大夏（杜预注：大夏，今晋阳县），主参，唐人是因，以服事夏商。……由是观之，则实沈，参神也。昔金天氏（杜预注：金天氏，帝少昊）有裔子曰昧，为玄冥师，生允格、台骀。台骀能业其官，宣汾洮，障大泽，以处大原（杜预注：大原，晋阳也，台骀之所居）。帝用嘉之，封诸汾川。沈、姒、蓐、黄（杜预注：四国，台骀之后），实守其祀。今晋主汾而灭之矣。由是观之，则台骀汾神也。抑此二者，不及君身。"③

子产回答说帝喾有二子阏伯与实沈，互不相让。于是帝尧封阏伯于商丘，而封实沈于大夏（太原）。因此，实沈是晋国之神。子产又说，少昊氏有后裔昧，其子台骀居于太原。因此，台骀也是晋国之神。从子产之传说来看，帝喾之部分子孙当分封于商丘与太原，而少昊之子孙亦分封于太原。

## 三、尧舜禹时期之都畿

### （一）帝尧

《帝王世纪》载："帝尧陶唐氏，祁姓也。母曰庆都，孕十四月而生尧于丹陵，名曰放勋。……或从母姓伊耆氏。年十五而佐帝挚，受封于唐，为诸侯。……年二十而登帝位……都平阳。……诸侯有苗氏处南蛮而不服，尧征而克之于丹水之浦。……尧与方回游阳城而崩。"《帝王世纪》又载："尧初生时，其母在三河之南，寄于伊长儒之家，故从母居为姓也。"④伊耆当即伊祁，亦即祁。故尧从母为祁姓，亦有谓之伊姓。

关于尧的具体事迹，《史记·五帝本纪》的记载极其疏略，仅有"帝尧者，放勋"五字。索隐对尧的出身做了许多必要的解释："尧，谥也。放勋，名。帝喾之子，姓伊

---

① （宋）乐史撰，王文楚等点校：《太平寰宇记·河东道二》，第868页。
② （宋）乐史撰，王文楚等点校：《太平寰宇记·河东道二》，第870页。
③ 《春秋左传正义·昭公元年》，（清）阮元校刻：《十三经注疏》，第2023页。
④ （晋）皇甫谧撰，（清）宋翔凤、钱宝塘辑：《帝王世纪》，第10、11页。

祁氏。案：皇甫谧云'尧初生时，其母在三阿之南，寄于伊长孺之家，故从母所居为姓也。'"《正义》则解释了尧的国都："《帝王纪》云：'尧都平阳，于《诗》为唐国。'徐才《宗国都城记》云：'唐国，帝尧之裔子所封。其北，帝夏禹都，汉曰太原郡，在古冀州太行恒山之西，其南有晋水。'《括地志》云：'今晋州所理平阳故城是也。平阳河水一名晋水也。'"①

1. 出生地

据说尧之父为帝喾，《史记·五帝本纪》云："帝喾娶陈锋氏女，生放勋。"则尧如从父，则为姬姓。故《路史》说："帝尧陶唐氏，姬姓，高辛氏之第二子也（罗苹注：伊祁乃炎帝之姓，尧姓姬，出于唐喾）。"②

《路史》以父系为说，故以为姬姓，与《帝王世纪》并无矛盾。但《路史》以为姬姓，则于史无据。《路史》罗苹注又以为祁姓属于炎帝系统，亦于史无据。据《国语·晋语》，黄帝后裔有祁姓。《路史》注引帝尧碑亦谓尧姓伊祁，称之为"伊尧"，又《诗含神雾》云"赤帝伊祁尧"③，俱以尧为祁姓。故尧当为祁姓无疑。至于所谓"伊尧"或"伊祁尧"，则系后世之称呼，上古时代男子不称姓。伊耆当即伊祁，亦即祁，亦有谓之伊姓。故尧从母为祁姓。

原来尧生于母家。《史记·五帝本纪》说："帝喾娶陈锋氏女，生放勋。"索隐："皇甫谧云'陈锋氏女曰庆都。'"④则尧父为高辛氏帝喾，尧母为陈锋氏庆都，而尧生于庆都家（即"伊长孺之家"位于"三阿之南"）。

尧母庆都居住之地及尧之出生地，当在今河北唐县、完县一带。《读史方舆纪要》保定府唐县："唐山，县北八里。一名唐崞，亦名尧山。又县东北十五里有孤山……一名都山。……又谓之望都山。张晏曰'都山在望都县南，尧母庆都所居，尧山在其北，登尧山望都山，故以望都为名'，即此二山也。"⑤《读史方舆纪要》保定府完县："伊祁山，亦在县西三十里，祁水出焉。伊祁，尧姓也，相传尧母所居。或以此为尧山。张晏曰'尧山与都山相去五十里'，即此山。"又"祁水，在县南。发源伊祁山……又东入满城县界，即方顺河之上源也。"⑥

以上说明尧出生于唐县一带。但《帝王世纪》云："帝尧氏始封于唐，今中山唐县是也。尧山在焉。唐水在西北，入唐河。南有望都县，山即尧母庆都之所居也。相去五十里。都山一名豆山，北登尧山，南望都山，故名其县曰望都。"⑦《帝王世纪》所谓

---

① 《史记·五帝本纪》，第15页。
② 《史记·五帝本纪》，第14页。罗泌：《路史·陶唐氏》，第119页。
③ （宋）罗泌：《路史·陶唐氏》罗苹注，第119页。
④ 《史记·五帝本纪》，第14页。
⑤ （清）顾祖禹撰，贺次君、施和金点校：《读史方舆纪要·北直三》，第522、523页。
⑥ （清）顾祖禹撰，贺次君、施和金点校：《读史方舆纪要·北直三》，第527、529页。
⑦ （晋）皇甫谧撰，（清）宋翔凤、钱宝塘辑：《帝王世纪》，第12页。

"帝尧氏始封于唐"或"受封于唐,为诸侯",是何含义?

无论尧之出生地,或尧母所居,都称为唐。尧必定是其部族之首领,亦即所谓之"诸侯",无论此部族是母系部族还是父系部族,此部族可能即称为唐。今河北唐县、完县一带当即唐。《读史方舆纪要》保定府唐县:"唐城,即今县,相传尧为唐侯时国于此。春秋时属北燕国,谓之阳邑。……后为鲜虞邑。"[1]

故河北唐县一带既为尧之出生地,亦为尧成为部族首领之地。

2. 尧都

(1) 唐

《读史方舆纪要》太原府太原县:"太原故城,在今县治东北。古唐国也。相传帝尧始都此,又夏禹之初亦尝都焉。"又"唐城,在太原故城北一里。《都城记》:尧所筑,叔虞始封此,子燮父徙居于晋水傍"[2]。

《读史方舆纪要》平阳府下属霍州:其中霍州,"霍城,州西十六里。故霍国也。……唐城,在州西。薛瓒曰:'尧所都,东去鄈十里。'《水经注》:'汾水过永安县西,又东历唐城东。'又有陶城,志云:在州南三十里。今为陶唐谷。"[3]

(2) 平阳

《汉书·地理志》云:"河东郡平阳",颜师古注:"应劭曰:'尧都也,在平河之阳。'"《后汉书》云:"河东郡平阳侯国",刘昭补注:"尧都此。"[4] 平阳在今临汾洪洞,鄈县即今山西霍州。故所谓尧都在汾水下游。《水经》云:"(汾水)历唐城东。"《水经注》:"瓒注《汉书》云,尧所都也。东去鄈十里。"[5]

平阳亦称为唐,正义云:"《帝王纪》云:'尧都平阳,于《诗》为唐国。'徐才《宗国都城记》云:'唐国,帝尧之裔子所封。其北,帝夏禹都,汉曰太原郡,在古冀州太行恒山之西。其南有晋水。'《括地志》云:'今晋州所理平阳故城是也。平阳河水一名晋水也。'"[6] 因此,《水经》说:"(汾水)历唐城东。"

《读史方舆纪要》平阳府临汾县:"附郭,古平阳也,相传即尧所都。"[7]

《读史方舆纪要》平阳府临汾县:"尧祠,在城南五里。旧志云:在城东十里平原上,以尧尝都此也。"又平阳府浮山县:"县东八里有南尧山,县东北二十里有北尧山,上皆有尧祠。"又平阳府岳阳县:"志云:县东北九十里有故唐城,相传尧都故址。"[8]

---

[1] (清)顾祖禹撰,贺次君、施和金点校:《读史方舆纪要·北直三》,第 522 页。
[2] (清)顾祖禹撰,贺次君、施和金点校:《读史方舆纪要·山西二》,第 1812、1814 页。
[3] (清)顾祖禹撰,贺次君、施和金点校:《读史方舆纪要·山西三》,第 1924 页。
[4] 《汉书·地理志》,第 1550 页;《后汉书·郡国一》,第 3397 页。
[5] (后魏)郦道元注,(清)杨守敬、熊会贞疏,段熙仲点校:《水经注疏·汾水》,第 544 页。
[6] 《史记·五帝本纪》,第 15 页。
[7] (清)顾祖禹撰,贺次君、施和金点校:《读史方舆纪要·山西三》,第 1873 页。
[8] (清)顾祖禹撰,贺次君、施和金点校:《读史方舆纪要·山西三》,第 1876、1879、1881 页。

《通志·都邑略》："晋都唐，谓之夏墟，大名也。本尧所都。谓之平阳。成王封母弟叔虞于此，初谓之唐，其子燮立，始改为晋，以有晋水出焉。其地正名翼，亦名绛，而平阳者是其总名。"①

（3）平阳与晋阳

唐是汾水流域之古国，位于大夏，即今曲沃、翼城之间。《史记·郑世家》之正义引《括地志》云："故唐城在绛州翼城县西二十里。"②集解说："贾逵曰：'唐人谓陶唐氏之胤刘累事夏孔甲，封于大夏，因实沈之国，子孙服事夏、商也。'"集解又说："服虔曰：'大夏在汾浍之间，主祀参星。'杜预曰：'大夏今晋阳县。'"③

《史记·晋世家》载："唐叔子燮，是为晋侯。"正义引《括地志》说："故唐城在并州晋阳县北二里。《城记》云尧筑也。徐才《宗国都城记》云'唐叔虞之子燮父徙居晋水旁，今并理古唐城。'"④

《帝王世纪》谓："《地理志》尧之都后徙涿鹿，《世本》云'在彭城南'，今上谷郡北自有彭城，非宋彭城也。后又徙晋阳，今太原县是也。于《周礼》在并州之域。"⑤则尧从今河北唐县迁徙到涿鹿后，又迁徙到晋阳。

《汉书·地理志》谓"尧之都"迁涿鹿，故为尧部族之迁徙。因此，迁徙之背后有复杂的历史背景。关于这个问题将在其他地方进一步讨论。

因此，史书中经常会出现有关晋阳与平阳的混乱，但是实际上尧、舜、禹时期，夏族的中心就在平阳府。晋阳为唐之都城，而平阳为全国之中心。

3. 后裔

《帝王世纪》云："尧取富宜氏女，曰女皇，生丹朱。又有庶子九人，皆不肖，故以天下命舜。……及尧三年丧毕，舜践天子位。"⑥

《孟子》说："（舜）居尧之宫，逼尧之子，是篡也，非天与也。"⑦《韩非子》云："舜逼尧，禹逼舜，汤放桀，武王伐纣，此四王者，人臣弑其君者也。"⑧《史记》云："舜让辟丹朱于南河之南。"《正义》引《括地志》云："《竹书》云'昔尧德衰，为舜所囚也。'……《竹书》云'舜囚尧，复偃塞丹朱，使不与父相见也。'"⑨

《竹书纪年》云："（帝尧）五十八年，帝使后稷放帝子朱于丹水。"徐文靖笺："《荆州记》曰：'丹水县在丹州，尧子朱之所封也。'《汉志》曰：'陶唐氏让天下于虞，使子

---

① （宋）郑樵撰，王树民点校：《通志二十略·都邑略》，第567页。
② 《史记·郑世家》，第1773页；《史记·晋世家》，第1636页。
③ 《史记·郑世家》，第1773页。
④ 《史记·晋世家》，第1636页。
⑤ （晋）皇甫谧撰，（清）宋翔凤、钱宝塘辑：《帝王世纪》，第12页。
⑥ 徐宗元：《帝王世纪辑存》，第33页。
⑦ （清）焦循：《孟子·万章上》，《诸子集成》第一册，第380页。
⑧ （清）王先慎：《韩非子集解·说疑》，《诸子集成》第五册，第311页。
⑨ 《史记·五帝本纪》，第30、31页。

朱处于丹渊为诸侯。'"①《读史方舆纪要》南阳府邓州内乡县:"丹水城,县西南百二十里,南去丹水二百步。……秦置丹水县,属南阳郡。……范汪《荆州记》:'丹水县尧子朱所封,亦曰丹朱城。'"②

《竹书纪年》沈约附注:"帝子丹朱避舜于房陵。舜让不克。朱遂封于房为虞宾。"徐文靖笺:"《地理志》房陵县属汉中郡。颜师古曰,今谓之房州。……《一统志》房县在郧阳府城西南三百一十里,舜封尧子丹朱于房,即此。"又笺:"春秋为房子国。"③

## (二)有虞氏

### 1. 出生地

《史记·五帝本纪》载:"虞舜者,名曰重华。重华父曰瞽叟,穷蝉父曰帝颛顼,颛顼父曰昌意:以至舜七世矣。自从穷蝉以至帝舜,皆微为庶人。……舜,冀州之人也。舜耕历山,渔雷泽,陶河滨……舜父瞽叟盲,而舜母死,瞽叟更娶妻而生象。……母嚚,弟象傲,皆欲杀舜。舜顺适不失子道。……舜年二十以孝闻。三十而帝尧问可用者,四岳咸荐虞舜,曰可。"④舜是冀州之人,故其出生地是冀州。

《水经注》云:"水出历城县故城西南……城南对山,山上有舜祠,山下有大穴,谓之舜井,抑亦茅山禹井之比矣。《书》舜耕历山,亦云在此。"会贞按:《淮南·原道训》高注,历山在济阴城阳,一曰济南历城山。⑤《淮南子》高诱注:"历山在沛阴城阳也,一曰沛南历城山也。"⑥

《帝王世纪》说:"尧乃命舜代己摄政。明年正月,舜始受终文祖,以太尉行事。舜摄政二十八年,而尧崩。……舜年八十一即真,八十三而荐禹,九十五而使禹摄政。摄政五年崩。"⑦

### 2. 舜都

《竹书纪年》云:"(帝舜)元年,己未,帝即位。居冀。"徐文靖笺:"舜都蒲坂,今平阳府蒲州也,亦《禹贡》冀州之地,故曰居冀。"⑧

《读史方舆纪要》平阳府蒲州:"古蒲坂,舜都也。"⑨

《史记·五帝本纪》集解云:"皇甫谧曰:'舜所都,或言蒲阪,或言平阳,或言

---

① (清)徐文靖:《竹书纪年统笺》,《二十二子》,第1051页。
② (清)顾祖禹撰,贺次君、施和金点校:《读史方舆纪要·河南六》,第2420、2421页。
③ (清)徐文靖:《竹书纪年统笺》,《二十二子》,第1052页。
④ 《史记·五帝本纪》,第31、32、33页。
⑤ (后魏)郦道元注,(清)杨守敬、熊会贞疏,段熙仲点校:《水经注疏·济水》,第743页。
⑥ (汉)高诱注:《淮南子·原道训》,《诸子集成》第七册,第7页。
⑦ 徐宗元:《帝王世纪辑存》,第41页。
⑧ (清)徐文靖:《竹书纪年注笺》,《二十二子》,第1053页。
⑨ (清)顾祖禹撰,贺次君、施和金点校:《读史方舆纪要·山西三》,第1888页。

潘。潘，今上谷也。'"正义引《括地志》云："平阳，今晋州城是也。潘，今妫州城是也。蒲阪，今蒲州南二里河东县界蒲阪故城是也。"①

平阳府与潞安府之间为泽州（高平县、阳城县、陵川县、沁水县）、沁州（沁源县、武乡县）、辽州（榆社县、和顺县）等四个直隶州。《读史方舆纪要》泽州阳城县濩泽："县西北十里。《墨子》云'舜渔于濩泽'。"②

### （三）夏后氏

#### 1. 关于禹的部族

（1）鲧

根据所有的记载，禹父为崇伯鲧，则禹之父族为崇。禹本崇伯鲧之子，禹当初居于崇，崇在洛南县。崇在今陕西渭水流域有活动轨迹，《左传·僖公十九年》云："文王闻崇德乱而伐之。"③ 又晋赵穿曰："我侵崇，秦急崇，必救之。"④ 则崇在秦、晋之间，但亦有谓崇在今河南。

《太平寰宇记》垞城，"在（彭城）县北三十里，北面临泗水。《舆地志》云'垞城，古嵩国，兖州人谓实中城曰垞城。城西南有嵩侯虎庙'"，又说："嵩、崇同。"⑤

（2）禹与崇国

鲧在尧舜时期就是一个杰出的人物。当发生洪水灾害的时候，尧要求推荐治水人才，四岳就坚持推荐鲧。尧不得已只好"听岳用鲧。九岁，功用不成"。最后将他与共工、欢兜、三苗一起治罪，"殛鲧于羽山，以变东夷"⑥。鲧被流放，对禹似乎没有多大影响。

尧在最后二十八年中已经在试用舜（其中最后八年是摄政），尧死后，舜继位。当时，禹、皋陶、契、后稷、伯夷、夔、龙、倕、益、彭祖等"自尧时而皆举用，未有分职"。于是三年之丧毕，舜任命禹继鲧"平水土"⑦，"舜举鲧子禹，而使续鲧之业"⑧。

#### 2. 禹之妻族

《逸周书·世俘解》钥人奏崇禹生开（即启）。⑨

---

① 《史记·五帝本纪》，第 44 页。
② （清）顾祖禹撰，贺次君、施和金点校：《读史方舆纪要·山西五》，第 1977 页。
③ 《春秋左传正义·僖公十九年》，（清）阮元校刻：《十三经注疏》，第 1810 页。
④ 《春秋左传正义·宣公元年》，（清）阮元校刻：《十三经注疏》，第 1866 页。
⑤ （宋）乐史撰，王文楚等点校：《太平寰宇记·河南道十五》，第 299、307 页。
⑥ 《史记·五帝本纪》，第 20、28 页。
⑦ 《史记·五帝本纪》，第 38 页。
⑧ 《史记·夏本纪》，第 50 页。
⑨ 黄怀信、张懋镕、田旭东：《逸周书汇校集注·世俘解》，第 455 页。

《路史》云:"(禹)行年三十,取于涂山氏,曰趫,是为攸女。"①罗苹注:"《吕春秋》云:'禹年三十未娶。'……于是娶于涂,而《天问》云:'焉得彼嵞山女而通之于台桑。'《世纪》云:'涂山氏合昏于台桑之野。'涂山,(之)钟离西七十里五涂山也,即平河之当涂县,寿春东北。《太康地记》云:'古当涂国也。'汉当涂县山西南台桑地也。"又注:"《连山》云:'禹娶涂山之子,名曰攸女,生余。'故《世本》'禹纳涂山氏,是为攸女也。'"《路史》接着说:"辛壬癸甲行,十月而生启。启(不)见其父,呱呱而泣,而弗皇子也。"罗苹注:"吕氏云:'禹娶于涂……自辛至甲,越四辰而复往治水。'或谓辛壬癸甲为四年,然后有启。太史公言,辛壬娶、癸甲生启。缪矣。……王逸言辛酉日娶,甲子日去而有启,故《说文》云:九江当涂民以辛壬癸甲之日嫁娶,而《水经》亦言,汝淮之俗,至今以辛壬癸甲为嫁娶日也。"②《路史》又说:"(禹)居外三十年,三过门而不入。"③

不过,《史记·夏本纪》说:"禹伤先人父鲧功之不成受诛,乃劳身焦思,居外十三年,过家门不敢入。"禹后来也说:"予娶涂山,(辛壬)癸甲,生启予不子,以故能成水土功。辅成五服,至于五千里,州十二师,外薄四海,咸建五长,各道有功。"④那么禹从治水到"外薄四海,咸建五长",建立了全国政权,就一直脱离了自己的部族,犹如周公一直为了建立全国政权而脱离了鲁国一样。

由于鲧被流放,因此禹所依靠的部族必定就是妻族涂山氏。故《史记·外戚世家》云:"自古受命帝王及继体守文之君,非独内德茂也,盖亦有外戚之助焉。夏之兴也以涂山……周之兴也以姜原及大任。"⑤所谓夏之兴也以涂山,即禹所依靠的是妻族。

### 3. 涂山氏

涂山氏,据《史记·集解》引孔安国曰:"涂山,国名。"索隐引杜预云:"涂山在寿春东北。"⑥《汉书·地理志》云:"九江郡当涂",班固自注:"侯国。"颜师古注引应劭说:"禹所娶涂山侯国也。"⑦其实涂山氏并不只是一个局限于皖北的侯国,还是一个很古老的部族,其繁殖的地域极广,族属极多。为了探求涂山氏的部族,可以从部族名称及其分布地域来分析。

涂山在何处?《说文》无涂字,涂山《说文》作嵞山:"嵞,会稽山也。一曰九江当涂也……从屾余声。《虞书》曰:'予娶嵞山。'"段注:"嵞、涂,古今字。……盖大

---

① (宋)罗泌:《路史·夏后氏》,第141页。
② (宋)罗泌:《路史·夏后氏》,第141页。这些讨论都是以后代的习俗来理解古代的婚俗。古代生子在前而嫁娶在后(三十嫁娶),禹当生子在前,即所谓通之于台桑,而后来嫁娶于涂山,故启呱呱而泣。请参看张肇麟《姓氏与宗社考证》一书。
③ (宋)罗泌:《路史·夏后氏》,第141页。
④ 《史记·夏本纪》,第51、80页。
⑤ 《史记·外戚世家》,第1967页。
⑥ 《史记·夏本纪》,第81页。
⑦ 《汉书·地理志上》,第1569页。

禹以前名㟻山，大禹以后则名会稽山，故许以今名释古名也。"①

阳城（今登封市东南三十五里之告成镇）是禹的大本营。舜死后，"禹辞辟舜之子商均于阳城。天下诸侯皆去商均而朝禹"②。启母亦葬于阳城，则启母涂山氏始终与启在一起，这表明启始终依靠涂山氏的力量。

4. 有关启的记载

在经传中，古代的圣人是尧、舜、禹、汤、文王、武王、周公，共七个人，周朝三个，唐、虞、夏、商每朝各一个，而其中没有启。其实建立夏朝的不是禹而是启，《史记·夏本纪》说："帝禹东巡狩，至于会稽而崩。以天下授益。三年之丧毕，益让帝禹之子启，而辟居箕山之阳。……益之佐禹日浅，天下未洽。故诸侯皆去益而朝启，曰'吾君帝禹之子也'。于是启遂即天子之位，是为夏后帝启。"③ 这当是司马迁根据官方文件书写的，但经不起推敲。

禹的事迹与尧舜不可分，他的行事方式也与尧舜一样，他当政后也安排了继承人，"帝禹立而举皋陶荐之，且授政焉，而皋陶卒。……而后举益，任之政"④。益不是随便任命的，禹最大的功劳是治水，而协助他治水的主要人员正是益，《史记·夏本纪》说："禹乃遂与益、后稷奉帝命，命诸侯百姓兴人徒以傅土，行山表木，定高山大川。"⑤ 益的作用还不止如此，因此禹的法定继承人是益，在禹死后三年，担任国家首脑的也正是益，但是启把益推翻了。

当禹在世的时候，启没有发挥什么作用。禹说："予娶涂山……生启予不子，以故能成水土功。""居外十三年，过家门不敢入。"⑥ 所以他作为禹的儿子，从小没有受到禹的照顾，更没有做出什么贡献。但他做了一件大事，他创建了夏朝，如果不是他发动政变，就没有夏朝。这是他最大的业绩。应该怎么估计他的业绩？启为什么要发动政变？启为什么能够发动政变？这些需要进一步分析。

5. 禹都

《帝王世纪》谓："禹自安邑都晋阳"，又谓："受禅都平阳，或在安邑，或在晋阳"，有关的全文如下：

> 禹受封为夏伯，在《禹贡》豫州外方南。……今河南阳翟是也。受禅都平阳，或在安邑，或在晋阳。于汉：平阳、安邑皆属河东；晋阳属太原。（太原在冀州大

---

① （汉）许慎撰，（清）段玉裁注：《说文解字注·屾部》，第441页。
② 《史记·夏本纪》，第82页。
③ 《史记·夏本纪》，第83页。
④ 《史记·夏本纪》，第83页。
⑤ 《史记·夏本纪》，第51页。
⑥ 《史记·夏本纪》，第80、51页。

行、恒山之西。太原，太岳之野，参代之分，实沈之次。于周为晋，今司隶并州之域也。）……按经传曰：夏与尧舜，同在河北冀州之域，不在河南也。故《五子歌》曰："惟彼陶唐，有此冀方。今失厥道，乱其纪纲，乃底灭亡。"言自禹之太康，与唐虞不易都域也。①

这段文字含义不清。然禹封为夏伯，意思是清楚的。但其中又说："夏与尧、舜，同在河北冀州之域"，"自禹之太康，与唐虞不易都域"，这些带来了混乱，将在下文进一步说明。

《读史方舆纪要》平阳府解州安邑县："州东五十里。东北至夏县五十里。古夏都也。"② 又平阳府解州安邑县："安邑故城，县西二里。皇甫谧云：'舜、禹皆都于此。'"又平阳府解州夏县，"夏城，县西北十五里。相传禹建都时筑，一名禹王城。城内有青台，高百尺。或谓之涂山氏台。孔氏曰：'夏县东北十五里有安邑故城。'"③

（1）阳翟

《读史方舆纪要》开封府禹州："夏禹初封此。《汲冢周书》：'禹都阳城，后居阳翟。'春秋时郑栎邑也"。开封府禹州阳翟城，"今州治。本春秋时郑之栎邑。"又开封府禹州钧台，"在今州城北门外。《左传》昭四年，楚椒举曰：'夏启有钧台之享。'杜预曰：'阳翟县南有钧台陂。'魏收云：'阳翟有钧台陂，陂方十里。'"④

《竹书纪年》也有禹、启都城的简短说明："（帝启）元年，癸亥，帝即位于夏邑，大飨诸侯于钧台，诸侯从。帝归于冀都，大飨诸侯于璇台。"徐文靖笺："《郡国志》：'颍川阳翟，禹所都。盖禹始封于此，为夏伯。启即位居此，故曰夏邑。'《帝王世纪》曰：'禹都平阳，或在安邑、或在晋阳。'何以知此夏邑非安邑、平阳诸地也？以启飨诸侯于阳翟之钧台，故知启即位于夏邑即阳翟是也。"⑤但是却没有关于冀都的说明。

（2）阳城

《读史方舆纪要》河南府登封县："古阳城也。禹避舜之子于阳城，即此。《世本》言禹都阳城，误也。汉置崇高县于此，属颍川郡。……大业初改曰嵩阳，属河南郡。""阳城废县，在县东南四十里。……登封初改曰告成县。"⑥

（3）安邑

《读史方舆纪要》平阳府解州安邑县："州东五十里，东北至夏县五十里，古夏都也。""安邑故城，县西二里。皇甫谧云：'舜、禹皆都于此。'"又平阳府解州夏县："夏城，县西北十五里。相传禹建都时筑，一名禹王城。城内有青台，高百尺。或谓之涂山

---

① 徐宗元：《帝王世纪辑存》，第48、49页。
② （清）顾祖禹撰，贺次君、施和金点校：《读史方舆纪要·山西三》，第1905页。
③ （清）顾祖禹撰，贺次君、施和金点校：《读史方舆纪要·山西三》，第1905、1907页。
④ （清）顾祖禹撰，贺次君、施和金点校：《读史方舆纪要·河南二》，第2193、2195页。
⑤ （清）徐文靖：《竹书纪年统笺》，《二十二子》，第1056页。
⑥ （清）顾祖禹撰，贺次君、施和金点校：《读史方舆纪要·河南三》，第2262页。

氏台。孔氏曰：'夏县东北十五里有安邑故城。'"①

《元和郡县图志》夏县，"因夏禹所都为名"，北魏太和十八年（494年）改北安邑县置，治所在今山西夏县西北十五里禹王城。②

因此，从尧、舜到禹，中国的政治中心位于汾水之下游，特别重要的历史地点有晋、晋阳、太原、平阳、临汾、唐、大夏、夏墟等，此等地名在历史记载中经常出现，而且互相混杂。

（四）尧舜禹之葬地

最值得注意的是，尧、舜、禹的葬地有各种不同的记载。

1. 尧之葬地

（1）尧正常逝世

《史记·五帝本纪》云："尧辟位凡二十八年而崩。百姓悲哀，如丧父母。三年，四方莫举乐，以思尧。"③ 同样，《尚书》谓："二十有八载，放勋乃殂落是也，百姓如丧考妣三载，四海遏密八音。"④ 这种说法流传了两千年，但是从春秋战国时期以来就有其他的说法。

（2）"尧北教乎八狄，道死，葬蛩山之阴"

《墨子》说："昔者尧北教乎八狄，道死，葬蛩山之阴。衣衾三领，谷木之棺。"孙诒让注："《尔雅·释地》有八狄。……《周礼·职方氏》又云六狄。……李巡云五狄一曰月支、二曰秽貊、三曰匈奴、四曰单于、五曰白屋。"⑤ 但是《墨子》之说应该是一种误说。

（3）尧葬于城阳

《帝王世纪》说："凡尧即位九十八年，年百一十八岁乃殂，百姓如丧考妣三载，四海遏密八音。葬于济阴之成阳西北，是为谷林。"《帝王世纪》又说："舜摄政二十八年，尧与方回游阳城而崩。"⑥

汉代有城阳县，因此有人将尧的逝世与城阳联系起来。《史记·五帝本纪》云："尧崩"，集解引《皇览》曰："尧冢在济阴城阳。刘向曰'尧葬济阴，丘垄皆小'。《吕氏春秋》曰'尧葬谷林'。"《集解》又引皇甫谧曰："谷林即城阳。尧都平阳，于《诗》为唐国。"同时正义引《括地志》云："尧陵在濮州雷泽县西三里。郭缘生《述征记》云'城

---

① （清）顾祖禹撰，贺次君、施和金点校：《读史方舆纪要·山西三》，第1905、1907页。
② （唐）李吉甫撰，贺次君点校：《元和郡县图志·河南道二》，第159页；（清）顾祖禹撰，贺次君、施和金点校：《读史方舆纪要·山西三》，第1905、1907页。
③ 《史记·五帝本纪》，第30页。
④ 徐宗元：《帝王世纪辑存》，第34页。
⑤ （清）孙诒让：《墨子间诂·节葬下》，《诸子集成》第四册，第112页。
⑥ 徐宗元：《帝王世纪辑存》，第33、34页。

阳县东有尧冢，亦曰尧陵，有碑'是也。《括地志》云：'雷泽县本汉城阳县也。'"① 且崇山是尧的葬地，故司马相如《大人赋》谓："历唐尧于崇山兮。"②

但更重要的是，《史记·五帝本纪》之正义又有下列说明，尧最后是被舜打败的，最后尧死于囚禁：

> 《括地志》云："故尧城在濮州鄄城县东北十五里。《竹书》云昔尧德衰，为舜所囚也。又有偃朱故城，在县西北十五里。《竹书》云舜囚尧，复偃塞丹朱，使不与父相见也。"案：濮州北临漯，大川也。河在尧都之南，故曰南河，《禹贡》"至于南河"是也。其偃朱城所居，即"舜让避丹朱于南河之南"处也。③

非但尧被囚禁而死，当尧逝世时，丹朱也被囚禁于濮州。

《水经注》引用各说，曰："瓠河故渎又东径句阳县之小成阳城北。城北侧渎，《帝王世纪》曰：尧葬济阴成阳西北四十里，是为谷林。《墨子》以为尧……北教八狄，道死，葬蛩山之阴。《山海经》曰，尧葬狄山之阳，一名崇山。二说各殊，以为成阳近是尧冢也。余按小成阳在成阳西南半里许（熊会贞疏：叶圭绶《续山东考古录》谓，南半为四十之误，当是也）。实中，俗谚以为囚尧城，士安盖以是为尧冢也。"④

因此，尧之葬地表明，尧舜时期的政治极为复杂。在尧舜时期，夏族邦联的内部已经开始走向崩溃。

2. 舜之葬地

（1）舜南巡时崩于苍梧之野

《史记·五帝本纪》谓帝舜"南巡狩，崩于苍梧之野。葬于江南九疑，是为零陵"，集解言："《皇览》曰：'舜冢在零陵营浦县。……《礼记》曰"舜葬苍梧，二妃不从。"《山海经》曰"苍梧山，帝舜葬于阳，丹朱葬于阴。"'皇甫谧曰：'或曰二妃葬衡山。'"⑤《太平寰宇记》道州宁远县，"舜庙，在县南六十里九疑山……舜所葬，为永陵是也"⑥。

关于舜的道死，《帝王世纪》有类似的记载："舜年八十一即真，八十三而荐禹，九十五而使禹摄政。摄五年，有苗氏叛，南征，崩于鸣条。年百岁，殡以瓦棺，葬苍梧九疑山之阳，是为零陵。谓之纪市，在今营道县，下有群象为之耕。《洛书灵准听》曰：有人方面、日衡、重华。"⑦

---

① 《史记·五帝本纪》，第 30 页。
② 《汉书·司马相如传下》，第 2596 页。
③ 《史记·五帝本纪》，第 30、31 页。
④ （后魏）郦道元注，（清）杨守敬、熊会贞疏，段熙仲点校：《水经注疏·瓠子河》，第 2034—2035 页。
⑤ 《史记·五帝本纪》，第 44 页。
⑥ （宋）乐史撰，王文楚等点校：《太平寰宇记·江南西道·道州》，第 2344 页。
⑦ 徐宗元：《帝王世纪辑存》，第 40 页。

舜九十五使禹摄政，过了五年反而亲自南征，并死于路上，似乎不合常理。

（2）舜西教乎七戎，道死。葬南巳之市

《墨子》云："舜西教乎七戎，道死。葬南巳之市。衣衾三领，谷木之棺。"① 因此舜如同尧一样，在征伐西戎时道死，也应该是一种误说。

《困学纪闻》舜卒鸣条说，在今陈留之平丘。②

舜之葬地，有各种解释，故孙诒让说："欲傅合诸说为一，实不可通。"③ 因此，从舜的葬地来看，夏族邦联又出现了崩溃的现象。实际上舜的葬地在历史中已经失传。

3. 禹之葬地

至于禹之葬地，《史记·夏本纪》云："帝禹东巡狩，至于会稽而崩。"④《墨子》也说："禹东教乎九夷，道死，葬会稽之山。衣衾三领，铜棺三寸。"⑤ 没有异说。

《越绝书》云："禹始也，忧民救水，到大越，上茅山，大会计，爵有德，封有功，更名茅山曰会稽。及其王也，巡狩大越，见耆老，纳诗书……因病亡死，葬会稽。"⑥ 那么禹也没有葬在夏族邦联的墓地。实际上禹去世后，夏族邦联已经崩溃了。

因此尧、舜、禹均在教化戎狄中道死，但值得注意的是，尧、舜、禹都由于不同的原因在东西南北四夷之地进行活动，无论是征讨、巡狩，还是"见耆老、纳诗书"，总起来都是说他们在戎狄地区进行"教化"。这正说明了尧、舜、禹已经控制了黄河、淮河之中下游。

五帝时期最后阶段的一千五百年，是"尧舜时代"或"尧舜禹时代"，是夏族历史上又一次兴旺发达的时期。夏族在这个阶段中，控制了河水之中下游以及淮河之中下游，在此范围内，所有的戎族都基本上融入了夏族，因此建立了一个巩固统一的中国，并且开始向长江中下游移殖。

## 四、最后简单讨论都邑和移殖

### （一）都邑

王国维的《殷周制度论》，其中有一大段分析了历史中东方与西方之不同，他说：

---

① （清）孙诒让：《墨子间诂·节葬下》，《诸子集成》第四册，第 113 页。
② （宋）王应麟撰，栾保群，田松青校点：《困学纪闻》，上海：上海古籍出版社，2015 年，第 122 页；（清）徐文靖：《竹书纪年统笺》，《二十二子》，第 1054 页。
③ （清）孙诒让：《墨子间诂·节葬下》，《诸子集成》第四册，第 113 页。
④ 《史记·夏本纪》，第 83 页。
⑤ （清）孙诒让：《墨子间诂·节葬下》，《诸子集成》第四册，第 113 页。
⑥ 李步嘉：《越绝书校释·越绝外传记地传》，北京：中华书局，2013 年，第 221 页。

> 都邑者，政治与文化之标征也。自上古以来，帝王之都皆在东方，太暤之虚在陈，大庭氏之库在鲁，黄帝邑于涿鹿之阿，少暤与颛顼之虚皆在鲁卫，帝喾居亳，惟史言尧都平阳，舜都蒲坂，禹都安邑，俱僻在西北，与古帝宅京之处不同。然尧号陶唐氏，而冢在定陶之成阳。舜号有虞氏，而子孙封于梁国之虞县，孟子称舜生卒之地皆在东夷。……禹时都邑虽无可考，然夏自太康以后以迄后桀，其都邑及他地名之见于经典者，率在东土，与商人错处河济间盖数百岁。商有天下，不常厥邑，而前后五迁，不出邦畿千里之内。故自五帝以来，政治文物所自出之都邑，皆在东方。惟周独崛起西土。……自五帝以来，都邑之自东方而移于西方，盖自周始。故以族类言之，则虞夏皆颛顼后，殷周皆帝喾后，宜殷周为亲。以地理言之，则虞夏商皆居东土，周独起于西方。故夏商二代文化略同……故夏殷间政治与文物之变革，不似殷周间之剧烈矣。①

这一大段分析牵涉许多问题，其中既提到族类，又提到地理，十分混乱。

王国维提到"黄帝邑于涿鹿之阿"，但我们认为黄帝没有都邑。王国维提到"少暤与颛顼之虚皆在鲁卫，帝喾居亳"，但何谓"虚"，何谓"居"？

王国维还说："惟史言尧都平阳，舜都蒲坂，禹都安邑，俱僻在西北，与古帝宅京之处不同。"表示尧都平阳、舜都蒲坂、禹都安邑与以往之少昊、颛顼、帝喾有所区别。但王国维却将平阳、蒲坂、安邑归之"都"，而这与少昊、颛顼、帝喾的"虚""居"有何区别，都和虚与地域之西方、东方有什么关系？

王国维又说："虞夏商皆居东土，周独起于西方。"虞、夏、商与周之都邑有什么区别，与东方、西方有何种关系？

## （二）夏朝的建立与部族移殖

### 1. 东方、西方的学说

地理形势的分析，时常会在历史著作中出现，如司马迁说："或曰'东方物所始生，西方物之成孰'。夫作事者必于东南，收功实者常于西北。故禹兴于西羌，汤起于亳，周之王也以丰镐伐殷，秦之帝用雍州兴，汉之兴自蜀汉。"②这一段议论往往使人不知所措。东南与西北何以会有如此之大的区别？但仔细审视一下，可以看到其中的问题。

从具体事例来看，最初似乎都是由西往东发展，就是东进，如禹生于西羌（今四川），但最后在晋南、豫西建立了夏朝。传说禹最后葬在会稽，那么禹由东进转到南下。不论禹本人究竟是否由东进转为南下，但作为夏族这个整体来说，先东进，继而南

---

① 王国维：《观堂集林·史林二·殷周制度论》，第451—453页。
② 《史记·六国年表》，第686页。

下，则是实际情况。那么司马迁所谓"东方物所始生，西方物之成孰"，或者"作事者必于东南，收功实者常于西北"等说法并不反映历史的现实，而且恰恰相反。

根据我们的分析，商出于戎族，周出于胡族，而颛顼、尧舜、禹则出于夏族，因此"殷周皆帝喾后，宜殷周为亲"的说法是不能成立的。但本书之重点是地理，王国维的分析则忽略了移殖与迁徙的因素。

由于移殖与迁徙，帝王的都邑本身在变化，所以不能简单说明。如王国维举出舜都蒲坂，孟子称舜生卒之地皆在东夷，子孙封于梁国虞县，但《史记》谓："舜饬下二女于妫汭"，而正义谓妫汭在河东。①《括地志》又谓："或云封舜子均于商，故号商均也。"②商则或云在今陕西。故孟子此说未必准确。实际上关于舜之地域记载十分复杂，并不能或东或西一言而定。记载的这种复杂性虽可能是由于年代久远所带来的错误，但亦有可能是由迁徙行动造成的。因此，过去地理学的分析往往建筑于不可靠的基础之上。

"东土"或"西土"为何会对政治与文物产生剧烈的影响，这是无法说清的。而且夏与商不同，夏虽然可以说在东方（舜子孙封于梁，孟子称舜生卒之地皆在东夷。而夏自太康以迄后桀，其都邑率在东土），但舜都蒲坂，禹都安邑，俱僻在西北。因此说夏在东方，是比较勉强的。与商不同。商自汤至纣，基本上全在豫东，那才是真正的东方。因此如果全凭地理而言，那么正如傅斯年所说的："在三代时及三代以前，政治的演进，由部落到帝国，是以河、济、淮流域为地盘的。在这片大地中，地理的形势只有东西之分，并无南北之限。""三代及近于三代之前期，大体上有东西不同的两个系统。这两个系统，因对峙而生争斗，因争斗而起混合，因混合而文化进展。夷与商属于东系，夏与周属于西系。"③即周居西土，虞夏居中土，商居东土。故王国维所谓"虞夏商皆居东土，周独起于西方"，是一种不十分可靠之断语，难以作为分析的基础。

## 2. 自西往东

夏族起源于陇山地区，正是中国文明的特点。从地理条件来看，夏族不可能从陇山地区向西方移殖。夏族文化不可能在青藏高原的环境下进一步发展，这就决定了夏族文化只能由西往东发展，这是亚洲大陆的自然条件决定的。

此为针对陇山地区而言，陇山在西，而平阳、蒲坂、安邑在东。但针对中原而言，则晋南（平阳、蒲坂、安邑）在西，而鲁、卫在东。因此，"虞夏商皆居东土，周独起于西方"的说法本身就是不准确的。刚才说过，凭地理而言，那么周居西土，夏居中土，商居东土。因此周的发展是自西往东，但商的发展则是自东往西。因此，自西往东只是夏族初期的移殖现象，并不是普遍的规则。

---

① 《史记·五帝本纪》，第21、22页。
② 《史记·五帝本纪》，第45页。
③ 傅斯年：《民族与古代中国史》，石家庄：河北教育出版社，2002年，第3、4页。

## [补注] 夏邑之考古

### 一、丁村遗址的考古

（一）夏邑

夏邑的年代大约距今 5000—4000 年，即龙山时代。可以分为早期龙山文化（距今 5000—4600 年）与中原龙山文化（距今 4600—4000 年）。有关的考古文化如下：

1. 早期龙山文化

在此时期中，晋西南以及相邻的陕、豫一带为庙底沟二期文化，文化面貌比较单纯，"从迄今的材料看，并未达到大汶口文化晚期、良渚文化早、中期所达到的发展水平"[①]。

2. 中原龙山文化

在此时期中，各处出现不同的文化特点：临汾盆地为陶寺文化（或中原龙山文化陶寺类型），运城盆地与黄河南岸三门峡市陕州区至渭南市潼关县一带大致为三里桥类型，垣曲地区及黄河以南则有王湾三期、三里桥、陶寺文化的因素。

（二）丁村遗址

关于夏邑地区之考古，已经有了重大的结果，考古学家给出了这个夏邑的区域文化的体系如下：

1. 丁村遗址

丁村遗址位于山西襄汾县境内，分布范围自襄汾县城至柴庄火车站，南北长达 11 千米。[②]

---

① 高炜：《晋西南与中国古代文明的形成》，中国考古学会、山西省考古学会、山西省考古研究所：《汾河湾：丁村文化与晋文化考古学术研讨会文集》，第 111、112 页。
② 王建、陶富海、王益人：《丁村遗址群研究简述》，中国考古学会、山西省考古学会、山西省考古研究所：《汾河湾：丁村文化与晋文化考古学术研讨会文集》，第 13 页。

丁村遗址发现于 1953 年，开始发掘于 1954 年（队长贾兰坡）[1]。后来近十年的田野工作，证实丁村遗址不仅限于汾河东岸的 11 个单一的旧石器时代中期文化遗址，而是扩及汾河两岸，地点达 26 个，时代包括旧石器早中晚期的遗址群。[2]

## 2. 丁村文化的分布

丁村遗址的文化在汾河流域有很广泛的分布，从晋中的静乐到晋南的曲沃，形成了一个较一致的文化性质的地域：[3]

> 在汾河流域，自上游的静乐凤程山、娄烦，到中游的太原古交、交城范家庄以至下游的曲沃里村、侯马南梁甚至河津一带都有丁村文化的踪迹可寻。这些地点的地质时代与丁村遗址群的地质时代不相上下；在文化遗物方面又有与丁村石器风貌一致或器型相似的成分。说明丁村文化在汾河流域有着较广泛的分布。[4]

> 在黄河中下游的山西、陕西、河南三省交界的三角地带，有几处地质时代比丁村文化早或相当于丁村文化早段的文化遗存。时代最早的是西侯度遗址[5]，其次是……匼河遗址[6]，蓝田遗址[7]，以及三门峡水沟和会兴沟等地点。[8] 这些遗址或地点发现的石器，其风貌虽比丁村文化中的石器古拙而原始，但其品类及打制特点，尤其是三棱大尖状器和厚大尖状器的打制特点，与丁村文化者极为相似或相近……我们把西侯度、匼河、蓝田、三门峡和丁村发现的这类石器依次排列……把三棱大尖状器和大尖状器，作为黄河中下游、汾渭地堑这一文化体系的传统纽带，将上述遗址或地点视为一个一脉相承的区域文化体系。[9]

## 3. 丁村文化的发展阶段

丁村文化的三个发展阶段，即丁村旧石器时代早期文化遗存、中期文化遗存以及晚期文化遗存，其中早期及中期遗存是以粗大石器为传统，主要有大石片、三棱大尖状器（是"丁村文化中最典型、最富有代表性的工具"）、斧状器等。但是晚期遗存与早期、

---

[1] 裴文中等：《山西汾襄县丁村旧石器时代遗址发掘报告》，北京：科学出版社，1958 年，第 1 页。
[2] 王建、陶富海、王益人：《丁村遗址群研究简述》，中国考古学会、山西省考古学会、山西省考古研究所：《汾河湾：丁村文化与晋文化考古学术研讨会文集》，第 14 页。
[3] 王建、陶富海、王益人：《丁村遗址群研究简述》，中国考古学会、山西省考古学会、山西省考古研究所：《汾河湾：丁村文化与晋文化考古学术研讨会文集》，第 20 页。
[4] 王建、陶富海、王益人：《丁村遗址群研究简述》，中国考古学会、山西省考古学会、山西省考古研究所：《汾河湾：丁村文化与晋文化考古学术研讨会文集》，第 18 页。
[5] 贾兰坡、王建：《西侯度：山西更新世早期古文化遗址》，第 53 页。
[6] 贾兰坡、王择义、王建：《匼河：山西西南部旧石器时代初期文化遗址》，第 32—35 页。
[7] 戴尔俭：《陕西蓝田公王岭及其附近的旧石器》，《古脊椎动物与古人类》1966 年第 1 期。
[8] 黄慰文：《豫西三门峡地区的旧石器》，《古脊椎动物与古人类》1964 年第 2 期。
[9] 王建、陶富海、王益人：《丁村遗址群研究简述》，中国考古学会、山西省考古学会、山西省考古研究所：《汾河湾：丁村文化与晋文化考古学术研讨会文集》，第 18 页。

中期不同，晚期之遗存有粗大石器与"以燧石为主要原料制作的典型细石器"。因此，一些学者称之为"新丁村文化"①。对丁村遗址的"测年结果虽有早有晚，但我们倾向以 距今 10 万—12 万年较为可取。"②

考古学家发现了三枚"丁村人"牙齿化石。1976 年由于洪水威胁，进行了抢险发掘，发现了一块幼儿顶骨化石，与"丁村人"牙齿化石同属于古人阶段，与北京猿人、现代黄种人有密切的亲缘关系。③

"在（二十世纪）七十年代初贾兰坡等根据华北地区发现的旧石器时代文化遗址的特征，划分出以大石片砍砸器—三棱大尖状器为特点的'匼河—丁村系'和以船底形刮削器—雕刻器为特点的'周口店 1 地点—峙峪系'两个大的文化传统。我们认为这是两个不同区域所产生的不同风貌的文化类群。其差异，除去技术传统因素外，一个很重要的原因就是生存环境不同，而打制石器的原料很可能是导致它们之间文化差异的重要原因。"④

但是这种分析把差异归之于原料，实际上分歧在于族属之不同。"大石片砍砸器—三棱大尖状器"之特点属于夏族，而"船底形刮削器—雕刻器"当属于戎族，船底形当来自沿海地区之戎族。反映了"匼河—丁村系"与"周口店 1 地点—峙峪系"之分歧。因此丁村的居民应属于两种：一种属于东迁的夏族；另一种则是原来本地的戎族居民。

一些考古学家认为："它们（两个大的文化传统）之间的差异，很可能是搬运埋藏过程中水流分选的结果"⑤，是没有根据的。

## 二、陶寺遗址的考古

### （一）陶寺遗址

1. 陶寺遗址概况

陶寺遗址位于襄汾县东北约 7.5 千米的陶寺村。

---

① 王建、陶富海、王益人：《丁村旧石器时代遗址群调查发掘简报》，《文物季刊》1994 年第 3 期；王建、陶富海、王益人：《丁村遗址群研究简述》，中国考古学会、山西省考古学会、山西省考古研究所：《汾河湾：丁村文化与晋文化考古学术研讨会文集》，第 16、17 页。
② 王建、陶富海、王益人：《丁村遗址群研究简述》，中国考古学会、山西省考古学会、山西省考古研究所：《汾河湾：丁村文化与晋文化考古学术研讨会文集》，第 15 页。
③ 王建、陶富海、王益人：《丁村遗址群研究简述》，中国考古学会、山西省考古学会、山西省考古研究所：《汾河湾：丁村文化与晋文化考古学术研讨会文集》，第 13、14 页；吴新智：《中国早期智人》，吴汝康等主编：《中国远古人类》，北京：科学出版社，1989 年。
④ 王建、陶富海、王益人：《丁村遗址群研究简述》，中国考古学会、山西省考古学会、山西省考古研究所：《汾河湾：丁村文化与晋文化考古学术研讨会文集》，第 19 页。
⑤ 王建、陶富海、王益人：《丁村遗址群研究简述》，中国考古学会、山西省考古学会、山西省考古研究所：《汾河湾：丁村文化与晋文化考古学术研讨会文集》，第 19 页。

1978 年，考古学家开始对襄汾陶寺遗址进行发掘，结果在陶寺遗址东南发现了 4 万平方米以上的大规模墓葬与遗迹。墓数量在万座以上。墓地的使用时间与居址相始终[①]。尤其在大墓中出土了龙盘、鼍鼓、特磬等。1999 年又发现了夯土城墙。[②]陶寺遗址总面积达 430 多万平方米，除被后来水土流失破坏外，实存 300 余万平方米。

其分布范围以塔儿山为中心，扩散辐射于汾、浍交汇地带的襄汾、曲沃、侯马、翼城、新绛等地。并在此范围内，又有两片密集区：一片分布在塔儿山西北面，逾汾河至吕梁山东麓；另一片分布在塔儿山东南至绛山之间的滏河、浍河沿岸。两片各有陶寺文化类型遗址 30 余处。一般约在一万至几万平方米，几处特大的遗址面积达数百万平方米，陶寺遗址便是其中的一处，面积达 430 万平方米。在该遗址东南隅还有一处墓地。[③]

若以襄汾为中心，东到翼城，南至峨嵋岭新绛，西越汾河达吕梁山麓，北达临汾以远，方圆纵横 2500 平方千米，囊括了临汾、襄汾、翼城、曲沃、侯马、绛县、新绛七个县市。据《尚书·尧典》说，尧时"百姓昭明，协和万邦"，《左传·哀公七年》载："禹合诸侯于涂山，执玉帛者万国。"[④]

至于它的人口，应以当时的墓葬来推算。据简报公布，陶寺遗址墓地的面积在"4 万平方米以上，其'墓地使用的时间同居住址相始终，按墓葬密度计算，原有墓葬在万座以上'这是陶寺早、中、晚三期几百年间死者的数字。……这是按当时每个家庭 3 口人计算的。由此知陶寺遗址的人口数目，约在 3 万以上。……如果加上具有与陶寺遗址同样规模的几个遗址……则人数当以十万计"[⑤]。

2. 陶寺遗址与唐尧虞舜

其年代约距今 4600 年至距今 4000 年。可分为早中晚三期。陶寺遗址历时约近千年，前后连接并有发展关系。在晋南地区远不止陶寺一处，实际上多达近百处。[⑥]

"陶寺及其周围众多遗址之间，实际上存在着规模和等级的差别，同以大观山为中心的良渚遗址群，以城子崖龙山文化古城为中心的遗址群，以石家河城址为中心的城址、遗址群颇具相似处……方圆数十公里或百数十公里范围内……似乎已形成……'都、邑、聚'格局。至于陶寺与开化、方城—南石等大遗址之间，是否属同时并立的两个政治、文化中心，还有待……更深入研究。"[⑦]

---

[①] 高炜：《晋西南与中国古代文明的形成》，中国考古学会、山西省考古学会、山西省考古研究所：《汾河湾：丁村文化与晋文化考古学术研讨会文集》，第 113 页；中国社会科学院考古所山西工作队、临汾地区文化局：《山西襄汾县陶寺遗址发掘简报》，《考古》1980 年第 1 期。
[②] 梁星彭：《陶寺遗址发现早期城址遗迹》，《文物世界》2000 年第 5 期。
[③] 王克林：《陶寺文化与唐尧、虞舜》，《华夏文明论集》，太原：山西人民出版社，2006 年，第 30 页。
[④] 王克林：《陶寺文化与唐尧、虞舜》，《华夏文明论集》，第 40 页。
[⑤] 王克林：《陶寺文化与唐尧、虞舜》，《华夏文明论集》，第 40 页。
[⑥] 王克林：《陶寺文化与唐尧、虞舜》，《华夏文明论集》，第 28 页。
[⑦] 高炜：《晋西南与中国古代文明的形成》，中国考古学会、山西省考古学会、山西省考古研究所：《汾河湾：丁村文化与晋文化考古学术研讨会文集》，第 114 页。

大家很快就认识到陶寺文化应该是与唐尧虞舜有关之遗存，有学者归纳为四种不同的观点，例如：

> 关于陶寺文化的族属问题，概而言之有四种不同看法。一是以高炜、高天麟、张岱海等为主，认为陶寺文化与夏文化有关或直言属夏人的文化遗存。二是以李民、王文清、刘绪、罗新和田建文等为主，大致认为陶寺文化属唐尧文化，与夏文化无涉。……三是认为陶寺文化属有虞氏文化遗存。四是认为陶寺文化遗存实非单一的属于唐尧氏族或为虞舜氏族或是夏族的文化遗存，而是以陶唐氏为首的联合有虞氏和夏后氏等氏族部落联盟所在的文化遗存。[1]

## （二）尧之封国

"帝尧陶唐氏，祁姓也。母庆都，孕十四月而生尧于丹陵，名曰放勋。……或从母姓伊氏（又作'或从母姓伊祁氏'）。年十五而佐帝挚，受封于唐，为诸侯。……故二十而登帝位，都平阳。"[2]

因此尧为诸侯时，其封国在晋阳；当尧为天子，其都城在平阳。又如《元和郡县图志》云："《帝王世纪》曰：'帝尧始封于唐，又徙晋阳，及为天子都平阳。'平阳即今晋州，晋阳即今太原也。又曰：'禹自安邑都晋阳，至桀徙都安邑，至周成王以封弟叔虞，是为晋侯。'"[3] 其内容有错误，但基本上是正确的。

## （三）尧之后裔

《帝王世纪》云："尧取富宜氏女，曰女皇，生丹朱。又有庶子九人，皆不肖。"[4]

南阳府属县十一，州二（邓州、裕州）。《读史方舆纪要》南阳府邓州内乡县丹水城："县西南百二十里，南去丹水二百步。古鄀国。又为商密地，《左传·僖公二十五年》：'秦、晋伐鄀。楚人以申、息之师戍商密。'……范汪《荆州记》：'丹水县尧子朱所封，亦曰丹朱城。'"[5]

《尚书中候》云："尧之长子监明早死，不得立，监明之子封于刘。朱又不肖，而弗获嗣。"[6]

《潜夫论》当然讲到尧，而且相当详尽："帝尧之后为陶唐氏，后有刘累能畜龙……至周为唐杜氏……由此帝尧之后有陶唐氏、刘氏、御龙氏、唐杜氏、隰氏、士氏、季

---

[1] 高江涛：《中原地区文明化进程的考古学研究》，北京：社会科学文献出版社，2009年，第74、75页。
[2] 徐宗元：《帝王世纪辑存》，第32页。
[3] （唐）李吉甫撰，贺次君点校：《元和郡县图志·河东道二·太原府》，第360页。
[4] 徐宗元：《帝王世纪辑存》，第33页。
[5] （清）顾祖禹撰，贺次君、施和金点校：《读史方舆纪要·河南六》，第2420页。
[6] （清）皮锡瑞：《尚书中候疏证》，清光绪二十五年（1899年）刻本。

氏、司空氏、随氏、范氏、郇氏。……武王克殷而封帝尧之后于铸也。"① 但是这一大段话中没有提到他们的姓，更没有提到祁姓。而且在范氏之下包括省略的九个氏中有郇氏、冀氏等可能并非祁姓（见下文）。所以《潜夫论》对于陶唐氏与帝尧后裔之姓的解说，非常含糊不清。

## 三、晋国都城的考古

### （一）晋国之都城

1. 叔虞

《吕氏春秋·重言》云："成王与唐叔虞燕居。"②

《国语·晋语》云："昔吾先君唐叔射兕于徒林，殪以为大甲，以封于晋。"③

《左传·昭公元年》云："迁实沈于大夏，主参，唐人是因，以服事夏、商。"④ 杜注以为大夏在今太原，服虔以为大夏在汾、浍之间（亦见顾炎武《日知录》）。⑤

《史记·晋世家·正义》两处引《括地志》，一处为"故唐城在绛州翼城县西二十里，即尧裔子所封。"另一处为"故唐城在并州晋阳县北二里。"⑥

顾炎武《日知录》卷三十一记，唐叔封于翼。⑦

1992年，北京大学考古系（今北京大学考古文博学院）与山西文物单位在翼城、曲沃交界处的天马—曲村遗址发掘出晋国早期的重要墓葬，其中5座晋侯墓中有被认定是晋侯燮父、武侯与成侯之墓的。而1979年秋在晋祠所挖掘的"叔虞"墓，"判明其为唐宋以后所伪建"⑧。

2. 燮父

唐叔虞去世后，其子燮父继位，改国号为晋。其后历传武侯（宁族或曼期、曼旗）、成侯（服人）、厉侯（福）、靖侯（宜臼）、釐侯（司徒）、献侯（籍）、穆侯（弗生）。⑨

---

① （汉）王符：《潜夫论·志氏姓》，《诸子集成》第八册，第177、178页。
② （汉）高诱注：《吕氏春秋·审应览·重言》，《诸子集成》第六册，第219页。
③ 徐元诰撰，王树民、沈长云点校：《国语集解·晋语八》，第427页。
④ 《春秋左传正义·昭公元年》，（清）阮元校刻：《十三经注疏》，第2023页。
⑤ （清）顾炎武著，（清）黄汝成集释，秦克诚点校：《日知录集释》卷三十一，第1112页。
⑥ 《史记·晋世家》，第1636页。
⑦ （清）顾炎武著，（清）黄汝成集释，秦克诚点校：《日知录集释》，第1112页。
⑧ 邹衡：《论早期晋都》，《文物》1994年第1期；邹衡：《夏商周考古学论文集（续集）》，北京：科学出版社，1998年，第301页。
⑨ 《史记·晋世家》，第1636、1637页。

3. 晋穆侯—（殇叔）—晋文侯

周宣王十六年晋献侯死（前812年，晋献侯十一年），其子继位，是为穆侯（费王或弗生）穆侯太子为仇，另一个儿子为成师。公元前785年晋穆侯死（周宣王四十三年，晋穆侯二十七年）。晋穆侯之弟殇叔自立，公元前780年（周幽王二年，晋文侯元年）太子仇卷土重来，杀死殇叔，是为晋文侯。公元前770年，周平王元年。

4. 晋侯世系

晋穆侯—（殇叔）—子晋文侯—子晋昭侯（弑）—（桓叔）—子晋孝侯（弑）—（庄伯）—弟晋鄂侯（死？）—（庄伯）—子晋哀侯（弑）—（武公）—哀侯子小子侯（弑）—（武公）—哀侯弟晋侯缗（灭）—（武公、晋武公）

周平王二十五年（前746年，晋文侯三十五年）晋文侯去世，太子伯继位，为晋昭侯。封其叔父成师于曲沃，称为曲沃桓叔。但曲沃比翼（今山西翼城东南十五里南梁乡北故城村）还大。

公元前679年（周厘王三年，鲁庄公十五年），曲沃武公伐晋侯缗并灭之。周厘王得了贿赂，任命曲沃武公为晋君。列为诸侯。武公尽并晋地，以翼为都，正式成为晋国国君，自称晋武公。

公元前677年，晋武公死。周惠王元年（前676年，晋献公元年），士芳设计除掉桓、庄之族的富子以及游氏二子，周惠王八年（前669年，晋献公八年），士芳指使群公子尽杀游氏之族，然后建造聚邑，冬天派大兵包围聚邑，尽杀群公子，从此"晋无公族"。后来晋献公立奚齐为太子，自此国都内再有公族。[①]

## （二）晋迁都新田

1. 迁都

晋景公十四年（前586年，鲁成公五年），《春秋·成公五年》云："梁山崩。"杜注："记异也。梁山在冯翊夏阳县北。"《左传·成公五年》云："梁山崩，晋侯以传召伯宗。"[②]《左传·成公六年》云："晋人谋去故绛（杜注：晋复命新田为绛，故谓此故绛），诸大夫皆曰：'必居郇瑕氏之地，沃饶而近盬，国利君乐，不可失也。'韩献子将新中军，且为仆大夫。公揖而入，献子从公立于寝庭（杜注：路寝之庭），谓献子曰：'何如？'对曰：'不可。郇瑕氏土薄水浅，其恶易觏……不如新田，土厚水深，居之不疾。有汾浍以流其恶，且民从教，十世之利也。……'公说，从之。夏四月，丁丑，晋迁于新田。"[③]

---

① 《史记·晋世家》，第1638—1642页。
② 《春秋左传正义·成公五年》，（清）阮元校刻：《十三经注疏》，第1901页。
③ 《春秋左传正义·成公六年》，（清）阮元校刻：《十三经注疏》，第1902页。

《公羊传·成公五年》云:"梁山崩。梁山者何?河上之山也。……梁山崩,壅河三日不沛(沛同流)。"① 四月二十三日迁都。

1955年,考古学家在侯马发现晋国最后一个都城,即"新田"。后来发现城址由牛村、台神、平望、白店、北坞、马庄、呈王等小城组成(其中四座由品字形套筑结构,后三座新月拱布其东的布局)。1965年发现侯马盟书。1984—1985年在盟书出土之北1000米处发现"寝庙"。

> 重要遗址除陶寺外,偏西北的一片中还有汾城南关,面积40万平方米,同陶寺直线距离20千米,以陶寺文化中期的堆积最为丰富;偏东南的一片中有翼城、曲沃两县交界处的开化遗址和方城—南石遗址,两个遗址相距不过三千米,前者面积128万平方米,以陶寺早期堆积为主;后者230万平方米。以陶寺中、晚期堆积为主。从陶器上看,文化面貌同陶寺遗址没有明显区别。有趣的是,方城西南约二千米便是著名的天马—曲村晋国遗址,它们同陶寺中隔塔儿山,直线距离也不过20千米。从上述遗址分布情形看出:陶寺文化的中心区同后来的晋国始封地大致重合。根据《左传》昭公元年、定公四年等记载,这一地域应即史传"大夏""夏墟"的中心区,夏商时为唐国。由唐的名号上溯,汉代以来并多指为上古陶唐氏的活动地域,或有口碑相传的史料为本。……陶寺文化很可能是陶唐氏遗存。……至于陶寺晚期这支处在大夏地域内的陶唐氏(或豢龙氏)后裔与探索中的"夏文化"的关系,可说是"割不断,理还乱",既不能简单肯定,亦无法一概排除。②

《诗·小雅·采芑》云:"于彼新田,于此菑亩。"毛传:"田一岁曰菑,二岁曰新田,三岁曰畬。"③

《诗·周颂·臣工》曰:"如何新畬。"④

现在分析各古城与宫殿台基,六座古城为平望、牛村、台神、马庄、呈王、北坞。⑤ 据《中国大百科全书·考古学卷》记,平望古城面积为900×1025平方米,台神古城为1700×1250平方米,马庄古城西城为200×250平方米,东城为300×350平方米。

(1)牛村古城

平面略呈梯形,南北长1340—1740米,东西宽1100—1400米,墙外2米处有宽6米、深3—4米的护城壕遗迹。城墙基槽宽约8米。城壕在城墙外8米处,口宽18米、最深7.50米,形制不很规整。在城墙基址北侧(城内)发现与南墙平行道路一条,宽

---

① 《春秋公羊传注疏·成公五年》,(清)阮元校刻:《十三经注疏》,第2291、2292页。
② 高炜:《晋西南与中国古代文明的形成》,中国考古学会、山西省考古学会、山西省考古研究所:《汾河湾:丁村文化与晋文化考古学术研讨会文集》,第113页。
③ 《毛诗正义·小雅·采芑》,(清)阮元校刻:《十三经注疏》,第425页。
④ 《毛诗正义·周颂·臣工》,(清)阮元校刻:《十三经注疏》,第591页。
⑤ 山西省文物工委会:《山西省文管会侯马工作站工作的总收获》,《考古》1959年第5期。

3—3.5 米、厚 2—3 厘米，年代与城墙一致。①

（2）呈王古城

由南北二城组成，其间由一道夯土墙相隔。北城东墙长 167 米，北墙约 400 米。西墙 168 米，南墙 369 米。基槽宽约 4 米，深约 0.3 米，整个北屋唯西北角向内凹缺，近似长方形。南城极小，处于北城东南角之南，破坏严重，大约平面为长方形，东西长约 214 米，南北宽约 105 米。依钻探结果，北城中部有两处夯土遗迹，规模一般，无法与后文介绍的宫殿台基齐观。

（3）北坞古城

由东西两座并列的古城构成。方向 15°，湮埋地下 1 米许。西城近方形，边长约 380 米，城墙宽 4—6 米。东城为长方形南北长约 580 米，东西宽约 530 米，城墙宽 8—10 米。两城相距 10 米，其间为一条大路。此外东城西北角、商城东南角均向内凹缺。据判断，西城包括侯马晋国遗址早、中、晚期，而东城仅中、晚期。在东、西城分别探出夯土遗迹 17、12 处。其中东城西南角有三座东西并列的仓库类建筑，东西间距均为 16.5 米，南端有相连的厅式廊。已发掘出十八个柱础，主体部分方向与城墙一致，为南北长 58、东西宽 16，墙基宽 2.9 米的长方形，其内排列两排柱础，每排十一个，南北两端都有门，南端两侧各一，门道宽 2.8 米，北端中部有一，门道宽 3.4 米，门道两侧各有一柱础。东城西部为一般居址，发现灰坑 96 座，灰沟 6 条，窖穴 22 个，房址 2 座及灶 6 个，并有小型建筑基址 2 处。②

其余三城无详细资料发表，其中马庄和平望两古城简单介绍如下：

> 马庄古城，与呈王古城规模相近，但由东大西小的二城构成。
> 平望古城，与牛村古城相比，东西稍窄，但东北角正相反。

20 世纪 50 年代末，考古学家曾调查牛村、平望、台神、马庄等四座宫殿台基。"根据我们的判断，牛村、平望、台神三座古城以平望者最早，余二者为扩建晋都时增拓的城墙圈，就其性质而言，前者为宫城，后二者则相应为增扩的宫城。从文献记载看，晋国迁都比较仓促，虽不知晋景公与其卿、大夫几月商议此事，但至少在'夏四月丁丑'已迁都新田了。我们知道晋国宫城构筑规整，却没有发现相应的廓城，其中原因下文分析。"③

---

① 山西省考古研究所侯马工作站：《山西侯马晋国遗址牛村古城的试掘》，《考古与文物》1988 年第 1 期。
② 罗新：《侯马市北坞村东周城址》，中国考古学会：《中国考古学年鉴（1985 年）》，北京：文物出版社，1985 年，第 118、119 页。
③ 田建文："新田模式"——侯马晋国都城遗址研究》，山西省考古学会、山西省考古研究所：《山西省考古学会论文集（二）》，太原：山西人民出版社，1994 年，第 131 页。

## 2. 公宫、固宫

### (1) 公宫

《春秋·定公十三年》云："十二月，辛未，赵鞅入于绛，盟于公宫。"①《国语·晋语》云："昔先主文子少衅于难，从姬氏于公宫……及景子长于公宫，未及教训而嗣立矣。"②又《春秋·成公八年》云："武从姬氏畜于公宫，以其田与祁奚。"③

"公宫"是当时晋公所处之地。《左传·僖公二十四年》曰："二月甲午……丙午，入于曲沃。丁未，朝于武宫。戊申，使杀怀公于高梁……三月，晋侯潜会秦伯于王城。己丑晦，公宫火。"④

### (2) 固宫

《左传·襄公二十三年》云："四月，栾盈帅曲沃之甲，因魏献子以昼入绛……或告曰：'栾氏至矣。'（范）宣子惧。桓子曰：'奉君以走固宫，必无害也……'。公有姻丧，王鲋使宣子墨缞冒绖，二妇人辇以如公，奉公以如固公。"⑤《国语·晋语》曰："居三年，栾盈昼入，为贼于绛，范宣子以公入于襄公之宫。"⑥故知固宫又名襄公之宫。

"'公宫'性质由此尽知。'固宫'不知为何又称'襄公之宫'，'固公'依字面意思必坚固易守，否则在栾盈入侵的危急时刻不会将晋公贸然置此的。……平望、牛村古城内的宫殿台基即分属'公宫'与'固宫'。"

至于《侯马盟书》所记之"不守二宫"，有学者认为："原书认为'当指亲庙中的宗庙与祖庙'，不如解释为'公宫'与'固宫'贴切妥当。盟书反映的是赵简子与邯郸赵稷、范氏、中行氏的斗争情况。事情的经过是，范氏、中行氏伐赵氏之宫迫使赵简子北走晋阳，而荀跞、韩不信、魏曼多与范氏、中行氏不睦，而鼓动晋定公伐范氏、中行氏，事不成，范氏、中行氏反而伐晋定公，幸有国人相助，晋定公才获胜，把范氏、中行氏赶出绛并要逐出晋国，并召回在晋阳城的赵简子。其过程与栾盈攻绛一样。……而赵简子在一定程度上仍打着晋公的幌子，担负着保卫晋公及晋都的重任。尽管如此，公元前496年，赵简子兵围朝歌，范氏就命析成鲋（士鲋）和小王桃甲供鲜虞兵乘虚攻绛，幸好守备森严未被攻陷。……所以盟书中多有阻止敌人'复入之于晋邦之中（地）'的誓词。总之，栾盈攻绛时范宣子等把晋公由公宫奉入'固公'，范氏、中行氏作乱时亦以'公宫''固公'为目标，'不守二宫'实指此。"⑦

---

① 《春秋左传正义·定公十三年》，（清）阮元校刻：《十三经注疏》，第2150页。
② 徐元诰撰，王树民、沈长云点校：《国语集解·晋语九》，第448页。
③ 《春秋左传正义·成公八年》，（清）阮元校刻：《十三经注疏》，第1904页。
④ 《春秋左传正义·僖公二十四年》，（清）阮元校刻：《十三经注疏》，第1816页。
⑤ 《春秋左传正义·襄公二十三年》，（清）阮元校刻：《十三经注疏》，第1976页。
⑥ 徐元诰撰，王树民、沈长云点校：《国语集解·晋语八》，第421页。
⑦ 田建文：《"新田模式"——侯马晋国都城遗址研究》，山西省考古学会、山西省考古研究所：《山西省考古学会论文集（二）》，第131页。

# 第四部分　夏族之兴起与商族、周族之演变

# [17] 夏后氏

## 一、夏后氏之兴起与发展

《史记·夏本纪》云："禹为姒姓，其后分封，用国为姓，故有夏后氏、有扈氏、有男氏、斟寻氏、彤城氏、褒氏、费氏、杞氏、缯氏、辛氏、冥氏、斟戈氏。"《索隐》说："《系本》男作'南'，寻作'鄩'，费作'弗'，而不云彤城及褒。按：……又下云斟戈氏，按《左传》《系本》皆云斟灌氏。"①

实际上，夏朝、商朝、周朝都以禹为榜样，而不再以黄帝、尧、舜为榜样。《尚书·仲虺之诰》说："有夏昏德，民坠涂炭。天乃锡王（指商汤）勇智，表正万邦，缵禹旧服。"孔安国传："继禹之功，统其故服。"② 因此商汤认为自己推翻夏桀是"继禹之功"。实际上孔子说："殷因于夏礼，所损益可知也。周因于殷礼，所损益可知也。其或继周者，虽百世可知也。"③ 因此三代是代表了禹的榜样，那么禹与黄帝、尧、舜有什么不同呢？

### （一）邦国与王朝

由于上古时期地广人稀，一个族群容易取得土地，转移地域是比较容易的，因此形成了族群的主要标志。但当人口大量增加以后，地域逐步稀缺，因此每个部族都要固守自己的地域，于是出现了邦国。邦国的特点是有明确的地域分界线，《说文》云："邦，国也。""国，邦也。"段注："《周礼》注曰'大曰邦，小曰国'，析言之也。许云'邦，国也'，'国，邦也'，统言之也。……古者城䆦所在曰国、曰邑，而不曰邦，邦之言封也。古邦、封通用。"④

所谓封，就是指有明确界限之地域，《说文》云："封，爵诸侯之土也。从之土，从寸。寸，守其制度也。"段注："谓爵命诸侯以是土也。……引申为凡畛域之偁。《大司徒》注曰：'封，起土畍也。'《封人》注曰：'聚土曰封。'"⑤ 诸侯爵命为后世之事，故

---

① 《史记·夏本纪》，第89页。
② 《尚书正义·仲虺之诰》，（清）阮元校刻：《十三经注疏》，第161页。
③ （清）刘宝楠：《论语正义·为政》，《诸子集成》第一册，第39页。
④ （汉）许慎撰，（清）段玉裁注：《说文解字注·邑部》，第283、277页。
⑤ （汉）许慎撰，（清）段玉裁注：《说文解字注·土部》，第687页。

《大司徒》与《封人》之郑玄注当为封之本义。

故所谓邦实为有界之地域。又《说文》云："国，邦也，从口，从或。"段注："戈部曰：'或，邦也。'古或、国同用。邦、封同用。"① 因此，邦最具体的表现就是城垣。

## （二）三代

### 1. 三代（上）

在五帝时代早期，夏族从陇山地区向东移殖时，他们控制了黄河中下游，并且产生了四个族系。在五帝时期晚期，由于夏族东扩形成了与戎族的融合而成的少昊系与祝融系。因此在五帝时代结束时，夏族主要由六个族群组成，其地域包括黄河中下游以及淮河中下游。由于大洪水的作用，形成了新的强力集团夏后氏，最终其在三代前期发展成为夏朝。

到了五帝时期的后期，夏族有了数目庞大的部族，《淮南子》说："（禹）合诸侯于涂山，执玉帛者万国。"② 在这种新的形势下，出现了一个强大的亲族联盟夏后氏。

夏后氏的出现与上古时期的洪水有关。洪水对黄河中下游造成严重的灾害。（请参看本书[01]。）《史记·夏本纪》讲述整个夏朝的历史，其中一半的篇幅是有关治理洪水的记载以及洪水治理之后所形成的贡道系统。夏后氏正是由于治理洪水之贡献，成为当时最大的一个亲族联盟。禹对舜说："鸿水滔天……下民皆服于水。予陆行乘车，水行乘舟……行山刊木。与益予众庶稻鲜食。……众民乃定，万国为治。"③

禹在去世前，根据先例，把大权移交给益。益曾与禹一起治水，但他属于另一个亲族联盟。禹之子启拒绝放弃权力，因此发生了战斗，益失败。于是启建立了夏后氏独占权力的夏朝。夏族在三代初期的强大就表现为夏后氏政权的形成。

夏后氏政权的特点是夏后氏具有极大的势力，特别是当时夏族已经控制了许多戎族部族。但是夏后氏并没有能力把异族完全融合，于是有穷氏控制了大权，夏后氏被推翻。最后少康在宗族部族的支持下打败有穷氏，恢复了夏朝的权力。关于有穷氏的问题将在本书[18]中进一步讨论。

在少康之后，夏族的第一个王朝（夏朝）的统治终于巩固，从此以后，夏族的统治者把统治下的异族加以融合。于是有了强盛的夏朝。这个王朝控制了今河南的中部与南部，并且形成了五岳，嵩山成了中岳，而南岳转移到了河南南部。因此，从夏后氏到夏朝的建立，是夏族发展史的一个重要阶段。

---

① （汉）许慎撰，（清）段玉裁注：《说文解字注·口部》，第277页。
② （汉）高诱注：《淮南子·原道训》，《诸子集成》第七册，第5页。
③ 《史记·夏本纪》，第79页。

## 2. 三代（中）

到了三代中期，出现了商族与周族。在这个阶段，北方的其他部族继续融入夏族，因而夏族不断扩大，其中最突出的特点是商族与周族先后融入夏族。

商族从东北地区越过燕山南下，成为夏族统治下的一个部族，但是商汤最后从夏桀手中夺取了夏朝的政权。值得比较一下夷羿从帝相手中夺取夏朝政权的历史。

根据《竹书纪年》记载，早在帝少康十一年就"使商侯冥治河"，而且最后在帝杼十三年"商侯冥死于河"①。从商侯治河到商汤灭桀，中间长达二百多年。因此商族在夏朝直接统治下的历史长达二三百年，他们应该已经熟悉夏朝的政治制度、政治伦理，也应该熟悉夏朝的语言、文化。因此，其已经融入夏族了。

## 3. 三代（下）

同样，周武王推翻商纣王而建立周朝，由于周族与商朝的长期接触，周族融入了商族。根据《竹书纪年》记载，早在祖乙十五年，就"命邠侯高圉"，后来阳甲十九年又"命邠侯亚圉"，祖甲十三年"命邠侯组绀"。因此周族已经成为商朝的诸侯。后来武乙三年，"命周公亶父"，后来是"周公季历"，周族就不只是诸侯，应该就是侯伯。实际上季历曾被"命为牧师"②。季历之子就是周文王，在帝辛元年，他被任命为三公，称"周侯""西伯"，而"王锡命西伯得专征伐"③。因此周族在夺取政权之前，已经在商朝统治下参与政权达三百年之久，已经完全融入商族了。

但是商族早已经融入夏族，那么最终来说，周族通过融入商族而建立了姓氏制度，继承了夏族的制度，也成了夏族的一部分，因此周族的成功也是夏族的一次重大的胜利。秦陇地区本是夏族的起源地，在炎黄后裔移殖到黄河中游以后，他们对秦陇的控制削弱了。但是周族崛起之后，夏族在周族的旗号下重新加强了对秦陇地区的控制，而且夏族的地域比之前有所扩大。因此周族的形成就是夏族在西北地区的一次扩张。

## 4. 夏族的移殖与发展

夏族在陇山地区有了以宗社为基础的基本社会组织，同时发展了以农业与彩陶为基础的生产技术，于是他们纷纷沿着各条水道向黄河中游移殖，他们在汾水、洛水流域定居下来。到了五帝时代晚期，大约距今四五千年，他们在黄河与淮河中下游移殖，于是夏族形成了庞大的族系。

夏族分布在陕西、山西南部、河南中南部以及河北与山东、安徽相邻的地方，其总人口数达到上千万人。夏族的部族往往结合于各种"亲族联盟"，如夏后氏的联盟超过中原的范围，这就为夏后氏开创了新的历史进程，这种联盟就带来了新的社会结构。

---

① （清）徐文靖：《竹书纪年统笺》，《二十二子》，第 1058 页。
② （清）徐文靖：《竹书纪年统笺》，《二十二子》，第 1065、1067、1068 页。
③ （清）徐文靖：《竹书纪年统笺》，《二十二子》，第 1068—1070 页。

## 二、夏后氏之联盟

夏后氏在四五千年以前开始形成的时候，它比周围社会已经有了更多的发展与开化，其中最突出的特点是夏后氏的亲属联盟的建立。

### （一）夏族的宗社与族系

#### 1. 夏族的宗社及其扩充

在夏族的社会中，首先有大小宗社体系，这是社会的基础。但是当夏族从秦陇向黄河中下游发展的时候，宗社开始有更大的变化。

当宗族在狭小的范围内发展时，宗总是限于极小的土地之上，社也限于极小的范围之内。当宗继续扩充时，它往往只能在另一个领域中扩充，宗就不能限于在一个领域里，于是不同的宗可以共同发展。因此宗必须与其他的宗构成更大的大宗。同样的大社，其包含的社并不一定包含于同一个大社。因此大宗的宗并不包含最密切的血缘关系，同样大社的社并不是有最密切的血缘关系。因此，在炎黄族群从秦陇地区东下河水中游以后，他们的宗社制度是有变化的。

尽管初期互相密切的部族在扩充时，密切的宗社其领域往往是相近的，而且相互之间是有血缘关系的，但在宗社组织进一步发展时，他们互相之间并没有直接的血缘相连。虽然这些部族可能是同姓的组织，但他们不是相同的宗社。因此在扩充的传播中，若干新的系统建立起来了，这些宗社虽然有相同的姓，但不能有比较直接的血缘连接。因此，夏族之族群往往形成了族系。

#### 2. 夏族之族系

当夏族从秦陇向东方移殖时，最著名的族系是轩辕系、昌意系以及共工、大隗系等。这些族系分布于陕北洛河流域以及山西汾水流域，还分布于河南的洛河流域以及汝河流域，这是我国最早的族系。

接着出现了少昊系与祝融系，这两系的特点是各有姓的系统，但是其内部融入了大量戎族的体系，这些戎族取得了夏族的姓，而且也学习了夏族的语言、社会组织以及基本生活习惯。

从简单的宗社到族系，社会有了很大的发展，人口就有了巨大的增长。《帝王世纪》说："及禹平水土，还为九州……民口千三百五十五万三千九百二十三人。至于涂山之会诸侯，承唐虞之盛，执玉帛亦有万国。"《帝王世纪》又说："及周公相成王，致治刑错，民口千三百七十一万四千九百二十三人……周之极盛也。"[①] 既然当时"执玉

---

① 徐宗元：《帝王世纪辑存》，第 118、119 页。

帛亦有万国"，而且夏族向东方的扩张至少有六大族系。那么在今陕西、山西、河南、河北、山东等五六个省区内，各聚集大约二百万口，是完全可能的。虽然这些人口总数不一定靠得住，但夏族的力量已经非常强大，他们可以几千，甚至上万人聚集在一起，因此在五帝时期末，夏族已经成为东亚历史上最大的部族了。

最值得注意的是，夏族本身已经不是一个血缘团体，原先黄河中下游的许多部族，其中许多都融入了夏族。太行山东麓的九黎、三苗，还有山东的有穷氏等许多部族，他们大量融入少昊系以及祝融系。因此，夏族的部族社会地位已经发生改变了。

## （二）禹与夏后氏之亲属联盟

### 1. 夏后氏之亲属联盟

在《史记·夏本纪》及《史记·五帝本纪》中，其最后段落都是"太史公曰"，但是二者区别很大。《史记·夏本纪》之"太史公曰"的内容如下：

> 禹为姒姓，其后分封，用国为姓（应是用国为氏）。故有夏后氏、有扈氏、有男氏、斟寻氏、彤城氏、褒氏、费氏、杞氏、缯氏、辛氏、冥氏、斟戈氏。孔子正夏时，学者多传《夏小正》云。自虞、夏时，贡赋备矣。或言禹会诸侯江南，计功而崩，因葬焉，命曰会稽。会稽者，会计也。①

《史记·夏本纪》的"太史公曰"讲述了贡赋以及禹会江南诸侯等夏代的国家大事，还清楚地叙述了十二个氏，与《史记·五帝本纪》有很大的区别：《史记·五帝本纪》没有提到"十二个氏"这样的问题。

后来《史记·殷本纪》也有一个"太史公曰"，其全部内容如下：

> 余以《颂》次契之事，自成汤以来，采于《书》《诗》。契为子姓，其后分封，以国为姓，有殷氏、来氏、宋氏、空桐氏、稚氏、北殷氏、目夷氏。孔子曰，殷路车为善，而色尚白。②

《史记·殷本纪》的"太史公曰"实际上除了"殷氏、来氏、宋氏、空桐氏、稚氏、北殷氏、目夷氏"七个氏以外，没有其他内容，只有"殷路车为善，而色尚白"。

那么《史记·秦本纪》的情况怎么样？《史记·秦本纪》的"太史公曰"比《史记·殷本纪》更简单，其内容如下：

---

① 《史记·夏本纪》，第89页。
② 《史记·殷本纪》，第109页。

> 秦之先为嬴姓。其后分封，以国为姓，有徐氏、郯氏、莒氏、终黎氏、运奄氏、菟裘氏、将梁氏、黄氏、江氏、修鱼氏、白冥氏、蜚廉氏、秦氏。然秦以其先造父封赵城，为赵氏。①

因此《史记·秦本纪》的"太史公曰"列举了嬴姓分封的十三个氏，此外还有一句话："然秦以其先造父封赵城，为赵氏。"等于再补充了第十四个氏，那么《史记·秦本纪》与《史记·殷本纪》的"太史公曰"几乎完全是讲述"其后分封，用国为姓"的情况，没有任何其他内容。可见司马迁对"其后分封，以国为姓"的重视程度。不过《史记·周本纪》结束语却完全没有提到"其后分封，用国为姓"的情况。这是因为周代之封建结构十分明显，《史记》中有关的世家等情况，就说明了周朝亲属联盟的情况。

因此，亲属联盟是三代以来夏族发展史中出现的一种最基本的社会组织，故"太史公曰"对此特别加以说明。亲属联盟组成一个部族联盟，但它们不是大宗或小宗（见张肇麟《姓氏与宗社考证》），本书特称之为亲属联盟。

亲属联盟的重要性是不难理解的，当时各种政治活动以及不断的战争冲突都是围绕亲属联盟展开的。各个朝代的兴亡都与亲属联盟的巩固或崩溃有关。亲属联盟可以说是当时整个社会的政治核心，正如史伯对郑桓公说的："是非王之支子、母弟、甥舅也，则皆蛮夷戎狄之人也。"② 因此《史记》附有的夏朝、商朝、秦朝的"太史公曰"，就是清楚说明这几个朝代的亲属联盟。

因此，司马迁对夏、商、周、秦的历史记载，并不是对这些朝代给出其政治评价，而是说明其政治结构的核心。

## 2. 夏后氏亲属联盟之建立

到五帝末期，夏族所出现的最强大的亲属联盟，就是禹的亲属联盟。在帝舜时期，禹建立了巨大的"水土功"，其地域必定是范围广阔的，可能从关中延伸到豫东。《史记·殷本纪》记载汤说："古禹、皋陶久劳于外，其有功乎民，民乃有安。东为江，北为济，西为河，南为淮，四渎已修，万民乃有居。"③ 这说的是就是禹所建立了巨大的"水土功"，也就是他的亲属联盟。

实际上禹所创建的是当时最强大的一个部族集团，在舜所主持的一场辩论中，舜曾要禹"昌言"，却要禹表白自己的功绩。禹就说"予何言！予思日孜孜。"于是引起了一场辩论：

> 皋陶难禹曰："何谓孜孜？"禹曰："鸿水滔天……下民皆服于水。予陆行乘

---

① 《史记·秦本纪》，第 221 页。
② 徐元诰撰，王树民、沈长云点校：《国语集解·郑语》，第 462 页。
③ 《史记·殷本纪》，第 97 页。

车，水行乘舟，泥行乘橇，山行乘檋，行山刊木。与益予众庶稻鲜食。……与稷予众庶难得之食。食少，调有余补不足，徙居。众民乃定，万国为治。"皋陶曰："然，此而美也。"①

接着又说：

> 禹曰："予娶涂山，辛壬癸甲，生启予不子，以故能成水土功。辅成五服，至于五千里，州十二师，外薄四海，咸建五长，各道有功。苗顽不即功，帝其念哉。"帝曰："道吾德，乃女功序之也。"②

于是《史记》将帝舜时期的成就归结为禹的功绩。

最后禹大功告成，"皋陶于是敬禹之德，令民皆则禹。不如言，刑从之。舜德大明"。于是皋陶为歌曰："元首明哉，股肱良哉，庶事康哉！"于是在"天下皆宗禹之明度数声乐，为山川神主"③。因此在帝舜的时期中，禹完成了上古时代的一场对全国产生巨大影响的社会丰功，禹自己也说自己是"成水土功，辅成五服，至于五千里，州十二师，外薄四海，咸建五长"。禹超出了部族族系的范围，于是得到了"山川神主"的声名。这是夏后氏统一夏族的客观环境。

虽然当时每一个族系都有自己的亲属联盟，但范围是有所不同的，夏后氏有了一个当时最强大的联盟。当然夏后氏的联盟还有不同的说明。《路史》是一本广泛搜罗史料的书，也很注意各个时代的亲属部族，例如它说："禹初姒姓，其后分封，以国为氏。有泊氏、弗氏、鄪氏、鬻氏、冥氏、鄩氏、褒氏、沈氏、男氏、有南氏、彤氏、彤城氏、姒氏、弋氏、纶氏。"④《路史》这个名单包括十五个氏，比《史记·夏本纪》多三个。而且《路史》还记载禹之支子有封于辛，为辛氏、计氏、司空氏、宇文氏、普屯氏，还有启之子莘为莘氏、辛氏、甡氏、观氏、卜氏等⑤。

但是《路史》给出的夏代最初十五个氏中有弗氏与鄪氏（应即《史记·夏本纪》之费氏）、冥氏与鄩氏（应即《史记·夏本纪》之冥氏）、男氏与有南氏（应即《史记·夏本纪》之有男氏）、彤氏与彤城氏（应即《史记·夏本纪》之彤城氏），当为重复记载。后来增加的十来个氏中辛氏两见，还有辛氏与莘氏有可能是同一个氏或者因分化而成。而且《路史》的记载相当庞杂，如缯氏在《路史》中列为夏亡国后商汤所封之国，杞氏在《路史》中列为少康之子所封⑥。虽然总体来看，《路史》记载更加完备，但是有三个

---

① 《史记·夏本纪》，第79页。
② 《史记·夏本纪》，第80页。
③ 《史记·夏本纪》，第81页。
④ （宋）罗泌：《路史·夏后纪下》，第159页。
⑤ （宋）罗泌：《路史·夏后纪下》，第147、149页。
⑥ （宋）罗泌：《路史·夏后纪下》，第155、158页。

部族见于《史记·夏本纪》而始终不见于《路史》，即有扈氏、斟寻氏（当即斟鄩氏）、斟戈氏（当即斟灌氏）。这三个却正是夏后氏联盟中最重要的部族。《路史》貌似完备却更为残缺。因此，对于研究夏后氏联盟来说，司马迁在《史记·夏本纪》中的记载是更有价值的。

## 三、夏后氏亲属联盟

司马迁认为禹为姒姓，其后分封为十二个氏，组成一个关系极为密切的部族联盟，即称为夏后氏之亲属联盟。

### （一）有扈氏

在此亲属联盟中，除夏后氏之外，有扈氏是最为重要的。有扈氏分布在洛水并关中。但是在启登基之后，有扈氏首先发动叛乱，其在夏后氏对待禅让的方面有不同的看法。

除了内乱之外，启和益也有矛盾。启与有扈氏、五观以及益的冲突，反映了夏代建国所面临的历史性的斗争，不是简单的利益冲突。而且许多人把矛盾归于禹，也有许多人归罪于有扈氏，如《庄子》说："且昔者桀杀关龙逢，纣杀王子比干，是皆修其身。以下伛拊人之民，以下拂其上者也。故其君因其修以挤之。是好名者也。昔者尧攻丛枝、胥敖，禹攻有扈。国为虚厉，身为刑戮，其用兵不止，其求实无已。是皆求名实者也，而独不闻之乎？"①《吕氏春秋》也说："兵所自来者久矣。尧战于丹水之浦，以服南蛮；舜却苗民，更易其俗；禹攻曹、魏、屈骜、有扈，以行其教。三王以上，固皆用兵也。"② 这里说"禹攻有扈"，可能是对的，因为启的所作所为实际上与禹是一致的。

《竹书纪年》记，帝启二年"王帅师伐有扈，大战于甘"③。但关于有扈氏的地域却有不同的解释。史传上有扈氏的地域在陕西鄠县（今西安市鄠邑区），但是扈在河南荥阳卷县西北有扈亭。我认为陕西鄠县（今西安市鄠邑区）为有扈氏的诸侯所在，而河南荥阳卷县有有扈氏在王宫附近的驻地。

### （二）杞氏、缯氏

《国语》曰："有夏虽衰，杞、鄫犹在。"韦昭注："杞、鄫二国，夏后也。犹在，在灵王之世也。"④ 又《国语》云："杞、缯由大姒。"韦昭注："杞、缯二国姒姓，夏禹之

---

① （清）郭庆藩：《庄子集释·人间世》，《诸子集成》第三册，第64、65页。
② （汉）高诱注：《吕氏春秋·恃君览·召类》，《诸子集成》第六册，第262页。
③ （清）徐文靖：《竹书纪年统笺》，《二十二子》，第1056页。
④ 徐元诰撰，王树民、沈长云点校：《国语集解·周语下》，第97页。

后，大姒之家也。"①

《通志·氏族略二》云："曾氏。亦作鄫，亦作缯，姒姓，子爵……夏少康封其少子曲烈于鄫。"② 故《左传·僖公三十一年》杜注："言杞、鄫夏后，自当祀相。"相指夏后相。③

那么在夏亡国之后，一直到春秋晚期，杞氏、缯氏还存在，但是其地域已经变了。特别是在周武王之后。《潜夫论》云："禹乃即位……十有七世而桀亡天下。武王克殷而封其后于杞，或封于缯。"④

1. 杞氏

《史记·夏本纪》云："汤乃践天子位……汤封夏之后（正义引《括地志》云：夏亭故城在汝州郏城县东北五十四里，盖夏后所封也），至周封于杞也（正义引《括地志》云：汴州雍丘县，古杞国城也。周武王封禹后，号东楼公也）。"⑤ 则古夏亭在今河南郏县，而古杞国在今河南杞县。当汤之时，夏后氏之后封于古夏亭，即郏县，而杞氏之后当仍在杞县；但周武王之时，夏后氏之后封于杞县，而杞氏之后是否仍然存在则不得而知。《大戴礼记》云："成汤卒受天命……故乃放移夏桀，散亡其佐，乃迁姒姓于杞。"⑥ 所谓"迁姒姓于杞"指周武王时，非指成汤。

2. 缯氏

《春秋·襄公元年》云："仲孙蔑会齐崔杼，曹人、邾人、杞人，次于鄫。"杜预注："鄫，郑地，在陈留襄邑县东南。"⑦ 襄邑即今睢县。

"夏少康封其少子曲烈于鄫"，则鄫当在今河南，必定是夏亡国之后才迁到今山东的。

（三）莘氏（辛氏）

有莘氏是禹之母族。在鲧的时期，有莘氏当在陇南或川北。《路史》云："初，鲧纳有莘氏曰志……生禹于僰道之石纽乡……长于西羌，西夷之人也。"⑧ 故禹之出生地当即有莘氏之地域。

关于禹之出生地，所有的记载几乎一致说禹出生于西夷或西羌，有的还具体指明为川北，《史记·夏本纪》云："禹之父曰鲧"，《史记·夏本纪》正义云："《帝王纪》云：

---

① 徐元诰撰，王树民、沈长云点校：《国语集解·周语中》，第46页。
② （宋）郑樵撰，王树民点校：《通志二十略·氏族略第二》，北京：中华书局，2012年，第61页。
③ 《春秋左传正义·僖公三十一年》，（清）阮元校刻：《十三经注疏》，第1832页。
④ （汉）王符：《潜夫论·五德志》，《诸子集成》第八册，第165—167页。
⑤ 《史记·夏本纪》，第88、89页。
⑥ （清）王聘珍撰，王文锦点校：《大戴礼记解诂·少闲》，第218页。
⑦ 《春秋左传正义·襄公元年》，（清）阮元校刻：《十三经注疏》，第1928页。
⑧ （宋）罗泌：《路史·夏后氏》，第139页。

'父鲧妻修己……生禹。名文命，字密，身九尺二寸长，本西夷人也。'……扬雄《蜀王本纪》云：'禹本汶山郡广柔县人也，生于石纽。'《括地志》云：'茂州汶川县石纽山在县西七十三里。'"索隐云："《系本》'鲧取有辛氏女，谓之女志，是生高密。'宋衷云'高密，禹所封国。'"①《水经注》云："沫水出广柔徼外，县有石纽乡，禹所生也。"②

春秋时虢邑。《左传·庄公三十二年》云："有神降于莘"，杜预注："莘，虢地。"③《读史方舆纪要》河南府陕州："莘原，在废硖石县西十五里。《左传·庄（公）十三年》'有神降于莘'，即此。"④

### （四）费氏

费亦作弗。费氏方国的历史比褒国似乎更长，费国存在到春秋时期。

（1）河南之费

费氏当位于河南缑氏。《左传·成公十三年》云："殄灭我费滑"，杜预注："费滑，滑国都于费，今缑氏县。"在今洛阳市偃师区一带。⑤

（2）山东之费

今山东南部临沂有费县，今山东鱼台县西南有费亭。

### （五）冥氏

冥氏即鄍氏。《左传·僖公二年》云："乃使荀息假道于虞，曰：'……入自颠軨，伐鄍三门。'"杜预注："鄍，虞邑，河东大阳县，东北有颠軨坂。"⑥

### （六）褒氏

（1）陕西褒城县有褒氏

褒氏的封地是在陕西省汉中市一带，包括今天的勉县、留坝县等地，已经是秦岭以南，这说明夏朝的势力已经扩张到这里了。褒氏方国的始封君是大禹的儿子，夏启的弟弟，褒国的历史可谓悠久，经历了夏朝与商朝，一直存在到周朝，算是有一千多年历史的古老方国了。

《国语》云："周幽王伐有褒，有褒人以褒姒女焉，褒姒有宠，生伯服。"韦昭注：

---

① 《史记·夏本纪》，第 49 页。
② （后魏）郦道元注，（清）杨守敬、熊会贞疏，段熙仲点校：《水经注疏·沫水》，第 2962 页。
③ 《春秋左传正义·庄公三十二年》，（清）阮元校刻：《十三经注疏》，第 1783 页。
④ （清）顾祖禹撰，贺次君、施和金点校：《读史方舆纪要·河南三》，第 2273 页。此处应是"《左传·庄公三十二年》'有神降于莘'"。本引文时间有误。
⑤ 《春秋左传正义·成公十三年》，（清）阮元校刻：《十三经注疏》，第 1912 页。
⑥ 《春秋左传正义·僖公二年》，（清）阮元校刻：《十三经注疏》，第 1791 页。

"伯服，携王也。"[1]

(2) 河南有褒氏

《路史·国名纪丁》说："夏有褒君，褒姒祖也。……（郑）樵谓：蔡（州）之褒信。"[2]由此可知，褒国的地域，在蔡州褒信，即今河南省息县北35千米的包信镇一带，地处黄淮平原南缘，位于淮河上游的闾河之滨。

### （七）有男氏、彤城氏

#### 1. 有男氏

有男氏也称为有南氏，"昔有南氏有二臣，贵宠，势钧力敌，竟进争权，下争朋党，君弗禁，南氏以分"。《路史·夏后纪》云："《国名纪》《世本》之有男氏，《潜夫》作南，《周书》之有南也，二臣势均争权而分。《楚地记》云：汉江之北为南阳，汉江之南为南郡者是。"[3]据说这一代的后人以"南"为姓。

根据近现代学者考证，有男氏的封地在今河南南阳一带，具体在汉水以北与南阳之间的地带。

#### 2. 彤城氏

彤城氏，经学者考证彤城氏的封地在今渭南市华州区。根据《史记》索隐的记载，"周有彤伯，盖彤城氏之后。"[4]也有说法提出周朝的彤城氏是分封的姬姓贵族，彤城氏方国灭亡后，其后人以"彤城"为姓，这是个两字复姓。

## 四、夏后氏与其他部族之联盟

### （一）夏后氏联盟

#### 1. 夏后氏

在夏族移殖东方的过程中，有大量的异姓种族与夏族接触。当时存在许多非夏族，那些部族没有"执玉帛"来参加涂山之会，如防风氏大概就不属于夏族，据说："禹致群神于会稽山，防风氏后至。"[5]《晋书·地理志》吴兴郡"统县十，户二万四千"，那么吴兴郡平均每个县约两千人。据说其中四个县乌程、临安、余杭、武康为"故防风氏

---

[1] 徐元浩撰，王树民、沈长云点校：《国语集解·晋语一》，第250页。
[2]（宋）罗泌：《路史·国名纪丁》，第354页。
[3] 黄怀信、张懋镕、田旭东：《逸周书汇校集注》，第1026、1027页；（宋）罗泌：《路史·国名纪丁》，第354页。
[4]《史记·夏本纪》，第89页。
[5]《史记·孔子世家》，第1912、1913页。

国"①。那么防风氏就位于今浙江杭州一带,其居民约八千人。在四千年前,这些居民不会属于夏族。吴兴郡的其他六县是东迁、于潜、故鄣、安吉、原乡、长城,那么吴兴郡大致就是今浙西地方,与会稽郡相邻。因此可以看到,所谓涂山之会并不是发生在浙江,而可能是在山西,那时全国许多部族与夏族还没有密切的联系。

在夏族与异姓种族的对峙中,最初有蚩尤,后来有九黎、三苗等继续与夏族是对峙的(见本书[15])。但是大部分异姓种族往往先后以不同的方式与夏族融合在一起,这是夏族发展中的一种方式。

## 2. 有穷氏

在禹启时代最值得注意的是有穷氏。有穷氏是东方的一种部族(羿为有穷氏之君),他们与蚩尤不同,似乎没有与夏族出现激烈的冲突。有穷氏在历史上没有太多的记载,但至少从五帝时期的中期起,有穷氏就是夏族的友军。在帝喾时期有穷氏"世掌射正",因此他们可能从山东来到黄河中游,他们从山东北部走向九河。有穷氏可能目标是走向中原,他们首先走向濮阳,再沿黄河往南与夏后氏靠拢。

现在不清楚有穷氏从东方走向中原的原因,但是很可能是由于帝启为了加强中央的力量。实际上有穷氏是夏后氏中央权力最强大的支持力量。所以当太康、仲康的时期,夏王室依靠有穷氏来保护。在《竹书纪年》中,当启驾崩之后,太康"即位,居斟鄩"。最奇怪的是,《竹书纪年》说元年时"羿入居斟鄩"②。《尚书·五子之歌》说:"太康尸位以逸豫,灭厥德,黎民咸贰。……有穷后羿因民弗忍,距于河。"孔颖达疏:"羿犹立仲康,不自立也。"③ 因此在夏朝建国时,后羿在当时还是夏后氏的支持力量,犹如周代一些戎狄力量参与王室事务。

## 3. 夏后氏与戎、狄之合与争

在东周时,戎狄力量一再入侵京师。《左传·僖公十一年》云:"夏,扬、拒、泉、皋、伊、洛之戎同伐京师,入王城,焚东门,王子带召之也。秦、晋、伐戎以救周。"又《左传·僖公十二年》云:"王以戎难故,讨王子带。秋,王子带奔齐。"④

《左传·僖公二十二年》云:"王子带自齐复归于京师,王召之也。"⑤

《左传·僖公二十四年》云:"夏,狄伐郑,取栎。王德狄人,将以其女为后。……初,甘昭公有宠于惠后。惠后将立之,未及而卒。昭公奔齐,王复之,又通于隗氏。王替隗氏。颓叔、桃子曰:'我实使狄,狄其怨我。'遂奉大叔,以狄师攻王。……秋,颓叔、桃子奉大叔,以狄师伐周,大败周师,获周公忌父、原伯、毛伯、富辰。王出适

---

① 《晋书·地理志下》,第 461 页。
② 徐文靖:《竹书纪年统笺》,《二十二子》,第 1056 页。
③ 《尚书正义·五子之歌》,(清)阮元校刻:《十三经注疏》,第 156 页。
④ 《春秋左传正义》,(清)阮元校刻:《十三经注疏》,第 1802 页。
⑤ 《春秋左传正义·僖公二十二年》,(清)阮元校刻:《十三经注疏》,第 1813 页。

郑，处于氾。大叔以隗氏居于温。……王使简师父告于晋，使左鄢父告于秦。天子无出，书曰：'天王出居于郑，辟母弟之难也。'"①

《左传·庄公十九年》云："初，王姚嬖于庄王，生子颓。子颓有宠，蔿国为之师。及惠王即位，取蔿国之圃以为囿，边伯之宫近于王宫，王取之。王夺子禽、祝跪与詹父田，而收膳夫之秩。故蔿国、边伯、石速、詹父、子禽祝跪作乱，因苏氏。秋，五大夫奉子颓以伐王，不克，出奔温。苏子奉子颓以奔卫。卫师、燕师伐周。冬，立子颓。"②

《左传·庄公二十年》云："冬，王子颓享五大夫，乐及遍舞。郑伯闻之，见虢叔，曰：'寡人闻之，哀乐失时，殃咎必至。今王子颓歌舞不倦，乐祸也。夫司寇行戮，君为之不举，而况敢乐祸乎！奸王之位，祸孰大焉？临祸忘忧，忧必及之。盍纳王乎？'虢公曰：'寡人之愿也。'"③

《左传·庄公二十一年》云："春，胥命于弭，夏，同伐王城。郑伯将王，自圉门入，虢叔自北门入，杀王子颓及五大夫。郑伯享王于阙西辟，乐备。王与之武公之略，自虎牢以东。原伯曰：'郑伯效尤，其亦将有咎。'五月，郑厉公卒。"④

## （二）夏后氏与有穷氏联盟

后来的史书中也一再将夏朝的后羿之祸作为历史教训加以引用，如刘渊建立了"汉"（匈奴族），他消灭了西晋，其子刘聪先后俘虏了晋怀帝与晋愍帝，因而西晋亡国。后来司马氏复辟，建立了东晋。当时许多人就把刘渊与后羿对比："虽有夏之遭夷羿，宗姬之离犬戎，蔑以过之。"⑤又如《梁书》将侯景与后羿对比："昔夷羿乱夏，犬戎厄周，汉则莽、卓流灾，晋则敦、玄构祸，方之羯贼（指侯景），有逾其酷，悲乎！"⑥但是理解后羿最好的历史背景还是犬戎与西周。所谓"夷羿乱夏"与"犬戎厄周"是早期的蛮夷戎狄从内部对中央政权的颠覆活动。

有穷氏的出生源流不明，很可能是来自山东半岛的戎族。书传又称后羿为夷羿，因此也可以说明后羿本是戎族。在帝喾时期，后羿当已同其他外族一样成为夏族的领袖，《吕氏春秋》则谓："大桡作甲子……羲和作占日……夷羿作弓，祝融作市……伯益作井……王冰作服牛，史皇（即仓颉）作图，巫彭作医，巫咸作筮。此二十官者，圣人之所以治天下也。"⑦因此在禹启时代，有穷氏应该已经融入夏族。

---

① 《春秋左传正义·僖公二十四年》，（清）阮元校刻：《十三经注疏》，第1818页。
② 《春秋左传正义·庄公十九年》，（清）阮元校刻：《十三经注疏》，第1773页。
③ 《春秋左传正义·庄公二十年》，（清）阮元校刻：《十三经注疏》，第1774页。
④ 《春秋左传正义·庄公二十一年》，（清）阮元校刻：《十三经注疏》，第1774页。
⑤ 《晋书·元帝纪》，第147页。
⑥ 《梁书·侯景传》，第864页。
⑦ （汉）高诱注：《吕氏春秋·审分览·勿躬》，《诸子集成》第六册，第206页。

## 1. 异姓联盟与亲属联盟

而且到后来，异姓的部属往往参与某种联盟。但是在帝启时代，最初太康离开了晋南，"即位，居斟鄩"。更奇怪的是，就在同一年，"羿入居斟鄩"①。《史记·夏本纪》说："夏后帝启崩，子帝太康立。帝太康失国。"集解也说："孔安国曰：'盘于游田，不恤民事，为羿所逐，不得反国。'"② 太康在位四年，崩，弟仲康立。

仲康亦居斟鄩。事实可能是后羿废掉太康而立仲康，因此徐文靖统笺："孔氏《书》疏：羿废太康，犹立仲康，不自立，则是时羿居斟寻而立仲康，故仲康亦居斟寻也。"③ 仲康在位七年，崩，子相立。

相不再居斟鄩，而于元年移居商。九年，移居斟灌。因此在启之后的三个王是太康（4年）、仲康（7年）、相（头10年），总共21年，而且完全在后羿的控制下，夏王三次接班，而且三次迁都。

寒浞在相二十八年杀掉了相，夏后氏失去了政权，寒浞直接掌握政权35年。最后少康才复辟成功。因此，夏朝早期的一百年是极其混乱的时期，更换了五六个君主，迁移了五六次都城：夏邑（阳翟）→冀都（安邑）→斟鄩→商→斟灌。

## 2. 有穷氏是夏后氏的支持力量

启辛苦建立的帝国，在太康手中不过四年就丢掉了。《竹书纪年》云，太康四年就崩了，下一个仲康七年也崩了。《尚书》对这个事件有说明："太康尸位以逸豫，灭厥德，黎民咸贰。乃盘游无度，畋于有洛之表，十旬弗反。有穷后羿因民弗忍，距于河。"孔传："距太康于河，不得入国，遂废之。"④

此外，后羿对夏后氏的"政变"活动是得到认可的，《左传》记载魏绛对晋侯说："《夏训》有之曰：'有穷后羿。'"杜预注："《夏训》，夏书。有穷，国名。后，君也。羿，有穷君之号。"孔颖达谓"夏书"指《五子之歌》。⑤ 因此，在"有典有册"的夏书中，只是谴责太康，对于后羿"因夏民以代夏政"是完全接受的，而且称之为有穷后羿，并无半点讨伐的意思。

有穷氏是一个具有一定规模的氏族联盟，其下边包括伯明氏那样的氏族。《左传》叙述后羿是有穷氏之君："《夏训》有之曰：'有穷后羿。'"杜预注："羿，有穷君之号。"《左传》又说："（羿）弃武罗、伯困、熊髡、龙圉而用寒浞。寒浞，伯明氏之谗子弟也。……夷羿收之，信而使之，以为己相。"杜预注："四子皆羿之贤臣。""寒国，北海平寿县东有寒亭。伯明，其君名。"⑥ 则有穷氏还设置了"相"。

---

① （清）徐文靖：《竹书纪年统笺》，《二十二子》，第1056页。
② 《史记·夏本纪》，第85页。
③ （清）徐文靖：《竹书纪年统笺》，《二十二子》，第1056页。
④ 《尚书正义·五子之歌》，（清）阮元校刻：《十三经注疏》，第156页。
⑤ 《春秋左传正义·襄公四年》，（清）阮元校刻：《十三经注疏》，第1933页。
⑥ 《春秋左传正义·襄公四年》，（清）阮元校刻：《十三经注疏》，第1933页。

非但如此，当后羿控制太康、仲康、相时，他正是利用自己的地位，干预夏后氏的政权。因此孔颖达说："当是逐出后相，羿乃自立。相依斟灌、斟寻，夏祚犹尚未灭，盖与羿并称王也。"[1] 孔颖达说后羿与相并称王，不一定恰当，但是后羿当时有特殊的地位，是不会错的。司马迁说斟灌、斟郡是禹后裔部族，因此有穷氏实际上是夏后氏的友邦部族。

《史记·夏本纪》谓"太康崩，弟仲康立"，但《尚书·序》云："太康失邦"，孔安国传："盘于游田，不恤民事，为羿所逐，不得反国。"[2] 又《尚书·序》云："惟仲康肇位四海"，孔安国传："羿废太康而立其弟仲康为天子。"[3] 那么所谓"太康崩"实际上可能是后羿先废了太康；所谓"弟仲康立"实际上是后羿立仲康。《竹书纪年》徐文靖笺："按：孔氏《书疏》曰：'羿废太康，犹立仲康，不自立。'则是时羿居斟寻而立仲康，故仲康亦居斟寻也。"[4]

《史记·夏本纪》谓"仲康崩，子帝相立"，《竹书纪年》谓"（相）即位，居商"。在前一年，相作为世子，就"出居商丘"。徐文靖笺："按：杜预曰：'宋、商、商丘，三名一地。'《括地志》曰：'古商丘，又羿所封之地。'是羿居斟郡而立仲康，又就封于商而立相，故仲康及相皆依之以为居也。"[5]

### 3. 有穷氏夺取政权

史书对后羿的评价本来是好的，似乎是一次正常的朝代更替，因此后羿从太康手里夺取政权，是好事而不是坏事。《路史》也说后羿并没有发动暴乱，没有杀戮。夏后氏仍然存在，但他控制了局面。后来才发动政变，驱逐相："爰逐相而自立，因夏民代夏政。自鉏迁于穷石。"[6]

但是在后羿取代夏后氏政权以后，他的施政方式受到严厉批评，如《左传·襄公四年》记载魏绛对晋侯说："（后羿）恃其射也，不修民事而淫于原兽。弃武罗、伯困、熊髡、龙圉，而用寒浞……信而使之，以为己相。寒浞行媚于内，而施赂于外。愚弄其民，而虞羿于田。"这是中国历史上常见的暴政，因此也得到了中国历史中常见的结局："羿犹不悛。将归自田，家众杀而亨之。……于《虞人之箴》曰：'芒芒禹迹，画为九州……在帝夷羿，冒于原兽，忘其国恤，而思其麀牡。武不可重，用不恢于夏家。兽臣司原，敢告仆夫。'《虞箴》如是，可不惩乎？"[7]《虞箴》为周太史辛甲所作，贬斥了后羿。

---

[1] 《春秋左传正义·襄公四年》注，（清）阮元校刻：《十三经注疏》，第1933页。
[2] 《尚书正义·五子之歌》，（清）阮元校刻：《十三经注疏》，第156页。
[3] 《尚书正义·胤征》，（清）阮元校刻：《十三经注疏》，第157页。
[4] （清）徐文靖：《竹书纪年统笺》，《二十二子》，第1056页。
[5] （清）徐文靖：《竹书纪年统笺》，《二十二子》，第1056页。
[6] （宋）罗泌：《路史·夏后纪下》，第151页。
[7] 《春秋左传正义·襄公四年》，（清）阮元校刻：《十三经注疏》，第1933页。

因此后羿、寒浞控制夏后氏政权长达55年。从相被杀，一直到少康复辟，为寒浞执政时期，此为有穷氏取得全国政权的时期，但《史记》对此没有记载，仅云："帝相崩，子帝少康立"，隐藏了一个空白。实际上，后羿在相时控制了夏后氏的政权，历后羿、寒浞两代，近一个世纪，才有少康复辟。但这在中国几千年的王朝历史中却并不罕见。

因此，夏后氏除了同姓的联盟之外，还有异姓的联盟。由于禹在全国的"成水土功"，成就了禹"山川神主"的功绩。在全国之内，只有皋陶、益成了夏后氏的手下，皋陶的职责也只是维护禹，"皋陶于是敬禹之德，令民皆则禹。不如言，刑从之"。关于有穷氏，本书［18］中将作进一步的说明。

## 五、夏后氏之建国与禅让

### （一）从禅让转变为家族专权

禹去世之后，他把国家的职责交予益，只是一场禅让。但是益没有控制政局，于是启取得了政权，这是中国历史上将禅让转变为家族专权。于是夏启成为中国历史上第一次把国家政权收到自己的家族，开辟了几千年王朝的独裁体制。

由益转到启是我国历史的一件大事，几千年来学者不断讨论。孟子说："周公之不有天下，犹益之于夏、伊尹之于殷也。孔子曰：'唐虞禅，夏后殷周继，其义一也。'"[①] 如果用孔子、孟子的观点来看，从唐虞的"禅"发展到夏、商、周的"继"，是社会的自然趋势，也是一种大道理。

尸子："昔周公反政，孔子非之，曰：'周公其不圣乎！以天下让，不为兆人也。'"汪继培辑："《魏志二》注，许芝奏云：'周公反政，尸子以为孔子非之……'又辅国将军等奏云：'臣闻符命不虚见，众心弗可违，故孔子曰：周公其为不圣乎！以天下让，是天地日月轻去万物也。是以舜向天下，不拜而受命。'"[②]

夏后氏对当时的社会，究竟产生了怎么样的一次动荡？这是一个很重大的问题，我们将讨论这个问题。

### （二）启、益之争

1. 益

禅让与父子继承是中国上古时代政治制度的主要演变，实际上这种演变正发生于唐虞、夏殷之际，益正是这个演变的关键人物。所以研究夏后氏的历史，离不开益。

---

① （清）焦循：《孟子正义·万章上》，《诸子集成》第一册，第385页。
② （清）汪继培：《尸子》卷下，《二十二子》，第376页。

2. 益与少昊系

《史记·夏本纪》说："帝禹立而举皋陶荐之，且授政焉，而皋陶卒。……而后举益，任之政。十年，帝禹东巡狩，至于会稽而崩。以天下授益。三年之丧毕，益让帝禹之子启，而辟居箕山之阳。"[1] 原来舜将天下授禹，禹又将天下授皋陶，但皋陶死了，禹即将天下授益。因此皋陶与益等于两个人合为一个任期，两个人成了禹的共同继承人。

益为嬴姓，是少昊后裔。雷学淇说："《史记·正义》二引《世纪》，谓皋陶生于曲阜之偃地，故帝因之而赐姓曰偃。《路史》引《年代历》云：皋陶，少皞四世孙。《诗谱》正义引《尚书中候苗兴》云：'皋陶之苗为秦。'刘向《列女传》及曹大家传注，郑康成《诗谱》，高诱《吕览》注，王符《潜夫论》，《经典释文》，《诗》《书》正义，皆以伯益为皋陶子。"[2]

那么皋陶与益有什么共同点呢？文献中只讲到他们所作的贡献与建立的功绩，没有提到一个最重要的条件，即两人都属于少昊系。

3. 启与祝融系

禹治水是在二十岁至三十二岁[3]，治水后又一直在王朝任职，到九十一岁时舜崩，然后即位。因此他治水以后的六十年中一直生活于王朝中央，即冀，亦即今山西西南部平阳（今临汾）、蒲坂（今永济）、安邑（今夏县）一带。这个时期，启则在涂山氏。启就完全不同了。关于启的事迹很少流传下来。

值得研究者，这启、益之争，是不是鬼方系怀姓与隗姓之争？即在夏族的荒远年代，远祖所派生下来的血统有没有联系族属的功能呢？这可以肯定地答复：绝对有联系族属的功能。

根据前边的分析，启、益之争破坏了联盟的统一，形成了若干氏族集团。启之集团势力乃建筑于鬼方系怀姓的基础之上，但启与夏后氏都是以祝融系集团为其基础。所以启、益是属于两个不同的氏族集团。

（三）启打败益

1. 夏后氏内部的反应

夏后氏由于亲属联盟的巨大力量，他们代表了当时更为强大的社会力量，摆脱了当时宗社力量的限制。但是启违反禅让的体制，在夏后氏内部就受到反对。

启即位之后，夏后氏内部就产生了叛乱，《竹书纪年》说："（帝启二年）王帅师伐

---

[1]《史记·夏本纪》，第83页。
[2]（清）雷学淇：《世本·氏姓》，（汉）宋衷注，（清）秦嘉谟等辑：《世本八种》，第47页。
[3]（晋）皇甫谧撰，（清）宋翔凤、钱宝塘辑：《帝王世纪》，第17页；徐宗元：《帝王世纪辑存》，第50页。

有扈，大战于甘。"①《史记·夏本纪》说："有扈氏不服，启伐之……遂灭有扈氏。天下咸朝。"②这是一种模棱两可说法，《淮南子》说："昔有扈氏为义而亡，知义而不知宜也。"高诱注："有扈，夏启之庶兄也，以尧舜举贤，禹独与子，故伐启，启亡之。"③据高诱注说，原来有扈氏是反对启继位的。因此启与有扈氏的冲突反映了夏代建国所面临的斗争，不是简单的利益冲突。

接着启打败了"王季子武观"，《竹书纪年》帝启十五年，依赖"彭伯寿帅师征西河，武观来归"④。《逸周书》也说到这件事："其在殷（当即启）之五子，忘伯禹之命，假国无正，用胥兴作乱，遂凶厥国。皇天哀禹，赐以彭寿，思正夏略。"⑤很可能五子"忘伯禹之命"，还是与启继位是有关的。

虽然出现有扈氏、五子的叛乱，但是夏后氏的亲属联盟还是巩固的，其他的亲属联盟如斟郭氏、斟灌氏等是夏后氏的支持力量。因此在禹启时期，夏后氏建立的王朝，就是依靠它的亲属联盟以及其他一些部族参与的联盟，这就是夏后氏当时打败益的基本条件。

**2. 权力转移**

相传禹在会稽去世之后，他把国家首领的职权交给益。但是益不得人心，于是益把国家的职权交给启。于是启不但从益那里得到国家首领的职权，而且传给儿子。

（1）为何益能成为禹之接班人

许多人认为益的确是追随禹的，如禹"举皋陶荐之，且授政焉"。不料皋陶去世了。在此时，禹"而后举益。任之政"⑥。因此禹先后举荐了皋陶与益，这当是事实。但皋陶与益能不能成为禹的后继者，却不一定。《史记·夏本纪》说启夺权是由于益的威信不够，说"益之佐禹日浅"，但这种说法有没有说服力？

从历史传说来看，益佐禹的日子已经很久了。当舜"宅百揆"时，对二十二人进行了任命，其中就包括禹与益。后来益与禹一起治水。刘向说："禹乘四载，随山刊木，定高山大川。益与伯夷主驱禽兽，命山川，类草木，别水土。四岳佐之，以周四方。……禹别九州，任土作贡。而益等类物善恶，著《山海经》。皆圣贤之遗事，古文之著明者也。"⑦《吴越春秋》也说："（禹）遂巡行四渎，与益、夔共谋。行到名山大泽，召其神而问之山川脉理，金玉所有，鸟兽昆虫之类，及八方之民俗，殊国异域土地

---

① （清）徐文靖：《竹书纪年统笺》，《二十二子》，第1056页。
② 《史记·夏本纪》，第84页。
③ （汉）高诱注：《淮南子·齐俗训》，《诸子集成》第七册，第176页。
④ （清）徐文靖：《竹书纪年统笺》，《二十二子》，第1056页。
⑤ 黄怀信、张懋镕、田旭东：《逸周书汇校集注·尝麦解》，第786页。
⑥ 《史记·夏本纪》，第83页。
⑦ （清）毕沅：《山海经》，《二十二子》，第1338页。

里数，使益疏而记之，故名之曰《山海经》。"[1]《论衡》也说："禹之治洪水，以益为佐。禹主治水，益之记物。极天之广，穷地之长。……鸟兽草木，金石水土，莫不毕载。"[2] 因此《荀子》说："禹傅土，平天下，躬亲为民行劳苦。得益、皋陶、横革、直成为辅。"王先谦引韩侍郎云："此论益、皋陶之功。"[3]

禹治水是在二十至三十二岁。[4] 从禹二十多岁起，益一直就是他的主要助手。禹年七十四，舜始荐禹于天。荐后十二年舜老，始使禹代摄天子事。舜崩，禹即位，禹已九十多岁。接着"禹举益，任之政。十年，帝禹东巡狩，至于会稽而崩。以天下授益"。禹从二十多岁与益在王朝共事，一直到九十多岁，禹为天子时又让益代摄政事十年，还能说益"佐禹日浅"吗？故"佐禹日浅"的话不是事实。从夏族的历史来看，在禹去世之后，益当是夏族中最强大的一个体系。王充也说："舜王天下，皋陶佐政。……禹王天下，伯益辅治。"[5] 以往都说益辅禹，"山川脉理，金玉所有，鸟兽昆虫之类，及八方之民俗，殊国异域土地里数，使益疏而记之"。但是，这一些能否表示他是禹的助手呢？

舜对禹给予重大支持之后，联盟中力量最为强大的皋陶，才对禹表示支持，于是在一场抗辩之后，皋陶表示："敬禹之德，令民皆则禹。不如言，刑从之。"[6] 从文献记载中可以看到一个突出的现象，即益与皋陶的联系密切。孔子说："（禹）举皋陶与益，以赞其身。"[7] 因此《论语》曰："舜有臣五人而天下治。"孔安国说："禹、稷、契、皋陶、伯益。"[8] 禹是夏朝的始祖，契是商朝的始祖，而稷是周朝的始祖，他们是夏商周三个朝代的开国帝王，后两人怎么能与他们并列？还为何有如此之高的政治地位？

（2）启与益不同

在禹去世的时候，他把统治职权交给了益。但是益与启的斗争就爆发了，结果启推翻了益，《史记·夏本纪》说：

> （禹）以天下授益，三年之丧毕，益让帝禹之子启，而辟居箕山之阳。禹子启贤，天下属意焉。及禹崩，虽授益，益之佐禹日浅，天下未洽。故诸侯皆去益而朝启……于是启遂即天子之位，是为夏后帝启。[9]

于是启非但伤害了禹对益的禅让，而且从此断送了禅让的道路。

---

[1] 周生春：《吴越春秋辑校汇考·越王无余外传》，上海：上海古籍出版社，1997年，第105页。
[2] （汉）王充：《论衡·谈天篇》，《诸子集成》第七册，第106页。
[3] （清）王先谦：《荀子集解·成相篇》，《诸子集成》第二册，第308页。
[4] （晋）皇甫谧撰，（清）宋翔凤、钱宝塘辑：《帝王世纪》，第17页；徐宗元：《帝王世纪辑存》，第50页。此处所引与《路史》第141页所述"（禹）行年三十娶于涂山氏"不一致，供参考。
[5] （汉）王充：《论衡·逢遇篇》，《诸子集成》第七册，第2页。
[6] 《史记·夏本纪》，第81页。
[7] （清）王聘珍撰，王文锦点校：《大戴礼记解诂·五帝德》，第125页。
[8] （清）刘宝楠：《论语正义·泰伯》，《诸子集成》第一册，第167页。
[9] 《史记·夏本纪》，第83页。

首先，启在夏后氏的"夏邑"接待了一些诸侯，然后在"冀都"接待了其他诸侯。《竹书纪年》云："（帝启）元年癸亥，帝即位于夏邑，大飨诸侯于钧台，诸侯从。帝归于冀都，大飨诸侯于璇台。"①

其次，启的即位分两步，第一步先即位于"夏邑"。故《左传·昭公四年》亦曰椒举言于楚子曰："夏启有钧台之享"，杜注："河南阳翟县南有钧台陂，盖启享诸侯于此。"②《一统志》："钧台在禹州城北门外。"徐文靖统笺："按《郡国志》颍川阳翟，禹所都，盖禹始封于此，为夏伯。启即位居此，故曰夏邑。《帝王世纪》曰：'禹都平阳，或在安邑，或在晋阳。'何以知此夏邑非安邑、平阳诸地也，以启飨诸侯于阳翟之钧台，故知启即位于夏邑，即阳翟是也。"③

第二步，启即位于"冀都"。《竹书纪年》云："（帝禹）元年壬子帝即位，居冀。"徐文靖统笺："按《郡县志》，安邑故城在陕州夏县东北十五里，禹所都也。《世纪》曰：'尧都平阳，舜都蒲坂，禹都安邑。'相去不盈二百里，皆在冀州，故《竹书》总曰居冀。"徐文靖又引《归藏易》曰："昔者夏后启筮享神于晋之虚，作为璇台于水之阳。"④

但是，启虽然也以冀州作为联盟的首都，但实际上他是以阳翟作为首都。因此，禹、启实际上把夏后氏亲属联盟的首都（阳翟）作为国家的首都，此即启取代益的关键所在。

当然，《帝王世纪》说："禹受封为夏伯……今河南阳翟是也。受禅都平阳，或在安邑，或在晋阳。……按经传曰，夏与尧舜，同在河北冀州之域，不在河南也。故《五子歌》曰：'惟彼陶唐，有此冀方。今失厥道，乱其纪纲，乃底灭亡。'言自禹至太康，与唐虞不易都城也。"⑤

所以禹是以阳翟作为夏后氏的首邑，但冀州为夏族之首都。禹虽然在"平水土功"时在全国奔走，但禹的根据地在阳翟。在舜去世时，舜之子商均在舜之处所，而禹则回到阳翟（即阳城）："三年丧毕，禹辞辟商均于阳城。"⑥ 所以在舜去世时，禹就回到了阳城。

而且启即位于阳翟后，先"大飨诸侯于钧台"，那么阳翟在禹的时候就已经是一个强大的都城。《汉书·地理志》颍川郡阳翟，班固自注："夏禹国。"⑦ 因此在唐虞以前，阳翟这一类都市实际上并未出现。"徐坚曰：'唐虞以前，都名不著。自夏以后，各有所称。'《白虎通》：'夏为夏邑，商为商邑，周为京师。'"⑧

由此，启以夏后氏代替五帝时期的部族联盟，此为启与益的不同之处。以往对启与

---

① （清）徐文靖：《竹书纪年统笺》，《二十二子》，第1056页。
② 《春秋左传正义·昭公四年》，（清）阮元校刻：《十三经注疏》，第2035页。
③ （清）徐文靖：《竹书纪年统笺》，《二十二子》，第1056页。
④ （清）徐文靖：《竹书纪年统笺》，《二十二子》，第1055、1056页。
⑤ 徐宗元：《帝王世纪辑存》，第48页。
⑥ 《史记·夏本纪》，第82页。
⑦ 《汉书·地理志上》，第1560页。
⑧ （清）徐文靖：《竹书纪年统笺》，《二十二子》，第1055页。

益的矛盾之处未尝深究。如《韩非子》说:"古者禹死,将传天下于益,启之人因相与攻益而立启。"① 又如《战国策》说:"禹授益而以启为吏,及老,而以启为不足任天下,传之益也。启与支党攻益而夺之天下,是禹名传天下于益,其实令启自取之。"②

对于尧坚决把大权交给舜,孔子做了一个反应:"仲尼闻之,曰:'尧之知,舜之贤,非其难者也。夫至乎诛谏者,必传之舜,乃其难也。'一曰,不以其所疑,败其所察,则难也。"③

### (四) 部分夏后氏联盟反对启

当启在争取最高权力的时候,部分夏后氏的亲族联盟并不支持启。所以启和益的矛盾还有更深的根源。

#### 1. 有扈氏

当启推翻益的时候,启的亲族联盟并没有支持启。《竹书纪年》说,当启二年时,"王帅师伐有扈,大战于甘"④。《尚书·序》:"启与有扈,战于甘之野,作《甘誓》。"《释文》云:"有扈,国名,与夏同姓。马云:姒姓之国为无道者。"⑤ 马融说有扈氏是"姒姓之国为无道者",《史记·夏本纪》说:"有扈氏不服,启伐之,大战于甘。将战,作《甘誓》,乃召六卿申之。启曰:'嗟!六事之人,予誓告女,有扈氏威侮五行,怠弃三正……'遂灭有扈氏,天下咸朝。"⑥

但是《淮南子》说:"昔有扈氏为义而亡,知义而不知宜也。"什么叫"为义而亡"？高诱注:"有扈,夏启之庶兄也,以尧舜举贤,禹独与子,故伐启,启亡之。"⑦ 原来有扈氏是反对启继位的。

墨子把《甘誓》称为《禹誓》。但启的命令何以称为《禹誓》？⑧

#### 2. 武观

启在镇压有扈氏之后,武观以西河叛。《竹书纪年》云:"(帝启)十一年,放王季子武观于西河",徐文靖统笺:"王季子启之第五子也。《昭公元年》……杜注:'观国今顿丘,卫县。'《国语》士亹曰:'启有五观。'韦昭曰:'五观,启子太康昆弟也。'《水经注》曰:'淇水又北径顿丘县故城西,《古文尚书》以为观地矣,盖太康弟五君之号为

---

① (清) 王先慎:《韩非子集解·外储说右下》,《诸子集成》第五册,第256页。
② (汉) 刘向:《战国策·燕一》,第1059页。
③ (清) 王先慎:《韩非子集解·外储说右上》,《诸子集成》第五册,第243页。
④ (清) 徐文靖:《竹书纪年统笺》,《二十二子》,第1056页。
⑤ 《尚书正义·甘誓》,(清) 阮元校刻:《十三经注疏》,第155页。
⑥ 《史记·夏本纪》,第84页。
⑦ (汉) 高诱注:《淮南子·齐俗训》,第176页。
⑧ (清) 孙诒让:《墨子间诂·明鬼下》,《诸子集成》第四册,第148页。

五观者也。'据此五观即武观也。"①《竹书纪年》说:"(帝启)十五年,武观以西河叛。彭伯寿帅师征西河,武观来归。"②

《逸周书·尝麦解》云:"其在殷之五子,忘伯禹之命,假国无正,用胥兴作乱,遂亡厥国,皇天哀禹,赐以彭寿,思正夏略。"③因此五子所以"忘伯禹之命",当亦是武观忘伯禹之命。因此武观也可能是反对启的。

3. "费侯伯益"的问题

《古本竹书纪年》说:"益干启位,启杀之。"④按《晋书·束皙列传》讲到汲郡发现之竹书数十车,"其《纪年》十三篇……大略与《春秋》皆多相应,其中经传大异,则云夏年多殷;益干启位,启杀之;太甲杀伊尹;文丁杀季历"⑤。因此《竹书纪年》当谓启杀益,无疑也。

但是《今本竹书纪年》说:"(帝启)二年,费侯伯益出就国。……六年,伯益薨,祠之。"⑥从《今本竹书纪年》来看,启即位后,益还能够"就国",益去世后,启还祠之。那么《今本竹书纪年》显然与《古本竹书纪年》矛盾。《古本竹书纪年》论述益之事是没有矛盾的,而《今本竹书纪年》是矛盾的,因为益没有二年就国、六年逝世之说。而且《古本竹书纪年》说明启杀益,为什么《今本竹书纪年》却说益就国与薨逝呢?

通常认为《今本竹书纪年》所说的"费侯伯益"实际上是"费侯",而"费侯伯益"是错字。益似乎根本不会称"费侯"。《今本竹书纪年》中的"费侯"可能是夏后氏的亲属费侯。司马迁列举夏后氏的十二个氏,其中有"费氏",费即弗。《路史》有弗氏、鄪氏。费氏当位于河南缑氏。《左传·成公十三年》云:"殄灭我费滑",杜预注:"费滑,滑国都于费,今缑氏县。"⑦费在缑氏县,在伊水南岸。

今山东南部有费县,即今山东鱼台县西南有费亭,在"泗上十二诸侯"有滕、费诸国(非费滑)。

山东的费与河南的费是两回事。以前往往将这两个费混淆起来,如徐文靖统笺:"又按庄十六年传,滑伯同盟于幽,杜预曰:滑国都费,河南缑氏县。伯益封费,宜即此也。"⑧故其将河南的费县看作益的封地,是没有道理的。

---

① (清)徐文靖:《竹书纪年统笺》,《二十二子》,第1056页。
② (清)徐文靖:《竹书纪年统笺》,《二十二子》,第1056页。
③ 黄怀信、张懋镕、田旭东:《逸周书汇校集注》,上海:上海古籍出版社,1995年,第786、787页。
④ 王国维:《古本竹书纪年辑校》,第2页。
⑤ 《晋书·束皙列传》,第1432页。
⑥ (清)徐文靖:《竹书纪年统笺》,《二十二子》,第1056页。
⑦ 《春秋左传正义·成公十三年》,(清)阮元校刻:《十三经注疏》,第1912页。
⑧ (清)徐文靖:《竹书纪年统笺》,《二十二子》,第1056页。

## 六、王朝及都城

### （一）夏后氏之王朝及历史朝代

#### 1. 夏后氏之王朝

启开始了一个新的时代，现在通常称之为"夏朝"。从此商朝、周朝将自己看作夏朝的继续，而唐虞以前却是另外一种情况。因此周朝以自己为夏朝的后继，周朝往往将夏禹作为商朝、周朝的道德榜样，例如《尚书·召诰》曰："呜呼，天亦哀于四方民，其眷命用懋。王其疾敬德，相古先民有夏……今时既坠厥命。今相有殷，天迪格保，面稽天若。今时既坠厥命，今冲子嗣，则无遗寿耇。……我不可不监于有夏，亦不可不监于有殷。"特别是《尚书·立政》说：

> 今文子文孙，孺子王矣，其勿误于庶狱，惟有司之牧夫，其克诘尔戎兵，以陟禹之迹。方行天下，至于海表，罔有不服，以觐文王之耿光，以扬武王之大烈。①

这是将文王、武王看成是"陟禹之迹"，实际上将历史看作是禹之功绩。因此，五帝时期改变为夏王朝，实际上是历史的一个转折关头。

此外，史书对夏朝历史的记载还是相当完备的。虽然大家对夏王朝的历史仍有不清楚的地方，但是《竹书纪年》已经记载了夏朝历史的基本脉络，大家对此没有给出根本的否定，且《竹书纪年》已经给出了四百七十一年的历史："自禹至桀十七世有王与无王，用岁四百七十一年。"②

自禹之后，历时四百多年的十六世如下（其中的数字为在位年数）③：

> 禹（8年）：元年即位，居冀。
> 启（16年）：元年即位于夏邑，帝归于冀都。
> 太康（4年）：元年即位，居斟鄩。
> 仲康（7年）：元年即位，居斟鄩。
> 相（28年）：元年即位，居商。九年，相居于斟灌。二十八年，寒浞弑帝。
> 少康（21年）：元年即位。十八年，迁于原。

---

① 《尚书正义·召诰》，（清）阮元校刻：《十三经注疏》，第212页；《尚书正义·立政》，（清）阮元校刻：《十三经注疏》，第232页。
② （清）徐文靖：《竹书纪年统笺》，《二十二子》，第1061页。
③ （清）徐文靖：《竹书纪年统笺》，《二十二子》，第1055—1061页。16王在位的总数为355年，未包括禹。《竹书纪年》说禹在位8年，但《帝王世纪》谓禹"年二十始用，三十二而洪水平，年百岁，崩于会稽"。又谓启"三十五年，征河西"，又说："太康无道，在位二十九年，失政而崩。"徐宗元：《帝王世纪辑存》，第50、54、55页。因此很难知道准确的数字。

杼（17年）：元年即位，居原。五年，自原迁于老丘。
　　芬（44年）、芒（58年）、泄（25年）、不降（59年）、扃（18年）：均为元年即位。
　　廑（即胤甲，8年）、孔甲（9年）：均为元年即位，居西河。
　　皋（即昊，3年）、发（7年）：均为元年即位。
　　癸（31年）：元年即位，居斟鄩。十三年，迁于河南。

根据《竹书纪年》的记载，可以将启以后之16位君主罗列如下：

　　启—太康—仲康—相—少康—杼（予）—芬（槐）—芒—泄—不降—扃—廑—孔甲—皋—发—癸（桀）

实际上，夏朝之历史可分为初期、中期、晚期三个阶段。

2. 夏朝初期阶段

夏朝最初为下列四王：启—太康—仲康—相，接下去是少康，共约100年，均未安定。此即初期阶段，是夏朝初建的时期，需要着重分析。

（1）启

启推翻了禹所树立之禅让，平定了益、有扈氏、武观的反叛之后，启在位十六年就去世了。

（2）太康—仲康—帝相

太康—仲康—帝相的经过则较为复杂。最初太康"即位，居斟鄩"。更奇怪的是，就在同一年，"羿入居斟鄩"①。《史记·夏本纪》说："夏后帝启崩，子帝太康立。帝太康失国。"集解言："孔安国曰：'盘于游田，不恤民事，为羿所逐，不得反国。'"② 太康在位四年，崩。

此时，太康受到了后羿的控制，当弟仲康立，仲康亦居斟鄩。事实可能是后羿废掉太康而立仲康，因此徐文靖统笺："孔氏《书》疏：羿废太康，犹立仲康，不自立，则是时羿居斟寻而立仲康，故仲康亦居斟寻也。"③ 仲康在位七年，崩。

子相立。相不再居斟鄩，而移居商。九年，移居斟灌。二十八年，为后羿之下属寒浞所杀。因此，启之后的三个帝（太康、仲康、相），在后羿的控制下三次迁都。

（3）后羿—寒浞—少康

在后羿、寒浞杀掉了相之后，夏后氏失去了政权，后羿、寒浞直接掌握政权五十五

---

① （清）徐文靖：《竹书纪年统笺》，《二十二子》，第1056页。
② 《史记·夏本纪》，第85页。
③ （清）徐文靖：《竹书纪年统笺》，《二十二子》，第1056页。

年。因此，夏朝早期的一百年是极其混乱的时期，更换了五六个君主，迁移了五六次都城：夏邑（阳翟）→冀都（安邑）→斟鄩→商→斟灌。

最后少康在母族有仍氏长大，后依附昌意系有虞氏，在斟鄩氏、斟灌氏的支持下，打败有穷氏寒浞。少康复辟成功，主要依靠亲属联盟。少康之都城为安邑（18年）→原（3年）。

3. 夏朝中期阶段

夏朝历史在进入中期以后才稳定下来，有杼—芬—芒—泄—不降—扃—廑七个王，共229年。这是夏朝最强盛的时代。

（1）杼

《国语》云："夏后氏禘黄帝而祖颛顼，郊鲧而宗禹。……杼，能帅禹者也，夏后氏报焉。"[1]《帝王世纪》说："帝杼，一号后杼，或曰公孙曼。能率禹之功，夏人报祭之。"[2] 禘、郊、祖、宗、报是当时国家最重要的五种祭祀，在夏朝帝王中，除禹以外只有杼一个人能享有报祭。由此就可以看出杼的重要地位。杼之都城为原（5年）→老丘（12年）。

（2）芬至扃

由于从芒—泄—不降—扃，都没有提到迁都，那么从芒一直至扃均居夏邑，共二百多年。

4. 夏朝晚期阶段

经过了中期二百多年的统治，夏朝进入晚期，开始走向衰弱。其晚期共五十八年，有五个夏王：廑（一名帝胤甲）—孔甲—皋—发—癸。

廑与孔甲又迁回晋南，均居于西河。根据前边的讨论，皋、发当居于夏邑，共10年。最后，癸即位，居斟鄩。十三年，又迁于河南。因此夏朝晚期五十八年内三次迁都：西河（27年）→斟鄩（13年）→河南（18年）。此亦表明夏后氏已是强弩之末。

5. 总结

在《竹书纪年》中，在关于帝王即位的大部分记载均提及即位之地点，但从少康（21年）、芬（44年）、芒（58年）、泄（25年）、不降（59年）、扃（18年）、皋（3年）、发（7年）八位仅为"元年即位"，未提及地点，共约230年。[3]

徐文靖说："帝芬即位，不言居某者，当亦嗣父居老丘也。"[4] 徐文靖以为，芬即位

---

[1] 徐元诰撰，王树民、沈长云点校：《国语集解·鲁语上》，第159、160页。
[2] （晋）皇甫谧撰，（清）宋翔凤、钱宝塘辑：《帝王世纪》，第20页。
[3] （清）徐文靖：《竹书纪年统笺》，《二十二子》，第1056—1060页。
[4] （清）徐文靖：《竹书纪年统笺》，《二十二子》，第1058页。

时，如果芬嗣父为居，则芬不改变其父为居，故省去不提。但是这个原则是不满足夏王的情况的。具体例子如下：

太康、仲康均居斟鄩，仲康嗣父居，但仍然说其"居斟鄩"，并非省去不提。又《竹书纪年》说："（帝孔甲）元年乙巳帝即位居西河。"① 由于"（帝廑）元年己未即位居西河。"其子孔甲仍居西河，则孔甲居西河并未省去不提。

从这些例子来看，我们的解释是：少康等未提即位地点是因为夏后氏以夏邑为都，是众所周知，因而略去即位地点，所以《竹书纪年》只提"（帝少康）元年丙午帝即位，诸侯来朝宾虞公。"② 但对于其他都城，均提及即位之地点。

纵观上述夏王都城记载，说明我们的解释是成立的。

## （二）夏后氏之都城

### 1. 都城问题

每一个朝代都有一个都城，它是全国的核心。秦汉以后，所有强大的王朝，其都城均历时二三百年，且很少迁都，如西汉建都长安二百年，东汉建都洛阳二百年，都没有迁都。唐朝长安近三百年，北宋开封有一百五十年，元朝大都（今北京）也九十多年，明、清的北京各二百年多年，都没有迁都。其中唐代安史之乱时，唐玄宗曾逃亡到四川；清朝光绪帝在八国联军入侵时曾逃亡到陕西，这些当然不算迁都。但夏朝、商朝的情况很不一样，他们似乎还没有建立起一个稳定的首都。

商朝的迁都问题早就引起大家注意。张衡说："殷人屡迁，前八而后五？"③ 也就是说，在汤之前，迁都八次；在汤之后，从商汤到商纣迁都五次。许多人研究了前八后五的具体情况，其中最著名的是王国维。一直到现在，商朝的迁都还是一个问题，仍然还在争论。

不仅商朝，夏朝也有迁都问题，虽然讨论得比较少。实际上，据《竹书纪年》记载，从夏禹到夏桀共十七世，平均每二三十年迁都一次，即从冀都迁到夏邑，又迁到斟鄩，迁到商，迁斟灌，迁原，迁老丘，迁西河，迁斟鄩，迁河南。夏邑不算，还迁都八次。

其实，夏代王朝的都城早已经发展成熟，一开始就非草创阶段，在启时已经发展成熟。例如，启"即位于夏邑，大飨诸侯于钧台。诸侯从。帝归于冀都，大飨诸侯于璇台"④。当初禹即位时就"居冀"，可见这个冀都必定是一个发展完善的大都城。既然已经如此，怎么后来的府城往往过了二三十年就放弃了呢？夏时期的都城也成了一个难以回答的历史问题。

---

① （清）徐文靖：《竹书纪年统笺》，《二十二子》，第 1059 页。
② （清）徐文靖：《竹书纪年统笺》，《二十二子》，第 1057 页。
③ （汉）张衡：《西京赋》，《文选·卷第二》，第 80 页；（南朝·梁）萧统编，（唐）李善注：《文选》第一册，上海：上海古籍出版社，1986 年。
④ （清）徐文靖：《竹书纪年统笺》，《二十二子》，第 1056 页。

## 2. 夏朝有无频繁迁都？

除冀都是联盟中央外，夏朝有十个都城。其中，斟鄩（24年）、斟灌（19年）、商（8年）、原（8年）、老丘（12年）、西河（17年）、河南（18年）等，每个都不到20年，只有夏邑有可能是二百多年。因此那些比较短的逗留是不是都城？

从启到癸，都城之总计如下：

> 夏邑、冀：启，共16年。
> 斟鄩：太康4年、仲康7年，共11年。
> 商：相，前9年。
> 斟灌：相，后19年。
> 夏邑：少康，前18年。
> 原：少康后3年、杼前5年，共13年。
> 老丘：杼，12年。
> 夏邑：芬44年、芒58年、泄25年、不降59年、扃18年，共204年。
> 西河：廑8年、孔甲9年，共17年。
> 夏邑：皋3年、发7年，共10年。
> 斟鄩：桀，前12年。
> 河南：桀，后18年。

## （三）夏都及年限

为了看清楚夏朝都城的情况，我们先将历史记载的夏都及其年限依次胪列如下：

### 1. 启（夏邑、冀，共16年）

有关启的记载如下："元年癸亥帝即位于夏邑（阳翟），大飨诸侯于钧台，诸侯从。帝归于冀都（安邑）。大飨诸侯于璇台。……十六年陟。"[1] 因此，启虽然"即位于夏邑"，但实际上还是以冀为都，故在夏邑大飨之后，随即归于冀都，既称"归于"，又称"冀都"，因此启的都城不是夏邑而仍然是冀。因此所谓"冀都"，是尧、舜、禹、启的都城，犹如北京是元、明、清等几个朝代的都城。

### 2. 太康、仲康（斟鄩：太康4年、仲康7年，共11年）

《竹书纪年》记太康在位4年，其中以斟鄩为都4年。仲康在位7年，以斟鄩为都7年。故太康、仲康两代均以斟鄩为都，共11年。

---

[1] （清）徐文靖：《竹书纪年统笺》，《二十二子》，第1056页。

3. 相

（1）商：相前9年

有关相的记载如下："元年戊戌帝即位，居商。"①

相前9年以商为都，何处为商？徐文靖笺："杜预曰：'宋、商、商丘，三名一地。'《括地志》曰：'古商丘，又羿所封之地。'是羿居斟寻而立仲康，又就封于商而立相。故仲康及相皆依之以为居也。"②

（2）斟灌：相后19年

相在后19年以斟灌为都："九年，相居于斟灌。……二十六年寒浞使其子浇帅师灭斟灌。……二十八年寒浞使其子浇弑帝。"③

4. 少康（夏邑：少康前18年）

少康前18年以何处为都？沈约附注说：当浇被杀之后，"于是夏众灭浞，奉少康归于夏邑，诸侯始闻之（依徐文靖改），立为天子，祀夏配天，不失旧物"④。从沈约附注来看，少康前18年以夏邑为都。

5. 少康（原：少康后3年）

有关少康的记载如下："元年丙午帝即位，诸侯来朝。……十八年迁于原。……二十一年陟。"⑤ 最后少康后3年以原（孟州西北）为都。此处又要问为什么，何以少康离开故都夏邑而迁于原？

6. 杼（原：前5年，老丘：后12年……共17年）

有关杼的记载如下："元年己巳帝即位，居原。五年，自原迁于老丘。……十七年陟。"⑥ 杼前5年居原，杼后12年居老丘。

7. 芬、芒、泄、不降、扃（夏邑：芬44年、芒58年、泄25年、不降59年、扃18年，共204年）

8. 廑、孔甲（西河：帝廑8年，帝孔甲9年，共17年）

有关廑的记载如下："元年己未帝即位，居西河。……八年……其年陟。"有关孔甲

---

① （清）徐文靖：《竹书纪年统笺》，《二十二子》，第1056页。
② （清）徐文靖：《竹书纪年统笺》，《二十二子》，第1056页。
③ （清）徐文靖：《竹书纪年统笺》，《二十二子》，第1057页。
④ （清）徐文靖：《竹书纪年统笺》，《二十二子》，第1057页。
⑤ （清）徐文靖：《竹书纪年统笺》，《二十二子》，第1057、1058页。
⑥ （清）徐文靖：《竹书纪年统笺》，《二十二子》，第1058页。

记载如下："元年乙巳帝即位，居西河。……九年陟。"① 父子二人均居西河，并未因此省略有关孔甲的"居西河"三字。可见得徐文靖谓嗣父居者不提居住地的猜测难以成立。

9. 皋、发（夏邑：皋3年、发7年，共10年）

10. 癸（斟鄩：癸前12年）

癸，前12年居斟鄩。

11. 癸（河南：癸后18年）

何谓"河南"？《竹书纪年》云："十三年迁于河南"，徐文靖笺："按《周书·度邑篇》，武王曰：'吾将因有夏之居，南望过于三涂，北詹有河。'是在大河之南也。"② 但斟鄩亦在大河之南，故河南与斟鄩当相差不远。

癸的记载如下："元年壬辰帝即位，居斟鄩。……十三年，迁于河南。……三十一年，商自陑征夏邑。……获桀于焦门。"③

（四）迁都原因分析

下面，我们对几个典型的迁都原因进行分析：

1. 商

《竹书纪年》谓太康、仲康可能企图躲避后羿的压力而出居于斟鄩，但没有成功，后羿亦随之来到斟鄩。后羿控制了斟鄩与斟灌。到仲康时，世子相可能为摆脱后羿而来到"商"，徐文靖与其他许多人均以为"商"指商丘，或帝丘（指濮阳）。但"商"未必是商丘，"商"作为世子相的避难地，不可能是夏后氏的都城，可能是斟鄩的一个城邑。

仲康死的时候，世子相还在"商"，他就在"商"即位。《竹书纪年》说："九年，相居于斟灌。"那么相在"商"只生活了八年，可能又被迫迁到斟灌，最后在斟灌被杀。

2. 原与老丘

在相时，有穷氏灭了斟鄩与斟灌。有穷氏在斟灌杀死相，就消灭了夏后氏。于是夏后氏的臣子靡从斟灌逃亡到有鬲氏。他以有鬲氏为基地组织了斟鄩与斟灌的力量进行反攻。当时少康已经长大，流亡于少康的母家有仍氏，后来转移到有虞氏。靡消灭有穷氏，于是少康复辟，"祀夏配天，不失旧物"，则又回到夏后氏之都城夏邑。

---

① （清）徐文靖：《竹书纪年统笺》，《二十二子》，第1058、1059页。
② （清）徐文靖：《竹书纪年统笺》，《二十二子》，第1060页。
③ （清）徐文靖：《竹书纪年统笺》，《二十二子》，第1060、1061页。

但《竹书纪年》记载："（少康）十八年迁于原。"徐文靖笺："《郡国志》：'河内轵县有原乡。'《左传》杜注：'沁水西北有原城。'盖少康自夏邑迁原也。"① 少康迁原3年之后，陟。少康在夏邑18年后，为何从夏邑迁原？

杼继位，居原5年之后，"自原迁于老丘"。徐文靖笺："按定十五年，郑罕达败宋师于老丘。杜注：'宋地。'《一统志》：'老丘在开封府陈留县北四十里，有老丘城。'"② 《读史方舆纪要》开封府陈留："老丘城，在县北四十里。《左氏·定（公）十五年》：'郑罕达败宋师于老丘。'又县西北九十里有平丘城，今见北直长垣县，盖与县接界也。"③

杼居老丘12年之后，陟。杼在原5年后，为何从原迁老丘？但《太平御览》记："《纪年》曰：'帝宁居原，自迁于老王。'"④

3. 老丘

杼在原刚过了五年，又席不暇暖，迁到了老丘。但何处为老丘？《左传·定公十五年》云："郑罕达败宋师于老丘。"杜预注："老丘，宋地（地误为也）。"⑤《读史方舆纪要》开封府陈留："老丘城，在县北四十里。"⑥ 但此老丘城能否成为夏朝之政治中心？《左传·哀公十二年》云："宋、郑之间有隙地焉，曰弥作、顷丘、玉畅、嵒、戈、锡（杜注：凡六邑）。子产与宋人为成，曰：勿有是。及宋平元之族自萧奔郑，郑人为之城嵒、戈、锡。"⑦ 接着两国出兵，最后各退兵，"以六邑为虚"。杜预注："空虚之，各不有。"⑧ 那么春秋时期六邑在宋、郑之间，宋为今商丘一带，郑为今新郑一带，则宋、郑之间（即今开封市杞县一带）还是比较荒芜的空地，那么在夏朝中期，陈留有无可能成为夏朝最繁华的都城？因此老丘这个地点还需要进一步探索。

4. 河南

河南，癸后18年。何谓"河南"？《竹书纪年》云："十三年迁于河南"，徐文靖笺："按《周书·度邑篇》，武王曰：'吾将因有夏之居，南望过于三涂，詹有河。'是在大河之南也。"⑨

对于癸的都城，有各种记载。《史记》云："夏桀之居，左河济，右泰华，伊阙在其南，羊肠在其北，修政不仁，汤放之。"集解记："瓒曰：'今河南城为直之。'皇甫谧

---

① （清）徐文靖：《竹书纪年统笺》，《二十二子》，第1058页。
② （清）徐文靖：《竹书纪年统笺》，《二十二子》，第1058页。
③ （清）顾祖禹撰，贺次君、施和金点校：《读史方舆纪要·河南二》，第2152页。
④ （宋）李昉等：《太平御览·皇王部七·帝宁》，第384页。
⑤ 《春秋左传正义·定公十五年》，（清）阮元校刻：《十三经注疏》，第2152页。
⑥ （清）顾祖禹撰，贺次君、施和金点校：《读史方舆纪要·河南二》，第2152页。
⑦ 《春秋左传正义·哀公十二年》，（清）阮元校刻：《十三经注疏》，第2171页。
⑧ 《春秋左传正义·哀公十三年》，（清）阮元校刻：《十三经注疏》，第2171页。
⑨ （清）徐文靖：《竹书纪年统笺》，《二十二子》，第1060页。

曰:'壶关有羊肠阪,在太原晋阳西北九十里。'"① 所谓"河南城"即王城,在洛阳西涧水东岸。

《战国策》云:"夫夏桀之国,左天门之阴,而右天溪之阳,庐、鄈在其北,伊、洛出其南。"鲍彪说:"今按天门,即《史》太华、伊阙,彼言右,故此言左之阴。天溪即河、济,彼言左,故此言右之阳。"②《后汉书》云:"上党郡高都",刘昭注:"《前志》曰有天井关。《战国策》曰桀居天井,即天门也。"③

## 七、斟鄩及斟灌

### (一)斟鄩、斟灌的位置

斟鄩氏、斟灌氏和有鬲氏为夏后氏最为重要的三个亲族联盟成员。太康、仲康之"居斟鄩",并非迁都,而是避难。斟鄩也不是夏后氏的都城,而是同姓诸侯国的都城。这种情况犹如唐玄宗逃亡四川或清光绪皇帝逃亡陕西,均非迁都。

1.《左传·襄公四年》

在夏后氏的亲属部族中,斟鄩与斟灌可能是最重要的。后来夏后氏复辟成功也有赖于斟鄩与斟灌的支持。但斟鄩、斟灌的地理位置,尤其是斟灌,却难以确定。

根据《左传·襄公四年》记载,浇因后羿灭斟灌氏、斟鄩氏,又靡从有鬲氏收集斟灌氏及斟鄩氏以灭寒浞。因此可以根据掌握政权的情况来考定斟鄩、斟灌的重要地位。寒浞最后的生活记载如下:

> 浞因羿室,生浇及豷,恃其谗慝诈伪,而不德于民。使浇用师,灭斟灌及斟鄩氏(杜预注:二国夏同姓诸侯,仲康之子后相所依。乐安寿光县东南有观亭。北海平寿县东南有斟亭)。处浇于过,处豷于戈(杜预注:过、戈皆国名。东莱掖县北有过乡。戈在宋郑之间)靡自有鬲氏,收二国之烬(杜预注:烬,遗民)以灭浞而立少康。少康灭浇于过,后杼灭豷于戈。有穷由是遂亡,失人故也。④

这一段《左传》的内容如下:其一,寒浞因羿室生浇及豷;其二,寒浞在二十年后命令浇灭斟灌及斟鄩;其三,寒浞在二十五年后命令浇处于过,豷处于戈;其四,靡、有鬲氏利用斟灌及斟鄩消灭寒浞并立少康;其五,最后少康灭浇于过,后杼灭豷于戈。从这个过程来看:

---

① 《史记·吴起列传》,第 2166、2167 页。
② (汉)刘向:《战国策·魏一》,第 782、783 页。
③ 《后汉书·郡国志五》,第 3522 页。
④ 《春秋左传正义·襄公四年》,(清)阮元校刻:《十三经注疏》,第 1933 页。

第一阶段（二十年）：相八年，寒浞杀夷羿，寒浞控制政局。

第二阶段（五年）：相二十六年、二十七年寒浞利用浇控制了斟灌、斟寻。相二十八年寒浞使浇杀帝相。伯靡奔有鬲氏。

第三阶段（五年）：寒浞利用浇、豷控制了过与戈。

第四阶段（三十年左右）：伯靡先控制了斟灌及斟寻。少康控制浇的过，少康命子杼控制豷的戈。伯靡杀寒浞。

第五阶段（二十年）：少康元年即位，二十一年陟。

因此斟灌、斟寻比较过近，更比戈为近。它们在什么地方？《左传》杜预的注解"乐安寿光县东南有灌亭，北海平寿县东南有斟亭"是完全是错误的，后边再解释。

2.《竹书纪年》《帝王世纪》

根据《竹书纪年》和《帝王世纪》的记载，世子相徙商丘，依同姓诸侯斟灌、斟寻。如《竹书纪年》有下列记载："（帝仲康）七年陟，世子相出居商丘，依邳侯。"沈约附注："一作依同姓诸侯斟灌、斟寻。"徐文靖统笺："按《襄九年传》薛宰曰：吾祖奚仲居薛为夏车正。奚仲迁于邳。……盖太康畋于洛表，则邳侯世掌车服，自必从之。……相在商丘，与邳近，其依于邳侯，理或然也。"①

同样，《太平御览》卷八十二云："《帝王世纪》曰：帝相，一名相安。自太康已来，夏政凌迟，为羿所逼，乃徙商丘，依同姓诸侯斟灌、斟寻氏。"②徐宗元辑《帝王世纪》云："夏相徙帝丘。依同姓之诸侯于斟寻氏。"③还有《资治通鉴外纪》卷二云："相为羿所逐，失国，居（商）[帝]丘，依夏同姓诸侯斟灌、斟鄩。"《路史》作"帝相，一曰相安。……羿逐之，播于商丘，依斟灌、斟寻氏。"④因此可以认为依斟灌、斟寻为是。

不过从地理位置来看，"商丘"可能当为"帝丘"。

（二）斟鄩

斟鄩氏之王宫在河南巩县（今巩义，下同），而诸侯国在河南商丘（即帝丘），即在豫北西部。

1. 王宫斟鄩（巩县）

《竹书纪年》谓太康"即位，居斟鄩。畋于洛表"，徐文靖统笺："按《前汉书》薛

---

① （清）徐文靖：《竹书纪年统笺》，《二十二子》，第 1056 页。
② （宋）李昉等：《太平御览·皇王部七·帝相》，第 384 页。
③ 徐宗元：《帝王世纪辑存》，第 55 页。
④ 程平山：《竹书纪年考》，北京：中华书局，2013 年，第 1191 页。

瓒注曰：斟寻在河南汲郡。……又《昭公二十三年》，王师、晋师围郊，郊、寻溃，杜注：'河南巩县西南有地名郏中。'(《括地志》：'故鄩城在洛州巩县西南五十八里，盖桀所居也。')《书序》曰：'太康失邦，昆弟五人须于洛汭。'此即太康之居为近洛也。"① 仲康、帝癸即位时亦居斟鄩。因此斟鄩是夏后氏的重要城邑，在阳翟西北一二百里。

按照徐文靖的解释，《竹书纪年》之斟鄩当在巩县。在巩县还有以鄩命名的地名。如在巩县还有水名鄩水，《括地志》云："温泉水即（鄩水），源出洛州巩县西南四十里，《注水经》云鄩水出北山鄩溪。"② 则斟寻在河南巩县西南。《水经注》云："洛水又北，径偃师城东，东北历鄩中，水南谓之南鄩，亦曰上鄩也。径訾城西，司马彪所谓訾聚也。而鄩水注之。水出北山鄩溪，其水南流，世谓之温泉水，水侧有僵人穴……鄩水又东南，于訾城西北，东入洛水。故京相璠曰：今巩洛渡北，有鄩谷水，东入洛，谓之下鄩，故有上鄩、下鄩之名；亦谓之北鄩，于是有南鄩、北鄩之称矣。又有鄩城，盖周大夫鄩肸之旧邑。洛水又东，径訾城北，又东，罗水注之。水出方山罗川，西北流，蒲池水注之，水出南蒲陂，西北流，合罗水，谓之长罗川，亦曰罗中也。盖肸子鄩罗之宿居，故川得其名耳。"③

但是徐文靖又引用《汉书》薛瓒注曰：斟寻在河南汲郡。但是这个解释是不正确的，斟鄩的这个说明下边要解释。

2. 商丘之斟寻

《史记·夏本纪》云："帝相崩，子帝少康立"，正义引《帝王纪》云："帝相徙于商丘，依同姓诸侯斟寻。"正义又载："臣瓒云：斟寻在河南，盖后迁北海也。"《正义》最后引《括地志》云："故鄩城在洛州巩县西南五十八里，盖桀所居也。阳翟县又是禹所封，为夏伯。"④

上述正义引述《帝王纪》，帝相徙商丘，依同姓诸侯斟寻，因此商丘之斟鄩当为夏后氏之诸侯国。此处之商丘当即帝丘。

3. 汲郡斟鄩

《竹书纪年》："（帝太康）元年癸未帝即位，居斟鄩。畋于洛表。"徐文靖统笺："《前汉书》薛瓒注曰：'斟寻在河南汲郡。'"⑤ 由于商丘即帝丘，因此商丘之斟鄩当即汲郡之斟鄩。

这里发生了极大的混乱。《汉书·地理志》北海郡平寿县，颜师古注："应劭曰：

---

① （清）徐文靖：《竹书纪年统笺》，《二十二子》，第1056页；（唐）李泰等著，贺次君辑校：《括地志辑校·洛州》，第171页。
② （唐）李泰等著，贺次君辑校：《括地志辑校·洛州》，第171页。
③ （后魏）郦道元注，（清）杨守敬、熊会贞疏，段熙仲点校：《水经注疏·洛水》，第1322页。
④ 《史记·夏本纪》，第86、87页。
⑤ （清）徐文靖：《竹书纪年统笺》，《二十二子》，第1056页。

'古抖寻，禹后，今抖城是也。'臣瓒曰：'抖寻在河南，不在此也。《汲郡古文》云"大康居抖寻，羿亦居之，桀亦居之"。《尚书序》云"大康失邦，昆弟五人，须于洛汭"，此即大康所居为近洛也。……有夏之居，即河南是也。'师古曰：'应说止云抖寻本是禹后耳，何豫夏国之都乎？瓒说非也。抖音斟。'"① 由于应劭俱将《汉书·地理志》北海郡之斟解释为斟寻，即以夏之斟寻在北海郡，薛瓒以斟寻为太康、夏桀所居，当在河南，故反驳应说，言之有理，颜说非也。

太康、仲康，还有癸，都是"元年即位，居斟鄩"，因此斟鄩必定是夏后氏的重要城邑。

（三）斟灌

诸侯国在斟灌（卫国南），亦即在豫北东部。

1. 诸侯国斟灌（卫国南）

斟灌在东郡。至于斟灌的具体位置，当在卫国县南，《水经注》又做了下列说明：

> 河水又东北，径范县之秦亭西。……河水又东北，径委粟津。大河之北。即东武阳县也。左会浮水故渎。故渎上承大河于顿邱县而北出，东径繁阳县故城南。……张晏曰：县有繁渊。《春秋·襄公二十年》经书：公与晋侯、齐侯盟于澶渊。杜预曰：在顿邱县南，今名繁渊。澶渊即黎渊也，亦谓之浮水焉。……故渎东绝大河故渎，东径五鹿之野。……京相璠曰：今卫国县西北三十里有五鹿城，今属顿丘县。浮水故渎又东南，径卫国邑城北，故卫公国也。……又东，径卫国县故城南，古斟观。应劭曰：夏有观、扈，即此城也。②

五鹿见于《左传·僖公二十三年》云："（公子重耳）过卫……出于五鹿，乞食于野人。"杜预注："今卫县西北有地名五鹿。阳平元城县东亦有五鹿。"③ 据《后汉书》，东郡包括濮阳、顿丘、东武阳、范、聊城等县以及阳平侯国、卫公国等。

有人主张斟灌在河南，如薛瓒以为斟灌在东郡，亦即今河南东北部。不过他们往往认为东郡的"观"实际上就是"灌"。《水经注》说：

> 薛瓒《汉书集注》云：按《汲郡古文》，相居斟灌，东郡灌是也。明帝（当为世祖）以封周后，改曰卫。（杨守敬注：瓒所云东郡灌，即观。）……卫国有灌土。《国语》曰：启有五观，谓之奸子。五观，盖其名也。所处之邑，其名曰观。皇甫

---

① 《汉书·地理志上》，第1584页。
② （后魏）郦道元注，（清）杨守敬、熊会贞疏，段熙仲点校：《水经注疏·河水五》，第461—464页。
③ 《春秋左传正义·僖公二十三年》，（清）阮元校刻：《十三经注疏》，第1815页。

谥曰：卫地。又云：夏相徙帝丘，依同姓之诸侯于斟寻氏。即《汲冢书》云，相居斟灌也。既依斟寻，明灌、寻非一居矣。①

《左传·哀公元年》云："齐侯、卫侯救邯郸，围五鹿。"杜预注："五鹿，晋邑。"②
但是浮水在今沧州东南入海，距濮阳尚远。以观为斟灌，未必是定论，且距离鬲与斟寻较远，也许斟灌应该更靠近洛阳。

《汉书·地理志》北海郡斟，班固自注："故国，禹后。"颜师古注："应劭曰：'古斟灌，禹后，今灌亭是。'"③

观，《读史方舆纪要》开封府许州临颍县："灌沟，在县西二十里。北接颍水，南接泥河，南北二口俱有陡门。"④

2. 王宫斟灌

《水经注》又说：

> 穷后既仗善射，篡相，韩浞亦因逢蒙弑羿，即其居以生浇，因其室而有豷。故《春秋·襄公四年》，魏绛曰：浇用师灭斟灌及斟寻氏，处浇于过，处豷于戈。是以伍员言于吴子曰：过浇杀斟灌以伐斟寻是也。有夏之遗臣曰靡，事羿；羿之死也，逃于鬲氏。今鬲县也。收斟灌、斟寻二国之余烬，杀韩浞而立少康，灭之，有穷遂亡也。是盖寓其居而生其称，宅其业而表其邑，纵遗文沿袭，亭郭有传，未可以彼有灌目，谓专此为非，舍此寻名，而专彼为是。以土推传。应氏之据，亦（未）可按矣（杨守敬按：郦氏主瓒说……不得云应氏之据可按，亦字当是未字之误）。⑤

（四）过、戈

在与斟灌、斟寻密切相关的地方还有过与戈。《左传·襄公四年》谓羿被其家众杀死之后，"（寒浞）使浇用师灭斟灌及斟寻氏。处浇于过，处豷于戈"。杜预注："过、戈，皆国名。东莱掖县北有过乡。戈在宋、郑之间。"⑥既然斟灌、斟寻在河南，则过与戈亦当在河南。

从现在地理来看，过当在河南中部或东部，戈亦在附近。

---

① （后魏）郦道元注，（清）杨守敬、熊会贞疏，段熙仲点校：《水经注疏·沭水》，第2218页。
② 《春秋左传正义·哀公元年》，（清）阮元校刻：《十三经注疏》，第2155页。
③ 《汉书·地理志上》，第1584页。
④ （清）顾祖禹撰，贺次君、施和金点校：《读史方舆纪要·河南二》，第2187页。
⑤ （后魏）郦道元注，（清）杨守敬、熊会贞疏，段熙仲点校：《水经注疏·沭水》，第2219页。
⑥ 《春秋左传正义·襄公四年》，（清）阮元校刻：《十三经注疏》，第1933页。

1. 过

河南有濄水或涡水。《说文通训定声》云："濄水，在今河南开封府扶沟县至安徽凤阳府怀远县入淮。字亦作涡。"① 如《水经注·渠水》作涡，而《水经注·阴沟水》阴沟水出河南阳武县蒗荡渠。阴沟水为濄水之上源。②《汉书·地理志》淮阳国扶沟，班固自注："涡水首受狼汤渠，东至向入淮。"③ 濄当即过，则过可能在今河南扶沟一带。但以后过国当迁于山东之西南部。

2. 戈

既然斟灌、斟寻在河南，杜预注又谓戈国在河南，故戈氏与过氏当同在涡水中游。

## 八、夏后氏及其他的部族

（一）夏后氏以及昌意系

1. 有虞氏、纶

（1）有虞氏

少康在有仍氏成长之后，寒浞要追杀他，于是他转移到了有虞氏，《竹书纪年》也说："少康自有仍奔虞。"④ 他在有仍氏任牧正，在有虞氏任庖正，并开始复辟行动。

《史记》记载伍子胥对吴王夫差说："昔有过氏杀斟灌以伐斟寻，灭夏后帝相。帝相之妃后缗方娠，逃于有仍而生少康。少康为有仍牧正。有过又欲杀少康，少康奔有虞。有虞思夏德，于是妻之以二女而邑之于纶，有田一成，有众一旅。后遂收夏众，抚其官职。使人诱之，遂灭有过氏，复禹之绩，祀夏配天，不失旧物。"⑤《左传·哀公元年》讲到了同一件事："后缗方娠，逃出自窦，归于有仍。生少康焉，为仍牧正。……浇使椒求之，逃奔有虞，为之庖正。……虞思于是妻之以二姚，而邑诸纶。有田一成，有众一旅……以收夏众。"⑥

有虞氏位于河南虞城县，《史记·五帝本纪》云："尧子丹朱，舜子商均，皆有疆土"，索隐云："《汉书·律历志》云封尧子朱于丹渊为诸侯。商均封虞，在梁国，今虞城县也。"⑦

---

① （清）朱骏声：《说文通训定声》，第487页。
② （后魏）郦道元注，（清）杨守敬、熊会贞疏，段熙仲点校：《水经注疏·阴沟水》，第1933页。
③ 《汉书·地理志》，第1636页。
④ （清）徐文靖：《竹书纪年统笺》，《二十二子》，第1057页。
⑤ 《史记·吴太伯世家》，第1469页。
⑥ 《春秋左传正义·哀公元年》，（清）阮元校刻：《十三经注疏》，第2154页。
⑦ 《史记·五帝本纪》，第44、45页。

（2）纶

《读史方舆纪要》归德府虞城县纶城："在县西三十五里。夏时虞国之邑。《左传》'少康奔有虞，邑诸纶'是也"①。

夏后氏本来在郑洛地区，有穷氏杀害相之后，后缗逃到有仍氏，后来少康又往东逃亡到商丘地区。

《读史方舆纪要》河南府登封县纶氏城："在县西七十里。《竹书纪年》'楚吾得帅师及秦伐郑，围纶氏'。"②

《读史方舆纪要》归德府虞城县："府东北六十里。东北至山东单县六十里。古虞国，禹封商均于此。"③

## （二）夏后氏与宋地

### 1. 宋（汉梁国）

《括地志》载："宋州（宋）城（县），古阏伯之墟，即商丘也。又云羿所封之地。""宋州城，羿所封之地。羿五岁，父母与之入山，处之木下，以待蝉，还欲取之，而群蝉俱鸣，遂捐而去。羿为山间所养。年二十，习于弓矢。""宋州外城本汉睢阳县也。"④

### 2. 居商丘、依邳侯

相之历史更为混乱，据《竹书纪年》载：

> 仲康七年，"陟。世子相出居商丘，依邳侯"。
> 相元年，"帝即位，居商"。
> 相九年，"相居于斟灌"。
> 相十五年，"遂迁于商丘"。
> 相二十六、二十七年，寒浞"灭斟灌"，"伐斟鄩……灭之"。
> 相二十八年，寒浞使其子浇"弑帝"。
> 相初居商丘依邳侯，迁于斟灌，寒浞灭斟灌、斟鄩，最后杀掉了相。

《竹书纪年》"依邳侯"，沈约附注："一作依同姓诸侯斟灌、斟寻。"而徐文靖统笺："按《襄九年传》，薛宰曰：'吾祖奚仲居薛为夏车正，奚仲迁于邳。'……相在商

---

① （清）顾祖禹撰，贺次君、施和金点校：《读史方舆纪要·河南五》，第 2352 页。
② （清）顾祖禹撰，贺次君、施和金点校：《读史方舆纪要·河南三》，第 2263 页。
③ （清）顾祖禹撰，贺次君、施和金点校：《读史方舆纪要·河南五》，第 2351 页。
④ （唐）李泰等著，贺次君辑校：《括地志辑校·宋州》，第 153 页；《史记·殷本纪》，第 92 页。

丘，与邳近，其依于邳侯，理或然也。"① 但是《史记·夏本纪》云："中康崩，子帝相立"，正义说："帝相徙于商丘，依同姓诸侯斟寻。"② 相所依的是斟灌、斟鄩，而不是邳侯。那么，商丘与斟鄩应该相距不远。

（三）夏后氏与有仍氏

1. 有仍氏、有缗氏

《帝王世纪》云："（帝相）妃有仍氏女，曰后缗，方娠，逃出自窦，归于有仍，生少康焉。"③ 此为少康的第一阶段，即出生后就生活于有仍氏。那么有仍氏、有缗氏位于何处？

（1）有仍氏

《竹书纪年》说："伯靡出奔鬲。夏世子少康生。少康自有仍奔虞。伯靡自鬲帅斟鄩、斟灌之师以伐浞。……伯靡杀寒浞。少康自纶归于夏邑。"④

又《史记·楚世家》记载伍举对楚灵王说："桀为有仍之会，有缗叛之。纣为黎山之会，东夷叛之。幽王为太室之盟，戎、翟叛之。君其慎终！"集解："贾逵曰：'仍、缗，国名也。'"⑤ 则有仍、有缗当离夏都、斟鄩、斟灌不远，也离靡所逃亡的有鬲氏不远。因此，其可能还在郑洛地区附近。

《路史》载："仍，仍叔采。"⑥ 仍为仍叔之采地，则仍当为地名。《路史》列之于"周氏族卿之采"，则仍当在圻内。与仍并列的有20个采地。其中有暴新公采，"《世本》云，周圻内国"；还有尹氏采，"杜谓巩西南偃师，今汾州……即其邑"；还有荣伯采，"今河南巩西之荣锜涧（罗苹注：子朝之乱，景王崩于荣锜氏大夫食其地者）"⑦。因此仍亦可能位于王城之郊。

《左传·昭公二十八年》载："昔有仍氏生女黰黑而甚美（杜预注：有仍，古诸侯也。美发为黰），光可以鉴，名曰玄妻。乐正后夔取之，生伯封，实有豕心……谓之封豕。有穷后羿灭之，夔是以不祀。且三代之亡，共子之废，皆是物也（杜注：共子，晋申生，以骊姬废）。……夫有尤物，足以移人，苟非德义，则必有祸。"⑧ 后夔由于娶了有仍氏之美妇，而为后羿所灭。

史为乐主编的《中国历史地名大辞典》说："仍，亦作有仍氏，即任，在今山东济

---

① （清）徐文靖：《竹书纪年统笺》，《二十二子》，第1056页。
② 《史记·夏本纪》，第86页。
③ 徐宗元：《帝王世纪辑存》，第56页。
④ （清）徐文靖：《竹书纪年统笺》，《二十二子》，第1057页。
⑤ 《史记·楚世家》，第1704页。
⑥ （宋）罗泌：《路史·国名纪戊》，第370页。
⑦ （宋）罗泌：《路史·国名纪戊》，第370页。
⑧ 《春秋左传正义·昭公二十八年》，（清）阮元校刻：《十三经注疏》，第2118页。

宁市东南。"① 他又说："任，一作'仍'。相传为太皞之后。……'任、宿、须句、颛臾，风姓也。'"② 但是在《晋书·地理志》列举139个"知其所居"的国家中，既有"仍""有仍"，又有"任"，可见仍即任的说法当非事实。

(2) 有缗氏

缗，《春秋·僖公二十三年》云："齐侯伐宋，围缗。"杜预注："缗，宋邑。高平昌邑县东南有东缗城。"③ 此缗在今山东巨野一带，西汉时属山阳国、昌邑国，西晋为高平国。而《通志·氏族略第二》"夏商以前国"云："仍氏，即有仍氏，夏之诸侯。后相娶有仍氏，生少康。以国为氏。"又云："缗氏，夏时诸侯，子孙以国为氏。今济州金乡有古缗城。"④《通志》以缗位于今山东西南部之金乡，当非事实。

## (四) 夏后氏与有鬲氏

河南有鬲城，《括地志》云："故鬲城在洛州密县界。"⑤《旧唐书》说："密，隋县。武德三年，置密州。四年废，县属郑州。龙朔二年，割属洛州。"⑥ 故鬲城在今河南新密市⑦。

山东有有鬲氏，前边讲到《史记·夏本纪》正义所引《括地志》云："故鬲城在洛州密县界，杜预云国名，今平原鬲县也。"⑧ 但是人们对此有许多错误的解释，例如杜预认为有鬲氏不是在河南密县（今新密市，下同）而在山东鬲县，因此杜预在《左传·襄公四年》说"靡奔有鬲氏"，又说："有鬲，国名，今平原鬲县。"⑨ 那么杜预认为有鬲在山东鬲县。顾祖禹在《读史方舆纪要》德州德平县鬲县城："县东十里。古鬲国，郾姓，咎繇之后，《左传》所云'靡奔有鬲氏'者。"⑩ 因此，鬲县在今山东德州，与河南密县相去甚远，靡不可能逃亡到鬲县。故《路史》云："有鬲氏，夏诸侯，近鬲津。……汉之鬲县，应氏以为偃姓皋后，郦氏以为有穷后国，俱非。"⑪ 故鬲城当即今河南新密市⑫，而鬲县在今山东。

《左传·襄公四年》谓羿被其家众杀死之后，"靡奔有鬲氏。（寒）浞……使浇用师灭斟灌及斟寻氏。处浇于过，处豷于戈。靡自有鬲氏收二国之烬，以灭浞而立少康。"

---

① 史为乐主编：《中国历史地名大辞典》，第446页。
② 史为乐主编：《中国历史地名大辞典》，第1008页。
③《春秋左传正义·僖公二十三年》，（清）阮元校刻：《十三经注疏》，第1814页。
④（宋）郑樵撰，王树民点校：《通志二十略》，北京：中华书局。1995年，第70页。
⑤（唐）李泰等著，贺次君辑校：《括地志辑校》，第179页。
⑥《旧唐书·地理志一》，第1425页。
⑦ 鬲城当在今新密市西南约五十里，洧水北岸，参见谭其骧《中国历史地图集》第四册，第46—47页。
⑧《史记·夏本纪》，第86—87页。
⑨《春秋左传正义·襄公四年》，（清）阮元校刻：《十三经注疏》，第1933页。
⑩（清）顾祖禹撰，贺次君、施和金点校：《读史方舆纪要·山东二》，第1494页。
⑪（宋）罗泌：《路史·国名纪己》，第381页。
⑫ 当在今密县西南约五十里，洧水北岸，参见谭其骧《中国历史地图集》第四册，第46—47页。

杜预注又说："过、戈，皆国名。东莱掖县北有过乡。戈在宋、郑之间。"① 杜预注谓鬲国在今山东，过国甚至在山东之东部，杜预的解说有误。既然斟灌、斟寻在河南，则过、戈亦当在河南，因此靡所奔之有鬲氏亦当在河南。

这一段意思很清楚，当寒浞杀相并消灭斟灌、斟鄩之后，靡逃离夏后氏都城，来到有鬲氏。他在有鬲氏收集斟灌、斟鄩的遗民反制寒浞。夏后氏之都城以及斟灌、斟鄩，均位于今河南洛水流域，因此有鬲氏亦当相距不远。

## 九、夏族在三代时期之发展

在五帝时期后期，夏族控制了黄河中下游和淮河中下游，并开始向长江流域扩张。实际上夏族社会在三代时期出现了重大变化。

（一）人口

到了五帝时期后期，当从尧舜的社会转到禹启的社会时，夏族发生了很大变化。《帝王世纪》说："及禹平水土……民口千三百五十五万三千九百二十三人。至于涂山之会诸侯，承唐虞之盛，执玉帛亦有万国。"② 因此在禹的时候，夏族的人口可能已经到达上千万。

这个人口数量就反映了夏族社会可能出现的变化，即到禹"平水土"，社会情况已经大不相同。在舜的朝廷上，禹表扬自己的功绩为"以决九川致四海……众民乃定，万国为治"，皋陶就说："然，此而美也。"禹又说自己的功绩是："辅成五服，至于五千里，州十二师，外薄四海，咸建五长，各道有功。"舜听了就说："道吾德，乃女功序之也。""皋陶于是敬禹之德，令民皆则禹。不如言，刑从之。舜德大明。……于是天下皆宗禹之明度数声乐，为山川神主。"③ 因此舜在位时，就说禹建立了"舜德大明"，而且明令禹为"山川神主"，全民以禹为榜样，"不如言，刑从之"。那么从这种情况来看，在禹的时候，社会文化已出现重大变化。

（二）戎族融入夏族

在少昊系与祝融系的形成过程中，大量戎族部族（即伏羲氏与神农氏之后裔）融入了夏族。这些戎族分为两个部分：一个是蚩尤系统，即九黎与三苗；另一个是东夷系统，包括有穷氏、淮夷等。因此九黎三苗以及东方部族的大量融入，就成为五帝时期后期夏族发展的一个重要的内容。

---

① 《春秋左传正义·襄公四年》，（清）阮元校刻：《十三经注疏》，第 1933 页。
② 徐宗元：《帝王世纪辑存》，第 118 页。
③ 《史记·夏本纪》，第 79—82 页。

（三）从两个族区到三个族区

在五帝时期之前，在现在中国的范围内，所有的部族可能都属于戎族或胡族，也就是说，在五帝时期之前，在现在中国的范围内，只存在两个族区：戎族族区与胡族族区。戎族族区在南而胡族族区在北。

到了五帝时期之后，夏族迁徙到了黄河中下游，于是在现在中国的范围内，形成了夏、戎、胡三个族区并列的局面。

# [补注一] 人口

《帝王世纪》说："及禹平水土，还为九州，今《禹贡》是也。民口千三百五十五万三千九百二十三人。"然后在周公时期，"民口千三百七十一万四千九百二十三人"，二者相仿。① 因此《帝王世纪》当是说三代人口的大致概数，这些数字是有一定理由的。当时还有东西、南北之"四海之内"的大致地理概述。这是我国历史上第一次人口与地理的概述，因此绝不能认为《帝王世纪》的数字出于虚构。五帝时期，天文、地理以及人口都在初步显露真相，从黄帝到帝喾逐步考虑"建万国而制九州"。最后是"禹平水土"，于是从天文、地理到人口，总结为《禹贡》。在南朝梁时，刘昭就对司马彪《后汉书志》中给出的《帝王世纪》文本仔细进行考证，故不能认为《帝王世纪》各方面的数字出于虚构。

张善余说："关于期内世界的总人口，国际上已有大体上得到公认的估计数，即公元前10000年约为400万，公元前7000—前6000年为500万—1000万，公元前3000年为2500万—4000万，公元前2000年为5000万。……按此推算，公元前21世纪当在5000万人左右，而不可能有太大的出入。近两千年来，中国占世界总人口的比重一直在1/5或1/4甚至1/3，这一数据是确凿的……如果前一个5000万人，和后一个1/4或1/5，都得到肯定，那么就很容易推算出公元前21世纪中国的人口大约在1000万人，乃至更多，与皇甫谧的记载相当接近，可见其作为一个估计数并不十分离谱。"②

---

① 徐宗元：《帝王世纪辑存》，第118、119页。
② 张善余：《中国人口地理》，第2—3页。

## [补注二] 都邑

　　据此类推，《世本》所载夏禹之"都"晋阳、平阳也应为一地。从考古材料可知，属龙山时代的陶寺类型（或文化）公认属尧舜部落或酋邦文化。其分布范围主要位于晋南地区，尤其是晋西南地区，而位于晋中地区的太原一带不属于陶寺类型的分布区。继陶寺类型之后的二里头文化东下冯类型与陶寺类型的分布类型类似，而晋中太原地区则为光社文化的分布区。延至商代，商文化分布区仍主要局限于晋南地区，晋中地区不是商文化的分布区。西周时期，太原一带仍不属华夏文化分布区，这里至今没有发现典型西周文化遗存，有人推测"当时居住在太原地区的人们，可能不属中原的华民。"……通过设立晋东南"阳城"、安邑、平阳等三角形的辅助性政治中心，夏禹终于控制了晋南地区的局势，此后至夏启时期，夏王朝的政治中心仍集中在豫西地区，晋南诸辅助性政治中心可能即被撤销。[①]

---

[①] 张国硕：《夏商时代都城制度研究》，郑州：河南人民出版社，2001年，第72、73页。

## [补注三] 夏后氏与宗室

  清代有"觉罗"及"宗室"两个重要的社会组织。努尔哈赤之父塔克世的后裔称为宗室,他们束金带,因此也称"黄带子";努尔哈赤的曾祖福满的后裔,除宗室之外,其余的称为"觉罗",他们束红带,因此也称"红带子"。《宗人府则例》规定:"凡宗室载入玉牒者,以显祖本支为宗室,叔伯兄弟之支为觉罗。宗室束金带,觉罗束红带。"[①]宗室可比夏后氏,而觉罗则即广义的夏后氏了。

  《史记》在《夏本纪》《殷本纪》《秦本纪》之后的太史公曰,都很简短,而且其中都包含一个"其后分封,用国为姓"的长名单,可见司马迁对这个名单的重视。这个名单就是各代的"宗室"。但是《史记·周本纪》没有这个观念。

---

① 瀛云萍:《八旗源流》,大连:大连出版社,1991年,第60页。

## [补注四] 夏族与夏后氏

全中国与夏后氏是两个不同的概念。夏后氏是禹的后裔,全中国是指全部夏族,包括黄帝的其他后裔,也就是轩辕系、昌意系、少昊系等,还包括炎帝的全部后裔。因此,夏后氏只是夏族的一小部分。全国与夏后氏是两个不同的概念。现在有一些学者把夏族理解为夏后氏,如张国硕说:"夏民族就一直生活在豫西地区的伊、洛、颍、汝河流域,也就是说夏族起源于豫西地区。"[1]

---

[1] 张国硕:《夏商时代都城制度研究》,第69页。

# [补注五] 华夏文化起源地

有许多人认为晋南、豫西一带是华夏文化的中心,因此许顺湛说:"这么多史地学者认识大体一致,不能不相信,不相信没有道理。但是我查阅文献前后对照,找不出使人信服的资料。……先夏文化虽然现在还没有认定,但多数学者都倾向于在晋南、豫西龙山文化去找。特别是考古学文化资料反映了一个现实,即中原地区的考古文化时代偏早,有向西播迁的倾向。"[①] 然后向西发展,所以他们认为禹起于西夷之说无法理解,如果炎黄文化起源于陇山地区,然后向东传播,经过了至少一两千年之后,才进入夏代。那么在晋南、豫西有比陇山地区更为发达的文化,这就毫不奇怪了。文化起源地落后于迁居地,非但可能,甚至是必然的。中国五六千年以来,总的看起来,西方(黄河中上游)落后于东方(黄河中下游),北方(黄河流域)落后于南方(长江流域)。但文化的传播方向却是从西方传播到东方,从北方传播到南方。至于说有没有文献支持禹起于西方的传说,那当然是有的,而且也是大家所难以反对的。比如黄帝之子昌意降居若水的大量记载。因此不光是禹,就是颛顼也是出生于西方的。许顺湛也讨论了颛顼的问题。他引用吕思勉的意见认为若字就是桑字,就与穷桑联系起来,认为若水在山东,但这种改字解释太牵强。许顺湛又引用马世之的解释,把若解释为郜,因此认为若水在河南,而且把若水等同于汝水。若与郜当然可以等同,但什么是郜水?把若水等同于汝水就太勉强了。而且即使在河南或山东都有若水,也不能否定若水在四川的记载。因为当民族迁移的时候,会把地名带过去的。不能忽略黄帝是五六千年以前的事,也不能忽略黄帝后裔不断迁移的事实。如果承认炎黄起源于陇山地区,那么四川并不是遥不可及的。在汉代,汶山位于蜀郡北部,与广汉郡相邻接,与武都郡相距不远,俱属于益州刺史管辖。从武都往东南到汉中与往西南到汶山,距离都不过一两百千米,武都很可能就是炎黄子孙大迁移的出发点。所以不能从后来中原的观点来看,认为汶山属于无人的蛮荒之地。

---

① 许顺湛:《五帝时代研究》,郑州:中州古籍出版社,2005年,第159页。

[17] 夏后氏

# [补注六] 俗都、辅都

"张光直先生认为：三代虽都在立国前后多次迁都，其最早的都城却一直保持着祭仪上的崇高地位。"①

"夏王朝时期的主都是斟鄩（二里头遗址）。……从太康开始至夏桀亡国，斟鄩一直为夏王朝的都城。"②"夏王朝统治区的中心是在豫西洛阳盆地，而其主都斟鄩即位于这个中心区域之内。"③

所谓主都就是"夏邑"，不是斟鄩，斟鄩是一个亲密的同姓诸侯国之都。

"这么大的范围，若要有效控制全国局势，辅都的设立是有必要的。"④"军事战争是需要也是主辅都制形成的主要原因之一。"⑤ 这是典型的讨论现实的主观分析。

"原辅都陑夏王朝对付北方，重新控制晋南地区"⑥"故在夏王朝统治区东部……设立老丘辅都，夏王朝最终赢得了对东夷战争的胜利。……为镇抚西境，在西河一带设立辅都。既可作为讨伐陕西关中及豫西诸方国、部族叛乱的前沿基地，又可为控制晋西南地区建立一个稳固的政治、军事中心。"⑦

---

① 张国硕：《夏商时代都城制度研究》，第74页。
② 张国硕：《夏商时代都城制度研究》，第74页。
③ 张国硕：《夏商时代都城制度研究》，第110页。
④ 张国硕：《夏商时代都城制度研究》，第83页。
⑤ 张国硕：《夏商时代都城制度研究》，第86页。
⑥ 李伯谦：《东下冯类型的初步分析》，《中原文物》1981年第1期。
⑦ 张国硕：《夏商时代都城制度研究》，第87页。

# [18] 有穷氏与夏后氏

## 一、有穷氏的历史时期

### (一) 有穷氏的历史

1. 后羿的传说

(1) 后羿的原始传说

诸子百家都曾对后羿的高超技艺进行解说,如《管子》说:"羿之道,非射也;造父之术,非驭也;奚仲之巧,非斫削也。"①《墨子》说:"古者羿作弓,伃作甲,奚仲作车,巧垂作舟。"②《吕氏春秋》则谓:"大桡作甲子……羲和作占日……夷羿作弓,祝融作市……伯益作井……王冰作服牛,史皇(即仓颉)作图,巫彭作医,巫咸作筮。此二十官者,圣人之所以治天下也。"③

后羿还不谨教人进行技艺的规矩,孟子说:"羿之教人射,必志于彀,学者亦必志于彀。大匠诲人,必以规矩,学者亦必以规矩。"④ 又说:"大匠不为拙工改废绳墨,羿不为拙射变其彀率。"⑤ 而且往往将后羿与尧、舜、禹那样的历史圣人相提并论,《韩非子》云:"托天下于尧之法,则……寄千金于羿之矢,则……"⑥《荀子》说:"造父者,天下之善御者也,无舆马,则无所见其能;羿者,天下之善射者也,无弓矢,则无所见其巧;大儒者,善调一天下者也,无百里之地,则无所见其功。"⑦

后羿射日的故事,在民间传说中广泛流传。《淮南子》说:"尧之时,十日并出,焦禾稼,杀草木,而民无所食。猰貐、凿齿、九婴、大风、封豨、脩蛇、皆为民害。尧乃使羿诛凿齿于畴华之野,杀九婴于凶水之上,缴大风于青邱之泽。上射十日而下杀猰貐,断脩蛇于洞庭,禽封豨于桑林,万民皆喜。置尧以为天子,于是天下广狭险易远近,始有道里。"高诱注:"畴华,南方泽名。"⑧ 连尧成为天子,也是靠后羿的功劳。

---

① (清) 戴望:《管子校正·形势》,《诸子集成》第五册,第 4 页。
② (清) 孙诒让:《墨子间诂·非儒下》,《诸子集成》第四册,第 181 页。
③ (汉) 高诱注:《吕氏春秋·审分览·勿躬》,《诸子集成》第六册,第 206 页。
④ (清) 焦循:《孟子正义·告子上》,《诸子集成》第一册,第 473、474 页。
⑤ (清) 焦循:《孟子正义·尽心上》,《诸子集成》第一册,第 556 页。
⑥ (清) 王先慎:《韩非子集解·守道》,《诸子集成》第五册,第 150 页。
⑦ (清) 王先谦:《荀子集解·儒效篇》,《诸子集成》第二册,第 87 页。
⑧ (汉) 高诱注:《淮南子·本经训》,《诸子集成》第七册,第 117—118 页。

因此《淮南子》说羿与其他许多先祖一样，都成为神："故炎帝于火而死为灶（高诱注：死托祀于灶神）；禹劳天下而死为社（高诱注：托祀于后土之神）；后稷作稼穑而死为稷，羿除天下之害而死为宗布，此鬼神之所以立（高诱注：羿，古之诸侯。河伯溺杀人，羿射其左目；风伯坏人屋室，羿射中其膝。又诛九婴、窫窳之属，有功于天下，故死托祀于宗布）。"①

《山海经》说："帝俊赐羿彤弓、素矰，以扶下国，羿是始去恤下地之百艰。"②《楚辞·天问》云："（后羿）胡射夫河伯？"③

《淮南子》除了说后羿作为射者之神话外，还记载其妻亦有窃药奔月的神话："羿请不死之药于西王母，姮娥窃以奔月。"④姮娥亦作恒娥，或避文帝讳作常娥，实即嫦娥。

（2）后羿之政治传说

到了夏代，即距今四千年左右，后羿突然在政治斗争中出现了。在启死了之后，夏朝的政权就落在有穷氏之手，一直到大约八九十年后，夏后氏才夺回了政权。《尚书》孔颖达疏曰："羿在夏世为一代大贼。《左传》称羿既篡位，寒浞杀之。……相子少康始灭浞，复夏政。计羿、浞相承，向有百载，为夏乱甚矣。"⑤在尧舜之前，后羿是"贤士"之列；但在夏启之后，后羿则是"一代大贼"。以前的"射官"与以后的"大贼"为什么是一回事？

《帝王世纪》对后羿做了完整的生平总结，但《帝王世纪》说未闻后羿之姓。在帝喾之前，后羿世掌射正。到了帝喾，封之于鉏。到夏初太康、仲康以至相，后羿逐步掌握了夏后氏的朝政：

> 帝羿有穷氏，未闻其姓何。先帝喾以上，世掌射正，至喾赐以彤弓素矢，封之于鉏，为帝司射。历虞、夏，羿学射于吉甫。其臂长，故以善射闻。及夏之衰，自鉏迁于穷石，因夏民以伐夏。篡帝相，徙于商丘，依同姓诸侯斟寻。羿恃其善射，不修民事，淫于田兽。弃其良臣武罗、伯姻、熊髡、尨圉，而信寒浞。寒浞伯明氏之谗子……而羿以为己相。寒浞杀羿。……浞遂代夏，立为帝。寒浞袭有穷之号。⑥

因此，后羿的历史从五帝前期开始，最初为朝廷的专业师官，"世掌射正"，后来掌握了夏后氏的朝政。实际上有穷氏可能是古代鲁北的一个部族首领，《左传·襄公四年》云："寒浞，伯明氏之谗子弟也。伯明后寒弃之，夷羿收之。信而使之，以为己相。"⑦

---

① （汉）高诱注：《淮南子·氾论训》，《诸子集成》第七册，第233页。
② （清）郝懿行撰，栾保群点校：《山海经笺疏·海内经》，第390—391页。
③ （宋）洪兴祖撰，白化文等点校：《楚辞补注·天问》，第99页。
④ （汉）高诱注：《淮南子·览冥训》，《诸子集成》第七册，第98页。
⑤ 《尚书正义·胤征》孔疏，（清）阮元校刻：《十三经注疏》，第157页。
⑥ 徐宗元：《帝王世纪辑存》，第55页。
⑦ 《春秋左传正义·襄公四年》，（清）阮元校刻：《十三经注疏》，第1933页。

则有穷氏是山东东北一个强大的部落领袖。

因此，从五帝时期到夏代初年，后羿代表一个部族，这个部族的首领到禹启年代中崛起成为夏后氏的部落首领，最后成了夏后氏的一支联盟的力量。在有穷氏进入夏后氏的政权中，寒浞杀了相，夺取了政权。经过三十年之后，少康在斟鄩氏、斟灌氏的支持下，打败了寒浞，于是夏后氏复辟。

在寒浞失败后，有穷氏的余部就可能迁徙到山东了。此后有穷氏在潍河地区留下大量的遗迹后，就逐步消失了。实际上有穷氏在潍河流域留下的遗址就是有穷氏的唯一遗址。通常把这些遗址看作是有穷氏的遗迹，其实这些遗址是有穷氏最后的遗址，与有穷氏过去上百年的历史是没有什么关系的。

因此下列段落中的许多解释都是不对的，如把山东潍河流域的遗迹误认作河南的遗址，尤其将山东潍河流域的遗址误认作五帝前期的有穷氏在山东的遗址。例如《水经注》说：

> 尧水又东北径东、西寿光二城间。应劭曰：寿光县有灌亭。杜预曰：在县东南，斟灌国也。又言：斟亭在平寿县东南。平寿故城在白狼水西，今北海郡治。……斟亭在溉水东……按《地理志》，北海有斟县。京相璠曰：故斟寻国，禹后，西北去灌亭九十里。溉水又北径寒亭西。合白狼水。《郡国志》曰：平寿有斟城，有寒亭。①

其中引用京相璠说此斟寻为"禹后"。顾祖禹就误以为夏代太康、后羿等所居之斟灌、斟寻在今山东，故《读史方舆纪要》说：

> （潍县）西南五十里有斟城，古斟寻国，亦禹后也。又太康居斟寻，羿亦居之，桀又居之。杜预曰："平寿有斟亭，古斟寻也，后羿所灭。"……又寒亭，在县东北三十里。杜预曰"平寿东有寒亭"，即古寒国，盖寒浞所封。②

他又说："斟灌城，在（寿光）县东北四十里。"③ 这里的地理位置全都在山东青州，太康与桀都住山东青州，这可能吗？

2. 有穷氏之历史阶段

（1）原始时期

从黄帝至帝喾以前当是有穷氏的原始时期。

---

① （后魏）郦道元注，（清）杨守敬、熊会贞疏，段熙仲点校：《水经注疏·巨洋水》，第2216—2218页。
② （清）顾祖禹撰，贺次君、施和金点校：《读史方舆纪要·山东七》，第1669页。
③ （清）顾祖禹撰，贺次君、施和金点校：《读史方舆纪要·山东六》，第1639页。

有穷氏在其原始时期可能主要以游猎为生，因此发展出高超的弓箭与射击技术。这个时期的代表人物是射手后羿，此后羿为有穷氏神话传说时期的人物。这就是有穷氏的前期历史，距今可能已有五六千年。

从原始时期的历史来看，有穷氏本不是夏族，他们应该是东方戎族的部落。有穷氏可能是从山东的西北部逐步进入河北东南部。有穷氏是一个比较强大的部族，夏后氏当时利用强大的非夏族部族，以作为本身的支持力量。

因此夏后氏一方面依靠自己的亲族联盟，另一方面也看到异姓部族的力量，例如其中包含的有穷氏就是异姓部族。在五帝时期，夏后氏的力量基础包括有亲族联盟以及异姓部族的联盟，异姓部族联盟也是夏后氏发展的基础。夏后氏的这种基础当是禹的强大的基础。

（2）融合时期

从帝喾经尧、舜为有穷氏成为夏族诸侯的重要时期，在这个时期有穷氏已经到了"穷谷"。但"穷谷"究竟位于什么地方，还有待进一步探索。

"穷谷"应该是有穷氏的领地。文献记载，从豫北滑州之鉏城可以进入"穷谷"；而文献还说在后羿被杀后，其子女可以从洛阳到"穷门"。因此有穷氏的领地可能并非固定的，他们的领地可能从濮阳到洛阳的黄河一带，可能在夏后氏的部族中移动。

（3）后羿时期

从帝太康、帝仲康至帝相的初年，其前后约达 35 年，这一时期，有穷氏逐步接触了夏后氏政权，也参与了王宫的斗争。夏族的这种情况与周代类似。《竹书纪年》谓太康居斟鄩，有穷氏亦居于斟鄩。

《尚书·夏书》曰："太康尸位以逸豫……乃盘游无度，畋于有洛之表，十旬弗返。有穷后羿因民弗忍，距于河。"[①] 孔传曰："洛水之南。"[②] 因此有穷氏居于洛水之南而拒绝太康返回，故有穷氏当是处于斟鄩。《括地志》云："故鄩城在洛州巩县西南五十八里。"斟鄩当在洛汭或在巩县。这时候有穷氏控制了夏后氏政局。

（4）寒浞时期

从相八年至少康元年，有五十多年，是寒浞时期。寒浞在前二十年中（帝相八年时到帝相二十八年），是相为王，但是寒浞掌权。这二十年在历史上成了空白。司马迁的这个做法是不符合中国历史传统的。王莽篡位之后，正史也没有抹去他二十年的"新"朝。

（5）有穷氏失败之后

有穷氏在被夏后氏打败之后，部分成员当已返回山东。没有可靠文献明确说明有穷氏在山东的经过，但是大量资料提示有穷氏在潍河流域地区，在那个地区有斟鄩、斟灌等地方。我们认为这些地名是从河南地方搬迁到潍河流域来的。关于这个问题在下面

---

① 《尚书正义·夏书》，（清）阮元校刻：《十三经注疏》，第 156 页。
② （清）徐文靖：《竹书纪年统笺》，《二十二子》，第 1056 页。

仔细论述。

## （二）后羿之姓

### 1. 文献中关于后羿姓的记载

后羿之氏为有穷，故《左传·襄公四年》云："《夏训》有之曰：'有穷后羿。'"杜预注："羿，有穷君之号。"①

后羿为有穷氏，史无异说，但后羿之姓则毫无头绪。《帝王世纪》说："未闻其姓"②，其他书籍则有嬴姓、偃姓、鬲姓、夷姓、妘姓等说法。这种情况也从侧面说明了后羿本来是没有姓的。后羿很可能是戎族，但是其后裔可能得到各种不同的姓，而且这些姓有的可能还是误传。

《帝王世纪》谓："羿有穷氏，未闻其姓"，但姓氏是夏族的特征，一直受到重视，对后羿这样的历史人物，却说未闻其姓，是很奇怪的。《帝王世纪》并非一本严谨的著作，其记载从伏羲氏开始就有姓："太昊帝庖牺氏，风姓也。"以后神农氏、黄帝、少昊等都有姓。还说："（太昊）子孙五十九姓，传世五万余岁。"③ 但是对后羿有穷氏却说："未闻其姓"，这就说明，后羿实际上最初并没有姓，只有他们的后裔在融入夏族时才得到了姓，而且可能还不止一个姓。

在秦嘉谟辑补的《世本·氏姓》最后，他列出了九类没有姓的氏，这九类氏总数有二百多个，"以姓无考诸氏，集为九氏"④。这九类氏很庞杂，有的是远古的部族，如大庭氏、中央氏等，他们的姓无考，因为远古时代没有姓。其后裔由于融入夏族，都会有姓，但是姓的情况会很复杂。

### 2. 后羿之姓氏

（1）后羿为嬴姓

有穷氏后羿，据说也为嬴姓。

后羿为夷族嬴姓，《吕览》说："夷羿作弓"⑤，他当是嬴姓的工正，而且是一个杰出的人物。他不会凭空崛起的。《淮南子》所据是淮南的故事。淮南为嬴姓族区，则嬴姓对于后羿本有种种神圣的传说。

（2）后羿为偃姓

《水经注》云："大河故渎又东，径平原县故城西……西流径平原鬲县故城西。《汉

---

① 《春秋左传正义·襄公四年》，（清）阮元校刻：《十三经注疏》，第1933页。
② 徐宗元：《帝王世纪辑存》，第56页。
③ 徐宗元：《帝王世纪辑存》，第3、5页。
④ （清）秦嘉谟：《世本·氏姓》，（汉）宋衷注，（清）秦嘉谟等辑：《世本八种》，第312页。
⑤ （汉）高诱注：《吕氏春秋·审分览·勿躬》，《诸子集成》第六册，第206页。

书·地理志》曰：鬲津也。……故有穷后羿国也。应劭曰：鬲，偃姓，咎繇后。"①《路史》认为后羿为偃姓："夷羿有穷氏，穷国之侯也，偃。"罗苹注："以女。偃出皋陶。或云姓鬲，非也。《世纪》云不闻其姓，失之。"②

但后羿于"帝喾以上，世掌射正"，后羿是比皋陶更早的部族，因此后羿不可能为偃姓。如果为偃姓，亦只能是后羿之后裔。其实后羿有很长的历史传说，有穷氏是一个极其古老的氏族，并不是皋陶之后才出现的氏族。所谓后羿为偃姓，为皋陶后，并不是确实无疑的。

（3）后羿为妘姓

秦嘉谟辑补《世本》云："夷氏，后羿氏。春秋时有夷国，楚灭之。"③《左传·隐公元年》云："纪人伐夷"，杜预注："夷国在城阳庄武县，纪国在东莞剧县。"孔颖达疏："《世本》：'夷，妘姓。'"④

（4）后羿为夷姓

《古今姓氏书辩证》说："谨按周《虞人箴》曰：'在帝夷羿，冒于原兽。'……杜氏曰：'羿，夷姓。'然则后羿姓夷，自虞夏间已有此姓。"⑤ 这些传说似乎被周人湮没了。而《虞箴》为周太史辛甲所作，《夏训》当为夏后氏的遗说，都不足为据。

## （三）寒浞之姓氏

不仅后羿没有姓，寒浞亦当没有姓，但亦起以下各姓之姓：

（1）妘姓

秦嘉谟辑补《世本》云："寒，妘姓。"又说："寒氏，寒浞之后。"⑥

（2）猗姓

《竹书纪年》相八年，寒浞使其子浇居过。《括地象》云："猗姓国。"⑦

一直到后羿为寒浞所杀，《帝王世纪》载："寒浞有穷氏，既篡羿位，复袭有穷之号。"⑧ 则从羿到寒浞，一直是有穷氏。

不过寒浞本来不是有穷氏，《左传·襄公四年》又说："（羿）弃武罗、伯困、熊髡、龙圉而用寒浞。寒浞，伯明氏之谗子弟也。……夷羿收之，信而使之，以为己相。"杜预注："四子皆羿之贤臣。""寒国，北海平寿县东有寒亭。伯明，其君名。"⑨ 则有穷氏

---

① （后魏）郦道元注，（清）杨守敬、熊会贞疏，段熙仲点校：《水经注疏·河水五》，第437、438页。
② （宋）罗泌：《路史·夏后纪下》，第151页。《路史》中华书局"四部备要"本罗苹注作"以女。""以女"当为"姓"字，而且"姓"应在正文"偃"之后。
③ （清）秦嘉谟：《世本·氏姓》，（汉）宋衷注，（清）秦嘉谟等辑：《世本八种》，295页。
④ 《春秋左传正义·隐公元年》，（清）阮元校刻：《十三经注疏》，第1718页。
⑤ （宋）邓名世：《古今姓氏书辩证》，第45、46页。
⑥ （清）秦嘉谟：《世本·氏姓》，（汉）宋衷注，（清）秦嘉谟等辑：《世本八种》，第294、295页。
⑦ （清）徐文靖：《竹书纪年统笺》，《二十二子》，第1057页；（宋）罗泌：《路史·国名纪己》，第381页。
⑧ 徐宗元：《帝王世纪辑存》，第56页。
⑨ 《春秋左传正义·襄公四年》，（清）阮元校刻：《十三经注疏》，第1933页。

是一个具有一定规模的氏族联盟，其中央还设置"相"，其下边包括伯明氏那样的部族。

## 二、有穷氏最初之地域

在历史中，有穷氏最早的地域为今鲁、冀之邻境（约今山东德州一带），他们从这个地域进一步沿古黄河到达豫北（约今河南濮阳一带）。在帝喾时期，有穷氏当即生活于今德州至濮州一带，并且有了"穷石"的领地。

夷羿、寒浞就是从"穷石"进入夏后氏的领地的。在寒浞失败之后，有穷氏的残部最后退回到山东北部，有穷氏在那里完全融入夏族。但他们在潍河流域留下了斟鄩、斟灌、寒国等遗迹，刚才说过，这些遗迹是有穷氏在他们从河南回到山东以后留下来的。

### （一）鬲

有穷氏最初留下的遗迹当即"九河"。在津津之北，黄河分为九处河道，津津是古代黄河分为"九河"之处，位于今山东的西北部。从津津可以找到鬲，那就是有穷氏最初留下的遗迹。如《汉书·地理志》曰："鬲津也，故有穷后羿国也。"可以从鬲进一步来回顾有穷氏的历史地域。

1. 九河与鬲津

首先说明一下九河的位置。《禹贡》说："九河既道"，孔颖达详细解释了九河的情况如下：

> 《释水》载九河之名云：徒骇、太史、马颊、覆釜、胡苏、简、絜、钩盘、鬲津。……《汉书·沟洫志》成帝时河堤都尉许商上书曰：古记九河之名，有徒骇、胡苏、鬲津，今见在成平、东光、鬲县界中。自鬲津以北至徒骇，其间相去二百余里。是知九河所在，徒骇最北，鬲津最南。盖徒骇是河之本道，东出分为八枝也。许商上言三河，下言三县，则徒骇在成平，胡苏在东光，鬲津在鬲县，其余不复知也。《尔雅》九河之次，从北而南，既知三河之处，则其余六者太史、马颊、覆釜在东光之北、成平之南，简、絜、钩盘在东光之南、鬲县之北也。其河填塞，时有故道。①

胡渭说："于钦《齐乘》以为许商、孔颖达之言，间而近实，后世图志虽详，反见淆乱。"②

《汉书·地理志》平原郡鬲县，班固自注："平当以为鬲津。"《汉书·沟洫志》云：

---

① 《尚书正义·禹贡》孔颖达疏，（清）阮元校刻：《十三经注疏》，第147页。
② （清）胡渭：《禹贡锥指》，上海：上海古籍出版社，2013年，第69页。

"古说九河之名,有徒骇、胡苏、鬲津,今见在成平、东光、鬲界中。"①《水经注》云:"《禹贡》沇州,九河既道,谓徒骇、太史、马颊、覆釜、胡苏、简、洁、句盘、鬲津也。同为逆河。郑玄曰:下尾合曰逆河,言相迎受矣。"②

因此,九河的水道当从今山东平原、武成、德州一带,东北流入渤海。其中最南的水道通常即鬲津。

2. 山东德州的鬲县

(1) 德州之鬲县

其一在今德州,即《水经注》云:"大河故渎又东,径平原县故城西……西流径平原鬲县故城西。《地理志》曰:鬲津也。王莽名之曰河平亭,故有穷后羿国也。应劭曰:鬲,偃姓,咎繇后。"③

(2) 德州以东德平县

《读史方舆纪要》德平县:"(德)州东百六十里。"又鬲县城:"(德平)县东十里。古鬲国,鄎姓,咎繇之后,《左传》所云'靡奔有鬲氏'者。"④

此德平之鬲县与上述平原之鬲县俱称偃姓咎繇之后,实际上可能是一回事,当即古鬲国。值得注意的是偃姓出现在咎繇之后,但有穷氏的历史当大大早于咎繇,因此有鬲氏的姓是后来得到的,也就是说,在咎繇之前有鬲氏没有姓。

(3) 德州西北鬲氏

《后汉书·吴汉列传》章怀注:"鬲,属平原郡,故城在今德州西北。"⑤鬲氏在德州西北,那么这鬲与德州及以东的地方实际上连在一起的。

但《郡国志》平原郡鬲,刘昭补注:"侯国。夏时有鬲君,灭浞立少康。"⑥可能也是一起的。

3. 鬲城在密县

《括地志》云:"故鬲城在洛州密县界。杜预云国名,今平原鬲县也。"⑦杜预云鬲为国名,但杜预的鬲必在密县,也不会在洛州密县界。其中鬲城绝非杜预所云之国名,亦非平原之鬲县,而其中的鬲城必定是密县的地名。

---

① 《汉书·地理志上》,第1579页。《汉书·沟洫志》,第1690页。
② (后魏)郦道元注,(清)杨守敬、熊会贞疏,段熙仲点校:《水经注疏·河水五》,第431页。
③ (后魏)郦道元注,(清)杨守敬、熊会贞疏,段熙仲点校:《水经注疏·河水五》,第437、438页。
④ (清)顾祖禹撰,贺次君、施和金点校:《读史方舆纪要·山东二》,第1493、1494页。
⑤ 《后汉书·吴盖陈臧列传》,第680页。当在今山东德州西南约二十里,参见谭其骧:《中国历史地图集》第四册,第50—51页。
⑥ 《后汉书·郡国四》,第3472页。
⑦ 《史记·夏本纪》,第87页。在贺次君《括地志辑校》中,他把"故鬲城在洛州密县界"安排在"郑州密县",并把《括地志》改为"故鬲城在郑州密县界"。贺次君认为鬲城属于郑州,而不属于洛州。但是即使将密县归于郑州,也无法将密县鬲城放在平原鬲县。

故鬲城与洛州密县是不相干的。

## （二）鉏

后羿从鬲迁徙到鉏。鉏位于今濮阳以南、今河南滑县东。然后迁徙到穷石。《左传·襄公四年》云"后羿自鉏迁于穷石"，杜注："鉏，羿本国名。"[①]

### 1. 鉏城

有穷氏逐步迁到鉏地，据《括地志》记，鉏在今豫北滑县，在东郡滑县。《后汉书·郡国三》东郡濮阳，刘昭注："古昆吾国……有鉏城。"刘昭补注："杜预曰古卫也。《帝王世纪》曰：'颛顼自穷桑徙商丘。'……杜预曰帝丘，昆吾氏因之，故曰昆吾之墟，县城内有颛顼冢。……《博物记》曰：'桑中在其中。'"[②]

《读史方舆纪要》大名府滑县鉏城："志云：在县东十五里。《左传》'后羿自鉏迁于穷石。哀十一年卫太叔疾出奔宋，向魋与之城鉏。……二十六年卫以城鉏与越人'即此。"[③]

### 2. 韦城

《括地志》"滑州白马县"云："滑州故城，古南燕国。应劭云：南燕，姞姓之国，黄帝之后。""《帝王世纪》云：白马县南有韦城，故豕韦国也。"[④]《括地志》又云："滑州卫南县。"[⑤]

《后汉书·郡国三》东郡燕县，刘昭注："本南燕国。……有胙城，古胙国。"又东郡白马县，刘昭注："有韦乡。"又刘昭注："杜预曰：'县东南有韦城。古豕韦氏之国。'"[⑥]

## （三）穷石

穷石是有穷氏在豫北的主要领地，但其位置不明。孔颖达说："羿居穷石之地，故以穷为国号"，如果后羿以"穷石"为国号，那么"穷石"当不是河南之地名，而是有穷氏老早流传下来之名称。而且"穷石"是许多地方都有的俗名，也称为"穷谷"。因此"穷石"当是后羿在来河南之前的俗名。当后羿迁徙到豫北以后，他们也当以"穷石"为名。

---

① 《春秋左传正义·襄公四年》，（清）阮元校刻：《十三经注疏》，第 1933 页。
② 《后汉书·郡国三》，第 3450 页。
③ （清）顾祖禹撰，贺次君、施和金点校：《读史方舆纪要·北直七》，第 728 页。
④ （唐）李泰等著，贺次君辑校：《括地志辑校·滑州》，第 128 页。
⑤ （唐）李泰等著，贺次君辑校：《括地志辑校·滑州》，第 129 页。
⑥ 《后汉书·郡国三》，第 3450、3451 页。

1. 何处为穷石

《左传·襄公四年》谓魏绛对晋侯说："昔有夏之方衰也，后羿自鉏迁于穷石，因夏民以代夏政……夷羿收之。"杜预注："大康淫放失国，夏人立其弟仲康。仲康亦微弱。仲康卒，子相立。羿遂伐相，号曰有穷。鉏，羿本国名。"孔颖达疏："羿居穷石之地，故以穷为国号，以有配之，犹言有周、有夏也。"①

《史记·夏本纪》云："子帝少康立"，正义引《帝王纪》云："帝羿有穷氏……及夏之衰，自鉏迁于穷石，因夏民以代夏政。"正义引《括地志》云："故鉏城在滑州韦成县东十里。《晋地记》云河南有穷谷（当即穷石），盖本有穷氏所迁也。"② 则《括地志》云河南鉏城在滑州韦成县东十里，而河南穷石为有穷氏所迁。

《通志·氏族略》说："羿氏，有穷后羿篡夏后相之位。羿本国在澶州卫南东十五里，故鉏城是也。后迁穷石。"③ 则穷石与鉏城本两地。

穷石必定在洛阳附近。《左传·襄公四年》载："（羿）将归自田（杜预注：羿猎还），家众杀而亨之，以食其子。其子不忍食诸，死于穷门（杜预注：杀之于国门）。"④ 因此，有穷氏的国门在洛阳附近。实际上有穷氏的驻地不论是豫北还是洛阳，都可以称为"穷"。《左传·定公七年》载："单武公、刘桓公败尹氏于穷谷。"⑤ 杜注曰："尹氏复党儋翩共为乱也。"

2. 穷之其他解释

全国各地都可能有穷，称为穷石或穷谷。

如安徽西南部之穷或穷谷，《水经注》："淮水又东北，穷水入焉。水出六安国安风县穷谷。《春秋左传》楚救潜，司马沈尹戍与吴师遇于穷者也。……京相璠曰：今安风有穷水，北入淮。淮水又东为安风津，水南有城，故安风都尉治。"⑥ 又《左传·昭公二十七年》说："楚莠尹然、工尹麇帅师救潜。……与吴师遇于穷。"孔颖达疏："本或穷下有谷字者，为定七年传'败尹氏于穷谷'，涉彼而误耳。"阮元《校勘记》也说："唐《石经》穷下有谷字，郦道元所引同。……案：《石经》谷字，后人旁加。"⑦

如西河的府谷、佳县、石楼都有黄河的支流，其起源地称为穷谷。如陕西府谷，《水经注》云："浑波水出西北穷谷"，杨守敬说："水亦当在今府谷县北。"在陕西葭州（即今佳县）有小榆水，"穷谷，其源也"。在山西石楼又有石羊水，"导源穷谷，西流注于河"⑧。

---

① 《春秋左传正义·襄公四年》，（清）阮元校刻：《十三经注疏》，第1933页。
② 《史记·夏本纪》，第86、87页。
③ （宋）郑樵撰，王树民点校：《通志二十略》，北京：中华书局，1995年，第136页。
④ 《春秋左传正义·襄公四年》，（清）阮元校刻：《十三经注疏》，第1933页。
⑤ 《春秋左传正义·定公七年》，（清）阮元校刻：《十三经注疏》，第2141页。
⑥ （后魏）郦道元注，（清）杨守敬、熊会贞疏，段熙仲点校：《水经注疏·淮水》，第2518页。
⑦ 《春秋左传正义·昭公二十七年》，（清）阮元校刻：《十三经注疏》，第2116、2121页。
⑧ （后魏）郦道元注，（清）杨守敬、熊会贞疏，段熙仲点校：《水经注疏·河水三》，第247、254、266页。

如甘肃陇南雍川，《水经注》云："东北注白水……穷谷，即川源也。"① 如《水经注》又云："《括地志》兰门山一名穷石，在删丹县西南七十里。《离骚》夕次于穷石、《淮南子》弱水出穷石山是也。"②

看来所谓穷谷，往往只不过是对荒僻之处山谷的一种叫法，并非正式命名。还有穷水也是如此，穷溪就更是如此，数量相当多。因此，以穷谷、穷水或穷溪作为有穷氏命名的来源，恐怕是靠不住的。

## 三、有穷氏最后之地域

（一）有穷氏活动之地域

《竹书纪年》云，羿、寒浞在今河南的活动与斟鄩、斟灌和过、戈密切相关。其活动如下：

太康　元年癸未帝即位，居斟鄩。……羿入居斟鄩。四年陟。
仲康　元年己丑帝即位，居斟鄩。七年陟。世子相出居商丘，依邳侯。
相　　元年戊戌帝即位，居商。
　　　八年，寒浞杀羿。使其子浇居过。
　　　九年相居于斟灌。……二十年，寒浞灭戈。二十六年，寒浞使其子浇帅师灭斟灌。二十七年，浇伐斟鄩，大战于潍，覆其舟灭之。二十八年，寒浞使其子浇弑帝。
寒浞　伯靡自鬲帅斟鄩、斟灌之师以伐浞。
　　　世子少康使汝艾伐过杀浇。伯子杼帅师灭戈。
　　　伯靡杀寒浞。③

以上为羿、寒浞的活动地域，因此从太康、仲康、相时代及寒浞时代，有穷氏的活动地区在斟鄩、商丘、过、斟灌、戈等。

（二）斟鄩、斟灌

1. 斟鄩与斟灌的地理位置

斟鄩与斟灌是夏后氏最接近的亲属联盟，从文献中的记载来看，他们是夏后氏最重要的诸侯国。实际上，在启、太康的时代，夏后氏依靠斟鄩；从少康复辟的过程来看，

---

① （后魏）郦道元注，（清）杨守敬、熊会贞疏，段熙仲点校：《水经注疏·漾水》，第1715页。
② （后魏）郦道元注，（清）杨守敬、熊会贞疏，段熙仲点校：《水经注疏·〈禹贡〉山水泽地所在》，第3342页。
③ （清）徐文靖：《竹书纪年统笺》，《二十二子》，第1056、1057页。

446

夏后氏也是依靠斟郭、斟灌的力量。因此从夏后氏的初期来看，夏后氏都是依靠斟郭与斟灌的。但是对于斟郭与斟灌的历史，记载非常混乱。混乱的原因是多方面的。

由于有穷氏的历史分成山东与河南的两个方面；因此在山东与河南两个方面都有斟郭也有斟灌，究竟是山东传向河南、还是从河南传向山东？大多数人认为斟郭与斟灌是从山东传向河南，大多数历史文献也是这样说的，我们认为其实斟郭与斟灌是从河南传向山东的，关于这个问题将在后面部分进行讨论。

就是在河南，斟郭与斟灌的位置也没有明确说明。由于在夏后氏时期的诸侯分封的制度现在没有搞清楚，有些地方只能以周代的制度加以模拟。周代的诸侯往往在周王的范围去建立据点，不妨称之为诸侯之"城邑"。那么斟郭与斟灌就可能在夏王的范围内建立"城邑"。例如，斟郭诸侯国位于今河南卫辉，而斟郭在王都内之"城邑"在今河南巩义以南。

由于山东与河南之隔离，又有都邑与"城邑"的区分，在文献中往往难以区分。因此在讲解河南地理时往往讲到山东历史，而讲解山东地理时常讲河南之历史，这些是讲解有穷氏历史中需要特别留意的地方。

2. 斟寻

后羿、寒浞的事件首先发生在斟郭，斟郭在巩县，如《左传·昭公二十三年》云："六月，壬午，王子朝入于尹。……尹辛败刘师于唐（杜注：唐，周地）。丙辰，又败诸郭。"① 《后汉书·郡国一》河南尹巩县，刘昭注，有寻谷水，而且《左传·昭公二十三年》记，王师与晋师围郭中。② 因此，洛水南有叫郭的地名。《读史方舆纪要·河南三》河南府巩县："郭谷水，在县北。……郭水一名温水。《括地志》：'温泉水即郭，源出巩县西南四十里，谓之南郭，亦曰上郭；至巩洛渡北东入洛谓之北郭，亦曰下郭。'《一统志》：'偃师县东北十四里有郭溪，旁有莲池，夏寒冬暖，即郭源矣。'"③ 因此洛阳与巩县以南有叫斟郭的地方。

整个矛盾围绕王宫展开的。太康居于斟郭的宫廷。从历史来看，斟郭氏应是夏后氏的亲族集团，斟郭也应是夏后氏的一个关系密切的诸侯国。那么斟郭作为一个诸侯国，不会在王宫内，但是在王宫附近有斟郭的"领邑"，其位置在巩县以南。

斟郭氏的地域在何处？《竹书纪年》云："（帝太康）元年癸未帝即位，居斟郭。畋于洛表。"徐文靖统笺："《前汉书》薛瓒注曰：'斟寻在河南汲郡。'"④ 太康居斟郭是表示巩县为"城邑"，但薛瓒注之斟郭在河南汲郡，由于商丘即帝丘，因此文献中所强调之帝丘之斟郭，当即汲郡之斟郭。由于斟郭氏的领地在今河南卫辉，故徐文靖的统笺中所引用的"斟郭"是城邑，不是河南汲郡，因此不能用来说明洛表的。

---

① 《春秋左传正义·昭公二十三年》，（清）阮元校刻：《十三经注疏》，第2102页。
② 《后汉书·郡国一》，第3390、3393页。
③ （清）顾祖禹撰，贺次君、施和金点校：《读史方舆纪要·河南三》，第2247页。
④ （清）徐文靖：《竹书纪年统笺》，《二十二子》，第1056页。

## 3. 斟灌

斟灌的历史一直很模糊，尤其在斟灌的诸侯国位置与斟灌在王都之"城邑"，未能明确区分。再加上与山东的混乱，更难以区别了。

《竹书纪年》云："（相）九年，相居于斟灌。"徐文靖统笺："按薛瓒曰：'相居斟灌，东郡灌是也。'《括地志》：'斟灌故城在青州寿光县东五十四里时相与羿居商丘，羿既见杀，故相出居斟灌也。'"①《括地志》将斟灌故城解释为青州寿光县，是不对的。薛瓒将斟灌的诸侯地解释为"东郡灌"，则是完全正确的。徐文靖认为当时相正居于商，由于后羿被杀，相离开商而转到斟灌（即东郡灌）。徐文靖的解释当是正确的。

## 4.《水经注》的有关说明

《水经注》对山东寿光巨洋水的地理有详细的说明，其实，这个说明也对河南斟寻、斟灌的位置给出了真正明确的说明。现在对《水经注》有关内容说明如下：

其一，薛瓒《汉书集注》云：按《汲郡古文》，相居斟灌，东郡灌是也。明帝（当为世祖）以封周后，改曰卫（杨守敬注：瓒所云东郡灌，即观）。其二，斟寻在河南，非平寿。……其三，余考，瓒所据，今河南有寻地，卫国有灌土。其四，《国语》曰：启有五观，谓之奸子。五观，盖其名也。所处之邑，其名曰观。皇甫谧曰：卫地。又云：夏相徙帝丘，依同姓之诸侯于斟寻氏。即《汲冢书》云，相居斟灌也。既依斟寻，明灌、寻非一居矣。……其五，故《春秋·襄公四年》记魏绛曰：浇用师灭斟灌及斟寻氏，处浇于过，处豷于戈。是以伍员言于吴子曰：过浇杀斟灌以伐斟寻是也。其六，有夏之遗臣曰靡，事羿；羿之死也，逃于鬲氏，今鬲县也。收斟灌、斟寻二国之余烬，杀寒浞而立少康，灭之，有穷遂亡也。②

其中有关斟郡的内容如下：

其一，斟郡在河南。

其二，斟寻在河南寻地。

其三，皇甫谧曰："卫地。"又云："帝相徙帝丘，依同姓之诸侯于斟寻氏。"

其中有关斟灌的内容如下：

其一，按《竹书纪年》，相居于斟灌，薛瓒谓即东郡之"灌"，即后来之卫。

其二，斟灌在卫国有灌土。

其三，灌即《国语》之"五观"，为观地。观在卫地，《汲冢书》言："相居斟灌也。既依斟寻，明灌、寻非一居矣。"

其四，魏绛说："浇用师灭斟灌及斟寻氏，处浇于过，处豷于戈。"是以伍员言于吴子曰："过浇杀斟灌以伐斟寻是也。"

---

① （清）徐文靖：《竹书纪年统笺》，《二十二子》，第1957页。
② （后魏）郦道元注，（清）杨守敬、熊会贞疏，段熙仲点校：《水经注疏·巨洋水》，第2218—2220页。

其五，靡在鬲氏，收斟灌及斟鄩的力量来消灭寒浞，立少康。

将上述内容合并在一起，就可以得到下列结论：第一，斟灌位于卫地，是东郡的灌地；斟鄩位于河南。第二，相迁徙帝丘，居斟灌，再依斟寻。第三，有穷氏先攻击斟灌，接着攻击斟鄩。第四，靡从有鬲，吸收斟灌、斟鄩遗民消灭寒浞而树立少康。夏臣靡在德州一带的有鬲氏，收集濮阳一带的斟灌、斟鄩的夏民，向伊洛、郑州、开封一带的寒浞发起进攻。

因此《水经注》记山东寿光巨洋水的地理数据，对于河南的斟鄩与斟灌的说明非常清楚。如《左传》谓浇灭斟灌及斟鄩，即杀斟灌以伐斟鄩。那么浇先杀斟灌而后伐斟鄩。由于斟鄩在豫北之西部，而斟灌在豫北之东部。这是对斟灌及斟鄩的地理解释，是很准确的。但是对河南的斟灌及斟鄩有许多不同的错误解释，例如对《左传》的说明，杜注说："（斟灌、斟鄩）二国，夏同姓诸侯，仲康之子后相所依。乐安寿光县东南有灌亭，北海平寿县东南有斟亭。"① 杜注用山东的寿光与平寿的地理来解释河南的地理"斟灌、斟鄩"，所以是完全错误的。对于《汉书·地理志》的北海郡寿光县，往往引应劭说："古斟灌，禹后，今观亭是。"也是用山东寿光县的观亭来解释河南的禹后斟灌，也是错误的。

> 靡奔有鬲氏（杜预注：靡夏遗臣，事羿者。有鬲，国名，今平原鬲县）。浞因羿室，生浇及豷。……使浇用师，灭斟灌及斟寻氏。处浇于过，处豷于戈（杜预注：过、戈皆国名。东莱掖县北有过乡，戈在宋、郑之间）。靡自有鬲氏，收二国之烬，以灭浞而立少康。少康灭浇于过，后杼灭豷于戈，有穷由是遂亡，失人故也。②

因此，杜注都是不对的。

（1）王宫之斟灌

《水经注》又说："穷后既仗善射，篡相，韩浞亦因逢蒙弑羿，即其居以生浇，因其室而有豷。"③ 同样，斟灌氏有自己的地方，但是在王宫的范围内也有斟灌的地方，与斟灌氏是不同的地方。但是浮水在今沧州东南入海，距濮阳尚远。以观为斟灌，未必是定论，且距离鬲与斟寻较远，也许斟灌应该更靠近洛阳。《汉书·地理志》北海郡斟，班固自注："故国，禹后。"颜师古注："应劭曰：'古斟灌，禹后，今灌亭是。'"④

第一种，班固既然认定"北海郡斟"在山东，那么就不能说"斟"为禹后，除非说明"斟"最初在河南，到后来才迁到山东北海郡。第二种，应劭的解释，说是在"禹后"，那么它最初是在河南，至于应劭说的斟灌，则它是"灌亭"，是山东的灌亭。因此"禹后"是指河南的禹后之灌，而"今灌亭"则是山东的灌亭。

---

① 《春秋左传正义·襄公四年》杜注，（清）阮元校刻：《十三经注疏》，第1933页。
② 《春秋左传正义·襄公四年》，（清）阮元校刻：《十三经注疏》，第1933页。
③ （后魏）郦道元注，（清）杨守敬、熊会贞疏，段熙仲点校：《水经注疏·巨洋水》，第2219页。
④ 《汉书·地理志上》，第1584页。

因此，《汉书·地理志》之"北海郡斟"，如果作为班固的解释，为禹后的故国，则实际上是"河南斟"。如果"北海郡斟"，作为应劭的解释，则为今灌亭是，则实际上是"山东斟"而不是禹后。若是禹后的话，则所谓之"斟"实即"斟灌"，是河南之"斟灌"。因此，《汉书·地理志》的禹后，实际上禹后"河南斟灌"，亦成为"河南斟"或"河南灌（或灌亭）"。

《水经注》云："是盖寓其居而生其称，宅其业而表其邑，纵遗文沿袭，亭郭有传，未可以彼有灌目，谓专此为非，舍此寻名，而专彼为是。以土推传。应氏之据，亦可按矣。"①

观，《读史方舆纪要》开封府许州临颍县："灌沟，在县西二十里。北接颍水，南接泥河，南北二口俱有陡门，亦曹魏时引水溉田处。"②

（2）观扈

河南有一个重要的"观扈"，《水经注》记载在今濮阳附近，在古代卫国附近。《水经注》说明如下：

>《春秋·襄公二十年经》书，公与晋侯、齐侯盟于澶渊。杜预曰：在顿丘县南，今名繁渊。澶渊即黎渊也，亦谓之浮水焉。……浮水故渎又东南，径卫国邑城北，故卫公国也，汉光武以封周后也。又东，径卫国县故城南，古斟观。应劭曰：夏有观扈，即此城也。……《郡国志》曰：卫本观故国，姚姓，有河牧城。③

杨守敬注："朱笺曰：《左传》夏有观扈，谓五观及有扈也。赵云：按所谓观扈，是五观，《汉志》之畔观有与有扈同。……全氏曰：夏时有斟灌，无斟观，得无以畔字之形近斟而误乎？守敬按：斟灌详《巨洋水注》，在寿光县东，非此地也。全氏谓畔字之形近斟而误，然畔、观本二县，今本《汉志》误合为一，岂郦氏所见本已误耶？"④那么在《水经注》中的卫国故城南为"斟观"，即"观"国，也就是夏氏的观扈。只能说全氏还是夏氏有斟灌，但无斟观。

《读史方舆纪要》东昌府濮州观城县："州西北七十余里。……古观国，汉为畔观县，属东郡。后汉更名卫国县"。又观城县古观城："在县西。古国也。《左传》昭元年：'赵文子曰：夏有观、扈。'应劭曰：'此即观也。夏启子太康子弟所封。'或谓之斟观。……高氏曰：'观邑临河津，故曰观津。'……汉置畔观县。后汉建武三年改封周后姬常于此，曰卫国，因为卫国县。"⑤

---

① （后魏）郦道元注，（清）杨守敬、熊会贞疏，段熙仲点校：《水经注疏·巨洋水》，第2220页。
② （清）顾祖禹撰，贺次君、施和金点校：《读史方舆纪要·河南二》，第2187页。
③ （后魏）郦道元注，（清）杨守敬、熊会贞疏，段熙仲点校：《水经注疏·河水五》，第462—465页。
④ （后魏）郦道元注，（清）杨守敬、熊会贞疏，段熙仲点校：《水经注疏·河水五》，第464页。
⑤ （清）顾祖禹撰，贺次君、施和金点校：《读史方舆纪要·山东五》，第1617、1618页。

### （三）过、戈

夏后氏与有穷氏之矛盾与斟鄩、斟灌都有关系。寒浞"使浇用师，灭斟灌及斟寻氏"，而且"处浇于过，处豷于戈"，那么寒浞的统治地域应包括斟灌、斟寻以及过、戈。现在进一步探讨过与戈之位置。

少康在有仍氏出生以后，后来成为有仍氏之牧正。最后，少康为躲避寒浞，投奔有虞氏，他成为有虞氏之庖正，居于有虞之纶并收集夏众。伍员对吴子提及少康的故事说：

> 昔有过浇，杀斟灌以伐斟鄩（杜注：浇，寒浞子封于过者。二斟，夏同姓诸侯）。灭夏后相（杜注：后相失国，依于二斟，后为浇所灭）。后缗方娠，逃出自窦，归于有仍（后缗，有仍氏女）。生少康焉，为仍牧正。惎浇能戒之，浇使椒求之（杜注：椒，浇臣）。逃奔有虞，为之庖正，以除其害（杜注：虞，舜后诸侯也。梁国有虞县）。虞思于是妻之以二姚（杜注：虞思自以二女妻少康。姚，虞姓）。而邑诸纶（杜注：纶，虞邑）。有田一成，有众一旅（杜注：方十里为成，五百人为旅）。……以收夏众，抚其官职。使女艾谍浇，使季杼诱豷（杜注：豷，浇弟也。季杼，少康子后杼也）。遂灭过、戈，复禹之绩（杜注：过，浇国。戈，豷国）。①

一方面，浇消灭斟灌及斟鄩，夏众引诱浇、豷，于是消灭了浇、豷的过、戈。因此最初浇消灭斟灌及斟鄩，后来夏众消灭了浇、豷的过、戈。因此浇消灭两个夏的诸侯国斟灌及斟鄩，斟灌及斟鄩都是夏的诸侯国，他们是贴近夏后氏的。另一方面，夏众要消灭过、戈，但是夏众没有那样的力量，因此过、戈离开夏后氏也是很远的，他们仍可能是河南的城邑。

《左传·哀公十二年》云："宋、郑之间有隙地焉。"据说隙地有弥作、顷丘等六邑，其中有戈，因此"子产与宋人为成，曰勿有是（杜预注：俱弃之）"②。以宋郑疆界推之，戈之位置当在今原武县附近。戈在河南境内，那么过在何处？

过在什么地方？《读史方舆纪要》说，在山东莱州府掖县过乡："在府北。……故过国，寒浞封其子浇于此。《春秋·哀公元年》云：'寒浞处浇于过。处豷于戈。'杜预曰：'过即掖县过乡，戈在宋、郑间。'"③ 可是如果"过"即莱州掖县，那么寒浞能够封其子浇于掖县吗？寒浞的儿子浇、豷都"处浇于过，处豷于戈"，那么浇能够封到"莱州府掖县"吗？

而且豷封到"宋、郑之间"，与浇在千里之外，浇的封地是不合理的。因此"处浇于过"的过必然在河南。

---

① 《春秋左传正义·哀公元年》，（清）阮元校刻：《十三经注疏》，第2154页。
② 《春秋左传正义·哀公十二年》，（清）阮元校刻：《十三经注疏》，第2171页。
③ （清）顾祖禹撰，贺次君、施和金点校：《读史方舆纪要·山东七》，第1663页。顾祖禹把《春秋·襄公四年》误为《春秋·哀公元年》。

# 四、有穷氏迁徙到山东

史书对于有穷氏在河南失败的记载很多，但是对有穷氏失败以后的记载却很少。薛瓒说："斟寻由河南迁于山东。斟寻故城，今青州北海县是也。"但是记载十分简单，且对有穷氏的迁徙问题未曾仔细探讨，于是对斟灌、斟寻在山东还是河南，就出现许多混乱。现在讨论这个问题。

## （一）斟鄩、斟灌、寒

在西汉北海郡，有平寿（今潍坊西南）、寿光（今潍坊西北）、斟（班固自注：故国，禹后，今潍坊东南）、密乡（今潍坊东北）、寒亭。这是一个与有穷氏历史有密切关系的地域。

### 1. 斟鄩、斟灌、寒的遗址

书籍中都认为山东境内有斟鄩、斟灌、寒亭等。[①] 整个环境与进入莱州湾的弥河（古称巨洋水，《国语》称之为具水）、维河、胶莱河等有关。《水经》云："巨洋水出朱虚县泰山北，过其县西。"杨守敬注：巨洋水"今曰弥河，出临朐县南，沂山北麓"[②]。《水经注》对巨洋水及具水解释如下：

> 泰山即东小泰山也。巨洋水即《国语》所谓具水矣。……其水北流径朱虚县故城西。……城东北二十里有丹山，世谓之凡山。……丹、凡字相类，音从字变也。[③]

巨洋水自朱虚北流过灌亭、斟亭、斟县、寒亭等，亦即斟灌、斟寻、寒国。《水经注》说：

> 尧水又东北径东、西寿光二城间。应劭曰：寿光县有灌亭。杜预曰：在县东南，斟灌国也。又言：斟亭在平寿县东南。平寿故城在白狼水西，今北海郡治。……斟亭在溉水东……按《地理志》，北海有斟县。京相璠曰：故斟寻国，禹后，西北去灌亭九十里。溉水又北径寒亭西。合白狼水。《郡国志》曰：平寿有斟城，有寒亭。[④]

顾祖禹在《读史方舆纪要》中说：

---

[①] （清）顾栋高辑，吴树平、李解民点校：《春秋大事表·春秋列国爵姓及存灭表》，第604页。
[②] （后魏）郦道元注，（清）杨守敬、熊会贞疏，段熙仲点校：《水经注疏·巨洋水》，第2202—2204页。
[③] （后魏）郦道元注，（清）杨守敬、熊会贞疏，段熙仲点校：《水经注疏·巨洋水》，第2203、2204页。
[④] （后魏）郦道元注，（清）杨守敬、熊会贞疏，段熙仲点校：《水经注疏·巨洋水》，第2216—2218页。

[18] 有穷氏与夏后氏

（潍县）西南五十里有斟城，古斟寻国，亦禹后也。又太康居斟寻，羿亦居之，桀又居之。杜预曰："平寿有斟亭，古斟寻也，后羿所灭。"……又寒亭，在县东北三十里。杜预曰："平寿东有寒亭"，即古寒国，盖寒浞所封。①

因此，上述流域具有斟鄩、斟灌、寒等故迹。但是平寿西南之斟城是山东平寿的城，而古斟寻国则是禹后，是河南的古国。太康的斟寻是后羿亦居之、桀又居之，都是河南的斟寻的城。这里将山东的遗迹与河南的历史也搞混淆了。

2. 斟鄩

斟鄩与西汉北海郡平寿有关。《汉书·地理志》北海郡平寿，颜师古注："应劭曰：'古斟寻，禹后。今斟城是也。'臣瓒曰：'斟寻在河南不在此也。《汲郡古文》云"太康居斟寻，羿亦居之，桀亦居之。"《尚书序》云"太康失邦，昆弟五人，须于洛汭"，此即太康所居为近洛也……'师古曰：'应说止云斟寻本是禹后耳，何豫夏国之都乎？瓒说非也。斟音斟。'"② 这里对北海郡平寿有不同的解释。

应劭认为"今斟城"在平寿，这是对的，可是如果"古斟寻"是禹后，则禹后的地域只能在河南，因此应劭的解说也是不对的。另外，薛瓒说斟寻是太康等的地域，故必定在河南，这是对的，但是如果斟寻是河南地，那么它就不会在平寿，所以也有不对的地方。因此应劭与臣瓒的说法都是不完全正确，实际上河南的斟寻是"禹后"的地，故臣瓒的话是对的，而平寿的斟城是有穷氏的寻地，不是禹后的地，故应劭的说法是对的。

因此这是两个事实：一个事实是河南的斟寻是禹后，而另一个事实是山东平寿的斟寻，是有穷氏后，不是禹后。因此这两个事实以往没有分别清楚，将河南的斟寻与山东平寿的斟寻混成一件事。

于是经常都是两种说法混淆，如《后汉书》北海国云："平寿有斟城（杜预曰：有斟亭。故斟国）。有寒亭，古寒国，浞封此。"③ 此处平寿有寒亭，可是又说寒国是寒浞的寒国，寒浞的寒国是河南的古国，因此平寿的寒亭不可能是寒浞封的。另一方面说平寿有斟城，刘昭引用杜预注，说斟亭是故斟国，可是《左传》说："浇用师灭斟灌及斟寻氏。"④ 那里所说的斟灌及斟寻是在河南，因此所谓斟国则是河南的古国。也是两个事实相混淆。

《读史方舆纪要》莱州府平度州潍县平寿城："县西南三十里。汉县，属北海郡。……又西南五十里有斟城，古斟寻国，亦禹后也。又太康居斟寻，羿亦居之，桀又

---

① （清）顾祖禹撰，贺次君、施和金点校：《读史方舆纪要·山东七》，第1669页。
② 《汉书·地理志上》，第1583、1584页。
③ 《后汉书·郡国四》，第3473、3474页。
④ 《春秋左传正义·襄公四年》，（清）阮元校刻：《十三经注疏》，第1933页。

居之。杜预曰：'平寿有斟亭，古斟寻也，后羿所灭。'"① 平寿西南之斟城是平寿的城，而古斟寻国则是禹后，是河南的古国。太康的斟寻是后羿亦居之、桀又居之，都是河南斟寻的城。

3. 斟灌

《汉书·地理志》北海郡斟，颜师古注："应劭曰：'古斟灌，禹后，今灌亭是。'"② 也就是说按应劭的说法，古斟灌实际上在河南，是禹后，但今灌亭是在北海郡斟县，是北海，但不是禹后。

《读史方舆纪要》青州府寿光县："府东北七十里。东南至莱州府潍县八十里。古斟灌氏地，汉置寿光县，属北海郡。"又《读史方舆纪要》青州府寿光县斟灌城："在县东北四十里。斟，《汉志》作'斟'，与斟同。《春秋·襄公四年》：'寒浞使浇用师灭斟灌及斟寻氏。'杜氏曰：'二国，夏同姓诸侯，仲康子、后相所依也。今县有故灌亭。'斟寻，今见潍县。"③ 这里的解释有些混乱。在寿光县，有斟灌氏地，但是这些地方与寒浞、浇没有关系，寒浞、浇的地方在河南，不在寿光。杜预说："二国，夏同姓诸侯，仲康子、后相所依也。"相所依靠的这两个诸侯国是在河南，不在寿光。至于"今县有故灌亭"，那所谓的灌亭是在寿光，与相没有关系。

4. 寒

《后汉书》北海国云："平寿有斟城（杜预曰：有斟亭。故斟国）。有寒亭，古寒国，浞封此。"④ 前边说过，杜预说的斟亭是河南的，不是平寿的。

《路史》云："寒，浞国邑。乐史云：伯明氏所立本国。《世本》云：妘姓。今潍之北海东二十三，有寒亭。"罗苹注："杜云在平寿东，今寿光界。"⑤

《读史方舆纪要》莱州府平度州潍县寒亭："在县东北三十里。杜预曰'平寿东有寒亭'，即古寒国，盖寒浞所封。……今有寒浞水，北入海。"⑥

5. 淳于

《汉书·地理志》北海郡淳于，颜师古注："应劭曰：'《春秋》"州公如曹"，《左传》载："淳于公如曹。"薛瓒曰："州，国名也，淳于公国之所都。"'"⑦《后汉书》北海国淳于，刘昭注："有密乡。"⑧《读史方舆纪要》青州府安丘县淳于城："县东北三十

---

① （清）顾祖禹撰，贺次君、施和金点校：《读史方舆纪要·山东七》，第1669页。
② 《汉书·地理志上》，第1584页。
③ （清）顾祖禹撰，贺次君、施和金点校：《读史方舆纪要·山东六》，第1638、1639页。
④ 《后汉书·郡国四》，第3473—3474页。
⑤ （宋）罗泌：《路史·国名纪己》，第381页。
⑥ （清）顾祖禹撰，贺次君、施和金点校：《读史方舆纪要·山东七》，第1669页。
⑦ 《汉书·地理志上》，第1583、1584页。
⑧ 《后汉书·郡国四》，第3473页。

里。古淳于国也。郦道元曰：'本夏时斟灌国，周武王以封淳于公，遂号淳于。'《春秋·桓六年》：'州公如曹。'《传》曰：'淳于公如曹，度其国危，遂不复。'州，盖国名也。后为杞人所有，亦谓之杞城，襄二十九年'晋人城杞之淳于'是也。"①

《读史方舆纪要》莱州府平度州昌邑县密乡城："在县东南十五里。……《后汉志》淳于县有密乡。应劭曰：'淳于东北六十里有平城亭，又四十里有密乡亭，故县也'"②。

## （二）过、戈

### 1. 过

《后汉书》东莱郡掖（刘昭注：侯国。有过乡）。③《路史》云："过，夏之国，即有过。《括地象》云：猗姓国。今莱之掖西北二十里有过乡、过亭（罗苹注：《地道记》北有过城），有过氏。"④《读史方舆纪要》莱州府掖县过乡："在府北。后汉《郡国志》掖县有过乡。故过国，寒浞封其子浇于此。《春秋·哀公元年》：'寒浞处浇于过，处豷于戈。'杜预曰：'过即掖县过乡，戈在宋、郑间。'"⑤过乡亭在莱州掖县西北二十里（在山东），本过国地。

### 2. 戈

寒浞处豷于戈，戈在宋、郑间。其后裔遂以国为姓，在少康之子杼灭豷以后，戈氏后裔由中原逐步迁徙至大江南北。

## （三）有穷氏从河南失败后迁徙到山东

实际上有穷氏在河南失败后，余部又迁徙到山东，然后逐步消亡。

山东有一个令人瞩目之有穷氏之地域，大致是弥河、潍河、胶水（胶莱河）等由南至北进入胶州湾。在西汉时期，这一带是北海郡之地域。其东侧为东莱郡（掖县）、胶东国（即墨）。其南侧为琅邪郡（诸城）、高密国（高密）。而西侧则是齐郡（临淄）、淄川国（剧县）。因此，北海郡（潍坊）的东西、南北均约150里。

可是在西汉时期，北海郡包含斟寻、斟灌、寒、淳于等国。

但是在北海郡一带没有戈。这就说明北海郡不是河南的翻版，河南也不是北海的翻版。但是北海只是河南的简化，只是从河南带回来的一些回忆。值得考虑的问题是，山东能不能反映出河南的现实？

---

① （清）顾祖禹撰，贺次君、施和金点校：《读史方舆纪要·山东六》，第1645页。
② （清）顾祖禹撰，贺次君、施和金点校：《读史方舆纪要·山东七》，第1670页。
③ 《后汉书·郡国四》及注四，第3475页。
④ （宋）罗泌：《路史·国名纪己》，第381页。
⑤ （清）顾祖禹撰，贺次君、施和金点校：《读史方舆纪要·山东七》，第1663页。

## [补注] 有穷氏的后裔

1982年，《关于僚家民族识别情况的综合报告》统计，黔东南州黄平县16 362人，占全国僚家总人口44.1%，凯里有9613人，占25.9%。① 《贵州通志》说："黔之苗蛮，为类不一，有曰僚、曰佬、曰僮、曰僚……僚者其俗出入，以革为生，故曰僚，又曰狫。"②

"据枫香寨廖氏家谱记载，明洪武年间……便从北京（北进）、南京（南进）、江西等地派遣大批移民来贵州填充苗疆。……所以栖在贵州东面一带的各族人民，特别是僚人，都说是从江西迁移过来的。廖姓'哥摩'也称明卯，从江西朱寺巷……迁移至贵州枫香寨，与当地土著民族僚女配成僚家，并在此繁衍生息，使廖姓僚家人丁兴旺，寨史延续。"③ "笔者在……僚家寨与廖氏家族的人座谈时，几个老人都说他们的祖先是从江西朱寺（氏）巷来的。"④

枫香寨626户，2500多人，其中廖姓586户，2300多人。李姓8户，汉族冯姓32户。

"僚家人并不知道山外其他地区神话故事中还有一个叫后羿的上古时代的射日英雄。"⑤

黄平一个廖姓僚家30代父子连名表。1 哥门龙、2 善哥、3 胜善……

黄平一个僚家李氏28代父子连名表。9 科荡、10 信芒科、11 朱务信芒、12 点波朱……

仡兜族是一个少数民族，1982年统计人口总数为37000多人，主要分布在贵州，黄平16000多人，凯里近10000人。其他分散在贵州近20个县市，还有重庆的秀山、酉阳、彭水、黔江。

据传说，他们来自江西。他们的水稻耕作技术很丰富，可能是"古百越（即水稻民族）的一个分支。"⑥ 传说三兄弟：仡兜、苗家、客家。⑦

---

① 刘芝凤：《寻找羿的后人》，北京：人民出版社，2002年，第6页。
② 刘芝凤：《寻找羿的后人》，第7页。
③ 黄平县文化广播电视局：《黄平县重兴枫香僚寨民俗调查报告》，刘芝凤：《寻找羿的后人》，第8页。
④ 刘芝凤：《寻找羿的后人》，第9页。
⑤ 刘芝凤：《寻找羿的后人》，第13页。
⑥ 刘芝凤：《寻找羿的后人》，第9页。
⑦ 刘芝凤：《寻找羿的后人》，第40页。

据猜测，他们可能是后羿之子孙。① 崇拜龙，崇拜太阳。② 传说仡兜族祖先三兄弟，"老大武甲，老二武乙，老三武丁。……僳家人学会了耕种田地，可是好景不长，天空上出现了七个太阳……人们选中武甲和武乙制造弩箭，武丁爬到杨柳和马桑树上去射太阳。……僳家的射太阳传说，与……后羿射日很相似"③。在一些典礼上，如为新生儿庆贺仪式要一起唱古歌，"古歌的内容就是就是僳家起源歌。其中唱的主要是武丁射日，祖先打虎和从江西朱氏巷迁来等。这种新生儿的唱古庆贺仪式庄严隆重。僳家人口少……尤其是每一个新组成的家庭第一个新生命的诞生，对全寨人都是一个天大的喜事。……场面超过结婚酒"④。

"江西在古楚和古吴之间，上古尧时期的羿曾在这一带生活，还有说楚与吴军相遇之地就是羿的故国。还有说羿的故国在安徽的。"⑤ 其实仡兜的祖先原来可能生活在山东、河南。

仡兜族实行父子连名制。因此从姓氏制度看来，后羿就可能不属于夏族而属于戎族，亦即已融入夏族之戎族。那么后羿子孙所以会在江西出现，就因为江西之居民本属于戎族，因此后羿子孙会迁移到江西。正如许多祝融系移殖到南方一样（其中包括楚族）。

父子连名制在四川彝族中盛行。这个现象是否表明彝族也属于戎族？他们是否也源出江南，或者源出山东？

---

① 刘芝凤：《寻找羿的后人》，第 19 页。
② 刘芝凤：《寻找羿的后人》，第 72 页。
③ 刘芝凤：《寻找羿的后人》，第 20 页。
④ 刘芝凤：《寻找羿的后人》，第 130 页。
⑤ 刘芝凤：《寻找羿的后人》，第 34 页。

# [19] 商族融入夏族

当商族进入黄河下游地区以后,他们与当地的夏族就有了密切接触,因此商族就逐步融入夏族。商族融入夏族的一个最重要的现象就是姓氏制度的演变。下面我们就来分析商族的姓氏制度有了怎样的变化。在姓氏制度的变化中,也出现了一些社会制度的变化,如卿士的制度。

## 一、商、夏之融合

### (一) 商族与夏族的融合

当商族进入燕山南麓之后,与夏族有了密切接触。当时商族与夏族的族群之间发生融合的现象。由于夏族的数量更为庞大,因此大部分夏族族群并没有与商族发生融合,而几乎所有的商族族群都与夏族发生了融合。

这种现象并不奇怪。距今五六千年以来,进入中原地区的外来族群,几乎最终都融入夏族(或汉族)。有一些其他部族为了保护其特性而坚持与夏族(或汉族)隔离,但最后仍然被融合,满族就是最近的实例。到清朝末年,当时全国人口四亿,满族只有四五百万,因此这四五百万满族实际上已经与汉族普遍发生融合,另外几亿汉族部族基本上并未出现与满族的融合现象。

商族经历了这样一个过程,当时夏朝灭亡,商朝建立。以商王为核心的商族,他们使用夏族的语言,采用夏族的姓氏制度,继承夏族的价值观与政治经济制度,因此孔子说:"殷因于夏礼,所损益,可知也。"[①] 这就说明夏朝灭亡,商朝建立,却说明夏族除了原来的部族之外,现在又有了一个新的强力族群商族,也就是说商朝的建立正是夏族的一次扩张。

### (二) 商族之姓氏

夏族的部族社会有一个突出的特点,即建立在姓氏基础之上。姓氏制度成为夏族的特征,他族都没有姓,其氏也没有如夏族的严整制度。所以探求夏族的血族系统,以姓

---

① (清) 刘宝楠:《论语正义·为政》,《诸子集成》第一册,第 39 页。

为线索既甚可靠，而研究亦甚便利。

由于戎、胡等周边部族没有姓氏制度，在他们与夏族融合时，所产生的部族实际上都有了姓氏制度。因此，婚姻可以说是其他部族融入了夏族的一种方式。实际上夏族融合部族的形成方式有所不同，有进一步讨论的空间。

1. 商族之姓

在夏桀被推翻的时候，商族已经与戎族完全不同了。戎族本来没有姓氏制度，但商族有了姓氏，实际上商代王族姓"子"。孔子说自己是殷人，孔子是宋襄公的子孙，那么他非但是殷人，而且还是王族，因此孔子姓子（孔是孔子的氏）。

对于商族之"子"姓，文献记载众口一词，如《史记·五帝本纪》云："契为商，姓子氏。"[1]《帝王世纪》说："殷出自帝喾，子姓也。"[2] 但这个"子"从何而来？许多民族在他们与夏族接触之前，并没有姓，在接触中得到了姓。这个姓是如何得来的？

姓的来源不一，可能从地名得来，亦可能由其他原因得到。《史记·殷本纪》说："殷契，母曰简狄……三人行浴，见玄鸟堕其卵，简狄取吞之，因孕生契。契长而佐禹治水有功。帝舜乃……赐姓子氏。"集解云："《礼纬》曰：'祖以玄鸟生子也。'"[3]《白虎通》则曰："殷姓子氏，祖以玄鸟子生也。"[4] 但《礼纬》《白虎通》的解释是不正确的。如果由于玄鸟生子而得姓，则此姓必与玄鸟有关，不会因玄鸟生子而赐姓子。虽然《礼纬》《白虎通》的解释不能令人满意，但没有人怀疑商族为子姓，更没有人怀疑商族有姓（戎族、胡族都没有姓氏制度，因而商族、周族都没有姓氏制度。关于这个问题可参看张肇麟：《姓氏与宗社考证》）。

这种姓往往是从夏族的姓中沿用而来的，但也可能是自己取的。例如匈奴冒顿的后裔为刘姓（即西晋时之刘渊、刘聪一族），《晋书》云："汉高祖以宗女为公主，以妻冒顿，约为兄弟。故其子孙遂冒姓刘氏。"这位下嫁匈奴的公主为刘姓，故冒顿之子孙刘渊即以这位老祖母之姓为姓。后来刘渊之族子不以为然，他认为不能以老祖母刘为姓，"从母之姓，非礼也"，他认为自己应该姓"姒"，他以为"赫连"与天有联系，因此他不用"姒"为姓，而改姓曰"赫连氏"[5]。许多其他部族随夏族而改姓，往往是随意改的，还有其他随意得姓的方式，但总是在民族融合时从夏族得来。

王国维认为商代女子不称姓。王国维说：周代女子皆以姓称，"无不称姓之女子"，然而商代女子不称姓，"虽不敢谓殷以前无女姓之制，然女子不以姓称，固事实也"[6]。商代女子不称姓，或者相当大的一部分不称姓，这个事实可能表明，商代原来没有姓，

---

[1] 《史记·五帝本纪》，第45页。
[2] 徐宗元：《帝王世纪辑存》，第63页。
[3] 《史记·殷本纪》，第91、92页。
[4] （清）陈立撰，吴则虞校点：《白虎通疏证·姓名》，第405页。
[5] 《晋书·刘元海载记》，第2645页；《晋书·赫连勃勃载记》，第3206页。
[6] 王国维：《观堂集林·史林二·殷周制度论》，第473页。

必定是比较晚才建立了姓氏制度。

2. 子姓的来源

商族的王族，其大部分氏族都出于商族与少昊系的混合，当从少昊系氏族得到己姓。少昊这一系的氏族最初都出于己姓，对于《左传》说："少皞氏鸟名官"，杜预注："少皞金天氏，黄帝之子，己姓之祖也。"正义孔颖达疏引《世本》谓己姓出自少昊。①

《晋语》谓黄帝之子"唯青阳与夷彭皆为纪姓"②。《路史》亦说："少昊青阳氏……元为纪姓。"③ 由于最高首领是子姓，因此通常谓商族为子姓。

3. 商族之融合姓氏

商族有各个氏。司马迁在《史记·殷本纪》中说："契为子姓，其后分封，以国为姓，有殷氏、来氏、宋氏、空桐氏、稚氏、北殷氏、目夷氏。"④ 此处列举了七个商族分封的氏，这些是王族的氏。《路史·商氏后》却列举了大约八十个商族的氏，其中相当一部分当不是王族的氏。⑤ 二者相差悬殊。究竟商族的国或氏族有多少？都有哪些？

《路史》所列举的国名中，可以大致辨识的有三种：第一种是明显的夏族氏族，他们在商族到来之前已经存在，在商族到来之后，他们并没有发生多大的变化；第二种是商族氏族，他们是戎族与夏族接触之后所形成的新的融合氏族，即戎族与夏族的混血氏族；第三种则是商族的核心氏族，即墉（高宗）、卫（太宗）、邶（中宗）等王族，他们保留最多的商族特征。⑥ 此外，还有那些与都城亳、郜、奄及嚣、相、庇、耿、北殷、朝歌、宋等地点相关联的氏族。在众多"商氏后"氏族中，有相当多的一部分是商族后来派生的，如宋的封地目夷、桐门（乐大心之采邑）、褚（子段之采邑）、鞍（向魋之采邑）等。⑦

---

① 《春秋左传正义·昭公十七年》，（清）阮元校刻：《十三经注疏》，第 2083 页。
② 徐元诰撰，王树民、沈长云点校：《国语集解·晋语四》，第 334 页。
③ （宋）罗泌：《路史·小昊》，第 95 页。
④ 《史记·殷本纪》，第 109 页。
⑤ （宋）罗泌：《路史·国名纪丁·商氏后》，第 354 页。
⑥ 在近代考古发掘中，考古学家曾对殷墟的人种进行了研究。韩康信、潘其凤认为殷墟居民有三种类型：一是东亚蒙古人种类型；二是具有北亚蒙古人种和东亚蒙古人种相混合的类型；三是接近南亚蒙古人种的类型。第一种最多，可能是当地的原住民，第三类最少。第二类往往出于中型墓，"具有很阔的面宽，颅高中等或偏低，颅骨整体较大，鼻骨较隆起……不是黄河流域中下游前期原住居民所固有的，一般说来他们主要分布于今长城沿线和东北地区。……因此，我们似乎有理由推测，假如殷墟中型墓中的那部分以北亚、东亚蒙古人种两种成分相结合为特征的个体，能够代表殷商王族人种类型的话，那么商族的祖先很可能与北方地区的某些古代居民具有更直接的种族渊源关系。"参见潘其凤：《关于中国古代人种和族属的考古学研究》，侯仁之、周一良主编：《燕京学报》第 9 期，北京：北京大学出版社，2000 年。这里所说的出于中型墓的第二种类型，亦即主要分布于今长城沿线和东北地区的"北方地区的某些古代居民"就是本书前边所说的戎族。从这些研究结果可以看到，商族的王族比之一般商族含有较多的戎族因素。参见朱彦民：《商族的起源、迁徙与发展》，北京：商务印书馆，2007 年，第 159 页。
⑦ （宋）罗泌：《路史·国名纪丁·商氏后》，第 357 页。

（1）夏族氏族

在《路史》所谓"商氏后"中，有许多是与商族通婚的夏族氏族。对研究商朝的历史与地理来说，这些夏族氏族是十分重要的。

这些部族与商族通婚，因而改变了商族，也改变了自己。与商族通婚的夏族部族多分布于黄河中下游，首先是今鲁、豫边境少昊系的己姓、嬴姓部族（包括奄、莒）。与商族接触的还有许多其他今晋、冀边境的轩辕系嬛、依、任、箴诸姓部族，如依姓扈、观，僖姓施、末等，以及大隗系隗姓部族（包括曼姓部族曼、邓、优等），颇为复杂。从《路史》来看，还有豫、鄂一带属于夏族昌意系（庆姓、樊族）、共工系（御姓的御、荡、番、署等部族）。

《路史》之所以把这些夏族包括在"商氏后"之中，当是由于这些氏族与商族有密切的联系，特别是互相通婚。但是在互相通婚之后，这些夏族仍然保持其原有的特征。这也可以说明夏族与他族混合的前期方式如下：即是混合后除了产生了一个融合氏族外，仍保存一支单一的夏族部族。如莒族中之（运）奄，佚族中之伊，扈族中之春秋时邢国等，这一些都是纯夏族氏族。

（2）商族氏族（即戎族与夏族的融合氏族）

在戎族与夏族接触之后，所产生的融合后裔则另成一些氏族，如商奄、商任、亳殷等。而由于通婚关系，这些融合氏族都从夏族旧制得到一个姓，如商奄从己姓，商任从任姓，亳殷从依姓。因此这里所谓商族，实际上是夏族中的融合部族，其集团基础是建立在通婚诸氏族之上。不过这时的情况已有点不同，可以从《尚书·盘庚》篇见其概略。

## 二、商族之融合部族

在商代，王族大多集中于王畿之内，而夏族的单一部族大多居于王畿之外，而由商族与夏族形成的融合部族，往往分布于二者之间。

在商族与奄族接触后，商族就形成一个融合部族（通常仍称为商族）。奄族分成两个部分：一部分变成了奄族与商族的融合部族，则称为商奄；另一部分没有与商族融合，那么这个部分仍然保持为奄族，仍为单纯的夏族部族，仍称为奄（也称为运奄）。

同样，商族与佚族（伊族）接触后，出现了下列结果：商族变成了融合部族；一部分佚族也成了融合部族，称为商任；而其他佚族保持为单一的夏族部族，则仍然称为佚族。类似地，商族与扈族接触后，一部分扈族变成了融合部族，称为亳殷，其余的扈族仍然保持为单一的夏族部族，则仍然称为扈族，亦即春秋时期的邢国等。

在王畿四周主要之融合部族有下列各族。

## （一）王畿北部之融合部族

### 1. 混合氏族有易氏

有易氏（可谓王亥之妻族）则可能为戎族与夏族有扈氏之混合氏族。

王国维考证说："是古狄、易二字通，有狄即有易。……其国当在大河之北，或在易水左右，盖商之先，自冥治河，王亥迁殷，已由商邱越大河而北，故游牧于有易高爽之地。服牛之利，即发见于此。有易之人乃杀王亥，取服牛。所谓胡终弊于有扈牧夫牛羊者也。"①

《史记·殷本纪》云："殷契，母曰简狄"，索隐："旧本作'易'，易、狄音同。又作'逷'，吐历反。"②

简狄与玄鸟当然有密切的关系，对此古人提出了形形色色的神话解说。

### 2. 豫北之亳殷

《尚书·盘庚》序云："盘庚五迁，将治亳殷。"孔安国传："盘庚治亳殷。"《盘庚》起首一句为"盘庚迁于殷"，孔安国谓殷为"亳之别名"。但孔颖达疏："今盘庚将欲迁居而治于亳之殷治。"孔颖达疏又说："孔子壁中《尚书》云'将始宅殷'，是与古文不同也。……此'将治亳殷'不可作'将始宅殷'，亳字摩灭容或为宅。"因此"宅殷"当为"亳殷"之讹。③ 其他著作中皆为"亳殷"。"盘庚治亳殷。"究竟"殷"是否即"亳殷"？

《竹书纪年》云："（盘庚）元年丙寅，王即位居奄。""（盘庚）十四年，自奄迁于北蒙曰殷。十五年，营殷邑。"④ 则《竹书纪年》以盘庚之都为"殷"或"殷邑"，是特殊之"殷邑"，位于北蒙之"殷邑"。因此《竹书纪年》与《尚书》是一致的。

何谓亳殷？我们认为亳殷犹商奄、商任之比，即是亳族殷姓，也即是从其祖先母系的扈族之姓。邶、扈当是世相通婚，而成为河伯娶妇的母题。祖乙由相迁耿，又迁奄，而盘庚复由奄迁亳殷。似乎商代邶族之地本称亳殷。

### 3. 有娀氏（莒族）与契族（莒之姓，即己姓）

故契之母族为有娀氏。有娀氏为夏族，即莒族（见下边讨论）。故契属于戎族与莒族之融合氏族，因此就以莒之姓为姓。莒为己姓，故契当亦为己姓。契的情况也可能与冒顿的情况类似，以母姓为姓。

据《史记·殷本纪》记："西伯昌、九侯、鄂侯为（纣）三公。"九侯，集解谓"一

---

① 王国维：《观堂集林·史林一·殷卜辞中所见先公先王考》，第 420、421 页。
② 《史记·殷本纪》，第 91 页。
③ 《尚书正义·盘庚》，（清）阮元校刻：《十三经注疏》，第 168 页。
④ （清）徐文靖：《竹书纪年统笺》，《二十二子》，第 1065 页。

作鬼侯"，而鄂侯，集解一作"邢"侯①，都是大隗系族员。又《史记·秦本纪》云："蜚廉生恶来。……父子俱以材力事殷纣。"②蜚廉、恶来即中衍后裔九侯，然则自大戊以后，可说商王朝的集团基础已逐渐移之于嬴、隗诸姓（又有曹融、龙关、龙通、费昌、费仲）。而盘庚时代危疑震撼之秋，所以邦伯师长百执事之人，与元首不免有明争暗斗之事实。到了最后，《左传·昭公四年》云："商纣为黎之搜，东夷叛之。"③嬴姓亦有一部分分裂。而这个联盟之终于失败，即当此说明之。

这里牵涉商族、有易、河伯。王亥为商族，河伯与冥有关，亦当为商族。而有易实可谓王亥之妻族，则可能为戎族与夏族有虺氏之融合氏族。

似乎那时南方任、箴诸姓已发生分裂之故。《尚书·君奭》曰："在昔成汤既受命，时则有若伊尹，格于皇天。在太甲时，则有若保衡。在太戊时，则有若伊陟、臣扈，格于上帝，巫咸乂王家。在祖乙时，则有若巫贤。在武丁时，则有若甘盘。率惟兹有陈，保乂有殷。"郑注："伊陟，伊尹之子。"巫贤，贤咸子巫氏。④则伊尹后裔，到大戊以后即失其职位。巫贤后裔到祖乙以后亦然，显然是分裂了。

（二）王畿东部之融合部族

1. 奄姓与商奄

奄为今鲁西南部之夏族部族，为少昊系己姓，奄分布于相邻的曲阜一带。在夏族的各族系中，少昊系与戎族联系最密切，当商族从冀南下时，首先就遇到少昊系。而且少昊系的奄族与商族之间产生了融合部族，就称为商奄。商奄即发生在豫北与鲁西的边境，亦即商族王畿的东北部之外。

2. 薛姓与有莘氏

薛族则分布于商族王畿之东边之滕、薛一带，《左传·定公元年》载："仲虺居薛，以为汤左相。"⑤

有莘氏是商族与薛族的融合，有莘氏分布于豫东与鲁西南的边境（即商王畿的东南部），而亦在王畿的东界之外。要之，这时汤之后裔还未脱离任姓的控制。

3. 在鲁东的商卫

《左传·昭公八年》载："秋，大搜于红，自根牟至于商卫，革车千乘。"杜预注：

---

① 《史记·殷本纪》，第 106、107 页。
② 《史记·秦本纪》，第 174 页。
③ 《春秋左传正义·昭公四年》，（清）阮元校刻：《十三经注疏》，第 2035 页。
④ 《尚书正义·君奭》，（清）阮元校刻：《十三经注疏》，第 223 页；（清）孙星衍撰，陈抗、盛冬铃点校：《尚书今古文注疏·君奭》，第 448、449 页。
⑤ 《春秋左传正义·定公元年》，（清）阮元校刻：《十三经注疏》，第 2131 页。

"根牟，鲁东界琅邪阳都县有牟乡。商，宋地，鲁西境，接宋、卫也。"① 杜预将"商卫"解释为"宋、卫"，是望文生义。据解释，根牟在今鲁东沂水县南，而宋在今豫东商丘，东不过徐州，商丘与根牟相距七八百里。卫更远在豫北濮阳，与根牟更是遥不可及。如果"商卫"是泛指自北至南的豫东一大片土地，则此处不应说至于商卫，只能说至于商或至于宋，连上卫国是没有道理的。实际上"商卫"应该是一个与"根牟"类似的地名。

（三）王畿西部之融合部族

豫西南的商密在今河南淅川南。《左传·僖公二十五年》曰："秋，秦晋伐鄀。楚斗克、屈御寇以申息之师戍商密。秦人过析隈入而系舆人，以围商密。昏而傅焉。……商密人惧曰：'秦取析矣，戍人反矣，乃降秦师。'"杜预注："鄀本在商密，秦楚界上小国。其后迁于南郡鄀县。"又注："商密，鄀别邑，今南乡丹水县。""析，楚邑，一名白羽，今南乡析县。"孔颖达疏："国名为鄀，所都之邑名商密。"② 而《左传·文公十四年》云："楚庄王立……公子燮与子仪守。……二子以楚子出，将如商密。"③

## 三、有扈氏与有易氏

（一）有扈氏

有扈氏是一个著名的夏族氏族，《史记·夏本纪》云："禹为姒姓，其后分封，用国为姓，故有夏后氏、有扈氏、有男氏……斟戈氏。"④《淮南子》言："昔有扈氏为义而亡。知义而不知宜也。"高诱注："有扈，夏启之庶兄也，以尧、舜举贤，禹独与子，故伐启，启亡之。"⑤ 故《释文》曰："有扈，国名，与夏同姓。马云：姒姓之国，为无道者。"⑥

1. 扈不会在鄠县（今西安市鄠邑区，下同）、荥阳

（1）扈不会在今西安市鄠邑区

夏有观、扈，《左传·昭公元年》载："虞有三苗，夏有观、扈，商有姺、邳，周有徐、奄。"杜注："观国，今顿丘卫县。扈，在始平鄠县。"⑦ 杜预对观的解说是对的，

---

① 《春秋左传正义·昭公八年》，（清）阮元校刻：《十三经注疏》，第2052页。
② 《春秋左传正义·僖公二十五年》，（清）阮元校刻：《十三经注疏》，第1821页。
③ 《春秋左传正义·文公十四年》，（清）阮元校刻：《十三经注疏》，第1854页。
④ 《史记·夏本纪》，第89页。
⑤ （汉）高诱注：《淮南子·齐俗训》，《诸子集成》第七册，第176页。
⑥ 《尚书正义·甘誓》，（清）阮元校刻：《十三经注疏》，第155页。
⑦ 《春秋左传正义·昭公元年》，（清）阮元校刻：《十三经注疏》，第2021页。

观在顿丘，今清丰西南二十五里，即在濮阳、内黄一带。《史记·平准书》云："河决观"，集解说："徐广曰：'观，县名也。属东郡，光武改曰卫，公国。'"① 隋改为观城县。《水经注》："（淇水）又屈径顿丘县故城西，《古文尚书》以为观地矣，盖太康弟五君之号曰五观者也。"杨守敬注："此《古文尚书》当为《汲郡古文》之误。"②《读史方舆纪要》大名府："《禹贡》兖州之域，夏为观、扈之国。"又大名府清丰县顿丘城："县西南二十五里。……汉置顿丘县，治此。"③

观既在河南顿丘，则扈不会在今西安市鄠邑区。杜预对扈的解说是错的。所谓"虞有三苗，夏有观、扈，商有姺、邳，周有徐、奄"，徐、奄为分布于豫东的邻近两族，姺、邳为分布于鲁中南的两族。而观、扈则当为冀南、豫北的两族，而杜预认为观在豫北顿丘，而扈在陕西鄠县，两地相隔千里，了不相涉，必是误会。

（2）扈不会在荥阳卷县

但杜预对扈之所在有另一说法，据《春秋·庄公二十三年》记："公会齐侯，盟于扈。"④《春秋·文公七年》又盟于扈，杜注都说："扈，郑地，荥阳卷县西北有扈亭。"⑤《水经注》谓扈在卷县（即今原阳西南）："河水又东北，径卷之扈亭北（杨守敬注：在今原武县西北），《春秋左传》曰：文公七年，晋赵盾与诸侯盟于扈。《竹书纪年》：晋出公十二年，河绝于扈，即是也。"又："河水东北流而径濮阳县……河水又东北……左会浮水故渎。""浮水故渎又东南，径卫国邑城北。故卫公国也，汉光武以封周后也。又东，径卫国县故城南。……《竹书纪年》梁惠成王二年，齐田寿率师伐我，围观，观降。……《郡国志》曰：（东郡）卫，本观故国，姚姓。"⑥ 则扈在郑州一带之荥阳（在今黄河南岸）或原武（今黄河北岸）。观的位置不误，而扈的位置仍有问题。

## 2. 扈在大名、肥乡一带

（1）扈在今河北大名

《左传·宣公元年》云："（晋荀林父）又会诸侯于扈，将为鲁讨齐。"⑦ 又《公羊传·宣公九年》云："晋侯黑臀卒于扈。扈者何？晋之邑也。"⑧ 可见扈在齐、鲁、晋三国界上。以地形推之，当在今大名县附近，春秋时齐、鲁接界处约当今阳谷县，齐、晋接界处约当今冠县，晋、鲁接界处约当今范县。扈为晋地，当在冠、范之西。故《读史方舆纪要》大名府："《禹贡》兖州之域，夏为观、扈之国。"又大名府清丰县顿丘城，

---

① 《史记·平准书》，第1424、1425页。
② （后魏）郦道元注，（清）杨守敬、熊会贞疏，段仲熙点校：《水经注疏·淇水》，第862、863页。
③ （清）顾祖禹撰，贺次君、施和金点校：《读史方舆纪要·北直七》，第695、710页。
④ 《春秋左传正义·庄公二十三年》，（清）阮元校刻：《十三经注疏》，第1778页。
⑤ 《春秋左传正义·文公七年》，（清）阮元校刻：《十三经注疏》，第1845页。
⑥ （后魏）郦道元注，（清）杨守敬、熊会贞疏，段仲熙点校：《水经注疏·河水五》，第405—406、458、462—465页。
⑦ 《春秋左传正义·宣公元年》，（清）阮元校刻：《十三经注疏》，第1865页。
⑧ 《春秋公羊传注疏·宣公九年》，（清）阮元校刻：《十三经注疏》，第2281页。

"县西南二十五里。……汉置顿丘县，治此。"① 观、扈均在大名府。

（2）扈在今河北肥乡

但有扈氏非但是姒姓之国，而且是夏启的亲族，由于坚持尧舜之道而受到启的镇压，此为高诱注。《逸周书》亦曰："有夏之方兴也，扈氏弱而不恭，身死国亡。"②

有扈氏与启的斗争是夏代历史的重大事件，《史记·夏本纪》云："有扈氏不服，启伐之，大战于甘。……遂灭有扈氏。天下咸朝。"③ 启、扈的斗争非常激烈，《吕氏春秋》云："夏后伯启与有扈战于甘泽而不胜。……期年，而有扈氏服。"④ 也有说是禹与有扈氏斗，如《说苑》言："昔禹与有扈氏战，三陈而不服。禹于是修教一年，而有扈氏请服。"⑤

有扈氏与启大战的地点是甘或甘泽。《尚书·甘誓》云："启与有扈，战于甘之野。"《释文》："京兆鄠县即有扈之国也。甘，有扈郊地名。"孔颖达疏："鄠、扈音同，未知何故改也。"⑥ 说扈在今西安市鄠邑区，没有什么证据，孔颖达亦存疑。

甘在何处？《说文》曰："邯，赵邯郸县。从邑，甘声。""郸，邯郸也（段注：依张晏，古字本作单，后人加邑耳）。从邑，单声。"⑦ "邯郸"是地名专用字。既然郸古本作单，则邯古当作甘，而邯郸古当作"甘单"。故邯即甘。

《读史方舆纪要》广平府肥乡县："本汉邯沟县地。"又引颜师古曰："（邯沟城）以邯水之沟而名。"又邯郸县："邯山，在县东。张晏云：'邯郸山在东城下，亦谓之邯郸阜。'……邯水出焉。"⑧ 故邯郸、肥乡一带有甘山、甘水，亦即甘。以启、扈大战于甘，古代甘在今安阳、肥乡、邯郸一带。

以地形推之，有扈氏的地域当在冀南、豫北，故启必自南向北进攻有扈氏。

## （二）有易氏

### 1. 易水

易水源出易县西，东流进入拒马河。《职方氏》云："并州……其浸涞、易。"⑨《燕策》云："苏秦曰：燕南有滹沱、易水。"⑩《汉书·地理志》涿郡故安，班固自注："阎乡，易水所出，东至范阳入濡也。并州浸，水亦至范阳入涞。（颜师古注：言易水又至

---

① （清）顾祖禹撰，贺次君、施和金点校：《读史方舆纪要·北直七》，第695、710页。
② 黄怀信、张懋镕、田旭东：《逸周书汇校集注·史记解》，第1017页。
③ 《史记·夏本纪》，第84页。
④ （汉）高诱注：《吕氏春秋·季春纪·先己》，《诸子集成》第六册，第28页。
⑤ （汉）刘向撰，向宗鲁校证：《说苑校证·政理篇》，北京：中华书局，1987年，第147页。
⑥ 《尚书正义·甘誓》，（清）阮元校刻：《十三经注疏》，第155页。
⑦ （汉）许慎撰，（清）段玉裁注：《说文解字注·邑部》，第290页。
⑧ （清）顾祖禹撰，贺次君、施和金点校：《读史方舆纪要·北直六》，第680，687页。
⑨ 《周礼注疏·职方氏》，（清）阮元校刻：《十三经注疏》，第863页。
⑩ （汉）刘向：《战国策·燕一》，第1039页。

范阳入涞也。)"① 故易水为商族南下进入并州所遇到的第一条大水。

还有另一条易水，中山国北新成，班固自注："桑钦言易水出西北，东入滱。"② 故安在今易县东南二十里，北新成在今保定东北约四十里，二者相距不远。在河道交错地带，实际上并无重大区别。

易水亦称中易水，还有北易水、南易水。北易水源出易县北，东南流，注入易水。古名濡水，今名沙河。南易水源出易县西南，东流经徐水、安新为雹河。

但《路史》对易水有另一种说明："有易水出固安，故固安为北易（罗苹注：即安国）。复有南易（罗苹注：《燕赵记》有三易，漳为南易。班固、阚骃以呼沱为南易）。"③《汉书·地理志》并没有以滹沱河为南易，更没有以漳水为南易。故古来所谓易水，大体上即在今保定一带。

2. 有易氏的位置

王国维认为："（有易氏）当在大河之北，或在易水左右。"④ 这一点并无争议，有易氏的位置是清楚的，易水位于今河北易县，在滹沱河之北。因此当商族南下时，离开燕山区域即进入易水流域。故商族在易水流域之历史早于商丘。

因此商族老早就到达易水，王国维以为商族原在南方，以后才来到易水流域的，因此他说："商句兵三，出直隶易州。……当为殷时北方侯国之器。……皆用殷制，盖商之文化，时已沾溉北土矣。……盖商自侯冥治河，已徙居河北，远至易水左右。……则今易州有殷人遗器，固不足怪。"⑤ 其实商文化沾溉北土在先，沾溉南土在后，故易州有殷人遗器是理所当然，非但不足怪而已。

3. 有易氏即有狄氏

王国维谓古狄、易二字同："古者易、狄同字。"⑥ 故"有狄"即有易。王国维考证说："是古狄、易二字通，有狄即有易。……其国当在大河之北，或在易水左右，盖商之先，自冥治河，王亥迁殷，已由商邱越大河而北，故游牧于有易高爽之地。服牛之利，即发见于此。有易之人乃杀王亥，取服牛。所谓胡终弊于有扈牧夫牛羊者也。"⑦ 有易氏当在滹沱河以北。

---

① 《汉书·地理志上》，第 1577 页。
② 《汉书·地理志下》，第 1632 页。
③ （宋）罗泌：《路史·国名纪丙》，第 342 页。
④ 王国维：《观堂集林·史林一·殷卜辞中所见先公先王考》，第 421 页。
⑤ 王国维：《观堂集林·史林十·商三句兵跋》，第 883、884 页。
⑥ 王国维：《观堂集林·史林十·商三句兵跋》，第 884 页。
⑦ 王国维：《观堂集林·史林一·殷卜辞中所见先公先王考》，第 420、421 页。

## （三）商族及有易氏

### 1. 有易氏为融合之产物

（1）商族与有扈氏之融合为有易氏

有扈氏为夏族氏族，这一点没有疑义，而且其分布地域亦包括滹沱河一带。于是商族南下抵达易水流域即同有扈氏发生接触。

因此商族在南下时，与有扈氏即形成了有易氏。有易氏可能即是商族与有扈氏之融合后形成的，可能即戎族与夏族之融合氏族。因此有易氏当为戎族。

故有扈与有易的关系犹如奄与商奄之比（有易可称之为商扈）。奄与商奄经常混淆，在他人看来，奄与商奄是紧密联系的至亲，难以区分。因此有扈与有易亦为紧密联系的至亲，有易往往被误为有扈，犹将商奄误为奄，亦不难理解。

（2）商族与有易氏

故有易氏非但不是商族的敌人，有易氏与商族实为有密切关系的通婚氏族。有易氏实可谓王亥之妻族。《竹书纪年》谓："子亥宾于有易"，宾即是连婚，故所谓宾，则表明有易氏与商族为通婚的族群。

### 2. 商族与有易氏之矛盾

虽然有易氏是有扈氏与商族融合的结果，但有易氏与商族发生了冲突，所述之故事都牵涉商族的王亥。虽然王亥为有易氏所杀，但冲突的根源可能是与经济有关，所谓"丧牛于易"，本来友好情义顷刻瓦解，故"旅人先笑后号咷"。接着又发生了把河伯也卷进去的仇杀。

《山海经·大荒东经》云："有困民国，勾姓而食。有人曰王亥，两手操鸟，方食其头。王亥托于有易、河伯、仆（即服）牛（郭璞注：河伯、仆牛皆人姓名），有易杀王亥，取仆牛。河念有易，有易潜出"，郭璞注："言有易本与河伯友善……既而哀念有易，使得潜化而出。"[①]

顾颉刚认为，此事《易经》也曾提到："旅，上九，鸟焚其巢，旅人先笑后号咷，丧牛于易，凶。"[②]亦是讲这个事件。其中说的是有易氏，称商族为"旅人"，又谓其丧牛，与其他记载一致。

《竹书纪年》讲到王亥、上甲微与有易氏的冲突："（帝泄）十二年，殷侯子亥宾于有易，有易杀而放之。十六年，殷侯微以河伯之师伐有易，杀其君绵臣。"沈约附注："殷侯子亥宾于有易而淫焉，有易之君绵臣杀而放之。故殷上甲微假师于河伯以伐有易，灭之，杀其君绵臣。"[③]则王亥为有易氏所杀，故上甲微依靠河伯杀死有易氏之君绵臣。

---

① （清）郝懿行撰，栾保群点校：《山海经笺疏·大荒东经》，第332页。
② 《周易正义·旅》，（清）阮元校刻：《十三经注疏》，第68页。
③ （清）徐文靖：《竹书纪年统笺》，《二十二子》，第1058、1059页。

《楚辞·天问》从"简狄在台"到"箕子详狂",总共二十一节,问商代的历史疑点。开头一节问简狄,接下去有六节与有扈氏、有易氏有关,再接下去问汤。可见有扈氏与有易氏的冲突,在汤以前的商族史中,是最引起注意的重大事件。《楚辞·天问》涉及此事件的段落如下:

> 该秉季德,厥父是臧。胡终弊于有扈,牧夫牛羊。……有扈牧竖,云何而逢?击床先出,其命何从?恒秉季德,焉得夫朴牛?……昏微遵迹,有狄不宁。……眩弟并淫,危害厥兄。何变化以作诈,后嗣而逢长?①

王国维对此段落做了下列考证:一是季为殷之先公,《殷虚契后编》上卷第九页文曰:"贞之于季。"当即冥。而《楚辞·天问》曰:"该秉季德。"《淮南子·缪称训》曰:"东户季子之世,道路不拾遗,耒耜余粮,宿诸亩首。"高注:"东户季子,古之人君。"② 我们怀疑所谓季德,似即《淮南子》之东户季子道不拾遗的传说。)二是"该"即王亥,即振。三是"恒"为王恒,是王亥之弟,亦为商族之先王,但《史记·殷本纪》失载。四是"昏微"当即上甲微。③

因此《楚辞·天问》所问的是商族四代先王之事,即从冥(即季)、振(即该、王亥)、恒到上甲微时发生之冲突。王亥、王恒与有扈氏发生冲突,而上甲微与有易氏(即有狄)发生冲突。

有易氏与有扈氏均参与其事,《楚辞·天问》中提到有扈,而《山海经》与《竹书纪年》都只提到有易。王国维解释说:"《山海经》、《竹书》之有易,《天问》作有扈,乃字之误。盖后人多见有扈,少见有易,又同是夏时事,故改易为扈。"④ 但王国维谓"多见有扈,少见有易"于是将有易改为有扈,这种文字改写的解释比较牵强。刘梦鹏谓"有易、有扈并夏时诸侯,传写讹耳",刘盼遂又谓昏或即上甲微之名,如季之又称冥。⑤ 所谓并为夏时诸侯,亦未能说明二者之间的密切联系。

## 四、河伯与河宗氏

### (一)河伯

#### 1. 河伯的来历

中宗即邶族。高祖当为亥。王亥为商族,河伯与冥有关,亦当为商族。邶与扈通

---

① (宋)洪兴祖撰,白化文等点校:《楚辞补注·天问》,第106—108页。
② (汉)高诱注:《淮南子·缪称训》,《诸子集成》第七册,第160页。
③ 王国维:《观堂集林·史林一·殷卜辞中所见先公先王考》,第414—421页。
④ 王国维:《观堂集林·史林一·殷卜辞中所见先公先王考》,第420页。
⑤ 王泗原:《楚辞校释》,北京:人民教育出版社,1990年,第103、106页。

婚，分化出一个耿的融合部族，其后裔从依姓，称亳殷，亦称河宗。说明如下：

> 河伯是水神，即冯夷、冰夷或无夷。《九歌·河伯》王逸注："《山海经》曰：中极之渊，深三百仞，唯冰夷都焉。……《抱朴子·释鬼篇》曰：冯夷以八月上庚日渡河溺死，天帝署为河伯。"① 此河伯为神仙，与历史无关。
> 
> 历史传说中有河伯，《天问》："帝降夷羿，革孽夏民。……胡射乎河伯，而妻彼洛嫔？"王逸注："洛嫔，水神，谓宓妃也。"洪兴祖补注："乃尧时羿，非有穷羿也。……《淮南》云：'河伯溺杀人，羿射其左目。'注云：'尧时羿射十日……射河伯。'"②

但《竹书纪年》说："（芬）十六年，洛伯用与河伯冯夷斗。"又"（癸）二十一年，商师征有洛，克之。"③《逸周书》说："昔者有洛氏宫室无常，池囿广大……民不得休，农失其时，饥馑无食，成商伐之，有洛以亡。"④ 故此洛与商为敌国，亦与河伯为敌国，则河伯为夏时诸侯，为商之盟邦。但此河伯亦与神话传说混在一起，故亦称之为冯夷。

商族与河伯有密切联系，如商侯冥治河。《竹书纪年》云："（少康）十一年，使商侯冥治河。""（杼）十三年，商侯冥死于河。"⑤《国语·鲁语》云："冥勤其官而水死。"⑥《礼记·祭法》云："夫圣王之制祭祀也，法施于民则祀之，以死勤事则祀之。……冥勤其官而水死……此皆有功烈于民者也。"⑦

虽然没有说明地点，但冥治河之事当发生于河水之下游，即今河北境内。故有河伯娶妇的故事，《水经注》云："漳水又北径祭陌西。战国之世，俗巫为河伯取妇，祭于此陌。"⑧ 故河伯并非商侯冥，但商侯冥水死，与河有关。而河伯取妇发生在邺县，即今河北磁县附近，此河伯传说当与商之先王冥有关。

但商族与河伯的联系，在随后的下列事件中表达得更清楚。《竹书纪年》云："（泄）十二年，殷侯子亥宾于有易，有易杀而放之。十六年，殷侯微以河伯之师伐有易，杀其君绵臣。"沈约附注："殷侯子亥宾于有易而淫焉，有易之君绵臣杀而放之。故殷上甲微假师于河伯以伐有易，灭之，杀其君绵臣。中叶衰而上甲微复兴，故殷人报焉。"⑨ 又《山海经·大荒东经》云："王亥托于有易、河伯、仆牛，有易杀王亥，

---

① （宋）洪兴祖撰，白化文等点校：《楚辞补注·九歌·河伯》，第78页。
② （宋）洪兴祖撰，白化文等点校：《楚辞补注·天问》，第99页。
③ （清）徐文靖：《竹书纪年统笺》，《二十二子》，第1058、1061页。
④ 黄怀信、张懋镕、田旭东：《逸周书汇校集注·史记解》，第1036页。
⑤ （清）徐文靖：《竹书纪年统笺》，《二十二子》，第1058页。
⑥ 徐元诰撰，王树民、沈长云点校：《国语集解·鲁语上》，第158页。
⑦ 《礼记正义·祭法》，（清）阮元校刻：《十三经注疏》，第1590页。
⑧ （后魏）郦道元注，（清）杨守敬、熊会贞疏，段熙仲点校：《水经注疏·浊漳水》，第942页。
⑨ （清）徐文靖：《竹书纪年统笺》，《二十二子》，第1058、1059页。

取仆牛。"①

河伯为商侯的后盾。

2. 河伯与商族

《山海经·海内北经》云:"从极之渊,深三百仞,维冰夷恒都焉。"②作冰夷。《吕氏春秋·勿躬》云:"王冰作服牛。"③王冰当即冰夷,与河伯仆牛之说合。冰夷之冰古字作仌,邶族之北,古字作ﾘﾘ④,二字形近音通,冰盖即邶之讹。古书有河伯娶妇的故事。《水经注》云:"(漳水)东北过屯留县南、潞县北。……漳水又北径祭陌西,战国之世,俗巫为河伯娶妇,祭于此陌。"⑤以今地求之当在临漳一带,而这一带正为邶族之地。

依《山海经》,亥即河伯。古书都以河伯名冯夷。

## (二)河宗氏

1. 河伯、河宗氏

然而传说中河伯又称河宗氏。《穆天子传》说:"甲午,天子西征,乃绝隃之关隥。……辛丑,天子西征,至于䣙人。……戊申(此处原文作寅,依顾实校改),天子西征,骛行至于阳纡之山,河伯无夷之所都居,是惟河宗氏。"故《穆天子传》之河伯实即河宗氏。据顾实考证,阳纡之山为"乌拉特旗河套北岸诸山之总名",而河宗氏与䣙人二国"殆以博托河为界"⑥。故《史记·赵世家》云:"奄有河宗",正义说:"河宗之子孙,盖在龙门河之上流,岚、胜二州之地也。"又说:"自河宗、休溷诸貉,乃戎狄之地也。"⑦

《说文》云:"隃,北陵西隃雁门是也。"⑧周穆王在甲午日通过雁门,第八天辛丑到达䣙人国,第十五天到达阳纡之山。阳纡之山远离河北,故《穆天子传》之河宗氏当与商人之河伯无关。但与《山海经》之河伯可能有所关联。如《山海经·海内北经》云:"从极之渊,深三百仞,维冰夷恒都焉。"郭璞注:"冰夷,冯夷也。《淮南(子)》云:冯夷得道,以潜大川",即河伯也。郝懿行笺疏:"《庄子·大宗师》篇……《释文》引司马彪云:'《清泠传》曰:冯夷,华阴潼乡堤首人也……是为河伯。……今案,

---

① (清)郝懿行撰,栾保群点校:《山海经·大荒东经》,第332页。
② (清)郝懿行撰,栾保群点校:《山海经笺疏·海内北经》,第299页。
③ (汉)高诱注:《吕氏春秋·审分览·勿躬》,《诸子集成》第六册,第206页。
④ (汉)许慎撰,(清)段玉裁注:《说文解字注·仌部》,第570页;(汉)许慎撰,(清)段玉裁注:《说文解字注·北部》,第386页。
⑤ (后魏)郦道元注,(清)杨守敬、熊会贞疏,段熙仲点校:《水经注疏·浊漳水》,第923、942页。
⑥ 顾实:《穆天子传西征讲疏》,北京:中国书店,1990年,第13、15、21、24页。
⑦ 《史记·赵世家》,第1795页。
⑧ (汉)许慎撰,(清)段玉裁注:《说文解字注》,第735页。

471

古书冯夷姓名，多有异说，兹不备述云。'"①

2. 耿与河宗氏

（1）耿

首先要确定耿的所在。《水经注》认为耿曾是商祖乙之都城，在今山西皮氏："汾水又西，径耿乡城北，故殷都也。帝祖乙自相徙此，为河所毁，故《书叙》曰：祖乙圮于耿。杜预曰：平阳皮氏县东南耿乡是也。盘庚以耿在河北，迫近山川，乃自耿迁亳。后晋献公灭耿，以封赵夙。"②

《竹书纪年》谓祖乙自相迁于耿，又自耿迁于庇："（祖乙）即位，自相迁于耿。……二年，圮于耿。自耿迁于庇。"然后南庚自庇迁于奄。③

《路史》也认为耿即邢："耿，今河中龙门故皮氏东有耿乡。……即为邢，故《通典》云：祖乙迁邢。"《路史》又提到"庇，祖乙胜即居之。沃甲、祖丁因居之"，又说南庚自庇迁奄。④《路史》没有说明庇的具体所在，但说奄即商奄。

《史记·殷本纪》谓祖乙自相迁于邢，索隐云："邢音耿。近代本亦作耿。今河东皮氏县有耿乡。"正义引《括地志》谓耿在今山西绛州龙门。⑤《史记·殷本纪》没有提到庇与奄。

因此有关商都即有耿、邢、庇三个地方的问题。

对于耿之所在，通常都以为在山西河津，但是商代的都城不可能在那个地方。但是对于邢，则有种种异说，有说在今河北邢台，有说在今河南商丘。我认为祖乙之都城邢（即耿）当在今河北、河南、山东交界的大名、馆陶一带。以地域言之，邢与夏族之观、扈邻近。

（2）耿与亳殷

祖乙由相迁耿，而高宗的盘庚复由奄迁殷。《尚书·序》云："盘庚五迁，将治亳殷。"⑥似乎商代邶族之地本称亳殷。亳殷犹商奄、商任之比，即是亳族殷姓，也即是从其祖先母系的扈族之姓。邶、扈当是世相通婚，而成为河伯娶妇的母题。

王亥的嫡系后裔似乎为耿族。耿族固亳殷中之别部，起于扈、邶的融合部族。其后又与嬴姓通婚而迁于今之山西河津市。则河津的耿族，即为王亥嫡系后裔迁此无疑。《汉书·地理志》河东郡皮氏，班固自注："耿乡，故耿国，晋献公灭之。"⑦（皮氏今为河津。）且河津为古己姓族地，故《穆天子传》都说："耿，嬴姓。"则耿之所以迁此，

---

① （清）郝懿行撰，栾保群点校：《山海经笺疏·海内北经》，第299—300页。
② （后魏）郦道元注，（清）杨守敬、熊会贞疏，段熙仲点校：《水经注疏·汾水》，第562页。
③ 王国维：《今本竹书纪年疏证》，第67、68页。
④ （宋）罗泌：《路史·国名纪丁·商氏后》，第355、354页。
⑤ 《史记·殷本纪》，第100、101页。
⑥ 《尚书正义·盘庚序》，（清）阮元校刻：《十三经注疏》，第168页。
⑦ 《汉书·地理志上》，第1550页。

必与己姓中嬴姓通婚又无疑。

（3）河宗氏

《穆天子传》云："河宗之子孙䣙柏絮。"①䣙当即邶之声转。河宗氏的地域就在河套之北。《路史》云："䣙，䣙伯絮国。穆天子西征，至于䣙，河宗之子孙䣙伯絮逆天子。……《地记》：陈仓有䣙城云。河宗之子孙则宜在此，非沛之䣙。"②䣙当为郮，形近致误。如汉"䣙城制侯周绁（颜师古曰：䣙音陪，又音普肯反）"③。《史记》作䣙城侯："䣙城侯绁者，沛人也。"索隐："《三苍》云：'䣙乡在城父县，音裴。'《汉书》作'䣙'，从崩，从邑。今书本并作'䣙'，音'管䣙'之'䣙'，非也。……《楚汉春秋》作'凭成侯'，则裴凭声相近，此得其实也。"正义说："《括地志》云：'䣙亭在河南西十四里苑中。'《舆地志》云：䣙成县，故陈仓县之故乡聚名也。"④

又当穆天子西征时，"天子之御：造父、三百（三百为御）、耿翛、芍及。"归途中，"天子主车，造父为御，囧囧为右。……柏夭主车，参百为御，奔戎为右"⑤。

《淮南子·原道训》云："昔者冯夷，大丙之御也。"高诱注："丙或作白。"⑥《文选》枚乘《七发》注引许慎《淮南子》此语注："太白，河伯也。"⑦据此，则太白、大丙、河伯都即耿，为耿族之人，与䣙伯絮同为河伯冯夷的后裔。依《穆天子传》所说，䣙邦当在今河套东北。⑧

# 五、奄与商奄

## （一）奄

### 1. 从五帝到西周之前的奄国

奄有一二千年的历史。奄是夏族的部族，是一个古国，在五帝时期就形成了，其地域是在濮阳、曲阜之间。奄是夏族在东方的一个核心地域。《后汉书》云："鲁国，古奄国。"⑨

曲阜有悠久的历史。《史记》说，周武王封周公旦于曲阜，正义解释："《帝王世纪》云：'炎帝自陈营都于鲁曲阜。黄帝自穷桑登帝位，后徙曲阜。少昊邑于穷桑，以

---

① 顾实：《穆天子传西征讲疏》，第16页。
② （宋）罗泌：《路史·国名纪己》，第386页。
③ 《汉书·高惠高后文功臣表》，第574页。
④ 《史记·䣙成列传》，第2711、2712页。
⑤ 顾实：《穆天子传西征讲疏》，第49、212、215页。
⑥ （汉）高诱注：《淮南子·原道训》，《诸子集成》第七册，第2页。
⑦ （南朝·梁）萧统编，（唐）李善注：《文选·七发》卷三十四，上海：上海古籍出版社，2011年，第1570页。
⑧ 郑杰文：《穆天子传通解》，第11页。《穆天子传》之䣙邦当在今河套东北之土默川平原一带。
⑨ 《后汉书·郡国二》，第3429页。

登帝位，都曲阜。颛顼始都穷桑，徙商丘。'"①《帝王世纪》又说："皋陶生于曲阜。曲阜，偃地，故帝因之，而以赐姓曰偃。"②所以在黄帝、少昊、皋陶时曲阜为最重要的都邑之一，它是少昊系的力量中心。对于夏族来说，曲阜一带虽然其重要性不及晋南、豫西，但它是夏族的一处重要居住地，也是夏族的中心区域。从炎帝、黄帝到少昊、皋陶。一直维持到西周初年，历时不下一两千年。

2. 西周以后有没有奄国

（1）奄迁入薄姑

武王死后，东方叛乱，《逸周书·作洛解》亦说："三叔及殷东徐奄及熊盈以畔。"③《尚书·序》："成王既践奄，将迁其君于蒲姑。……作《将蒲姑》。"④《史记·周本纪》云："召公为保，周公为师，东伐淮夷，残奄，迁其君薄姑。成王自奄归，在宗周，作《多方》。"正义引《括地志》云："兖州曲阜县奄里，即奄国之地也。"又云："薄姑故城在青州博昌县东北六十里。薄姑氏，殷诸侯，封于此，周灭之也。"⑤因此到周武王的时候，将奄君从鲁西迁到了鲁东。

（2）西周之后没有奄国

奇怪的是，周将奄之君迁于薄姑之后，奄在文献记载中消失了。几乎所有儒家经典与诸子百家中不再提到迁到东方之奄。《国语》不见奄字，而《左传》唯一之奄字见于"周有徐、奄"⑥，而这个"奄"还是指西周初年叛乱之奄。《管子》《晏子》《墨子》《荀子》《吕氏春秋》《韩非子》都没有提到奄。可见在西周初年之后，奄就消失了。

## （二）莒

莒国的姓也是一个争论不休的问题，孔颖达的说法已很明白。《左传·隐公二年》孔颖达疏，他引用《氏族谱》云："莒，嬴姓，少昊之后。"又说："《世本》自纪公以下为己姓。不知谁赐之姓者。"⑦

《水经注》云："《地理志》曰：莒子之国，盈姓也，少昊后。"但《国语》韦昭注："莒，己姓。"⑧《世本·氏姓》载："莒自纪公以下为己姓。"秦嘉谟云："莒前为嬴姓，后为己姓，共名为莒，而非一国。考《世本·纪》及《史记·秦世家》嬴姓之莒，则莒

---

① 《史记·周本纪》，第127、128页。
② （晋）皇甫谧撰，（清）宋翔凤、钱宝塘辑：《帝王世纪》，第18页。
③ 黄怀信、张懋镕、田旭东：《逸周书汇校集注·作洛解》，第548页。
④ 《尚书正义·周书·蔡仲之命》，（清）阮元校刻：《十三经注疏》，第227页。
⑤ 《史记·周本纪》，第133页。
⑥ 《春秋左传正义·昭公元年》，（清）阮元校刻：《十三经注疏》，第2021页。
⑦ 《春秋左传正义·隐公二年》，（清）阮元校刻：《十三经注疏》，第1718页。
⑧ （后魏）郦道元注，（清）杨守敬、熊会贞疏，段熙仲点校：《水经注疏·沭水》，第2193页；徐元诰撰，王树民、沈长云点校：《国语集解·郑语》，第462页。

先封于祁，后归于莒，嬴姓之莒亡，而己姓之莒仍其名也。《汉书·地理志》及《姓氏族谱》皆以莒为嬴姓，俱未知莒之前后有两姓也。"① 此处所应注意的为莒之历史比周武王要早得多。

《史记·秦本纪》谓莒为嬴姓："秦之先为嬴姓，其后分封，以国为姓，有徐氏、郯氏、莒氏……秦氏。"②《汉书·地理志》城阳国莒县，"故国，盈姓，三十世为楚所灭。少昊后"③。

1. 从五帝到西周之前有没有莒国？

在西周之前，可能没有出现莒国。如《说文》云："莒，齐谓芋为莒。从艸吕声。"④ 因此，莒与莒国历史没有关系。

在新郑出土的铜器中，有一器铭曰："王子叟（婴）次之囗卢"，王国维解释说："余谓'叟（婴）次'即'婴齐'，乃楚令尹子重之遗器也。"又说："卢，《说文》云：'饭器也。'又云：'囗卢，饭器，以柳为之。'卢者，囗卢之略也，字亦作莒。……余谓莒、簋、卢、簠，本是一字。"⑤ 因此不少人认为王国维的辨认可以给莒的研究找到了一条出路。

2. 西周之后的莒国

（1）计斤

周武王时期莒之位置在计当即计斤，《汉书·地理志》"琅邪郡计斤"，班固自注："莒子始起此，后徙莒。有盐官。"⑥ 所谓"莒子始起此"，则莒子到达计斤时开始成为莒子。兹舆时出现莒国。

（2）城阳莒

在《左传·隐公二年》中，孔颖达又说到莒的历史如下："周武王封兹舆于莒，初都计，后徙莒，今城阳莒县是也。……十一世兹丕公方见《春秋》，共公以下微弱不复见。四世，楚灭之。"⑦ 周武王封兹舆于介根（即计斤），后迁移到城阳之莒县（今莒县）。三十世之后，莒为楚所灭。

（三）薄姑

这项记载明确讲述了薄姑之地域与历史，最早的薄姑为郓城西郓，其次的薄姑为沂

---

① （清）秦嘉谟：《世本·氏姓》，（汉）宋衷注，（清）秦嘉谟等辑：《世本八种》，第244页。
② 《史记·秦本纪》，第221页。
③ 《汉书·地理志下》，第1635页。
④ （汉）许慎撰，（清）段玉裁注：《说文解字注·艸部》，第24页。
⑤ 王国维：《观堂集林·史林十·王子婴次卢跋》，第899、900页。
⑥ 《汉书·地理志上》，第1586页。
⑦ 《春秋左传正义·隐公二年》"莒人入向"孔疏，（清）阮元校刻：《十三经注疏》，第1718页。

水东郓,最晚的薄姑为青州博兴。

### 1. 从五帝到西周之前的薄姑

看起来这蒲姑凡三迁:由西郓(在今郓城)初迁鲁之淹中(在今曲阜);再迁于东郓,即姑幕(在今沂水);三迁于姑棼(在今博兴)。

### 2. 西周以后之薄姑

《尚书·序》云:"成王既践奄,将迁其君于蒲姑。……作《将蒲姑》。"①

（1）薄姑在琅玡郡姑幕县

琅玡郡姑幕县,即东郓(在今诸城)。《汉书·地理志》琅邪郡姑幕,班固自注:"都尉治。或曰薄姑。"颜师古注引应劭曰:"《左传》曰:'薄姑氏因之,而后太公因之。'"②但是颜师古所引的应劭注是错误的,《左传》所讲的薄姑氏实际上在青州博昌县。

《水经注》云:"沂水又东南径东莞县(熊会贞:前汉县属琅邪郡……建安中置东莞郡。……即今沂水县治)。故城西,与小沂水合。孟康曰:县故郓邑,今郓亭是也。……《左传》曰:'莒、鲁争郓,为日久矣。'今城北郓亭是也。京相璠曰:'琅邪姑幕县南四十里员亭,故鲁郓邑。世变其字,非也。'"熊会贞引《读书杂志·淮南内篇》云:"详言运、员二字通,运、郓音同,郓、员亦可通用。京氏以变郓作员为非,殆未深考也。"③这即《水经注》所谓之鲁东郓。

（2）薄姑在青州博昌县

薄姑(或蒲姑)年代最晚的为青州博昌县(即今博兴)之薄姑。《史记》记周夷王时,"胡公徙都薄姑",正义说:"《括地志》云:薄姑城在青州博昌县东北六十里。"④故青州博昌为当时齐国之都城,称为"薄姑"。《左传·昭公二十年》晏子对齐侯曰:"昔爽鸠氏始居此地,季荝因之,有逢伯陵因之,蒲姑氏因之,而后太公因之。"杜预注:"爽鸠氏,少皞氏之司寇也。季荝,虞夏诸侯,代爽鸠氏者。逢伯陵,殷诸侯,姜姓。蒲姑氏,殷周之间代逢公者。"⑤

《尚书·序》孔颖达疏:"杜预云:'乐安博昌县北有蒲姑城。'"⑥

《后汉书》乐安国"博昌,有薄姑城"注:"古薄姑氏,杜预曰薄姑地。"⑦

---

① 《尚书正义·周书·蔡仲之命》,(清)阮元校刻:《十三经注疏》,第227页。
② 《汉书·地理志上》,第1585页;《春秋左传正义·昭公二十年》,(清)阮元校刻:《十三经注疏》,第2094页。
③ (后魏)郦道元注,(清)杨守敬、熊会贞疏,段熙仲点校:《水经注疏·沂水》,第2160页;《春秋左传正义·昭公元年》,(清)阮元校刻:《十三经注疏》,第2021页。
④ 《史记·齐太公世家》,第1481、1482页。
⑤ 《春秋左传正义·昭公二十年》,(清)阮元校刻:《十三经注疏》,第2094页。
⑥ 《尚书正义·周书·蔡仲之命》,(清)阮元校刻:《十三经注疏》,第227页。
⑦ 《后汉书·郡国四》,第3473页。

### （3）结语

到春秋时，鲁西既没有奄，也没有莒，但鲁东有莒、薄姑（到西周，周武王迁莒于胶县，迁奄于薄姑而消失），故周代在鲁东有莒（由介根迁城阳莒县）与薄姑（由东郓迁博兴）。

《水经注》云："（浯水）东北径姑幕县故城东……故薄姑氏之国也。……薛瓒《汉书·注》云：博昌有薄姑城，未知孰是。"[①] 其中对这两个薄姑都有说明，但不能说明何以有两个，故云未知孰是。

《读史方舆纪要》青州府博兴县："（青州）府西北百二十里。……古薄姑地，汉为博昌县。"又薄姑城："（博兴）县东北十五里。殷末薄姑氏国也。亦曰蒲姑。周成王时薄姑与四国作乱，成王灭之，以益太公之封。故晏子曰：'蒲姑氏因之，而后太公因之。'又《左氏·庄（公）八年》：'齐侯游于姑棼，遂田于贝丘。'姑棼，或以为即薄姑也。"[②]

姑幕即由蒲姑得名。盖东郓先迁姑幕，后又迁博昌。似乎亦先居诸城，后迁临淄。颜师古注是错的，班固所说的薄姑即琅琊之姑幕，而应劭所说的薄姑在青州之博昌。周成王迁之于蒲姑，当非杜预所说之乐安博昌，而是东郓。

文献记载，当周成王平叛之后，只有商末博兴才成为薄姑，而且在成王时就合并于齐国，前后不过几十年。但是这个"殷周之间代逢公"之薄姑氏究竟何人？他究竟在何时、从何处来到博兴？

## （四）商奄

### 1. 商奄的概况

#### （1）商奄是商族之族群

何谓商奄？实际上商奄是夏戎融合部族，属于商族，此即商奄一名之由来。故商奄当为商族南下至豫北、豫东时形成的。商奄是商族之族群，而奄则为夏族之族群，故二者在商代的地位是不同的（从地域来看，奄是大地名，商奄是奄的一部分）。古奄国亦称运奄。前人有以商奄即奄，而《通鉴地理通释·周形势考》则以奄与商奄为两族。[③] 在奄（运奄）之西，运奄由于运（运城，即郓城）而得名，故奄在郓城以东至曲阜一带，在奄（曲阜）之西的鲁西南，可能包括部分豫北之地。则商奄在郓城以西的豫北之地，与商族的核心地带殷墟相邻。

故奄与商奄有完全不同的族系背景，这是正确理解奄与商奄历史的前提。

#### （2）商奄的四至

现在很难确定商奄地域的四至，只能做一个很粗略的刻画。

---

① （后魏）郦道元注，（清）杨守敬、熊会贞疏，段熙仲点校：《水经注疏·潍水》，第2272页。
② （清）顾祖禹撰，贺次君、施和金点校：《读史方舆纪要·山东六》，第1633页。
③ （宋）王应麟：《通鉴地理通释·周形势考》卷六，上海：商务印书馆，1936年，第84—85页。

因为詹桓伯曾讲述周王畿的地位如下："魏、骀、芮、岐、毕，吾西土也。及武王克商，蒲姑、商奄，吾东土也。"① 既然周武王占领殷墟之后，商奄就成了周的东土，故商奄必为殷墟之东邻，亦即说商奄的西边当为商朝之王都。

因为商奄当位于商王都与夏族（奄族）之间，故商奄之东边当为奄。因为《韩非子》说："周公旦已胜殷，将攻商盖（王先慎注：江声曰：商盖，商奄也）。辛公甲曰：'大难攻，小易服，不如服众小以劫大。'乃攻九夷，而商盖服矣。"② 由此商奄与九夷都离开周朝不远，由此商奄与九夷相距不远。

（3）商奄曾是商的都城

商奄地位的重要性，还可以从另一个角度来看，即商奄曾是商的都城。南庚所迁之都城当为奄。《今本竹书纪年》云："（南庚）即位，居庇。……三年，迁于奄。""（阳甲）即位，居奄。"又"（盘庚）即位，居奄。……自奄迁于北蒙，曰殷。"③ 这当是最早见于记载的奄，然而《史记·殷本纪》没有提到南庚迁都之事，只说："帝盘庚之时，殷已都河北，盘庚渡河南，复居成汤之故居，乃五迁，无定处。"④ 南庚所迁之奄当为商奄。

奄与商奄常会混淆。阳甲所居之商奄，并非鲁国之奄。《路史》"奄二"说："南庚更自庇迁奄，后阳甲居之商奄也。（罗苹注：《晋志》奄、商奄，二国。）奄君附禄父，周公践伐之。"罗苹注说："伏书周公三年践奄，奄君劝禄父叛也。世皆以为鲁奄，然与禄父封相远，或此是。"⑤

罗苹注认为附禄父的是商奄。禄父封地在殷墟，离商奄近而离鲁奄远，故劝禄父叛周的当为商奄而非鲁奄。罗苹注是对的，而大家对"伏书"（即《尚书大传》）的理解是错的。《尚书大传》云："奄君薄姑谓禄父曰：'武王既死矣，今王尚幼矣，周公见疑矣，此百世之时也，请举事。'然后禄父及三监叛也。"⑥ 通常以为劝禄父的奄是鲁奄，其实对于禄父的封地来说，商奄较鲁奄为近，所以劝禄父叛的奄当是商奄（即"奄二"）而非鲁奄。罗苹所谓之鲁奄即运奄。

2. 奄与商奄有不同的命运

因为武王占领殷墟之后，对于商奄与奄有不同的政策。周武王将商奄之民迁徙到曲阜，当西周封建鲁国时，在曲阜有"商奄里"，当即曲阜地区商奄遗民之小区。《左传·定公四年》载："分鲁公以……殷民六族：条氏、徐氏、萧氏、索氏、长勺氏、尾勺氏。……因商奄之民，命以伯禽，而封于少皞之虚（鲁初起即在莒，故称少皞之虚，

---

① 《春秋左传正义·昭公九年》，（清）阮元校刻：《十三经注疏》，第2056页。
② （清）王先慎：《韩非子集解·说林上》，《诸子集成》第五册，第132页。
③ 王国维：《今本竹书纪年疏证》，第68页。
④ 《史记·殷本纪》，第102页。
⑤ （宋）罗泌：《路史·国名纪丁》，第354页。
⑥ （宋）王闿运：《尚书大传补注·周传七·金縢》卷五，第36页。

说详下）。分康叔以……殷民七族：陶氏、施氏、繁氏、锜氏、樊氏、饥氏、终葵氏。……取于有阎之土……以共王职。"①

周初封建时，将殷民六族与商奄之民迁于曲阜，成为鲁国之社会基础，商奄在西周初年置于鲁、卫两国统治之下，对于迁其民于鲁殷民与商奄，则灭其社稷宗庙。但成王惩罚三监叛乱时，奄民则当随奄君而东迁蒲姑，奄民仍有自己的国家。故商奄与奄受到的镇压方式亦有所不同。

但商奄则为商族的地域。因此在周族取得政权时，奄与商奄有不同的命运。商奄是敌国，而奄则非直接的敌人。曲阜商奄里之民与六族之殷民不同，六族殷民从殷都迁来，而商奄之民则从商奄迁来，但都是商族。六族殷民与商奄之民构成鲁之社会基础。至于奄国之民则是夏族，他们可能大部分随其君迁于薄姑，他们在薄姑是否仍称为奄，则不得而知，但其君还在，改称为莒？

周代在封建时，就是分封土地与人民，所谓"分土授民"。消灭一个国家，也就是剥夺其土地、人民。这种建国或灭国的方式到春秋时还可经常看到。如《春秋·庄公元年》云："齐师迁纪，郱、鄑、郚"，杜预注："齐欲灭纪，故徙其三邑之民而取其地。"② 又如《春秋谷梁传·庄公十年》云："宋人迁宿。迁，亡辞也。其不地，宿不复见也。"范宁注："为人所迁，则无复国家，故曰亡辞。""不言灭者，言灭则弑其君、灭其宗庙社稷，就而有之，不迁其民。"③ 故周武王灭殷时，周族亦徙商奄之民而取其地。商奄已经灭亡了，可能没有"弑其君、灭其宗庙社稷"而已。周族对商奄的惩罚与它对殷人的惩罚是一样的，在周武王时就迁其民。

# 六、薛与商任

与商族通婚的氏族主要为少昊系嬴姓与鬼方系隗姓，又有轩辕系嫘、依、任、箴诸姓，颇为复杂。因此由于商族融入夏族，使得河南东半部的种族构成出现比较复杂的局面。其集团基础与夏后氏的集团基础恰恰立于相反方面。

## （一）薛

### 1. 任姓

在鲁西南部则有少昊系任姓之部族，《左传·隐公十一年》孔颖达疏引《世本·氏姓》云："任姓，谢、章、薛、舒、吕、祝、终、泉、毕、过。"④《潜夫论》亦列出任

---

① 《春秋左传正义·定公四年》，（清）阮元校刻：《十三经注疏》，第2134页。
② 《春秋左传正义·庄公元年》，（清）阮元校刻：《十三经注疏》，第1762页。
③ 《春秋谷梁传注疏·庄公十年》，（清）阮元校刻：《十三经注疏》，第2383页。
④ 《春秋左传正义·隐公十一年》，（清）阮元校刻：《十三经注疏》，第1736页。

姓的10个部族，谢、章、昌、采、祝、结、泉、卑、遇、狂大氏。但两个名单仅有四个相同，即谢、章、祝、泉，其余六个不同。汪继培认为"结"同"终"，其余昌、吕、卑、毕、遇、过"皆字形相近，传本各异"①。《世本》中没有莘、姺、伾、伾，《潜夫论》中连薛都没有。所以文献中这种传本虽然很重要，但不能作为定论。

《路史》则罗列了奚、薛、邳、挚、谢、章、舒、洛、昌、终、泉、卑、遇、儋、牛黎、番禺等并给出其地域②：

　　奚，滕东南六十。
　　薛，滕东南五十。
　　邳，今淮阳治下邳城（今江苏邳州、睢宁一带）。
　　挚，蔡之平舆有挚亭。
　　谢，黄帝后者，周灭之，以封申伯。在南阳之宛，见《诗·崧高》。
　　章，章与谢，本皆任姓。周始以封太公之支子。
　　舒，故城在郓之须城，许氏作郐。郐，郓之下邑。

《路史》的材料未必准确，但可说明任姓在鲁西南部有很大的势力。

2. 奚仲与仲虺

薛为夏族任姓古国。薛在徐州、滕县一带。《括地志》言："薛城在薛河北，周二十八里。"③薛有悠久的历史，在文献中历经夏、商，一直到周代，至少维持了一千多年，战国时灭亡。

夏代有奚仲，《左传·定公元年》云："薛宰曰：'薛之皇祖奚仲居薛以为夏车正。'"④《读史方舆纪要》滕县薛城："县南四十里。夏车正奚仲国也。"⑤

商代有仲虺，据《通志》记，奚仲（夏禹时）为颛顼少子阳的十二世孙。仲虺（商汤时）又是奚仲的十二世孙。⑥因此薛的历史可以追溯到颛顼时代。

周初在山东之政治版图作剧烈改变时，薛仍然存在。《左传·隐公十一年》云："滕侯、薛侯来朝"，孔颖达疏："《谱》云：薛，任姓，黄帝之苗裔奚仲封为薛侯，今鲁国薛县是也。奚仲迁于邳，仲虺居薛以为汤左相，武王复以其胄为薛侯。齐桓霸诸侯，黜为伯。……小国无记，世不可知，亦不知为谁所灭。"⑦故薛从颛顼时代开始，历经夏、商，一直到战国时灭亡。《读史方舆纪要》云："战国时为齐所灭。田婴封于此，谓

---

① （汉）王符：《潜夫论·志氏姓》，《诸子集成》第八册，第172页。
② （宋）罗泌：《路史·国名纪甲》，第324页。
③ （清）顾祖禹撰，贺次君、施和金点校：《读史方舆纪要·山东三》，第1526页。
④ 《春秋左传正义·定公元年》，（清）阮元校刻：《十三经注疏》，第2131页。
⑤ （清）顾祖禹撰，贺次君、施和金点校：《读史方舆纪要·山东三》，第1525页。
⑥ （宋）郑樵撰，王树民点校：《通志二十略·氏族略第二》，第59、60页。
⑦ 《春秋左传正义·隐公十一年》，（清）阮元校刻：《十三经注疏》，第1735页。

之薛君。秦置薛县。"①似乎古薛族作为黄帝之后的任姓国,到此才从历史中消失。

3. 薛、邳

薛、邳的地域在今山东之中南部,以及相邻的江苏北部,西距商丘不过二三百里。当商族控制商丘时,就与薛族成为近邻。春秋时的薛国有上邳、下邳,上邳在今山东滕县(即奚仲原来所居之薛),下邳在今江苏邳州(即奚仲所迁之邳),《通志》云:"今泗州故下邳郡,即其地也。"②《路史》云:"今淮阳治下邳城。"③

《水经注》对奚仲、仲虺的经历做了下列记载:

> 漷水又西南径蕃县(杨守敬按:今滕县治)故城南,又西径薛县(杨守敬按:今滕县西南四十里)故城北。《地理志》曰:夏车正奚仲之国也。《竹书纪年》梁惠成王三十一年,邳迁于薛,改名徐州。城南山上有奚仲冢。……漷水又西径仲虺城北(熊会贞按:在滕县西南五十里)。《晋太康地记》曰:奚仲迁于邳,仲虺居之,以为汤左相。……应劭曰:邳在薛。徐广《史记音义》曰:楚元王子郢客,以吕后二年封上邳侯也。有下故此为上矣。《晋书地道记》曰:仲虺城在薛城西三十里。漷水又西至湖陆县,入于泗。④

此为夏代奚仲、商代仲虺的地域,后来成为齐国孟尝君之领地。

## (二)有莘氏

### 1. 有莘氏之地域

(1) 莘之地域

古史中有多处提到莘,一谓在山东曹县,《左传·僖公二十八年》云:"(晋侯)次于城濮……晋侯登有莘之虚以观师。……己巳,晋师陈于莘北……甲午,至于衡雍。"杜预注:"有莘,故国名。"⑤《读史方舆纪要》曹县莘城:"县北十八里。《元和志》:'古莘仲国也,在济阴县东南三十里。'……今为莘仲集。"⑥则有莘氏在今山东曹县。

一谓在河南陈留。《史记·殷本纪》云:"(伊尹)乃为有莘氏媵臣",《史记·殷本纪》又载:"《括地志》云:'古莘国在汴州陈留县东五里,故莘城是也。《陈留风俗传》云陈留外黄有莘昌亭,本宋地,莘氏邑也。'"⑦伊尹耕于有莘之野。则有莘氏在今山东

---

① (清)顾祖禹撰,贺次君、施和金点校:《读史方舆纪要·山东三》,第1525页。
② (宋)郑樵撰,王树民点校:《通志二十略·氏族略第二》,第70页。
③ (宋)罗泌:《路史·国名纪甲》,第324页。
④ (后魏)郦道元注,(清)杨守敬、熊会贞疏,段熙仲点校:《水经注疏·泗水》,第2117—2120页。
⑤ 《春秋左传正义·僖公二十八年》,(清)阮元校刻:《十三经注疏》,第1825页。
⑥ (清)顾祖禹撰,贺次君、施和金点校:《读史方舆纪要·山东四》,第1576页。
⑦ 《史记·殷本纪》,第94页。

曹县。传说伊尹墓在己氏（今曹县东南五六十里），《水经注》云："（黄沟）又东径己氏县故城北……县有伊尹冢。"① 《读史方舆纪要》陈留县莘城："县东北三十五里。或曰即《国语》所谓莘墟也，今详见山东曹县。又县南十五里有空桑城，相传伊尹生此，盖亦因莘城而名。"② 则有莘氏当在今河南陈留，亦有莘城。

由于几千年的传说混淆，故上古之地名难以确指，大致即在曹县、陈留一带，二者相距不过一二百里，实际上可认为是一个地区。

最重要的一点即在于有莘氏地处商族之核心地区（即郑州、商丘之间），而东边则与薛族地区（邹县、滕县、薛县一带）相邻。因此莘位于商王畿东南部，而薛则位于王畿东南部之外围。犹如商奄位于商王畿东北部，而奄则位于王畿东北部之外围。因此从地理位置来看，莘（王畿东南部）与商奄（王畿东北部）类似，而薛（王畿东南部外围）与奄（王畿东北部外围）类似。

（2）其他莘之地点

至于莘的地点，其实还很多。如《左传·成公二年》晋师为救鲁卫而向齐师进攻："师从齐师于莘（杜预注：莘，齐地）。六月壬申，师至于靡笄之下（即今济南千佛山）。"③ 还有《左传·桓公十六年》是卫地（山东莘县北），《左传·僖公二十八年》是故莘国，"有莘之墟"，还有庄公十年有蔡地之莘，庄公三十二年有虢地之莘。

此外还有另一个莘。文王娶于莘，《诗·大雅·大明》云："缵女维莘"，毛传："莘，太姒国也。"④ 此莘为文王之妻族、武王之母族，在今陕西合阳。还有《史记·夏本纪》云："鲧纳有莘氏女，生禹。"⑤

2. 有莘氏与伊尹

有侁氏，或有姺氏，也称为有莘氏。如《吕氏春秋·孝行览》云："有侁氏女子采桑，得婴儿于空桑之中，献之其君。……曰：其母居伊水之上，孕。梦有神告之曰：……故命之曰伊尹。"⑥《水经注》则说："昔有莘氏女，采桑于伊川，得婴儿于空桑中，言其母孕于伊水之滨，梦神告之曰：……长而有贤德，殷以为尹，曰伊尹也。"⑦

《墨子》云："昔伊尹为莘氏女师仆，使为庖人，汤得而举之，立为三公，使接天下之政，治天下之民。""伊挚，有莘氏女之私臣，亲为庖人，汤得之，举以为己相，与接天下之政，治天下之民。"⑧

---

① （后魏）郦道元注，（清）杨守敬、熊会贞疏，段熙仲点校：《水经注疏·泗水》，第2135页。
② （清）顾祖禹撰，贺次君、施和金点校：《读史方舆纪要·河南二》，第2153页。
③ 《春秋左传正义·成公二年》，（清）阮元校刻：《十三经注疏》，第1894页。
④ 《毛诗正义·大雅·大明》，（清）阮元校刻：《十三经注疏》，第508页。
⑤ 《史记·夏本纪》，第49页。
⑥ （汉）高诱注：《吕氏春秋·孝行览·本味》，《诸子集成》第六册，第139页。
⑦ （后魏）郦道元注，（清）杨守敬、熊会贞疏，段熙仲点校：《水经注疏·伊水》，第1342页。
⑧ （清）孙诒让：《墨子间诂·尚贤下》，《诸子集成》第四册，第40页；（清）孙诒让：《墨子间诂·尚贤中》，《诸子集成》第四册，第34页。

### 3. 莘与商族的关系

《史记·殷本纪》集解引《列女传》云："汤妃，有莘氏之女。"[①]《初学记》曰："汤娶有莘氏女为正妃，生太子丁、外丙、仲壬。"[②] 则有莘氏是汤之妻族，为太丁、外丙、仲壬之母族。因此有莘氏为商族之通婚部族。

当商族南下时，薛族在与商族的密切接触中形成了有莘氏，故有莘氏当是薛族中与商族融合的部族。虽然有莘氏属于夏族而商族属于戎族，但是由于二者有了密切的通婚关系，实际上建立了类似于"一氏两姓"的关系。商族与有莘氏就建立了主宾的特殊关系（请参看张肇麟：《姓氏与宗社考证》）。

《尚书·伊训》言："伊尹祠于先王"，孔颖达疏："此祠先王，是汤崩逾月，太甲即位，奠殡而告也。"[③] 则所谓"祠"实为极重要之新王即位之祭祀，有重大之宗教意义，故必由"对偶部族"之重要人物担任。同时卜辞有祀伊尹[④]，而旧史有伊尹放太甲于桐之传说，皆当以血缘的关系来解释。对此下边将有进一步的讨论。

## （三）挚、畴

### 1. 挚、畴为夏族薛的融合部族

挚、畴为夏族之融合部族，由薛族吸收商族而形成的。在商周之际，挚、畴开始出现于文献，如《国语·周语》云："昔挚、畴之国也由大任。"韦昭注："挚、畴二国，任姓，奚仲、仲虺之后，大任之家也。"[⑤] 这挚、畴二国是王季之妃大任的母家，按韦昭注则挚、畴二国为任姓奚仲、仲虺之后，则为夏族之融合部族。

挚当与有莘氏相似，都为薛与商之混血族群。《路史》既说挚是"黄帝之宗"，又说挚是祖己之后裔："挚，祖己七世孙成封，周文王母太任国。今蔡之平舆有挚亭。"[⑥] 故就夏族方面言之，则挚为黄帝之后薛族之后裔；而就商族方面言之，则为祖己七世孙。祖己为盘庚一辈，则其七世孙为帝乙、帝辛（纣）时，亦即周文王及其母之时。《路史》专以西周初年为说，并未牵涉挚之起源来由，但亦已清楚说明挚为戎族与夏族的融合部族。

### 2. 挚之地域

挚也位于商王畿之内，《诗·大雅·大明》云："挚仲氏任，自彼殷商，来嫁于周，曰嫔于京。……大任有身，生此文王。"毛传："挚，国。任姓之中女也。"郑笺："京，周国之地，小别名也。……挚国中女曰大任，从殷商之畿内，嫁为妇于周之京。"孔

---

[①] 《史记·殷本纪》，第 94 页。
[②] （唐）徐坚等：《初学记》，北京：中华书局，2004 年，第 199 页。
[③] 《尚书正义·商书·伊训》，（清）阮元校刻：《十三经注疏》，第 162 页。
[④] 陈梦家：《殷虚卜辞综述·先公旧臣》，第 362、363 页。
[⑤] 徐元诰撰，王树民、沈长云点校：《国语集解·周语中》，第 46 页。
[⑥] （宋）罗泌：《路史·国名纪甲》，第 324 页。

疏："此言仲任，下言大任者……尊而称之，故谓之大姜、大任、大姒，皆称大。"① 这是说文王之母太任出于商王畿内的挚族（任姓）。

郑笺谓挚在商王畿之内。《国语·周语》未提挚、畴所在。汪远孙曰："《说文》：'汝南平舆有挚亭。'刘昭注《续汉志》引作挚，盖古挚国地。挚、挚古通用。《郑语》'依、𬎆、历、华'，《诗谱》𬎆作畴，然则畴亦济、洛、河、颍四水间国，去挚不远。"②《路史》亦谓挚之地域在豫东平舆，则商任（挚）在蔡、沈附近。都是商任作为商族与薛族之混合氏族，其位置当在商丘之南。

挚的情况如商奄相同，因此挚亦称为商任。

3. 商任

商任后来成为地名，《春秋·襄公二十一年》云："公会晋侯、齐侯、宋公、卫侯、郑伯、曹伯、莒子、邾子于商任。"杜预注："商任，地阙。"③

又《左传·襄公二十一年》云："（诸侯）会于商任，锢栾氏也。"杜预注："禁锢栾盈，使诸侯不得受。"④ 依《左传》，晋之栾盈得罪出奔楚，取道于周，周人出之辕辕，"使候出诸辕辕"。杜预注："辕辕关在缑氏县东南。"⑤《后汉书》河南尹缑氏县有辕辕关。⑥《读史方舆纪要》登封县辕辕关："在县西北。县与巩县以辕辕岭为界，置关于上。"⑦ 辕辕为晋人入楚之要道，商任之会即对辕辕加以封锁，因知商任之地当即在辕辕附近。缑氏在今偃师，则商任必在偃师。但是由于与会者为晋、宋、卫、郑、鲁、齐、曹、邾、莒，故商任当在豫东、鲁西一带。

《读史方舆纪要》云："古任城在今河北任县东南。其地近商墟，故谓之商任。"⑧ 对商任的解释有误。任县在邢台东，似不合。

《春秋大事表》商任，"杜注阙，或曰在今彰德府安阳县地"⑨。似亦不合。

# 七、商代之卿士

## （一）商代之卿士阶层

### 1. 卿士

商族特别重视商代的卿士阶层，因此《竹书纪年》多次记载卿士的政治生活，多次

---

① 《毛诗正义·大雅·大明》，（清）阮元校刻：《十三经注疏》，第507页。
② 徐元诰撰，王树民、沈长云点校：《国语集解·周语中》，第46页。
③ 《春秋左传正义·襄公二十一年》，（清）阮元校刻：《十三经注疏》，第1970页。
④ 《春秋左传正义·襄公二十一年》，（清）阮元校刻：《十三经注疏》，第1972页。
⑤ 《春秋左传正义·襄公二十一年》，（清）阮元校刻：《十三经注疏》，第1972页。
⑥ 《后汉书·郡国一》，第3390页。
⑦ （清）顾祖禹撰，贺次君、施和金点校：《读史方舆纪要·河南三》，第2264页。
⑧ （清）顾祖禹撰，贺次君、施和金点校：《读史方舆纪要·北直六》，第664页。
⑨ （清）顾栋高辑，吴树平、李解民点校：《春秋大事表·春秋列国都邑表》卷七之二，第782页。

记载商代卿士的下列重要任命：

| | |
|---|---|
| 外丙元年 | 即位居亳，命卿士伊尹。 |
| 仲壬元年 | 即位居亳，命卿士伊尹。 |
| 太甲元年 | 即位居亳，命卿士伊尹。 |
| 沃丁元年 | 即位居亳，命卿士咎单。八年祠保衡。① |
| 太戊元年 | 即位居亳，命卿士伊陟、臣扈。 |
| 祖乙三年 | 命卿士巫贤。 |
| 武丁元年 | 即位居殷，命卿士甘盘。三年梦求傅说得之。 |
| 武丁六年 | 命卿士傅说，视学养老。② |

其中提到伊尹（外丙、仲壬、太甲时）、咎单（沃丁时）、伊陟、臣扈（太戊时）、巫贤（祖乙时）、甘盘、傅说（武丁时），他们共七人，都称为卿士。

据《尚书·君奭》记，周公曾说："我闻在昔成汤既受命，时则有若伊尹，格于皇天。在太甲，时则有若保衡。在太戊，时则有若伊陟、臣扈，格于上帝；巫咸乂王家。在祖乙，时则有若巫贤。在武丁，时则有若甘盘。率惟兹有陈，保乂有殷。故殷礼陟配天，多历年所。"孔氏传："贤，咸子，巫氏。"孔氏又说："高宗即位，甘盘佐之，后有傅说。"其中周公提到六人伊尹、伊陟、臣扈、巫咸、巫贤、甘盘，与《竹书纪年》所述之卿士七人中缺少咎单、傅说，但多了巫咸。缺少傅说是没有道理的，所以孔颖达说："不言傅说者，周公意所不言，未知其故。"③

这些人的地位十分特殊，此外还有仲虺、祖己等，也很特殊。《史记·殷本纪》载：

帝武丁祭成汤，明日，有飞雉登鼎耳而呴……祖己乃训王……武丁修政行德，天下咸欢，殷道复兴。帝武丁崩，子帝祖庚立。祖己嘉武丁之以祥雉为德，立其庙为高宗，遂作《高宗肜日》及《训》。④

又如祖己，《尚书·高宗肜日》记，在高宗祭成汤时，祖己训诸王："祖己曰：惟先格王，正厥事，乃训于王曰：'惟天监下民，典厥义。降年有永有不永。非天夭民，民中绝命。……呜呼，王司敬民，罔非天胤，典祀无丰于昵。'"⑤

在商代出现了一批特殊之政治人物，最突出的为伊尹。武丁时还有一个著名的傅

---

① （清）徐文靖：《竹书纪年统笺》，《二十二子》，第1063页。
② （清）徐文靖：《竹书纪年统笺》，《二十二子》，第1064—1066页。
③ 《尚书正义·君奭》，（清）阮元校刻：《十三经注疏》，第223—224页；（清）孙星衍撰，陈抗、盛冬铃点校：《尚书今古文注疏·君奭》，第448—449页。
④ 《史记·殷本纪》，第103、104页。
⑤ 《尚书正义·高宗肜日》，（清）阮元校刻：《十三经注疏》，第176页。

说。他们并非王族，然而地位极高。尤其是伊尹，引起了许多学者的注意，议论纷纷，但是得不到可靠结论。

最奇怪的是，其中大部分人来历不明，如伊尹。《史记·殷本纪》云："伊尹名阿衡。阿衡欲奸汤而无由，乃为有莘氏媵臣，负鼎俎，以滋味说汤，致于王道。或曰，伊尹处士，汤使人聘迎之，五反然后肯往从汤。"索隐引《吕氏春秋》云："有侁氏女采桑，得婴儿于空桑，母居伊水，命曰伊尹。"①

又如巫咸，《释文》引马融注云："巫，男巫也。名咸，殷之巫也。"② 巫贤，孔颖达疏谓巫并非指巫师："贤是咸子，相传云然。父子俱称为巫，知巫为氏也。"③

更奇怪的是傅说。《史记·殷本纪》说："武丁夜梦得圣人，名曰说。……是时说为胥靡，筑于傅险。……举以为相，殷国大治。故遂以傅险姓之，号曰傅说。"④ 照《史记·殷本纪》的说法，傅说只有一个名字，没有姓、也没有籍贯。但有一个服劳役的地方，《史记·殷本纪》正义引《括地志》云："傅险即傅说版筑之处……在今陕州河北县北七里，即虞国虢国之界。"⑤

这些人如伊尹，他们在生活中的遭遇往往令人不可思议。

2. 祭祀所见

在商王的祭祀中，往往提到伊尹、巫咸等大臣。

《殷虚书契考释》引《盘庚》："兹予大享于先王，尔祖其从与享之。"⑥ 大家都以为伊尹、巫咸都是以臣从享之例。其实氏族祭祀，不会依王朝职位分尊卑的。这巫咸、伊尹是葳姓、任姓显著的祖先，使人一见即起疑问。除此以外，卜辞里所祭祖先的名字，尚有许多字未经确定。一般人便武断地说他们都是商族祖先，恐未必然。或许其中有为夏族祖先，如伊尹、巫咸之类，他们不在少数。

（二）伊尹的地位

1. 伊尹之部族

与伊尹密切相关的部族是有莘氏。《吕氏春秋·孝行览》云："有侁氏女子采桑，得婴儿于空桑之中，献之其君。……曰：其母居伊水之上，孕。梦有神告之曰：……故命之曰伊尹。"⑦《水经注》有类似的记载："昔有莘氏女，采桑于伊川，得婴儿于空桑中，言其

---

① 《史记·殷本纪》，第94页。
② 顾颉刚、刘起釪：《尚书校释译论·君奭》，北京：中华书局，2005年，第1566页。
③ 《尚书正义·君奭》孔疏，（清）阮元校刻：《十三经注疏》，第224页。
④ 《史记·殷本纪》，第102页。
⑤ 《史记·殷本纪》，第103页
⑥ 《尚书正义·盘庚上》，（清）阮元校刻：《十三经注疏》，第169页。
⑦ （汉）高诱注：《吕氏春秋·孝行览·本味》，《诸子集成》第六册，第139页。

母孕于伊水之滨,梦神告之曰:……长而有贤德,殷以为尹,曰伊尹也。"①《吕氏春秋·孝行览》谓有侁氏之采桑女,而《水经注》谓有莘氏之采桑女,则有侁氏即有莘氏。

全篇有神话之扑朔迷离,并无对伊尹身世之明确说明,伊水可能是其母之氏族所在,故当为伊氏,当属于有莘氏。因此所谓"有侁氏女子采桑,得婴儿于空桑之中"的说法,当是从地名"空桑"演绎来的。虽然不真实,但可以还原。伊尹当出生于空桑。

《太平寰宇记》开封府雍丘县:"空桑城,在县西二十里。"此是伊尹出生处。②

传说伊尹墓在己氏,《水经注》云:"(黄沟)又东径己氏县故城北……县有伊尹冢。"③

2. 伊尹的姓氏

(1) 伊尹

诸说俱以伊为氏,至于名,则难以确断。谓尹是官职之称,亦无确实之证据。史称伊尹及伊陟、伊奋为父子,则伊当为他们的氏族名。伊尹是否有姓,如果有,为何姓,则史无明文。但伊尹可能为夏族,至少比汤更接近夏族,汤既然有姓(子姓),则伊尹亦必定有,至少亦当已从夏族得姓。伊尹的母族伊族属于有侁氏,当以伊汭而得名。伊汭在今洛阳市偃师区,都与侁族之地相接。而且伊族还与挚族同是从侁族中分裂出来的。《史记》索隐引《孙子兵书》谓"伊尹名挚",并云孔安国亦称伊尹为伊挚④,似乎因伊与挚相近而致误混。

挚族之地似也在偃师。因而并知前人以汤都偃师为西亳即指此,可证挚族是汤的后裔。卫族中有挚族,而挚族的高祖为乙即成汤。

(2) 商任

薛为任姓,故挚以薛之姓为姓,即任姓,所以挚族又称商任。故商奄、有莘氏、商任等混合氏族,自北而南,自聊城、郓城、曹县、夏邑、沈丘、平舆,分布于鲁西、豫东。其东边为奄、薛等夏族氏族。

所以夏族任姓薛、伾、挚诸国并非商族,但与商族有极密切的联系,他们是商朝重臣伊尹之祖国。还有后来的伊陟、臣扈,都是商朝最重要的政治人物。但他们都有夏族的背景。还有汤左相之仲虺。《左传·定公元年》云:"仲虺居薛,以为汤左相。"⑤要之,这时汤之后裔还未脱离任姓的控制,已可无疑。

3. 伊尹为相摄行政当国

《帝王世纪》说:"伊尹名挚,为汤相,号阿衡。"⑥又《诗·商颂·长发》云:"实

---

① (后魏)郦道元注,(清)杨守敬、熊会贞疏,段熙仲点校:《水经注疏·伊水》,第1342页。
② (宋)乐史撰,王文楚等点校:《太平寰宇记·河南道一·开封府》,第16页。
③ (后魏)郦道元注,(清)杨守敬、熊会贞疏,段熙仲点校:《水经注疏·泗水》,第2135页。
④ 《史记·殷本纪》,第94页。
⑤ 《春秋左传正义·定公元年》,(清)阮元校刻:《十三经注疏》,第2131页。
⑥ (晋)皇甫谧撰,(清)宋翔凤、钱宝塘辑:《帝王世纪》,第26页。

维阿衡，实左右商王。"毛传："阿衡，伊尹也。"郑笺："阿，倚；衡，平也。伊尹，汤所依倚而取平，故以为官名。"① 段玉裁《说文解字注》云："伊与阿、尹与衡，皆双声，然则一语之转也。……诸家或云伊氏、尹字，或云名挚，皆所传闻异辞耳。"②

伊尹又称保衡，《尚书·君奭》云："在昔成汤既受命，时则有若伊尹，格于皇天。在太甲，时则有若保衡。"孔颖达疏："保衡，伊尹，一人也。异时而别号。"③ 则伊尹既号阿衡，亦号保衡。倘阿衡亦号保衡，则不得如段玉裁所说伊尹、阿衡为双声。但从《尚书·君奭》来看，阿衡、保衡显然为二人。

伊尹是汤的老臣，为外丙、仲壬、太甲三朝卿士，为商朝初期之重臣。《史记·殷本纪》说："帝中壬即位四年，崩，伊尹乃立太丁之子太甲。……帝太甲既立三年，不明，暴虐……于是伊尹放之于桐宫。三年，伊尹摄行政当国，以朝诸侯。帝太甲居桐宫三年，悔过自责，反善，于是伊尹乃迎帝太甲而授之政。……伊尹嘉之，乃作《太甲训》三篇，褒帝太甲，称太宗。太宗崩，子沃丁立。帝沃丁之时，伊尹卒。既葬伊尹于亳，咎单遂训伊尹事，作《沃丁》。"④

但伊尹的身份只能从氏族关系来理解。《尚书·伊训》云："伊尹祠于先王"，孔颖达疏："此祠先王，是汤崩逾月，太甲即位，奠殡而告也。"则所谓"祠"实为极重要之新王即位之祭祀，有重大之宗教意义，故必由族属比较接近之重要人物担任。同时卜辞有祀伊尹，而旧史有伊尹放太甲于桐之传说，皆当以血缘的关系来解释。似乎那时南方任、箴诸姓已生分裂之故。

4. 伊尹被杀，其子又为卿士

然而关于伊尹的生平，《竹书纪年》却有很不相同的记载，谓伊尹废黜太甲，又被太甲所杀："伊尹放太甲于桐，乃自立。七年，王潜出自桐，杀伊尹。天大雾三日，乃立其子伊陟、伊奋，命复其父之田宅而中分之。"⑤ 原来伊尹是被太甲杀掉的，后来由于天道示警，太甲仍"立其子伊陟、伊奋"。不过伊陟、伊奋只是"立"了，继承了伊尹的财产，并没有继承伊尹之政治地位。当然那时候伊陟可能还是孩子。十三年后（沃丁八年）伊尹得到昭雪。再过四十五年，太戊时伊陟成为卿士，《尚书》云："在太戊时，则有若伊陟、臣扈，格于上帝。"⑥《史记·殷本纪》云："帝太戊立伊陟为相。……伊陟赞言于巫咸。巫咸治王家有成，作《咸艾》，作《太戊》。帝太戊赞伊陟于庙，言弗臣。伊陟让，作《原命》。殷复兴，诸侯归之，故称中宗。"⑦ 伊尹家终于恢复了原先的政治地位。

---

① 《毛诗正义·商颂·长发》，（清）阮元校刻：《十三经注疏》，第 627 页。
② （汉）许慎撰，（清）段玉裁注：《说文解字注·人部》，第 367 页。
③ 《尚书正义·君奭》，（清）阮元校刻：《十三经注疏》，第 223、224 页。
④ 《史记·殷本纪》，第 98、99 页；（清）焦循：《孟子正义·万章上》，《诸子集成》第一册，第 383 页。
⑤ （清）徐文靖：《竹书纪年统笺》，《二十二子》，第 1063 页。
⑥ 《尚书正义·君奭》，（清）阮元校刻：《十三经注疏》，第 223 页。
⑦ 《史记·殷本纪》，第 100 页。

《竹书纪年》的记载似乎更接近事实。《史记·殷本纪》说:"太宗崩,子沃丁立。帝沃丁之时,伊尹卒。既葬伊尹于亳,咎单遂训伊尹事,作《沃丁》。"①《史记·殷本纪》说沃丁继位之后,"咎单遂训伊尹事",此话怎讲?伊尹去世,咎单为什么还要"训伊尹事"?其实伊尹在太甲时就被杀了,而且不得安葬。只是沃丁继位后,才给予平反。因此《史记·殷本纪》中"伊尹卒"三字应删去,删去之后与《竹书纪年》就没有矛盾了。盖沃丁继位后,咎单为伊尹平反(即所谓"咎单遂训伊尹事"),并将其葬于亳。《帝王世纪》说:"帝沃丁八年,伊尹卒,年百有余岁。天雾三日,葬以天子之礼。"②其中"伊尹卒,天雾三日"是太甲七年之事,"葬以天子之礼"则为沃丁八年之事,二者相隔约十三年。即伊尹死后十三年才在沃丁、咎单主持下得到昭雪。《帝王世纪》也把两件事混淆起来了,其中"伊尹卒,天雾三日"亦当删去。

5. 为有莘氏之媵臣

伊尹与商王之间的关系极不寻常。最初认为他是"有莘氏媵臣,负鼎俎,以滋味说汤",后来"为汤相",汤后成为外丙、仲壬、太甲三朝卿士。《诗·商颂·长发》谓:"实左右商王。"无论伊尹是否为太甲所杀,他的地位始终很高。沃丁"以天子礼葬之",其子伊陟又成为太戊的卿士,"言弗臣"。故《楚辞·天问》云:"初汤臣挚,后兹臣辅。何卒官汤,尊食宗绪?"③《吕氏春秋》云:"祖伊尹世世享商。"④所以伊尹之地位极其特殊。

伊尹在商朝,犹如周公在西周初年的情况。但周公是武王之弟,是有资格登上王位的,而伊尹的历史比周公要复杂得多。虽然他不是王族,而且还是有莘氏媵臣,可是《史记·殷本纪》说他曾"摄行政当国,以朝诸侯","沃丁以天子礼葬之",卜辞中也有祭伊尹的故事。虽《竹书纪年》谓其被太甲所杀,但《竹书纪年》又说其子伊陟仍为相。"帝太戊赞伊陟于庙,言弗臣。"⑤还有那么高的地位。

在正统论的史家观之,这些是十分骇异的记载。其实从氏族社会的观点推之,也许实有其事。我们认为这是由于商族与夏族融合所产生的现象。

6. 伊尹与部族

汤娶于有莘氏,《初学记》云:"汤娶有莘氏女为正妃,生太子丁、外丙、仲壬。"⑥因此商族与有莘氏可能是"对偶部族"。即使只是姻亲部族,那么伊尹在商族也有特殊地位,犹如《仪礼》中的宾,与后代的"媵"是完全不同的。

---

① 《史记·殷本纪》,第 99 页。
② (晋)皇甫谧撰,(清)宋翔凤、钱宝塘辑:《帝王世纪》,第 26 页。
③ (宋)洪兴祖撰,白化文等点校:《楚辞补注·天问》,第 115 页。
④ (汉)高诱注:《吕氏春秋·慎大览·慎大》,《诸子集成》第六册,第 160 页。
⑤ 《史记·殷本纪》,第 99、100 页。
⑥ (唐)徐坚等:《初学记》,第 199 页。

伊尹耕于有莘氏之野，有莘氏女嫁汤，而伊尹为有莘氏媵臣。古书侁或作莘。《吕氏春秋·孝行览》谓汤为了得到伊尹，请婚于有侁氏（即有莘氏）："汤闻伊尹，使人请之有侁氏，有侁氏不可。伊尹亦欲归汤。汤于是请取妇为婚。有侁氏喜，以伊尹媵女。"高诱注："侁读曰莘。"① 汤出婚于有侁氏当是实有其事。《楚辞·天问》云："何乞彼小臣，而吉妃是得？"②《帝王世纪》云："初，力牧之后曰伊挚，耕于有莘之野。汤闻，以币聘，有莘之君留而不进。汤乃求婚于有莘之君，有莘之君遂嫁女于汤，以挚为媵臣。"③《路史》罗苹注："古莘国，伊挚耕处。"④ 伊挚当即伊尹，故"伊尹，有侁氏之媵臣也"。此种说法必是扭曲，故《史记·殷本纪》又说："伊尹名阿衡。阿衡欲奸汤而无由，乃为有莘氏媵臣，负鼎俎，以滋味说汤，致于王道。或曰：伊尹处士，汤使人聘迎之，五反然后肯往从汤，言素王及九主之事。汤举任以国政。"⑤

何谓媵臣？《史记·殷本纪》曰："乃为有莘氏媵臣，负鼎俎，以滋味说汤。"《淮南子》曰："伊尹之负鼎……众人见其位之卑贱，事之浇辱，而不知其大略。"⑥《竹书纪年》徐文靖笺："《焦氏笔乘》曰：'媵，《说文》送也。'……《尔雅》亦云：'媵，将送也。'然则世以媵臣为贱者非也。盖彼有迎，此有送。春秋如齐逆女者迎也，此以伊尹为媵者送也。"⑦

### （三）仲虺、巫咸、甘盘

在武丁时有甘盘。周公说："我闻在昔，成汤既受命，时则有若伊尹。……在太甲，时则有若保衡。在太戊，时则有若伊陟、臣扈，格于上帝。巫咸乂王家。在祖乙，时则有若巫贤。在武丁，时则有若甘盘。"⑧ 武丁时还有祖己，《史记·殷本纪》云："帝武丁祭成汤，明日，有飞雉登鼎耳而呴……祖己乃训王……武丁修政行德，天下咸欢，殷道复兴。帝武丁崩，子帝祖庚立。祖己嘉武丁之以祥雉为德，立其庙为高宗，遂作《高宗肜日》及《训》。"⑨

#### 1. 仲虺、臣扈、祖己

（1）仲虺

仲虺也是汤的重臣，《左传·定公元年》云："仲虺居薛，以为汤左相。"⑩《吕氏春

---

① （汉）高诱注：《吕氏春秋·孝行览·本味》，《诸子集成》第六册，第139页。
② （宋）洪兴祖撰，白化文等点校：《楚辞补注·天问》，第108页。
③ （晋）皇甫谧撰，（清）宋翔凤、钱宝塘辑：《帝王世纪》，第25页。
④ （宋）罗泌：《路史·国名纪丁·夏后氏后》，第351页。
⑤ 《史记·殷本纪》，第94页。
⑥ （汉）高诱注：《淮南子·氾论训》，《诸子集成》第七册，第226页。
⑦ （清）徐文靖：《竹书纪年统笺》，《二十二子》，第1060页。"帝癸二十年伊尹归于商"徐笺。
⑧ 《尚书正义·君奭》，（清）阮元校刻：《十三经注疏》，第223页。
⑨ 《史记·殷本纪》，第103、104页。这几乎是又一个伊尹。
⑩ 《春秋左传正义·定公元年》，（清）阮元校刻：《十三经注疏》，第2131页。

秋》云："汤染于伊尹、仲虺。"① 要之，这时汤之后裔还未脱离任姓的控制，已可无疑。

《古今姓氏书辩证》云："薛，黄帝孙颛顼帝少子阳封于任。十二世孙奚仲，为夏车正，禹封为薛侯。……奚仲迁于邳。十二世孙仲虺复居薛，为汤左相。臣扈、祖己皆其胄裔也。祖己七世孙曰成，徙国于挚，更号挚国。女太任生周文王，至武王克商，复封于薛，为薛侯。……历三代凡六十四世。"②

（2）臣扈、祖己

则伊尹后裔，到大戊以后即失其职位，巫贤后裔到祖乙以后亦然，显然是分裂了。《古今姓氏辩证》说："太戊时有臣扈，武丁时有祖己，皆徙国于邳。祖己七世孙成侯，又迁于挚。"③ 其实臣扈、祖己皆当为挚族。又《尚书·高宗肜日》云："祖巳……乃训于王。"④ 臣扈与祖己的地位这样高，亦当以血缘关系来解释。

2. 巫咸、巫贤

《尚书·君奭》提到巫咸与巫贤说："在太戊……巫咸乂王家。在祖乙，时则有若巫贤。"孔传："贤，咸子。巫，氏。"孔颖达疏："父子俱称为巫，知巫为氏也。"⑤

卜辞又有祭巫咸的故事，巫咸作咸戊，似为葴姓之巫氏。《白虎通·姓名篇》云："于民臣亦得以甲乙生日名子何？"⑥ 殷有巫戊，《经义述闻》云："巫咸今文盖作巫戊。"巫咸一人三名。⑦ 前人不得其解，按咸当为葴字之讹。《公羊传·襄公二十四年》云："陈针宜咎出奔楚。"《释文》云："咸，本又作针。"⑧《左传》即作针⑨，《左传·庄公三十二年》有针巫氏。⑩ 商代有巫咸。似乎咸即葴。从其姓作咸戊，从其氏则作巫戊。巫咸又当为咸巫氏之祖先。葴为姓，巫为氏，戊为名。

3. 甘盘、傅说

《尚书》孔安国传："高宗即位，甘盘佐之，后有傅说。"⑪ 甘盘、小乙，武丁时人，师古曰："武丁师也。"⑫《竹书纪年》曰："（武丁）元年丁未，王即位，居殷。命卿士甘盘，（武丁）六年，命卿士傅说。"⑬ 武丁在即位初期，得到甘盘的大力支持，说

---

① （汉）高诱注：《吕氏春秋·仲春纪·当染》，《诸子集成》第六册，第18页。
② （宋）邓名世：《古今姓氏书辩证》，第591页。
③ （宋）邓名世：《古今姓氏书辩证》，第285页。
④ 《尚书正义·高宗肜日》，（清）阮元校刻：《十三经注疏》，第176页。
⑤ 《尚书正义·高宗肜日》，（清）阮元校刻：《十三经注疏》，第223、224页。
⑥ （清）陈立撰，吴则虞校点：《白虎通疏证·九·姓名》，北京：中华书局，2007年，第409页。
⑦ （清）王引之：《经义述闻·尚书下》，南京，江苏古籍出版社，2000年，第99页。
⑧ 《春秋公羊传注疏·襄公二十四年》，（清）阮元校刻：《十三经注疏》，第2309页。
⑨ 《春秋左传正义·襄公二十四年》，（清）阮元校刻：《十三经注疏》，第1979页。
⑩ 《春秋左传正义·庄公三十二年》，（清）阮元校刻：《十三经注疏》，第1784页。
⑪ 《尚书正义·君奭》，（清）阮元校刻：《十三经注疏》，第223页。
⑫ 《汉书·古今人表》，第888页。
⑬ 王国维：《今本竹书纪年疏证》，第69页。

明甘盘是武丁的一位重要的臣子,他是甘姓始祖之一。

傅说是商代卓越的政治家、军事家,他原为傅岩地方从事版筑的奴隶,但博学多闻,能引经据典。《尚书》云:"高宗梦得说,使百工营求诸野,得诸傅岩。"① 他辅佐武丁三年后,受到武丁之册命为殷相。他本无姓,因得自傅岩,武丁赐姓傅。甘盘和傅说是武丁重要的辅佐者,协助武丁振兴商朝,使商朝得到大治,并达到辉煌。

---

① 《尚书正义·说命》,(清)阮元校刻:《十三经注疏》,第174页。

# [补注一] 关于伊尹的分析

在卜辞中，伊尹有特殊的地位。他与大乙并见于一辞，而且附祭于先王。更值得注意的是卜辞中有"伊尹五示""伊五示"，陈梦家认为："当是旧臣五示而伊尹为首。"还有"又于十立：伊又九"，是伊尹与其他旧臣为十位。此外，还有武乙卜辞"伊，廿示又三"，陈梦家认为："当指伊尹和大甲至康丁二十三王。"①

问题是卜辞"伊尹五示"是指伊尹及其旧臣五位，还是指伊尹及其子孙五位？其他十示、二十三示有同样的问题。《帝王世纪》说："伊尹名挚，为汤相，号阿衡，年百岁卒。大雾三日，沃丁以天子礼葬之。"又据《竹书纪年》说，当伊尹被太甲杀死之后，"天大雾三日，乃立其子伊陟、伊奋，命复其父之田宅而中分之。"还说大戊时伊陟为卿士，"言弗臣"。如果这些属实，那么伊尹的地位高于周代的大诸侯，可能商朝有对他的独立祭祀系统，所谓五示、十示、二十三示，也可能是指伊尹自己的系统。商朝的祭祀系统与后世有比较大的区别，例如董作宾发现，商朝有"先祖与先妣两套独立而并行的祭祀系统"②。所以像伊尹那样的重臣，他可能有独立的祭祀系统。

陈梦家对卜辞中 16 个商代的名臣进行了讨论，他认为他们都不以天干为名，多附有官职，常为单名。因此他认为伊尹、黄尹的尹为官名，伊尹、黄尹先私名而后官名。阿衡、保衡中的阿、保为官名，衡是私名。他认为，黄、衡古通用。他又以为咸戊、爻戊、尽戊等之咸、爻、尽亦为私名，而"戊"为官名，戊陟的"戊"也为官名。③但是这些分析有问题。

《墨子·尚贤下》记伊尹为莘氏女师仆，《后汉书·崔实传》注：阿保即傅母。刘师培据此认为伊尹实即女师之保也。后世保付、师保均与古之保姆同。刘氏解释《韩非子·说难》云："伊尹身执鼎俎为庖宰"的"庖"字，当为"保"字之讹。伊尹实为商人贵族子弟的师保。《通鉴外纪》卷二引《竹书纪年》说"殷仲壬即位，居亳，其卿士伊尹。"《春秋经传集解后序》又记仲壬崩，伊尹放太甲于桐，乃自立也。伊尹即位，放太甲七年，太甲潜出自桐，杀伊尹，乃立其子伊陟、伊奋，命复其父之田宅而中分之。按照本书在上面的论述，伊尹一词的词义与令尹相同。本为贵族的近亲宗室，本有资格作为君主的接班人，他流放太甲而自立，在远古本为平常之事。

---

① 陈梦家：《殷墟卜辞综述·先公旧臣》，第363页。
② 陈梦家：《殷墟卜辞综述·先公旧臣》，第335页。
③ 陈梦家：《殷墟卜辞综述·先公旧臣》，第362、364、365页。

## [补注二] 关于奄与薄姑

20世纪"70年代山东省文物考古研究所对鲁城进行了全面的钻探与发掘……综观全部数据,其遗存最早的上限不会超过西周这个界限。……总之,在现存的鲁城范围内外,到目前为止,尚未发现与奄国相应的居住遗址与墓地。……也就是说,到现在为止,在曲阜境内未发现奄国都城故址的踪迹。"① "在滕州、兖州所发现的大面积遗址群,或许是寻找奄国都城故址所在的几把重要钥匙。"② 滕州前掌大"最为突出","我们以为现今之滕州应是奄国的势力范围"。兖州"应是奄人聚居之地"③。

"鲁西南一带,从夏代和商代间先后有很多小国,而且相当多的位聚于西边,也就是说,与商王畿更近。"④ 总结上文,龟族即奄族。

《左传·昭公二十年》云:"薄姑氏因之。""这是史籍中对薄姑氏因代关系的惟一记载。……1929年宝鸡出土周公时代铜鼎,鼎铭中有'丰伯甫古',唐兰认为此'甫古'即'薄姑'。……这是有关薄姑族的惟一一条金文资料……然而迄今为止,却从未发现一件为薄姑氏自作之器,自署之号。"⑤

"彝铭中凡与弓箙二形合铭之徽识,都可能与薄姑氏族有着传承关系。"⑥

淄博桓台荀召遗址(1987年挖掘)东北距"薄姑城"约五十里,东南距"齐故城"约六十里,南距葵丘约二十里。出土了叔龟器(或吊龟器)。同时,有高地:东西900米,南北1200米、随处可见大量商、周及汉代遗物。⑦

齐地称齐之前,曾称薄姑(《左传》引晏子语)。其势力所及亦称薄姑。⑧ 齐地是一崇武、尚箭之地。齐是三枚箭头。⑨

薛族之地域在泗水流域。在汉代,在济水东侧有支流汶水、泗水。汶水从寿张往东北至泰山。泗水则从定陶往东,至今鱼台分南、北两支。泗水北支往东北经任城至今曲阜,再经今泗水县,上游为洙水。泗水南支往东南流经江苏沛县、徐州、宿迁至今洪泽湖入淮水。(汉代并未有洪泽湖,淮水汇合泗水以后,往东北经淮阴入海。汉代亦无微

---

① 刘敦愿、逄振镐主编:《东夷古国史研究》第二辑,西安:三秦出版社,1990年,第29、30页。
② 刘敦愿、逄振镐主编:《东夷古国史研究》第二辑,第34、35页。
③ 刘敦愿、逄振镐主编:《东夷古国史研究》第二辑,第32、33页。
④ 刘敦愿、逄振镐主编:《东夷古国史研究》第二辑,第34页。
⑤ 刘敦愿、逄振镐主编:《东夷古国史研究》第二辑,第111页。
⑥ 刘敦愿、逄振镐主编:《东夷古国史研究》第二辑,第115页。
⑦ 刘敦愿、逄振镐主编:《东夷古国史研究》第二辑,第102、103页。
⑧ 刘敦愿、逄振镐主编:《东夷古国史研究》第二辑,第116页。
⑨ 刘敦愿、逄振镐主编:《东夷古国史研究》第一辑,第139页。

山湖。汉代在今山东郓城、巨野一带有大野泽,亦称巨野泽。济水在定陶东北流入大野泽,在寿张西南流出大野泽,再东北流经济南入海,大致为今黄河位置。)

泗水南支离开鱼台后,在到达沛县之前,有两条往东的支流,即南梁水(亦称西潮水)及潮水。薛县、滕县就在这两条支流的范围。

泗水至彭城(今徐州),东汉时有汳水注入。汳水亦称汴渠,在今开封与鸿沟水相通,东流。经外黄南、考城南、蒙县北、虞县北、丰县南,至萧县、彭城入泗水。故薛族的地域就在泗水流域的范围内,而且与商丘一带的商族有良好的沟通管道。

在 1978 年以后的 20 年中,考古学家对商代薛国遗址进行了多次发掘。古薛河下游约 20 平方千米分布有多处商代遗址与墓地,发现出土之青铜器之形制与郑州、安阳等地出土的同时期青铜器大致相近。[①] 薛成为商朝的诸侯国,但薛仍属于夏族,位于商王畿之外。有莘氏则在商王畿之内。

---

[①] 滕州市博物馆:《山东滕州市薛河下游出土的商代青铜器》,《考古》1996 年第 5 期。中国社会科学院考古所山东工作队:《滕州前掌大墓葬发掘》,《考古学报》1992 年第 3 期。

## [补注三] 商王朝的姓氏与婚姻制度

这里牵涉王族的婚姻制度。张光直说:"子族是商王朝时期的统治族……在子族内部有一个王族和一个子族(或称多子族)……子族的部分女性成员(可能来自王族)成为商王的族内配偶,其他氏族的女性成员则可能成为商王的族外配偶。其他氏族的其余成员还可能作为商王的下属也享有部分统治权。"[1]

如果商王族有所谓"族内配偶",他们是否实行内婚?如果他们实行内婚,那么更可以表明商族不同于夏族,但是戎族也没有内婚的记载,因此商王族内婚的说法是站不住脚的。

有人认为商代女子是称姓的,但是有下列现象:"姓的使用主要在晚商,出现晚,使用少。金文中偶见的商代人名用姓的例子,均属晚商。"又说:"(甲骨文)女名一般为单字形式,也偶有与姓连用者。"[2] 但是他们所说的"姓"是否真的是姓,还需要进一步研究。例如他们所举的例子中,如下列卜辞:㞷于小乙三姜?其又姬于妣辛?其中的姜、姬可能只是指羌族、臣族之女子(女俘虏)[3],并不是姓。

这些结果在某种程度上只是加强了下列观点:商族原来并没有姓氏制度。

---

[1] 张光直:《商文明》,沈阳:辽宁教育出版社,2002年,第153页。
[2] 雁侠:《中国早期姓氏制度研究》,天津古籍出版社,1996年,第112页。
[3] 雁侠:《中国早期姓氏制度研究》,第110页。

# [补注四] 夏商周的相互关系

张光直说:"因为夏史文献的极度缺乏,有关夏商直接关系的资料,一直到夏桀和商汤时期才有。"[①] 但是《竹书纪年》有下列记载:"(帝相)十五年,商侯相土作乘马。""(帝少康)十一年,使商侯冥治河。""(帝杼)十三年商侯冥死于河。""(帝芒)三十三年商侯迁于殷。""(帝泄)十二年殷侯子亥宾于有易,有易杀而放之。""(帝泄)十六年殷侯微以河伯之师伐有易,杀其君绵臣。""(帝不降)三十五年殷灭皮氏。""(帝孔甲)九年,殷侯复归于商丘。""(帝癸)十五年,商侯履迁于亳。十七年商使伊尹来朝。……"还有关于商侯的13条记载。[②] 因此从相到癸(桀)的三百年中,有商侯的记载共23条,不算少了。而且一般都是以商侯或殷侯的名义出现的。有关的地点都在长城以南,因此都是在夏族的领地之内。他们离开东北已久,长期为夏族的诸侯,当已融入夏族,并使用夏族的语言文字。

张光直对夏商周的相互关系做了下列说明:"杞这个夏的后裔,是商周两代的一个小国。宋,商灭亡以后的遗留国,是周代的一个小国。因此三代的相互关系不仅是连续的,也是共同存在的同时期的国家。"[③] 这个说法也是不确切的。杞是周代的一个小国,这没有错,但是周朝本身所实行的基本上是夏文化,因此其文化与杞并无根本区别。考虑到融入的关系,不能说在周代还有夏商周三族之鼎立。同样,由于融入关系,商族在夏朝已经失去自己的文化特性,夏、商两族的文化都属于夏文化,因此在夏朝,没有夏周直接关系的数据,也没有商周直接关系的数据,当时夏、周是两个独立之族群。《竹书纪年》在夏代没有关于周族的记载,但在商代,已经大量地记载了周族。在商代周族已经融入商族,亦即融入夏族。因此夏商周三族,并不是三条独立的线,最初是夏商周三条线,到商代只有了夏周(或商周)两条线,到周代就只有夏(或周)的一条线了。

这里说的是文化,不是人种。张光直曾讨论过商族的语言和人种的问题,他说:"李济曾查阅了步达生发表的商代和新石器时代颅骨标本的测量数据,发现它们之间存在着显著的差别。为此他提出这样的假想:'上述显著的差别,是因为宽颧骨人种的入侵同时在中国北部建立了殷帝国。'"但豪威尔(W. W. Howells)说:"似乎看不出明显的差别",不过张光直说:"豪威尔再次提出尖锐的问题。利用人种分析法,豪威尔发

---

① 张光直:《商文明》,第338页。
② 徐文靖:《竹书纪年统笺》,《二十二子》,第1057、1058、1059、1060页。
③ 张光直:《商文明》,第339页。

现，在所有头盖骨特征中，安阳人种与海南岛的现代中国人和北海道、琉球的日本人最接近，而不是欧洲人、美国印第安人或波利尼西亚人。"①

如果考虑到商族、海南岛、北海道、琉球的居民与戎族的关系，那么豪威尔的问题就一点都不尖锐了。其正可以说明，商族不属于夏族，而属于戎族。

---

① 张光直：《商文明》，第322、323页。

# [补注五] 殷代人种问题考察

　　李济与杨希枚研究了安阳出土的头骨。杨希枚把头骨分为五组：第一组头骨为古典的"类蒙古人"种，与布里亚特人相似，举例 30 具；第二组头骨为"太平洋类黑人"种，与巴布亚人相似，举例 34 具；第三组头骨为"类高加索人"种，与英国人相似，仅举例 2 具；第四组头骨为"类因纽特人"种，即蒙古人种下的北极类型，举例 50 具；第五组头骨无法定类型，举例 38 具。① 其中的第一组当为夏族，第三组当为戎族，而第四组当为戎族或胡族。

　　对此，韩康信、潘其风有不同的看法。②

---

① 杨希枚：《河南安阳殷墟墓葬中人体骨骼的整理和研究》，《"中央研究院"历史语言研究所集刊》1970 年第 42 本，第 231—266 页。
② 韩康信、潘其风：《殷代人种问题考察》，《历史研究》1980 年第 2 期；中国社会科学院历史研究所等：《安阳殷墟头骨研究》，北京：文物出版社，1985 年。

# [补注六] 河伯（河宗氏）

《穆天子传》云："河宗之子孙䣙柏絮。"① 䣙当即邶之声转。河宗氏的地域就在河套之北。

又有当穆天子西征时，"天子之御：造父、三百、耿翛，芍及"。归途中，"天子主车，造父为御。……柏夭主车，参百为御，奔戎为右"②。《列子》"䫰䫰为右"（作卨卨），张湛注《释文》云䫰音泰，篆作㑒，䫰音丙。③《淮南子·原道训》云："昔者冯夷、大丙之御也。"高注："丙或作白。"④《文选》枚乘《七发》注引许慎此语注："太白，河伯也。"⑤ 据此，则太白、大丙、河伯都即耿，为耿族之人，与䣙柏絮同为河伯冯夷的后裔。依《穆天子传》，其地当在河津一带。《路史》云："䣙，䣙伯絮国。穆天子西征，至于䣙，河宗之子孙䣙柏絮逆天子。……《地记》：陈仓有䣙城云。河宗之子孙宜在此，非沛之䣙。"⑥

然而传说中河伯又称河宗氏。《穆天子传》云："甲午，天子西征，乃绝隃之关隥。……辛丑，天子西征，至于䣙人。……戊申（此处原文作寅，依顾实校改），天子西征，骛行至于阳纡之山，河伯无夷之所都居，是惟河宗氏。"故《穆天子传》之河伯实即河宗氏。据顾实考证，阳纡之山为"乌拉特旗河套北岸诸山之总名"，而河宗氏与䣙人二国"殆以博托河为界"⑦。故《史记·赵世家》云："奄有河宗"，正义云："盖在龙门河之上流，岚、胜二州之地也。"又说："自河宗、休溷诸貉，乃戎狄之地也。"⑧

《说文》说："隃，北陵西隃雁门是也。"⑨ 周穆王在甲午日通过雁门，第八天辛丑到达䣙人国，第十五天到达阳纡之山。阳纡之山远离河北，故《穆天子传》之河宗氏当与商人之河伯无关。但与《山海经》之河伯可能有所关联。

---

① 顾实：《穆天子传西征讲疏》，第16页。
② 顾实：《穆天子传西征讲疏》，第49、212、215页。
③ （晋）张湛注：《列子注·周穆王》，《诸子集成》第三册，第32页。
④ （汉）高诱注：《淮南子·原道训》，《诸子集成》第七册，第2页。
⑤ （南朝·梁）萧统编，（唐）李善注：《文选·七发》卷三十四，第1570页。
⑥ （宋）罗泌：《路史·国名纪己》，第386页。
⑦ 顾实：《穆天子传西征讲疏》，第13、15、21页。
⑧ 《史记·赵世家》，第1795页。
⑨ （汉）许慎撰，（清）段玉裁注：《说文解字注·𨸏部》，第735页。

# [补注七] 早商文化

邹衡认为有易分为南易与北易,其出发点亦是商族最初在冀南。现在许多考古工作者在分析冀北、燕山的考古发掘时,都抱有这样的观点,即商族从豫北、冀南往北扩展到冀中、冀北以至燕山南北。例如,蒋刚说:"壶流河类型在早商文化的强烈冲击下相应地迅速衰败……残存的少部分可能被迫向北迁徙。早商文化在占据了原壶流河类型分布区后,其中一支可能还顺桑干河东进,将大坨头文化赶出怀来地区……推进到……昌平地区。……早商文化甚至将文化版图向北扩大到了洋河张家口市一带。……早商文化力图通过涞水向东北方向对北方地区进行文化扩张的意图没有取得实质性的成功。"[①] 这种观点之所以流行,还是因为这些学者对商文化与夏家店下层文化的关系存在误解。

---

[①] 杨建华、蒋刚:《公元前 2 千纪的晋陕高原与燕山南北》,北京:科学出版社,2008 年,第 139、142 页。

# [20] 周族融入夏族

## 一、周族之起源

周族是上古时代胡族的一个部族,后来逐步南徙,进入清水河流域,来到陇东。于是周族在文化上融入了夏族,成为夏族的一部分。从文化来看,最初周族属于胡族,而后来属于夏族。

因此周族的历史分为前后两段,前段属于胡族,而后者属于夏族。为清楚起见,不妨称融合之前为周(胡),而融合之后就称为周。

(一)史书中的周族起源

1.《史记·周本纪》记载之周族之起源

"周后稷,名弃。其母有邰氏女,曰姜原。姜原为帝喾元妃。……弃为儿时,屹如巨人之志。……及为成人,遂好耕农,相地之宜,宜谷者稼穑焉,民皆法则之。……天下得其利,有功。……舜封弃于邰,号曰后稷,别姓姬氏。后稷之兴,在陶唐、虞、夏之际,皆有令德。"[①]

2.《史记·周本纪》记载之周族之世系

后稷—不窋(后稷子,末年夏后氏政衰,不窋以失其官而奔戎狄之间)—鞠(不窋子)—公刘(鞠子,复修后稷之业,周道之兴自此始。)—庆节(公刘子)—皇仆(庆节子)—差弗(皇仆子)—毁隃(差弗子)—公非(毁隃子)—高圉(公非子)—亚圉(高圉子)—公叔祖类(亚圉子)—古公亶父(公叔祖类子,复修后稷、公刘之业,积德行义,国人皆戴之。及他旁国闻古公仁,亦多归之)—季历(古公子,是为公季。修古公遗道,笃于行义,诸侯顺之)—文王昌(季历子,是为西伯。西伯曰文王,遵后稷、公刘之业,士以此多归之)—武王发(文王太子,伐纣、革殷,封功臣谋士)—成王诵(武王太子,成王少,周初定天下,周公乃摄行政当国。七年,周公反政成王。成王如武王之意,兴政礼乐,制度于是改,而民和睦,颂声兴)—康王钊(成王太子,康王遍告诸侯,宣告以文武之业以申之,故天下安宁,刑错四十余年不用)—昭王瑕(康

---

[①]《史记·周本纪》,第111、112页。

王太子，王道微缺）—穆王满（昭王子，王道衰微）—共王繄扈（穆王子）—懿王囏（共王子，王室遂衰，诗人作刺）—孝王辟方（共王弟）—夷王燮（懿王太子）—厉王胡（夷王子，好利，王行暴虐侈傲，国人谤王。乃相兴畔，厉王出奔于彘）—宣王静（厉王太子。召公、周公二相辅之，修政，法文、武、成、康之遗风，诸侯复宗周）—幽王宫湦（宣王子。卒料民。用事，国人皆怨。三川竭，岐山崩）—平王宜臼（幽王太子，周室衰微，诸侯强并弱）……（此后经23王）……赧王延（慎靓王子）立。王赧时东西周分治，王赧徙都西周。索隐按：高诱曰西周王城，今河南。东周成周，故洛阳之地。①

周王赧卒，周民遂东亡。秦取九鼎宝器，而迁西周公于𢠸狐。后七岁，秦庄襄王灭东（西）周。东（西）周皆入于秦，周既不祀。索隐徐以西周武公是惠王之长子也。此周君即西周武公也。盖此时武公与王赧皆卒，故连言也。②

### （二）关于姬姓

胡族原来没有姓氏制度，因此周族没有姓，他们的姬姓是后起的。周族与商族一样，当他们融入夏族时得到了姓。

因此全国的姬姓本不是一个姓，他们是逐步形成的。姬姓为黄帝之姓，黄帝后裔之姬姓可称之为原始姬姓。此外，周族在后来与夏族融合时，也采取姬姓，这些周族采取的姬姓不妨称之为周族之姬姓（周之集团基础即为夏之昌意系诸族，周族的姬姓就是这样从昌意系部族来的）。

#### 1. 原始姬姓与周族之姬姓

古书称周为帝喾之子孙，因此亦承认周族之姬姓亦为姬姓。应该将原始姬姓与周族之姬姓加以区别，对于周族的研究来说，还是有意义的。无论周族是否黄帝后裔，在古典文献中原始姬姓的部族与周族之姬姓部族是可以区别的，例如《新唐书·宰相世系表一下》就对姬姓部族做出了区分。《新唐书·宰相世系表一下》对周族的姬姓部族都注明其来源，其中对姬姓部族及其始祖都做出了说明。《新唐书·宰相世系表一下》的全部部族总共98个，其中注明来源为周族姬姓有23个③，如下：

杨氏（周宣王）、王氏（周灵王）、魏氏（周文王）、温氏（唐叔虞）、岑氏（周文王异母弟耀子渠）、于氏（周武王）、柳氏（鲁孝公）、韩氏（晋穆侯）、孙氏（卫康叔）、阎氏（周武王封太伯曾孙）、郭氏（周文王弟）、武氏（周平王）、沈氏（周文王）、邢氏（周公）、狄氏（周成王）、周氏（后稷）、郑氏（周厉王）、常氏（卫康叔）、令狐氏（周文王毕公之后）、段氏（郑武公）、白氏（周文王五世孙虞仲之

---

① 《史记·周本纪》，第111—160页。
② 《史记·周本纪》，第169页。
③ 《新唐书·宰相世系表一下》，第2346—3463页。

后）、蒋氏（周公）、毕氏（周文王）

总共23个，占全部部族的三分之一不到。而原始之姬姓部族只有张氏（小昊青阳第五子）、傅氏（黄帝裔孙大由）、祝氏（黄帝之后）、董氏（黄帝鼍叔安）、路氏（帝挚）、贾氏（唐叔虞少子公明）、武威李氏（本安氏，昌意系）、乌氏（少昊氏）8个。

在顾栋高的《春秋列国爵姓及存灭表》中，姬姓国共有52个，但其始封者为周文武之子孙者如下：

鲁（周公）、蔡（文王）、曹（文王）、卫（文王）、滕（文王）、晋（武王）、郑（厉王）、吴（太王）、祭（周公）、东虢（文王弟）、西虢（文王弟）、邢（周公）、郕（文王）、凡（周公）、郜（文王）、虞（仲雍后）、原（文王）、霍（文王）、管（文王）、毛（文王）、聃（文王）、雍（文王）、毕（文王）、鄫（文王）、郇（文王）、邘（武王）、应（武王）、韩（武王）、蒋（周公）、茅（周公）、胙（周公）、刘（匡王）、大戎（唐叔后）

共33个。其他的只有19个，即北燕、极、息、芮、魏、随、巴、荀、贾、滑、耿、阳、密、顿、沈、焦、杨、骊戎、鲜虞。

2. 每个黄帝后裔分支都存在原始姬姓

在黄帝后裔中有许多姬姓部族，但是在周代以后，大部分姬姓都是周族的姬姓，原始的姬姓部族却为数不多。故在《新唐书》及《春秋大事表》中，姬姓部族大多是周族的子孙。在《春秋大事表》中提到的原始姬姓部族，虽数目不多但是从西到东，从南到北，分布的范围很广，这就可以说明，在黄帝后裔的每个分支中，都存在原始姬姓的部族。从这些原始姬姓部族，还可以看到三个现象，它们是上古时期华夏民族发展轨迹的反映。

第一，在五帝时期黄帝后裔活动的中心地点就在今山西的西南部，尧、舜、禹的都城就在那个地区，故在晋豫陕交界处保存较多的原始姬姓部族是理所当然的。因而春秋时期在陕西、山西、河南交界的地方，保存有芮、贾、骊戎、魏、荀、耿、杨、滑、焦9个原始姬姓部族，在全国来看最为集中。此现象是可以估计到，值得提请注意者为第二个现象。

第二，随（湖北随州）、息（河南息县）、沈（河南平舆）亦为比较集中之地区。此地区远离中原，该处之原始姬姓部族当即所谓"汉阳诸姬"。该处比较偏僻。无强大之敌对势力，故原始的姬姓部族得以保全，只在楚国强盛之后，才为楚国所灭。汉阳诸姬属于昌意系，为原始姬姓，他们并非周朝文武之子孙。

第三，除了上述两种情况之外，还有下列原始姬姓部族：密（河南新密市）、顿（河南商水县）、极（山东鱼台县）、阳（山东沂水县）。此等部族却反映了一条东西走廊，黄帝之

后裔当即沿此通道从陇山地区向东方移殖。故对姬姓原始部族的研究具有重要意义。

(三) 周族前期之姓

周族在上古时期,原来并没有姓氏制度。在他们与夏族混合之后,才建立了姓氏,并自称姬姓。

周族早期的姓也就是商族的方式。商族的融合方式是在形成新的融合部族时,同时仍保存一支单一的夏族部族。因此在融合之后出现了两种夏族的部族:一种是原有的部族,另一种是融合的部族。因此他们有共同的姓,但是可以区别。如莒族中之奄族(或称运奄)是原有的夏姓部族,为原有之己姓;另外新出现的商奄是夏族与商族之融合部族,为新出现的己姓。这两种的己姓部族是可以区别的。

同样,侁族中之伊(依姓),他们是原有的部族:另一种是亳殷,是新的商族与侁族的融合部族,他们也采用依姓,但是侁族中之伊与亳殷的商族融合是可以区别的。同样巂族中之春秋时邢国(任姓),与商任的从任姓,也可以区别。这是商族的融合方式所带来的结果,周族在早期也有这种融合方式。试举二例,刘姓、姬姓就是最著名的例子。

1. 刘姓之例子——两个刘姓

最明显的例子如刘氏。公刘居豩谷,其后裔与夏族融合,成了刘氏,这个刘氏是周族与夏族的融合部族,周刘康公即为其后裔。但是大部分刘姓还有另一个刘氏,即刘累的刘氏,为尧后裔之刘氏。

在文献记载中,此二刘往往混淆不分。如《史记·夏本纪》云:"陶唐既衰,其后有刘累",正义引《括地志》:"刘累故城在洛州缑氏县南五十五里,乃刘累之故地也。"[1] 这是错误的。缑氏之刘即所谓刘聚,乃周刘康公之后,并非刘累之后。

缑氏之刘为刘康公之刘,《汉书·地理志》云:"河南郡缑氏",班固自注:"刘聚,周大夫刘子邑。"[2]《春秋·定公四年》说:"刘卷卒",杜注:"即刘蚠也。"孔疏引《世族谱》云:"伯蚠、刘蚠、刘文公、刘狄、刘卷、刘子,为一人。"[3] 刘卷即刘献公之庶子,王子朝作乱时,"刘子如刘",杜注:"归其采邑。"[4] 刘卷即刘康公之后,即归刘聚。故刘聚之刘为公刘之刘。

鲁阳之刘为刘累之刘,《汉书·地理志》云:"南阳郡鲁阳"班固自注:"古鲁县,御龙氏所迁。"[5] 又《水经注》云:"滍水又东径鲁阳县故城南,城即刘累之故邑也。"[6]

---

[1]《史记·夏本纪》,第86页。
[2]《汉书·地理志上》,第1555页。
[3]《春秋左传正义·定公四年》,(清)阮元校刻:《十三经注疏》,第2133页。
[4]《春秋左传正义·昭公二十二年》,(清)阮元校刻:《十三经注疏》,第2100页。
[5]《汉书·地理志上》,第1564页。
[6](后魏)郦道元注,(清)杨守敬、熊会贞疏,段熙仲点校:《水经注疏·滍水》,第2584页。

故《读史方舆纪要》说:"《括地志》云:'(刘聚)即刘累故城。'似误。"①

后代也出现这种例子。如西晋时有两个刘氏,《晋书》记载:"(刘聪)纳其太保刘殷女,其弟乂固谏,聪更访之于太宰刘延年、太傅刘景。景等皆曰:'臣常闻太保自云周刘康公之后,与圣氏本源既殊,纳之为允。'"②刘延年等认为刘聪与刘殷属于两个不同的刘氏,盖刘聪冒认汉高帝之后,高帝又自称尧裔刘累之后。故刘聪自认为刘累之后,而刘殷为刘康公之后,二者是有区别的,可以认为是两个姓,因此可以缔结婚姻。刘累为尧之后裔,为夏族;而刘康公为周族。可见公刘之刘为后来的融合部族,亦尚如第一期方式另成一支部族,有别于原先的刘累之刘。

2. 姬姓——贾

古有贾国,《左传·桓公九年》云:"秋,虢仲、芮伯、梁伯、荀侯、贾伯,伐曲沃。"孔疏:"《世本》荀、贾,皆姬姓。僖十五年,秦人灭梁。荀、贾,不知谁灭之。晋大夫有荀氏、贾氏,盖晋灭之以赐大夫。"③《古今姓氏书辩证》载:"贾,出自姬姓。晋唐叔虞,少子公明,周康王封之于贾,为附庸,谓之'贾伯',河东临汾县贾乡即其地也。曲沃武公取晋,并贾国,以其子孙为大夫。"④

晋国为姬姓,但晋献公娶于贾,《左传·庄公二十八年》云:"晋献公娶于贾,无子(杜注:贾,姬姓国也)。烝于齐姜(杜注:齐姜,武公妾),生秦穆夫人及太子申生。又娶二女于戎。大戎狐姬生重耳(杜注:大戎,唐叔子孙别在戎狄者)。小戎子生夷吾(杜注:小戎,允姓之戎。子,女也)。晋伐骊戎,骊戎男,女以骊姬(杜注:骊戎,在京兆新丰县,其君姬姓。其爵,男也)归,生奚齐。其娣生卓子。"⑤晋献公娶于贾、齐姜、大戎狐姬、小戎子、骊姬、娣,故献公与贾都是姬姓,但可以通婚。

(四)周族后期之姓

上古时代"因生以赐姓",如"尧初生时,其母在三河之南,寄于伊长孺之家,故从母居为姓也。""生舜于姚墟,故姓姚。"⑥姓是与生俱来的,没有多少可说的。后来根据功业成就或外族同化,于是有了"赐姓",这种赐姓与命氏往往同时进行,如"禹于是遂即天子位,南面朝天下,国号曰夏后,姓姒氏"⑦,"契长而佐禹治水有功……封于商,赐姓子氏"⑧。周族在发展中出现了赐姓命氏的过程。

---

① (清)顾祖禹撰,贺次君、施和金点校:《读史方舆纪要·河南三》,第2243页。
② 《晋书·刘聪载记》,第2660页。
③ 《春秋左传正义·桓公九年》,(清)阮元校刻:《十三经注疏》,第1754页。
④ (宋)邓名世:《古今姓氏书辩证》,南昌:江西人民出版社,2006年,第399页。
⑤ 《春秋左传正义·庄公二十八年》,(清)阮元校刻:《十三经注疏》,第1781页。
⑥ (晋)皇甫谧撰,(清)宋翔凤、钱宝塘辑:《帝王世纪》,第11、13页。
⑦ 《史记·夏本纪》,第82页。
⑧ 《史记·殷本纪》,第91页。

1. 周族之姓氏

周族到了后期（古公亶父以后）改变了与夏族的融合方式，他们采用夏族姓氏制度，他们没有对融合部族加以区别。因此当一个夏族部族有周族族员加入时，这些周族成员就好比是赘婿或养子，这个部族仍然是原有的夏族部族。因此混合部族的外表仍然是夏族。因此周族融入一个夏族部族后，不影响夏族的姓，这就是周族后期融入夏族的方式。

《左传·昭公二十八年》云："昔武王克商，光有天下，其兄弟之国者，十有五人，姬姓之国者四十人，皆举亲也。"[1]《荀子·儒效篇》云："兼制天下，立七十一国，姬姓独居五十三人。"[2] 试思自公刘至武王不过十余世，历时约可五百年，周族安得分化至数十个邦族？实际上这些周族的部族包含了夏族的成员。其必分散于各古族，泯然合为一致才得如此。因而周族集团的结合颇为强固，没有像商族那样发生分裂之现象。

（1）周族采用姬姓

对于周族，《史记》说："封弃于邰，号曰后稷，别姓姬氏。"[3] 封邰姓姬，但邰与周无关。又什么是别姓姬氏？所以这个记载靠不住。实际上周族当是在确定族名为周的时候，也确定了族姓为姬。因此当周族自古公亶父以后自称为周，则他们在古公亶父的时候，当已认定为姬姓。

《竹书纪年》云："（武乙三年）命周公亶父，赐以岐邑。"则古公亶父创建了自己的领地，徐文靖引《书传》说："大王迁岐，民束修奔而从之者三千乘。止而成三千户之邑。则是岐山之下始未有邑，至是成邑，而武乙因赐之也。"[4] 周族因而得到赐姓命氏，可能是商朝的，也可能是自封的。

（2）周族其他姓

但周族这种冒认为姬姓的族员并不多，似乎只有王室一系之王族与公族，周族的其他族员并不采用姬姓，他们取得其他的姓。证以《左传·襄公十年》记："瑕禽曰：'昔平王东迁，吾七姓从王，牲用备具，王赖之。'"[5] 这七姓于流离颠沛之余，犹虘从不散，当即王室旁系之非姬姓成员。他们如何取得姓氏，现在不得而知，他们之从他族为姓者，当是由于他们加入夏族的其他部族而从其姓，或者并非加入夏族部族，只是将自己的部族名改为夏族之部族名，并同时袭用了夏族的姓。

这种情况见于后来的北魏时期，所有拓跋氏的部族名称都改成了汉名，如纥骨氏改称胡氏，普氏改称周氏，步六孤氏改称陆氏，贺赖氏改称贺氏，独孤氏改称刘氏，贺楼氏改称楼氏。《魏书·官氏志》记录了一百多个新旧名称的对照表。[6] 但是这样一来，

---

[1] 《春秋左传正义·昭公二十八年》，（清）阮元校刻：《十三经注疏》，第2119页。
[2] （清）王先谦：《荀子集解·儒效篇》，《诸子集成》第二册，第73页。
[3] 《史记·周本纪》，第112页。
[4] （清）徐文靖：《竹书纪年统笺》，《二十二子》，第1067页。
[5] 《春秋左传正义·襄公十年》，（清）阮元校刻：《十三经注疏》，第1949页。
[6] 《魏书·官氏志》，第3006—3014页。

融合现象就不可避免了。以北魏的情况来看，拓跋氏的纥骨氏与夏族的胡氏就没有区别了，二者不能通婚，而纥骨氏与周氏、陆氏、贺氏等所有的夏族姓氏就都可以通婚。

当然通婚还要其他条件，例如在北魏时期，孝文帝曾下令皇族改姓元，"不得以北俗之语言于朝廷"，首都由大同迁于洛阳，"六宫及文武尽迁洛阳""迁洛之民，死葬河南，不得还北"①。这一些都为拓跋氏融入汉族创造了条件。

2. 周族王族姬姓之衰落

关于周族的情况不妨以卫国为例。《左传·闵公二年》记，狄灭卫，卫太史夜与国人出，"卫之遗民男女七百有三十人，益之以共、滕之民，为五千人，立戴公以庐于曹"②。这七百三十人当是王室冒认的姬姓。自康叔至此已有三百余年而仅有此数推之，姬姓之周族成员数量相当有限。其他各国大都当类此。所以《左传·隐公十一年》载："周之子孙，日失其序。"③ 盖其血缘关系已逐渐淡化。当然在闵公二年（前660年），卫国公族并不限于那七八百人，《左传·闵公二年》又载："公与石祁子玦，与宁庄子矢，使守。"④ 其中石祁子是石碏之族，但石氏可能并非公族，宁庄子则是卫武公之五世孙。《左传·襄公二十五年》载："今宁子（即宁喜）视君不如弈棋，其何以免乎！……九世之卿族，一举而灭之，可哀也哉！"杜预注："宁氏出自卫武公，及喜九世。"⑤ 宁喜为宁庄子五世孙，故宁氏为卫国之重要公族。

卫国之公族远不止宁氏，《春秋大事表》列举了卫武公之后的宁氏、孙氏，卫成公之后的北宫氏，卫献公之后的公叔氏，卫灵公之后的南氏等。⑥ 尽管公族可能还有相当大的力量，但仍可看到周族姬姓王族之衰落。

汉武帝元鼎四年（前113年），汉武帝下诏："祭地冀州，瞻望河洛，巡省豫州，观于周室，邈而无祀。询问耆老，乃得孽子嘉。其封嘉为周子南君，以奉周祀。"⑦ 汉武帝寻求周室之后，但只找到嘉。嘉是什么人，为何称之为周子南君？

《史记》集解解释周子南君的含义如下："瓒曰：'《汲冢古文》谓卫将军文子为子南弥牟，其后有子南劲。朝于魏，后惠成王如卫，命子南为侯。秦并六国，卫最为后。疑嘉是卫后，故氏子南而称君也。'"⑧ 则嘉是文子（子南弥牟）及子南劲之后。子南氏是卫国的权臣，《韩非子》云："若夫齐田恒……卫子南劲……燕子之，此九人者之为其臣也……上逼君，下乱治。"⑨《春秋大事表》卫有南氏，为灵公公子郢（字子南）之后。

---

① 《魏书·高祖纪下》，第177—179页。
② 《春秋左传正义·闵公二年》，（清）阮元校刻：《十三经注疏》，第1788页。
③ 《春秋左传正义·隐公十一年》，（清）阮元校刻：《十三经注疏》，第1736页。
④ 《春秋左传正义·闵公二年》，（清）阮元校刻：《十三经注疏》，第1787页。
⑤ 《春秋左传正义·襄公二十五年》，（清）阮元校刻：《十三经注疏》，第1986页。
⑥ （清）顾栋高辑，吴树平、李解民点校：《春秋大事表·春秋列国卿大夫世系表》，第1350—1355页。
⑦ 《汉书·武帝纪》，第183—184页。
⑧ 《史记·周本纪》，第171页。
⑨ （清）王先慎：《韩非子集解·说疑》，《诸子集成》第五册，第308页。

公子郢之子为公孙弥牟即文子。[1] 灵公死，公子郢曾被立为太子，但他避让。《左传·哀公二年》云："初，卫侯（指灵公）游于郊，子南仆。公曰：'余无子，将立女。'不对。"杜预注："子南，灵公子郢也。仆御也。"[2] 因此嘉来自卫灵公之子公子郢，故为子南氏。《日知录》考证谓姬嘉乃卫将军子南文子之后。[3] 则嘉非但不是周武王直系后裔，而且不是卫康叔嫡系后裔。其时距赧王入秦仅一百多年，已找不到姬姓的王室嫡系了。

从周族的情况可以知道，他族与夏族融合的后期方式即没有另成系统之混合新族。他族族员一经从夏族姓系，即成为夏族族员。由是他族血属逐渐减少，终至消灭，而夏族血属逐渐增多，这即形成今日之所谓汉族，占中国总人口之绝大多数，可说是主干作用之成果表现。

## 二、周在东方之扩张

周族并不是全部采用姬姓。当周族在与夏族接触时，加入不同的夏族部族，因此采用该部族的姓，而且也成了该部族成员。因此周族之血缘分散于夏族各部族中，他们在夏族部族中有类于养子或赘婿之比，即成为周族的非姬姓部族。

### （一）虞

#### 1. 虞族

虞是夏族一个极为古老之部族，姚姓虞氏起源于陇山，虞氏东进到达华阴，姚姓分化出妫姓，故其地域分布自从渭水上游至中下游，然后进入晋南，又至黄河中游。故今山西西南部、河南东部都有虞族。

山西也有虞城和虞国，《帝王世纪》谓尧封舜于虞，号有虞氏。[4]《后汉书》河东郡大阳，刘昭注："舜嫔于虞，虞城是也，亦谓吴城。《史记》秦昭王伐魏取吴城，即此城也。"[5]《读史方舆纪要》云：解州境内有虞国，有虞城、虞山，亦名吴城、吴山。[6]

河南有舜之后裔，《括地志》云："虞城县，在宋州北五十里。古虞国，商均所封。"[7] 亦谓舜子为商均，封于商，而商均之子虞思封于虞。《水经注》云："获水又东，径虞县故城北，古虞国也。昔夏少康逃奔有虞，为之庖正。虞思于是妻之以二姚者

---

[1] （清）顾栋高辑，吴树平、李解民点校：《春秋大事表》，第1359页。
[2] 《春秋左传正义·哀公二年》，（清）阮元校刻：《十三经注疏》，第2155页。
[3] （清）顾炎武著，（清）黄汝成集释，秦克诚点校：《日知录集释·氏族》卷二十三，第798页。
[4] （晋）皇甫谧撰，（清）宋翔凤、钱宝塘辑：《帝王世纪》，第13页。
[5] 《后汉书·郡国一》，第3399页。
[6] （清）顾祖禹撰，贺次君、施和金点校：《读史方舆纪要·山西三》，第1910、1911页。
[7] （唐）李泰等著，贺次君辑校：《括地志辑校》，第155页。

也。"①。《读史方舆纪要》云:"归德府,虞城县(府东北六十里……古虞国,禹封商均于此)。……纶城(在县西三十五里。夏时虞国之邑。《左传》:'少康奔有虞,邑诸纶'是也)。"②

《路史》讲到陕西、河南、山东:"商,义钧国,今商之商洛,汉商县,有尧女墓。盛弘之云:武关西北百二十商城是。""虞,公爵虞思国。宋之虞城,汉虞县。伯禹所封,即有虞。"还有"缗,季厘国,今济之金乡。"③

### 2. 周族之虞

到西周初,又出现了周族之虞,《史记》云:"是时周武王克殷……乃封周章弟虞仲于周之北故夏虚,是为虞仲,列为诸侯。"《索隐》云:"夏都安邑,虞仲都大阳之虞城,在安邑南,故曰夏虚。……盖周章之弟字仲,始封于虞,故曰虞仲。"④顾栋高说:"《尧典》'嫔于虞',虞在河东大阳县西,山上有虞城,今为山西解州平陆县,舜因以为有天下之号。周兴,封仲雍之后为虞国,正是其地。而禹受舜禅,封商均于虞,却在梁国虞县。"⑤

但是在商代,舜之后的虞族在山西西南部仍然存在。周武王封建虞仲,只是将周族并入虞族,而生成一个新的虞族。也就是说周代的虞族是夏、周的融合部族。

### 3. 虞的东迁与西虞

至于虞,《史记·吴太伯世家》说得很清楚:"乃封周章弟虞仲于周之北故夏虚……列为诸侯。"⑥这夏虚一名吴城,在今山西平陆,这个说法是错误的,这个夏虚的虞与虢一样,都是从陕西迁来的,是周族东迁的一部分。

虞在春秋时期灭于晋,而地方志谓:"晋献公灭虞,迁其族于太原",那是又一次迁移了。

《国语·齐语》云:"西服流沙、西吴。"韦昭注:"流沙、西吴,雍州之地。"⑦

《管子·小匡》云:"西服流沙、西虞。"尹知章注:"西虞,国名。"⑧《水经注》云:"《地理志》曰:吴山在县西,古文以为汧山也。《国语》所谓西虞矣。"杨守敬引《地理通释》说:吴山在陇州吴山县西南五十里。⑨则在西虢之西北有西虞国。

宫之奇谏虞公曰:"大伯、虞仲,大王之昭也,大伯不从,是以不嗣。虢仲、虢

---

① (后魏)郦道元注,(清)杨守敬、熊会贞疏,段熙仲点校:《水经注疏·获水》,第1977页。
② (清)顾祖禹撰,贺次君、施和金点校:《读史方舆纪要·河南五》,第2351、2352页。
③ (宋)罗泌:《路史·国名纪丁》,第348页。
④ 《史记·吴太伯世家》,第1446、1447页。
⑤ (清)顾栋高辑,吴树平、李解民点校:《春秋大事表·春秋列国都邑表》,第869、870页。
⑥ 《史记·吴太伯世家》,第1446页。
⑦ 徐元诰撰,王树民、沈长云点校:《国语集解·齐语》,第234页。
⑧ (清)戴望:《管子校正·小匡》,《诸子集成》第五册,第126页。
⑨ (后魏)郦道元注,(清)杨守敬、熊会贞疏,段熙仲点校:《水经注疏·渭水上》,第1513页。

叔，王季之穆也，为文王卿士，勋在王室。……将虢是灭，何爱于虞。"[1] 因此虢是虢仲、虢叔的封国，而虞则是虞仲的封国。但虞仲为太王之子，虢仲、虢叔是王季之子，因此他们都不是武王封的。虞一定与虢一样，其位置不是在今山西而是在今陕西的渭水中游。因此虢即西虢，而虞则当即西虞。

4. 周代之陈

虞仲的虞与舜没有什么关系，于是山西西南部之虞成了周族的部族，而河南东部之虞却成了周代之陈，陈与舜有关："至于周武王克殷纣，乃复求舜后，得妫满，封之于陈，以奉帝舜祀，是为胡公。"[2] 也就是说，舜在山西平陆，商均在河南虞城。过了差不多一千年，胡公仍然在虞城附近。所以可认定陈为商均之后，却不能认定陈为舜后。而陈族则实际上是夏族部族，是原有的虞族。

## （二）芮族

芮亦有不同之部族。一个为芮鞫之芮，后迁于山西芮城，即《左传·桓公三年》芮伯万之芮。[3] 另一个为芮城之西朝邑县（今并入大荔县）境也有芮族，《水经注》所谓："匪直大荔故芮也，此（芮城）亦有焉。"[4] 这两芮族虽接壤而居，也不相关联，似乎即是芮鞫原分两支，与刘族是同样方式。

关于芮伯万之芮，《古今姓氏书辩证》云："芮，出自姬姓，周卿士芮伯之后，以国为氏。《元和姓纂》曰：今望出扶风。"[5] 则芮城之芮可能是在西周初年从渭水中游东迁而来的，与朝邑之芮不同。

《春秋大事表》谓芮为姬姓，"在今陕西同州府城南"[6]。但是所谓姬姓的芮，是西周时期建立的，不是古族之芮。在崇国的时候，还有一个芮族。芮族也是一个古族，位于陇山地区，然后东迁到陕西同州。

以下讨论的是古族之芮。

1. 芮族起源

古族之芮原来生活于秦陇之间之芮水流域，后来东迁于秦晋之间。

（1）芮水

《汉书·地理志》云："右扶风汧"，班固自注："汧水出西北，入渭。芮水出西北，

---

[1] 《春秋左传正义·僖公五年》，（清）阮元校刻：《十三经注疏》，第1795页。
[2] 《史记·陈杞世家》，第1575页。
[3] 《春秋左传正义·桓公三年》，（清）阮元校刻：《十三经注疏》，第1747页。
[4] （后魏）郦道元注，（清）杨守敬、熊会贞疏，段熙仲点校：《水经注疏·河水四》，第324页。
[5] （宋）邓名世：《古今姓氏书辩证》，第466页。
[6] （清）顾栋高辑，吴树平、李解民点校：《春秋大事表·春秋列国爵姓及存灭表》，第574页。

东入泾。"①《太平寰宇记》陇州汧源县陇山："在县西六十二里。……郦道元注《水经》云：'一水出汧县西山，谓之小陇山。'……《水经注》：'芮水出小陇山，其川名汭。'"②汧源县为今陕西千阳县西北。陇州以陇山得名，为今陕西陇县东南，其辖境为今陕西千河流域和甘肃华亭市。

《春秋大事表列国爵姓及存灭表撰异》云："汭水出凤翔府陇州西四十里弦蒲薮，东北流入平源府华亭县南，又东径崇信县北，至泾州城北；又东南过长武县北，而东流合于泾水。"③

故在泾水流域上游有芮水，发源于陇县、华亭之间，在长武以南入泾水。古族之芮的初期地域当即在此芮水流域。

（2）芮族辨析

文献中有两个芮，《汉书·古今人名表》在周文王时有"芮侯"，又有"芮伯"。颜师古注："（芮伯）周同姓之国在圻内者。当武王时作《旅巢命》"，而芮侯与虞侯则"二国讼田质于文王者"④。因此芮伯为姬姓，则所谓芮侯在商朝已经存在，此芮侯为何姓？

西周有姬、姒两姓。如《尚书·顾命》云："乃同召太保奭、芮伯、彤伯、毕公、卫侯、毛公"，孔颖达疏："王肃云：彤，姒姓之国，其余五国姬姓。"⑤故"芮伯"为姬姓，而"彤伯"为姒姓。在《春秋大事表》中未见"彤伯"。而姬姓之芮在西周后期仍为朝廷大臣，如《逸周书·芮良夫解》。

古族芮族在西周以后似乎存在，如《史记·齐太公世家》云："景公宠妾芮姬生子荼"，索隐云："《左传》曰'鬻姒之子荼嬖'，则荼母姓姒，此作'芮姬'，不同也。谯周依《左传》作'鬻姒'。"⑥此处芮姬之"姬"表示女性，不是姬姓，索隐误会。《左传》说芮族为姒姓，正是古族"芮侯"之姓。

《汉书·地理志》左冯翊临晋，班固自注："芮乡，故芮国。"⑦《后汉书》左冯翊临晋，刘昭补："本大荔。……有芮乡。"注："古芮国，与虞相让者。"⑧

## 2. 芮族东迁

《尚书大传》说："文王一年，质虞、芮。二年，伐邘。三年，伐密须。四年，伐畎夷。纣乃囚之。"⑨故质虞芮在文王一年，在伐邘、伐密须、伐畎夷、伐耆、伐崇之前。按《竹书纪年》，则质虞、芮在纣三十三年左右。

---

① 《汉书·地理志上》，第 1547 页。
② （宋）乐史撰，王文楚等点校：《太平寰宇记·关西道八·陇州》，第 686、688 页。
③ 陈槃：《春秋大事表列国爵姓及存灭表撰异·芮》，第 365 页。
④ 《汉书·古今人名表》，第 892 页。
⑤ 《尚书正义·顾命》，（清）阮元校刻：《十三经注疏》，第 237、238 页。
⑥ 《史记·齐太公世家》，第 1505、1506 页。
⑦ 《汉书·地理志上》，第 1545 页。
⑧ 《后汉书·郡国一》，第 3405 页。
⑨ （清）皮锡瑞：《皮锡瑞集·尚书大传疏证》，长沙：岳麓书社，2012 年，第 890 页。

原其不同之故，盖因这族本名芮鞫，《诗·大雅·公刘》云："芮鞫之即。"[①] 芮鞫为地名，在今华亭市。但芮鞫又为部族名，这族即为姒姓，所以或称芮或称鞫。

芮伯则是周初封建的。芮侯与虞侯相邻，在今山西芮城，而芮伯封于今陕西大荔。《读史方舆纪要》平阳府解州芮城县古芮城："县西三十里，商时芮伯封此，与虞为邻国。文王为西伯，虞、芮质成是也。周时芮为同姓国，其封地在今陕西同州。《春秋》桓三年'芮伯万为母所逐，出居于魏'，谓即此城云"[②]。

《读史方舆纪要》西安府同州冯翊废县："在州城南。春秋时芮国也，后为秦所并。汉为临晋县地。"[③]

芮族后来一部分是随周族东迁而移殖于山西芮城县，即芮伯万之芮，这是后来的。所以《水经注》怀疑道："匪直大荔故芮也，此亦有焉。"[④] 其实这与大荔之芮截然不同。

西周初，周文王弟仲封于虢，故城在宝鸡东。后迁于今山西平陆。虞亦迁于平陆虢国之北，而芮则迁于虢国之西。后来虢国迁于上阳，今河南三门峡市陕州区东南。文王弟叔则封于今河南荥泽县之虢亭。因而在平陆者号北虢，在荥泽者号东虢，而在三门峡市陕州区者号西虢。相对于东方周代之虢，右扶风之故虢亦称为西虢或小虢。从虞、虢的情况来看，秦、晋之间的芮国亦当由陇山东迁而来。

芮族本为姬、姒的两姓通婚之部族，因为公刘迁入之后，周人冒为自己族属，所以或称姒姓，或称姬姓。

## （三）虢

### 1. 夏族之虞、虢

虞、虢本是夏族旧族姬姓。《尚书·君奭》云："惟文王尚克修和我有夏，亦惟有若虢叔，有若闳夭，有若散宜生，有若泰颠，有若南宫括。"[⑤]《国语·晋语》云："及其（指文王）即位也，询于八虞而咨于二虢，度于闳夭而谋于南宫。"韦昭注："贾、唐曰：八虞，周八士，皆在虞官，伯达、伯适、仲突、仲忽、叔夜、叔夏、季随、季騧。"[⑥] 这二虢与八虞、闳夭、南宫一样，当是夏族之人，所以说是"修和我有夏"。

### 2. 周族之虢

虢原在雍（今宝鸡），称西虢。与周族融合后东迁于下阳（今山西平陆）称北虢

---

① 《毛诗正义·大雅·公刘》，（清）阮元校刻：《十三经注疏》，第543页。
② （清）顾祖禹撰，贺次君、施和金点校：《读史方舆纪要·山西三》，第1913页。
③ （清）顾祖禹撰，贺次君、施和金点校：《读史方舆纪要·陕西三》，第2601页。
④ （后魏）郦道元注，（清）杨守敬、熊会贞疏，段熙仲点校：《水经注疏·河水四》，第324页。
⑤ 《尚书正义·君奭》，（清）阮元校刻：《十三经注疏》，第224页。
⑥ 徐元诰撰，王树民、沈长云点校：《国语集解·晋语四》，第361页。

（北虢春秋时晋假道于虞灭之）、迁于上阳为南虢；又有部分迁于今河南荥阳，称东虢（平王时为郑所灭），而留在陕西的称西虢或小虢（后为秦所灭）。

（1）西虢

《左传·僖公五年》云："虢仲、虢叔，王季之穆也，为文王卿士。"① 这即误以夏虢叔混为一人。这虢叔并非文王之弟，而是夏族之人。

《水经注》曰："数源俱发于雍县故城南……《晋书地道记》以为西虢地也。《汉书·地理志》以为西虢县。《太康地记》曰：虢叔之国矣，有虢宫，平王东迁，（虢）叔自此之上阳为南虢矣。"②《读史方舆纪要》曰："虢城，《九域志》：'在（凤翔）府南三十五里。'亦曰虢国城，周文王弟虢仲初封此，是为西虢。"③ "桃虢城，在（宝鸡）县东五十里。古虢君之支属也。……即此地矣。今有桃、虢二城，相距十余里。"④

《汉书·地理志》班固自注："西虢在雍州。"⑤ 在周族与虢的这一混合部族也仅渗入一些族员，没有融合出新的部族。

当王季之兄封于虞而文王之二弟封于虢，即形成两个混合部族，仍称虞、虢。

虢迁入鲧后的冥族之地。

（2）北虢

山西平陆的虢亦称为北虢。《水经注》云："平王东迁，（虢）叔自此（指西虢）之上阳为南虢矣。"⑥《汉书·地理志》班固自注："北虢在大阳。"⑦

（3）东虢

东虢。《汉书·地理志》"河南郡荥阳"，颜师古引应劭曰："故虢国，今虢亭是也。"⑧

《汉书·地理志》班固自注："东虢在荥阳。"⑨《水经注》云："荥阳，故虢国也。今虢亭是矣。"⑩

《左传·隐公元年》云："制，岩邑也，虢叔死焉。"杜注："虢叔，东虢君也。"《汉书·地理志》云："弘农郡陕县"，班固自注："故虢国。有焦城，故焦国。"⑪

《国语·郑语》云："是其子男之国，虢、郐为大（韦昭注：虢，东虢也，虢仲之后，姬姓也。郐，妘姓也）。虢叔恃势，郐仲恃险（韦昭注：此虢叔、虢仲之后）。"⑫

又河南郡成皋，颜师古注："《穆天子传》云：'七萃之士生捕兽，即献天子，天子

---

① 《春秋左传正义·僖公五年》，（清）阮元校刻：《十三经注疏》，第1795页。
② （后魏）郦道元注，（清）杨守敬、熊会贞疏，段熙仲点校：《水经注疏·渭水中》，第1531页。
③ （清）顾祖禹撰，贺次君、施和金点校：《读史方舆纪要·陕西四》，第2637页。
④ （清）顾祖禹撰，贺次君、施和金点校：《读史方舆纪要·陕西四》，第2642页。
⑤ 《汉书·地理志上》，第1549页。
⑥ （后魏）郦道元注，（清）杨守敬、熊会贞疏，段熙仲点校：《水经注疏·渭水中》，第1531页。
⑦ 《汉书·地理志上》，第1549页。
⑧ 《汉书·地理志上》，第1555、1556页。
⑨ 《汉书·地理志上》，第1549页。
⑩ （后魏）郦道元注，（清）杨守敬、熊会贞疏，段熙仲点校：《水经注疏·济水一》，第665页。
⑪ 《春秋左传正义·隐公元年》，（清）阮元校刻：《十三经注疏》，第1715页；《汉书·地理志上》，第1549页。
⑫ 徐元诰撰，王树民、沈长云点校：《国语集解·郑语》，第463页。

畜之东虢。'"①

又《水经注》云："昔周、召分伯，以此城（指陕城）为东西之别。东城即虢邑之上阳也。虢仲之所都为南虢。三虢，此其一焉。"《水经注》此处说南虢为虢仲所都，而前边说虢叔之上阳为南虢，二说不同。贾逵云：虢仲封东虢，虢叔封西虢，又见《左传·僖公五年》孔疏；而皇甫谧与《续汉志》谓封虢仲于西虢，封虢叔于东虢。杨守敬注："异论歧出，莫衷一是，各存其说可也。"②

## （四）莘族

### 1. 莘为夏族姒姓

《诗·大雅·大明》云："文王初载，天作之合，在洽之阳，在渭之涘。"③ 这是说文王娶莘国的太姒。

### 2. 莘在武功、今郿县

《谷梁传·桓公八年》注，《水经》河水注，都以洽之阳即今合阳县，谓太姒之莘即在此。④ 然洽只能释为两水之合，地形如此者很多，未必即是合阳。且据《诗》下文"亲迎于渭，造舟为梁。"⑤ 周族岐下在渭北，显然渡渭而南，向莘国亲迎，与合阳之地形完全不合。

按：《诗·大雅·文王有声》云："文王受命，有此武功。"⑥《诗·大雅·文王之什》云："文王，文王受命作周也。"⑦《尚书·无逸》曰："文王受命惟中身。"⑧ 因而书传与诸旧史都有"文王受命"之说。而《诗·大雅·大明》下文"有命自天，命此文王。于周于京，缵女维莘"，是说文王受命来至莘国继承妻党之统系，与《诗·大雅·文王有声》之"文王受命，有此武功"是同一语义，则武功是地名，即莘国之所在。

《通鉴地理通释》云：（今）京兆之武功，非秦汉时之旧。⑨《水经注》谓西武功非散关城，并引褚先生曰："武功，（左右）扶风西界小邑也。"⑩ 又引古谚有"武功太白，去天三百"⑪ 之语。以此求之，古之武功当在今郿县境，与《诗》"在渭之涘"正

---

① 《汉书·地理志上》，第1556、1557页。
② （后魏）郦道元注，（清）杨守敬、熊会贞疏，段熙仲点校：《水经注疏·河水四》，第344、345页。
③ 《毛诗正义·大雅·大明》，（清）阮元校刻：《十三经注疏》，第507页。
④ 《春秋谷梁传注疏·桓公八年》，（清）阮元校刻：《十三经注疏》，第2376页注："大姒之家在合之阳，在渭之涘。"（后魏）郦道元注，（清）杨守敬、熊会贞疏，段熙仲点校：《水经注疏·河水四》，第297、298页云："河水又径合阳城东……故有莘邑矣，为太姒之国。……水即合水也，县取名焉，故应劭曰：在合水之阳也。"
⑤ 《毛诗正义·大雅·大明》，（清）阮元校刻：《十三经注疏》，第507页。
⑥ 《毛诗正义·大雅·文王有声》，（清）阮元校刻：《十三经注疏》，第526页。
⑦ 《毛诗正义·大雅·文王之什》，（清）阮元校刻：《十三经注疏》，第502页。
⑧ 《尚书正义·无逸》，（清）阮元校刻：《十三经注疏》，第222页。
⑨ （宋）王应麟：《通鉴地理通释·十道山川考》卷五，上海：商务印书馆，1936年，第61页。
⑩ （后魏）郦道元注，（清）杨守敬、熊会贞疏，段熙仲点校：《水经注疏·渭水上》，第1504、1505页。
⑪ （后魏）郦道元注，（清）杨守敬、熊会贞疏，段熙仲点校：《水经注疏·渭水中》，第1525页。

相合。据《后汉书》"鄘有邰亭",注引《史记》曰:"封弃于邰。"① 然则邰本为文王受命之地,后乃附会为后稷发祥之地。

虢与莘当是血缘较近。虢之东迁,莘亦随之东迁。《左传·庄公三十二年》云:"(虢)有神降于莘"②,即是莘亦东迁之证。

## 三、周在南方之扩张

（一）毕

1. 毕族不属于周族

毕即昌意系汉阳诸姬之毕,毕亦是古老之部族。《史记·魏世家》云:"毕公高与周同姓。武王之伐纣,而高封于毕,于是为毕姓。其后绝封,为庶人,或在中国,或在夷狄。"③《左传》说:"(毕)文之昭也"④,则毕公是文王之子。其实毕公高并不是武王所封。其后裔毕万筮仕于晋,并不适周,可见与周没有宗族关系。

2. 周族与毕族之混合

周族在此的史实很多,略举如下。

（1）毕程氏

《逸周书·史记解》有毕程氏。⑤

程为毕族中部族之一。周族最初即居于此。《竹书纪年》"周作程邑"⑥,《逸周书·大匡解》"维周王宅程"⑦,《孟子·离娄篇》文王"卒于毕郢"（段玉裁《六书音韵表·古四声说》:"毕郢之郢本程字之假借。"）⑧,足证王季、文王都居此。

（2）毕为葬地

《逸周书·作洛解》与《史记》集解引马融说,谓文王、武王葬于毕。⑨《尚书·泰誓》云:"太子发上祭于毕。"⑩ 赵岐《孟子注》云:"毕,文王墓。"⑪《逸周书·作洛

---

① 《后汉书·郡国一》,第 3406 页。《史记》为"弃",《后汉书》引《史记》为"弃"。
② 《春秋左传正义·庄公三十二年》,(清)阮元校刻:《十三经注疏》,第 1783 页。
③ 《史记·魏世家》,第 1835 页。
④ 《春秋左传正义·僖公二十四年》,(清)阮元校刻:《十三经注疏》,第 1817 页。
⑤ 黄怀信、张懋镕、田旭东:《逸周书汇校集注·史记解》,第 1028 页。
⑥ 王国维:《今本竹书纪年疏证》,第 73 页云:"周作程邑。"《路史·国名纪》曰:"程,王季之居。"
⑦ 黄怀信、张懋镕、田旭东:《逸周书汇校集注·大匡解》,第 154 页。
⑧ (清)焦循:《孟子正义·离娄下》,《诸子集成》第一册,第 317 页;(汉)许慎撰,(清)段玉裁注:《六书音韵表·古四声说》,《说文解字注》,第 816 页。
⑨ 黄怀信、张懋镕、田旭东:《逸周书汇校集注·作洛解》,第 550 页;《史记·周本纪》,第 120 页。
⑩ (清)孙星衍撰,陈抗、盛冬铃点校:《尚书今古文注疏·泰誓》,第 266 页。
⑪ (清)焦循:《孟子正义·离娄下》注,《诸子集成》第一册,第 317 页。

解》云："俘殷献民，迁于九毕。"① 是毕为周族重要根据地。

(3) 周南在毕

《诗·周南》首篇为《关雎》，毛、齐、韩三家都说为文王所作，而鲁诗认为是毕公高作："周渐将衰，康王晏起，毕公喟然，深思古道……讽谕君父。孔氏大之，列冠篇首。"② 足证周南即在毕。

所以周族与毕必定产生混合，然毕仍然是毕，为姬姓，这一混合后也没有融合新的部族。

## （二）秦族

### 1. 秦

秦并非周族，然而在秦族中含有周族，这即是《诗·大雅·绵》所讲的古公亶父史实。还有《孟子·梁惠王篇》《史记·周本纪》，都谓古公亶父去豳，度漆、沮，逾梁山，邑于岐山之下而居。前人都以为古公亶父所居在今扶风、麟游一带，其实漆县即今彬州市，漆水东流而古公亶父率西水浒而逆溯，即由邠州市西过宜禄县（在今长武县），转过大山而至岐下，则岐下之地正当今陇县与汧阳之间，古之岐山盖即汧山。

依《史记·秦本纪》记，汧陇之间为秦族之地，古公亶父居此即出现了周秦混合。其证有三：

《史记·秦本纪》谓中潏"以亲故归周。"③ 古公亶父年代当与秦祖先中潏之年代相当。

根据《史记·秦本纪》，秦族有下列世系：仲衍—中潏—蜚廉—恶来，恶来时是商代的末年。蜚廉、恶来是商朝的重臣。《荀子》云："（纣）刳比干而囚箕子，飞廉、恶来知政。"④ 因此上述世系的年代属于商代的下半叶。《史记·秦本纪》云："中衍之后，遂世有功，以佐殷国，故嬴姓多显，遂为诸侯。"⑤ 据《史记·周本纪》载，周族从高圉以后的世系是：高圉—亚圉—公叔祖类—古公亶父—王季—文王—武王，因此中潏应该相当于古公亶父、王季时期。《国语·鲁语》云："高圉、大王，能帅稷者也，周人报焉。"⑥《竹书纪年》最早关于周族的记载是："（祖乙）十五年，命邠侯高圉。""（盘庚）十九年，命邠侯亚圉。""（祖甲十三年），命邠侯组绀。""（武乙三年），命周公亶父，赐以岐邑。"⑦ 以后的记载就更多了，后世史书都在模仿《史记·秦本纪》的

---

① 黄怀信、张懋镕、田旭东：《逸周书汇校集注·作雒解》，第553页。
② （清）王先谦撰，吴格点校：《诗三家义集疏·关雎》，第4页。
③ 《史记·秦本纪》，第177页载："昔我先郦山之女，为戎胥轩妻，生中潏，以亲故归周。……孝王召使主马于汧、渭之间……《正义》曰：言于二水之间，在陇州以东。"
④ （清）王先谦：《荀子集解·儒效》，《诸子集成》第二册，第86页。
⑤ 《史记·秦本纪》，第174页。
⑥ 徐元诰撰，王树民、沈长云点校：《国语集解·鲁语上》，第161页。
⑦ （清）徐文靖：《竹书纪年统笺》，《二十二子》，第1065、1067页。

话。对于周族可以说："高圉之前，遂世有功，以佐殷国，故周族多显，遂为诸侯。"

周族的发展情况与秦族有某种类似，两族差不多同时与商王朝建立了良好的关系，开始走上中国的历史舞台，两族成为商朝诸侯。因此，中潏"以亲故归周"即说明周、秦之间这时两族似乎有过通婚事实，故所谓亲当非血亲而是姻亲。

2. 关于周、秦的分合

（1）周、秦分合之历史

《史记·周本纪》载周太史儋见秦献公的谈话，讲述周、秦分合的历史说："始周与秦国合而别，别五百载复合，合十七岁而霸王者出焉。"① 意思是起初周、秦是合的，后来分了，过了五百年又合，合后17年出现了霸王。

这是当时认为完全应验的预言。有两种解释，第一种解释是：起始周、秦合是指周孝王封非子为附庸之前，在非子封附庸而号为秦嬴之后，则周、秦别。五百年之后的合是指秦昭王时西周君在前256年奔秦。第二种解释是：初始合而别是指周宣王封秦仲为大夫（秦仲是非子的曾孙），五百年之后的合是指周显王在前343年封秦孝公为伯。

至于17年之后出霸王，前人认为霸王即秦始皇。何以为17年？公元前246年秦始皇继位为秦王，公元前238年，诛嫪毐，而在公元前221年即位为皇帝。② 从这一些年份中可以找到对17的解释。但是这个年数亦不必过于追究，《史记·秦本纪》《史记·老子韩非列传》都复载此语，而年数略有不同。《史记·秦本纪》作"合十七岁而霸王出"，即原本作"七十七年"而该书点校者改为"十七年"③，而在《史记·老子韩非列传》中则作"七十年"④。所以霸王当指秦始皇，这个没有多大问题。

从周孝王分土封非子，到最后之合为赧王入秦，中间大致适为五百岁。但自周孝王上推至古公亶父大致也是五百岁，则预言之所谓始周与秦合当即指古公亶父之时。《左传·襄公二十九年》吴季札来聘于鲁，请观周乐。为之歌秦，曰：其周之旧乎。⑤ 这也是周秦混合之证。

（2）周、秦之分开

周秦混合到了孝王时才分开，这是古史上最晚的一段，然而史书上找不出周秦融合自成系统之任何部族，这并不是消失，当是实际没有如前期方式之混合经过。至于古公亶父以后部族的具体形成过程，可从下列周虞、周莘、周毕、周甫等几次混合来研究。

---

① 《史记·周本纪》，第159页。
② 《史记·周本纪》，第159页载："霸王，谓始皇也。……至始皇初立，政由太后、嫪毐，至九年诛嫪毐，正十七年。"
③ 《史记·点校后记》，第1页。
④ 《史记·秦本纪》，第201页；《史记·老子韩非列传》，第2142页。
⑤ 《春秋左传正义·襄公二十九年》，（清）阮元校刻：《十三经注疏》，第2006、2007页。

## （三）甫

### 1. 姜姓之甫

甫即共工系姜姓之甫，为郮山氏后裔，在临潼。

《尚书》有《吕刑》，《史记》作《甫刑》[1]，《礼记》[2]、《孝经》[3]引此篇都作《甫刑》，《墨子》引此篇作《吕刑》[4]，韦昭注《周语》云：周穆王之相甫侯所作《吕刑》也。[5] 两存其说，而前人有以吕即甫，有以甫为吕之别部。

### 2. 周族与甫之混合

武王即与甫族通婚，而在甫族建立一个镐邑，因而其妻称为邑姜。镐之在甫，据《国语·周语》记："杜伯射（宣）王于鄗。"韦解："鄗，鄗京也。"[6] 而《墨子·明鬼》云："周宣王合诸侯而田于圃……（杜伯）追周宣王，射之车上。"[7]《史记·封禅书》与韦昭《周语》解引《周春秋》以及《论衡·死伪篇》亦都作圃。[8] 但圃即是甫，《诗·小雅·车攻》"东有甫草，驾言行狩"，甫草即指甫族之地，而《楚辞·九章》注、《文选·东都赋》注、《后汉书》班固、马融两传引此诗都作圃。似乎甫族即以甫田而得名。《诗·小雅·甫田》"倬彼甫田，岁取十千"[9] 即指此。

周族于此没有什么新族，只有一个郑族，然郑族本自南郑徙此，也与周、甫混合无涉。

## （四）吴

### 1. 吴国

吴亦为古国名。《路史》云："吴，炎臣吴权，黄帝母吴枢国，纣时亦有吴伯。今陕之平陆有吴山。"[10]

---

[1]《尚书正义·吕刑》，（清）阮元校刻：《十三经注疏》，第247页；《史记·周本纪》，第139页。
[2]《礼记正义·表记》，（清）阮元校刻：《十三经注疏》，第1638页。
[3]《孝经注疏·天子章》，（清）阮元校刻：《十三经注疏》，第2546页。
[4]（清）孙诒让：《墨子间诂·尚贤中》，《诸子集成》第四册，第36页。
[5]（清）孙星衍撰，陈抗、盛冬铃点校：《尚书今古文注疏·周书·吕刑上》注，第517页。
[6] 徐元诰撰，王树民、沈长云点校：《国语集解·周语上》，第30页。徐元诰按："是皆以鄗为镐京之镐矣。"
[7]（清）孙诒让：《墨子间诂·明鬼下》，《诸子集成》第四册，第140页。
[8]《史记·封禅书》，第1376页索隐引墨云："周宣王杀杜伯不以罪，后宣王田于圃。"徐元诰撰，王树民、沈长云点校：《国语集解·周语上》，第30页《周春秋》曰："宣王杀杜伯而不辜……宣王会诸侯田于圃。"（汉）王充：《论衡·死伪篇》，《诸子集成》第七册，第206页。
[9]《毛诗正义·小雅·甫田》，（清）阮元校刻：《十三经注疏》，第473页。
[10]（宋）罗泌：《路史·国名纪己》，第376页。

## 2. 周代之吴国

### （1）吴太伯及其出奔

吴在周代有极为特殊的地位，吴属于蛮夷之国，但是在诸侯中又位居第一。《史记》中《吴太伯世家》就是第一篇，位于《齐太公世家》《鲁周公世家》之前。这是由于吴太伯是周文王的大伯，《史记·吴太伯世家》云："吴太伯、太伯弟仲雍，皆周太王之子，而王季历之兄也。季历贤，而有圣子昌，太王欲立季历以及昌，于是太伯、仲雍二人乃奔荆蛮。"①

太伯作为太王的长子，未能继位而离国出奔，这在古代并不少见。在春秋时期，太子或公子出奔他国的事，比比皆是。

但是可以肯定的事实是，在武王封建之前，吴已经存在，吴不是武王封的。什么是"太伯作吴"？周太王有三子，即太伯、仲雍、季历。《史记·吴太伯世家》云："太王欲立季历以及昌，于是太伯、仲雍二人乃奔荆蛮，文身断发……太伯之奔荆蛮，自号句吴。荆蛮义之，从而归之千余家，立为吴太伯。"② 故太伯不是封于吴，而是加入荆蛮部族。太伯断发纹身，同化于荆蛮而不是荆蛮同化于太伯。这是周族建立融合部族的基本模式，区别在于是吴太伯与荆蛮的融合部族，而其他周族则与夏族建立融合部族。

吴在周代的封建中是一个显著的特例，它是经历数千里形成的一个融合部族，但是历史上还有过类似的情况，就是吐谷浑。青海的这个鲜卑族国家吐谷浑是从辽东迁去的。在辽东的本支通常称为徒河鲜卑慕容氏，东晋时期在黄河下游建立了大燕王朝（即所谓的前燕、后燕）。后来在南北朝初年，吐谷浑日益强大，南朝宋文帝曾封之为陇西王，而北魏世祖封之为大将军、西秦王。正如吐谷浑的预言说的："我兄弟子孙并应昌盛，廆当传子及曾玄孙，其间可百余年，我及玄孙间始当显耳。"③

吴太伯的历史与此类似。周族与鲜卑同属胡族，所以能够适应长途迁徙，至于吴太伯出走的原因，则无法探讨。《史记·周本纪》的话可能全是周人编造。

### （2）吴太伯的世系

《吴太伯世家》给出吴的世系如下：从周章到吴王夫差之灭，即从西周到春秋末，共21君。而西周12王，春秋13王，总共是25王。因此吴的世系当大体是完整的。

吴太伯之世家可以分为三阶段：第一段从太伯到叔达；第二段从周章到去齐；第三段从寿梦到夫差。

从寿梦元年（前585年，即周简王元年、鲁成公六年）到夫差二十三年（前473年，即周元王四年、鲁哀公二十二年）吴王寿梦元年已经是春秋中晚期。在此之前，除了世系之外，吴的历史完全是空白。据说周章已经得到周武王的承认与封建，而且吴国有很高的政治道德水平，《史记·吴太伯世家》的太史公赞说："孔子言'太伯可谓至德

---

① 《史记·吴太伯世家》，第1445页。
② 《史记·吴太伯世家》，第1445页。
③ 《宋书·鲜卑吐谷浑列传》，第2370页。

矣……民无得而称焉'。……延陵季子之仁心，慕义无穷，见微而知清浊。"① 延陵季子即第一代吴王寿梦之子季札。在春秋之世楚国已经在南方兴起，为什么吴国的历史一直到春秋中晚期才开始？

3. 吴与虞仲（周章之弟）

《史记·吴太伯世家》又说，除了太伯的吴国之外，还有另一个吴国，即虞国："太伯卒，无子，弟仲雍立。……（三传至周章）是时周武王克殷，求太伯、仲雍之后，得周章。周章已君吴，因而封之。乃封周章弟虞仲于周之北故夏虚……列为诸侯。"② 前边说过，这个记载是错误的，在武王之前当已经有虞与虢。这些话是周人编造的。

《史记·吴太伯世家》也指出了这个令人迷惑不解的现象："自太伯作吴，五世而武王克殷，封其后为二：其一虞，在中国；其一吴，在夷蛮。十二世而晋灭中国之虞。中国之虞灭二世，而夷蛮之吴兴。"③ 晋灭虞与吴国兴起是风马牛不相及的事，却用神秘的血缘关系来联系。

关于虞的始祖虞仲，《史记》索隐云："《左传》曰'太伯、虞仲，太王之昭'，则虞仲是太王之子必也。又《论语》称'虞仲、夷逸隐居放言'，是仲雍称虞仲。今周章之弟亦称虞仲者，盖周章之弟字仲，始封于虞，故曰虞仲。则仲雍本字仲，而为虞之始祖，故后代亦称虞仲，所以祖与孙同号也。"④

太伯之弟称虞仲是不会错的，太王之三子当为太伯、虞仲、季历。实际上，太伯为吴，虞仲为虞，而季历为周。吴在江东，而虞、周在陕甘。到周武王封建之时，吴已经是周章为主，故周章成为武王时吴国封建之始祖。武王时封建虞国，实即虞东迁晋南之夏虚，当时之虞由何人为主不得而知，该人即武王时虞国封建之始祖，传说即称之为周章之弟。实际上该人乃虞仲（仲雍）之子孙，并非周章之弟。所谓"周章之弟字仲""祖与孙同号（虞仲）"，俱是牵强附会的臆测。

4. 太伯与太族

至于《史记》所说从太伯以来的吴国历史是完全不可靠的，如果太伯是吴国的始祖，而且在武王时已经得到确认，那么吴国在西周时期应该有完全不同的历史，其历史记载不会完全是空白。实际上太伯当有完全不同的历史背景。

夏有太族。《尚书·君奭》云："惟文王尚克修和我有夏，亦惟有若虢叔，有若闳夭，有若散宜生，有若泰颠，有若南宫括。"⑤《古今姓氏书辩证》云："泰。与太同，

---

① 《史记·吴太伯世家》，第 1475 页。
② 《史记·吴太伯世家》，第 1446 页。
③ 《史记·吴太伯世家》，第 1448 页。
④ 《史记·吴太伯世家》，第 1447 页。
⑤ 《尚书正义·君奭》，（清）阮元校刻：《十三经注疏》，第 224 页。

文王臣泰颠之后。"又云："太，与泰同。《姓纂》曰：今咸阳多此氏。"① 吴太伯与太族有关。

推想太伯所往的太族，约当在今西乡县。《水经注》云："汉水又东径妫虚滩。《世本》曰：舜居妫汭，在汉中西城县。……汉水又东，右会洋水。……洋水导源巴山，东北流径平阳城。《汉中记》曰：本西乡县治也。"②

太族之南迁于江苏，则当在周厉王的共和政变之后，所以勾吴在春秋中叶才出现。

## 四、姬姓之王族

### （一）王族集团

在西周初年的封建中，形成了两个兄弟之国的集团：一个在鲁西南，在两三个府的范围集中了以鲁国为首的六个兄弟之国；另一个在豫北，在两三个府的范围则集中了以卫国为首的八个兄弟之国。但是在鲁西南有三个武王同母弟，而在豫北则只有一个是武王同母弟，却有四个是周公之子。豫北的集团地位显然比较低。

然而在全国其他地方，只有少量这样的集团，如所谓"汉阳诸姬，楚实尽之"，杜预注："姬姓之国在汉北者，楚尽灭之。"③ 这些"在汉北"的姬姓之国，是共命运的，就构成一个族群。

### （二）从王族看周族的融合现象

1. 周王族的融合现象

这众多的姬姓封建部族究竟是不是周族的部族？细加探求，即可知事实未必如此。其中管、蔡、鲁、卫诸国固然是周初新建之国，但周王族中其余二十二国却都是文王以前的古国：

郕（文）、郜（文）、曹（文）、滕（文）、茅（周）、鲁（文）、原（文）、雍（文）、邗（武）、凡（周）、邢（周）、胙（周）、祭（周）、卫（文）。

（1）霍

《路史》云："霍，武王禽之。汝之梁县西南七十有故霍。《世本》云霍国真姓（罗苹注：今本作姬姓），知非晋霍。"④ 因此在周代之前当有一个真姓之古国。如果该古国确为姬姓，也不能认为该姬姓霍国（当为夏族）为周族霍国之后，相反，周族之姬姓霍国可能从夏族之姬姓霍国承袭而来。

---

① （宋）邓名世：《古今姓氏书辩证》，第468页。
② （后魏）郦道元注，（清）杨守敬、熊会贞疏，段熙仲点校：《水经注疏·沔水》，第2325、2327、2328页。
③ 《春秋左传正义·僖公二十八年》，（清）阮元校刻：《十三经注疏》，第1825页。
④ （宋）罗泌：《路史·国名纪己》，第385页。

（2）鄾

《路史》云："鄾，丰也。事周，纣恶之。韩子云文王侵盂、克莒、举鄾，三举。春秋徐之丰县，又楚地。"① 根据这条记载。鄾为商代之国，后归于文王。

至于徐之丰县，是春秋时期之丰，不可能是文王时鄾国所在。故在文王之前，已有鄾。它与"文之昭"的鄾有无关联？

（3）原

根据《路史》记："原，后杼居原者，预云：泌水西北有原城，今河内轵。桀以原侯夸师者。"② 则在文王之前早就有原。作为后来的文之昭的原，与古国原有无关联？

（4）应

在武之穆中有应，但根据《路史》记："应，《汲古文》云商时国，《寰宇》云故城郏县东南四十，故殷之应国，杜云襄（罗苹注：阳城父南应国也）。"③ 则应也是商代以前的古国。

（5）邢、祭、胙

作为"周公之胤"的邢、祭、胙，《路史·国名纪己》中有邢（邘），邘为文王所伐。《路史·国名纪戊》中有祭、胙。④

（6）滕

《史记》索隐说："滕，不知本封，盖轩辕氏子有滕姓，是其祖也。"⑤

（7）缗

金乡县有东缗城，《读史方舆纪要》云："东缗城，（金乡）县东北二十里。本夏之缗国，《传》云'帝相娶于有缗氏'是也。"⑥

因此周王族的部族与商代以前的古国往往有相同的名称，这种现象说明二者之间可能存在某种关联。由于周族比夏族的人数要少得多，所以在周族与夏族接触的时候，他们加入了夏族部族。此后，他们就采用该夏族部族的名称，并采用他们的姓，因此周族之血族分散于夏族各部族中，他们有类于养子或赘婿之比。由于夏族部族都可能混有养子或赘婿，因而不存在特殊的周夏融合部族，亦可以说，周族部族都是周夏融合部族。前边说过，周与商虽同为夏族之融合部族，但由于周之混合方式与商不同，故商代之融合部族有明显的标志，如商任、商奄诸族，就是在任族、奄族中的融合部族，他们自成一支部族系统，而周代之混合部族则没有明显的标志。

2. 东迁

周族在到达渭水上游后，把自己族员分散到夏族各部族中去，形成融合的部族，

---

① （宋）罗泌：《路史·国名纪己》，第384页。
② （宋）罗泌：《路史·国名纪己》，第382页。
③ （宋）罗泌：《路史·国名纪己》，第383页。
④ （宋）罗泌：《路史·国名纪己》，第384页；（宋）罗泌：《路史·国名纪戊》，第368页。
⑤ 《史记·陈杞世家》，第1586页。
⑥ （清）顾祖禹撰，贺次君、施和金点校：《读史方舆纪要·山东三》，第1534页。

（已见上文）。在西周初年，这些混血部族东迁，这就是"封建"的第二个内容。实际上是夺取中原各族的土地，夺得之后，即把自己与夏族融合之各部族迁过去。如魏、芮、虞、虢诸族，都次第东迁。

又《左传·襄公二十九年》载："虞、虢、焦、滑、霍、扬、韩、魏，皆姬姓也。"① 其中虞、虢、焦、滑与扬本非姬姓，亦因与夏族混合后而有姬姓之称。

史籍上虽没有明白之记载，然据《左传·昭公九年》已可考知魏、骀、芮、岐、毕这五族是周族与夏族混合而成。詹桓伯说："我自夏以后稷，魏、骀、芮、岐、毕，吾西土也。"杜预注："在夏世，以后稷功，受此五国为西土之长。"② 故此五国原为夏族，后归周族管辖。《春秋大事表》谓魏姬姓、芮姬姓、毕姬姓（文王子）③，骀、岐与前期周、魏与周、芮等之混合之方式如何有关，则有待进一步研究。

《水经注》认为虞、虢、芮、魏俱在今山西西南部。南北朝时在中条山西北为河东郡（在蒲阪，今蒲州），东南为河北郡（在大阳，今平陆）。《水经注》云："河水又东，永乐涧水注之。水北出于薄山，南流径河北县（今芮城县）故城西，故魏国也。晋献公灭魏，以封毕万。……河水自河北城南，东径芮城（故河北城即魏在西，芮城即芮在东）。……《纪年》又云：晋武公七年，芮伯万之母芮姜逐万，万出奔魏。"④

《水经注》又说："河水又东，径大阳县故城南，《竹书纪年》曰：晋献公十有九年，献公会虞师伐虢，灭下阳。（杨守敬注：《史记·晋世家》集解：服虔曰，下阳，虢邑也。在大阳东北三十里。《续汉志》大阳有下阳城。《地形志》作夏阳城，本《公》《谷》也。《元和志》，下阳故城在平陆县东北二十里。）……献公命瑕父吕甥邑于虢都，《地理志》曰：北虢也。……河水又东，沙涧水注之。水北出虞山，东南径傅岩。……孔安国传：傅说隐于虞、虢之间，即此处也。……有东西绝涧，左右幽空……中则筑以成道，指南北之路，谓之为斡桥也。……桥之东北有虞原，原上道东有虞城。……周武王以封太伯后虞仲于此，是为虞公。《晋太康地记》所谓北虞也。"⑤

这里所说的是春秋时期，今山西西南部的（北）虞、（北）虢、芮、魏的地理，但是能否反映虞、虢、芮、魏的历史面貌？

3. 周王族的地域分布

周朝之王族可以称为周族，他们与中国其他王朝一样，王族都分成两部分：一部分分布于王畿；另一部分则分布于各姬姓诸侯国。由于周族原是胡族，他们的姬姓是冒姓，因此他们与夏族的姬姓成员是完全不同的。

周初封建的国家很多，《史记·诸侯年表》谓："武王、成、康所封数百，而同姓五

---

① 《春秋左传正义·襄公二十九年》，（清）阮元校刻：《十三经注疏》，第2006页。
② 《春秋左传正义·昭公九年》，（清）阮元校刻：《十三经注疏》，第2056页。
③ （清）顾栋高辑，吴树平、李解民点校：《春秋大事表》，第574、575、587页。
④ （后魏）郦道元注，（清）杨守敬、熊会贞疏，段熙仲点校：《水经注疏·河水四》，第322—324页。
⑤ （后魏）郦道元注，（清）杨守敬、熊会贞疏，段熙仲点校：《水经注疏·河水四》，第350—353页。

十五。"① 西周初年的封建情况如何，不见全面的记载。

《左传·昭公二十八年》载："昔武王克商，光有天下，其兄弟之国者，十有五人，姬姓之国者四十人，皆举亲也。"② 不过兄弟之国究竟不是很多。《左传·僖公二十四年》曰："管、蔡、郕、霍、鲁、卫、毛、聃、郜、雍、曹、滕、毕、原、酆、郇，文之昭也；邗、晋、应、韩，武之穆也；凡、蒋、邢、茅、胙、祭，周公之胤也。"③ 此处列举的兄弟之国是 26 个，当为周代最基本之王族部族，即周代王族及姬姓公族。当然公族也不止这一些，《潜夫论·五德志》谓："姬之别封众多"，除了上述 26 国之外，还有"周、召、虢、吴、随、邻、方、卬、息、潘、养、滑、镐、宫、密、荣、丹、郭、杨（汪继培：盖阳之讹）、逢、管、唐、韩、杨（汪继培：当从手）、觚（汪继培：疑狐，《晋语》云狐氏出自唐叔）、栾、甘、鳞、虞、王氏，皆姬姓也。"④ 这里又列举了 30 个，其中有的是周王畿内以及诸侯国内的卿大夫部族。卿大夫部族当然很多，而且新的部族不断形成，因此还远不止这一些。

上述 30 个部族中，并不一定都是王族，如息，汪继培笺："隐十一年《左传》疏引《世本》'息国姬姓'。《说文》作鄎。"又如鳞，汪继培笺："鳞当作鲜，昭十二年《穀梁传》'晋伐鲜虞'范宁注：'鲜虞，姬姓白狄也。'疏云《世本》文，《郑语》云'北有卫、燕、狄、鲜虞'，韦昭注：'鲜虞，姬姓国。'"⑤

（1）鲁西南族群

郕、郜、曹、滕、茅、鲁，这六个国家构成一个以鲁国为首的兄弟之国的集团。这六个国家的地域相邻，集中于鲁西南，一字排开，自西而东三四百里，贯穿西汉时济阴郡（治定陶）、山阳郡（治昌邑，今金乡西北）、东平国（都无盐，今汶上北）、鲁国（都鲁县，今曲阜），亦即贯穿清代曹州府（菏泽）、济宁州（济宁）、兖州府（滋阳，即今兖州）三个州府。这是西周初年最值得注意的封建。基本上都是文王之子的封国。（在武王十个同母兄弟中，武王第二，管叔第三，周公第四，蔡叔第五，曹叔振铎位居第六，霍叔第八。康叔封与冉季载由于年轻而没有得到封赏。）

一是鲁。鲁在今曲阜，周公之封国。周公没有就任，命儿子伯禽受封于鲁，因此齐、鲁同时建国。不过鲁国过了三年才报告建国完成，而齐国五个月就完成了，周公问太公怎么能那么快，太公回答说："吾简其君臣礼，从其俗为也。"但鲁国是"变其俗，革其礼，丧三年然后除之，故迟"⑥。可见鲁国族群建立了巩固的周族统治。

另外，可见齐鲁社会原来的礼俗，大概与莱夷差不多，他们都实行夷礼（当即商朝的社会制度）而不是周礼，与周朝有很大的区别。伯禽在鲁国改革夷礼，实行周礼，因

---

① 《史记·汉兴以来诸侯王年表》，第 801 页。
② 《春秋左传正义·昭公二十八年》，（清）阮元校刻：《十三经注疏》，第 2119 页。
③ 《春秋左传正义·僖公二十四年》，（清）阮元校刻：《十三经注疏》，第 1817 页。
④ （汉）王符：《潜夫论·五德志》，《诸子集成》第八册，第 163 页。
⑤ （汉）王符：《潜夫论·五德志》汪继培笺，《诸子集成》第八册，第 163 页。
⑥ 《史记·鲁周公世家》，第 1524 页。

此搞了三年。太公在齐国只是对夷礼进行不大的修补，五个月就完成了。可见夷人在山东半岛沿渤海岸的强大势力。

二是曹。曹在今定陶，关于曹的重要性，顾祖禹说："（曹）州为四达之冲，春秋时曹最为多事，会盟征伐，几于无岁不与也。"① 曹距西周初建国，长达五六百年。

《左传·哀公八年》云："宋公伐曹，将还，褚师子肥殿。曹人诟之，不行，师待之。公闻之怒，命反之，遂灭曹。执曹伯及司城强以归，杀之。"②

三是郕。郕在今金乡。《史记》正义引《括地志》谓："（郕国）在濮州雷泽县东南九十一里，汉郕阳县。古郕伯，姬姓之国，其后迁于成之阳。"③ 汉代为济阴郡成阳县，在隋代改为郓州雷泽县，故雷泽即成阳。④ 雷泽在今鄄城东南。故雷泽东南九十里则是金乡一带，亦即任城南。

《左传·隐公五年》杜预注："郕，国也，东平刚父县西南有郕乡。"⑤ 郕即成。《战国策》云："径亢父之险"，高诱注："亢父，今任城县（今济宁）也。"鲍彪注："属东平。"⑥《左传·隐公五年》：高诱谓亢父在今济宁的西南，则郕在今济宁西南，则与郜、曹、滕、茅都很近。

鲍彪谓亢父属东平，则郕在汶上西北，远离郜、曹、滕、茅，故当以高诱、杜预之说为是。顾祖禹误从鲍说，《读史方舆纪要》云："郕城，（汶上）县西北二十里。古郕国，周武王封弟叔武于此。……杜预云：'郕在亢父县西南。'似误。"⑦ 非是。

四是郜。郜是文王庶子的封地。郜在城武县，《左传》"以郜大鼎赂公。"杜预注："济阴城武县东南有北郜城。"⑧《读史方舆纪要》："郜城，（城武）县东南二十里。古郜国，周文王庶子所封……后附庸于宋。……县志：郜有二城，此为北郜城，又南二里曰南郜城。"⑨

五是滕。滕是文王子错叔绣的封国，滕在汉代为沛郡公丘县，西、北与山阳郡之湖陵县相邻，而东、北与鲁国之蕃县、薛县相邻。《汉书·地理志》公丘，班固自注："故滕国，周懿王子错叔绣所封，三十一世为齐所灭。"颜师古注："《左传》云：'郜、雍、曹、滕，文之昭也'《系本》亦云'错叔绣，文王子'，而此《志》云懿王子，未详其义耳。"⑩《读史方舆纪要》兖州府："滕城，（滕）县西南十四里。周滕国，文王子叔绣所

---

① （清）顾祖禹撰，贺次君、施和金点校：《读史方舆纪要·山东四》，第1571页。
② 《春秋左传正义·哀公八年》，（清）阮元校刻：《十三经注疏》，第2164页。
③ 《史记·管蔡世家》，第1563页。
④ （清）顾祖禹撰，贺次君、施和金点校：《读史方舆纪要·山东四》，第1572页。
⑤ 《春秋左传正义·隐公五年》，（清）阮元校刻：《十三经注疏》，第1727页。
⑥ （汉）刘向：《战国策·齐一·苏秦为赵合从说齐宣王》，第340、341页。
⑦ （清）顾祖禹撰，贺次君、施和金点校：《读史方舆纪要·山东四》，第1558页。
⑧ 《春秋左传正义·桓公二年》，（清）阮元校刻：《十三经注疏》，第1741页。谭其骧《中国历史地图集》认为，城武在西汉时属于山阳郡，东汉、三国、西晋时都属于济阴郡。
⑨ （清）顾祖禹撰，贺次君、施和金点校：《读史方舆纪要·山东三》，第1540页。
⑩ 《汉书·地理志上》，第1572、1573页。

封，至战国时为宋所灭。秦置滕县。汉……改置公丘县，属沛郡。……晋属鲁郡。"① 汉代之公丘县即今滕县西南十四里。

六是茅。茅是周公之子的封国。一说茅在山阳郡昌邑县，西晋时为高平国，在金乡西南之茅乡。《读史方舆纪要》云："茅乡，杜预曰：'在昌邑西南。'周公之子茅伯所封，后为郕邑。哀七年，茅成子以茅叛，即此。亦谓之茅乡城。"②

二说茅在今豫东，《水经》云："（洧水）又东南过茅城邑之东北"，注："（濮）陂水东翼洧堤，西面茅邑，自城北门列筑堤道，迄于此冈，世尚谓之茅冈，即《经》所谓茅城邑也。"③ 按其地在今西华县。

这些国家以及相邻的其他小国实际上构成以鲁国为盟主的国家集团。它们与鲁公有密切的关系，如《左传·文公十一年》云："秋，曹文公来朝，即位而来见也。"④《左传·文公十二年》云："春，郕伯卒，郕人立君。大子以夫钟与郕邽来奔。公以诸侯逆之，非礼也。……杞桓公来朝，始朝公也。且请绝叔姬而无绝昏，公许之。……秋，滕昭公来朝，亦始朝公也。"⑤《左传·文公十五年》云："夏，曹伯来朝，礼也。诸侯五年再相朝，以修王命，古之制也。"⑥

（2）豫北族群

在西周初年的分封中，武王的同母兄弟十人中，除长子伯邑考与武王外，得到封国的有六人。在周公东征之后，康叔封于卫。同时在商的畿内还有其他的分封情况。《读史方舆纪要》怀庆府："商属畿内，周亦为王畿及卫、雍、邘诸国地。"⑦ 因此在怀庆府境内一部分划归周王畿，其他一些部分划归卫、雍、邘等国。其实在商属畿内不止这三个国家，还有原（文）、雍（文）、邘（武）、凡（周）、邢（周）、胙（周）、祭（周），再加上卫，共八个周族的兄弟之国。其中的武王与周公之子估计也是这个时候得到封国的。

这些诸侯国分布的地域属于下列州郡：汉时为河内郡（治怀县，今河南温县、武陟之间）、东郡（治濮阳）、魏郡（治邺县，今临漳西南）。清代为怀庆府、卫辉府、彰德府、大名府。

一是原。原是周文王之子的封国，在今济源。《左传·隐公十一年》苏忿生之田有原，杜预注："在沁水县西。"⑧《水经注》云："（济）水有二源，东源出原城东北。昔晋文公伐原，以信而原降，即此城也。……西源出原城西。"⑨

二是雍。雍为周文王之子的封国，在今修武县西。《左传·僖公二十四年》杜预

---

① （清）顾祖禹撰，贺次君、施和金点校：《读史方舆纪要·山东三》，第1525页。
② （清）顾祖禹撰，贺次君、施和金点校：《读史方舆纪要·山东三》，第1536页。
③ （后魏）郦道元注，（清）杨守敬、熊会贞疏，段熙仲点校：《水经注疏·洧水》，第1854、1855页。
④ 《春秋左传正义·文公十一年》，（清）阮元校刻：《十三经注疏》，第1850页。
⑤ 《春秋左传正义·文公十二年》，（清）阮元校刻：《十三经注疏》，第1851页。
⑥ 《春秋左传正义·文公十五年》，（清）阮元校刻：《十三经注疏》，第1855页。
⑦ （清）顾祖禹撰，贺次君、施和金点校：《读史方舆纪要·河南四》，第2284页。
⑧ 《春秋左传正义·隐公十一年》，（清）阮元校刻：《十三经注疏》，第1737页。
⑨ （后魏）郦道元注，（清）杨守敬、熊会贞疏，段熙仲点校：《水经注疏·济水一》，第628、629页。

注："雍国在河内山阳县西。"①《读史方舆纪要》云："雍城，在（修武）县西。古雍国，周文王子所封。"②

三是邘。邘为周武王之子的封国，在沁阳西北。《左传·僖公二十四年》杜预注："河内野王县西北有邘城。"③《读史方舆纪要》云："邘城，在（怀庆）府城西北三十里。故鄂国，纣三公鄂侯邑于此。徐广曰：'鄂一作邘。'《史记》：'文王伐邘。'又周武王子所封。《左传·隐公十一年》：'王取芳、邘之田于郑。'"④

四是凡。凡为周公之子的封国，在今辉县市。《春秋大事表》云："凡，周公子始封。今卫辉府辉县西南二十里有凡城。"⑤《读史方舆纪要》云："凡城，在（辉）县西南二十里。周公子凡伯国。"辉县市还有共伯国（共伯和之国），汉置共县。⑥

五是邢。邢为周公之子的封国，当在平皋，即《后汉书》河内郡平皋，刘昭补："有邢丘，故邢国，周公子所封。"⑦作为商代都城之邢，则当在今大名。往往以邢台作为周公之子的封邑，如《春秋大事表》云："邢，周公子始封。今直隶顺德府治邢台县。后迁夷仪，今山东东昌府西南十二里有夷仪城。"⑧《读史方舆纪要》云："顺德府……周为邢国。（《史记·鲁周公世家》：成王封周公子苴为邢侯。)"⑨都是不对的。

《汉书·地理志》河内郡平皋，颜师古注："应劭曰：'邢侯自襄国徙此。当齐桓公时……邢迁于夷仪，其地属晋，号曰邢丘。以其在河之皋……故曰平皋。'臣瓒曰：'……邢迁于夷仪，不至此也。今襄国西有夷仪城，去襄国百余里。邢是丘名，非国也。'师古曰：'应说非也。'《左氏传》曰'晋侯送女于邢丘'，盖谓此耳。"⑩

六是胙。胙是周公之子的封国。《春秋大事表》云："胙，周公子始封。在今河南卫辉府废胙城县西南。"⑪《左传·僖公二十四年》杜预注："东郡燕县西南有胙亭。"⑫《后汉书》东郡燕县："有胙城，古胙国。"《读史方舆纪要》胙城县："（卫辉）府东三十五里。……古胙伯国，周公支子封此。春秋时为南燕国。"⑬燕县在今新乡县、卫辉市之东，故胙即在今卫辉市东。

七是祭。祭为周公之子的封国，在今河南长垣。《后汉书》陈留郡长垣，刘昭补注："有祭城。"⑭《水经注》曰："（濮水）又东径胙亭东注，故胙国也。……濮渠又

---

① 《春秋左传正义·僖公二十四年》，（清）阮元校刻：《十三经注疏》，第 1817 页。
② （清）顾祖禹撰，贺次君、施和金点校：《读史方舆纪要·河南四》，第 2295 页。
③ 《春秋左传正义·僖公二十四年》，（清）阮元校刻：《十三经注疏》，第 1817 页。
④ （清）顾祖禹撰，贺次君、施和金点校：《读史方舆纪要·河南四》，第 2286 页。
⑤ （清）顾栋高辑，吴树平、李解民点校：《春秋大事表》，第 574 页。
⑥ （清）顾祖禹撰，贺次君、施和金点校：《读史方舆纪要·河南四》，第 2312 页。
⑦ 《后汉书·郡国一》，第 3395 页。
⑧ （清）顾栋高辑，吴树平、李解民点校：《春秋大事表》，第 573 页。
⑨ （清）顾祖禹撰，贺次君、施和金点校：《读史方舆纪要·北直六》，第 657 页。
⑩ 《汉书·地理志上》，第 1554 页。
⑪ （清）顾栋高辑，吴树平、李解民点校：《春秋大事表》，第 589 页。
⑫ 《春秋左传正义·僖公二十四年》，（清）阮元校刻：《十三经注疏》，第 1817 页。
⑬ 《后汉书·郡国三》，第 3450 页；（清）顾祖禹撰，贺次君、施和金点校：《读史方舆纪要·河南四》，第 2306 页。
⑭ 《后汉书·郡国三》，第 3448 页。

东北，又与酸水故渎会。……濮渠东绝驰道，东径长垣县故城北……县有祭城。"① 《春秋大事表》曰："祭，周公子始封。今河南开封府郑州东北十五里有祭亭（当即祭城）。"②

周公之胤凡、蒋、邢、茅、胙、祭，似都在今河南东部。故南而北，为蒋（固始）、茅（西华）、祭（郑州东北）、凡（卫辉西南）、胙（卫辉西南）、邢（大名）。文王之子封国最多，但是："伯邑考，其后不知所封。……管叔鲜作乱诛死，无后。……成叔武，其后世无所见。……冄季载，其后世无所见。"③故武王之十个同母兄弟中，有四个其后世无所见。

（3）武王之子

《左传·僖公二十四年》云："邘、晋、应、韩，武之穆也。"杜预注："四个皆武王子，应国在襄阳城父县西。韩国在河东郡界。河内野王县西北有邘城。"④

一是邘。《春秋大事表》谓邘在河南怀庆府城西北三十里有邘台村⑤。杜预注："河内野王县西北有邘城。"《水经注》曰："沁水又东，邘水注之，水出太行之阜。……其水南流径邘城西，故邘国也，城南有邘台。……京相璠曰：今野王西北三十里有故邘城、邘台是也。"⑥

二是晋。《春秋大事表》谓："晋当春秋之初，翼侯中衰，曲沃内乱，不与东诸侯之会盟……势微甚。……自武、献之世，兼国多矣……及势既强大，乃复勤王以求诸侯，周室之不亡复于晋重有赖焉。"⑦

三是应。《春秋大事表》谓应在河南汝州鲁山县东三十里有应城。⑧杜预注："应国在襄阳城父县西。"《水经注》云："滍水……东南径应山北，又南径应城西，《地理志》曰：故父城县之应乡也。周武王封其弟为侯国。应劭曰：《韩诗外传》称：周成王与弟戏，以桐叶为圭……王乃应时而封，故曰应侯乡，亦曰应乡。按《吕氏春秋》云：成王以桐叶为圭，封叔虞，非应侯也。《汲郡古文》殷时已有应国，非成王矣。战国范雎所封邑也，谓之应水。"⑨

四是韩。《春秋大事表》谓韩在同州。⑩杜预注："韩国在河东郡界。"韩国成王时建立。《竹书纪年》说："（成王）十二年，王师、燕师城韩。王锡韩侯命。"这个韩侯应即武王之子。为什么城韩之师中有"燕师"？宣王时韩国复兴。《诗·大雅·韩奕》

---

① （后魏）郦道元注，（清）杨守敬、熊会贞疏，段熙仲点校：《水经注疏·济水二》，第709、714、715页。
② （清）顾栋高辑，吴树平、李解民点校：《春秋大事表》，第571页。
③ 《史记·管蔡世家》，第1570页。
④ 《春秋左传正义·僖公二十四年》，（清）阮元校刻：《十三经注疏》，第1817页。
⑤ （清）顾栋高辑，吴树平、李解民点校：《春秋大事表》，第587、588页。
⑥ （清）顾栋高、熊会贞：《水经注疏·沁水》，第829、830页。
⑦ （清）顾栋高辑，吴树平、李解民点校：《春秋大事表》，第517、518页。
⑧ （清）顾栋高辑，吴树平、李解民点校：《春秋大事表》，第588页。
⑨ （后魏）郦道元注，（清）杨守敬、熊会贞疏，段熙仲点校：《水经注疏·滍水》，第2588、2589页。
⑩ （清）顾栋高辑，吴树平、李解民点校：《春秋大事表》，第588页。

云:"奕奕梁山,维禹甸之。有倬其道,韩侯受命。"毛传:"受命为侯伯也。"①

## 五、汉阳诸姬

昌意系当有一部分从武都出发,沿汉水(沔水)流域进入今湖北,就成为汉水之阳的"毕、原、鄫、郇、邘"等国。昌意系后来继续东进,就成为汉水下游的"随、唐、巴、息、顿"等国。所有这一些就形成所谓的"汉阳诸姬"。晋栾枝对晋文公说:"汉阳诸姬,楚实尽之。"杜预注:"水北曰阳,姬姓之国在汉北者,楚尽灭之。"② 汉阳诸姬都是一些什么国家,他们是否为昌意系之族属?

### (一)毕、原、鄫、郇、邘

毕、原、鄫、郇、邘,其中哪一些是昌意系的族属?

富辰曾提到周朝的许多亲戚,他说:"管、蔡、郕、霍、鲁、卫、毛、聃、郜、雍、曹、滕、毕、原、鄫、郇,文之昭也;邘、晋、应、韩,武之穆也。……召穆公思周德之不类,故纠合宗族于成周。"③ 可是富辰的话可能并非事实,他所举出的这些国家,其中有一些是周朝文武之子孙,但另外一些则是原始的姬姓之国,而周族冒以为自己之族属。

上举诸国中,毕、原、鄫、郇、邘五族,很明显地是夏族昌意系的"汉阳诸姬",并非文武之子孙。

#### 1. 毕

《史记·魏世家》云:"魏之先,毕公高之后也。毕公高与周同姓。武王之伐纣,而高封于毕,于是为毕姓。其后绝封,为庶人,或在中国,或在夷狄。其苗裔曰毕万,事晋献公。"索隐引富辰的话认为毕公是文王之子,又引马融之话说毕公为文王之庶子。④ 按《史记》,则毕公高与周是同姓,也就是说,毕公高与周文王只是同姓,可能根本没有共同的祖先。因此各种说法互相不符。

毕为毕公高之族,其地约在今商高县。毕即《逸周书·史记解》"毕程氏"之毕⑤。同书《大匡解》《程寤解》与《竹书纪年》都说王季、文王始来"宅程"⑥。其宅程之前

---

① (清)徐文靖:《竹书纪年统笺》,《二十二子》,第1075页;《毛诗正义·大雅·韩奕》,(清)阮元校刻:《十三经注疏》,第570页。
② 《春秋左传正义·僖公二十八年》,(清)阮元校刻:《十三经注疏》,第1825页。
③ 《春秋左传正义·僖公二十四年》,(清)阮元校刻:《十三经注疏》,第1817页。
④ 《史记·魏世家》,第1835页。
⑤ 黄怀信、张懋镕、田旭东:《逸周书汇校集注·史记解》,第1028页。
⑥ 黄怀信、张懋镕、田旭东:《逸周书汇校集注·大匡解》,第154、156页;黄怀信、张懋镕、田旭东:《逸周书汇校集注·程寤》,第195、197页;王国维:《今本竹书纪年疏证》,第73、75页。

即已有毕。

毕族又分化出了一个召公奭之召族,其地则在今河南南召县。

2. 原

原与郇也是古族。《春秋大事表》云:"周文王子之封国。今河南怀庆府济源县西北十五里有原乡。庄十八年见。僖二十五年王以其地赐晋,晋迁原伯贯于冀。此后原伯见于传者甚多。或曰迁邑于河南。至隐十一年传苏忿生之田亦有原邑,当是两地。正义合为一,误。"[1]

3. 酆

《韩非子》说文王"举丰"(王先慎:各本"丰"作"酆",《御览》八十四引正作"举丰",今据改)。[2] 又《说文》云:"酆,周文王所都,在京兆杜陵西南。从邑丰声。"段注:"《诗》《书》皆作丰,《左传》'酆,文之昭也。'……前、后二志亦作酆。……杜预曰:'酆在鄠县。'"[3] 故酆即文王"作邑于丰"[4]之丰。

《尚书大传》《史记·周本纪》都说文王伐邘,则酆与邘又都为文王所伐。[5]

4. 郇

郇,《春秋大事表》云:周文王子之封国,今山西蒲州府临晋县东北十五里,有古郇城。[6]《水经注》云:"涑水又西径郇城,郇伯劳之,盖其故国也。杜元凯《春秋释地》云:今解县西北有郇城。服虔曰:郇国在解县东,郇瑕氏之墟也。"[7]

5. 邘

至于邘,既然邘为文王所伐[8],则邘非周族可知。《水经注》云:"(汝水)出南阳鲁阳县之大盂山。"[9] 王国维《三代地理小记》以盂为邘地。

邘又称鄂,《史记·殷本纪》记,纣时有鄂侯,集解引徐广曰:"(鄂)一作邘。"[10]《史记·楚世家》说:"(熊渠)伐庸、杨粤、至于鄂。"正义引刘伯庄云:"地名,在楚

---

[1] (清)顾栋高辑,吴树平、李解民点校:《春秋大事表》,第579、580页。
[2] (清)王先慎:《韩非子集解·难二》,《诸子集成》第五册,第274页。
[3] (汉)许慎撰,(清)段玉裁注:《说文解字注》,第286页。
[4] 《毛诗正义·大雅·文王有声》,(清)阮元校刻:《十三经注疏》,第526页。
[5] (清)王闿运:《尚书大传补注·殷传六·西伯戡耆》卷四,北京:中华书局,1991年,第29页;《史记·周本纪》,第118页。
[6] (清)顾栋高辑,吴树平、李解民点校:《春秋大事表》,第587页。
[7] (后魏)郦道元注,(清)杨守敬、熊会贞疏,段熙仲点校:《水经注疏·汾水》,第588页。
[8] 《史记·周本纪》第118页;(清)皮锡瑞:《尚书大传疏证·西伯戡耆》,《皮锡瑞集》,第891页。
[9] (后魏)郦道元注,(清)杨守敬、熊会贞疏,段熙仲点校:《水经注疏·汝水》,第1739页。
[10] 《史记·殷本纪》,第106页。

之西，后徙楚，今东鄂州是也。"又引《括地志》："邓州向城县南二十里西鄂故城，是楚西鄂。"①

鲁阳县在今鲁山县附近，向城县在今南召县附近，以今地求之，邘当在嵩县、南召之间。

所以，不能说"毕、原、酆、郇、邘"为文武之后裔。据此可以推定，姬姓最初分布于卢氏、嵩县、商南、山阳、旬阳、竹山、房县、鲁山、方城一带，最后分布于随县。

## （二）随、唐、巴、息、顿

《国语·郑语》云："当成周者，南有荆蛮、申、吕、应、邓、陈、蔡、随、唐。"②见于《春秋》经传有随、唐、巴、息、顿诸族。

### 1. 随

随，杜预注：随、唐都姬姓。孔颖达《左传》疏："《世本》随国，姬姓。不知始封为谁。"③"古文献明确记载，随是姬姓侯国。"

《汉书·地理志》南阳郡随，班固自注："故国。"④《水经》云："（涢水）东南过隋县西。"《水经注》云："县，故隋国矣。《春秋左传》所谓'汉东之国隋为大'者也。"⑤又《左传·僖公二十年》云："随以汉东诸侯叛楚。"⑥

楚斗伯比在公元前706年对楚武王说："吾不得志于汉东也，我则使然。我张吾三军而被吾甲兵，以武临之，彼则惧而协以谋我，故难间也。汉东之国，随为大。随张，必弃小国。小国离，楚之利也。"⑦

### 2. 唐

《汉书·地理志》舂陵注："上唐乡，古唐国都。"⑧《水经注》云："（涢水）径上唐县故城南，本蔡阳之上唐乡，旧唐侯国（杨守敬注：古唐城在今随州西北九十里）。"⑨即今随县。

《左传·宣公十二年》云："楚子使唐狡与蔡鸠居告唐惠侯"，杜预注："唐，属

---

① 《史记·楚世家》，第1692页。
② 徐元诰撰，王树民、沈长云点校：《国语集解·郑语》，第461页。
③ 《春秋左传正义·桓公六年》，（清）阮元校刻：《十三经注疏》，第1749页。
④ 《汉书·地理志》，第1564页。
⑤ （后魏）郦道元注，（清）杨守敬、熊会贞疏，段熙仲点校：《水经注疏·涢水》，第2639页；《春秋左传正义·桓公六年》，（清）阮元校刻：《十三经注疏》，第1749页。
⑥ 《春秋左传正义·僖公二十年》，（清）阮元校刻：《十三经注疏》，第1811页。
⑦ 《春秋左传正义·桓公六年》，（清）阮元校刻：《十三经注疏》，第1749页。
⑧ 《汉书·地理志上》，第1564页。
⑨ （后魏）郦道元注，（清）杨守敬、熊会贞疏，段熙仲点校：《水经注疏·涢水》，第2638页。

楚之小国。"①

### 3. 巴

据《左传·昭公十三年》记，楚共王之妃巴姬②，是则巴亦姬姓。而《水经注》云："泛水又东径巴西，历巴渠北新城、上庸东。"③ 新城约当于今之房县，上庸今为竹山县。房县、竹山县之东，古有巴地，疑族即在此。

《左传·庄公十八年》载："巴人叛楚而伐那处，取之，遂门于楚（杜注：攻楚城门）。……冬，巴人因之以伐楚。"杜预注："那处，楚地。南郡编县东南有那口城。"第二年，楚大败于津，杜预注："津，楚地。或曰，江陵有津乡。"④《水经注》云："罗故居宜城西山……县西三里有津乡。……应劭曰：南郡江陵有津乡。"⑤ 则春秋时期巴国当处于今湖北江陵以北地区，在随、唐之西南。

此巴当为姬姓，与今重庆之巴国不同。《水经注》云："江州县，故巴子之都也。……及七国称王，巴亦王焉。"⑥ 又说："弱关在建平、秭归界，昔巴、楚数相攻伐，借险置关。"⑦

### 4. 息

关于息，杜预亦以为姬姓。唯《汉书·地理志》汝南郡新息注引孟康曰："故息国。其后徙东，故加新云。"⑧ 若其后东徙，当云故息，何反加新？则新息之外尚有原住地。

息国、白公，《读史方舆纪要》云："息县，息城（县北三十里。古息国也。《左氏隐十一年传》：'息侯伐郑，郑伯败之。'庄十四年灭于楚。……白城，在县东。杜预曰：'白，楚邑也。今襄信县西南有白亭。'《哀十六年传》：'……使处吴竟为白公。'《史记》：'……号白公。'是也）。"⑨

按息之原住地可以推之下列三事：

第一，《左传·隐公十一年》曰："郑息有违言，息侯伐郑，郑伯与战于竟（境），息师大败而还。"⑩ 以春秋时郑之东境达襄城、鲁山间，则息必在襄城、鲁山之南。

第二，《左传·庄公十年》载："蔡哀侯娶于陈，息侯亦娶焉，息妫将归，过蔡。"⑪

---

① 《春秋左传正义·宣公十二年》，（清）阮元校刻：《十三经注疏》，第1881页。
② 《春秋左传正义·昭公十三年》，（清）阮元校刻：《十三经注疏》，第2070页。
③ 《水经注疏·沔水中》，第2360页。
④ 《春秋左传正义·庄公十八年》，（清）阮元校刻：《十三经注疏》，第1773页。
⑤ （后魏）郦道元注，（清）杨守敬、熊会贞疏，段熙仲点校：《水经注疏·江水二》，第2853、2854页。
⑥ （后魏）郦道元注，（清）杨守敬、熊会贞疏，段熙仲点校：《水经注疏·江水一》，第2792页。
⑦ （后魏）郦道元注，（清）杨守敬、熊会贞疏，段熙仲点校：《水经注疏·江水二》，第2827页。
⑧ 《汉书·地理志上》，第1563页。
⑨ （清）顾祖禹撰，贺次君、施和金点校：《读史方舆纪要·河南五》，第2389、2390页。
⑩ 《春秋左传正义·隐公十一年》，（清）阮元校刻：《十三经注疏》，第1737页。
⑪ 《春秋左传正义·庄公十年》，（清）阮元校刻：《十三经注疏》，第1767页。

是时，蔡尚都上蔡（蔡入楚后才迁新蔡），陈在上蔡之东，则息必在上蔡之西。

第三，《左传·文公十六年》云："麋人率百濮聚于选，将伐楚，于是申息之北门不启。"①春秋时申在南阳，则息必在南阳县之东。

依此三地事推之，息之原住地当在今方城、叶县之间。

5. 顿

可是《汉书·地理志》又说："南顿，故顿子国，姬姓。"注引应劭亦云："顿迫于陈，其后南徙，故号南顿，故城尚在。"②以其后南徙之语推之，则顿尚有北顿，应即所谓故城，而南顿亦非原住地可知。

顿之原住地以"顿迫近于陈"一语推之，陈或许指其祖先虞阏父所居之地，则顿可能在今卢氏县与嵩县之间。

《春秋》载："楚人围陈，纳顿子于顿。"杜预注："顿迫于陈而出奔楚，故楚围陈以纳顿子。"③《水经注》云："濦水于乐嘉县入颍，不至于顿。顿，故顿子国也，周之同姓。《春秋·僖公二十五年》楚伐陈，'纳顿子于顿'是也。"④

# 六、周族之盟邦

但周族之集团除上述各族之外，尚有一部分似乎不是昌意系直属部族，而仅仅与昌意系有通婚关系。但这部分参加周族联盟，实予周族以很大的助力。这部分部族即《牧誓》之庸、蜀、羌、髳、微、卢、彭、濮八个部族。⑤这八个部族，前人没有推求其所在，便一味曲解，因而不知道当时形势，而忽略过去。今分别考证如下：

（一）庸

1. 庸当在山阳

《尚书·牧誓》孔传："庸、濮在江汉之南。"杜预《释地》以为庸即《汉书·地理志》之汉中郡上庸县（今为竹山县）。⑥然上庸之名当对下庸而言，北魏时上庸郡治设在今之山阳县，疑山阳县本为上庸之地，下庸离山阳也必不远。但上庸于晚周时迁往竹山，所以秦汉时误上庸讹名，反以北魏所命名为得其实。

《读史方舆纪要》云："上庸城，（竹山）县东四十里。本庸国，《书》所称'庸、

---

① 《春秋左传正义·文公十六年》，（清）阮元校刻：《十三经注疏》，第1859页。
② 《汉书·地理志上》，第1561、1562页。
③ 《春秋左传正义·僖公二十五年》，（清）阮元校刻：《十三经注疏》，第1820页。
④ （后魏）郦道元注，（清）杨守敬、熊会贞疏，段熙仲点校：《水经注疏·颍水》，第1819页。
⑤ 《尚书正义·周书·牧誓》，（清）阮元校刻：《十三经注疏》，第183页。
⑥ 《尚书正义·周书·牧誓》孔传，（清）阮元校刻：《十三经注疏》，第183页；《汉书·地理志上》，第1596页。

蜀、羌、髳'是也。"①

2. 庸即姜姓之阎族

庸族似即姜姓之阎族。《左传·文公十八年》齐有"阎职"②，而《史记·齐太公世家》与《说苑·复恩篇》都作"庸职"③。《左传·定公四年》云："取于有阎之土，以共王职。"④或许阎是从庸分化出来的新族，其在西周时是外戚贵族。

据金文《甬皇父匜》《甬皇父敦之甬》，陈介祺（考定）曰 🔣（甬）即阎之省。⑤《诗·小雅·十月之交》云："艳妻煽方处。"⑥《汉书·谷永传》颜注引鲁诗艳作阎。毛（传）释艳妻为"褒姒"。而郑以为厉王后，"后姓艳"。《汉书·谷永传云》："昔褒姒用国，宗周以丧；阎妻骄扇，日以不臧。"《汉书·外戚传》班婕妤赋云："悲晨妇之作戒兮，哀褒阎之为邮。"⑦据此则阎皇父为厉王之后妃家。诗谓"皇父、卿士"，《竹书纪年》云："宣王二年，锡太师皇父、司马休父命。"太师亦即卿士。《诗·小雅·十月之交》又谓："皇父孔圣，作都于向。"⑧然则阎皇父之为外戚贵族无疑。《困学纪闻》谓："厉、幽二王皆娶于申。"其实厉王是娶于阎，可能阎出于庸，而庸又出于申，即古之郦山氏。

## （二）微

1. 微即郿

《尚书·立政》云："夷、微、卢、烝。"⑨微与夷、卢当相近。

金文有妘氏鼎（娟 🔣），薛尚功《历代钟鼎彝器款识法帖》释为微。🔣（专作）微伯。妘氏鼎永保用。⑩似乎微族与妘姓诸族亦相近，可以通婚。

又《诗·大雅·崧高》"王饯于郿"⑪，郿亦当即微。

2. 微在嵩县附近

微以申伯东迁之路线推之，当在偃师至南阳的通衢。而且更有一点，召公奭贬召族

---

① （清）顾祖禹撰，贺次君、施和金点校：《读史方舆纪要·湖广五》，第3735页。
② 《春秋左传正义·文公十八年》，（清）阮元校刻：《十三经注疏》，第1861页。
③ 《史记·齐太公世家》，第1496页；（汉）刘向：《说苑校证·复恩》卷六，第141页"庸织"注："'庸、阎'，'织、职'，并声通。"
④ 《春秋左传正义·定公四年》，（清）阮元校刻：《十三经注疏》，第2135页。
⑤ （清）吴大澂：《说文古籀补三种·弟七》，北京：中华书局，2011年，第37页。
⑥ 《毛诗正义·小雅·十月之交》，（清）阮元校刻：《十三经注疏》，第446页。
⑦ 《汉书·谷永杜邺传》，第3444、3445页。
⑧ 王国维：《今本竹书纪年疏证》卷下，第94页；《毛诗正义·小雅·十月之交》，（清）阮元校刻：《十三经注疏》，第446、447页。
⑨ 《尚书正义·立政》，（清）阮元校刻：《十三经注疏》，第231页。
⑩ （宋）薛尚功：《历代钟鼎彝器款识法帖·妘氏鼎铭文》，北京：中华书局，1986年，第42页。
⑪ 《毛诗正义·大雅·崧高》，（清）阮元校刻：《十三经注疏》，第567页。

在今南召县。金文召字作 🔲、🔲 等（召伯虎敦作 🔲，太史友甗作 🔲，伯害盂作 🔲。）。①《名原》以为："从酉者即苜之省。""从⊕、从🔲 者即毕，𦥑 之省。"② 苜即古眉字。我们以为召族取义于眉与毕，似乎这族与眉、毕两族有相当关系，而毕与召族相邻，似乎眉族亦当与召族相邻。以上述数事综合求之，则微族之地当在嵩县附近。

## （三）羌

羌即卢氏、嵩县间之氐羌。前人都谓羌为姜姓，似乎也与庸同样出于郦山氏。

## （四）濮

八族中以濮族为最盛，春秋时有百濮之名。

### 1. 濮族分布于今南阳南召至漯河郾城

百濮之所在，据《左传·文公十六年》云："麇人率百濮聚于选，将伐楚，于是申息之北门不启。"③ 文公时之申息在今南阳、唐河等县境。则百濮在这两县之北可知。又《左传·昭公九年》云："楚公子弃疾迁许于夷，实城父。……然丹迁城父人于陈，以夷濮西田益之。"④《郡国志》：汝南郡城父，"春秋时曰夷"⑤。《水经注》云："（濮水）是以《春秋·昭公九年》：迁城父人于陈，以夷濮西田益之。京相璠曰：以夷之濮西田益也。"⑥ 则濮之境北达城父可知。又《左传·昭公十九年》曰："楚子为舟师以伐濮，费无极言于楚子曰：'……若大城城父，而置大子焉。以通北方，王收南方，是得天下也。'"杜注：城父，"今襄城城父县"⑦。春秋时，楚之舟师可达方城，则濮境南达今方城县。

又可知，以方位推之，似乎濮族分布于今之南阳南召至漯河郾城一带。

### 2. 濮族之姓系

据《战国策·魏策》，张仪谓魏王曰："楚破南阳九夷，内沛，许、鄢陵危。"⑧ 以春秋时城父称夷推之，春秋时之濮亦属九夷之地之一。虽不能据此以逆溯周初之濮即为

---

① 容庚：《金文编》卷二《召》，北京：中华书局，2002年，第61、62页。
② （清）孙诒让著，戴家祥校点：《名原》下卷，第18页。
③ 《春秋左传正义·文公十六年》，（清）阮元校刻：《十三经注疏》，第1859页。
④ 《春秋左传正义·昭公九年》，（清）阮元校刻：《十三经注疏》，第2056页。
⑤ 《后汉书·郡国二》，第3424页。
⑥ （后魏）郦道元注，（清）杨守敬、熊会贞疏，段熙仲点校：《水经注疏·濮水》，第1860页。
⑦ 《春秋左传正义·昭公十九年》，（清）阮元校刻：《十三经注疏》，第2087页。
⑧ （汉）刘向：《战国策·魏一·楚许魏六城》，第809页。

嬴姓夷族之族属，然濮族与嬴姓必有其相当的联系。

（五）髳

1. 髳即髦、毛

髳，《说文》云："髦、发、鬇 或省，汉令有髳长。"引《诗》："紞彼两鬇"。鬇或省。段注："髳即鬇字，而羌髳字祇从矛。"① 但《诗》今本作髦。又《诗·小雅·角弓》云："如蛮如髦"，毛传："髦夷，髳也。"郑笺："髳，西夷别名。武王伐纣，其等有八国从焉。"孔颖达疏谓：传言夷髦，不辨其方之所在，而笺云"西夷别名"者，以《尚书·牧誓》有"逖矣，西土之人"一语，是西方也。② 则汉人本无旧说可据。自唐时以云南楚雄设髳州，后人乃误以髳在云南。

其实髳即髦，亦即毛，古字髦常作毛。《仪礼·既夕礼》云："马不齐髦。"郑注："今文髦为毛。"③ 当即《左传·僖公二十四年》"管、蔡、郕、霍、鲁、卫、毛……"之毛。④

2. 毛在宜城

后来周族似乎也有与之混合而为毛公鼎之毛，其地在今湖北宜城。

（六）蜀

蜀国位于四川盆地成都府，东接庸国，北接羌国。

"按《世本》《山海经》《华阳国志》《十三州志》诸言蜀事者，虽不悉同，参伍其说，皆言蜀之先肇于人皇之际，至黄帝子昌意娶蜀山氏女，生帝喾。后封其支庶于蜀，历夏、商、周，始称王者……其后有王曰杜宇，字称帝，号望帝。"⑤

"秦灭蜀置蜀郡，汉因之，武帝兼置益州。……战国时司马错说秦惠王伐蜀曰：'（成都）府山川重阻，地大而要。……取其地足以广国，得以财足以富民缮兵。'诸葛武侯亦云'益州险塞，沃野千里，天府之土是也。'……是故蜀之险，弱则足以自固，强则足以伐人。"⑥

---

① （汉）许慎撰，（清）段玉裁注：《说文解字注·髟部》，第 426 页。
② 《毛诗正义·小雅·角弓》，（清）阮元校刻：《十三经注疏》，第 491 页；《尚书正义·牧誓》，（清）阮元校刻：《十三经注疏》，第 183 页。
③ 《仪礼注疏·既夕礼》，（清）阮元校刻：《十三经注疏》，第 1162 页。
④ 《春秋左传正义·僖公二十四年》，（清）阮元校刻：《十三经注疏》，第 1817 页。
⑤ （宋）乐史撰，王文楚等点校：《太平寰宇记·剑南西道》，第 1457、1458 页。
⑥ （清）顾祖禹撰，贺次君、施和金点校：《读史方舆纪要·四川二》，第 3130、3131 页。

## （七）卢、彭

### 1. 卢在今卢氏县，妫姓

《后汉书》与《水经注》都以卢在中卢县，即今襄阳。[1] 然周初之襄阳并未入中国范围，我疑中卢为后迁之地，其原住地当在今卢氏县。

证以其地附近都为妫姓部族，卢亦妫姓，似当在此。

### 2. 彭在今鲁阳

《水经注》云："（彭）水出鲁阳县南彭山蚁坞东麓，北流径彭山西。"[2] 彭族似当在此。

## （八）疆域之外

《牧誓》于联盟诸部族综称之为友邦冢君，而独于庸蜀等八族列举于友邦之外[3]，足证这八族本非联盟成员。盖周族赖此八族为周边屏障，其与其他王朝所以没有发生冲突，当得之八族之助。不仅孟津之赖为声援，这是周族成功原因之一。

但周族对于其他王朝似有鞭长莫及之势。这一事实可以一部《穆天子传》为其影子。《穆天子传》固是晚周人理想作品，但它的母题即是《左传·昭公十二年》所谓"穆王欲肆其心周行天下，将皆必有车辙马迹焉"。《左传》又说："祭公谋父作祈招之诗，以止王心，王是以获没于祇宫。"[4] 则周族之形格势禁，可以想见。

按《穆天子传》所描写之行踪，正为周族统治势力所不到之处。

---

[1] 《后汉书·郡国四》，第 3479、3480 页。（后魏）郦道元注，（清）杨守敬、熊会贞疏，段熙仲点校：《水经注疏·沔水中》，第 2386 页云："又东过中卢县东"，杨守敬按："汉县属南郡，后汉因，魏属襄阳郡，晋、宋、齐、梁因，在今襄阳县西南"，"县即《春秋》卢戎之国也"。杨守敬按：《续汉志》中卢注引《襄阳耆旧传》，古卢戎也。

[2] （后魏）郦道元注，（清）杨守敬、熊会贞疏，段熙仲点校：《水经注疏·滍水》，第 2587 页。

[3] 《尚书正义·周书·牧誓》，（清）阮元校刻：《十三经注疏》，第 183 页。

[4] 《春秋左传正义·昭公十二年》，（清）阮元校刻：《十三经注疏》，第 2064 页。

# [补注] 虞芮质厥成

周族最晚在文王时期就与原有的虞族发生联系。《史记·周本纪》云："西伯阴行善，诸侯皆来决平。于是虞、芮之人有狱不能决，乃如周。"集解："《地理志》虞在河东大阳县，芮在冯翊临晋县。"《正义》："《括地志》云：'故虞城在陕州河北县东北五十里虞山之上，古虞国也。故芮城在芮城县西二十里，古芮国也。《晋太康地记》云虞西百四十里有芮城。'"[1] 与此有关，《诗·大雅·绵》："虞芮质厥成，文王蹶厥生。予曰有疏附，予曰有先后。予曰有奔奏，予曰有御侮。"在文王时有虞国、芮国。《诗·大雅·绵》"虞芮质厥成"，毛传："虞、芮之君相与争田，久而不平。乃相谓曰：西伯，仁人也"[2]《古今人表》"中中"有文王时"虞侯、芮侯"，颜师古注："二国讼田，质于文王者。"此虞、芮当与周族无关。同时《古今人表》"中下"又有"芮伯"，颜师古注："周同姓之国在圻内者，当武王时作《旅巢命》。"[3] 因此在《古今人表》中同时有"虞侯、芮侯"及"芮伯"，二者不同。故王先谦曰："虞、芮在河东，周姬姓国。商末虞、芮无考。"[4]

关于虞、芮，各家注说不同，分歧在于芮的地理位置，但都没有说到商代虞、芮的姓氏。在周文王之时，虞、芮不会是姬姓，虞当是姚姓。因此所谓周代的虞为姬姓，这是周族编造的。实际上这个姬姓是胡族与姚姓的融合部族。

《毛传》《尚书大传》都与《史记·周本纪》一样，将"虞芮质厥成"误释为文王平虞、芮之讼。[5] 这种解释与《诗》上下文不合。故《水经注》云："河水又东，左合一水，其水二源疏引，俱导薄山，南流会成一川。其二水之内，世谓之闲原（熊会贞注：《括地志》闲原在河北县西六十五里，《方舆纪要》，在平陆县西六十里），言虞、芮所争之田，所未详矣。"[6] 实际上质当释为《周礼》"质剂"之剂[7]，是说虞、芮两族联盟的要约完成，文王便开始采取行动，组织了大批武装队伍，即疏附、先后、奔奏、御侮等部队。似乎周、虞混合乃由芮族与太族等组织联盟为其先声。

---

[1] 《史记·周本纪》，第117页。
[2] 《毛诗正义·大雅·绵》，（清）阮元校刻：《十三经注疏》，第512页。
[3] 《汉书·古今人表》，第892页。
[4] （清）王先谦撰，吴格点校：《诗三家义集疏》，第842页。
[5] 《毛诗正义·大雅·绵》，（清）阮元校刻：《十三经注疏》，第512页；（清）王闿运：《尚书大传补注·殷传六·西伯戡耆》卷四，第29页。
[6] （后魏）郦道元注，（清）杨守敬、熊会贞疏，段熙仲点校：《水经注疏·河水四》，第336页。
[7] 《周礼注疏·地官下·质人》，（清）阮元校刻：《十三经注疏》，第737页。

# 第五部分　秦族、楚族及越族之建立

# [21] 秦族之原始

## 一、秦族的原始阶段

秦族原始时期的历史非常复杂，因而引起许多误解与混乱。《史记·秦本纪》的下列段落讲述秦族在西周以前的历史。现在引用如下：

> 秦之先，帝颛顼之苗裔孙曰女修，女修织，玄鸟陨卵，女修吞之，生子大业。大业取少典之子，曰女华。女华生大费。与禹平水土。……（帝舜）乃妻之姚姓之玉女。大费拜受，佐舜调驯鸟兽，鸟兽多驯服，是为柏翳。舜赐姓嬴氏。大费生子二人：一曰大廉，实鸟俗氏；二曰若木，实费氏。其玄孙曰费昌，子孙或在中国，或在夷狄。费昌当夏桀之时，去夏归商，为汤御，以败桀于鸣条。大廉玄孙曰孟戏、中衍，鸟身人言。帝太戊闻而卜之使御，吉，遂致使御而妻之。自太戊以下，中衍之后，遂世有功，以佐殷国，故嬴姓多显，遂为诸侯。其玄孙曰中潏，在西戎，保西垂。生蜚廉。蜚廉生恶来。恶来有力，蜚廉善走，父子俱以材力事殷纣。周武王之伐纣，并杀恶来。是时蜚廉为纣石北方，还，无所报，为坛霍太山而报，得石棺，铭曰"帝令处父（索隐：蜚廉别号），不与殷乱，赐尔石棺以华氏（索隐：以光华其族）"。死，遂葬于霍太山。[①]

从这些记载中可以看到，从初始到西周之前，秦族的历史可以罗列如下：

```
女修—大业—大费—大廉—┬孟戏
                    │仲衍—戎胥轩—中潏—蜚廉—┬恶来革
                    │                        │恶来
                    │                        │季胜
                    └若木—费昌
```

这个系谱可以分为下列三个阶段：

第一个阶段："女修—大业—大费"。主要人物是大费。他"与禹平水土"，"佐舜调

---
① 《史记·秦本纪》，第 173—175 页。

驯鸟兽"，称为柏翳（即伯翳），舜赐姓嬴。这样的人不像是虚构的，但由于许多人说这个伯翳就是益，这一下子就成了问题。究竟伯翳是不是益，就成了秦史的一个大问题。

第二个阶段："大廉—孟戏、仲衍"与"若木—费昌"。《史记·秦本纪》说大廉与若木是大费的两个儿子，又说大廉的玄孙为孟戏与仲衍（在商太戊时），而若木之玄孙为费昌（在夏桀时）。那么费昌比仲衍早一百多年，也就是说若木比大廉早一百多年。可是若木、大廉是兄弟，怎么可能相差那么大？因此，《史记·秦本纪》有关大廉与若木的说明是有问题的。

舜时大费调驯鸟兽，夏桀时费昌为汤御，商时孟戏、仲衍为太戊御。对于费昌，书传中没有进一步的说明，但孟戏、仲衍却演绎出全部秦史。

第三个阶段："孟戏、仲衍—戎胥轩—中潏—蜚廉"。孟戏、仲衍佐殷国，遂为诸侯。但是戎胥轩、中潏则在西戎、保西垂，而蜚廉则在北方，为纣奔走。"是时蜚廉为纣石北方。"① 其中"石"字当为"使"字，《水经注》有"飞廉先为纣使北方"②。但是当蜚廉回来时，纣已灭，蜚廉为坛霍太山而报。死，遂葬于霍太山。

蜚廉是商代一个很重要的人物，《荀子》说："纣蔽于妲己、飞廉，而不知微子启以惑其心而乱其行。"③ 又说："世之灾，妒贤能，飞廉知政任恶来。"④ 蜚廉不只是大佞臣，他与恶来父子两人还有重要的政治地位。但是《孟子》说："（周公）伐奄，三年讨其君，驱飞廉于海隅而戮之。"⑤

秦族的初期历史，牵涉许多互相矛盾的传说，关于秦族的族系与姓氏等基本问题，都有待仔细探讨。

## （一）第一阶段"女修—大业—大费"

### 1. 大费的问题

大费是秦族历史中最重要的人物，他在尧舜时期得到封土与赐姓，《史记·秦本纪》记载如下："（大费）与禹平水土。……（帝舜）乃妻之姚姓之玉女。大费拜受，佐舜调驯鸟兽，鸟兽多驯服，是为柏翳（即伯翳）。舜赐姓嬴氏。"索隐做了一大段解释，解释如下：

> 曹大家注云：陶子者，皋陶之子伯益也。……
> 嬴姓之先，一名伯翳，《尚书》谓之"伯益"，《系本》《汉书》谓之"伯益"是

---

① 《史记·秦本纪》，第174页。
② （后魏）郦道元注，（清）杨守敬、熊会贞疏，段熙仲点校：《水经注疏·汾水》，第544页。
③ （清）王先谦：《荀子集解·解蔽篇》，《诸子集成》第二册，第259页。
④ （清）王先谦：《荀子集解·成相篇》，《诸子集成》第二册，第305页。
⑤ （清）焦循：《孟子正义·滕文公下》，《诸子集成》第一册，第265页。

也。寻检《史记》上下诸文，伯翳与伯益是一人不疑。而《陈杞系家》即叙伯翳与伯益为二，未知太史公疑而未决邪？抑亦谬误尔？①

索隐说伯翳就是益，这是一个大问题，是秦史的第一个疑问。《正义》说益是皋陶的儿子，那么秦族的先祖大业就是皋陶。

益鼎鼎大名，禹曾禅帝王之位给他。尧、舜、禹是儒家所宣扬的圣人，尧禅位给舜，舜禅位给禹，而禹禅位给益，因此"尧—舜—禹—益"是中国历史上第一个帝王系统，如果益不是被杀掉，那么益就成了中国古代的第四个圣人了。实际上儒家经典中一再讲到益的功绩，没有半点微词。如果伯翳就是益，那么益的那一大堆记录都变成了秦族历史的一部分了。但在中国历史中，秦族的文明水平比较普通，其可能是益的民族吗？

益的事迹非常多，益是皋陶的儿子，皋陶又是一个著名的历史人物，禹本来要传位给他的，皋陶来不及即位就死了。这样一来，秦族第一阶段的历史变成了"女修—皋陶—益"，这可信吗？

2. 索隐的解释不可靠

但是《史记》没有说伯翳就是益，相反，它实际上说过伯翳不是益。《史记·秦本纪》说伯翳是大费，《史记·陈杞世家》说："伯翳之后，至周平王时封为秦，项羽灭之。"更重要的是，《史记·陈杞世家》还说："垂、益、夔、龙，其后不知所封。"② 因此《史记》实际上说伯翳不是益，因为伯翳之后的所封是知道的，如《后汉书》说河南尹郡梁是"故国，伯翳后。有霍阳山"③。既然梁是伯翳后，而《史记·陈杞世家》说益后不知所封。因此伯翳不会是益，下边将进一步讨论。

3. 少昊系嬴姓的问题

《史记·秦本纪》云："秦之先为嬴姓。其后分封，以国为姓，有徐氏、郯氏、莒氏、终黎氏、运奄氏、菟裘氏、将梁氏、黄氏、江氏、修鱼氏、白冥氏、蜚廉氏、秦氏。"除修鱼氏、蜚廉氏外，似乎全都分布在山东、江淮之地。索隐云："女修，颛顼之裔女，吞鳦子而生大业。其父不著。而秦、赵以母族而祖颛顼，非生人之义也。按：《左传》郯国，少昊之后，而嬴姓盖其族也，则秦、赵宜祖少昊氏。"④《史记·封禅书》云："秦襄公既侯，居西垂，自以为主少暤之神，作西畤，祠白帝。"⑤《说文》嬴，

---

① 《史记·秦本纪》，第173页。
② 《史记·陈杞世家》，第1585页。
③ 《后汉书·郡国一》，第3389页。
④ 《史记·秦本纪》，第221、173页。
⑤ 《史记·封禅书》，第1358页。

帝少昊之姓也①。因此大家认为秦族属于少昊系，既然如此。为什么秦族从山东江淮一带迁到西垂？

尽管伯翳未必是益，但是伯翳赐姓为嬴，益也是嬴姓。嬴是少昊系的姓，那么伯翳与益虽非同一个人。但他们是否有一定的联系？

## （二）第二阶段"大廉—孟戏"与"若木—费昌"

### 1. 秦族的衰落与复兴

秦族在夏代衰落了，大廉与若木两支可能都跌入了谷底，子孙或在中国，或在夷狄，《史记·秦始皇本纪》说："秦之先伯翳，尝有勋于唐虞之际，受土赐姓。及殷夏之闲微散。"② 到商代以后，大廉与若木的后裔都开始复兴。费昌当夏桀之时，去夏归商，为汤御；孟戏、中衍，帝太戊闻而卜之使御。遂世有功，以佐殷国，故嬴姓多显，遂为诸侯。

在夏代，秦族在何处跌入谷底，为何会跌入谷底？在商代，秦族在何处复兴，为何会复兴？

### 2. 益的变故

与秦族命运密切相关的人当是伯翳，而并非益，但是益的命运跌宕不平。在《史记》中一再讲到"益"，尧时举用的十人中有益，舜时益由四岳推荐为虞，后来禹与益、后稷治水，"令益予众庶稻"。其他文献也一再讲到益，如《孟子》云："舜使益掌火，益烈山泽而焚之，禽兽逃匿。"③ 又如《吴越春秋》谓益治水时还编写《山海经》说："（禹）行到名山大泽，召其神而问之山川脉理……使益疏而记之，故名之曰《山海经》。"④

最后禹"以天下授益"，因而完成了中国古代"公天下"的辉煌历史，尧授舜，舜授禹，禹授益。⑤ 故益的地位与尧、舜、禹相等。不料益被启所推翻，《史记·燕召公世家》说："或曰：禹荐益……传之于益。已而启与交党攻益，夺之。"⑥ 在益的手里，非但丢掉了帝位，而且让启开创了四千年"私天下"的历史。据《古本竹书纪年》说："益干启位，启杀之。"⑦ 据《史记·陈杞世家》，益的子孙都找不到了。

从中国古代的斗争情况来看，其族当被流放，如尧舜时代流"四凶"之例。又如后

---

① （汉）许慎撰，（清）段玉裁注：《说文解字注·女部》，第612页。
② 《史记·秦始皇本纪》，第276页。
③ 《史记·五帝本纪》，第38、39页；《史记·夏本纪》，第51页；（清）焦循：《孟子正义·滕文公上》，《诸子集成》第一册，第220页。
④ 周生春：《吴越春秋辑校汇考·越王无余外传》，第105页。
⑤ 《史记·夏本纪》，第83页；《史记·五帝本纪》，第38、44页。
⑥ 《史记·燕召公世家》，第1556页。
⑦ （清）朱又曾辑：《古本竹书纪年》，第2页。

来郑国被楚国征服时，郑国对楚国说：益本少昊系嬴姓。益是一个很大的部族，被启杀害之后，益的部族会受到什么命运，与秦族有没有关系？

（三）第三阶段（商代）"孟戏、仲衍—戎胥轩—中潏—蜚廉"

从第三阶段起，秦族的历史只剩下大廉的一支，即从孟戏、仲衍经戎胥轩、中潏到蜚廉。

1. 孟戏、仲衍

大费之后大廉一支很著名。《史记·秦本纪》云："大廉玄孙曰孟戏、中衍，鸟身人言。帝太戊闻而卜之使御……自太戊以下，中衍之后，遂世有功，以佐殷国，故嬴姓多显，遂为诸侯。"① 孟戏、仲衍已经到商代太戊时，比费昌（夏桀时若木后裔）晚百多年，此后若木一支基本上就不见了。

2. 戎胥轩和中潏

中衍为太戊御，其后裔如何佐殷国、世有功，不得而知。中衍曾孙为戎胥轩。《史记》说："申侯乃言孝王曰：'昔我先郦山之女，为戎胥轩妻，生中潏，以亲故归周，保西垂。'"② 故戎胥轩之妻为申侯家郦山之女，可能因此而与周族发生了联系。于是中潏后来"归周，保西垂"，那么戎胥轩本人没有归周，戎胥轩娶郦山氏女，他的身份是什么？为什么称之为戎？

王国维说："秦之祖先，起于戎狄。当殷之末，有中潏者，已居西垂。"③ 秦族一直在东方，他们与西方是怎么联系起来的？

3. 蜚廉、恶来

尽管中潏"归周，保西垂"，但是中潏之子蜚廉及蜚廉之子恶来是殷室重臣。《史记·秦本纪》说："恶来有力，蜚廉善走，父子俱以材力事殷纣。"④《荀子》云："（纣）刳比干而囚箕子，飞廉、恶来知政。"⑤ 秦族在这五六百年中上升为诸侯，且为"知政"之氏族。到此就产生了一个问题：蜚廉—恶来是否属于戎胥轩—中潏之后？

当时还有费仲："纣乃赦西伯……赐弓矢斧钺，使得征伐，为西伯。而用费中为政。费中善谀，好利，殷人弗亲。纣又用恶来，恶来善毁谗，诸侯以此益疏。"⑥ 费仲

---

① 《史记·秦本纪》，第 174 页。
② 《史记·秦本纪》，第 177 页。
③ 王国维：《观堂集林·史林四·秦都邑考》，第 529 页。
④ 《史记·秦本纪》，第 174 页。
⑤ （清）王先谦：《荀子集解·儒效》，《诸子集成》第二册，第 86 页。
⑥ 《史记·殷本纪》，第 106、107 页。

当为费昌之后，恶来之同辈。"秦之先伯翳，尝有勋于唐虞之际，受土赐姓。及殷夏之间微散。至周之衰，秦兴，邑于西垂。①《元和姓纂》云："《史记》，纣幸臣费仲，夏禹之后。"② 这个记载似乎完全不可靠。我们从费仲的记载更怀疑中潏究竟是不是蜚廉之父。

秦族的历史地位摇摆不定。在第二个阶段（约在夏代），秦族"子孙或在中国，或在夷狄"，那么秦族是中国上古时代一个比较后进的部族。可是到了第三个阶段（在商代），《荀子》说："飞廉、恶来知政"，《史记》说："用费仲为政"，秦族似乎是一个政治十分成熟的部族。在上古时代，其他部族如商族、周族或楚族、越族，在其发展过程中，没有如此复杂。为什么会出现这种现象？

## 二、伯翳与益考辨

在仔细考察之后，我们认为伯翳并非益，因此大业也不是皋陶，而秦族的第一个阶段是"女修—大业—大费（伯翳）"而不是"女修—皋陶—益"。

### （一）伯翳（大费）与益

1. 益不是伯翳（大费）

秦族发展史的第一阶段是"女修—大业—大费（伯翳）"，其中大费（伯翳）最值得注意，他是秦族得到嬴姓的始祖。《史记·秦本纪》说："（大费）与禹平水土。……（帝舜）乃妻之姚姓之玉女。大费拜受，佐舜调驯鸟兽，鸟兽多驯服，是为柏翳。舜赐姓嬴氏。"③

尧舜时期出现了一大批这样的人物，如契："契长而佐禹治水有功。……封于商，赐姓子氏。"④ 又如弃："帝尧闻之，举弃为农师……封弃于邰，号曰后稷，别姓姬氏。"⑤《史记·陈杞世家》提到了尧舜时期最重要的十一个政治人物，即舜、禹、契、后稷、皋陶、伯夷、伯翳、垂、益、夔、龙，并说明了他们后裔的情况：

> 舜之后，周武王封之陈……禹之后，周武王封之杞……契之后为殷……。后稷之后为周……皋陶之后，或封英、六……伯夷之后，至周武王复封于齐……伯翳之后，至周平王时封为秦，项羽灭之……垂、益、夔、龙，其后不知所封，不见也。

---

① 《史记·秦始皇本纪》，第 276 页。
② （唐）林宝撰，岑仲勉校记：《元和姓纂（附四校记）》，第 1200 页。
③ 《史记·秦本纪》，第 173 页。
④ 《史记·殷本纪》，第 91 页。
⑤ 《史记·周本纪》，第 112 页。

> 右十一人者，皆唐虞之际名有功德臣也。①

因此伯翳是秦的始祖，而且在经典古籍中从来没有讲益是秦的始祖。

《史记·五帝本纪》也讲到尧时举用的政治人物，除舜以外有十人，即禹、皋陶、契、后稷、伯夷、夔、龙、倕（垂）、益、彭祖。② 前边说过《史记·陈杞世家》的一个十一人的名单，如果把其中的伯翳换成彭祖，就得到《史记·五帝本纪》的第二个名单了。因此索隐说："彭祖亦坟典不载，未知太史公意如何，恐多是误。"③ 索隐作者认为此处有错误就是了，他不打算去进一步解释。其实《史记·五帝本纪》有彭祖没有伯翳，只不过说明伯翳与彭祖是地位相当的人物。

其实司马迁一直讲的是益，没有混乱。至于伯翳，司马迁只是把他作为秦族的先祖来讲，故其地位与益相差很远。伯翳是地方性的历史人物。《史记》在与秦有关的记载中，总是讲伯翳，从不讲益。秦是以畜牧见长之民族，据《史记·秦本纪》记，女修之后得氏者有四，即大费、费昌（费氏）、造父（赵氏）、非子（秦氏），俱由畜牧得来，如"大费拜受，佐舜调驯鸟兽"，"费昌当夏桀之时……为汤御"；"造父以善御幸于周缪王"；"非子居犬丘，好马及畜，善养息之。……孝王召使主马于汧渭之间，马大蕃息"④。蔡邕甚至说"伯翳综声于鸟语，葛卢辩音于鸣牛"。⑤ 精通鸟语与益的政治地位相差太远，二者无法混淆。

### 2. 益与伯翳的混淆

但是很早就有人把益与伯翳合为一人，如《国语·郑语》云："嬴，伯翳之后也"，韦昭注："伯翳，舜虞官，少昊之后伯益也。"⑥ 故断定伯翳即益者并非《国语》而是韦昭之注。同样，断定伯翳即益者并非《史记》《汉书》，而是它们的注。颜师古《汉书》注说："伯益一号伯翳，盖翳、益声相近故也。"⑦ 但《汉书》中没有这样讲。

影响最大的是《史记》注。在《史记·陈杞世家》中，司马迁讲得很清楚，益不是伯翳，"伯翳之后"为秦，而益没有后。但索隐说司马迁搞错了，还做了一个挺长的注解：

> 秦祖伯翳，解者以翳、益，则一人，今言十一人，叙伯翳而又别言垂、益，则是二人也。且按《舜本纪》叙十人，无翳而有彭祖，彭祖亦坟典不载，未知太史公意如何，恐多是误。然据《秦本纪》叙翳之功，云"佐舜驯调鸟兽"，与《舜典》

---

① 《史记·陈杞世家》，第 1585 页。
② 《史记·五帝本纪》，第 38 页。
③ 《史记·陈杞世家》，第 1586 页。
④ 《史记·秦本纪》，第 173、174、175、177 页。
⑤ 《后汉书·蔡邕列传下》，第 1987 页。
⑥ 徐元诰撰，王树民、沈长云点校：《国语集解·郑语》，第 469 页。
⑦ 《汉书·地理志下》，第 1641 页。

"命益作虞，若予上下草木鸟兽"文同，则为一人必矣，今未详其所由也。①

司马迁先后讲述了益的大量功绩，"作虞"只是其中之一，而伯翳只有"驯调鸟兽"之功，凭这一点，怎么可以说"则为一人必矣"？至于司马迁有时候提伯翳而不提彭祖，有时候则提彭祖而不提伯翳，这是另一个问题，与益无关。如果说有关系，那无非说明，在司马迁看来，伯翳与彭祖是差不多的，益比他们重要得多。虽然益最后被启消灭，不知所封，但他具有最高的政治地位，却无法抹杀。

值得对有关的称呼作一点说明。《史记》中只出现"益"，未出现"伯益"。而在先秦文献如《孟子》《荀子》《韩非子》也都讲到益，没有伯益。最值得注意的是，《尚书》也只有益而不见伯益。当然益还有伯益、化益等称呼，如《墨子·所染》云："禹染于皋陶、伯益。"②《吕氏春秋》没有讲益，而两次提到伯益："禹染于皋陶、伯益"，"伯益作井"③。又《淮南子》说："伯益作井。"④《世本》云犹如禹称伯禹、大禹。《列子》讲："大禹见而行之，伯益知而名之。"⑤

益虽有各种称呼，如伯益、化益，但数量很少，出现的时代也晚，远远比不上益，故益当为正式之名称。伯翳亦为正式名称，未见称翳。虽然如何称呼并不重要，但是所见的情况也许可以说明益与伯翳不是同一个人。

颜师古《汉书》注说："伯益一号伯翳，盖翳、益声相近故也。"⑥另外，只出现一次"伯翳"，未出现"翳"。故颜师古所说声相近的话，并不可靠，"益"与"伯翳"声不相近。

因此，索隐说："寻检《史记》上下诸文，伯翳与伯益是一人不疑。"⑦这种说法是没有根据的。从《史记》并不能得到伯翳与益是一人的结论。因此以大费为益当是《史记》注解的臆说，实是错误的。

3. 大业不是皋陶

《尚书》只提到"益"，并无"伯益"，亦未提到益与秦族的关系。而且《尚书》从未提到"伯翳"，故不可能谓"伯翳"为益，更不可能谓大费为益。《世本》谓秦世家，益之后。秦之先为益。《汉书》则说秦之先曰柏益。⑧俱未仔细说明，当是误说。

因此对于秦族之起源，由大费号伯翳，又转为益，再根据这个结果推导出大业即皋

---

① 《史记·陈杞世家》，第1586页。
② （清）孙诒让：《墨子间诂·所染》，《诸子集成》第四册，第7页。
③ （汉）高诱注：《吕氏春秋·仲春纪·当染》，《诸子集成》第六册，第18页；（汉）高诱：《吕氏春秋·审分览·勿躬》，《诸子集成》第六册，第206页。
④ （汉）高诱注：《淮南子·本经训》，《诸子集成》第七册，第117页。
⑤ （晋）张湛注：《列子·汤问》，《诸子集成》第三册，第54页。
⑥ 《汉书·地理志下》，第1641页。
⑦ 《史记·秦本纪》，第173页。
⑧ （清）秦嘉谟：《世本·世家》，（汉）宋衷注，（清）秦嘉谟等辑：《世本八种》，第44页；《汉书·地理志下》，第1641页。

陶，这些结论都站不住。而且认定伯翳就是益，并由此认定大业就是皋陶的，也不是来自任何先秦文献或《史记》，而是《史记》的注解及其他后世著作。

（二）大廉与若木

1. 大费之后裔

《史记·秦本纪》谓大费（伯翳）之后裔分为两支，即大廉与若木，内容如下：

> 大费生子二人，一曰大廉，实鸟俗氏；二曰若木，实费氏。其玄孙曰费昌，子孙或在中国，或在夷狄。费昌当夏桀之时，去夏归商，为汤御，以败桀于鸣条。大廉玄孙曰孟戏、中衍，鸟身人言。帝太戊闻而卜之使御，吉，遂致使御而妻之。自太戊以下，中衍之后，遂世有功，以佐殷国，故嬴姓多显，遂为诸侯。①

这个段落实际上分为两个部分：第一是讲大廉，内容如下："大廉，实鸟俗氏（索隐：以中衍鸟身人言，故为鸟俗氏）。大廉玄孙曰孟戏、中衍，鸟身人言。帝太戊闻而卜之使御，吉，遂致使御而妻之。自太戊以下，中衍之后，遂世有功，以佐殷国，故嬴姓多显，遂为诸侯。"

第二是讲若木，内容如下："若木，实费氏（索隐：若木以王父字为费氏也）。其玄孙曰费昌，子孙或在中国，或在夷狄。费昌当夏桀之时，去夏归商，为汤御，以败桀于鸣条。"

值得注意的是，若木之子以王父大费（伯翳）而得名费氏，故若木确为大费（伯翳）之子。但大廉却以玄孙而得名鸟俗氏。因此大廉与大费未必有什么联系，甚至可能不是大费之子。在研究远古史的时候，由于传说的混乱，在分析的时候往往是要考虑这些情况的。

这样一来，《史记·秦本纪》所讲述的秦族世系是由两个部分组成：一个部分是从女修、大业、大费（伯翳）、若木，一直到费昌为止，即大费（伯翳）之后，亦即费氏；另一部分是从大廉到孟戏、仲衍……戎胥轩、中潏、蜚廉，这部分秦族是大廉的后裔，与大费（伯翳）的唯一关系是《史记·秦本纪》所说的一句话："大费生子二人，一曰大廉，实鸟俗氏。"这一句话很空洞，所谓"生子二人"，对于大廉来说没有什么实质内容。至于"鸟俗氏"，当然是很重要的，可是它只说明大廉与中衍（鸟身人言）有关。

因此《史记·秦本纪》的世系是由大费（伯翳）与大廉两部分世系组合而成，二者之间是否存在某种关系，现在还看不清楚，如下列世系所示：

> 女修—大业—大费—若木—费昌……费仲

---

① 《史记·秦本纪》，第174页。

大廉— 孟戏、仲衍— 戎胥轩—中潏—蜚廉—恶来革、恶来、季胜……

究竟这两个世系如何连接在一起，究竟大廉是大费之子还是其他何人之子，还有待进一步探讨。可以肯定的是：从大费到若木以至费昌、费仲，是《史记·秦本纪》所提供的费氏系谱，即大费（伯翳）之后裔。

2. 益之后裔

益是少昊系的首领，这一点似乎也没有人怀疑，主要区别是有人不讲少昊系而讲东夷，或讲鸟图腾，意思是差不多的。

虽然益是历史上一个很重要的人物，但他的后裔却在历史记载中消失了，太史公说："其后不知所封，不见也。"① 他的后裔哪里去了？益有强大的势力，在上古时代，对于一个强力集团的打击通常是流放，如流"四凶"。他们虽然被打倒、分割，但往往会在其他地方出现。由于益在东夷，因此益被启杀害，他的族众会被夏后氏所流放。因此，当夏后氏被商族打败后，益的后裔还可能复出。从文献记载来看，大廉可能就是益的后裔。

大廉是鸟俗氏，中衍是"鸟身人言"，这些都可能就是少昊系的标志。中衍又是商代太戊时开始恢复其社会地位的，"自太戊以下，中衍之后，遂世有功，以佐殷国，故嬴姓多显，遂为诸侯"②。而且中衍的力量来自西北方，这一点从蜚廉身上可以看出来。

《史记·秦本纪》关于蜚廉有下列记载：

> 其（指中衍）玄孙中潏，在西戎，保西垂。生蜚廉。蜚廉生恶来。恶来有力，蜚廉善走，父子俱以材力事殷纣。周武王之伐纣，并杀恶来。是时蜚廉为纣石北方，还，无所报，为坛霍太山而报，得石棺，铭曰"帝令处父不与殷乱，赐尔石棺以华氏"。死，遂葬于霍太山。③

因此中衍、蜚廉的力量在霍太山以北及以西的秦晋以至陇东一带，正好是西戎地区，他们成为"殷国"的西北方屏障。因此蜚廉的祖先很可能是流放于西北地区的益子孙。④

因此《史记·秦本纪》的世系可能是由两个部分组成的，一部分是伯翳的后裔，从女修、大业、大费（伯翳）、若木一直到费昌为止，即大费（伯翳）之后，亦即费氏；

---

① 《史记·陈杞世家》，第1585页。
② 《史记·秦本纪》，第174页。
③ 《史记·秦本纪》，第174页。
④ 清华简《系年》第三章说："武王陟，商邑兴反，杀三监而立彔子耿。成王（践）伐商邑，杀彔子耿，飞（廉）东逃于商（奄）氏，成王伐商（奄），杀飞（廉），西（迁）商（奄）之民于（朱围），以（御）奴虘之戎，是秦（之先），（世作）周（卫）。周室（既卑），（平）王东（迁），止于成周，秦（仲）（焉）东居周地以（守）周之（坟墓），秦以（始）大。"马楠：《清华简〈系年〉辑证》，上海：中西书局，2015年，第37页。既然蜚廉失败后从霍太山逃亡到商奄，这也是大廉的祖先来自少昊系的一个旁证，因此也可以看作大廉出自益的一个旁证。

另一部分是益的后裔,从大廉到孟戏、仲衍……戎胥轩、中潏、蜚廉,这部分秦族后来发展出赵氏与秦氏。伯翳与益的这两个部分可能没有血缘上的联系。

这种情况可以解释为什么会发生益与伯翳的误混。

## 三、鸟俗氏与赵氏、秦氏

### (一)鸟俗氏

《史记·秦本纪》云:"大费生子二人,一曰大廉,实鸟俗氏……大廉玄孙曰孟戏、中衍,鸟身人言。帝大戊闻而卜之使御……自太戊以下,中衍之后,遂世有功,以佐殷国,故嬴姓多显,遂为诸侯。"[1] 这段话对鸟俗氏的来历有了很好的说明,它起自大廉,其高潮是中衍,最后到西周之前:大廉—孟戏、仲衍—戎胥轩—中潏—蜚廉—恶来革、恶来、季胜。

1. 从大廉到蜚廉

当中衍得到大戊重用以后,"中衍之后,遂世有功,以佐殷国,故嬴姓多显,遂为诸侯",这个发展的最后一步是蜚廉。蜚廉成了商朝最有权势的人物之一,《荀子》说:"飞廉知政任恶来[2]。"又说:"纣蔽于妲己、飞廉",杨倞注:"飞廉,纣之佞臣。"[3] 当商朝崩溃时,蜚廉死难,故《孟子》说:"(周公)伐奄,三年讨其君,驱飞廉于海隅而戮之。"[4] 死难的不止蜚廉,还有蜚廉之子恶来,《史记·秦本纪》说:"蜚廉生恶来。恶来有力,蜚廉善走,父子俱以材力事殷纣。周武王之伐纣,并杀恶来。"[5]

但是《史记·秦本纪》讲述从中衍到蜚廉的历史时,加进了下面一段话:"其(指中衍)玄孙曰中潏,在西戎,保西垂。生蜚廉。蜚廉生恶来。"[6] 那么中潏与中衍、蜚廉是不同的,他"在西戎,保西垂"。因此可以得到鸟俗氏的下列传承世系:大廉—孟戏、仲衍—蜚廉—恶来,关键是略去了传承中的"戎胥轩—中潏",这父子应该另有传承世系。

2. 何谓鸟俗氏

《史记·秦本纪》云:"一曰大廉,实鸟俗氏。"索隐:"俗,一作'浴'。"[7]《毛

---

[1] 《史记·秦本纪》,第174页。
[2] (清)王先谦:《荀子集解·成相篇》,《诸子集成》第二册,第305页。
[3] (清)王先谦:《荀子集解·解蔽篇》,《诸子集成》第二册,第259页。
[4] (清)焦循:《孟子正义·滕文公下》,《诸子集成》第一册,第265页。
[5] 《史记·秦本纪》,第174页。
[6] 《史记·秦本纪》,第174页。
[7] 《史记·秦本纪》,第174页。

诗·秦谱》正义引此作"鸟谷氏"①。其实即鸟洛氏。孟戏、仲衍，依《史记》："鸟身人言。"鸟洛氏当为孟戏、仲衍之族，其后裔即春秋时萧国。《史记》讲到孟戏、仲衍时说：帝太戊以二女妻孟戏。"帝太戊……遂致使御而妻之。"②孟戏是与商族连婚，所以萧国别称子氏。《左传·成公二年》云："萧同叔子"，杜注："同叔，萧君之字。"故齐使对曰："萧同叔子非他，寡君之母也。若以匹敌，则亦晋君之母也。"③即是萧别为子氏之证。鸟洛氏为有洛氏之别部。《逸周书·史记解》有"有洛氏"④，当即此。

《元和姓纂》云："鸟俗，伯益仕尧，有养鸟兽之功，赐姓鸟洛氏。支孙又以'路洛'为氏。《史记》曰，大费子太廉为鸟俗氏，误作洛。"⑤那么太廉鸟俗氏的确是益之后，而非大费（伯翳）之后。然而古籍中伯益、伯翳往往讹混，故不知《元和姓纂》之"伯益"是否为误字。

## （二）赵氏

《史记·秦本纪》对赵氏有下列记载：

> 蜚廉复有子曰季胜。季胜生孟增，孟增幸于周成王，是为宅皋狼。皋狼生衡父，衡父生造父。造父以善御幸于周缪王……以赵城封造父，造父族由此为赵氏。……别居赵。⑥

又，《史记·赵世家》还有下列记载：

> 季胜生孟增，孟增幸于周成王，是为宅皋狼。皋狼生衡父，衡父生造父。造父幸于周缪王。……缪王使造父御，西巡狩，见西王母……而徐偃王反，缪王日驰千里马，攻徐偃王，大破之。乃赐造父以赵城，由此为赵氏。自造父已下六世至奄父，曰公仲，周宣王时伐戎，为御。……奄父生叔带。叔带之时，周幽王无道，去周如晋，事晋文侯，始建赵氏于晋国。⑦

因此这两段话提供了下列赵氏的世系：季胜—孟增（宅皋狼）—衡父—造父（赵氏）—奄父—叔带。叔带去晋。

---

① 《毛诗正义·秦谱》正义，（清）阮元校刻：《十三经注疏》，第368页正义曰："大廉，实鸟谷氏。"
② 《史记·秦本纪》，第174页。查《史记》孟戏只在此页出现。
③ 《春秋左传正义·成公二年》，（清）阮元校刻：《十三经注疏》，第1895页。
④ 黄怀信、张懋镕、田旭东：《逸周书汇校集注·史记解》，第1036页。
⑤ （唐）林宝撰，岑仲勉校记：《元和姓纂（附四校记）》，第995页。
⑥ 《史记·秦本纪》，第175页。
⑦ 《史记·赵世家》，第1779、1780页。

1. 宅皋狼

按皋狼之族实分布于黄河北岸。皋狼在黄河北岸又分二支。西支在今汾阳境。《史记·秦本纪》说蜚廉之孙孟增"是为宅皋狼",正义云:"《地理志》云西河郡皋狼县也。按:孟增居皋狼而生衡父。"《史记·赵世家》武灵王曰:先王取蔺、郭狼。①《通鉴地理通释》以郭狼即皋狼。今汾州府永宁县西北。② 西支则即孟增之族。

东支在高平,《史记·秦本纪》曰:"白起攻赵,取代光狼城。"正义引《括地志》云:"光狼故城在今泽州高平县西二十里。"③ 高平今仍原名,光狼也即皋狼。足证这族在黄河北岸又分二支:东支达高平,当即廧咎如等族。《左传·闵公二年》有"东山皋落氏"④。又《春秋·成公三年》云:"廧咎如。"杜预注:"咎,古刀反。"⑤ 即咎读为皋。皋落、皋如皆皋狼之声转。廧咎如(《公羊传》作将咎如⑥,《谷梁传》作墙咎如。⑦)之族其专名当为廧,东山皋落氏之专名当为东山,皋狼则其公名。

然廧咎如与东山皋落氏都还是隗姓,不仅如此说,而且《左传·僖公二十三年》云:"狄人伐廧咎如,获其二女叔隗、季隗。"⑧ 尤为属于隗姓之确证。以上已足证实蜚廉以前之为大隗氏系谱了。

皋狼在今山西离石一带,在霍太山西北约三百里。则蜚廉之后裔生活于今山西中部汾水以西。《读史方舆纪要》永宁州:"皋狼城在州西北。《史记·赵世家》:'孟增幸于周成王,是为宅皋狼。'《索隐》谓居以皋狼之地也。汉置皋狼县,属西河郡。"⑨

2. 赵城

当周缪王以赵城封造父时,赵氏就"别居赵",正义云:"《括地志》云:'赵城,今晋州赵城县是。本彘县地,后改曰永安,即造父之邑也。'"⑩ 赵城县在今山西洪洞、霍州之间,在霍太山西麓。《读史方舆纪要》赵城县故赵城:"县南三十五里。相传造父始封此,即赵简子之邑也。"⑪ 故赵氏最初的地域为山西汾水流域的中下游。

孟增并非嬴姓血缘关系纯正的子孙(其实是不是嬴姓都还成问题),亦不是赵族始祖(《史记》以孟增为赵族始祖)。据《路史》说,《百家谍》《风俗传》《易是类谋》均

---

① 《史记·秦本纪》,第175、176 页。《史记·赵世家》,第1806 页。
② (宋)王应麟:《通鉴地理通释·七国形势考》卷八,上海:商务印书馆,1936 年,第121 页。
③ 《史记·秦本纪》,第213、215 页;《史记·白起王翦列传》,第2332 页云:"光狼故城在泽州高平县西二十五里也。"
④ 《春秋左传正义·闵公二年》,(清)阮元校刻:《十三经注疏》,第1788 页。
⑤ 《春秋左传正义·成公三年》,(清)阮元校刻:《十三经注疏》,第1900 页。
⑥ 《春秋公羊传注疏·成公三年》,(清)阮元校刻:《十三经注疏》,第2291 页。
⑦ 《春秋谷梁传注疏·成公三年》,(清)阮元校刻:《十三经注疏》,第2418 页。
⑧ 《春秋左传正义·僖公二十三年》,(清)阮元校刻:《十三经注疏》,第1815 页。
⑨ (清)顾祖禹撰,贺次君、施和金点校:《读史方舆纪要·山西四》,第1953 页。
⑩ 《史记·秦本纪》,第175、177 页。
⑪ (清)顾祖禹撰,贺次君、施和金点校:《读史方舆纪要·山西三》,第1879 页。

言赵为黄帝所赐姓，并引夏末有赵梁、商代有赵隐为证。① 孟增乃与赵族（何姓不可考）混合，所以春秋初年秦、赵并没有联宗之事。但从地域来看，赵氏与鸟俗氏是一脉相承的，与蜚廉也是一脉相承的。

### （三）戎胥轩、中潏

但是并不是所有秦族集中在殷国，秦族也参与保卫商朝的地方政权，《史记·秦本纪》说，蜚廉的父亲中潏就是如此："其（指中衍）玄孙曰中潏，在西戎，保西垂。"②《史记·秦本纪》一直未提到戎胥轩。后来到周孝王与大骆—非子时，《史记·秦本纪》才提到戎胥轩。事情经过如下：

> 非子居犬丘，好马及畜，善养息之。犬丘人言之周孝王，孝王召使主马于汧渭之间，马大蕃息。孝王欲以为大骆适嗣（用非子代成为适）。申侯之女为大骆妻，生子成为适。申侯乃言孝王曰："昔我先郦山之女，为戎胥轩妻，生中潏，以亲故归周，保西垂，西垂以其故和睦。今我复与大骆妻，生适子成。申骆重婚，西戎皆服，所以为王。王其图之。"于是孝王曰："昔伯翳为舜主畜，畜多息，故有土，赐姓嬴。今其后世亦为朕息马，朕其分土为附庸。"邑之秦，使复续嬴氏祀，号曰秦嬴。亦不废申侯之女子为骆适者，以和西戎。③

申是一个古国，富辰说："齐、许、申、吕由大姜。"韦昭注："四国皆姜姓也，四岳之后，大姜之家也。"④ 申侯在周代是甥舅的国家，因此其先代以女为戎胥轩妻，就可以和好西戎。现在以女为大骆妻，亦可和好西戎。

戎胥轩由于与申联姻，于是离开了少昊系，因此戎胥轩、中潏"以亲故归周，保西垂"，或者非子"分土为附庸"，实际上是建立了一个新的世系，即秦氏。

照上述记载，则戎胥轩、大骆当属于西戎。中潏之父为戎胥轩，其母为郦山氏女，而中潏后来"归周，保西垂"，那么归周之前，处于何地？

郦山氏（即列山氏）为渭水流域姜姓之通称。戎胥轩与姜姓通婚后，当移居于姜姓地域，而渭水支流有潏水。全祖望《水经注校释》引吕忱说："潏水出杜陵县。"⑤ 当在长安附近，则戎胥轩之后裔当为潏族（是鬼方氏与姜姓的混合）。

中潏并非人名。推想戎胥轩为鬼方氏后裔，而陇山西部本有大隗氏遗族，潏族有了血缘上的关系，便沿着渭水西进（《史记》所谓保西垂），而在汧陇间建立新族，这即是

---

① （宋）罗泌：《路史·国姓衍庆纪原》，第312、311页。
② 《史记·秦本纪》，第174页。
③ 《史记·秦本纪》，第177页。
④ 徐元诰撰，王树民、沈长云点校：《国语集解·周语中》，第46页。
⑤ （后魏）郦道元注，（清）杨守敬、熊会贞疏，段熙仲点校：《水经注疏·渭水下》，第1577页。

秦族的前身。其族在戎胥轩之后当还有一段系谱。

中潏并不是蜚廉之父，而另有其后裔。

## （四）秦氏

周孝王时，蜚廉后裔中又形成了秦氏。秦之封号起自非子，故秦之开国祖先为非子，秦族的历史应该从非子开始。

### 1. 秦氏之地域

从汧渭之间与犬丘的关系来看，犬丘当在天水（秦州）一带。《读史方舆纪要》秦州清水县，清水故城"在县西。《括地志》'县本秦城，非子始封'"①。故犬丘在今天水东北四五十里。但《读史方舆纪要》又有西犬丘，在秦州西县城："州西南百二十里。即所谓西犬丘也，非子始都此，后庄公复居焉。"则西犬丘在今天水西南一百二十里。②

究竟非子的封地在犬丘还是西犬丘？原来非子不是大骆的嫡子，嫡子为成。根据以后的发展来看，可能犬丘为大骆之封地，为嫡子成所继承，而非子的封地在西犬丘。故《史记·秦本纪》谓周孝王同意以成为嫡子，而非子则"分土为附庸"。所谓分土为附庸即分封于西犬丘，在分封之前，作为大骆之子，当然居于大骆之封地，故《史记·秦本纪》谓"非子居犬丘"，那是分封之前的事。

周厉王时，"西戎反王室，灭犬丘大骆之族。周宣王即位，乃以（非子后）秦仲为大夫，诛西戎。西戎杀秦仲"。于是大骆之后的嫡庶两支都被西戎消灭了。秦仲长子为秦庄公，他打败了西戎，收复了失地，《史记·秦本纪》云："周宣王乃召庄公昆弟五人……使伐西戎，破之。于是复予秦仲后，及其先大骆地犬丘并有之，为西垂大夫。庄公居其故西犬丘。"③故庄公不仅恢复了"秦仲后"（即西犬丘），而且据有了大骆嫡支之领地（即大骆地犬丘），两地"并有之"，但庄公仍然住在他们原先的领地（即居其故西犬丘）。

无论是犬丘还是西犬丘，都位于今甘肃天水地区，故秦族的地域分布于渭水中上游。

在今兴平市东南十一里亦有犬丘（即槐里城），则与非子的封地无关。《读史方舆纪要》槐里城："周曰犬丘，懿王所都，后更曰废丘。志云：以其地久废于戎也。项羽封章邯为秦王，都废丘。"④

### 2. 秦族向西方的扩展

鬼方这一系向外伸展以秦族为最著。《史记》云："韩安国云：'秦穆公都地方三百

---

① （清）顾祖禹撰，贺次君、施和金点校：《读史方舆纪要·陕西八》，第 2845 页。
② （清）顾祖禹撰，贺次君、施和金点校：《读史方舆纪要·陕西八》，第 2836 页。
③ 《史记·秦本纪》，第 178 页。
④ （清）顾祖禹撰，贺次君、施和金点校：《读史方舆纪要·陕西二》，第 2549 页。

里，并国十四，辟地千里'，陇西、北地郡是也。"① 陇西、北地本为胡族区域，然秦穆公以地三百里之国而能扩展其地三倍于本土以上，这不能看作军事政治上的效果，乃是大隗氏的后裔本有残留在陇西、北地一带，古书上名之为羌。这些遗族久与中原母族失掉联系。《后汉书》说："秦穆公得戎人由余，遂霸西戎，开地千里。"② 秦本亦可说是大隗氏后裔，自得由余后，与上述遗族消除文化上之隔阂，遂得重复发生血缘上之重大作用。然则开地千里，只是鬼方系伸入胡族之形势而已。

## 四、费氏、梁氏、蛮氏与诸戎

在秦族中，伯翳的后裔构成费氏，其谱系如下：女修—大业—大费（伯翳）—若木—费昌……费仲。伯翳后裔比这个范围应该要大得多。下边来考察伯翳后裔的整个范围。

### （一）费

1. 费及其地域

《竹书纪年》帝启二年，"费侯伯益出就国"，这里的伯益应作伯翳。徐文靖笺引《史记·秦本纪》谓禹曰："非予能成，亦大费为辅。"帝舜曰："咨尔费，赞禹功，其赐尔斿，是为柏翳（即伯翳）。"③

文献中往往把益的系统嫁接到伯翳的系统中构成秦族历史，而且嫁接可能较为混乱，如《潜夫论》云：

> 高阳氏之世，有才子八人……后嗣有皋陶事舜。……其子伯翳能议百物，以佐舜、禹。扰驯鸟兽，舜赐姓嬴。后有仲衍，鸟体人言，为夏帝大戊御。嗣及费仲，生恶来、季胜。……季胜之后有造父……王封造父于赵城，因以为氏。……恭叔氏、邯郸氏……卢氏、原氏，皆赵嬴姓也。④

这正是嫁接混乱的例子。

再说大费，大费当即费族。《左传·成公十三年》杜预注说："（费）今缑氏县"⑤，推想其初称费族，地域颇广，偃师之费特其古名之一角残留（大费当即大隗氏古族费氏）。

《路史》云："费，翳之封，音沸，费仲、费昌国，费州、费水之地。与鲁费、河南

---

① 《史记·秦本纪》，第195页。
② 《后汉书·西羌传》，第2873页。
③ （清）徐文靖：《竹书纪年统笺》，《二十二子》，第1056页。
④ （汉）王符：《潜夫论·志氏姓》，《诸子集成》第八册，第176、177页。
⑤ 《春秋左传正义·成公十三年》，（清）阮元校刻：《十三经注疏》，第1912页。

费异。"罗苹注："河南滑费，禹后，扶未切。鲁之费，音秘。各见。"①

少昊后嬴姓国：六、英、费、萧、非（蜚也，蜚廉国。龙门县南七里有蜚廉故城，非子祖也。又绛之正平蜚廉城，云事纣所居）、赵、秦、梁（伯爵，本少梁夏阳也。今同之韩城，有少梁故城）、运、奄、钟离。②

高阳氏后：梁（《地理风俗传》扶柳西北五十有梁城，故汉西梁县。西梁故城在今冀之南宫堂阳镇。镇之东鹿南六十。南梁在汝。罗苹注：详周后国，以别大梁、少梁云）、蓼、昆吾、顾、温、苏、户……斟（己姓，汉之北海斟县。……今潍去州七里有斟亭）、灌（斟姓，《传》谓斟灌，今青之寿光东南有斟灌城灌亭，故淳于也）。③

又扬拒，据《左传·昭公二十二年》载："刘子奔扬。"其地当在今洛阳市偃师区（偃师，据《汉书·地理志》缑氏班固注："刘聚，周大夫刘子邑"，可推其所奔之扬亦在偃师）。④ 而扬拒当为扬渠之讹。《水经注》云："洛水又北，阳（扬）渠水注之。……又北径偃师城东。"⑤ 偃师是费族旧地，则皋戎与扬渠戎当为若木的费氏后裔。费氏即为大隗氏古族，似乎曼姓出于其中的皋戎。

2. 费滑

费氏当即《左传·成公十三年》"殄灭我费滑"，杜注："费滑，滑国都于费，今缑氏县。"孔疏："春秋之时更无费国，秦惟灭滑，不灭费，知费即滑也。"⑥ 又《春秋·庄公十六年》云："同盟于幽"，杜预曰："滑国、都费，河南缑氏县。"⑦ 其地在今洛阳市偃师区。《读史方舆纪要》河南府偃师县："缑氏城，县南二十里。古滑国。……亦曰费滑，费即滑都也。"⑧

今山东南部有费县。《读史方舆纪要》沂州费县："州西北九十里。……古费国地，后为鲁季氏邑。费城，县西南七十里。……僖元年：'公赐季友汶阳之田及费。'自是为季氏邑。襄七年：'城费。'昭十二年：'南蒯以费叛。'是也。"⑨

（二）梁氏与蛮氏

1. 梁氏

从历史记载可知，伯翳之后有梁国。《后汉书·郡国一》河南尹郡梁云："故国，伯

---

① （宋）罗泌：《路史·国名纪乙·少昊后嬴姓国》，第331页。
② （宋）罗泌：《路史·国名纪乙·少昊后嬴姓国》，第330、331页。
③ （宋）罗泌：《路史·国名纪丙》，第335、336页。
④ 《春秋左传正义·昭公二十二年》，（清）阮元校刻：《十三经注疏》，第2100页；《汉书·地理志上》，第1555页。
⑤ （后魏）郦道元注，（清）杨守敬、熊会贞疏，段熙仲点校：《水经注疏·洛水》，第1322页。
⑥ 《春秋左传正义·成公十三年》，（清）阮元校刻：《十三经注疏》，第1912页。
⑦ 《春秋左传正义·庄公十六年》，（清）阮元校刻：《十三经注疏》，第1772页。
⑧ （清）顾祖禹撰，贺次君、施和金点校：《读史方舆纪要·河南三》，第2241页。
⑨ （清）顾祖禹撰，贺次君、施和金点校：《读史方舆纪要·山东四》，第1586页。

翳后。有霍阳山。"①

考这梁即古书上所称为南梁。《左传·哀公四年》云："袭梁及霍"，杜预注："梁，河南梁县西南故城也。梁南有霍阳山，皆蛮子之邑也。"②"蛮子"即曼姓，则梁为曼姓后裔，而伯翳乃曼姓祖先。曼姓为大隗系（鬼方系）血属之一。

《读史方舆纪要》南阳府汝州霍阳聚："在州东南二十里。……霍阳，杜预以为山名。梁、霍，皆蛮子之邑也。"又说汝州梁县城："战国时谓之南梁，以别于大梁、少梁。亦谓之上梁……亦谓之三梁。"故今河南临汝为伯翳之后的梁国。《路史》曰："梁，平王子唐封南梁也。今汝治梁县，有梁山。梁故城在承休西南四十。"③

又《汉书·地理志》河南郡梁，颜师古注："应劭曰：'《左传》曰：秦取梁。梁，伯翳之后，与秦同祖。'臣瓒曰：'秦取梁，后改曰夏阳，今冯翊夏阳是也。'师古曰：'瓒说是也。'"④颜师古注有误。《汉书·地理志》所说梁在河南郡，当即《后汉书·郡国一》之梁，亦即上梁，而薛瓒所说之梁在今陕西韩城，却是少梁。故显然错误。薛瓒谓："秦取梁"，所引为《左传·僖公六年》"梁近秦而幸焉"⑤，又《左传·僖公十九年》云："秦遂取梁。"⑥此梁国也正在今陕西韩城，即少梁。故薛瓒所说的都是少梁，并非上梁。应劭所引《左传》亦与薛瓒相同，故亦指少梁，但应劭又说："梁，伯翳之后，与秦同祖"，这说的却是上梁而非少梁，故应劭的注解仍是错误的。《左传·哀公四年》说的是上梁。《左传·僖公十九年》说的是少梁。薛瓒、应劭、颜师古都把二者混淆了。

前边说过，河南临汝之梁为伯翳之后，陕西之梁是否为伯翳之后，还不得而知。伯翳之后的分布地域亦可能包括少梁，甚至大梁。但凭《后汉书·郡国一》谓临汝之梁（上梁）为伯翳之后，而杜预谓其"蛮子之邑"。则伯翳当为曼姓之祖。

2. 蛮氏

前文分析过，赤狄有两大地域，其一在洛水流域，今河南中西部灵宝到新密市一带有洛（伊洛之戎）、泉（泉皋之戎）、徐蒲（即徐吾氏，乃茅戎别种）等。

蛮氏为曼姓之古族，盖以蛮水而得名。《水经注》云："伊水又与蛮水合，水出卢氏县之蛮谷。"⑦《后汉书·郡国一》河南尹云："新城……有鄤聚，古鄤氏，今名蛮中"⑧。然《左传》已称这族为蛮氏。则指鄤为蛮，当自周人已然。盖曼为本字，周人

---

① 《后汉书·郡国一》，第3389页。
② 《春秋左传正义·哀公四年》，（清）阮元校刻：《十三经注疏》，第2158页。
③ （清）顾祖禹撰，贺次君、施和金点校：《读史方舆纪要·河南六》，第2439、2436页；（宋）罗泌：《路史·国名纪戊》，第369页。
④ 《汉书·地理志上》，第1556页。
⑤ 《春秋左传正义·僖公六年》，（清）阮元校刻：《十三经注疏》，第1798页。
⑥ 《春秋左传正义·僖公十九年》，（清）阮元校刻：《十三经注疏》，第1810页。
⑦ （后魏）郦道元注，（清）杨守敬、熊会贞疏，段熙仲点校：《水经注疏·伊水》，第1335页。
⑧ 《后汉书·郡国一》，第3390页。

故意把它改为蛮。梁为曼姓，其地在今临汝。大概曼姓的分布是西起卢氏县，迤东以迄于新安、洛阳、临汝一带。

"蛮子"即曼姓，则梁为曼姓后裔，而伯翳乃曼姓祖先，故伯翳为曼姓。曼姓为大隗系血属之一。春秋时"蛮子"在河南仍然存在，力量还相当大。《左传·昭公十六年》云："楚子闻蛮氏之乱也，与蛮子之无质也，使然丹诱戎蛮子嘉，杀之。遂取蛮氏，既而复立其子焉。"杜预注："河南新城县东南有蛮城。"① 春秋时河南有两个新城，其一为宋地，在今商丘；其二为郑地，在今新密市②。《左传·昭公十六年》所说之新城与楚相邻，当为郑地。故"蛮子"亦称"蛮氏""戎蛮子"。

### （三）诸戎

洛氏除孟戏、仲衍、中潏、蜚廉都是混血别部外，尚有其嫡系之纯正后裔。按《左传·文公八年》有洛戎。③《左传·僖公十一年》有扬拒、泉、皋、伊洛之戎。④ 洛戎为有洛氏后裔无疑，而扬拒、伊洛、泉、皋之戎则当并若木的费氏后裔在内。

#### 1. 伊洛之戎

《左传·成公六年》云："晋伯宗、夏阳说、卫孙良夫、宁相、郑人、伊洛之戎、陆浑、蛮氏侵宋。"⑤ 故蛮子与陆浑戎、伊洛之戎当属于同一个族系。

#### 2. 扬拒、泉、皋

扬拒、泉、皋、伊洛之戎，都是隗姓，则大廉与若木都为隗姓祖先而属于大隗氏。（大隗氏即鬼方氏，古书上都惯作鬼方，这里因从鬼方之称。）

又扬拒，《左传·昭公二十二年》云："刘子奔扬。"其地当在今洛阳市偃师区。

《后汉书》洛阳前亭注引杜预曰："县西南有泉亭，即泉戎也。"⑥《左传·昭公二十二年》云："前城人败陆浑于社。"⑦《水经注》引京相璠曰："今洛阳西南五十里伊阙外前亭矣（《后汉书·郡国一》谓即泉亭）。服虔曰：前读为泉。"⑧ 可证泉戎在洛阳之西南。洛阳又有圉乡，《后汉书》注引杜预曰："西南有戎城，伊洛之戎。"⑨ 这当是伊戎，而伊戎与泉戎、洛戎当同为有洛氏纯正后裔。

又皋戎，而伯翳则《列女传》称之为皋子，似乎伯翳出自皋族。

---

① 《春秋左传正义·昭公十六年》，（清）阮元校刻：《十三经注疏》，第 2078 页。
② 《春秋左传正义·僖公六年》，（清）阮元校刻：《十三经注疏》，第 1798 页。
③ 《春秋左传正义·文公八年》，（清）阮元校刻：《十三经注疏》，第 1846 页。
④ 《春秋左传正义·僖公十一年》，（清）阮元校刻：《十三经注疏》，第 1802 页。
⑤ 《春秋左传正义·成公六年》，（清）阮元校刻：《十三经注疏》，第 1902 页。
⑥ 《后汉书·郡国一》，第 3389 页。
⑦ 《春秋左传正义·昭公二十二年》，（清）阮元校刻：《十三经注疏》，第 2100 页。
⑧ （后魏）郦道元注，（清）杨守敬、熊会贞疏，段熙仲点校：《水经注疏·伊水》，第 1349 页。
⑨ 《后汉书·郡国一》，第 3389、3391 页。

# 五、秦族之原始

## （一）伯翳与益

### 1. 伯翳

伯翳是大隗系曼姓费氏，而舜妻之姚姓之玉女，则是与昌意系姚姓联姻。

伯翳的地域在汝河上游，还可能包括洛水、渭水下游，并可能逐步向渭水中游发展，形成费氏。

### 2. 益

益本属少昊系嬴姓，由于与夏后氏斗争的失败，其族被流放到山西、陕西西北以及陇东一带。当商族打败夏后氏之后，益之后裔与商族联盟，其势力向山西中部和关中渭水流域扩展。在山西中部，益后裔形成赵氏，在周代与晋国姬姓结成联盟。在关中，益后裔与费氏组成秦族的主流。下列世系可以略示秦族之原始演变：

伯翳（大隗系）—若木—费仲—费氏—秦氏
　　　　　　　　　恶来革—秦氏

益（少昊系）—大廉—蜚廉
　　　　　　　　季胜—赵氏

## （二）秦族与少昊系嬴姓

### 1. 秦族与嬴姓

《史记·秦本纪》说："大费拜受，佐舜调驯鸟兽，鸟兽多驯服，是为柏翳。舜赐姓嬴氏。"[①] 这是秦之祖先第一次得到赐姓嬴姓。

后来蜚廉事殷纣。蜚廉之玄孙（季胜之曾孙）造父，"造父以善御幸于周缪王……缪王以赵城封造父。造父族由此为赵氏"。蜚廉之后另一支"大骆生非子，（非子）以造父之宠，皆蒙赵城，姓赵氏。"[②]

《史记·秦本纪》又谓周孝王时，复赐非子姓嬴。"非子居犬丘，好马及畜，善养息之。……孝王召使主马于汧渭之间，马大蕃息。"孝王封非子，但非子不是嫡子，嫡子为成，"于是孝王曰：'昔伯翳为舜主畜，畜多息，故有土，赐姓嬴。今其后世

---

[①] 《史记·秦本纪》，第 173 页。
[②] 《史记·秦本纪》，第 175 页。

（指非子）亦为朕息马，朕其分土为附庸。'邑之秦，使复续嬴氏祀，号曰秦嬴。"① 这是秦之祖先第二次得到嬴姓，称"秦嬴"。其实伯翳是嬴姓，不需要赐姓。《潜夫论》说："蜚廉为嬴姓。"② 因此称非子之嬴为秦嬴。称造父之嬴为赵嬴③，以别于伯翳、蜚廉之嬴。

2. 秦族与少昊系

《左传·文公四年》载："楚人灭江，秦伯为之降服、出次、不举，过数。大夫谏。公曰：'同盟灭，虽不能救，敢不矜乎？吾自惧也。'"④ 江为少昊后裔嬴姓，但此处仅谓江为同盟，并未谓江为同姓之国，故不能以此说明秦为嬴姓。

《左传·庄公十年》曰："齐师灭谭……谭子奔莒，同盟故也。"⑤ 谭、莒俱嬴姓，亦仅言同盟而不讲同姓。故亦不能因此说明秦并非嬴姓。⑥

《读史方舆纪要》汝宁府真阳县，江城："在县东南。春秋时江国也。《左传·文公四年》：'楚灭江。'应劭曰：'安阳有江亭。'"⑦ 则江城与秦相隔遥远。

3. 大廉与蜚廉之间另有系谱

蜚廉当为大廉之后的蜚族，今称其族名为蜚廉，而其人名为处父（依《史记》说）。蜚即非，他不是秦族后裔的非子。考犬丘即在杜陵，正是滴族之地。

这是非子先加入滴族而转入秦族。又由于周族的援助而做了秦族的首领，这是秦族王室由鬼方氏改为嬴姓之始。所以非子乃秦族王室开国的祖先，其号曰秦嬴，则表示这嬴姓本为秦族之别部。所谓孝王分土使复续嬴氏祀，则出自周人的谎造。

从《史记》的这些说明来看，秦族的历史还是清楚的，但是许多进一步的说明带来了一系列严重的混乱。

# 六、秦族历史的混乱

## （一）混乱

伯翳在唐虞之际受土赐姓，当然不是传说人物，那么他应该有自己的历史，《史

---

① 《史记·秦本纪》，第175、177页。
② （汉）王符：《潜夫论·志氏姓》，《诸子集成》第八册，第177页云："钟离……飞廉……皆嬴姓也。"（清）汪继培注引《秦纪论》云："秦之先为嬴姓，其后分封，以国为姓，有徐氏……蜚廉氏、秦氏。"
③ （汉）王符：《潜夫论·志氏姓》，《诸子集成》第八册，第177页。
④ 《春秋左传正义·文公四年》，（清）阮元校刻：《十三经注疏》，第1840页。
⑤ 《春秋左传正义·庄公十年》，（清）阮元校刻：《十三经注疏》，第1767页。
⑥ 蒙文通：《古史甄微》，第215页载："是秦非皋陶之胤，左氏有其说也。"
⑦ （清）顾祖禹撰，贺次君、施和金点校：《读史方舆纪要·河南五》，第2363页。

记》中几次提到伯翳,但引起严重的混乱,它说到舜、禹、后稷、皋陶、伯夷之后裔,亦连带言及伯翳之后裔。

《史记》的这两段交代秦族的根本历史,然可疑之点甚多。

第一个问题:秦族是否黄帝后裔?

第二个问题:伯翳与益有何关系?

### 1. 秦族是否颛顼、少昊之后裔

《史记》及其注解中提供了秦与颛顼、少昊、皋陶、益的关系,说明了秦是颛顼、少昊、皋陶、益之后。这些说法在历史中广为传播,少有异议。

再结合《史记·赵世家》,兹将其世系罗列如下:

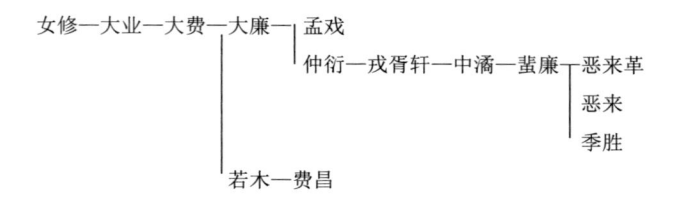

```
女修—大业—大费—大廉—┬孟戏
                    │仲衍—戎胥轩—中潏—蜚廉—┬恶来革
                    │                      │恶来
                    │                      │季胜
                    └若木—费昌

蜚廉—┬恶来革—女防—旁皋—大几—大骆—成
    │            非子—秦侯—公伯—秦仲—庄公—襄公
    └季胜—孟增—衡父—造父—奄父—叔带
```

上列第一个世系在前面已经叙述过,分为三个阶段。

### 2. 第四阶段(西周)"季胜、恶来革""造父、非子"

从蜚廉之子恶来革与季胜二人形成两个分支。

蜚廉之子恶来革早死,恶来死于周武王伐纣时。还有一子季胜,其子孟增"幸于周成王,是为宅皋狼"。其曾孙造父"以善御幸于周缪王……缪王以赵城封造父,造父族由此为赵氏……别居赵"。①

### 3. 第五阶段(东周)恶来革与季胜之后裔形成秦族与赵族

周室东迁,襄公送平王,平王封襄公为诸侯,赐之岐以西之地。到战国时期,秦氏、赵氏分别建立了秦国与赵国。最后秦国控制了整个中原,建立了秦王朝,因此秦族之历史具有了特殊的重要意义。

在第四阶段的开始(周代初期),武王杀掉恶来,而成王则宠幸季胜(恶来之弟)之子孟增,而缪王则宠幸季胜之曾孙造父,并封于赵城,为赵氏。孝王时,封恶来革(恶来之兄)之后裔非子为附庸,封于秦,为秦氏。因此在西周,秦族成为诸侯。

---

① 《史记·秦本纪》,第175页。

于是恶来革、季胜之后裔最后形成两个著名的氏族，即赵氏与秦氏。

## （二）秦族历史的迷惘

虽然与其他的上古部族比较，秦族的历史数据还丰富一点，但是出现十分混乱的现象。特别值得注意的是下列问题：

### 1. 秦族的民族属性

秦族的历史追溯到女修，《史记·秦本纪》谓其为颛顼之苗裔。

在史书记载中，秦族生活于秦陇地区，也有一部分生活于山西。那么从地域上看，其会不会是少昊系呢？

伯翳在书传中少见，但据记载，伯翳之后有梁国。《后汉书·郡国一》河南尹郡，梁："故国，伯翳后。有霍阳山。"① 秦之先，为什么有梁国？

在秦族的历史中，在夏商之际，有一个"子孙或在中国，或在夷狄"的年代。《史记·秦本纪》云："中潏在西戎，保西垂。"② 这就使得一些学者对秦族的民族属性产生了疑问。

### 2. 秦族的历史地位

秦族历史中还有另一个根本问题，就是伯翳与益的问题。相传伯翳就是益，因此大业就是皋陶。那么秦族历史的第一阶段就变成"女修—皋陶—益"了，那么秦族非但不会"起于戎狄"，相反，其将是一个最纯正的夏族部族了。所以秦族的民族属性是一个很纠结的问题。

### 3. 益与伯益

虽然大家认为益与伯益是同一个人，但奇怪的是还有称益为"化益"的，如《吕氏春秋》有"得陶、化益、真窥、横革、之交。五人佐禹"③，《荀子》有"得益、皋陶、横革、直成为辅"④。

### 4. 益后裔的复出

伯翳是在西方的秦族的始祖，关于这一点似乎没有人怀疑过。

那么益怎么和秦有关系呢？有三个因素：

第一，益的巨大声望，在尧、舜、禹、皋陶去世以后，益有最高的声望；

---

① 《后汉书·郡国一》，第3389页。
② 《史记·秦本纪》，第174页。
③ （汉）高诱注：《吕氏春秋·慎行论·求人》，《诸子集成》第六册，第292页。
④ （清）王先谦：《荀子集解·成相篇》，《诸子集成》第二册，第308页。

第二，《史记·陈杞世家》说，不知道益的封地在何处，也就是说益的后裔已经在公众面前消失了。

第三，益并未消失，他被夏后氏打败后，其后裔进入秦族。

但上述记载却启发下列事实：此当即伯翳等同于益的说法之由来。实际上并不是伯翳等同于益，而是益后裔进入了秦族。

《史记·秦本纪》正义引刘向《列女传》云："陶子（即指益）生五岁而佐禹。"盖益当尚有沿用皋族的名称，而曹大家注乃傅会："陶子者，皋陶之子伯益也。"《吕氏春秋·当染篇》注亦同此说。[①] 前人更傅会益为嬴姓秦族之所自出。然遍查古书，秦人从未自称为益之子孙，亦可证《史记》之为臆测无疑。

---

① 《史记·秦本纪》，第 173 页；（汉）高诱注：《吕氏春秋·仲春纪·当染》，《诸子集成》第六册，第 18 页。

# ［22］楚族之建立与南迁

《左传·僖公二十六年》云："夔子不祀祝融与鬻熊，楚人让之。对曰：'我先王熊挚有疾，鬼神弗赦，而自窜于夔，吾是以失楚，又何祀焉？'"① 《史记·楚世家》集解引服虔云："夔在……秭归乡是也。"② 在此年以前秭归尚为夔国，则熊绎所居之丹阳，非秭归可知。

## 一、楚族之初期历史

（一）楚族的起源

楚族的历史源自颛顼，如《史记·楚世家》给出楚族的始祖为颛顼。颛顼生称，称生卷章，卷章生重黎。从重黎到陆终，然后到熊绎，就结束了楚族之初期历史。从颛顼到熊绎，整个过程可分为六个阶段，《史记·楚世家》对其起源记载如下：

高阳生称，称生卷章（《世本》作老童），卷章生重黎。

重黎为帝喾高辛居火正……帝喾命曰祝融。共工氏（当为九黎）作乱，帝喾使重黎诛之而不尽，帝乃……诛重黎，而以其弟吴回……为祝融。吴回生陆终。

陆终生子六人，坼剖而产焉。其长一曰昆吾；二曰参胡；三曰彭祖；四曰会人；五曰曹姓；六曰季连，芈姓，楚其后也。昆吾氏，夏之时尝为侯伯，桀之时汤灭之。彭祖氏，殷之时尝为侯伯，殷之末世灭彭祖氏。季连生附沮，附沮生穴熊。其后中微，或在中国，或在蛮夷，弗能纪其世。

周文王之时，季连之苗裔曰鬻熊。鬻熊（《世本》曰楚鬻居丹阳）子事文王，蚤卒。其子曰熊丽。熊丽生熊狂，熊狂生熊绎。

熊绎当周成王之时……而封熊绎于楚蛮，封以子男之田，姓芈氏，居丹阳。③

此世系是从颛顼到熊绎，可以称为楚族之前期历史。从熊绎以后可以认为是楚族的后期历史。前期历史总共约两三千年，可以分为以下六个时期：

---

① 《春秋左传正义·僖公二十六年》，（清）阮元校刻：《十三经注疏》，第1821页。
② 《史记·楚世家》，第1698页。
③ 《史记·楚世家》，第1689—1692页。

颛顼—称—卷章（老童）—
重黎（祝融）—吴回—
陆终（娶鬼方氏）—季连—附沮—
穴熊（或在中国，或在蛮夷）
鬻熊（子事周文王）—熊丽—熊狂—
熊绎（封于丹阳）

在整个楚国历史中，第四个穴熊时期完全是一片空白。

## （二）楚族前期历史的三个阶段

楚族前期历史的六个时期可以分为以下三个阶段：

### 1. 传说阶段

楚族之传说阶段包含下列两个时期：
（1）颛顼时期

楚族说自己的世系来自颛顼，例如屈原就说自己是"帝高阳之苗裔兮"①，但是颛顼究竟是否楚族之始祖，这是争论很大的题目。

《史记·楚世家》云："楚之先祖出自帝颛顼高阳。……高阳生称，称生卷章。"②在颛顼时期，除颛顼外仅有称与卷章（老童）两人。无论是称、卷章或老童，名字都很生僻。从这个角度来看，他们可能不会是冒称，但颛顼就靠不住了，颛顼的历史很模糊，颛顼的后裔也极为模糊，不知道历史中的哪些部族包含颛顼的全部后裔，但是颛顼属于黄帝后裔昌意系，而昌意系主要的姓为姬、姚、妫、姒等。因此从姓氏来看，颛顼是否真的是楚族的远祖是很可疑的，还需要仔细研究。

（2）重黎时期

到了帝喾时期，楚族出现了重黎，重黎为帝喾之"火正"，称呼为"祝融"。在重黎时期，有关的祖先也只有两个人，即重黎与吴回。

颛顼时期与重黎时期还是楚族历史的传说时代。

### 2. 远祖阶段

楚族之远祖阶段包含以下两个时期：
（1）陆终时期

陆终是楚族前期历史的关键人物。《世本》云："陆终娶于鬼方氏之妹，谓之女嬇，

---

① （宋）洪兴祖撰，白化文等点校：《楚辞补注·离骚经》，第3页。
② 《史记·楚世家》，第1689页。

是生六子。"又曰："其一曰樊，是为昆吾；二曰惠连，是为参胡；三曰籛铿，是为彭祖；四曰求言，是为会人；其五曰安，是为曹姓；六曰季连，是为芈姓。"① 故楚族与鬼方氏有密切的联系，由于鬼方氏在今河南境内沿黄河一带有强大的势力，故陆终（即五帝末至夏初）当生活于黄河中游。

《史记·楚世家》说六子中的昆吾、彭祖都是夏商时期的侯伯："昆吾氏，夏之时尝为侯伯，桀之时汤灭之。彭祖氏，殷之时尝为侯伯，殷之末世灭彭祖氏。"《史记·楚世家》又说，陆终之第六子为季连，"芈姓，楚其后也"。楚族是季连的后裔，《史记·楚世家》没有说季连在夏商之世是否掌握政权，是否也受到惩罚，但《史记·楚世家》说："季连生附沮，附沮生穴熊。"② 此后就进入穴熊时期。

（2）穴熊时期

楚族在穴熊时期没有强大的政治地位，这是楚族历史中最为奥秘的一个阶段。《史记·楚世家》谓穴熊"或在中国，或在蛮夷，弗能纪其世"③。因此在穴熊时期，楚族在一个迁徙时期，因此楚族的历史就是一片空白。有的学者就怀疑鬻熊就是穴熊，只是穴音转为鬻而已。如孔广森说："鬻熊即穴熊，声读之异，《史》误分之。"④

考虑到楚族在穴熊时期中，是从豫东进入流动迁徙的时期，而在鬻熊时期生活在周族之领域内，那么楚族在穴熊时期当仍然生活于豫西一带，不会远离。

3. 附属于周族之阶段

从鬻熊以后，楚族开始附属于周族，此阶段当包含以下两个时期：

（1）鬻熊时期

鬻熊是其关键人物，他突然在周文王身边出现了。那么楚族在穴熊时期之后很快就进入周族的阵营。《史记·楚世家》说："周文王之时，季连之苗裔曰鬻熊。鬻熊子事文王，蚤卒。其子曰熊丽。熊丽生熊狂，熊狂生熊绎。"⑤ 因此从鬻熊到熊绎，楚族都隶属于周族，大体上位在今陕西、河南、湖北等边境一带。

（2）熊绎时期

熊绎时期也就是楚国成为诸侯国的时期，楚族就进入后期历史了。《史记·楚世家》云："熊绎当周成王之时……而封熊绎于楚蛮。……楚子熊绎与鲁公伯禽……俱事成王。"⑥

楚族最初称为荆，但逐步改称为楚。"楚入春秋，历隐桓庄闵，止称荆，至僖二年始称楚。"⑦

---

① （清）雷学淇：《世本·帝系》，（汉）宋衷注，（清）秦嘉谟等辑：《世本八种》，第5、6页。
② 《史记·楚世家》，第1690页。
③ 《史记·楚世家》，第1690页。
④ （清）孔广森撰，王丰先点校：《大戴礼记补注·帝系》，北京：中华书局，2013年，第139页。
⑤ 《史记·楚世家》，第1691页。
⑥ 《史记·楚世家》，第1691页。
⑦ （清）王先谦撰，吴格点校：《诗三家义集疏·商颂·那》，第1092页。

## （三）楚族的历史地位

### 1. 陆终的历史地位

陆终在中国上古史中地位特殊，他是将戎族融入夏族的一个关键人物。具体来说，陆终是将蚩尤及其部族融入夏族的关键人物。

夏族与蚩尤的斗争是很激烈的，黄帝对蚩尤之战为黄帝登上帝位的最后一战，《史记·五帝本纪》说："于是黄帝乃征师诸侯，与蚩尤战于涿鹿之野，遂禽杀蚩尤。而诸侯咸尊轩辕为天子，代神农氏，是为黄帝。"① 斗争还是比较残酷的，如《史记·天官书》云："秦始皇之时……死人如乱麻……自蚩尤以来，未尝若斯也。"②

蚩尤的失败，使得太行山东麓的戎族融入了夏族，特别是融入了祝融系；接着九黎的失败，使得豫北东西地带的戎族再一次融入祝融系。在夏商之际，在今河南地区，九黎、三苗都先后融入夏族，或者到其他地区去，特别是迁徙到长江以南。

因此陆终的历史地位紧连着黄河下游戎族的命运。在那些戎族与夏族融合之后，陆终的后裔就演化为楚族登上长江流域的历史舞台。

### 2. 楚族的祖先

#### （1）楚族是否来自颛顼

《史记·楚世家》说："楚之先祖出自帝颛顼高阳。……高阳生称，称生卷章，卷章生重黎。……（帝喾）以其弟吴回为重黎后，复居火正，为祝融。吴回生陆终。陆终生子六人……六曰季连，芈姓，楚其后也。"③

《史记·楚世家》的世系清楚，显然楚族来自陆终的第六子季连，而陆终六子来自颛顼，那么楚族当然来自颛顼。但是古代的族系往往并不标明自己的祖先，他们所谓的祖先往往是族系中最显赫的人物，并不是最早的祖先。例如，《世本》说："姚姓，帝舜后。""偃姓，皋陶之后。""嬴姓，伯益后。"④ 其实姚姓早在舜之前就产生了，如《帝王世纪》说："瞽瞍妻曰握登，见大虹意感而生舜于姚墟，故姓姚氏。"⑤ 据说姚墟在今陕西，或说姚墟在濮州雷泽县东十三里，也有人说姚丘在越州上虞三十里。⑥ 因此世系并不能说明出生的先祖。

这种族系的祖先往往是部族为了攀龙附凤而添加的，于是加上了政治标签，例如《史记·五帝本纪》对舜也是如此，从舜讲到瞽叟，又讲到桥牛、句望、敬康、穷蝉，

---

① 《史记·五帝本纪》，第 3 页。
② 《史记·天官书》，第 1348 页。
③ 《史记·楚世家》，第 1689、1690 页。
④ （清）秦嘉谟：《世本·氏姓》，（汉）宋衷注，（清）秦嘉谟等辑：《世本八种》，第 253、277、281 页。
⑤ 徐宗元：《帝王世纪辑存》，第 41 页。
⑥ 《史记·五帝本纪》，第 31 页。

还从穷蝉讲到颛顼,再讲到昌意,足足讲了七世,才介绍完舜的家谱出身。① 因此姚姓并不是帝舜之后,只能说帝舜来自姚姓。

历史中许多部族自称贵族之后,如拓跋氏,《魏书》说:"昔黄帝有子二十五人,或内列诸华,或外分荒服,昌意少子,受封北土,国有大鲜卑山,因以为号。……黄帝以土德王,北俗谓土为托,谓后为跋,故以为氏。"② 虽然不是所有的部族都自称黄帝之后,如宇文氏就自称炎帝之后。总之是冒充贵族。

匈奴刘渊自称刘姓,《晋书》云:"初,汉高祖以宗女为公主,以妻冒顿,约为兄弟,故其子孙遂冒姓刘氏。"于是刘渊在山西离石建国称汉,他在列举汉高祖、汉文帝、汉武帝的功绩之后说:"是我祖宗道迈三王,功高五帝,故卜年倍于夏商,卜世过于姬氏。"他要"绍修三祖(指汉高祖、光武帝、昭烈帝)之业",他继承刘备的蜀汉,并追封刘禅为孝怀皇帝。③

(2)楚族是否来自炎帝

在更早的时代,对于身世的解说本来是母族,如《史记·秦本纪》云:"秦之先,帝颛顼之苗裔孙曰女修。……生子大业。大业取少典之子,曰女华。女华生大费,与禹平水土。"索隐:"女修,颛顼之裔女,吞鳦子而生大业。其父不著。而秦、赵以母族而祖颛顼,非生人之义也。按:《左传》郯国,少昊之后,而嬴姓盖其族也,则秦、赵宜祖少昊氏。"④《史记·秦本纪》强调母系,母系第一代是女修,第二代是大业,其妻为女华(少典之女)。通常秦的第一代为女修(颛顼之女),因此秦以斟鄩为祖。索隐指出:秦以颛顼为祖是不对的,"非生人之义也"。而且由于女出自颛顼,因此秦采用母系也是利用颛顼的声势的。

另外还有殷族、周族也提到母族世系,如《史记·殷本纪》云:"殷契,母曰简狄,有娀氏之女,为帝喾次妃。"不过也提到殷契之父为帝喾⑤,《史记·周本纪》云:"周后稷,名弃。其母有邰氏女,曰姜原。姜原为帝喾元妃。"其中又提到后稷之父也是帝喾。⑥ 这些虽强调母系,但是都提到其父为帝喾。为什么强调母系又加上其父,是否其父的名义是虚假的?本人在《夏商周起源考证》中早已说明,殷与周分别属于戎族与胡族,因此所谓帝喾的说法完全是虚假的。因此殷、周的世系中的父系是虚构的,也是为了攀龙附凤而添加的。

但是后来的世系与此不同,如《史记·夏本纪》就完全排除母系。《史记·夏本纪》云:"夏禹,名曰文命。禹之父曰鲧,鲧之父曰帝颛顼,颛顼之父曰昌意,昌意之

---

① 《史记·五帝本纪》,第 31 页。
② 《魏书·序纪》,第 1 页。
③ 《晋书·刘元海载记》,第 2645、2649、2650 页。
④ 《史记·秦本纪》,第 173 页。
⑤ 《史记·殷本纪》,第 91 页。
⑥ 《史记·周本纪》,第 111 页。

父曰黄帝。"[1] 强调父系，从禹讲到鲧，又从鲧讲到颛顼，又讲到昌意，一直讲到黄帝。但对于夏禹之母系，未提一字。文献中对舜的母系也一字未提。[2]

文献中对于楚族，很强调一个母系的世系。《风俗通义》曰：

> 楚之先，出自帝颛顼，其裔孙曰陆终，娶于鬼方氏，是谓女溃。盖孕而三年不育，启其左胁，三人出焉，启其右胁，三人又出焉。其六曰季连，是为（芈）。其后有鬻熊子，为文王师。成王举文武勤劳，而封熊绎于楚，食子男之采，其十世称王。……自颛顼至负刍六十四世，凡千六百一十六载。[3]

这个鬼方氏十分突出，实际上正是"陆终六子"的根源，也正是楚族之起源。所谓"出自帝颛顼"，倒是后来附加的。至于《史记·殷本纪》《史记·周本纪》，那么母系第一代极为突出，至于父系第一代，后来也交代了，是帝喾。如果第一个父系祖先是平民，那就要进一步交代更早的祖先，一直到公侯君主为止。如果找不到那样的祖先，那么就要像《史记·秦本纪》那样，只从儿子大业开始，至于大业之父，就避而不谈，什么都不提了。而且帝喾是后来添加的，甚至是虚假的。

因此楚族的先祖，非但不是颛顼，甚至可能属于炎帝之后裔。祝融系也可能与共工系、大隗系一样，都属于炎帝。

在匈奴刘渊融入汉族时，还发生了一场有关刘姓的大辩论，最终澄清了刘渊的"刘姓"与汉族之刘姓不是同一个姓。其实，刘渊是通过母系与刘邦发生血缘关系的，因此冒姓虽然违反古代的姓氏制度，但并非虚构或伪造行为。追求贵族地位促进了标榜黄帝子孙的现象，给历史带来了混乱。楚族自称颛顼之后，可能就属于这种现象。

## 二、楚族前期之部族背景

### （一）传说阶段之部族背景

1. 颛顼打败九黎

根据《帝王世纪》，黄帝之子少昊即位之后，夏族在黄河下游的统治并未能巩固，大量的戎族与夏族是对立的关系，其中最严重的是蚩尤及其部族九黎。颛顼的重大成就是控制了九黎。

黄帝在控制黄河中下游的过程中，其打败蚩尤是最重要的战争，这是夏族打败戎族的一次重要战争。但是在少昊时期，九黎再起，颛顼借祝融系打败九黎，此乃夏族打败

---

[1] 《史记·夏本纪》，第49页。
[2] 《史记·五帝本纪》，第31页。
[3] （汉）应劭撰，王利器校注：《风俗通义校注》，北京：中华书局，2010年，第28页。

戎族的另一次重要战争，九黎从此融入了祝融氏。因此《帝王世纪》说，帝颛顼是黄帝之孙，"佐少昊，二十而登帝位，平九黎之乱"①。

2. 帝喾时期三苗兴起

《国语》韦昭注："其后，高辛氏之季年。三苗，九黎之后。高辛氏衰，三苗为乱，行其凶德，如九黎之为也。"② 因此在颛顼时期之后，三苗恢复九黎之"凶德"，就是恢复戎族原有的部族制度，在文献中说，这就是恢复"民神杂糅"。

（二）陆终时期

1. 陆终

"陆终六子"可以归结到己、彭、妘、曹、芈等姓，而其主要的部族如下：

　　己姓：昆吾、苏、顾、温、朡夷、豢龙。
　　彭姓：彭祖、豕韦。
　　妘姓：邬、郐、路、偪阳。
　　曹姓：邹、莒（或郲）。
　　芈姓：楚、夔。

故"陆终六子"的昆吾在豫北濮阳一带，参胡在洛阳，会人在郑州，而曹姓更在其东，而彭祖更在其东，已到达徐州。故陆终六子的分布地域在濮阳及今陇海路洛阳至徐州一带。

对于这些部族的主要地域，可以用《世本》的下列简单的概括来说明："昆吾者，卫是也。参胡者，韩是也。彭祖者，彭城是也。会人者，郐是也。曹姓者，邾是也。季连者，楚是也。"③ 宋忠曰："郐，国也。"雷学淇："郐字，诸本多误作郑。《水经》洧水注，独于郐城下引此文证之，则《世本》元文是郐字无疑。故宋注云：'郐，国也。'"④

但是六子并非生活于同一个地点，大体上分别生活于卫、韩、郐、邾、彭城、楚等地。六子也不是在相同的时间形成的，大体上是昆吾最早，而季连最晚。

其确实的时间地点无法确认，如昆吾，如《吕氏春秋》云："奚仲作车，苍颉作书，后稷作稼，皋陶作刑，昆吾作陶，夏鲧作城。此六人者，所作当矣。"高诱注："昆吾，颛顼之后，吴回之孙，陆终之子，己姓也。为夏伯制作陶冶埏埴为器。"⑤ 这种资料难以采用。至于地点，如《墨子》云："昔者夏后开，使蜚廉折金于山川，而陶铸之于昆

---

① 徐宗元：《帝王世纪辑存》，第 27 页。
② 徐元诰撰，王树民、沈长云点校：《国语集解·楚语下》，第 515 页。
③ （清）王聘珍撰，王文锦点校：《大戴礼记解诂·帝系》，第 129 页。
④ （清）雷学淇：《世本·帝系》，（汉）宋衷注，（清）秦嘉谟等辑：《世本八种》，第 6—7 页。
⑤ （汉）高诱注：《吕氏春秋·审分览·君守》，《诸子集成》第六册，第 203 页。

吾。"孙诒让注："按濮阳故城在今直隶大名府开州西南，即古昆吾国也。"[①] 这个资料也难以采用。

虽然"陆终六子"的时间、地点难以确定，但是大体来说，应该在帝喾、尧舜之间。昆吾、豕韦可能比这个时间更早一点，而邹、楚则可能比这个时间更晚一点。因此在帝喾与尧舜之间，这个社会出现夏族与戎族三苗的冲突。

### 2. 尧舜

尧舜时期的主要社会叛乱是共工、欢兜、三苗与鲧，但是《史记·五帝本纪》讲到："三苗在江淮、荆州数为乱。于是舜归而言于帝，请流共工于幽陵，以变北狄；放欢兜于崇山，以变南蛮；迁三苗于三危，以变西戎；殛鲧于羽山。以变东夷：四罪而天下咸服。"最后说道："三岁一考功，三考绌陟，远近众功咸兴。分北三苗。"[②] 因此讲到"四罪""绌陟"，但又特别讲到"三苗在江淮、荆州数为乱"，又讲到"分北三苗"。这可以表明在"四罪"中最严重的是三苗。

三苗的力量集中在河南东南部以及"江淮、荆州"之间，同时受到分段与割裂的处理，所谓"分北三苗"。在尧舜时期以后，在王朝与"陆终六子"的斗争打击下，三苗逐步向长江流域以南迁徙。

### 3. 夏朝

根据记载，夏朝时"陆终六子"是夏朝的支柱。《竹书纪年》[③] 记载：

> （帝启）十五年，武观以西河叛。彭伯寿帅师征西河，武观来归。
> （帝仲康）六年，锡昆吾命作伯。
> （帝芬）三十三年，封昆吾氏子于有苏。
> （帝廑四年）昆吾氏迁于许。
> （帝孔甲元年）废豕韦氏使刘累豢龙。
> （帝昊元年）使豕韦氏复国。

在帝癸二十八年以后，在昆吾氏伐商之后，商师灭温、取韦、取顾、克昆吾，最后商师俘获夏桀。

### 4. 商朝中期

商朝初年，"陆终六子"逐步与商朝修好，到商朝中期，彭伯、韦伯相继为商伯，

---

[①] （清）孙诒让：《墨子间诂·耕柱》，《诸子集成》第四册，第255页。
[②] 《史记·五帝本纪》，第28、39页。
[③] （清）徐文靖：《竹书纪年统笺》，《二十二子》，第1056、1058、1059页。

《竹书纪年》云：

> （河亶甲三年）彭伯克邳。
> （河亶甲五年）佚人入于班方，彭伯、韦伯伐班方，佚人来宾。
> （祖乙元年）自相迁于耿。命彭伯、韦伯。①

徐文靖统笺："外壬元年，邳、佚同时而叛越十有三年，彭伯克邳。……彭伯、韦伯共伐之。韦昭曰：'豕韦，彭姓之别封。二国相继为商伯。'"沈约附注："祖乙之世，商道复兴，庙为中宗。"②

商朝也与周族修好。《竹书纪年》云："（祖乙十五年）命邠侯高圉。"③

### （三）穴熊时期

商朝武丁时期，即商朝晚期，是商朝强盛的时候。商朝地域也非常辽阔，文献中说其领域："东不过江黄，西不过氐羌，南不过荆蛮，北不过朔方"，可能与相邻部族不时发生冲突。《竹书纪年》记载商朝与周边的"陆终六子"以及鬼方氏发生了严重的矛盾④：

> （武丁三十二年）伐鬼方，次于荆。
> （武丁三十四年）王师克鬼方。氐羌来宾。
> （武丁四十三年）王师灭大彭。
> （武丁五十年）征豕韦，克之。

商朝消灭了"陆终六子"以及鬼方氏。

在消灭了"陆终六子"之后，商朝从武丁以及祖庚—祖甲—廪辛—庚丁—武乙—文丁，总共大约一百五十年，周族成了商朝西方之大诸侯。《竹书纪年》记载文丁四年，商朝任命周公季历为"牧师"⑤。《楚辞·天问》云："伯昌号衰，秉鞭作牧。"王逸注："伯昌，谓文王也。……言纣号令既衰，文王执鞭持政，为雍州之牧也。"洪兴祖补注："子思曰：'吾闻殷王帝乙之时，王季以九命作伯……故文王因之，得专征伐。'"⑥因此周族成了商朝的国中之国。

文丁十二年，为周文王元年，而帝辛（纣）四十一年周文王薨，其间约五十年。《史记·楚世家》说鬻熊"子事文王"，就说明楚族的鬻熊时期（鬻熊、熊丽、熊狂），

---

① （清）徐文靖：《竹书纪年统笺》，《二十二子》，第1064页。
② （清）徐文靖：《竹书纪年统笺》，《二十二子》，第1064、1065页。
③ （清）徐文靖：《竹书纪年统笺》，《二十二子》，第1065页。
④ （清）徐文靖：《竹书纪年统笺》，《二十二子》，第1066页。
⑤ （清）徐文靖：《竹书纪年统笺》，《二十二子》，第1068页。
⑥ （宋）洪兴祖撰，白化文等点校：《楚辞补注·天问》，第113页。

正是发生于此五十年间。

因此我们可以看到，从武丁之后的一百五十年间就是楚族的穴熊时期，即所谓楚族"或在中国。或者蛮夷，弗能纪其世"的时期。

那么商代的南方在荆蛮。但是"（武丁）三十二年，伐鬼方，次于荆"。徐文靖统笺谓曾侯钟铭曰"惟王五十有六纪，徙自西阳，楚王韵章"①，则王当指高宗，而荆楚当已远徙西阳，西阳在今黄冈境，这里的地理模糊不清。但是商朝与鬼方肯定发生了争执。

# 三、楚族起源于鲁西

## （一）楚族之起源地问题

在中国上古史的最后阶段，楚国是极为重要的国家。在建立了夏、商两朝之后，夏族已经控制了长江以北的地区，而从周朝以后，开始大力开辟长江以南的广阔土地。在上古史的最后阶段中，在长江以南，基本上全部居民都融入了夏族。在这个过程中，楚国是很关键的，夏族文化是通过楚族传播到长江以南的。虽然整个过程还包括越族、吴族，但是影响最大的是楚族。

但是，楚族是怎么形成的？如同其他部族一样，一个部族的起源往往都是模糊不清的，楚族也不例外。为了能够研究楚族的起源地，必须在比较广阔的视野里确定楚族的发生地点。以下就从几个不同的方面来确定楚族之发生地点。

1. 九黎之地域

首先我们研究九黎的地域，因为楚族是在九黎的地域中成长起来的。在少昊、颛顼的时代，九黎之中心地域当西起长治（山西），经安阳、濮阳（河南），东至郓城（山东）一带。其中有许多地名，当为九黎的遗迹。

（1）山西东南部

《水经注》云："漳水又东北，径壶关县故城西，又屈径其城北，故黎国也，有黎亭。"熊会贞疏："《一统志》按：黎国，应劭、杜预以为在壶关，今长治县界。魏收以为在刘陵。《括地志》以为在黎城，今黎城县也。三说不同，相去几二百里。《续汉志》则壶关、潞县两存其说。意者，黎国本在长治县西南黎侯岭下。至晋立黎侯，或徙于今黎城县也。故《寰宇记》于上党县，则曰本黎侯国，即西伯戡黎之所。于黎城县，则曰古黎国，引晋荀林父灭潞，立黎侯，是春秋以后之黎，非商、周黎国故地也。"②《读史方舆纪要》潞安府黎城县："府东北百十里。又东北至河南涉县八十里。古黎侯国，汉潞县地。"又潞安府长治县黎亭："在府西南三十五里黎侯岭上。相传黎侯所筑。应劭曰

---

① （清）徐文靖：《竹书纪年统笺》，《二十二子》，第1066页。
② （后魏）郦道元注，（清）杨守敬、熊会贞疏，段熙仲点校：《水经注疏·浊漳水》，第918页。

'黎亭，黎侯国也'。"①

故潞安府为商、周之黎国，其地不一。因为黎国占地甚广，在今山西壶关（黎亭）、长治（黎侯岭）、黎城（黎国）以至今河北涉县都分布各种黎的遗迹。

（2）冀南—豫北部分

今豫北浚县在西汉有黎阳县、黎阳山或黎山。《元和郡县图志》云："古黎侯国。"②《邶风·旄丘》诗序："狄人迫逐黎侯，黎侯寓于卫。"③黎侯后来迁于卫，即黎阳县。《读史方舆纪要》大名府浚县黎阳废县："县西二里。又有故城，在今县东北。汉县治此，相传以黎侯失国，寓卫时居此而名。……后汉有黎阳营，《汉官仪》云'中兴以幽、冀、并州兵平定天下，故于黎阳立营，兵锋尝为天下冠'"④。《水经》云："（河水）又东北，过黎阳县南。"《水经注》云："黎，侯国也。《诗·式微》黎侯寓于卫是也。晋灼曰：黎山在其南，河水径其东。……今黎山之东北故城，盖黎阳县之故城也。"⑤《水经注》又说："瓠河又东，径黎县故城南。……孟康曰今黎阳也。薛瓒曰：按黎阳在魏郡，非黎县也，世谓黎侯城，昔黎侯寓于卫《诗》所谓'胡为乎泥中'，毛云：泥中，邑名。疑此城也。"⑥

濮阳为古颛顼之墟，亦曰帝丘，后为昆吾氏。《读史方舆纪要》大名府开州濮阳废县："今州治也。王氏曰：'旧城在今治西南三十里，为古颛顼之墟，亦曰帝丘，夏为昆吾氏所居。'《国语》曰：'昆吾为夏伯。'是也。……'卫成公自楚丘迁于帝丘'，即此城"。又说："城中有古昆吾台，相传夏昆吾氏所筑。春秋时属卫。《左传》哀十七年：'卫侯梦于北宫，见人登昆吾之观。'是也。……志云：颛顼城一名东郭城……又废临河县东北三里亦有颛顼城。"⑦

因此豫北一带曾为九黎、昆吾之地。

（3）鲁西—豫东部分

西汉东郡有黎县，王莽曰"黎治"，颜师古注："孟康曰：'《诗》黎侯国，今黎阳也。'臣瓒曰：'黎阳在魏郡，非黎县也。'师古曰：'瓒说是。'"因此在西汉，东郡有黎县（在今山东郓城以西），王莽曰"黎治"；而魏郡有黎阳县（在今河南浚县），王莽曰"黎蒸"⑧。黎县在黎阳以东。因此鲁西亦为九黎之地。

实际上鲁西为蚩尤之中心地域，《读史方舆纪要》兖州府东平州汶上县阚亭："在县西南南旺湖中，有高阜六七。……定元年：'季孙使役如阚。'杜氏云：'阚，鲁先公墓所在也。'……《史记·封禅书》：'齐八祀，三曰兵主，祠蚩尤。'正义'蚩尤在东平陆

---

① （清）顾祖禹撰，贺次君、施和金点校：《读史方舆纪要·山西四》，第 1967、1959 页。
② （唐）李吉甫撰，贺次君点校：《元和郡县图志·河北道一》，第 462 页。
③ 《毛诗正义·邶风·旄丘》，（清）阮元校刻：《十三经注疏》，第 305 页。
④ （清）顾祖禹撰，贺次君、施和金点校：《读史方舆纪要·北直七》，第 716 页。
⑤ （后魏）郦道元注，（清）杨守敬、熊会贞疏，段熙仲点校：《水经注疏·河水五》，第 414、415 页。
⑥ （后魏）郦道元注，（清）杨守敬、熊会贞疏，段熙仲点校：《水经注疏·瓠子河》，第 2047 页。
⑦ （清）顾祖禹撰，贺次君、施和金点校：《读史方舆纪要·北直七》，第 734、737 页。
⑧ 《汉书·地理志上》，第 1557、1573 页。

监乡，监即阚'云"①。

因此，九黎的活动地域横贯山西东南部，穿过河南北部，到达山东西部，这一带也处于蚩尤的中心地带。

2."陆终六子"的分布

（1）"陆终六子"初期的遗址

《读史方舆纪要》大名府开州濮阳废县："今州治也。王氏曰：'旧城在今治西南三十里，为古颛顼之墟，亦曰帝丘，夏为昆吾氏所居。'《国语》曰：'昆吾为夏伯。'是也。《春秋·僖（公）三十一年》'卫成公自楚丘迁于帝丘'，即此城。"②

《读史方舆纪要》大名府滑县韦城废县："县东南五十里。相传殷豕韦氏故国。"③

《读史方舆纪要》东昌府濮州范县顾城："县东南五十里。《诗》'韦、顾既伐'，此即夏、商时顾国也。……刘昫曰'范县有昆吾城'。"④

《读史方舆纪要》开封府许州临颍县豢龙城："《郡国志》：'在县西四十里。'《水经注》：'颍水东过豢龙城，即古豢龙氏之邑。'……又《城冢记》'县东北有商城，商高宗巡狩时所筑'。"⑤

（2）"陆终六子"的兴亡

值得注意的是，陆终六子的次序似乎含有时间的因素。例如，《国语·郑语》说，己姓昆吾、苏、顾、温、董，董姓鬷夷、豢龙，则夏灭之矣。那么祝融系己姓的昆吾、豢龙等族是夏代就被消灭了，以后彭姓的彭祖、豕韦等则在商代被灭亡，秃姓舟人等则在周代被消灭。至于妘姓邬、郐，曹姓邹、莒，都只是采卫，没有太高的政治地位，甚至已经落在夷狄的地域。斟姓无后。⑥那么到了周代，祝融系可能只留下芈姓还有较大的活力。正是这一个部族，迅速地发展起来，成为夏族在先秦时期的最后一个强力族系，即楚族。

从"陆终六子"的分布来看，己姓、彭姓、在商代已经衰落。因此，在豫北、豫中的"陆终六子"的中心部分应该已经衰落，那么曹姓、芈姓能够存留的地区，当在现在山东的西部。应该可以在该处寻找楚族之起源地。

（二）楚族之起源地

1. 楚之由来

《史记·楚世家》云："六曰季连，芈姓，楚其后也。"⑦因此楚的名称是季连以后

---

① （清）顾祖禹撰，贺次君、施和金点校：《读史方舆纪要·山东四》，第1560页。
② （清）顾祖禹撰，贺次君、施和金点校：《读史方舆纪要·北直七》，第734页。
③ （清）顾祖禹撰，贺次君、施和金点校：《读史方舆纪要·北直七》，第727页。
④ （清）顾祖禹撰，贺次君、施和金点校：《读史方舆纪要·山东五》，第1616页。
⑤ （清）顾祖禹撰，贺次君、施和金点校：《读史方舆纪要·河南二》，第2186页。
⑥ 徐元诰撰，王树民、沈长云点校：《国语集解·郑语》，第467页。
⑦ 《史记·楚世家》，第1690页。

才有的。有人认为楚来自植物楚，一名荆，《说文》云："楚，丛木，一名荆也。从林疋声。"①但是楚或荆来自植物名称，这种解释过于勉强，我们认为楚族之楚，如同其他许多部族一样，应该来自地名。因此可以根据地名遗迹来研究"楚"之名称的来历。

从原住地来看，楚族的名称当来自"楚水"或"楚丘"。因此可以从九黎、三苗或陆终等有关的名称来考求"楚水"或"楚丘"的所在。

2. 曹县之楚丘与濮水

（1）楚丘

《读史方舆纪要》兖州府曹州曹县楚丘城："县东南四十里。……又襄十年：'宋享晋侯于楚丘。'楚丘盖在曹、宋间。……志云：春秋时楚丘有二，此为曹伯境内之楚丘，非卫地之楚丘也。"②

（2）濮水

楚丘附近有濮水。

《尔雅》云："灉，反入。……水自河出为灉。（郭璞注：《书》曰灉沮会同。）济为濮……颍为沙，汝为濆（郭璞注：皆大水溢出别为小水之名）。"③《读史方舆纪要》兖州府曹州泛水："在州西南三十里。《尔雅》：'济别为濮。'吕忱曰：'水决复入为泛。'汉高即位于泛水之阳。……一名冤水，汉冤句县以此名。今堙。"④

《水经注》云："泛水西分济渎，东北径济阴郡南。《尔雅·释水》曰：济别为濮。吕忱曰：水决复入为泛。……泛水又东，合于河（按《禹贡锥指》河当为菏）渎。……张晏曰：泛水在济阴界。"⑤济阴郡在定陶。《禹贡锥指》曰："今考《水经注》：泛水西分济渎……泛水又东合菏水，而北注于济渎。然则濮水即泛水，出入皆在豫域。安得读沮曰濮以当之邪？韩汝节谓汳、睢在豫、徐之境，无预于兖，而兖州自有灉、沮。其说是矣。"⑥

古代当有濮水。胡渭认为濮水即泛水，分布于河南境。《水经注》说由今考城至菏泽一段为濮，似乎出自臆想。

其地有沮水，《禹贡》云："灉、沮会同。"⑦灉、沮为二水名。《尔雅·释水》说："水自河出为灉。"⑧胡渭云：

> 禹时河由大陆，去此甚远，安得有别出之灉。窃谓灉、沮皆济水所出，而河不

---

① （汉）许慎撰，（清）段玉裁注：《说文解字注·林部》，第271页。
② （清）顾祖禹撰，贺次君、施和金点校：《读史方舆纪要·山东四》，第1575页。
③ 《尔雅注疏·释水》，（清）阮元校刻：《十三经注疏》，第2619页。
④ （清）顾祖禹撰，贺次君、施和金点校：《读史方舆纪要·山东四》，第1573页。
⑤ （后魏）郦道元注，（清）杨守敬、熊会贞疏，段熙仲点校：《水经注疏·济水一》，第697页。
⑥ （清）胡渭：《禹贡锥指》，上海：上海古籍出版社，2013年，第73页。
⑦ 《尚书正义·禹贡》，（清）阮元校刻：《十三经注疏》，第147页。
⑧ 《尔雅注疏·释水》，（清）阮元校刻：《十三经注疏》，第2619页。

与焉。何则？……《唐书·许敬宗传》云：济泆而至曹、濮，散出于地，合而东。……雷泽县正在曹、濮之间，而灉、沮出其西北，其为济水无疑。它如管城之京水、新郑之溱水……历下之七十二泉，皆侧近荥、济，从平地中涌出，盖亦此类，不得泥《尔雅》之文，谓灉出于河，沮出于济也。

或疑灉、沮不入雷泽。余按：裴骃《史记》集解引郑康成说云：雍水、沮水相触而合入此泽中。……惟雷泽之下流，未知何往，大抵不南注济，则北注濮，濮亦终归于济也。

王晦叔云：《九域志》濮州有沮沟，即《禹贡》"灉、沮会同"者，而二源杳无踪迹。盖五代以后，河流经此，荡灭无存也。……然《史记》集解、正义，《元和》《寰宇》等书，幸而未亡，谈《禹贡》者岂竟束之高阁而不视邪？①

盖兖州在河济之间，《禹贡》所谓："济、河惟兖州。"②其地低洼，水盛时河、济泛滥而出。因而"灉、沮会同"，灉、沮俱为济水溢出之小水。当时名河出者为灉，名济出者为濮。楚族当离河较远，离济较近，故有楚之名。

《说文》云：沇（即兖）古文作𣶒。"𣶒，山间陷泥地，从口，从水败貌。读若沇州之沇，九州之渥地也，故以沇名焉。"③推想楚族的南迁当为了水灾的关系。其迁至曹县东南，即入沮水流域。沮水本灉水之支流，即今之清水河，原出菏泽县，东流入南阳湖（《禹贡》："雷夏既泽，灉、沮会同。"《史记》正义引《括地志》云，雷夏泽在濮州雷泽县郭外西北。雍、沮二水在雷泽西北平地也。集解引《地理志》曰，雷泽在城阳西北④）。楚族迁此，其地有沮水，故有附沮之名，但仍在兖州区域之内（见［补注四］）。

3. 滑县之楚丘

今河南滑县有楚丘，《读史方舆纪要》大名府滑县卫南废县："县东六十里。春秋时楚丘地。僖四年，卫文公自曹迁于楚丘，《诗》所云'定之方中，作于楚宫'者。隋开皇十六年置楚丘县，以曹有楚丘，改曰卫南，属滑州。"又滑县韦城废县："县东南五十里。相传殷豕韦氏故国。……志云：河水至韦城名曰韦津。"⑤故今河南滑县东六十里有楚丘，而东南五十里有豕韦氏故国。

《诗·墉风·定之方中》云："定之方中，作于楚宫。揆之以日，作于楚室。"毛传："楚宫，楚丘之宫也。"郑笺："楚宫，谓宗庙也。"又云："楚室，居室也。"《诗·墉风·定之方中》说："升彼虚矣，以望楚矣。望楚与堂，景山与京，降观于桑。"毛传：

---

① （清）胡渭：《禹贡锥指》，第74页。
② 《尚书正义·禹贡》，（清）阮元校刻：《十三经注疏》，第147页。
③ （汉）许慎撰，（清）段玉裁注：《说文解字注·水部》，第528页；（汉）许慎撰，（清）段玉裁注：《说文解字注·口部》，第62页。
④ 《史记·夏本纪》，第55页。
⑤ （清）顾祖禹撰，贺次君、施和金点校：《读史方舆纪要·北直七》，第727页。

"楚丘有堂邑者。"郑笺:"自河以东,夹于济水,文公将徙登漕之虚,以望楚丘。观其旁邑及其丘山。"①

《史记·楚世家》谓:"(楚之祖先)陆终生子六人……六曰季连,芈姓,楚其后也。……季连生附沮,附沮生穴熊。"②附沮成立甚早,沮即《禹贡》"灉、沮会同"③之沮。是这一部族本名为灉,沮或许是假借字。

楚族原住地当在滑县东之楚丘,最初的部族名当为季连。其后沿灉水而居,又迁至曹县东南之楚丘。

## 四、楚族由东向陕西迁徙

### (一)祝融系的流亡

#### 1. 离开三苗地域

九黎本在中原,从蚩尤被杀到颛顼时期,九黎受到重大打击,其部族也只有黎族是可以考信的,其分布地域在山西东南部、河南北部、山东西部一带。帝喾时期,九黎之余部兴起,成为三苗。《国语·楚语》云:"其后三苗复九黎之德。"韦昭注:"其后,高辛氏之季年。三苗,九黎之后。高辛氏衰,三苗为乱,行其凶德,如九黎之为也。"④

尧舜时期以后,三苗开始成为大患。《史记·五帝本纪》云:"三苗在江淮、荆州数为乱。于是舜归而言于帝,请流共工于幽陵,以变北狄;放欢兜于崇山,以变南蛮;迁三苗于三危,以变西戎;殛鲧于羽山,以变东夷。"⑤又《史记·夏本纪》云:"禹曰:'……能知能惠,何忧乎欢兜,何迁乎有苗,何畏乎巧言善色佞人?'"⑥可见所谓的四凶成了尧舜时期的主要对手。

据墨子说,尧、舜、禹最后都死于讨伐的前线:"昔者尧北教乎八狄,道死,葬蛩山之阴。……舜西教乎七戎,道死,葬南已之市。……禹东教乎九夷,道死,葬会稽之山。"⑦《吕氏春秋》云:"尧战于丹水之浦以服南蛮,舜却苗民,更易其俗。"⑧《淮南子》云:"(舜)南征三苗,道死苍梧。"⑨

---

① 《毛诗正义·墉风·定之方中》,(清)阮元校刻:《十三经注疏》,第315、316页。
② 《史记·楚世家》,第1690页。
③ 《尚书正义·禹贡》,(清)阮元校刻:《十三经注疏》,第147页。
④ 徐元诰撰,王树民、沈长云点校:《国语集解·楚语下》,第515页。
⑤ 《史记·五帝本纪》,第28页。
⑥ 《史记·夏本纪》,第77页。
⑦ (清)孙诒让:《墨子间诂·节葬下》,《诸子集成》第四册,第112页。
⑧ (汉)高诱注:《吕氏春秋·恃君览·召类》,《诸子集成》第六册,第262页。
⑨ (汉)高诱注:《淮南子·修务训》,《诸子集成》第七册,第331页。

这些说法不是清楚的历史记载，从史书记载来看，共工之地域原在晋陕一带，尧舜时将其流放到河北北部。共工可能死在北方，《山海经·海外北经》云："共工之臣曰相柳氏，九首，以食于九山。……相柳者九首，人面蛇身而青，不敢北射，畏共工之台。"①《山海经·大荒北经》也有类似的记载。

欢兜则由北方流放到南蛮。《史记·五帝本纪》谓："放欢兜于崇山，以变南蛮"，《吕氏春秋》云："尧战于丹水之浦以服南蛮。"崇山当即在丹水之浦。崇山当进一步向南迁徙，《通典》云："澧阳郡澧阳县崇山，汉零阳县地。有澧水。有崇山，即放欢兜之所。"②《读史方舆纪要》辰州府溆浦县镇溪军民千户所崇山："所西六十里。蜿蜒高峻，山顶瀑布声闻若雷，志以为即舜放欢兜处。"③那么欢兜可能进一步深入南蛮。

但是最重要的是三苗。《史记·五帝本纪》说舜陈报社会的混乱时，就讲到"三苗在江淮、荆州数为乱"，然后才提到对"四凶"的惩罚。三苗的叛乱发生在今河南的东南部，牵涉"江淮、荆州"，正好位于豫东，也正是九黎、三苗的混乱之所在，也当是祝融氏。

2. 祝融系受到重创

夏商时期，祝融系受到了重创。《史记·楚世家》云："昆吾氏，夏之时尝为侯伯，桀之时汤灭之。彭祖氏，殷之时尝为侯伯，殷之末世灭彭祖氏。"可知陆终之子昆吾氏、彭祖氏虽然为夏商时代之"侯伯"，所谓"侯伯"不是一般的诸侯，《礼记·王制》云："二百一十国以为州，州有伯。"郑玄注："殷之州长曰伯，虞夏及周皆曰牧。"④。蚩尤、共工、欢兜等可以说都是侯伯，他们被打倒了，现在昆吾、彭祖也被打倒。

此后祝融八姓或陆终六子中许多"诸侯"最后均被灭，根据《潜夫论》则不止如此，秃姓、姜姓（或董姓、秃姓）、妘姓、曹姓亦当为诸侯，但在夏商之世秃姓、姜姓先后被灭。至于妘姓、曹姓，《郑语》谓其"或在王室，或在夷狄"⑤，当亦都已经没有什么地位，一部分还流落到夷狄去了。斟姓无后，已经不存在，最小的芈姓季连当亦如此。故在夏商之世，祝融系被排挤，此即第三陆终时期末的情况。为什么会出现这种状况？

（二）依靠周族

1. 周族之兴起

周族是公刘时代才离开戎狄区域到达商朝的边境。公刘之子庆节在豳立国。豳即今

---

① （清）郝懿行撰，栾保群点校：《山海经笺疏·海外北经》，第257—258页。
② （唐）杜佑撰，王文锦等点校：《通典·州郡十三》，第4882、4883页。
③ （清）顾祖禹撰，贺次君、施和金点校：《读史方舆纪要·湖广七》，第3827页。
④ 《礼记正义·王制》，（清）阮元校刻：《十三经注疏》，第1325页。
⑤ 徐元诰撰，王树民、沈长云点校：《国语集解·郑语》，第468页。

陕西彬州市。《史记·周本纪》云："子庆节立，国于豳。"索隐："豳即邠也，古今字异耳。"① 这是周族立国之始，大约在商朝前期。

由于周族归顺商朝，并为商朝效力，商朝将庆节之后裔高圉立为诸侯，称为邠侯。《竹书纪年》云："（祖乙十五年）命邠侯高圉。""（盘庚十九年）命邠侯亚圉。"到武丁的时候，商朝讨伐鬼方、大彭、豕韦。接着，"（祖甲十二年）征西戎"，"（祖甲十三年）命邠侯组绀"②。

周族古公亶父离开豳，迁于岐下。实际上周族成为商朝控制西方的军事支柱。《后汉书》云："及殷室中衰，诸夷皆叛。至于武丁，征西戎、鬼方，三年乃克。……及武乙暴虐，犬戎寇边……及子季历，遂伐西落鬼戎。……更伐始呼、翳徒之戎，皆克之。及文王为西伯……遂攘戎狄而戍之，莫不宾服。乃率西戎，征殷之叛国以事纣。"③ 武乙，三十年周师伐义渠（宁、原、庆等三州）；三十五年周公季历伐西落鬼戎（俘二十翟王）；（文丁二年）伐燕京之戎，败绩；（文丁四年）伐余无之戎，克之（上党记纯留县有余吾城，壶关县有无皋城）；（文丁七年）伐始呼之戎；（文丁十一年）伐翳徒之戎。"（帝辛）十七年，西伯伐翟。""（帝辛）二十一年，春正月，诸侯朝周。"④

### 2. 走向周族

在武丁之后，商朝领土有所扩充，祖甲十二年"征西戎"，十三年"西戎来宾"。值得注意的是同一年，"命邠侯组绀"⑤。因此祖甲征服西戎是依靠了邠侯组绀的力量，这是一个重大的历史发展。

## （三）楚族与鬼方氏

### 1. 祝融系与鬼方氏

芈姓是祝融系中最后被迫离开中原的一支。必须离开他们的中心地域，找到安全的地方。

《史记·楚世家》谓："高阳生称，称生卷章（老童），卷章生重黎……其弟吴回为重黎后……吴回生陆终。陆终生子六人……六曰季连，芈姓，楚其后也。……季连生附沮，附沮生穴熊。……季连之苗裔曰鬻熊，鬻熊子事文王。"⑥ 至于季连到鬻熊，应该是楚族流亡的过程。传记中没有提到地域，《世本》谓陆终娶鬼方氏妹，鬼方氏在今河南境内沿黄河一带有强大的势力，因此楚族之先人可能考虑到投奔周族，另外是依傍鬼

---

① 《史记·周本纪》，第112、113页。
② （清）徐文靖：《竹书纪年统笺》，《二十二子》，第1065、1067页。
③ 《后汉书·西羌传》，第2870页。
④ （清）徐文靖：《竹书纪年统笺》，《二十二子》，第1067—1069页。
⑤ （清）徐文靖：《竹书纪年统笺》，《二十二子》，第1067页。
⑥ 《史记·楚世家》，第1689—1691页。

方氏。这两者是两个重要的指针。

我们可以通过沿黄河南岸的鬼方氏的遗迹来进行研究，如《山海经·西山经》云："又西一百九十里曰騩山（毕沅：《文选·琴赋》云'慕老童于騩隅'，五臣作隗），其上多玉而无石，神耆童居之。（郭璞：'耆童，老童，颛顼之子。'）。"① 騩山，《水经注》云"水出騩山"，熊会贞疏："《隋志》，新安县有魏山，即此。在今新安县西北。"② 又有大騩山，《水经》云："溟水出河南密县大騩山。"③

此外，鬻熊、穴熊等名称都可能与熊耳山有关系，熊耳山可能即其西迁的地域，西边有"又西二百里曰熊耳之山"④。

2. 熊耳山地区之荆山

从附沮到穴熊时，楚族当曾西迁到熊耳山地区。因为附沮是陆终之孙，可能楚族在夏禹时期就已西迁至熊耳山。熊耳山分布于今河南西部。在熊耳山地区的北部为崤山，西部为丹江、终南山，东部为嵩山、外方山，而南部为伏牛山、淅川。这些地区周围现在还遗留许多以荆命名的山水。

楚族似乎这时又有荆之称。前人都以楚族名荆，以今日湖北南漳县之荆山而得名，而不知古代荆山并不在此。古代是以崤山为荆山。《汉书·郊祀志》云："黄帝采首山铜，铸鼎于荆山下。"⑤《元和郡县图志》以铸鼎之荆山在湖城县。⑥ 湖城县即在崤山，元时并入今阌乡县。韩愈诗云："荆山已去华山来，日出潼关四扇开。"李商隐诗云："杨仆移关三百里，可能全是为荆山。"⑦ 盖唐人尚知崤山之即荆山。

在熊耳山之北有荆山，《读史方舆纪要》河南府陕州阌乡县，夸父山："在县东南二十五里。《山海经》：'夸父之山……'……志云：自灵宝西至潼关皆曰桃林塞。《寰宇记》：'夸父山一名秦山。'荆山，在县南二十五里。志云：山下有铸鼎原。"⑧ 在开封府许州襄城县有首山。⑨

熊耳山之东，也有荆山。《读史方舆纪要》禹州荆山："在州西北五十里。《洛阳记》：'齐武帝于此采玉。'"⑩

熊耳山之西关亦有荆山，《史记》云："道九山：汧及岐，至于荆山"，索隐："岐山

---

① （清）毕沅：《山海经新校正·西山经》，《二十二子》，第1346页。
② （后魏）郦道元注，（清）杨守敬、熊会贞疏，段熙仲点校：《水经注疏·河水四》，第366页。
③ （后魏）郦道元注，（清）杨守敬、熊会贞疏，段熙仲点校：《水经注疏·溟水》，第1858页。
④ （清）毕沅：《山海经新校正·中次四经》，《二十二子》，第1359页。
⑤ 《汉书·郊祀志上》，第1228页。
⑥ （唐）李吉甫撰，贺次君点校：《元和郡县图志·河南道二·虢州》，第164页载："荆山在（湖城）县南。即黄帝铸鼎之处。"
⑦ （清）彭定求等：《全唐诗》卷三四四，北京：中华书局，1960年，第3857页；（清）彭定求等：《全唐诗》卷五三九，第6180页。
⑧ （清）顾祖禹撰，贺次君、施和金点校：《读史方舆纪要·河南三》，第2279页。
⑨ （清）顾祖禹撰，贺次君、施和金点校：《读史方舆纪要·河南二》，第2189页。
⑩ （清）顾祖禹撰，贺次君、施和金点校：《读史方舆纪要·河南二》，第2195页。

在右扶风美阳县西北，荆山在左冯翊怀德县南也。"①《汉书》云："道汧及岐，至于荆山。"又曰："道嶓冢，至于荆山。"颜师古注："此荆山在南郡临沮东北。"②《后汉书》左冯翊云阳，刘昭补注："有荆山。《帝王世纪》曰：'禹铸鼎于荆山，在冯翊怀德之南，今其下荆渠也。'"③

《地理志》左冯翊怀德，班固自注："《禹贡》北条荆山在南。"④《读史方舆纪要》西安府富平县，荆山："县西南十里怀德故城北。《禹贡》'荆、岐既旅'，又曰'导岍及岐，至于荆山'，所谓北条之荆山也。"⑤

可见荆是一个极其古老的地名，在熊耳山地区当多处出现荆山之名。故当楚族迁至熊耳山，随即得到了荆的称呼。

又《左传·昭公十二年》载："昔我先王熊绎，辟在荆山，筚路蓝缕，以处草莽。跋涉山林，以事天子。惟是桃弧棘矢，以共御王事。"⑥

### 3. 熊耳山地区之楚山、楚水

可能由于楚族的到来，熊耳山的周围地区就遗留了楚的命名。如商州之商洛山亦名楚山。顾祖禹引皇甫谧曰："南山曰商山……亦称楚山，盖即终南之支阜矣。"⑦发源于商洛山的有楚水："在州东南。源出商洛山，北流会于丹水。志云：楚水有两源，其东源出商山，西源出良余山，即乳水矣。"⑧但这些楚山、楚水都还有其他名称，往往与商有关。如丹江地区，在尧舜时期已经称为商，因此那些名称可能比楚出现得更早，而楚山、楚水的名称可能就是后来由楚族带来的。这些名称可以说明，楚族曾迁徙到这些地方。

## 五、楚族从陕西南迁鄂西北

### （一）楚族迁于丹阳

《史记·楚世家》云："熊绎当周成王之时，举文武勤劳之后嗣，而封熊绎于楚蛮，封以子男之田，姓芈氏，居丹阳。"⑨

---

① 《史记·夏本纪》，第67、68页。
② 《汉书·地理志上》，第1533、1534页。
③ 《后汉书·郡国一》，第3405页。
④ 《汉书·地理志上》，第1545页。
⑤ （清）顾祖禹撰，贺次君、施和金点校：《读史方舆纪要·陕西二》，第2572页。
⑥ 《春秋左传正义·昭公十二年》，（清）阮元校刻：《十三经注疏》，第2064页。
⑦ （清）顾祖禹撰，贺次君、施和金点校：《读史方舆纪要·陕西三》，第2594页。
⑧ （清）顾祖禹撰，贺次君、施和金点校：《读史方舆纪要·陕西三》，第2595页。
⑨ 《史记·楚世家》，第1691页。

1. 楚迁丹阳

（1）丹阳（今河南淅川县东南）

丹阳这个名称显然是指丹江之阳。《史记·楚世家》曰："……（怀王）发兵西攻秦……与秦战丹阳，秦大败我军……遂取汉中之郡。楚怀王大怒，乃悉国兵复袭秦，战于蓝田。"[1] 这丹阳即在丹江之阳。可证丹江之阳古有地名丹阳。又《史记·项羽本纪》楚南公曰："楚虽三户，亡秦必楚。"[2] 这是说楚有三户之旧名，当是楚之地域本名三户。三户之所在，据杜预《左传·哀公四年》注："今丹水县北三户亭。"[3] 丹水县今为淅川县。又可证楚最初之丹阳即在淅川，在熊耳山之南。

（2）丹阳（今湖北秭归县东南）

丹阳这个名称显然也是指秭归之丹阳，如《史记·楚世家》云："熊绎当周成王之时……居丹阳。"集解云："徐广曰：'在南郡枝江县。'"正义引《舆地志》云秭归县东有丹阳城。[4] 这是众所周知的，其实秭归与枝江都是后来袭用旧都之名，其旧都之丹阳在今河南淅川县。

其实《左传·僖公二十六年》夔子曰："我先王熊挚有疾，鬼神弗赦而自窜于夔。吾是以失楚。"[5]《史记》集解引服虔云："夔在……秭归乡是也。"[6] 在此年以前，秭归尚为夔国，则熊绎所居之丹阳非秭归可知。

2. 楚称穴熊

淅川古代属熊耳山范围，楚族迁此故有穴熊之名。《国语·晋语》云："昔成王盟诸侯于岐阳，楚为荆蛮，置茅蕝，设望表，与鲜卑守燎，故不与盟。"[7] 则熊绎时，楚尚未在诸侯之列，安得有成王封熊绎为子男之事？而其四世之前的鬻熊、叔湛诸人为周文王师，传世有《鬻子》书。《列子·力命》《天瑞》诸篇，都有鬻子告诫文王之语。这些都是伪书、伪事了。推想楚族灾后，家蹙流离，而来此当是依附了熊族，依附的原因则是通婚关系。这三户的丹阳亦当为熊族给予之地，犹虞君思处少康于纶之比。

此外尚有一个旁证。《史记·楚世家》谓："（楚之祖先）陆终生子六人……六曰季连，芈姓，楚其后也。……季连生附沮，附沮生穴熊。……季连之苗裔曰鬻熊，鬻熊子事文王。"[8] 近人以陆终即祝融，我们以为鬻熊亦即穴熊，穴熊与附沮是楚族内最初两

---

[1]《史记·楚世家》，第 1724 页。
[2]《史记·项羽本纪》，第 300 页。
[3]《春秋左传正义·哀公四年》，（清）阮元校刻：《十三经注疏》，第 2158 页。
[4]《史记·楚世家》，第 1691、1692 页。
[5]《春秋左传正义·僖公二十六年》，（清）阮元校刻：《十三经注疏》，第 1821 页。
[6]《史记·楚世家》，第 1698 页。
[7] 徐元诰撰，王树民、沈长云点校：《国语集解·晋语八》，第 430 页。
[8]《史记·楚世家》，第 1690、1691 页。

部族，但䣕沮成立在先，沮即《禹贡》"灉、沮会同"①之沮，为济水之支流。《尔雅》所谓"济为灉"②，则楚是以水得名，是这一部族本名为灉，沮或许是假借字。穴熊当以后迁熊耳山而得名。

### （二）楚族南迁

#### 1. 楚族何时南迁

《竹书纪年》厉王三年，"淮夷侵洛"；十一年，"西戎入于犬丘"；十四年，"玁狁侵宗周西鄙。召穆公帅师追荆蛮至于洛"。又宣王三年，"王命大夫仲伐西戎"；五年，"夏六月，尹吉甫帅师伐玁狁，至于太原。秋八月，方叔帅师伐荆蛮"；六年，"召穆公帅师伐淮夷。王帅师伐徐戎……次于淮"③。从这些战争的记载中可以看到，在周厉王、宣王时期，周王的统治力量东边受制于淮夷，南边受制于荆蛮。而且淮夷、荆蛮可以威胁到洛阳，故周朝的核心地区在南边当不超过伏牛山、汝水流域。故今河南南部还是南方部族的势力范围，还是周王朝与南方部族争夺的地方。故楚族在西周时期仍然控制今河南南部，当尚未整体南迁。

鬻熊事文王之说完全是傅会。以《诗·小雅·采芑》"蠢尔蛮荆，大邦为仇"与《诗·鲁颂·閟宫》"戎狄是膺，荆舒是惩（荆即楚）"④推之，楚与周族在春秋以前成为敌国。《逸周书·作雒解》谓："殷东徐奄及熊盈以畔。……凡所征熊、盈族十有七国，俘维九邑。"⑤盈姓是诗书上所称之淮夷，而熊姓不详其为何族，似乎楚即其中之一。

#### 2. 荆楚地名的南迁

《禹贡》云："荆及衡阳惟荆州。"⑥为什么称为荆州？《尔雅》疏："荆，强也。李巡曰：汉南其气燥刚。……释名以为取荆山之名荆。"⑦用强来说明荆州名称之起源，是没有什么根据的，但荆州来自荆山却是很合理的。

《汉书·地理志》南郡临沮，班固自注："《禹贡》南条荆山在东北，漳水所出。"⑧荆山在今湖北南漳县。胡渭说："荆之北界，判自南漳县之荆山。"此荆山在临沮，亦称南条之荆，传说为卞和得玉处，成为荆州与豫州之界山。但原先并非如此，原先荆、豫以汉水为界，《尔雅·释地》汉南曰荆州。故胡渭云："盖殷、周之荆、豫，皆以汉水为

---

① 《尚书正义·禹贡》，（清）阮元校刻：《十三经注疏》，第147页。
② 《尔雅注疏·释水》，（清）阮元校刻：《十三经注疏》，第2619页。
③ （清）徐文靖：《竹书纪年统笺》，《二十二子》，第1081、1083页。
④ 《毛诗正义·小雅·采芑》，（清）阮元校刻：《十三经注疏》，第426页；《毛诗正义·鲁颂·閟宫》，（清）阮元校刻：《十三经注疏》，第617页。
⑤ 黄怀信，张懋镕，田旭东：《逸周书汇校集注·作雒解》，第548、552页。
⑥ 《尚书正义·禹贡》，（清）阮元校刻：《十三经注疏》，第149页。
⑦ 《尔雅注疏·释地》，（清）阮元校刻：《十三经注疏》，第2614页。
⑧ 《汉书·地理志上》，第1566页。

界。梁州汉北之地，豫兼之；汉南之地，荆兼之；其嶓冢以西，则雍兼之。故二代无梁焉。"① 所以在殷周以前，汉水在地理上有最重要的地位。

当楚族整体南迁之后，荆山之名亦随之从河南来到湖北南漳。这个荆山逐渐成了地理上的一个重要标志，于是它代替汉水成为荆、豫的界山。但从这个事情来看，南漳之荆山是后起的，是夏代以后才出现的。根据这个分析，梁州以及《禹贡》当为夏代以后之地理。

还值得一提的是沮水。山东西南部有沮水，《禹贡锥指》云："晁氏曰：《尔雅》自河出为雍，济出为濋。求之于韵，沮有濋音。"② 尽管不能将沮、濋等同，然而沮水与濋水并存。在陕西中部有沮水，《汉书·地理志》云："直路县，沮水出县西，东入洛。"③ 正与北条荆山相值。最后南条荆山又在临沮，此沮水源出湖北保康县，东南流经南漳县。全国之沮水，唯出于武都沮县之沮水（即沔水）与荆楚无关。

3. 楚国之建立

祝融系之伸展的形势以楚族最著。《春秋大事表》说："楚在春秋吞并诸国凡四十有二。"④ 这个事实是具有重大意义的。《左传·宣公十二年》载："训之以若敖蚡冒，筚路蓝缕，以启山林。"⑤ 《左传·昭公十九年》载："令尹子瑕城郏，（鲁）叔孙昭子曰：'楚不在诸侯矣。其仅自完也，以持其世而已。'"⑥ 这是说明楚的开拓已尽于此。蚡冒立于周平王十三年，迄鲁昭公十九年（即周景王二十二年）为二百三十六年。考楚自蚡冒以前，国境之东西距与南北距都不满三百里（仅限于河南省南境），然而二百余年之中所开拓的新土，东西距约可一千四百里，南北距半之（湖北几乎全部，湖南、安徽、江西各有一部分）。这与秦穆公的形势又完全不同。秦穆公之陇西北地是已成的族地，特以鬼方系为其联络站，楚则无之。楚是完全由吞灭四十二国而发展起来的。楚之吞灭四十二国，不能看作部族组织崩解转入国家组织的现象，其部族组织依然存在。盖楚是鼓动各部族的移殖，史书上很明显地留下各部族迁徙的遗迹。如果没有这段经过，则中国南方长江中部之广大地区何以没有原住民部族，而二百年的短时间竟能把处女地开辟为新世界，将武昌、江陵、秭归、枝江等地点造成繁荣的都市？这无法得到解释。

但应该注意的是，从前边的说明中可以知道，楚族最初是应列入祝融系芈姓体系之内，后来则应列入少昊系熊姓体系之内，方能清楚古代部族分布之迹。

---

① （清）胡渭：《禹贡锥指》，第198、200页。
② （清）胡渭：《禹贡锥指》卷三，第73页。
③ 《汉书·地理志下》，第1616页。
④ （清）顾栋高辑，吴树平、李解民点校：《春秋大事表·春秋列国疆域表》，第524页。
⑤ 《春秋左传正义·宣公十二年》，（清）阮元校刻：《十三经注疏》，第1880页。
⑥ 《春秋左传正义·昭公十九年》，（清）阮元校刻：《十三经注疏》，第2087页。

## 六、夏族开拓南方

### （一）三苗之南迁

与周王朝对抗的南蛮部族不只是楚族，还有许多其他部族，特别是炎帝的后裔。在尧舜时南蛮有九黎系的三苗，祝融系的曹、魏，如《吕氏春秋》云："尧战于丹水之浦，以服南蛮；舜却苗民，更易其俗；禹攻曹魏、屈骜、有扈，以行其教。"高诱注："《春秋传》曰，启伐有扈。言屈骜，不知出何书也。"[①]《竹书纪年》尧七十六年，"司空伐曹、魏之戎，克之"。徐文靖笺："韦昭曰：曹，祝融之后。《左传》詹桓伯曰：魏，吾西土也。《盟会图》曰：魏，嬴姓。"[②]《路史》曰："伐屈骜、攻曹魏而万国定。"[③]

许多炎帝后裔是从今山西南部、河南西部南下的，这一点的重要标志是许多山西的地名移殖到了长江流域。

1. 夏

《读史方舆纪要》载："盖大夏、太原、大卤、夏墟、晋阳、鄂，凡六名，其实一也。"[④]

《左传》载："迁实沈于大夏，主参，唐人是因。"[⑤]

《括地志》云："大夏，今并州晋阳及汾、绛等州是。"[⑥]

《路史》曰："西夏，今鄂，故大夏。有夏水、汉水也（罗苹注：汉水之曲为夏口，今属汉阳）。"[⑦] 夏水即江水。

2. 鄂

鄂，《世本》云："唐叔虞居鄂。宋衷曰：鄂地，今在大夏。"[⑧]《括地志》："故鄂城在慈州昌宁县东二里，与绛州夏县相近。"[⑨]

《竹书纪年》载平王四十七年，"晋曲沃庄伯入翼，弑孝侯。晋人逐之，立孝侯子却，是为鄂侯"[⑩]。

鄂、邘，《读史方舆纪要》怀庆府河内县邘城："在府城西北三十里。故鄂国，纣三

---

[①]（汉）高诱注：《吕氏春秋·恃君览·召类》，《诸子集成》第六册，第262页。
[②]（清）徐文靖：《竹书纪年统笺》，《二十二子》，第1052页。
[③]（宋）罗泌：《路史·夏后氏》，第146页。
[④]（清）顾祖禹撰，贺次君、施和金点校：《读史方舆纪要·山西二》，第1812页。
[⑤]《春秋左传正义·昭公元年》，（清）阮元校刻：《十三经注疏》，第2023页。
[⑥]（唐）李泰等著，贺次君辑校：《括地志辑校·并州·晋阳县》，第73页。
[⑦]（宋）罗泌：《路史·国名纪己》，第379页。
[⑧]（清）雷学淇：《世本·氏姓》，（汉）宋衷注，（清）秦嘉谟等辑：《世本八种》，第71页。
[⑨]（唐）李泰等著，贺次君辑校：《括地志辑校·慈州·昌宁县》，第63页。
[⑩]（清）徐文靖：《竹书纪年统笺》，《二十二子》，第1087页。

公鄂侯邑于此。徐广曰：'鄂，一作邘。'《史记》：'文王伐邘。'又周武王子所封。"①

《史记·楚世家》曰："熊渠生子三人。当周夷王之时，王室微……熊渠甚得江汉间民和，乃兴兵伐庸、杨粤，至于鄂。……乃立其长子康为句亶王，中子红为鄂王，少子执疵为越章王，皆在江上楚蛮之地。"《正义》云："刘伯庄云：'地名，在楚之西，后徙楚，今东鄂州是也。'《括地志》云：'邓州向城县南二十里西鄂故城是楚西鄂。'"②

《竹书纪年》夷王七年，"楚子熊渠伐庸至于鄂"，徐文靖笺："《一统志》：鄂王城在武昌县西南二里，即楚熊渠之子封国城也。"③

### 3. 岳阳

《禹贡》云："既修太原，至于岳阳。"④ 岳阳指太岳（即霍太山或曰霍山）之阳。

《竹书纪年》云：宣王三十九年，"王师伐姜戎，战于千亩"。徐文靖笺按："《郡国志》：'太原界休县有千亩聚，《左传》曰：'晋有千亩之战，在县南'。《日知录》：'穆侯时，晋境不得至界。'按《史记·赵世家》：'周宣王伐戎，及千亩战。'正义曰：'《括地志》"千亩原在晋州岳阳县北九十里"，是也。'"⑤

### 4. 随

《左传·隐公五年》载："曲沃庄伯以郑人、邢人伐翼，王使尹氏、武氏助之，翼侯奔随。"杜预注："随，晋地。"⑥ 又载："翼九宗五正，顷父之子嘉父，逆晋侯于随，纳诸鄂，晋人谓之鄂侯。"⑦

### 5. 霍山

《读史方舆纪要》南阳府汝州，霍山："州东南二十里。春秋时有霍阳聚，盖因山以名。杜佑曰：'汉于山下立霍阳县，俗谓之张侯城。'"⑧

## （二）楚族之南迁

楚族整体南迁的标志为建都鄢郢。而楚族入春秋后，始徙都宜城县之鄢郢。鲁庄公六年楚文王伐申，十六年楚复伐邓，灭之。⑨ 都是楚文王事（熊赀），文王始徙郢。似

---

① （清）顾祖禹撰，贺次君、施和金点校：《读史方舆纪要·河南四》，第2286页。
② 《史记·楚世家》，第1692页。
③ （清）徐文靖：《竹书纪年统笺》，《二十二子》，第1081页。
④ 《尚书正义·禹贡》，（清）阮元校刻：《十三经注疏》，第146页。
⑤ （清）徐文靖：《竹书纪年统笺》，《二十二子》，第1084页。
⑥ 《春秋左传正义·隐公五年》，（清）阮元校刻：《十三经注疏》，第1727页。
⑦ 《春秋左传正义·隐公六年》，（清）阮元校刻：《十三经注疏》，第1731页。
⑧ （清）顾祖禹撰，贺次君、施和金点校：《读史方舆纪要·河南六》，第2438页。
⑨ 《春秋左传正义·庄公六年》，（清）阮元校刻：《十三经注疏》，第1764年。

乎这时乃移荆山之名于南漳，亦犹移丹阳之名于秭归与枝江。而且宜城之称郢，亦当由毕郢之郢转移而来。

不过楚族所以能转为强盛，自非无故。据《左传·僖公二十八年》载："汉阳诸姬，楚实尽之。"① 显见春秋以前，楚实夺取昌意系姬姓诸族之地，如毕、原、酆、郇，春秋时都已被灭无存。巴、顿诸族亦已被迫南迁，则楚族自有其庞大之境域。

《史记·楚世家》谓熊渠"当周夷王之时，王室微……熊渠甚得江汉间民和，乃兴兵伐庸（在今竹水）、杨粤（在今白河）至于鄂（在今嵩县、南召间）"②，则是西达汉中，东达汝洛。

《逸周书·史记解》云："昔者西夏性仁非兵，城郭不修，武士无位……唐氏伐之……西夏以亡。"陈逢衡："此盖立国于夏水之西，故云西夏。"③

## （三）南方融入夏族

唐虞以上，其他部族即盘踞江南，随着楚国的建立，南方部族遂开始汉化，融入夏族。南方部族融入夏族的形式是成为楚国的一部分。《后汉书》曾描述南方部族融入夏族的经过如下：

> 平王东迁，蛮遂侵暴上国。晋文侯辅政，乃率蔡共侯击破之。至楚武王时，蛮与罗子共败楚师，杀其将屈瑕。庄王初立，民饥兵弱……楚师既振，然后乃服，自是遂属于楚。鄢陵之役，蛮与恭王合兵击晋。及吴起相悼王，南并蛮越，遂有洞庭、苍梧。秦昭王使白起伐楚，略取蛮夷，始置黔中郡。汉兴，改为武陵。岁令大人输布一匹，小口二丈，是为賨布。……顺帝永和元年，武陵太守上书，以蛮夷率服，可比汉人，增其租赋。④

在战国时期，所谓的"南蛮"分为"蛮"与"夷"两部分：

《左传·襄公十三年》载："赫赫楚国，而君临之。抚有蛮夷，奄征南海，以属诸夏。"⑤《楚语》云："赫赫楚国，而君临之。抚征南海，训及诸夏，其宠大矣。"⑥

《史记·孙子吴起列传》曰："楚悼王素闻（吴）起贤，至则相楚。……于是南平百越……"⑦

《淮南子·兵略训》云："昔者楚人地，南卷沅湘，北绕颍泗，西包巴蜀，东裹郯

---

① 《春秋左传正义·僖公二十八年》，（清）阮元校刻：《十三经注疏》，第1825页。
② 《史记·楚世家》，第1692页。
③ 黄怀信、张懋镕、田旭东：《逸周书汇校集注·史记解》，第1033、1034页。
④ 《后汉书·南蛮西南夷列传》，第2831、2833页。
⑤ 《春秋左传正义·襄公十三年》，（清）阮元校刻：《十三经注疏》，第1955页。
⑥ 徐元诰撰，王树民、沈长云点校：《国语集解·楚语上》，第487页。
⑦ 《史记·孙子吴起列传》，第2168页。

邳。"①

《战国策·楚策》曰:"楚地西有黔中、巫郡,东有夏州、海阳,南有洞庭、苍梧,北有邠陉之塞、郇阳,地方五千里。"②

《后汉书》载:"及吴起相悼王,南并蛮越,遂有洞庭、苍梧。"③

"湘北、湘中地区发现的春秋晚期楚墓更多,分布面更广。……湘南包括衡阳、郴州、零陵地区则尚未发现年代可靠的春秋晚期楚墓。"④

"战国时期,特别是吴起相楚后……楚人已占领了整个湖南地区。……两广地区出土的楚器或受楚文化影响的器物更多了。广西平乐银山岭、广东四会鸟旦山……至于楚人的典型墓葬、典型的楚式陶器,在广东、广西则从未发现。上述情况说明即使到了战国时期,楚人势力不断南扩,对外围地区影响不断增大,但楚人的领地却从未能越过南岭,而至于两广地区。"⑤

"楚与两广地区越人关系更多地表现为楚文化作为一种强势文化,对两广地区弱势的越人文化产生单向的辐射影响;两广本地越文化则很难对楚文化产生作用。此两者之间也从未形成交互式的双向影响。"⑥

又《潜夫论》云:"曹姓封于邾,邾颜子之支,别为小邾,皆楚灭之。"⑦

据此可以考知楚族南迁的路线。夏朝之后,商族最体现伏羲氏的传统。周朝之后,楚族最体现伏羲氏的传统。

昭王问于观射父,其对曰:"古者民神不杂。……而敬恭明神者,以为之祝。……为之宗。……各司其序,不相乱也。……及少皞之衰也,九黎乱德,民神杂糅,不可方物。夫人作享,家为巫史。……颛顼受之,乃命南正重司天以属神,命火正黎司地以属民。使复旧常,无相侵渎,是谓绝地天通。其后三苗复九黎之德,尧复育重、黎之后不忘旧者,使复典之。"⑧照观射父所说,自远古至少皞氏、颛顼、尧是一种情况,"民神不杂";九黎、三苗是另一种情况,"民神杂糅"。夏族是第一种情况,戎族(商族、楚族)则是第二种情况。

《潜夫论》云:"后三苗复九黎之德,尧继重黎之后。……故重黎氏世序天地,别其分主,以历三代而封于程。"⑨因此重黎应该是夏族的正面力量。

---

① (汉)高诱注:《淮南子·兵略训》,《诸子集成》第七册,第256页。
② (汉)刘向:《战国策·楚一·苏秦为赵合从说楚威王》,第500页。
③ 《后汉书·南蛮西南夷列传》,第2831页。
④ 祝诣博:《楚与两广之越关系初探》,楚文化研究会:《楚文化研究论集》第六集,武汉:湖北教育出版社,2005年,第515页。
⑤ 祝诣博:《楚与两广之越关系初探》,楚文化研究会:《楚文化研究论集》第六集,第516页。
⑥ 祝诣博:《楚与两广之越关系初探》,楚文化研究会:《楚文化研究论集》第六集,第517页。
⑦ (汉)王符:《潜夫论·志氏姓》,《诸子集成》第八册,第174页。
⑧ 徐元诰撰,王树民、沈长云点校:《国语集解·楚语下》,第512—516页。
⑨ (汉)王符:《潜夫论·志氏姓》,《诸子集成》第八册,第173页。

## （四）南方国家

南方族群由于长期与夏族共处，也逐步建立了夏族模式的国家，中原地区的人们常称之为"蛮夷国家"。他们自己也往往自称"蛮夷国家"，如楚国熊渠曰："我蛮夷也，不与中国之号谥。"① 但是到周桓王十四年（前 706 年），楚君自立为武王，当年为楚武王三十五年，从此完全采用了"中国之号谥"。其子为楚文王，其孙为楚成王。公元前 671 年，楚成王元年，"初即位……结旧好于诸侯。使人献天子，天子赐胙，曰：'镇尔南方夷越之乱，无侵中国。'于是楚地千里"②。楚国虽然得到了天子的承认，但仍然在"中国"之外。

当时许多国家都是"蛮夷国家"，"蛮夷"成为了正式的称呼，这不是随便说的，如《左传·昭公十三年》，当邾、莒向晋国控诉鲁国时，鲁对晋国说："君信蛮夷（指邾、莒）之诉，以绝兄弟之国（指晋、鲁）。"③ 又《春秋·昭公十一年》云："楚子虔诱蔡侯般，杀之于申。"④《谷梁传·昭公十一年》对此解释说："夷狄之君（指楚子）诱中国之君（指蔡侯）而杀之。"⑤《谷梁传·哀公十三年》云："吴，夷狄之国也。"⑥

《春秋》对待这些国家，在礼仪上是有严格区别的。如《春秋·成公十五年》云："冬十有一月，叔孙侨如会晋士燮、齐高无咎、宋华元、卫孙林父、郑公子鰌、邾人，会吴于钟离。"在叙述中用了两个"会"字，第一个"会"是会见晋、齐、宋、卫诸夏族国家，而第二个"会"是会见吴国，是"蛮夷国家"⑦，《公羊传》说："曷为殊会吴？外吴也。曷为外也？春秋内其国而外诸夏，内诸夏而外夷狄。王者欲一乎天下，曷为以外内之辞言之？言自近者始也。"⑧

邾、莒、楚、吴、越等都是这样的国家。春秋时期的国家明确分为两类，一类是夏族，另一类是蛮夷戎狄，如《国语》记载史伯说，成周四方的国家，"是非王之支子母弟甥舅也，则皆蛮夷戎狄之人也"⑨。

当夏族从北方向长江以南发展时，江南原来的居民到哪里去了？从地理环境来看，只能往福建、广东转移，或者往江西、湖南转移。但是一定还有很大一部分留在原地，他们的人数一定大大超过北方来的夏族。夏人随少康庶子来到越地之后，改变了自己原来的习俗，"文身断发，披草莱而邑"，可见原住民的势力之强大，使入侵者改变自己之生活以适应当时的形势。由于其他文化的存在，在夏族的边远地区形成了一种混合文

---

① 《史记·楚世家》，第 1692 页。
② 《史记·楚世家》，第 1697 页。
③ 《春秋左传正义·昭公十三年》，（清）阮元校刻：《十三经注疏》，第 2072 页。
④ 《春秋左传正义·昭公十一年》，（清）阮元校刻：《十三经注疏》，第 2059 页。
⑤ 《春秋谷梁传注疏·昭公十一年》，（清）阮元校刻：《十三经注疏》，第 2435 页。
⑥ 《春秋谷梁传注疏·哀公十三年》，（清）阮元校刻：《十三经注疏》，第 2451 页。
⑦ 《春秋左传正义·成公十五年》，（清）阮元校刻：《十三经注疏》，第 1914 页。
⑧ 《春秋公羊传注疏·成公十五年》，（清）阮元校刻：《十三经注疏》，第 2297 页。
⑨ 徐元诰撰，王树民、沈长云点校：《国语集解·郑语》，第 462 页。

化，即蛮夷戎狄。当周边其他部族融入夏族时，首先成为蛮夷戎狄之一部分。这个过程在南北朝时十分明显。例如拓跋氏，他们在黄帝时代生活于"幽都之北，广漠之野，畜牧迁徙，射猎为业"，但他们"不为文字，刻木纪契而已。……不交南夏，是以载籍无闻焉"，与夏族没有什么联系，该时拓跋氏属于远夷。

圣武帝南下来到"匈奴之故地"[①]，然后来到长城内外。先建都盛乐（今内蒙古和林格尔），后迁都平城（今山西大同），实际上成为蛮夷戎狄。他们受到汉族声教的影响，会说汉语，并采用汉族的政治制度。

最后魏孝文帝从平城迁都洛阳。孝文帝命令所有拓跋族官员使用汉语，"不得以北俗之语言于朝廷"。大家改为汉姓，他本人"改姓为元氏"，即改姓元。[②] 从此拓跋氏完全融入了夏族。拓跋氏从广漠之野迁移到长城内外，最后进入中原而融入了汉族。北魏拓跋氏融入汉族的年代较晚，在文献中有明确的记载，其过程却具有典型的意义。

---

[①]《魏书·序纪》，第1、2页。
[②]《魏书·高祖纪下》，第177、179页。

# [补注一] 楚先祖的记载

方浚益曰：妳乃楚姓（金文《楚邛仲妳南龢钟》邛仲妳、嘉妳），即经传之芈字。……《说文》芈，羊鸣也。此芈之本义。经传以为楚姓者，乃同音假借字。其本字正当作妳，如任、己、曼、隗诸姓，彝器文作妊、改、娩、媿。……乃知经传之芈为妳之假借。[①]

罗运环从楚简、金文中查找有关楚先祖的记载，他说："将楚简所见的'楚先'即楚王祖先按其本身所列顺序归纳起来则为：老僮（童）、祝融、陆融、穴熊、鬻熊。其中陆融的'融'字，传世文献作'终'，终、融上古均为冬部字，故可互用。"这个结论是在归纳五条楚简、金文的记载后得出的。这些有关楚先祖的记载中都没有提到颛顼。罗运环又说："楚简从祭祀的需要出发选择相关楚王祖先，邾公铸钟只追述自己一系的始祖，故都不系统。"[②] 这里当不是系统性问题，当是对先祖的认定问题，颛顼未必是楚族的先祖。

---

[①] 陈槃：《春秋大事表列国爵姓及存灭表撰异·楚》，第1411页。
[②] 罗运环：《出土文献与楚史研究》，北京：商务印书馆，2011年，第293页。

## [补注二] 族系移殖

在西周初年,少昊系的商奄正好也从山东向西移殖到渭水上游,后来就发展为秦族。看来,祝融系的季连—穴熊也是从河南东部向西移殖,后来才发展为楚族。二者似乎通过相同的东西走廊进入熊耳山地区的。其实夏族也是通过这条走廊从陇山地区移殖到了黄河下游。

《楚居》中讲到"季连初降于騩山"(根据《清华大学藏战国竹简·楚居》的释读,其中降字没有疑问)。对比《史记·五帝本纪》"青阳降居江水""昌意降居若水",意思大概是类似的,索隐云:"降,下也。言帝子为诸侯,降居江水、若水。江水、若水皆在蜀,即所封国也。"[①] 就是季连及其部族离开其原住地,迁往騩山。

---

① 《史记·五帝本纪》,第10、11页。

# [补注三] 三楚先

在望山楚简、包山楚简和新蔡葛陵楚简中出现"三楚先"。如包山 2 号墓竹简有如下记载：

> 与祷楚先老童、祝融、鬻熊，各一牂。（217）
> 与祷楚先老童、祝融、鬻熊，各二羖。（237）
> 新蔡葛陵 1 号墓竹简有：
> 祷楚先老童、祝融、鬻熊，各两牂。（甲三 188、197）
> 有祟见于司命、老童、祝融、穴熊。（乙一 22）
> 荐三楚先，各……（甲三 105）
> 以君不怿之故，就祷三楚先，屯一牂……（乙一 17）

所谓"三楚先"为"老童、祝融、穴熊"或"老童、祝融、鬻熊"，因此穴熊与鬻熊当是同一个人。[①] 老童就是《史记·楚世家》的卷章。因此所谓"三楚先"就是前三个阶段的三个代表人物。

但是老童很早，离得太远了，他的后裔可能大大超过祝融八姓，故《左传·僖公二十六年》谓："夔子不祀祝融与鬻熊"[②]，以祝融为楚族之主要先祖。但是祝融八姓的范围显然远远超过楚族，因此只有鬻熊才能称为楚之始祖。

---

[①] 李家浩：《楚简所记楚人祖先"鬻熊""穴熊"为一人说》，《文史》2010 年第 3 辑。
[②] 《春秋左传正义·僖公二十六年》，（清）阮元校刻：《十三经注疏》，第 1821 页。

## [补注四] 附沮

尹弘兵对"附沮"提出一个解释，他说沮本当作祖，"附祖"或"付祖"，原来是加在季连后边，以示季连在陆终六子中处于最小子的地位。楚族祖先的世代记为"陆终传季连附祖"，表示季连是幼子继承。"汉人不明'附祖'之义，误以为此乃季连之子，故司马迁记为'附沮'，《大戴礼记》则记为'什祖氏'，均将之以为季连之后的一代。"由于季连之后就是穴熊，并没有附沮的一代，因此在《楚居》中不见附沮，并不是漏记。而《史记·楚世家》《大戴礼记》或属误记。①

虽然尹弘兵提出蒙古族"斡惕赤斤"或"斡赤斤"作为与"季连附祖"类似的实例，但说服力是不够的，因此"附祖"的这种表示法还有待进一步研究。

---

① 尹弘兵：《〈楚居〉中楚先祖的年代问题》，罗运环主编：《楚简楚文化与先秦历史文化国际学术研讨会论文集》，武汉：湖北教育出版社，2013年，第171—180页。

## [补注五] 楚族名称起源

《史记·楚世家》说:"陆终生子六人,坼剖而产焉。"[①] 有人将之与《楚居》联系起来,证明楚族的名称来自"坼剖而产"。

《楚居》云:"穴熊迟徙于京宗……乃妻之,生侸叔、丽季。丽不纵行,溃自胁出……巫并该其胁以楚,抵今曰楚人。"(根据《清华大学藏战国竹简·楚居》的释读,其中"该其胁以楚"没有疑问。)意思是穴熊之妻生丽季时难产("丽不纵行"),抢救时使用了楚,于是用楚来称呼穴熊这个部族。[②] 但抢救时怎么使用楚,学界对此有不同的见解。有人认为利用楚的锐利作为解剖刀。[③]

这些说法比较牵强。从实际情况来看,族名通常来自地名,同时许多地名来自族名。由于全国很多地方以楚或荆为名,问题在于辨别哪些地名是因楚族得名,而哪个地方才是楚族的起源地,是楚族得名的地方。根据楚族流放的历史,楚族的起源地应该在今河南东部。

---

[①] 《史记·楚世家》,第1690页。
[②] 刘国忠:《走近清华简·楚居》,北京:高等教育出版社,2011年,第148页。
[③] 单周尧:《清华简"楚居""溃自胁出"与"巫并赅亓胁以楚"小识》,罗运环主编:《楚简楚文化与先秦历史文化国际学术研讨会论文集》,第122—133页。

# ［补注六］楚国族属

"对楚国族属的研究，有楚为苗蛮土著说、北夏说、东夷说、西羌说、百越说，似夏非夏说、似夷非夷说和外国说等。其中，尤以苗蛮土著说与北夏说的争鸣，最为突出。"[①]

---

① 石宗仁：《荆楚与中国》前言，北京：民族出版社，2008年，第5页。

## [补注七] 楚族迁徙路线

  王玉哲说,楚族最初当起于河南中部(新郑,有熊),约在商的末叶始东迁江苏北部。到周的初年,再南迁于苏皖。到熊渠时才开始沿长江西上。陈槃说,疑楚之先尝居熊耳山,后转徙陕西商洛市商州区之丹阳,更沿丹水南下而至荆山。[1]

---

[1] 陈槃:《春秋大事表列国爵姓及存灭表撰异·楚》,第1371、1373页。

# [23] 越族之建立与南迁

## 一、禹启时期的历史

### （一）禹启时期控制了三苗

黄帝控制黄河下游以后，戎族逐步南下，在颛顼时期，力量最强大的戎族部族是九黎族，他们开始逐步融入了祝融系。到了尧舜时期以后，形成了新的戎族部族有苗氏（或三苗），他们在豫中一带活动，造成了黄河中下游时期的动乱。

1. 尧舜时期的三苗

当夏族进入黄河中下游以后，形成了几个庞大的族系，首先是共工系（陕西的渭河与北洛水沿岸）、大隗系（河南的洛河、黄河沿岸）、轩辕系（山西的汾水、黄河沿岸）、昌意系（河南汝水沿岸），接着形成了黄河下游的少昊系（山东西部）以及祝融系（河南东部）。在少昊系与祝融系中，融入了大量的戎族。

尧舜时期，上述族系中发生许多动乱，包括文献中所谓的"四凶"。这些动乱就包括对蛮夷的战争，如《吕氏春秋》说："尧战于丹水之浦以服南蛮，舜却苗民，更易其俗"[1]，《淮南子》说："尧战于丹水之浦，舜伐有苗"，高诱注："尧以楚伯受命，灭不义于丹水。丹水在南阳。"[2]《墨子》则说尧、舜、禹最后都死于对戎狄的战争："昔者尧北教乎八狄，道死，葬蛩山之阴。衣衾三领，谷木之棺，葛以缄之。……舜西教乎七戎，道死，葬南己之市。衣衾三领，谷木之棺，葛以缄之。……禹东教乎九夷，道死，葬会稽之山。衣衾三领，铜棺三寸，葛以缄之。"[3] 关于尧、舜、禹之卒地与葬地，传说不一，但尧、舜、禹时期与蛮夷戎狄的战争冲突不断，则多有记载。特别值得注意的是尧舜时期的三苗。

尧的主要战场在西部"丹水之浦，以服南蛮"，战欢兜；而舜是征三苗，故《晋书·羊祜列传》云："尧有丹水之伐，舜有三苗之征。"[4]《太平御览》引桓范《世要

---

[1] （汉）高诱注：《吕氏春秋·恃君览·召类》，《诸子集成》第六册，第262页。
[2] （汉）高诱注：《淮南子·兵略训》，《诸子集成》第七册，第251页。
[3] （清）孙诒让：《墨子间诂·节葬下》，《诸子集成》第四册，第112、113页。
[4] 《晋书·羊祜列传》，第1018页。

论》曰:"尧伐欢兜,舜征有苗。"① 因此,《史记·夏本纪》谓:"何忧乎欢兜,何迁乎有苗。"②

舜所打击的三苗,《史记·五帝本纪》云:"三苗在江淮、荆州数为乱",正义曰:"吴起云:'三苗之国,左洞庭而右彭蠡。'……今江州、鄂州、岳州,三苗之地也。"③故《史记·五帝本纪》谓之"江淮、荆州"。《晋书》说:"三苗屈强于江海,大舜当废东巡之仪。"④因此在虞舜时期,三苗位于"江海",在舜东巡的地方。故有苗氏的地域在东方,与东巡有关,与丹江流域无关。《晋书·羊祜列传》所谓"尧有丹水之伐,舜有三苗之征",说明尧的丹水之伐与舜的三苗之征是两回事,而三苗之地域包括今湖北、湖南、江西等省交界地带。因此江汉之南的有苗氏可能是经河南东南部南下的。

但关于舜征服三苗有不同的记载,如《太平御览》云:"《外国图》曰:'昔唐以天下授虞,有苗之君非之。苗之民浮黑水入南海,是为三苗民,去九疑三万三千里。'"⑤《山海经》郭璞注:"尧以天下让舜,三苗之君非之,帝杀之。有苗之民叛入南海,为三苗国。"⑥那么有苗氏受到惩罚的原因并不是种族的原因,而与尧舜之间的矛盾有关,因此三苗与共工、欢兜有共同之处。

到舜的最后阶段,三苗聚集在江州、鄂州、岳州一带。《帝王世纪》说:"有苗氏负固不服,禹请征之,舜曰:'我德不厚,行武非道也,吾前教由未也。'乃修教。三年,执干戚而舞之,有苗请服。……(舜)九十五而使禹摄政。摄五年,有苗氏叛。(舜)南征,崩于鸣条,年百岁。"⑦看起来在尧舜时期,三苗氏已经是诸侯,实际上在丹水之浦,欢兜是诸侯,而在江州、鄂州、岳州等"江淮、荆州"之处,三苗亦已融入夏族,成为诸侯。

## 2. 禹对东方地区的控制

### (1) 禹在江淮地区的征讨

禹继续了尧舜时期的征讨,而且根据文献记载,三苗已经由江淮蔓延到东方,如《墨子》云:"虽《禹誓》即亦犹是也。禹曰:'济济有众,咸听朕言!非惟小子,敢行称乱。蠢兹有苗,用天之罚。若予既率尔群封诸君,以征有苗。'禹之征有苗也……以求兴天下之利,除天下之害。"⑧

对付三苗的叛乱不是局部的骚动,后来《墨子》说:"昔者三苗大乱,天命殛

---

① (宋)李昉等:《太平御览·兵部二》,第1268页。
② 《史记·夏本纪》,第77页。
③ 《史记·五帝本纪》,第28页、29页。
④ 《晋书·礼志下》,第654页。
⑤ (宋)李昉等:《太平御览·四夷部十一》,第3498页。
⑥ (清)郝懿行撰,栾保群点校:《山海经笺疏·海外南经》,第238页。
⑦ 徐宗元:《帝王世纪辑存》,第39、40页。
⑧ (清)孙诒让:《墨子间诂·兼爱下》,《诸子集成》第四册,第76页。

之……高阳乃命玄宫，禹亲把天之瑞令，以征有苗。……苗师大乱，后乃遂几。禹既已克有三苗，焉磨为山川，别物上下，卿制大极，而神民不违，天下乃静，则此禹之所以征有苗也。"①《墨子》说，禹反对有苗氏是因为有苗氏的法律制度："昔者圣王制为五刑，以治天下。逮至有苗之制五刑，以乱天下。则此岂刑不善哉？用刑则不善也。是以先王之书《吕刑》之道曰：'苗民否用练，折则刑，唯作五杀之刑，曰法。'则此言善用刑者以治民，不善用刑者以为五杀。"②

因此，禹进攻了东方的三苗地区。从地理来看，有苗氏的地区应位于江州、鄂州、岳州等地的"江淮、荆州"之东，亦即九江以东，亦即今安徽东部。

（2）禹从皖北淮河流域进入皖南长江流域

尧、舜也可能是在北教或西教中"道死"，但是他们只是偶然死亡，禹则不然。虽然禹也是"东教乎九夷，道死，葬会稽之山"，可是正如《吴越春秋》所讲的，禹在会稽是"因传国政，修养万民"。因此在禹的时代，越地的百姓必定已经开始融入夏族。

在帝禹的年代，江南已经有大量的诸侯。《帝王世纪》说："及禹平水土，还为九州……民口千三百五十五万三千九百二十三人。至于涂山之会诸侯，承唐虞之盛，执玉帛亦有万国。"③因此在江南已经有相当富庶的诸侯国，他们已经执玉帛参与涂山之会。

据《帝王世纪》记载，禹时的人口大约一千三百万，而《汉书·地理志》说，汉代全国人口约六千万，则为禹时之五倍。《汉书·地理志》中会稽、丹阳、豫章三郡约一百八十万，那么可以很粗略地估计，在禹时此江南地方约有人口三十万。此数字可以估计为禹时越族之人口数字。

（3）夏后氏向南方的移民

前边说过，在尧舜时期，相传是"尧战于丹水之浦以服南蛮，舜却苗民，更易其俗"④。尧要在西部丹江流域征服南蛮，而舜要在中部江州、鄂州、岳州等地讨伐三苗。而到了禹的时期，则禹是"东教乎九夷，道死，葬会稽之山"，可见禹进攻了东方的三苗地区。从地理来看，有苗氏的地区应位于江州、鄂州、岳州等地的"江淮、荆州"之东，亦即九江以东。

大概越族是先曾南下定居于当涂，后来似因少皞族逐渐向南进展，越族又被迫南下而达浙江绍兴（越境西达江西余干、浙江龙游。显然是由当涂南下。盖当涂以东，亦为少皞族地之故）。《史记》正义说，战国时，"袁（宜春）、吉（吉安）、虔（赣）、抚（临门）、歙（歙县）、宣（宣城），并越西境，属越也"⑤。然越国的辖境，依顾栋高《春秋大事表·列国疆域表》，西境仅达江西之余干、浙江之龙游。⑥这是暗示它从怀远南下

---

① （清）孙诒让：《墨子间诂·非攻下》，《诸子集成》第四册，第92页。
② （清）孙诒让：《墨子间诂·尚同中》，《诸子集成》第四册，第51页。
③ 徐宗元：《帝王世纪辑存》，第118页。
④ （汉）高诱注：《吕氏春秋·恃君览·召类》，《诸子集成》第六册，第262页。
⑤ 《史记·越王句践世家》，第1751页。
⑥ （清）顾栋高辑，吴树平、李解民点校：《春秋大事表·春秋列国疆域表》，第545页。

至长江后即折而向东，可能是长江一带受到异族的阻挡。又如吴国南下后，先曾都于今丹阳市，后又东迁于苏州。

3. 禹在越地的控制

《读史方舆纪要》湖州府：“《通典》：'古防风国也。'《史记》曰：'汪罔氏之君，守封禺之山。'汪罔即防风。罔读曰忙。”①

《读史方舆纪要》绍兴府余姚县：“府东北百四十七里。……舜支庶封此，以舜姓姚而名。秦置县，属会稽郡。”又绍兴府上虞县：“府东百二十里。……秦置县，亦因舜后所封而名，属会稽郡。”②

《读史方舆纪要》绍兴府山阴县：“附郭，在府治西。勾践所都。秦置山阴县，属会稽郡。”又绍兴府会稽县山阴城：“即今府城，旧有子城。……《越绝书》：'山阴大城，范蠡所筑，城周二十里有奇。'”又绍兴府会稽县越王城，“府东南十二里会稽山之阴。……又府东五十八里，有侯城，相传无余所都。……故勾践语范蠡曰：'先王无余国在南山之阳，社稷宗庙在湖之南矣。'”③

越族的起源可以追溯于禹的时代。《史记·夏本纪》说：“十年，帝禹东巡狩，至于会稽而崩。”司马迁又说：“或言禹会诸侯江南，计功而崩，因葬焉，命曰会稽。会稽者，会计也。”④ 但是《吴越春秋》说禹即位之后，他在会稽有进一步的活动：

> 三载考功，五年政定，周行天下，归还大越，登茅山，以朝四方群臣，观示中州。诸侯防风后至，斩以示众，示天下悉属禹也。乃大会计治国之道，内美釜山州慎之功，外演圣德，以应天心。遂更名茅山曰会稽之山。因传国政，修养万民，国号曰夏后。封有功，爵有德，恶无细而不诛，功无微而不赏。……乃纳言听谏，安民治室。居靡山，伐木为邑……调权衡，平斗斛。造井示民，以为法度。……遂已者艾将老，叹曰：“吾晏岁年暮，寿将尽矣，止绝斯矣。”命群臣曰：“吾百岁之后，葬我于会稽之山。苇椁，桐棺；穿圹七尺，下无及泉；坟高三尺，土阶三等。葬之后，田无改亩。”⑤

关于禹在会稽的所作所为，赵晔这里所讲的究竟是否真实，现在无可对证，但是《史记·夏本纪》的讲述显然过于潦草。除非禹没有去过江南，否则他即使不能"纳言听谏"，也不会毫无"治国之道"。当防风后至，就斩以示众以表明天下悉归于禹，可见禹在会稽是代表最高的权力。

---

① （清）顾祖禹撰，贺次君、施和金点校：《读史方舆纪要·浙江三》，第 4183 页。
② （清）顾祖禹撰，贺次君、施和金点校：《读史方舆纪要·浙江四》，第 4224、4228 页。
③ （清）顾祖禹撰，贺次君、施和金点校：《读史方舆纪要·浙江四》，第 4207、4208 页。
④ 《史记·夏本纪》，第 83、89 页。
⑤ 周生春：《吴越春秋辑校汇考·越王无余外传》，第 107、108 页。

因此在禹的时候，不管越地居民原来属于哪个部族，会稽已经接受了夏族的礼俗。《吴越春秋》的这一段记载相当奇特，表明禹要以会稽作为夏后氏的都城。同时又说在禹崩之后，这个计划已经停止执行，因此也就无法追查了。但是从有关的情况看起来，禹在会稽应该留有某种机构，或者尧舜时期的羲、和之类。

## （二）"禹致群神于会稽山"

### 1."禹致群神于会稽山"（越会稽）

会稽山在越国，如《史记·孔子世家》云："吴伐越，堕会稽，得骨节专车。……仲尼曰：'禹致群神于会稽山，防风氏后至，禹杀而戮之，其节专车，此为大矣。'"索隐云："会稽，山名，越之所都。……吴伐越在鲁哀元年。"[①]《国语·鲁语》曰："吴伐越，堕会稽……仲尼曰：'丘闻之：昔禹致群神于会稽之山。'"韦昭注："会稽，山名。……越王句践栖于会稽，吴围而坏之。在鲁哀元年。"[②]与《史记·孔子世家》相同。

古文献只将会稽与夏禹联系起来，如《史记·夏本纪》云："帝禹东巡狩，至于会稽而崩。"又说："或言禹会诸侯江南，计功而崩，因葬焉，命曰会稽。会稽者，会计也。"[③]言禹东巡狩至于会稽，除东之方位外，对会稽的位置并无其他说明。其后之"或言"，则非但不能说明会稽在山阴，反而说明江南原来并无会稽，禹死之后才命名为会稽。因此在禹生前，会稽不在江南。

又《史记·孔子世家》云："吴伐越，堕会稽。……仲尼曰：'禹致群神于会稽山。'"[④]

据《史记·封禅书》记，"禹封太山、禅会稽"，故在禹生前，会稽在太山下。又据《淮南子》秦时丁壮谪戍，"东至会稽、浮石"，故会稽当与浮石接近。虽然说秦时之事，但地名当属于古代。故研究古代之会稽，当研究太山、浮石。太山即霍太山，问题在于浮石。

历史上未见浮石县，唯《山海经》有浮石之山。浮石县似即浮山县。浮山在临汾东南，《读史方舆纪要》浮山县有浮山："相传洪水时此山随时消长也，县因以名。"[⑤]则浮石与浮山意义相仿，即洪水时，山石随时消长，故称浮石。《淮南子·氾论训》"会稽浮石"高诱注："会稽，山名。浮石，随水高下，言不没。皆在辽西界，一说会稽山在太山下，封于太山、禅于会稽是也。"[⑥]所谓皆在辽西界当然是错误的，高诱也注意到会稽不会在辽西，可惜没有注意到浮石可能即浮山。

因此会稽当在安泽、浮山之南，在今翼城县一带，所以说会稽在太山下、浮石（浮

---

[①]《史记·孔子世家》，第1912、1913页。
[②] 徐元诰撰，王树民、沈长云点校：《国语集解·鲁语下》，第202页。
[③]《史记·夏本纪》，第83、89页。
[④]《史记·孔子世家》，第1912页。
[⑤]（清）顾祖禹撰，贺次君、施和金点校：《读史方舆纪要·山西三》，第1879页。
[⑥]（汉）高诱注：《淮南子·氾论训》，《诸子集成》第七册，第219页。

山）附近，可见秦汉以后还有人知道会稽旧地之所在。

2. 禹归大越茅山

茅山在越，如《吴越春秋》云："（禹）周行天下，归还大越，登茅山以朝四方群臣……封有功，爵有德，崩而葬焉。"

禹何以会"归还"浙江的绍兴，来"朝四方群臣，封有功，爵有德，崩而葬"？

3. 禹合诸侯于涂山（杜预：寿春）

涂山在寿春东北。如《左传·哀公七年》云："禹合诸侯于涂山，执玉帛者万国。今其存者，无数十焉。"杜预注："诸侯执玉，附庸执帛。涂山在寿春东北。"

《帝王世纪》云："禹会诸侯于涂山，在扬州之域，今九江当涂县有禹娶之地，今邑界有当涂县。"①

《后汉书》九江郡当涂，刘昭注："《帝王世纪》曰：'禹会诸侯涂山。'"而九江郡平阿，刘昭补："故属沛。有涂山。"刘昭注："应劭云山在当涂。《左传》'穆有涂山之会'。"故《汉书·地理志》《后汉书·郡国一》谓涂山在九江当涂②，亦即今安徽怀远。

《读史方舆纪要》凤阳府怀远县："府西北七十里。"怀远县涂山："县东南八里。与荆山对峙。《左传·昭公四年》：楚椒举曰：'穆有涂山之会。'又《哀七年》：子服景伯曰：'禹会诸侯于涂山，执玉帛者万国。'杜预曰：'寿春之涂山也。'今山南有禹墟及禹会村。……《水经注》：'荆、涂二山，相为一脉，禹以桐柏之流泛滥为害，乃凿山为二以通之。'"又怀远县荆山："在县治西南。今县城经其上。……《水经注》：'淮水过涂山而后至荆山。'胡氏曰：'涂山在钟离西九十五里，荆山在钟离西八十五里。'盖淮流屈曲，故道里相悬也。"③

4. 周穆王会诸侯于涂山（杜预：寿春）

周穆王涂山之会，《左传·昭公四年》云："楚子合诸侯于申。……霸之济否，在此会也。夏启有钧台之享，商汤有景亳之命，周武有孟津之誓，成有岐阳之搜，康有酆宫之朝，穆有涂山之会，齐桓有召陵之师，晋文有践土之盟。君其用何？……夏桀为仍之会，有缗叛之。商纣为黎之搜，东夷叛之。周幽为大室之盟，戎狄叛之。皆所以示诸侯汰也，诸侯所由弃命也。"杜预注："周穆王会诸侯于涂山。涂山在寿春东北。"孔颖达疏："武王伐殷，作《泰誓》三篇是也。其余五者，皆书传无文，不能知其本末。"④

如《水经注》谓寿春之涂山乃周穆王之涂山："杜预曰，涂山在寿春东北，非

---

① 《春秋左传正义·哀公七年》，（清）阮元校刻：《十三经注疏》，第2163页；徐宗元：《帝王世纪辑存》，第53页。
② 《汉书·地理志上》，第1569页；《后汉书·郡国四》，第3486页。
③ （清）顾祖禹撰，贺次君、施和金点校：《读史方舆纪要·南直三》，第1002、1005—1006页。
④ 《春秋左传正义·昭公四年》，（清）阮元校刻：《十三经注疏》，第2035页。

也。……考校群书及方土之目……（寿春）盖周穆之所会矣。"杨守敬注：《左传·昭公四年》穆有涂山之会。杜注：涂山在寿春东北。此则从杜说。①

《皋陶谟》"州十有二师"，郑玄注："《春秋传》曰：'禹朝群臣于会稽，执玉帛者万国。'言执玉帛者，则九州之内诸侯也。"②

《水经注》亦说："又案：刘向《说苑·辨物》，王肃之叙孔子廿二世孙孔猛所出先人书《家语》，并出此事（作会稽）。故涂山有会稽之名。"③ 盖会稽即为涂山之支阜。故涂山即会稽山，即在浙江绍兴。

## 二、越族之历史背景

### （一）越族形成的时代背景

1. 启的时代

禹的事迹与尧舜不可分，他的行事方式也与尧舜一样，他当政后也安排了继承人，"帝禹立而举皋陶荐之，且授政焉，而皋陶卒。……而后举益，任之政"④。益不是随便任命的，禹最大的功绩是治水，而协助他治水的主要人员正是益，《史记·夏本纪》说："禹乃遂与益、后稷奉帝命，命诸侯百姓兴人徒以傅土，行山表木，定高山大川。"⑤ 益的作用还不止如此，因此禹的法定继承人是益，在禹死后三年，担任国家首领的也正是益，但是启把益推翻了。

当禹在世的时候，启没有发挥什么作用。禹说："予娶涂山……生启予不子，以故能成水土功。""居外十三年，过家门不敢入。"⑥ 所以启作为禹的儿子，从小没有受到禹的照顾，更没有做出什么贡献。但他做了一件大事，他创建了夏朝，如果不是他发动政变，就没有夏朝。这是他最大的业绩。应该怎么估计他的业绩？启为什么要发动政变，为什么能够发动政变？这些都需要分析。

启死后，子太康立，太康旋即失国。有穷氏后羿"因夏民以代夏政"。从太康失国至少康灭有穷氏，历时五十多年。这当是涂山氏受到的一次严重的挑战。

2. 益的时期

（1）益

当禹从帝舜处即天子位的时候，禹就考虑继任者，《史记·夏本纪》云："帝禹立而

---

① （后魏）郦道元注，（清）杨守敬、熊会贞疏，段熙仲点校：《水经注疏·淮水》，第2533、2534页。
② （清）孙星衍撰，陈抗、盛冬铃点校：《尚书今古文注疏·皋陶谟下》，第117页。
③ （后魏）郦道元注，（清）杨守敬、熊会贞疏，段熙仲点校：《水经注疏·淮水》，第2534页。
④ 《史记·夏本纪》，第83页。
⑤ 《史记·夏本纪》，第51页。
⑥ 《史记·夏本纪》，第80、51页。

举皋陶荐之，且授政焉，而皋陶卒。封皋陶之后于英、六，或在许。而后举益，任之政。……及禹崩，虽授益，益之佐禹日浅，天下未洽。……于是启遂即天子之位，是为夏后帝启。"此为禹后发生之大事，启从益处取得了天子之位。益就此能罢休？《楚辞·天问》言："启代益作后"，洪兴祖补注："《汲冢书》云：益为启所杀。"① 《韩非子》说："古者禹死，将传天下于益，启之人因相与攻益而立启。"② 因此启当是利用非法手段夺取了政权。《史记·陈杞世家》谓唐虞之际的有功德臣十一人，其中七人"有本纪言"或"有世家言"，但其中有四个人（即垂、益、夔、龙），"其后不知所封，不见也"③。其中有益，是否益正是被启所杀，因而史册不留踪迹？《史记·五帝本纪》云："禹、皋陶、契、后稷、伯夷、夔、龙、倕、益、彭祖自尧时而皆举用，未有分职。"当时舜任命"垂为共工"，"益为朕虞"，"夔为典乐"，龙"为纳言"。至于彭祖，索隐谓："即陆终氏之第三子"，而正义谓："彭祖自尧时举用，历夏、殷封于大彭。"④

无论启采取何种手段，启、益之间必定发生严重的冲突。何况皋陶与益属于少昊系，而启属于昌意系，因此启与益一定代表两种部族的立场，难以一笔简单处理。启必定采用严厉的压制手段才能使益屈服。实际上，尧与舜、舜与禹的"禅让"，都带有武力压迫。例如，《史记·五帝本纪》正义引《竹书纪年》云："舜囚尧，复偃塞丹朱，使不与父相见也。"⑤ 那么尧可能不是正常死亡的。如果他最后不是被舜所囚禁，那么他也可能死在边境。

（2）益可能被流放

从以上论述的历史故事来看，益的政治前途是凶多吉少。从秦族的历史来看，益很可能是被流放到西北地区去，那么益的后裔可能变成其他部族，亦即下列名谱："大廉、孟戏、仲衍……戎胥轩、中潏、蜚廉……"，这个名门望族后来发展出"赵氏"与"秦氏"。也许他们会回忆起他们的少昊系祖先。

## 3. 启受到的打击

启得到的天子之位，并没有禹那样的权威，启甚至受到夏后氏内部的阻力。当启推翻益的时候，启的亲族联盟并没有对启支持。《史记·夏本纪》说："有扈氏不服，启伐之，大战于甘。"但是《淮南子》说："昔有扈氏为义而亡，知义而不知宜也。"什么叫"为义而亡"？高诱注："有扈，夏启之庶兄也，以尧舜举贤，禹独与子，故伐启，启亡之。"⑥ 原来有扈氏是反对启继位的。

《竹书纪年》说："（帝启）十五年，武观以西河叛。彭伯寿帅师征西河，武观来

---

① 《史记·夏本纪》，第83页；（宋）洪兴祖撰，白化文等点校：《楚辞补注·天问》，第98页。
② （清）王先慎：《韩非子集解·外储说右下》，《诸子集成》第五册，第256页。
③ 《史记·陈杞世家》，第1585页。
④ 《史记·五帝本纪》，第38、39、41页。
⑤ 《史记·五帝本纪》，第31页。
⑥ 《史记·夏本纪》，第84页；（汉）高诱注：《淮南子·齐俗训》，《诸子集成》第七册，第176页。

归。"①《逸周书·尝麦解》云:"其在殷之五子,忘伯禹之命,假国无正,用胥兴作乱,遂凶厥国。皇天哀禹,赐以彭寿,思正夏略。"②因此五子所以"忘伯禹之命",当亦是武观忘伯禹之命。因此武观也可能是反对启的。

启推翻了禹所树立之禅让之后,出现了益的对抗以及有扈氏、武观的反叛,当启平定这一系列叛乱之后,启在当政后第十六年就去世了。太康—中康—帝相—少康的经过则颇为复杂。

最初太康"即位,居斟鄩"。更奇怪的是,就在同一年,"羿入居斟鄩"③。《史记·夏本纪》说:"夏后帝启崩,子帝太康立。帝太康失国。"集解说:"孔安国曰:'盘于游田,不恤民事,为羿所逐,不得反国。'"④太康在位四年,崩。因此启虽然打败了益,但是启也受到重创。太康差一点就失去帝位,孔安国把责任归于"盘于游田,不恤民事",是简单化的。

启在与益决裂后,还与有扈氏大战于甘,又受到武观的叛乱。《竹书纪年》记载,太康元年后羿已经控制了夏后氏政权,而且徐文靖笺:"羿废太康,犹立仲康,不自立。则是时羿居斟寻而立仲康,故仲康亦居斟寻也。"⑤因此在仲康时,后羿掌控朝政。后来寒浞夺取相的政权,最后又杀掉相。因此自太康至仲康、相,很难准确估计夏后氏的政权,太康、仲康与相的帝位已经失去。因此启死后,夏后氏已经失去政权了,启与益可说是两败俱伤。

## (二)越之起源为"戉"或地名

### 1. 越字的起源为"戉"

对越国历史的研究来说,一个最为流行的做法是将越字的起源归结为浙江省文物考古研究所发现的"戉"。他们认为别的地方没有发现那么多"戉",所以"戉"应该是浙江的特点,因而把地名亦称之为越。

但是这个解释不甚合理,而且这种解释的基础是越族有一个"戉"的特征,实际上并没有。考古人员提出来作为特征的"戉"究竟是什么?有人说是某种武器,有人说是某种生产工具,各有各的主张,说法很多。这就表明,实际上没有哪种"戉"是浙江先民专门采用的,或江南所特有的。这就否定了越来自"戉"的假设。而且还没有哪个民族的名字是工具或武器,越族不见得会是一个例外。

再从文字来看,越往往与粤混用,而且粤字似乎用得更早。古本《竹书纪年》都称"于粤子",最后才称"越王",而今本《竹书纪年》从头到尾用的是"于越子"。可见用

---

① (清)徐文靖:《竹书纪年统笺》,《二十二子》,第1056页。
② 黄怀信,张懋镕,田旭东:《逸周书汇校集注·尝麦解》,第786页。
③ (清)徐文靖:《竹书纪年统笺》,《二十二子》,第1056页。
④ 《史记·夏本纪》,第85页。
⑤ (清)徐文靖:《竹书纪年统笺》,《二十二子》,第1056页。

粤可能比用越更早。

故"于粤"当早于"于越"。如果国名是从"戉"得来，则较早时应该用越，然后流行粤字，借粤为越。实际上粤字可能更早，故越不可能由"戉"产生，越不过是后起的一个借用字。

2. 越之起源

（1）越起源于山西之地名

族名通常与地名有一定的关联，但没有人指出今浙江的哪个地名是越的起源。新的资料既不足据，那么旧史料是怎么说的呢？春秋时最南的古国为越，在今浙江绍兴一带。旧史都说夏后氏少康封其庶子于此。前人有的以为夏后氏年代没有这一回事，是后代伪托的；有的以为绍兴一带有原住民，夏后氏的后裔不知何时参加这一部落，不一定是夏后氏年代的事。这两说都是走极端。其实并不是伪托，也没有原住民，乃是旧史的误会。

其祖先本即《尚书·益稷》所谓"（禹）娶于塗山"①之塗山氏，其地则相当于今山西省翼城县一带。《说文》无塗字，有涂字。《说文》云："涂，涂水。……从水，余声。"段注："按古道涂、涂墍字皆作涂。"按涂山之涂，《说文》作㿮②，即涂之繁文。

禹娶涂山，即为出婚于余族而为余族族员，其后裔便以余为族名。《连山易》云："禹娶涂山之子，名曰攸，生余。"③《太平御览》引《帝王世纪》说："帝启一名建，一名余。"④这是误以族名为人名。唯旧史既以启为天子，越为诸侯，乃变其说，谓余为少康之子。如《吴越春秋》说："（少康）封其庶子于越，号曰'无余'。"⑤这是越本为余，余为涂山之证。

按照本书的观点，越是从余转变过来的。越与余声相近，故借用为族名，同时除借用越以外，也借用粤。而作为国名，在开始的时候可能更多是用粤字，由于语音相同才转为越字的。因此从戉或越的语义来寻找越作为国名的根源，可能是找错了方向。

（2）越族南迁至浙江北部

越族是上古时代分布在钱塘江流域以及太湖地区之重要部族。《史记·越王句践世家》云"越王句践，其先禹之苗裔"，正义说："《吴越春秋》云：'禹周行天下，还归大越。……至少康，恐禹迹宗庙祭祀之绝，乃封其庶子于越，号曰无余。'贺循《会稽记》云：'少康，其少子号曰于越，越国之称始此。'《越绝书》云：'无余都会稽山南，

---

① 《尚书正义·益稷》，（清）阮元校刻：《十三经注疏》，第143页。
② （汉）许慎撰，（清）段玉裁注：《说文解字注·水部》，第520页；（汉）许慎撰，（清）段玉裁注：《说文解字注·屾部》，第441页。
③ （晋）皇甫谧撰，（清）宋翔凤、钱宝塘辑：《帝王世纪》，第18页。
④ （宋）李昉等：《太平御览·皇王部七》，第383页。
⑤ 周生春：《吴越春秋辑校汇考·越王无余外传》，第108页。

故越城是也。'"①

《吴越春秋》《越绝书》以"无余"为国号，亦即国号为"余"，而"无"为发声词。《会稽记》以"于越"为国号，亦即国号为"越"，而"于"为发声词。古文"于"即"乌"，与"无"同音。

（三）越与余

1. 越与于

在《广雅》中越字出现在四处。第一处为"越，疾也"。第二处为"越，渡也"，第三处为"越，与也"。王念孙曰："越犹及也。《尔雅》：'及，与也。'《大诰》云'大诰尔多邦越尔御事'是也。"② 这三处的训释与《说文》的讲解一致，当为越之本义及其延伸。但第四处为"越，治也"，就与本义没有关联，只是由于越与汩声相近，为汩之假借字。故越作为族名可能亦为假借，因为在许多文献中，用的是粤而不是越。特别是古本《竹书纪年》用的是"于粤子"，只是到了最后，才见到"越王"。而《今本竹书纪年》用的是"于越子"，最后也是"越王"。这个现象不是偶然的。

2. 越亦即曰、于、余

《释诂》说："粤、于、爰，曰也。""爰、粤，于也。"邢昺疏："皆谓语辞发端，转互相训也。"故亦可假粤为于，亦即假粤为余，即粤与越通。故郭璞于《释诂》粤字注，引《诗》"对越在天"。《释诂》云："越，曰也。""越，于也。"③ 故可假越为曰，亦可假越为于。

亦可假越为余。余古音亦读为吁。其实越古称本作余。

不妨再看亏、于字。《说文》云："亏，于也。象气之舒亏。从丂从一。一者，其气平也。"段玉裁注："于者，古文乌也。……然则以于释亏，亦取其助气。《释诂》、毛传皆曰：'亏，于也。'凡《诗》《书》用亏字，凡《论语》用于字。盖于、亏二字在周时为古今字，故《释诂》、毛传以今字释古字也。……《左传》'于民生之不易'杜云：'于，曰也。'此谓假于为曰，与《释诂》'于，曰也'合。"④

又《说文》云："乌，孝鸟也，象形。孔子曰：'乌，亏呼也。'取其助气。故以为乌呼。……象古文乌省。"段玉裁注："此即今之于字也。象古文乌而省之。……此字盖古文之后出者。此字既出，则又于於为古今字。……凡《经》多用于，凡《传》多用於，而乌鸟不用此字。"⑤ 故"於"是古字，"于"为今字。

---

① 《史记·越王句践世家》，第 1739 页。
② （清）王念孙：《广雅疏证》，上海：上海古籍出版社，2018 年，第 21、44、97—98 页。
③ 《尔雅注疏·释诂》，（清）阮元校刻：《十三经注疏》，第 2569 页。
④ （汉）许慎撰，（清）段玉裁注：《说文解字注·亏部》，第 204 页。
⑤ （汉）许慎撰，（清）段玉裁注：《说文解字注·乌部》，第 157 页。

《说文》云："余，语之舒也。从八，舍省声。"段玉裁注："亏部曰：'亏，于也。象气之舒亏。'然则余、亏异字而同音义。……余、予古今字。凡言古今字者，主谓同音，而古用彼、今用此异字。若《礼经》古文用'余一人'，《礼记》用'予一人'。余、予本异字异义，非谓予、余本即一字也。颜师古《匡谬正俗》不达斯恉，且又以予上声、余平声为分别，又不知古音平、上不甚区分。"①

### 3. 越与粤古通用

必须研究一下越族之名称。

（1）越、粤古通用

粤、越两字古通用。《说文》云："越，度也。从走戉声。"段玉裁注："《周颂》'对越在天'，笺云：'越，于也。'此假借越为粤也。《尚书》有越无粤。《大诰》《文侯之命》越字魏三体石经作粤。"②《说文通训定声》记：粤，"假借为越"③。《史记》南越、东越，《汉书》作粤。

"越"与"于越"。《公羊传·定公五年》云："于越入吴。于越者何？越者何？于越者，未能以其名通也。越者，能以其名通也。"何休注："越人自名于越，君子名之曰越。治国有状，能与中国通者，以中国之辞言之曰越。治国无状，不能与中国通者，以其俗辞言之，因其俗可以见善恶，故云尔。"④ 据此可知"越"之名，是春秋末叶周、鲁诸国依其语音翻译出来的，是得到各国承认的译名。其语音即为吁之长音，周、鲁诸史外，或译作"粤"，并不一致。因此，"越"字实际上也只是一个音符，粤字古音读为吁。

"于越"为"越"或"粤"之俗词。故《左传》用"越"而不用"于越"，如《春秋·桓公元年》云："元年春，王正月，公即位。三月，公会郑伯于垂，郑伯以璧假许田。夏四月丁未，公及郑伯盟于越。"杜预注："垂，犬丘，卫地也。越，近垂地名。"⑤此外"越"作为国名，不用"于越"，亦不用"粤"，故《左传》已避免俗词。

同样，《史记》亦避免俗词，一概用"越"而不用"于越"，而《汉书》也避免俗辞，但一概用"粤"而不用"于越"。如《汉书·地理志》云："至子夫差，诛子胥，用宰嚭，为粤王句践所灭。吴、粤之君皆好勇……粤既并吴，后六世为楚所灭。"⑥ 又如《汉书·贾谊传》："粤栖会稽，句践伯世。"⑦《汉书》中凡是百越则用"百粤"。

其他古籍往往用俗词。在穆王之后四五百年，到战国时期初晋出公十年（周贞定王四年，前465年），《古本竹书纪年》开始记载"于粤子句践卒"。凡《古本竹书纪年》

---

① （汉）许慎撰，（清）段玉裁注：《说文解字注·八部》，第49页。
② （汉）许慎撰，（清）段玉裁注：《说文解字注·走部》，第64页。
③ （清）朱骏声：《说文通训定声》，第696页。
④ 《春秋公羊传注疏·定公五年》，（清）阮元校刻：《十三经注疏》，第2338页。
⑤ 《春秋左传正义·桓公元年》，（清）阮元校刻：《十三经注疏》，第1739页。
⑥ 《汉书·地理志下》，第1667、1668页。
⑦ 《汉书·贾谊传》，第2227页。

"于粤子"，《今本竹书纪年》都作"于越子"。《古本竹书纪年》越都作粤①。如《古本竹书纪年》魏武侯二十年，"于粤太子诸咎弑其君翳"，二十一年，"于粤大夫寺区定粤乱"②。《今本竹书纪年》作"于越太子诸咎弑其君翳"，"于越大夫寺区定越乱"。但《古本竹书纪年》最后在今王七年（前312年），"越王使公孙隅来献乘舟"，开始用越字。③ 两相比较，《古本竹书纪年》用粤，《今本竹书纪年》用越，然而《古本竹书纪年》最后也用越王，终于与《今本竹书纪年》一致。故粤与越是等同的，可能早期用粤，后来用越。

（2）粤亦作雩

粤字古音读为吁。《史记·楚世家》云："熊渠……乃兴兵伐庸、杨粤，至于鄂。"索隐对杨粤注："有本作'杨雩'，音吁，地名也。今音越。谯周亦作'杨越'。"④ 王国维《盂鼎铭考释》云："雩古文粤字。雩之讹为粤犹霸之讹为霸矣。《说文》分雩、粤为二字，失之。"⑤

其实古称本作余（古音余亦读为吁）。

# 三、越族的形成及其移殖

## （一）越族的形成

### 1. 越族为禹的后裔

《史记·越王句践世家》对越族有明确的说明："越王句践，其先禹之苗裔，而夏后帝少康之庶子也。封于会稽，以奉守禹之祀。"⑥ 因此越族是由禹的后裔组成的，他们是由黄河迁移到了江南的。因此夏禹的一部分子孙从中原南迁到浙江，成为后来的越国，这是史有明文的。

现在可以从地名中得到证实。这些夏禹的子孙在浙江一带有大量的名称，都是从山西南迁到浙江的。例如越族的基本概念，如"越"与"会稽""涂山"，这是江南越族特有的地名，其实他们最初却出现在山西。前边说过，在山西霍太山南侧有会稽、涂山，还有茅山。这个地区不但有涂山氏，而且还有禹的安邑所在。

非但如此，从山西迁徙到浙江，路途遥远，推想越族不会由晋南直达浙东，中间必有数次转折。古代其他部族的远徙，都是如此。因此从地名中还可能找到越族南迁的遗迹。从越族南迁来看，似乎是由登封东经怀远以达绍兴。古籍上都说禹封阳翟（即在登

---

① （清）朱右曾：《古本竹书纪年辑校》，第14、21、22、25、31页。
② （清）朱右曾：《古本竹书纪年辑校》，第21、25页。
③ 王国维：《今本竹书纪年疏证下》，第118页；（清）朱右曾辑：《古本竹书纪年辑校》，第31页。
④ 《史记·楚世家》，第1692页。
⑤ 王国维：《古史新证——王国维最后的讲义·盂鼎铭考释》，北京：清华大学出版社，1994年，第106页。
⑥ 《史记·越王句践世家》，第1739页。

封)。而《汉书·前后志》都说涂山在九江郡当涂(即今安徽怀远)。①

于此可以归结起来说,越族正为禹的后裔,其原住地当在古之安邑,即今翼城县。其族名当为余。在母姓时代本为怀姓鑫山氏中部族之一。

然则广大的南方地区自周代以前还没有人类踪迹吗?这个问题今日还无从断定。不过依著者推测,在长江洞庭湖以东之下游沿岸一带,可能已有原住民族群。试观越国之由山西南迁浙江,当是取道于今安徽怀远县。

然越国的辖境,依顾栋高《春秋大事表·列国疆域表》,西境仅达江西之余干、浙江之龙游。② 这是暗示它从怀远南下至长江后即折而向东,可能是长江一带受到其他部族的阻挡。

又如楚国南境没有越过洞庭湖(依顾栋高《春秋大事表·列国疆域表》说)③。而春秋时南方之群舒,唯桐国最南,在今桐城,都好像有其他部族阻挡之形势。这只是推测。但于此当说明者,纵然这方面有原住民族群,但与北方的初期社会没有发生关系,这在古代人文地理上表现得很清楚。

2. 越族名称的形成

在夏族从甘陇地域扩充到黄河中下游以后,当地的戎族一部分已逐步融入了夏族,其余的则逐步迁徙到长江流域以南。到了尧舜时期,黄河中下游的夏族逐步扩充到长江以南,这些迁徙到南方的夏族就形成新的部族,越族就是其中的一个。

越族刚形成的时候,当然不会取得了正式的名称,"越族"也不会出现。因此虽然越族在尧舜时期(距今四五千年)已经大量进入长江以南,但是"越族"名称是逐步形成,从文献记载来看春秋时期才正式出现。在《春秋》来看,鲁桓公元年(前711年):"公及郑伯盟于越。"④ "越"还只是一个地名。到鲁襄公时,吴、越都已经强大,《左传·襄公二十八年》才见到越:"幸而获在吴、越。"⑤

按《竹书纪年》,一直到周景王时,未提到越。第一次提到越是战国时期周元王四年(前473年),"于越灭吴"。徐文靖笺:"按《地理通释》曰,越见春秋凡六,其三称越,皆在昭公之时;其三称于越,二在定公、一在哀公之时。"⑥

(二)越族初次移殖到安徽怀远

值得注意的是当涂。这些传说可证余族曾在当涂居住过的,似乎即由越族足迹所经

---

① 《汉书·地理志上》,第1569页云"当涂"注引应劭曰:"禹所娶涂山侯国也。"《后汉书·郡国四》,第3486页"当涂"注引《帝王世纪》曰:"禹会诸侯涂山。"
② (清)顾栋高辑,吴树平、李解民点校:《春秋大事表·春秋列国疆域表》,第545页。
③ (清)顾栋高辑,吴树平、李解民点校:《春秋大事表·春秋列国疆域表》,第524页。
④ 《春秋左传正义·桓公元年》,(清)阮元校刻:《十三经注疏》,第1739页。
⑤ 《春秋左传正义·襄公二十八年》,(清)阮元校刻:《十三经注疏》,第2000页。
⑥ (清)徐文靖:《竹书纪年统笺》,《二十二子》,第1092页。

而起。越族很明显是由北方南迁，当涂在今怀远县，其地绾南北之枢纽，古代之所以有涂山在怀远的传说，大概越族是先曾南下定居于安徽当涂。

（1）涂山移殖到九江当涂

《汉书·地理志》《后汉书》都说涂山在九江郡当涂，即今安徽怀远。①

《汉书·地理志》"九江郡当涂"，班固自注："侯国。"颜师古注引应劭说："禹所娶涂山侯国也。"②杜预谓涂山在寿春东北，《汉书·地理志》谓涂山在九江郡当涂（今安徽怀远），寿春则为九江郡治所（今安徽寿县）。

《水经注》云："淮之西有平阿县故城（熊会贞注：在今怀远县北三十里）。……《郡国志》曰：平阿县有当涂山（杨守敬注：盖就山言曰涂山，就县言曰当涂山。如弋山亦称弋阳山，蒙山亦称蒙阴山也）。……淮出于荆山之左，当涂之右，奔流二山之间而扬涛北注也。"《水经注》也说荆、涂二山本连为一脉，禹以桐柏之流泛滥为灾，凿山为二以通之。③

《说文》云："衾，会稽山也。一曰九江当涂也。"④

《吕氏春秋·音初篇》注："涂山在九江，近当涂也。"⑤

《汉书·地理志》"当涂"注引应劭云："禹所娶涂山侯国也，有禹虚。"⑥

其实涂山氏并不只是一个局限于皖北的侯国，还是一个很古老的部族，其繁殖的地域极广，族属极多。为了探求涂山氏的部族，可以从部族名称及其分布地域来分析。

《说文》无涂字，涂山《说文》作衾山："衾，会稽山也（段注：'《左传》"禹会诸侯于涂山……"，《鲁语》"昔禹致群神于会稽之山……"，二传所说正是一事，故云衾山即会稽山。衾、涂，古今字。……盖大禹以前名衾山，大禹以后则名会稽山，故许以今名释古名也。杜注《左传》云"涂山在寿春东北"，非古说也。会稽山在今浙江省绍兴府治东南十二里。'）。一曰九江当涂也（段注：谓衾山在九江当涂也。……《郡国志》九江郡属县有当涂、有平阿，平阿有涂山。按平阿本当涂地，汉当涂即今安徽省凤阳府怀远县，县东南有涂山，非今在江南太平府治之当涂也）。……从屾余声。《虞书》曰：'予娶衾山。'"⑦

按《说文》及段注，一说会稽山即涂山之古名，在浙江绍兴府；二说涂山在安徽太平府之当涂；三说涂山在九江郡当涂（即清代凤阳府怀远县），该处有涂山；四说涂山

---

① 《汉书·地理志上》，第1569页云"当涂"注引应劭曰："禹所娶涂山侯国也。"《后汉书·郡国四》，第3486页云"当涂"注引《帝王世纪》曰："禹会诸侯涂山。"
② 《汉书·地理志上》，第1569页。
③ （后魏）郦道元注，（清）杨守敬、熊会贞疏，段熙仲点校：《水经注疏·淮水》，第2532、2533页。
④ （汉）许慎撰，（清）段玉裁注：《说文解字注·屾部》，第441页。
⑤ 许维遹：《吕氏春秋·季夏纪》，第140页。
⑥ 《汉书·地理志上》，第1569页。
⑦ （汉）许慎撰，（清）段玉裁注：《说文解字注·屾部》，第441页。

在九江郡寿春。

（2）涂山在江南太平府之当涂与四川涂山

亦谓涂山在江南太平府之当涂。《读史方舆纪要》太平府当涂县："附郭。汉丹阳县地，晋太康三年分丹阳置于湖县。咸和中以江北当涂流民南渡者众，乃于于湖侨立当涂县及淮南郡"①。故太平府之当涂并非古代之涂山。

四川亦有涂山。《水经注》云："江之北岸有涂山。……常璩、庾仲雍并言禹娶于此。"② 正如最初的会稽与涂山不在山阴，也不在其他南方地域。但是当越族南迁之时，涂山当亦随之南迁，故在安徽、浙江境内可能都留下涂山，但最初之涂山不可能在今四川。

（三）越族再次移殖到浙江绍兴

1. 会稽、涂山

《周礼·职方氏》云："东南曰扬州，其山镇曰会稽。"郑玄注："会稽在山阴。"③《汉书·地理志》"会稽郡山阴"，班固自注："会稽山在南，上有禹冢、禹井。"④《周礼》将会稽归于扬州，而郑玄、班固将会稽具体为今浙江之山阴。

《史记·封禅书》说："禹封泰山，禅会稽。"⑤ 则《左传》所谓涂山之会即指禹禅会稽。如《会稽志》说："涂山在山阴县西北四十五里。"⑥《越绝书》云："涂山者，禹所取妻之山也。去县五十里。"⑦ 这些都没有充分的根据。

2. 会稽在今浙江绍兴

会稽即涂山，《国语·鲁语》曰："昔禹致群神于会稽之山。"⑧《尚书·皋陶谟》"州十有二师"，郑玄注："《春秋传》曰：'禹朝群臣于会稽，执玉帛者万国。'言执玉帛者，则九州之内诸侯也。"⑨ 但《左传·哀公七年》云："禹合诸侯于涂山，执玉帛者万国。"⑩《水经注》亦说："又案刘向《说苑·辨物》，王肃之叙孔子廿二世孙孔猛所出先人书《家语》，并出此事（作会稽）。故涂山有会稽之名。"⑪ 盖会稽即为涂山之支阜。故涂山即会稽山，即在浙江绍兴。

---

① （清）顾祖禹撰，贺次君、施和金点校：《读史方舆纪要·南直九》，第1321页。
② （后魏）郦道元注，（清）杨守敬、熊会贞疏，段熙仲点校：《水经注疏·江水一》，第2795页。
③ 《周礼注疏·夏官·职方氏》，（清）阮元校刻：《十三经注疏》，第862页。
④ 《汉书·地理志上》，第1591页。
⑤ 《史记·封禅书》，第1361页。
⑥ 周生春：《吴越春秋辑校汇考·越王无余外传》，第105页。
⑦ 李步嘉：《越绝书校释·越绝外传记地传》，第228页。
⑧ 徐元诰撰，王树民、沈长云点校：《国语集解·鲁语下》，第202页。
⑨ （清）孙星衍撰，陈抗、盛冬铃点校：《尚书今古文注疏·皋陶谟下》，第117页。
⑩ 《春秋左传正义·哀公七年》，（清）阮元校刻：《十三经注疏》，第2163页。
⑪ （后魏）郦道元注，（清）杨守敬、熊会贞疏，段熙仲点校：《水经注疏·淮水》，第2534页。

考《说文》涂作峹,并说:"峹,会稽山也。"段注:"峹、涂古今字。……盖大禹以前名峹山,大禹以后则名会稽山。故许以今名释古名也。"但《说文》又说:"一曰九江当涂也,民俗以辛壬癸甲之日嫁娶。"段注:"汉当涂即今安徽省凤阳府怀远县,县东南有涂山。非今在江南太平府治之当涂也。"① 因此对会稽的位置,除浙江绍兴外,尚有不同的说法。

《吴越春秋》说:"行到涂山",元徐天佑注:"苏鹗《演义》:涂山有四。一会稽,二渝州巴南旧江州,三濠州,四当涂县。按《左氏昭公四年传》:'穆有涂山之会。'《哀公七年传》:'禹合诸侯于涂山。'杜预解并云:'在寿春东北。'说者曰:今濠州也。柳宗元《涂山铭序》曰:……禹与穆王皆尝会诸侯于涂山矣,然非必皆寿春也。君禹之所娶,则未详何地。……《越绝》等书皆云,禹娶于会稽涂山。……盖会稽实禹会侯计功之地,非所娶之国。"② 禹所娶之涂山当在山西,并非以往所说的涂山。但说会稽涂山是正确的,因为最初会稽亦在山西,并非指浙江之会稽。

3. 会稽山即茅山

《越绝书》说:"禹始也,忧民救水,到大越,上茅山,大会计,爵有德,封有功,更名茅山曰会稽。"③《史记·封禅书》只有禹是禅会稽:"禹封泰山,禅会稽。"索隐解释说:"晋灼云'本名茅山'。《吴越春秋》云'禹巡天下,登茅山,群臣乃大会计,更名茅山为会稽'。亦曰苗山也。"④ 苗山、防山,皆茅山之音转。参以《左传·成公元年》说:"(刘康公)遂伐茅戎。三月癸未,败绩于徐吾氏。"杜预注:"徐吾氏,茅戎之别也。"⑤《水经注》说:"(河水)西合漫涧水……河北对茅城,故茅亭,茅戎邑也。《公羊》曰:'晋败之大阳者也,津亦取名焉。'《春秋·文公三年》'秦伯伐晋,自茅津济,封崤尸而还是也。'……河南即陕城也。"⑥《左传》与《水经注》所说之地,正为韩、魏两安邑之地,茅戎当以古茅山得名,而茅山为会稽山之本名。

但《说文通训定声》曰:"《吴越春秋》:禹登芧山朝群臣,乃大会计,改名会稽山。作芧,今本误作茅。"⑦ 又说:"芧,从艹予声。"⑧ 如此说来,所谓茅山实为芧山或予山,即余山或涂山,故所谓茅山是误字。又误为苗山,则是一误再误。

这茅戎当以茅山而得名。苗即茅之声转,会稽山本有茅山之别名,所以余吾氏又名茅戎,而茅戎实为余族属之一。似乎茅戎也依古会稽山而居,其地离翼城不远。春秋时

---

① (汉)许慎撰,(清)段玉裁注:《说文解字注·屾部》,第441页。
② 周生春:《吴越春秋辑校汇考·越王无余外传》,第105、106页。
③ 李步嘉:《越绝书校释·越绝外传记地传》,第221页。
④《史记·封禅书》,第1361、1362页。
⑤《春秋左传正义·成公元年》,(清)阮元校刻:《十三经注疏》,第1892页。
⑥ (后魏)郦道元注,(清)杨守敬、熊会贞疏,段熙仲点校:《水经注疏·河水四·漫涧水》,第342页。
⑦ (清)朱骏声:《说文通训定声》,第449页。
⑧ (清)朱骏声:《说文通训定声》,第168页。

或许与余吾氏都被晋族压迫而退缩于南部之一隅,故其原住地绝不在此。

至于大阳徐吾之称茅戎,盖以会稽而得名。

4. 禹会诸侯

《读史方舆纪要》湖州府,"《通典》:'古防风国也。'《史记》曰:'汪罔氏之君,守封禺之山。'汪罔即防风。罔读曰忙"①。

5. 越本为"涂山氏"

《竹书纪年》有古今两种版本。按《古本竹书纪年》记:"(周穆王)三十七年,伐越,大起九师,东至于九江,叱鼋、鼍以为梁。"王国维云:"《御览》七十三引作'七年伐越',《北堂书钞》一百十四引作'伐大越',《类聚》九、《外纪》三引作'伐楚',《御览》三百五引作'伐纣',《路史·国名纪己》作'伐纡'。'纣'乃'纡'之讹。"②

《今本竹书纪年》说:"(周穆王)三十五年,荆人入徐,毛伯迁帅师败荆人于泲。三十七年,大起九师,东至于九江,架鼋、鼍以为梁,遂伐越至于纡。荆人来贡。"徐文靖注:"穆王伐越,非必即禹后之越。如《史记·吴起列传》'南平百越',《南越列传》'使和集百越'。其大起九师,岂仅以禹后之一越哉!伐至于纡,纡当为越之地名。《楚世家》'熊渠伐庸、杨粤',索隐曰:'有本作杨雩,音吁,地名也。'雩即纡矣。"③从上下文来看,徐文靖之说为是。周穆王所伐之越,并非禹后之越,盖大起九师,东至于九江,则周穆王所伐,仍在荆、楚之域,尚未到达吴越之西境。故《类聚》《外纪》将"伐越"引作"伐楚",当非偶然。

可见这族本名为余,余转为吁、雩(即粤),又转为越。《古本竹书纪年》越还作粤。越或粤即假为余,因而成为族名。

其实古称本作余(古音余亦读为吁),其祖先本即《尚书·益稷》所云"(禹)娶于涂山"④之涂山氏,其地则相当于今山西省翼城县一带。由于这是族名与地名相合,因而当禹的后裔南迁之时,其族的地名就随之南移,是以其他地方亦出现了涂山。

## 四、越族之历史阶段

### (一)越族所处的历史阶段

从距今四千年前,夏族进入了禹启时期。从禹启以后经过了差不多三千五百年,才

---

① (清)顾祖禹撰,贺次君、施和金点校:《读史方舆纪要·浙江三》,第4183页。
② 王国维:《古本竹书纪年校补》,第14页。
③ (清)徐文靖:《竹书纪年统笺》,《二十二子》,第1080页。
④ 《尚书正义·益稷》,(清)阮元校刻:《十三经注疏》,第143页。

到了越王勾践，越族才进入了兴盛的越王时期。但是过了大约一百五十年后，越王无强发兵伐齐、伐楚，结果被楚国打败，越国成了楚的附属国。越国之先祖为少康之庶子，封于会稽。距今约近4000年。至周敬王时（前519—前476年），有允常称王。此越国从开国到勾践大约1300年。贞定王四年（前465年）于越子勾践卒。是为鼫与。次鹿郢立。贞定王十年（前459年）于越子鹿郢卒，子不寿立。贞定王二十年（前449年）于越子不寿见杀，是为盲姑，次朱勾立。

## （二）前越阶段

越族从禹至允常之历史：那么越王的王族血缘从距今四千年前禹启时期开始的，但是越族在过了三千五百年后才到了允常，允常之后才是越王勾践元年（前496年）。因此从禹启时期起经过了三千五百年才到了越族的兴旺时期。

### 1. 禹时期

《吴越春秋》谓禹在会稽"纳言听谏，安民治室。……调权衡，平斗斛，造井示民，以为法度"，是不合实际。禹可不能直接统治人民。又说："启遂即天子之位，治国于夏，遵《禹贡》之美，悉九州之土，以种五谷。……启使使以岁时春秋而祭禹于越，立宗庙于南山之上。"① 但是启春秋岁时祭禹于越，也不切实际。

而且正如徐天祜所说的，禹根本不可能长期逗留于越，禹在越主要是会计之时："禹未尝两至越，其至越，在会计之时，非治水时也，《禹贡》记南方山川，多与今不合，禹治水时未尝亲至南方故也。《孟子》曰：'禹八年于外。'而《禹贡》云：'作十有三载乃同。'或者以为比禹治水之年，通鲧九载言之也。马融曰：'禹治水三年，而八年平。是十二年而八州平。十三年而兖州平。兖州平在舜受终之年。然则禹之成功，不过三四年间耳。'"②

因此禹不能对越直接统治，但是也不要以为禹的时候，越族没有融入夏族。实际上禹在越地已经建立了夏族的统治。

### 2. 无余时期

《史记·越王句践世家》所给的越国历史，从禹之后到少康之庶子无余，才将无余封于会稽，大致如下："越王句践，其先禹之苗裔，而夏后帝少康之庶子也。封于会稽，以奉守禹之祀。文身断发，披草莱而邑焉。"③ 那么作为越族之先祖的无余，已经失去了贵族的地位。《吴越春秋》曾扼要地介绍无余以后的越族之初期历史。整个过程从无余开始，到了春秋时期越族开始强大，过程如下：

---

① 周生春：《吴越春秋辑校汇考·越王无余外传》，第108页。
② 周生春：《吴越春秋辑校汇考·越王无余外传》，第102页。
③ 《史记·越王句践世家》，第1739页。

禹以下六世，而得帝少康。少康恐禹祭之绝祀，乃封其庶子于越，号曰无余。余始受封，人民山居。……无余质朴，不设宫室之饰，从民所居。……无余传世十余，末君微劣，不能自立，转从众庶为编户之民。禹祀断绝十有余岁……自后稍有君臣之义，号曰无壬。壬生无瞫，瞫专心守国，不失上天之命。无瞫卒，或为夫谭。夫谭生允常。……越之兴霸，自允常矣。①

越从开国至允常，大约经过就是如此。

《读史方舆纪要》绍兴府余姚县有"舜支庶封此，以舜姓姚而名"。上虞县"亦因舜后所封而名"。所以在禹的后裔南下之前，舜的后裔就已经来到绍兴各地了。《读史方舆纪要》又有绍兴府东南十二里会稽山之阴有会稽县越王城，而府东五十八里有侯城，相传无余所都。② 因此在绍兴地区有允常之前就有相当深厚的夏族文化。

3. 允常时期

（1）允常

《史记·越王句践世家》谓无余之后"后二十余世，至于允常。允常之时，与吴王阖庐战而相怨伐。允常卒，子句践立，是为越王"③。允常之子为越王勾践。就进入了越国的鼎盛时期。

从无余（夏少康之子）至允常大约一千四百年，《吴越春秋》说："无余传世十余，末君微劣，不能自立，转从众庶为编户之民。"④ 在中国历史中，每一个王朝不过两三百年，因此传世一千四百年，差不多就是长达五六个王朝。哪一个封建王朝的后裔能够传承四五百年，甚至还能传承一千多年？因此《吴越春秋》说无余之后裔，最后找到无壬，"承越君之后，复夏王之祭"。无壬的曾孙就是允常。

那么从无余到允常之由夏族迁徙建立的社会，可能是一个比较平稳的社会，不会时常出现暴乱的社会。越国在一千多年里成为成熟的夏族国家。

（2）越族与夏后氏

许多人对越族的这种进步估计不足，他们甚至于认为越国勾践并非禹之后裔，而属于楚族，如《国语·吴语》谓："越王句践起师逆之"，韦昭注："句践，祝融之后，允常之子，芈姓也。《国语·郑语》曰：'芈姓夔、越。'《世本》亦云：'越，芈姓也。'"⑤

孙诒让也是如此认为的。《墨子》云："越王繄亏，出自有遽"，孙诒让间诂："《汉书地理志》颜注引臣瓒，亦据《世本》，明越非禹后。《大戴礼记·帝系篇》云：'陆终产六子……季连产付祖氏，付祖氏产穴熊，九世至于渠娄鲧出。自熊渠有子三人……其季之名为疵，为戚章王。'《史记·楚世家》云：'熊渠立其……少子执疵为越章王。'孔

---

① 周生春：《吴越春秋辑校汇考·越王无余外传》，第108、109页。
② （清）顾祖禹撰，贺次君、施和金点校：《读史方舆纪要·浙江四》，第4224、4228、4208页。
③ 《史记·越王句践世家》，第1739页。
④ 周生春：《吴越春秋辑校汇考·越王无余外传》，第109页。
⑤ 徐元诰撰，王树民、沈长云点校：《国语集解·吴语》，第536页。

广森云：'娄鲧或当为夔越，越即越章也，戚章字形之误。'诒让案，以《世本》《帝系》证之，则《国语》之说不谓无征。《左僖二十六年传》：'夔子曰：我先王熊挚。'《汉书·古今人表》及《史记·正义》引宋均《乐讳注》并为熊挚，亦熊渠子，窃疑夔、越同出，孔说似可通。若然，此出自有邅或当云出自熊渠，犹《帝系》云：娄鲧出自熊渠也。渠邅声近，古通用。"[①]

其实在禹启时期以后，夏后氏的一支不断地离开中原南下，其迁徙路径由皖北之怀远南下，在皖东南进入浙西之吴兴进入浙东之会稽。如《晋书·地理志》吴兴郡（乌程、武康、临安、余杭、安吉）进入会稽郡（山阴、上虞、余姚、鄞、诸暨）基本上是越族人口，其中吴兴郡武康县注明为"故防风氏国"，则防风氏国之人口约数万人。总起来看，禹时江南约有数个诸侯国。

从大禹时期以来，这条迁徙路径当是夏后氏与越族之间的重要通道。因此提供了越族属于禹后裔的主要背景。

### （三）越王阶段

但由于吴王阖闾击败楚军，吴兵入郢。越王勾践乘吴国空虚，即进攻吴国。于是形势大变，吴越交战，越族进入了鼎盛的越王阶段。

从勾践到王无强就是越国的越王阶段：勾践（33年）—兴夷（1年）—翁—不扬—无强—玉—尊—亲（自勾践至于亲，积年224年）[②]，越国成为大国，为五霸之一。最后越被楚国打败，成为楚之属国，越王阶段结束。

---

① （清）孙诒让：《墨子间诂·非攻下》，《诸子集成》第四册，第95、96页。
② 周生春：《吴越春秋辑校汇考·勾践伐吴外传》，第178页。